beck Ische reihe

b sr

Otfried Höffe führt in diesem Buch Schritt für Schritt durch Kants praktische Philosophie. Der erste Teil stellt die vier Antriebskräfte vor, die Kant zu seiner praktischen Philosophie motivierten und die bis heute aktuell sind: Aufklärung, Kritik, Moral und Kosmopolitismus. Dann zeigt Höffe im zweiten Teil, inwiefern Kant die Moralphilosophie revolutionierte, und erläutert im dritten Teil die Provokationen, die in Kants praktischer Philosophie liegen. Die weiteren Teile befassen sich mit der Politischen Philosophie, der Geschichtsphilosophie und Kants Denken über Religion und über Erziehung. Verfaßt von einem der besten Kenner, führt das Buch systematisch in einen der wichtigsten Bereiche von Kants Philosophie ein und setzt deren Grundgedanken in Beziehung zu den heutigen Debatten.

Otfried Höffe, Gastprofessor für Rechtsphilosophie an der Universität St. Gallen, war bis zu seiner Emeritierung ordentlicher Professor für Philosophie an der Universität Tübingen. Er leitet die Forschungsstelle Politische Philosophie und ist Mitherausgeber der «Zeitschrift für philosophische Forschung» und Herausgeber der Reihe «Denker». Bei C.H.Beck erschienen von ihm zuletzt «Kants Kritik der reinen Vernunft» (bsr, 2011) und «Thomas Hobbes» (bsr, 2010).

Otfried Höffe

Kants Kritik
der praktischen Vernunft

Eine Philosophie der Freiheit

Verlag C.H.Beck

Vernunft in Freiheit:
für Evelyn

Originalausgabe

© Verlag C. H. Beck, München 2012
Satz, Druck u. Bindung: Druckerei C.H.Beck, Nördlingen
Umschlagentwurf: malsyteufel, Willich
Printed in Germany
ISBN 978 3 406 63934 0

www.beck.de

Inhalt

Siebter Teil: Ausblick 401

Abkürzungen und Zitierweise 439

Literatur 440

Namenregister 449

Sachregister 453

Vorwort

Auf dem Höhepunkt der europäischen Aufklärung wendet Immanuel Kant eine Leitidee seines Zeitalters, die Kritik, auf die beiden anderen Leitideen der Epoche, auf Vernunft und Freiheit, an. Auf diese Weise unterwirft er die Aufklärung einer radikalen Selbstkritik. In einer Aufklärung über Aufklärung nimmt er deren bis heute vorbildliche Selbstaufklärung vor. Zugrunde legt er ihr seine drei seither berühmten Fragen: 1. Was kann ich wissen? 2. Was soll ich tun? 3. Was darf ich hoffen?

Kants Antwort auf die erste Frage, die transzendentale Vernunftkritik, fällt so neuartig aus, daß sie in einem wörtlichen Sinn bahnbrechend ist. Die zuständige Schrift, die *Kritik der reinen Vernunft,* ist nicht bloß nach Arthur Schopenhauer «das wichtigste Buch, das jemals in Europa geschrieben worden» (*Gesammelte Briefe*, Nr. 157). Auch der führende Kopf des nordamerikanischen Pragmatismus, Charles S. Peirce, nennt das Werk «meine Muttermilch in der Philosophie» (1909, 143).

Lediglich für die erste Frage ist das Werk allerdings nicht zuständig. Auch wenn viele Interpreten Kants *Kritik der reinen Vernunft* auf die erste Frage verkürzen, behandelt sie in Wahrheit auch die zweite und die dritte Frage. Dieses geschieht freilich sehr knapp, weshalb man für deren gründliches Verständnis weitere Schriften heranzuziehen hat. Es sind insbesondere Texte zu Moral, Recht und Staat, zu Geschichte, Religion und Pädagogik. Diese Studie nimmt sich die angedeutete Fülle von Themen und Texten vor, ohne die erste *Kritik* zu vernachlässigen, denn schon in ihr entfaltet Kant wesentliche Gedanken seiner praktischen Philosophie. Es bleiben aber Grundlagenprobleme übrig, deren Lösung erst nach vielen Anläufen und mancherlei Umwegen gelingt. Hinzu kommen weithin neue Themen, deren Erörterung den Einsichten der ersten *Kritik,* ihrer transzendentalen Vernunftkritik, verpflichtet bleibt.

Diese Studie trägt den Titel *Kants Kritik der praktischen Vernunft*. Damit spielt sie auf das grundlegende Werk von Kants praktischer Philosophie, die *Kritik der praktischen Vernunft*, an. Während die erste *Kritik* die Anmaßungen der reinen theoretischen Vernunft verwirft, weist die zweite *Kritik* Exklusivansprüche der empirisch bedingten praktischen Vernunft zurück. Dieses Zurückweisen bildet in verschiedenen Varianten den Leitfaden der gesamten praktischen Philosophie Kants. Ihr zufolge liegt die Würde der menschlichen Natur in der Freiheit, weshalb der Freiheit im Gesamtsystem der reinen, sowohl theoretischen als auch praktischen Vernunft der Rang des Schlußsteines zukommt.

Kant entwickelt eine Philosophie der Freiheit um eben dieser Freiheit willen, was seine Philosophie zu einer eminent praktischen Philosophie macht. Soweit es dabei auf Recht, Staat und Politik ankommt, behandelt er diese politischen Gegenstände in politischer Intention, womit seine eminent praktische Philosophie zu einer im emphatischen Sinn politischen Philosophie wird.

Ein derartiger Blick auf Kants Philosophie der Freiheit mag bekannt klingen und ist in der Tat nicht unbekannt. Dennoch gibt es kaum Überlegungen, die diesen Blick zum Leitfaden der gesamten praktischen Philosophie Kants machen und unter dieser Perspektive auch den nicht so bekannten Kant, etwa dessen Schriften zur Geschichtsphilosophie und zur Pädagogik, mit einbeziehen. Auch geschieht es nicht häufig, daß man sich statt an der *Grundlegung* weit mehr an der *Kritik der praktischen Vernunft* orientiert.

Diese Studie schließt sich an meinen Kommentar zur *Kritik der reinen Vernunft* an (Höffe 2003). Ähnlich wie dort versuche ich hier, mein längeres Kant-Studium zu bilanzieren, jetzt zu Kants praktischer Philosophie. Der Sache nach ziehe ich aber nur eine Zwischenbilanz. Denn zu einem ebenso kreativen wie provozierenden Denker wie Kant kann man nie annehmen, je das eigene letzte Wort, schon gar nicht die letztgültige Deutung zu schreiben.

Meine Zwischenbilanz greift auf Überlegungen der vergangenen zwei, drei Jahrzehnte zurück. Soweit sie veröffentlicht sind, werden sie im Literaturverzeichnis aufgeführt, aber nie schlicht übernommen. Aus Anlaß einer Vorlesung und eines Interpretationskurses zur *Kritik der reinen Vernunft*, den letzten Lehrveranstaltungen meiner aktiven Zeit in Tübingen (2010/11), sind sie je für sich neu bedacht, überdies in einen Zusammenhang gestellt, außerdem an verschiedenen Stellen thematisch erweitert worden. Zugrunde liegt das Motto «I Kant get no satisfaction», in schlichtem Deutsch: «Von Kant kann man nie genug haben».

Erneut kommt es mir darauf an, die reiche Literatur nicht zu ignorieren, aber in erster Linie Kant selber zum Sprechen, aber nicht etwa zum Stottern oder Stolpern zu bringen. Nach der Erfahrung «Wer Bälle nur ins Aus befördert, gewinnt kein Spiel» suche ich keinen kleinlich-beckmesserischen Umgang mit dem Autor. Vielmehr will ich seine Beweggründe, Fragen und Argumente verstehen und als noch für heutiges Denken relevant einsehen. Zugleich soll Kants Denken, statt es zu verharmlosen, in seiner oft bleibenden Provokation zutage treten. Dabei werden wir nicht selten auf philosophische Streitigkeiten, sogar Minenfelder philosophischer Konflikte stoßen.

Zwei von ihnen seien schon hier in Form von Fragen benannt. Zum einen: Wie kann man einem Zeitalter, das als Epoche der Natur- und Sozialwissenschaften am liebsten nur Natur- und Sozialgesetze anerkennt, trotzdem Freiheitsgesetze plausibel machen? Zum anderen: Wie kann man in Zeiten der Globalisierung beides miteinander verbinden, die Verpflichtung auf gemeinsame Moral- und Rechtsprinzipien mit dem Recht auf Differenz?

Einem Philosophen, der wie Kant ein thematisch so umfassendes Werk geschaffen hat, droht die Gefahr, daß aus der Fülle seiner Einsichten viele in den zuständigen systematischen Diskursen mißachtet werden. Hier sei nur ein Beispiel genannt: Kants Begriff des Antagonismus, der ungeselligen Geselligkeit, überwindet einen säkularen Gegensatz in der philosophischen Anthropologie und Sozialphilosophie, nämlich den zwischen Aristoteles' Kooperations- und Hobbes' Konfliktmodell. Deshalb müßten sich heute sowohl Neoaristoteliker als auch Neohobbesianer mit Kants Gedanken der spannungsvollen Verbindung auseinandersetzen. Weil ähnliches für viele andere Gedanken gilt, versuche ich am Ende der einzelnen Teile mit Blick auf aktuelle Debatten eine knappe Bilanz zu ziehen: «What in Kant still matters?», also «Was läßt sich von Kant immer noch lernen?»

Erneut ist zu danken: den Studierenden der Lehrveranstaltungen, den Teilnehmern mehrerer Kant-Symposien und für deren Förderung der Fritz-Thyssen-Stiftung, nicht zuletzt einem früheren Mitarbeiter, PD Dr. Nico Scarano, und von meinen derzeitigen Mitarbeitern insbesondere Moritz Hildt, M. A., sowie Karoline Reinhardt, M. A.

Tübingen, im März 2012

Erster Teil
Vier Antriebskräfte

Drei Aufgaben stellen sich einer gründlichen Kant-Exegese: die Mikroanalyse eng umgrenzter Probleme, die Mesoanalyse größerer Problembereiche und die Makrountersuchung eines umfassenden Problemraumes. Bevor sich diese Studie auf Meso- und Mikroanalysen einläßt, drängt sich zur Einführung ein weiträumiger Blick auf. Exzessiv zu einem Panoramablick auf das gesamte, namentlich kritische Œuvre ausgeweitet, sieht er unter Kants philosophischen Antriebskräften vier herausragen: die Aufklärung, vornehmlich als Selbstdenken bestimmt, das methodische Ziel einer judikativen Kritik, die Moral als jenes Leitmotiv, das schon die erste *Kritik* bestimmt, und einen umfassenden Kosmopolitismus.

Bei ihnen handelt es sich nicht um voneinander getrennte Antriebskräfte, die eventuell für unterschiedliche Themenbereiche zuständig wären, so die Kritik für die theoretische, die Moral und die Aufklärung für die gesamte praktische Philosophie und der Kosmopolitismus für deren Teil, das Rechts- und Staatsdenken. Sie greifen vor allem durch Kants drei berühmte Fragen vermittelt ineinander und bilden verschiedene Facetten einer komplexen, von Kant aber nicht eigens benannten Antriebskraft. Im Fall der Moral beläuft sie sich auf eine Aufklärung des moralischen Bewußtseins über sich selbst. Dabei verbindet sich das Selbstdenken mit einer Kritik an moralphilosophischen Fehldeutungen, der wiederum ein moralisches Interesse zugrunde liegt, darüber hinaus ein existentielles und zugleich universalistisches Interesse, das als solches einen kosmopolitischen Charakter hat.

Weil Kant der erstgenannten Antriebskraft, der Aufklärung, einen eigenen Essay widmet, nehme ich diesen zum Leitfaden der Erläuterung (*Kapitel 2*). Für die zweite Antriebskraft ist die *Kritik der reinen Vernunft* der entscheidende Bezugstext (*Kapitel 3*), während für die beiden anderen Antriebskräfte, Moral (*Kapitel 4*) und Kosmopolitismus (*Kapitel 5*), mehrere Texte wichtig sind. Ohnehin ist auch bei den zwei ersten Antriebskräften, um deren generelle Bedeutung aufzuzeigen, auf weitere Kant-Texte einzugehen.

Die im Vorwort angekündigte Frage, was bleibt («What in Kant matters?»), kann man thetisch für die Antriebskräfte schon einleitend beantworten: Sowohl für die Philosophie als auch für die zeitgenössische Zivilisation sind alle vier Antriebskräfte unverzichtbar. Weder an gewisse Kulturen noch an bestimmte Epochen gebunden, sind sie unserem Zeitalter der Globalisierung hochwillkommen.

1. Aufklärung

Wenige Jahre nach der *Kritik der reinen Vernunft* beweist Kant, daß er sich sowohl thematisch als auch literarisch auf mehr versteht und daß beide, die neuen Themen und die neue literarische Gattung, ineinander greifen, sogar, wie bei großen Philosophen üblich, einander bedingen. Während Kant die umfangreiche und peinlich genaue Neubegründung der Philosophie für die Fachkollegen schreibt und auch die *Prolegomena* für «künftige Lehrer» verfaßt (IV 255), wendet er sich mit anderen Themen an ein breiteres Publikum und trifft den dafür ebenso sach- wie lesergerechten Ton. Denn er behandelt nicht etwa dasselbe Thema, seine Neubegründung der Fundamentalphilosophie, nur daß er sie dieses Mal dank didaktischen Geschicks auf eine auch für Nichtfachleute verständliche Weise darstellt. Statt eine Popularisierung seiner transzendentalen Kritik vorzunehmen, befaßt er sich, selbstverständlich unter Anerkennung seiner transzendentalkritischen Wende, mit neuen Gegenständen, zugleich Gegenständen, die ein breiteres Publikum angehen:

Innerhalb kurzer Zeit veröffentlicht er im Diskussionsforum der deutschen Hoch- und Spätaufklärung, der *Berlinischen Monatsschrift*, so prägnante Essays wie *Idee zu einer allgemeinen Geschichte in weltbürgerlicher Absicht* (1784), *Mutmaßlicher Anfang der Menschengeschichte* (1786) und *Was heißt: Sich im Denken orientieren?* (1786). Hinsichtlich der Wirkungsmacht übertrifft sie aber ein vierter Essay, die *Beantwortung der Frage: Was ist Aufklärung?* (1784).

Auf die von einem Kirchenbeamten aufgeworfene Frage melden sich so bedeutende Intellektuelle wie Gotthold Ephraim Lessing, Moses Mendelssohn, Christoph Martin Wieland und Friedrich Schiller zu Wort. Aber nur Kants Antwort läßt tagesaktuelle Fragen weit hinter sich, wird über die Sprachgrenzen hinaus berühmt und erhält den Rang *des* klassischen Textes.

Dessen Leitbegriffe: Mündigkeit, Selbstdenken und das Freisetzen einer allgemeinen Menschenvernunft, gelten bis heute als die entscheidenden Merkmale von Aufklärung. Dabei pflegt man zu übersehen, daß sie nicht einfach das «Wesen» dieser Epoche ausdrücken, vielmehr entfalten sie einen neuartigen, zugleich provokativen Begriff. Auf diese Weise bietet der zuständige Text das Musterbeispiel einer im emphatischen Sinn politischen Philosophie. Darüber hinaus bringt er eine der vier Antriebskräfte auf den Begriff, die nicht bloß für Kants politisches Denken, sondern auch für seine Moral-, Religions- und Erziehungsphilosophie, selbst für seine theoretische Philosophie wesentlich sind.

Kants Provokation: Aus einer historischen Bewegung, auf die die Epoche, insbesondere ihre Leitfiguren, mit Stolz, fast schon selbstgefällig zurückblicken, wird eine bleibende systematische Aufgabe. Dabei gibt Kant die in der Bezeichnung «Auf-klärung» liegende Grundbedeutung auf. Ihm kommt es nicht auf klarere Einsichten, mithin einen Erkenntniszuwachs an. An die Stelle eines theoretischen Gewinns tritt eine moralische Aufgabe, die in nichts weniger als einer Revolution der inneren Lebenshaltung, der Einstellung zur Welt, besteht. Sie schließt die Kritik am absolutistischen Staat und einer machtorientierten Kirche ein, kann aber nicht, wie bei Brandt (2010, 175) anklingt, darauf verkürzt werden.

1.1 Selbstdenken

Schon der Beginn des *Aufklärung*-Essays nennt den moralischen Impuls: «Aufklärung ist der Ausgang des Menschen aus seiner selbstverschuldeten Unmündigkeit» (VIII 35). In der *Anthropologie in pragmatischer Hinsicht* nennt Kant diesen «Ausgang» eine «Revolution in dem Innern des Menschen», qualifiziert sie sogar als Superlativ, als die «wichtigste Revolution», und erläutert: «Statt dessen, daß bis dahin andere *für* ihn dachten und er bloß nachahmte, ... wagt er es jetzt, mit eigenen Füßen auf dem Boden der Erfahrung, wenn gleich noch wackelnd, fortzuschreiten» (VII 229).

Schon vor dem *Aufklärung*-Essay, in der *Idee zu einer allgemeinen Geschichte in weltbürgerlicher Absicht*, spricht Kant von

Aufklärung, nennt sie «ein großes Gut», behauptet, daß der «aufgeklärte Mensch am Guten» unvermeidlich einen «gewissen Herzensanteil» nehme, und erwartet, daß die Aufklärung sich auf die Herrscher ausdehne, nämlich ihre Regierungsgrundsätze beeinflusse (VIII 28). Der *Aufklärung*-Essay selbst geht insofern noch einen Schritt weiter, indem er sich auf die Leistung jedes Menschen, mithin auch auf die des einfachen Bürgers richtet. Danach folgt die berühmte Kurzfassung, der «Wahlspruch der Aufklärung», der die Sache der Aufklärung und nicht bloß eine historische Epoche pointiert: «Sapere aude! Habe Mut dich deines *eigenen* Verstandes zu bedienen!» (VIII 35).

Das Zeitalter der Aufklärung, das lange 18. Jahrhundert, ist stolz auf seinen Kampf gegen Aberglauben und auf seine explosionsartige Erweiterung des geistes-, sozial- und naturwissenschaftlichen Wissens, ferner auf seine Entdeckungen und Erfindungen sowie die Zunahme des medizinischen und technischen Könnens. Hier beginnt nun Kants Provokation, da er in der einleitenden Definition wie auch in deren Erläuterungen all diese Leistungen übergeht und sie durch ihr Verschweigen als bestenfalls mitlaufend wichtig qualifiziert. Dabei wird die Aufklärung stärker praktisch relevant, folglich für Kants praktische Philosophie erheblicher. Kant hält die beiden nicht genannten Kriterien, den Kampf gegen Aberglauben und die Zunahme von Wissen und Können, nicht etwa für aufklärungsirrelevant, schätzt sie aber hinsichtlich ihres Aufklärungswertes als nicht primär ein und in ihrer nachgeordneten Bedeutung als unterschiedlich wichtig.

Zwei Jahre später, in der Schrift *Was heißt: Sich im Denken orientieren?*, lehnt er es nachdrücklich ab, «die Aufklärung in *Kenntnisse* [zu] setzen» (VIII 146). Er hält die Bestimmung der Aufklärung als Zuwachs von Kenntnissen sogar für Einbildung, worin man eine deutliche Spitze gegen das große französische Projekt, die von d'Alembert und Diderot veranstaltete *Encyclopédie ou Dictionnaire raisonné des sciences, des arts et des métiers* (1751–1772), sehen kann. Keineswegs hält Kant jemanden in dem Maße für aufgeklärt, wie er über geistes-, sozial- und naturwissenschaftliche Kenntnisse und Kompetenzen verfügt. Statt den einschlägig Gelehrten als aufgeklärter einzuschätzen, hält er im Gegenteil viele Kenntnisse für eine Aufklärungsbarriere. Und vollends verwirft er die Erwartung, das – in der *Encyclopédie* – gesammelte Wissen würde «unsere Enkel nicht nur gebildeter, sondern gleichzeitig [!] auch tugendhafter und glücklicher machen» (*Encyclopédie*, V 635).

Die Tragweite dieser Neubestimmung darf man nicht unterschätzen. Denn unausgesprochen verwirft sie das französische Selbstverständnis der Epoche als *Siècle des lumières*, als Jahrhundert des Lichts und der Erleuchtung. Kants alternative Einschätzung, der «Ausgang aus einer selbstverschuldeten Unmündigkeit» (VIII 35), legt auf eine Eigenleistung Wert, eben auf eine Revolution im Inneren, die im Prinzip jedermann zu erbringen vermag. Hier verschränkt sich die Antriebskraft der Aufklärung mit der der Moral: Kants Aufklärungsinteresse ist nachdrücklich moralisch-praktischer, nur subsidiär, als Hilfsmittel für das praktische Interesse, auch theoretischer Natur. Bloße Gelehrsamkeit erscheint dagegen als so gut wie bedeutungslos. Anders verhält es sich mit dem Aberglauben. Wer sich «seiner eigenen Vernunft» bedient, «wird Aberglauben und Schwärmerei ... alsbald verschwinden sehen» (*Denken*, VIII 147; vgl. gegen Schwärmerei schon *KrV*, B xxxiv).

Ebensowenig wie Kant auf Wissen als solches abhebt, legt er auf jene instrumentelle Vernunft Wert, die dem medizinischen, noch mehr dem technischen Können zugrunde liegt und wegen deren angeblicher Herrschaftsansprüche man seit Horkheimer und Adorno von einer «Dialektik der Aufklärung» zu sprechen pflegt (1947). Wer wie Kant die Aufklärung als ein Verhältnis des Menschen zu sich selbst, und zwar als ein moralisch-praktisches, nicht als ein technisches, auch nicht als ein theoretisches Selbstverhältnis bestimmt, der spricht ihr, ohne den damals noch nicht geläufigen Ausdruck zu verwenden, eine emanzipatorische Bedeutung zu.

Wer die Aufklärung nicht auf eine herrschaftsorientierte Vernunft verkürzt, sondern auf die Moral und das Recht Wert legt, ferner über das Beispiel der Meinungsfreiheit die Menschenrechte in den Blick nimmt, dem sind die Bestimmung der Aufklärung als «Entzauberung der Welt» und der sich daran anschließende Gedanke von Horkheimer und Adorno (vgl. 1947, 9 ff.), die Vernunft könnte zum Opfer ihrer eigenen Herrschaftsansprüche werden, fremd, eigentlich sogar unverständlich.

Weil die zur Aufklärung unverzichtbare Eigenleistung laut Kant weder besondere Kenntnisse noch Sonderfähigkeiten verlangt, ist sie vielmehr etwas, das jedermann zu leisten vermag und zu leisten auch aufgefordert ist. Kant, der intellektuelle Demokrat, lehnt jeden Eigendünkel ab, sowohl den Eigendünkel des Forschers oder Gelehrten als auch den von Intellektuellen, nicht zuletzt den Eigendünkel derjenigen, die sich für moralisch bessere Menschen halten: «Unmündigkeit ist das Unvermögen, sich seines Verstandes ohne Leitung eines anderen zu bedienen» (*Aufklärung*, VIII 35). Zur Pointierung darf man ergänzen: wie groß oder scharf der Verstand auch immer sei. Denn die Fortsetzung lautet: «Selbstverschuldet ist diese Unmündigkeit, wenn die Ursache derselben nicht am Mangel des Verstandes, sondern der Entschließung und des Mutes liegt, sich seiner ohne Leitung eines anderen zu bedienen» (ebd.).

Sobald das Wesen der Aufklärung nicht in einer intellektuellen, sondern einer charakterlichen Leistung besteht, sind nicht Scharfsinn, Brillanz, Kreativität und Originalität entscheidend, sondern geistige Anstrengung und geistige Courage. An die Stelle der im Französischen vorherrschenden Lichtmetapher tritt das Selbstdenken, das wiederum jedem offensteht. Kants erste Provokation des überlieferten Verständnisses von Aufklärung, die Wende vom Theoretischen zum Moralisch-Praktischen, verbindet sich mit einer zweiten Provokation: der Ablehnung jeder intellektuellen Aristokratie zugunsten einer Demokratie auch in geistigen Dingen.

1.2 Ein Grundmotiv

Kants provokatives Verständnis der Aufklärung findet sich nicht nur im einschlägigen Essay, sondern in zahlreichen weiteren Texten zur praktischen Philosophie, darüber hinaus in Kants gesamtem Denken. Schon in der veritablen Erstlingsschrift ist es präsent, so daß es sich hier in der Tat um eine basale Antriebskraft seines Denkens, um ein Kantisches Grundmotiv, handelt:

In den *Gedanken von der wahren Schätzung der lebendigen Kräfte* (1746), einem Beitrag zum damaligen Disput über die Bestimmung der Bewegungsenergie, beruft sich Kant mehrfach und mit großer Emphase auf den eigenen Verstand. Die Zeit, in der Autoritäten, hier: wissenschaftliche Autoritäten, nicht etwa die politischen oder geistlichen Autoritäten Staat und Kirche, eine «grausame Herrschaft» ausüben (I 8), hält Kant für endgültig überwunden. Ob berühmte oder unbekannte Autoren – vor der Wahrheit sind alle gleich. Politisch gesprochen verschwistern sich hier Menschenrechte und Demokratie. Zum Menschenrechtsprinzip, der Freiheit des Selbstdenkens, gesellt sich das Demokratieprinzip der Gleichheit aller Selbstdenkenden. (Und wer den Gleichheitsgedanken in der Menschenrechtsidee schon enthalten sieht, findet bei Kant beide Aspekte, Freiheit und Gleichheit, hervorgehoben.) Zwei Jahrzehnte später, in *Träume eines Geistersehers* (1766), erklärt Kant, daß «kein Vorwurf dem Philosophen bitterer» ist, «als der der Leichtgläubigkeit» (II 353). Denn zu Kantischem Selbstdenken gehört von Anfang an das Zurückweisen von «Irrtümern, Falschheiten oder auch Verblendungen» (*Gedanken*, I 12), sofern man sie denn durchschaut hat, selbstverständlich hinzu.

Zwischen der Erstlingsschrift und dem weit späteren *Aufklärung*-Essay besteht allerdings ein gewichtiger Unterschied. Dort, in seiner wissenschaftlich-philosophischen Sturm-und-Drang-Zeit – der Autor ist erst 24 Jahre alt –, bringt Kant seinen Verstand gegen äußere Barrieren, nämlich gegen wissenschaftlich-philosophische Autoritäten wie Newton und Leibniz, in Anschlag; hier, in der *Aufklärung*, richtet er sich gegen zwei innere Barrieren, gegen Faulheit und Feigheit. So sei man zu bequem, das durchaus beschwerliche, insofern «verdrießliche Geschäft» (VIII 35) des Selberdenkens, auf sich zu nehmen. Als Beispiele dafür, daß man sich lieber auf andere verläßt, führt Kant erneut nicht etwa die politische oder geistliche Obrigkeit an, durch die man sich mit dem Argument entlasten könnte, daß die Verhältnisse eben nicht so seien; Staat und Kirche, Thron und Altar stünden im Wege. Er verweist auf «ein Buch, das für mich Verstand hat, einen Seelsorger, der für mich Gewissen hat, einen Arzt, der für mich die Diät beurteilt» (ebd.).

Wer nun den zweiten der beiden Vorwürfe (Faulheit und Feigheit) erhebt und jemandem mangelnden Mut vorwirft, fordert ihn indirekt auf, den Mut doch aufzubringen. Gemäß der Einsicht, «Mut auffordern ist schon zur Hälfte so viel, als ihn einflößen»

(*Rel.*, VI 57), ermuntert der *Aufklärung*-Essay zum erforderlichen Mut und erweist sich damit erneut als ein Stück genuin praktischer Philosophie: Indem Kant über die Vorbedingungen von Aufklärung aufklärt, fordert er zum Erfüllen der Vorbedingungen auf und trägt auf diese Weise, *modo philosophico,* zur Beförderung eben dieser Aufklärung bei.

Im Essay *Was heißt: Sich im Denken orientieren?* bekräftigt Kant die genannten Begriffsbestimmungen: «*Selbstdenken* heißt: den obersten Probierstein der Wahrheit in sich selbst … suchen; und die Maxime, jederzeit selbst zu denken, ist die *Aufklärung*» (VIII 146). In dieser Hinsicht darf man sich nicht als bloßes Opfer aufspielen und lediglich anderen die Schuld auflasten. Die Verantwortung kann man hier weder auf die Eltern und Lehrer noch auf die Wirtschaft oder die Gesellschaft, auch nicht auf den Staat, die Religion, das Schicksal oder Gott abwälzen. Entscheidend ist jeder selbst. Letztlich kommen Freiheit und Aufklärung nicht durch andere in die Welt. Die erste im Namen der Aufklärung zu leistende Emanzipation muß vom Subjekt selbst ausgehen.

Andernorts bestreitet Kant nicht, daß es weitere Verantwortlichkeiten gibt. Nach einem zweiten, nicht minder brillanten Essay, *Idee zu einer allgemeinen Geschichte in weltbürgerlicher Absicht,* muß sich der Mensch zunächst einmal vom Instinkt freimachen. Dieser erste Emanzipationsschritt ist aber schon in der Menschheitsgeschichte erfolgt, so daß die Gattungs-Emanzipation, die Befreiung vom Instinkt, in einer individuellen Emanzipation zum Selberdenken, mithin in einer Leistung jedes einzelnen, fortzusetzen ist.

Gegen die These, die Aufklärung sei ein Grundmotiv des Kantischen Œuvres, könnte man einwenden, in der *Kritik der reinen Vernunft,* immerhin Kants erstem epochalen Werk, spiele der Ausdruck keine tragende Rolle. Über den Hauptbegriff, die Kritik, ist aber die Sache der Aufklärung wie selbstverständlich präsent. In Abwandlung von einem «Zeitalter der Aufklärung» spricht Kant jetzt vom «eigentlichen Zeitalter der Kritik», der sich «alles unterwerfen» muß (*KrV,* A xi). Und in dem dafür einschlägigen Teil, in der «Disziplin … im polemischen Gebrauch», taucht nicht bloß der Ausdruck der Aufklärung auf, sondern klingt auch ihr Kriterium, das Selbstdenken, an. Denn es sei ungereimt, «von der Vernunft Aufklärung zu erwarten, und ihr doch vorher vorzuschreiben, auf welcher Seite sie notwendig ausfallen müsse» (*KrV*, B 775). Damit zeigt sich eine weitere Verschränkung: Die Antriebskraft der Aufklärung ist nicht nur mit der Moral, sondern auch mit der Kritik aufs innigste verschränkt. Der Grund liegt im Wesen der Aufklärung im Kantischen Sinn. Sobald sie nicht mehr als Wissenszuwachs bestimmt wird, sondern als Selbstdenken, läßt sich, wer diese Aufklärung vornimmt, *eo ipso* auf Kritik ein und bringt deren Leistung, das Freisetzen der allgemeinen Menschenvernunft zustande.

Die innige Verschränkung trifft auch auf die vierte Antriebskraft, den Kosmopolitismus, zu. Denn in zweierlei Hinsicht hat die Aufklärung kosmopolitischen Charakter. Einerseits ist sie als Selbstdenken nicht an partikulare Kulturen und Epochen gebunden. Andererseits soll sie jenem «Weltbesten» dienen (*Denken*, VIII 147), das nach Kant den Kosmopolitismus auszeichnet (siehe Kap. 4).

1.3 Vier Stufen

Eine sorgfältige Lektüre der einschlägigen Passagen stößt auf unterschiedlich anspruchsvolle Begriffe von Aufklärung. Auch wenn Kant es so nicht sagt, kann man deshalb von mehreren Stufen der Aufklärung sprechen:

Die erste und bescheidenste, freilich schon entscheidende Stufe besteht im «Selbstdenken»; dessen Verbindung von Selbst und Denken bildet die unverzichtbare Grundstufe der Aufklärung. Nach dem ersten Teil, dem Selbst, hat man sich von fremden Autoritäten freizumachen und sich auf die eigenen Vermögen zu verlassen, auf das eigene Können im Gegensatz zu fremden Vorgaben, auf Autonomie statt Heteronomie.

Bei dem zweiten Bestandteil, dem Denken, handelt es sich um eine kognitive Tätigkeit, die sich durch Begriff und Argument auszeichnet. Mit der Forderung, selber zu *denken*, wendet sich Kant gegen die Ansicht, das einschlägige Selbst erlaube Privatansichten und subjektive Willkür. Kant ermuntert nicht jeden kleinen Geist, möglichst originell zu sein und eigene Idiosynkrasien für Aufklärung zu halten. Im Gegenteil formuliert er schon im Essay *Was heißt Sich im Denken orientieren?* für die Grundstufe der Aufklärung, das Selbstdenken, ein Kriterium. Es besteht in dem Gedankenexperiment, sich zu fragen, «ob man es wohl tunlich finde, den Grund, warum man etwas annimmt, oder die Regel, die aus dem, was man annimmt, folgt, zum allgemeinen Grundsatze seines Vernunftgebrauchs zu machen» (VIII 146 f.).

Vier Jahre später, in der *Kritik der Urteilskraft* (1790), unterscheidet Kant ausdrücklich drei Stufen von Aufklärung, dort als drei «Maximen des gemeinen Menschenverstandes» bezeichnet. Auf die Grundstufe, das Selbstdenken, folgen zwei Steigerungen, zunächst «2. An der Stelle jedes anderen denken», sodann «3. Jederzeit mit sich selbst einstimmig denken» (*KU*, V 294; vgl. *Anthropologie*, VII 228). Demzufolge stellt das in der *Kritik der Urteilskraft* noch als «vorurteilsfrei», in der *Anthropologie* als «zwangsfrei» qualifizierte Selbstdenken nur das Minimum, eben die Grundstufe der Aufklärung, dar. Die mittlere Stufe besteht in der «erweiterten» (*KU*, V 295) bzw. der «liberalen, sich den Begriffen Anderer bequemenden» (*Anthropologie*, VII 228), die dritte Stufe dagegen in der «konsequenten (folgerechten)» (ebd.) Denkungsart. Erläuternd setzt Kant hinzu, daß die dritte Maxime «nur durch die Verbindung beider ersten … erreicht werden» kann (*KU*, V 295).

Im *Aufklärung*-Essay begnügt sich Kant mit dem bescheideneren Selbstdenken und einer Definition, die sich auch im Nachlaß findet: «Aufgeklärt sein heißt: selbst denken, den obersten Probierstein der Wahrheit meines Urteils … in sich selbst suchen». Allerdings fügt Kant die Erläuterung hinzu: «d.i. in Grundsätzen» (XVIII N 6204), was auf die dritte Stufe verweist.

Die Religionsschrift (VI 123) deutet noch einen weiteren, erneut anspruchsvolleren Begriff an. Kant spricht hier von einer «wahren Aufklärung» und läßt bei ihr mit dem Kriterium «jedermanns Einstimmung» das Objektivitätskriterium der ersten *Kritik* anklingen, worin man eine über die konsequente Denkungsart hinausgehende vierte Stufe sehen kann. Sie verpflichtet die Aufklärung auf Objektivität. Im Fall der Moral besteht die Objektivität in der Universalisierbarkeit von Maximen. Und darin liegt auch ein Beispiel für Kants genuin philosophische, nämlich reflexive Aufklärung, für seine Aufklärung über Aufklärung: Daß vorgebliche Tugenden in Wahrheit bemäntelte Laster sein können, wissen wir seit den Sophisten, in der Neuzeit seit der europäischen Moralistik. Kant verdanken wir das Kriterium, die genannte Universalisierbarkeit, das die tatsächlichen von den vorgeblichen Tugenden abzugrenzen vermag (siehe Kap. 7).

1.4 Öffentlicher und privater Vernunftgebrauch

Die Aufgabe, sich aus einer «beinahe zur Natur gewordenen Unmündigkeit herauszuarbeiten», hält Kant für so schwer, daß er sie nur wenigen Menschen zutraut (*Aufklärung*, VIII 36). Gegenüber der Aufklärungsbereitschaft der Individuen zeigt sich Kant mithin pessimistisch, allerdings nicht hinsichtlich der Fähigkeit, wohl aber der Motivation, diese auszuüben. Selbst diesen Pessimismus vertritt Kant nur insoweit, als er die Erziehung noch ausklammert. Im *Denken*-Essay erklärt er nämlich: «Aufklärung in einzelnen Subjekten durch Erziehung zu gründen, ist also gar leicht», vorausgesetzt, man gewöhnt «die jungen Köpfe» rechtzeitig daran, sich ihrer eigenen Vernunft zu bedienen (VIII 147). Dann dürfte auch der Stoßseufzer von Georg Christoph Lichtenberg überflüssig werden: «Man spricht viel von Aufklärung und wünscht mehr Licht, mein Gott, was hilft aber alles Licht, wenn die Leute entweder keine Augen haben, oder die, welche sie haben, vorsätzlich schließen» (*Sudelbücher*, L 472).

Im *Aufklärung*-Essay geht Kant zum Optimismus über. Gegen die höchstpersönliche Aufklärung setzt er nämlich die des Publikums ab, hält diese für eher möglich, bei entsprechender Freiheit sogar für «beinahe unausbleiblich». Denn glücklicherweise fänden sich immer «einige Selbstdenkende», die den freien Vernunftgebrauch nicht nur für sich praktizierten, sondern ihn auch verbreiteten. Dafür muß freilich eine bescheidene, nicht mehr persönliche, sondern politische Bedingung erfüllt sein: daß man die Freiheit hat, «von seiner Vernunft in allen Stücken *öffentlichen Gebrauch* zu machen» (*Aufklärung*, VIII 36; vgl. schon *KrV*, B 766 f., bes. B 780).

Kant votiert hier für ein Grundelement des politischen Liberalismus, für die Meinungsfreiheit in einem philosophisch anspruchsvollen Sinn (vgl. *ZeF*, Geheimer Artikel, VIII 368 f.). Dem Philosophen geht es weniger um das Recht, beliebige Ansichten freimütig zu äußern, als um jenes Recht auf freie und öffentliche Prüfung aller Ansichten (*Aufklärung*, VIII 41), das keine Autorität, auch Staat und Kirche nicht, ausnimmt. Im Essay *Was heißt: Sich im Denken orientieren?* erläutert er die entsprechende Freiheit im Denken durch drei Bedeutungen, die er allesamt sowohl negativ als auch positiv bestimmt. Die ersten zwei richten sich gegen den Staat und die Kirche: (1) Dem bürgerlichen Zwang entgegengesetzt, gehört zur Freiheit des Denkens das Recht, «seine Gedanken öffentlich *mitzuteilen*». (2) Dem Gewissenszwang und religiösen Vormündern entgegengesetzt, besteht die Freiheit im Recht, Glaubensformeln einer «Prüfung der Vernunft» zu unterwerfen. (3) Und die nächste Bedeutung wendet sich gegen ein Genie, das sich aller «Einschränkung durch Gesetze» glaubt entziehen zu können, was das Genie zwar für Erleuchtung, Kant aber für Schwärmerei hält (*Denken*, VIII 144 f.).

Das dritte Moment der Freiheit im Denken erinnert an eine Grundbotschaft der *Kritik der reinen Vernunft*. Es widerspricht nämlich dem gesetzlosen Gebrauch der Vernunft und verlangt positiv die Unterwerfung der Vernunft «unter Gesetze, allerdings unter keine anderen Gesetze, als: die sie sich selbst gibt» (*Denken*, VIII 145). Nimmt man die Meinungsfreiheit *pars pro toto*, so spricht sich Kant im Rahmen seines Verständnisses von Aufklärung schon ein halbes Jahrzehnt vor der Französischen Revolution für unveräußerliche Menschenrechte aus.

Das Votum für Meinungsfreiheit erfolgt zwar unmißverständlich klar, jedoch weder als flammendes Plädoyer noch sachlich «ohne Wenn und Aber». Für Kant gibt es nämlich eine klare Grenze, die Staatsräson. Ihretwegen gebe es einen doppelten, nämlich neben dem uneingeschränkten öffentlichen einen eingeschränkten privaten Vernunftgebrauch, was der Philosoph an drei öffentlichen Amtspersonen, dem Offizier, dem Finanzbeamten (oder auch Steuerzahler) und dem Kirchenbeamten, erläutert. Einerseits haben sie im Rahmen ihres Amtes Vorgaben zu gehorchen, mithin als Soldaten den Offiziersbefehlen, als Steuerzahler den Steuerbescheiden und im geistlichen Bereich dem Glaubensbekenntnis ihrer Kirche. Andererseits dürfen sie außerhalb ihrer Amtspflichten frei räsonieren.

Kant ist sich der Möglichkeit von Gewissenskonflikten bewußt, sieht deren Lösung aber nicht in einer Gehorsamsverweigerung, die sich, angeblich mutig, zu einem Widerstand steigern könnte. Vielmehr votiert er für einen Rücktritt vom Amt. Sieht man von Verhältnissen ab, die Kant hier nicht in den Blick nimmt, etwa von einem tyrannischen oder totalitären Regime, so überzeugt sein Votum: Wer als Geistlicher, aber ebenso: wer als Offizier, Verwaltungsbeamter oder Richter, mit den geltenden Bestimmungen so grundlegende Schwierigkeiten hat, daß er die Ausübung seiner Amtsgeschäfte für mit seinem Gewissen unvereinbar hält, sollte das Amt niederlegen und mittels öffentlicher Vernunft seiner Kritik freien Lauf lassen. Dann kann er zu jener «Volksaufklärung» beitragen, die Kant später als «öffentliche Bekehrung des Volkes von seinen Pflichten und Rechten», dort «in Ansehung des Staats, dem es angehört», bestimmt (*Fak.*, VII 89).

Für heutige Ohren ist Kants Ausdruck «Privatgebrauch» mißverständlich. Denn er bezeichnet nicht wie heute den Vernunftgebrauch einer Privatperson, sondern den im Rahmen einer öffentlichen Aufgabe. Mit Hilfe der Kantischen Unterscheidung läßt sich nun der gegenüber Institutionen gebotene Pflichtgehorsam mit der vollen Denkfreiheit innerhalb eines Gemeinwesens vereinbaren.

Noch immer pflegen Hegelianer Kant eine Mißachtung von Institutionen vorzuwerfen (aktuell etwa Honneth 2011, 16). Andere erheben diesen Vorwurf gegen die Epoche der Aufklärung generell (z. B. Marquard 1981). Auf Kant bezogen lebt dieser Vorwurf von einer Unkenntnis der einschlägigen Texte, namentlich der Schrift *Zum ewigen Frieden,* der *Rechtslehre,* aber auch schon des *Aufklärung*-Essays (1784). Als Aufklärungsphilosoph nimmt Kant allerdings keine vorbehaltlose Wertschätzung vor, Institutionen bleiben der Kritik ausgesetzt. Kant lehnt beispielsweise den staatlichen Absolutismus, aber nicht jede Staatlichkeit ab, vielmehr votiert er für eine Republik (siehe Kap. 15). Auch wendet er sich gegen eine Überbewertung der sichtbaren Kirche, plädiert statt dessen für eine kosmopolitische Vernunftreligion, läßt aber neben deren «unsichtbarer Kirche» auch der sichtbaren Kirche ein Recht (siehe Kap. 19).

Kants für eine politische Philosophie wichtige Unterscheidung von privatem und öffentlichem Vernunftgebrauch erlaubt nun jedem Menschen, zwei Rollen auszuüben. Man darf gewissermaßen ein Doppelleben führen, was Kant wiederum an denselben drei Bereichen erläutert, an Militär, Steuern und Kirche: Im Militär ist der Offizier nicht bloß Vorgesetzter seiner Soldaten, sondern auch Untergebener höherer Offiziere und weiterer «Oberer», deren Befehlen er untersteht. Dem Offizier «im Dienst», erklärt Kant, steht es nicht frei, über die «Zweckmäßigkeit oder Nützlichkeit» der Befehle laut zu «vernünfteln». Denn der Gehorsam gehört zu den unverzichtbaren Funktionsbedingungen einer Armee. Außerhalb des Dienstes, als Gelehrter, darf es dem Offizier aber nicht verwehrt sein, was auch den Mitgliedern einer demokratischen Armee weitreichende Rechte zugesteht, nämlich «über die Fehler im Kriegsdienste Anmerkungen zu machen, und diese seinem Publikum vorzulegen» (*Aufklärung*, VIII 37).

Man muß nicht Kants Anschlußüberlegungen im *Aufklärung*-Essay folgen und etwa die soeben skizzierte nähere Unterscheidung von privatem und öffentlichem Vernunftgebrauch übernehmen, um folgendem zuzustimmen; ohnehin geschähe es durch die Tat, durch ein mit Argumenten gestütztes Nichtübernehmen: Kants Begriff der Aufklärung, deren Bestimmung als Selbstdenken, gehört fraglos zu den Elementen der Kantischen Philosophie, die bis heute und auch in Zukunft überdauern. Überall, wo Argumente zählen, wird dieses Selbstdenken, einschließlich Mündigkeit und allgemeiner Menschenvernunft, praktiziert.

2. Kritik

2.1 Judikative Kritik

Mit gutem Grund unterscheidet man in Kants intellektueller Entwicklung zwei Phasen, zwischen denen noch eine Umbruchphase liegt, das von Publikationen freie stille Jahrzehnt. Die in dieser Studie thematisierte Philosophie der Freiheit und zugleich praktische Philosophie fällt nach ihren entscheidenden Texten vollständig in die zweite Phase. Trotzdem empfiehlt sich der Hinweis, daß die üblichen Bezeichnungen der zwei Phasen als vorkritische und kriti-

sche Phase irreführend sind, da der Kritikimpuls keine späte Antriebskraft ist, sondern Kant von Beginn an leitet:

Schon in der erwähnten Erstlingsschrift *Gedanken von der wahren Schätzung,* ihrem allerersten Satz, nimmt sich unser Philosoph
selbstbewußt jene Freiheit heraus, die das Kennzeichen veritabler
Kritik ist: «großen Männern zu widersprechen» (I 7). Nach einem
geflügelten Wort, das auf Aristoteles zurückgeht, «Amicus Plato,
magis amica veritas», frei übersetzt: «Ich liebe Plato, aber noch
mehr liebe ich die Wahrheit», ist auch für Kant die Entdeckung der
Wahrheit wichtiger als die Anerkennung wissenschaftlicher Autoritäten, damals vor allem Newton und Leibniz.

Indem Kant in seiner Erstlingsschrift so gut wie alle bisher vorgetragenen Meinungen «ungescheut» zu tadeln sich erlaubt und an
deren Stelle den eigenen Gedanken den Vorzug einräumt, ist er von
Anfang an durch Selbstdenken, mithin durch Aufklärung in Kants
Verständnis, und daraus folgend durch Kritik motiviert. Beide Motive, Aufklärung und Kritik, erweisen sich, wie schon gesagt, als
ineinander verschränkt. Als Ablehnung fremder Autoritäten ist
Kants Kritik zunächst vornehmlich negativer Natur; in Übereinstimmung mit der heutigen Alltagssprache zielt sie auf Mißbilligung, Einspruch und Widerspruch.

In den drei *Kritiken* tritt aber eine andere, neutrale Bedeutung in
den Vordergrund; sinngemäß trifft sie auf Kants gesamtes Œuvre
zur praktischen Philosophie zu:

Der griechische Ausdruck *kritikos,* der zum Verb *krinein* –
«scheiden, trennen, entscheiden» – gehört, steht zunächst in medi-
zinischem Zusammenhang und bedeutet jene «kritischen Tage», in
denen eine Krankheit zu ihrem entscheidenden Punkt, der Krise,
gelangt. Später erhält der Ausdruck eine juristische Bedeutung, und
im Lateinischen erweitert er sich als *ars critica* zur Kunst, über Wert
und Unwert einer Sache fachmännisch zu urteilen. Wieder später
wird Kritik, jetzt als Fähigkeit der gründlichen Prüfung, die Wahres
vom Falschen und Gutes vom Schlechten unterscheidet, zu einem
Grundwort der Aufklärungsepoche.

An dieses Verständnis schließt Kant in seiner sogenannten kritischen, tatsächlich aber transzendentalen Phase an. «Kritik» bedeutet hier nicht, wie heute in der Umgangssprache, eine negative: ta-

delnde, ablehnende oder entlarvende Kritik, vielmehr die in der Kunst- und Literaturkritik bis heute geübte richterliche Form, die judikative Kritik.

Um diese sachgerecht auszuüben, muß man selber denken, also schon über die erste Antriebskraft verfügen. Umgekehrt bedient, wer selber denkt, sich des eigenen Verstandes; statt sich fremden Autoritäten zu unterwerfen, öffnet er sich zur eigenen Kritik. Wird diese methodisch, überdies radikal, bis zu den Wurzeln der Probleme, vorgenommen, so läßt man sich auf Kants in der ersten *Kritik* geübte transzendentale Kritik ein.

Aber schon vorher, in der Erstlingsschrift, ist judikative Kritik präsent. Denn Kant wendet sich an «Richter» (*Gedanken*, I 7) und diagnostiziert schon hier, nicht erst in der *Kritik der reinen Vernunft*, einen «Streit», allerdings noch keinen fundamentalphilosophischen Streit, sondern nur eine «der größten Spaltungen, die jetzt unter den Geometern von Europa herrscht» (I 16).

Knapp ein Jahrzehnt später, in der *Neue[n] Erhellung der ersten Grundsätze* (*Nova dilucidatio*, 1755), klingt ebenfalls die judikative Kritik an, da vom Streit der Meinungen, von deren besonnener Prüfung und von billigen qua fairen Schiedsrichtern die Rede ist.

Diese Befunde stützen die einleitende Bemerkung, daß sich Kant lange vor der *Kritik der reinen Vernunft*, selbst vor dem stillen Jahrzehnt, auf zwei intellektuelle Antriebskräfte verpflichtet, die ihn zur radikalen Umkehr zunächst seines eigenen Denkens und bald nahezu der gesamten europäischen Philosophie zwingen: der Aufklärung als Selbstdenken und als deren entscheidende Methode die judikative, ab der ersten *Kritik* transzendental durchgeführte Kritik.

In der *Kritik der reinen Vernunft* bringt Kant dieses Vorgehen zu einer methodischen und darstellerischen Perfektion. Er zieht genau jene Instanz vor Gericht, die nicht nur in seiner Epoche die höchste Autorität, die des letztentscheidenden Richters, besitzt: die Vernunft. Zugleich wird über die zuständige Wissenschaft vor Gericht gesessen, über die bislang «Königin aller Wissenschaften» (*KrV*, A viii) genannte Fundamentalphilosophie, die Metaphysik. Denn Kant versteht unter Kritik «nicht eine Kritik der Bücher und Systeme, sondern die des Vernunftvermögens überhaupt in Ansehung aller Erkenntnisse, zu denen sie unabhängig von aller Erfahrung streben mag, mithin die Entscheidung der Möglichkeit oder Unmöglichkeit einer Metaphysik überhaupt» (*KrV*, A xii). Rufen wir uns die Grundzüge dieser Kritik in Erinnerung (zur näheren Interpretation der ersten *Kritik* siehe Höffe 2003):

Anlaß der Kritik ist der damals in der Fundamentalphilosophie vorherrschende Streit zwischen Rationalismus und Empirismus. Kant schlägt sich auf keine der beiden Seiten; ebensowenig überläßt er die Entscheidung der Willkür oder Macht. Statt dessen überantwortet er die Angelegenheit den Bedingungen des Rechtsstaates und inszeniert einen Prozeß. Primär ist es ein Zivilprozeß, der keinen Angeklagten verurteilen oder aber freisprechen, wohl aber Ansprüche, näherhin die Erkenntnisansprüche von Vernunft und Metaphysik, auf ihre Berechtigung prüfen will. Damit das schließliche Urteil überzeugt, beherzigt Kant jenen Grundsatz seiner ersten Antriebskraft, des Selbstdenkens: daß die Vernunft weder anarchisch noch nach fremden Gesetzen agieren darf, sondern sich lediglich den *sich* selbst gegebenen Gesetzen unterwirft (*Denken*, VIII 145).

Im Rahmen der umgreifenden, judikativen Kritik erhalten auch die beiden anderen Kritikformen, die affirmative und die negative Kritik, ein Recht. Im ersten Teil, der transzendentalen Ästhetik und transzendentalen Logik, sichert Kant gerechte Ansprüche mittels dreier Argumentationsschritte: (1) Die Empirie ist an ein synthetisches Apriori gebunden. (2) Dieses besteht hinsichtlich des einen Erkenntnisstammes, der Sinnlichkeit, in den reinen Anschauungsformen Raum und Zeit. (3) Dem anderen Erkenntnisstamm, dem Verstand, liegen als synthetisches Apriori die Kategorien, das transzendentale «Ich denke» und die transzendentalen Grundsätze zugrunde. Die entsprechenden Nachweise, insgesamt eine affirmative Kritik, legitimieren wissenschaftliches Wissen. Im zweiten Teil, der transzendentalen Dialektik, herrscht mit dem Zurückweisen grundloser Anmaßungen die negative Kritik vor. Dabei, aber auch nur dabei spielen Elemente eines Strafprozesses herein, so daß Kant bloß weitgehend, nicht ausschließlich dem Muster eines Zivilprozesses folgt: Sobald die Vernunft die Grenzen ihrer Möglichkeit überschreitet, wird sie mit Fehlschlüssen, den Paralogismen, mit sich widerstreitenden Gesetzen, den Antinomien, und mit dem Scheitern aller Gottesbeweise «bestraft».

2.2 Ein demokratischer Gerichtsprozeß

In dem Prozeß, den Kant inszeniert, zählt kein esoterisches Sonderwissen, sondern allein jene allgemeine Vernunft, über die jedermann, und sei es auch nur dunkel, verfügt. Selbst den Prozeß um die theoretische Vernunft führen in letzter Instanz nicht akademisch vorgebildete Fachphilosophen. Als «freie und öffentliche Prüfung» durchgeführt (*KrV*, A xi), erkennt der Prozeß in aller Selbstverständlichkeit jeden als gleichberechtigt an. In der *Kritik der praktischen Vernunft* und Kants anderen Texten zur praktischen Philosophie sieht es nicht anders aus.

Mit Berufung auf G. H. Mead hat Habermas (1983, 75), der Diskursethiker, für die Ethik einen idealen Rollentausch gefordert. Kant hat diese Forderung nicht nur lange vor Mead anerkannt. Gemäß der zweiten Stufe von Aufklärung, dem «an der Stelle jedes anderen denken», führt er ihn sogar in der singulären Form eines wahrhaft universalen Rollentausches durch.

Weil kein esoterisches Sonderwissen zählt – ohnehin nicht die «Privatgültigkeit des Urteils» (*KrV*, B 849) –, sondern allein die Vernunft, über die im Prinzip jeder verfügt, übt im Prozeß um die Vernunft jeder (Selbst-)Denker alle drei erforderlichen Rollen aus: sowohl das Amt des Anklägers als auch das des Verteidigers, nicht zuletzt das des Richters. Deutlich genug heißt es in der «Methodenlehre», daß das Urteil der Vernunft, ihr «Ausspruch», «jederzeit nichts als die Einstimmung freier Bürger ist, deren jeglicher seine Bedenklichkeiten, ja sogar sein Veto, ohne Zurückhalten muß äußern können» (B 766 f.). Hier spricht der Aufklärer, der sich vehement für den öffentlichen Vernunftgebrauch einsetzt (siehe Kap. 1.4), der weder ein Expertenwissen verlangt noch die Zugehörigkeit zu einem besonderen Stand oder ein Amt erwartet, sei es von Gottes oder von Menschen Gnaden. In dem von Kant initiierten Vernunftprozeß sitzen Laien und im Prinzip nur Laien zu Gericht.

Die *Kritik der reinen Vernunft* setzt dabei den in der *Aufklärung*-Schrift geforderten Mut voraus, sich seines eigenen Verstandes zu

bedienen. Die Fähigkeit zu Vernunftkritik verdankt sich dem entsprechenden Mut, also einer moralischen Leistung, und die Unfähigkeit geht ebenso auf eine moralische, jetzt negative «Leistung»
zurück: Unmündig bleibt man aus mangelndem Mut und zusätzlich aus Bequemlichkeit.

Daß in Sachen Vernunft jedermann Richter, sogar Richter über
die Prinzipien, insofern Verfassungsrichter ist, falls er nur den Mut
und zudem die erforderliche Gründlichkeit und Geduld aufbringt,
findet sich in Kants Darstellungsweise bekräftigt: Die drei *Kritiken*
erinnern zwar gelegentlich an gewisse philosophiegeschichtliche
Positionen, insbesondere dann, wenn andernfalls die Aufgabe fehlt,
die den Prozeß nötig macht: der Streit der Philosophen untereinander. Nimmt man als Beispiel die erste *Kritik*, so erfolgt Kants dies-
bezügliche Erinnerung jedoch vornehmlich in den Vorreden und
beschränkt sich selbst dort auf ein Minimum an Philosophiegeschichte. Sobald der Prozeß als notwendig dargelegt, mithin eröffnet ist, tritt Kant in die einschlägigen Sachfragen ein, die er dann
ohne weitläufigen Bezug auf die Philosophiegeschichte unmittelbar
systematisch sowohl formuliert als auch abhandelt.

Eine Vernunft, die in der «Einstimmung freier Bürger» (*KrV*, B
766) besteht, ist, wie schon die Aufklärung qua Selbstdenken, nach
heutigen Begriffen von Grund auf demokratisch. Und soweit ein
Prozeß stattfindet, wird er vor einem Schöffen- bzw. Schwurge-
richt verhandelt, in dem die Laienrichter mit gleicher Stimme wie
Berufsrichter, sprich: Philosophen vom Fach, vertreten sind.

Mit dieser philosophischen Einstellung setzt sich Kant gegen
Platon ab. Der Aristokratie, die im berühmten Philosophenkönigs-
satz (*Politeia*, V 473 c–d, vgl. *VII. Brief*, 326 b) anklingt und im
Platonischen Erziehungsprogramm, deutlich im Höhlengleichnis
(*Politeia*, VII 514 a ff.), bekräftigt wird, stellt Kant eine Demokratisierung entgegen, besonders nachdrücklich in der Schrift *Zum ewigen Frieden*, deren Zweitem Zusatz (*ZeF*, VIII 368 f.). Kant beschränkt aber die Demokratisierung der Vernunft nicht etwa auf
den Bereich von Ethik und Politik, sondern schließt bemerkens-
werterweise die theoretische Vernunft mit ein, deren «Gesetzgebung allenthalben in jeder Menschenvernunft angetroffen wird»
(*KrV*, B 867). Infolgedessen ist der Philosoph «immer ausschließ-

lich Depositär einer dem Publikum ... nützlichen Wissenschaft» (B xxxiv).

Man kann hier von einer epistemischen Demokratie sprechen. Deren Verfassungsprinzipien heißen auf der positiven Seite: reine Anschauungsformen, reine Begriffe, transzendentale Apperzeption, reine Schemata und vor allem, so der konstruktive Höhepunkt der ersten *Kritik*, Grundsätze des reinen Verstandes bzw. transzendentale Naturgesetze. Auf der negativen Seite befinden sich die Paralogismen, die Antinomien und die weiteren transzendentalen Sophismata.

Um eine Zwischenbilanz geographisch zu formulieren: Das Paradigma von Kommunikation und Diskurs, auf das die beiden Frankfurter Philosophen Apel und Habermas so viel Wert legen (zur Feindebatte vgl. Höffe 2007, Kap. 20.5), hat seinen Geburtsort, wenn man noch ältere Quellen beiseite läßt, nicht in Frankfurt, auch nicht wegen G. H. Mead in Chicago, sondern in Königsberg.

Noch eine weitere neuere Denkrichtung wird in Königsberg geboren. Zu den heute verbreiteten Arten des Philosophierens gehört die Postmoderne. Einer ihrer Vertreter, Jean-François Lyotard (1979), rühmt sich einer Dekonstruktion der großen Rahmenerzählungen, die das Wissen bislang zusammenhielten. Beispielsweise sei der Gedanke einer fortschreitenden Emanzipation der Menschheit als Irrtum zu entlarven. Und generell solle die Sehnsucht nach dem Einen der Anerkennung des Vielen weichen. In Wahrheit wird die Dekonstruktion aber nicht von der Postmoderne erfunden, auch nicht von deren Vorbild, Friedrich Nietzsche. Sie beginnt vielmehr lange vorher, schon bei Kant. Seine Kritik zerstört nämlich die gesamte besondere Metaphysik (*metaphysica specialis*), also die überlieferte Philosophie von Seele, Freiheit und Gott.

Der heutigen Postmoderne ist Kant sogar in drei Hinsichten überlegen. Erstens ist er der Vorgänger und nicht Zweiterfinder; weiterhin nimmt er eine weit radikalere Dekonstruktion vor; schließlich bleibt er bei ihr nicht stehen, sondern wird auch konstruktiv. Auf eine negative Kritik in Radikalform, auf die mitleidlose Destruktion der traditionellen Metaphysik, folgt im Anhang zur transzendentalen Dialektik eine Theorie naturwissenschaftlicher Forschung, die beiden, sowohl dem Forschungspathos der

Naturwissenschaften als auch deren grundsätzlicher Grenze, gerecht wird. Zugleich überwindet sie die plane Alternative der Postmoderne: entweder Einheit oder aber Vielheit. Jede Forschung, in der Vernunft waltet – nach dem Essay *Was heißt: Sich im Denken orientieren?* das höchste Gut auf Erden (vgl. VIII 146) –, sucht nämlich beides: die Einheit nach dem Prinzip der Homogenität und die Vielheit nach dem Prinzip der Spezifikation, darüber hinaus im Prinzip der Kontinuität eine Verbindung von Einheit und Vielheit.

Die zweite Kritik, die *Kritik der praktischen Vernunft*, bleibt der Doppelaufgabe der judikativen Kritik aus der *Kritik der reinen Vernunft* treu. Zum einen erkennt sie berechtige Ansprüche, hier: die der reinen praktischen, also moralischen Vernunft, an (affirmativer Anteil); zum anderen weist sie unberechtigte Anmaßungen, jetzt der empirisch bedingten Vernunft, zurück (negativer Anteil). Dort wird die moralische Vernunft legitimiert, hier ein Imperialismus der empirisch-praktischen Vernunft, ihr Prinzip Eigenwohl, delegitimiert.

2.3 Bleibende Attraktivität

Selbst große Philosophen sind heute oft nur von historischem Interesse, Immanuel Kant ist dagegen, und zwar wegen seiner judikativen Kritik, «einer von uns». Die Gründe sind so zahlreich, daß man bei der Auswahl in Verlegenheit gerät. Hier sei lediglich ein Grund genannt, der, für Kants judikative Kritik charakteristisch, hohe Wertschätzung mit deutlicher Selbstbescheidung verbindet und dies für beide Seiten vornimmt, sowohl für die Philosophie als auch für die Einzelwissenschaften.

Nachdrücklicherweise zeigt Kant, daß die gesamte Natur Gesetzmäßigkeiten unterworfen ist und die Freiheit sich trotzdem widerspruchsfrei denken läßt. Damit plädiert er einerseits für eine so gut wie unbegrenzte Naturforschung. Andererseits tritt er jenen Missionaren der neueren Hirnforschung entgegen, die da glauben, mit gewissen Experimenten die Willensfreiheit widerlegen zu können. Kant würde sich als Naturforscher für die paradigmatischen Libet-Experimente (vgl. Libet 2004) interessieren; als Naturphilosoph wäre er von ihnen nicht grundsätzlich überrascht, da in allen Naturprozessen, folglich auch in neuronalen Prozessen, Gesetzmäßigkeiten herrschen. Und als Erkenntniskritiker würde er die angeblich radikale Folgerung, es gäbe keine Willensfreiheit, folglich auch keine strafrechtliche Schuldfähigkeit, keine Privatautonomie, keine Selbstbestimmung und deren Verletzung, vermutlich auch keine Menschenrechte und keine darauf gründende Selbstachtung, als übereilt zurückweisen.

Kant ist keineswegs so naiv, zu behaupten, daß die Willensfreiheit ohne weiteres erkennbar sei. Im Gegenteil bestreitet er die Erkennbarkeit, womit er dem schlichten Gegner der genannten Hirnforscher widerspricht. Er erklärt nämlich lediglich, trotz einer umfassenden Herrschaft der Naturgesetze sei die Willensfreiheit denkbar, aber lediglich denkbar, nicht auch erkennbar. Für jede Erkenntnis brauche es nämlich das Zusammenwirken der zwei erwähnten Erkenntnisstämme, der Sinnlichkeit, die etwas Äußeres passiv aufnimmt, und des Verstandes, der das Aufgenommene denkend verarbeitet. Für die Freiheit entfällt aber die Sinnlichkeit, so daß man sie zwar widerspruchsfrei denken, nicht aber auch erkennen kann. Dennoch wird Kant mit dem Faktum der Vernunft die objektive Realität der Freiheit beweisen können (siehe Kap. 8).

Eine Wertschätzung, die zugleich vor einer Selbstüberschätzung warnt, nimmt Kant nicht bloß bei den Einzelwissenschaften, sondern ebenso seitens der Philosophie vor. Sorgfältig darauf bedacht, den Einzelwissenschaften nicht ins Gehege zu kommen, wendet er sich lediglich jenen Vor- und Grundfragen zu, für die die Einzelwissenschaften über keine Kompetenz verfügen. Vorab, sagt Kant, lerne man die Naturforschung kennen, ebenso, ist zu ergänzen, die Sozialforschung; zumindest sei man neugierig auf sie beide. Sodann trete man weder großsprecherisch in Konkurrenz zur Forschung auf und entwerfe «aus reiner Vernunft» ein Panorama der natürlichen und sozialen Welt. Noch begnüge man sich kleinmütig mit der Aufgabe eines Platzhalters für künftige Forschung oder eines Interpreten von deren bisheriger Leistung (so Habermas 1983). Schon gar nicht verabschiede man die Philosophie zugunsten der empirischen Wissenschaften, etwa die Erkenntnistheorie zugunsten der

Kognitionswissenschaften oder die Moralphilosophie zugunsten einer Moralpsychologie.

Gegen den immer wieder drohenden Imperialismus mancher Wissenschaften macht Kant auf deren bis heute geltende Grenze aufmerksam: Zur menschlichen Vernunft gehören nicht bloß Naturgesetze, sondern auch Freiheitsgesetze bzw. moralische Gesetze; und diese sind der Deutungsmacht der Naturwissenschaften grundsätzlich entzogen.

Kants soweit skizzierte Wertschätzung sowohl der Einzelwissenschaften als auch der Philosophie verbindet sich also mit einem Einspruch gegen deren Selbstüberschätzung. Diese Verbindung zeigt exemplarisch die Leistungsfähigkeit einer von Kant inspirierten Kritik und spricht dafür, daß auch sie, nach der Aufklärung, zu den Elementen des Königsberger Philosophen gehört, die bleiben werden: Die durch das Selbstdenken auf den Weg gebrachte judikative Kritik läßt sich, wo erforderlich, auf eine negative Kritik nicht weniger als auf eine affirmative Kritik ein, beides dezidiert und wo nötig radikal. Zugleich vermeidet sie die Einseitigkeiten einer entweder bloß negativen oder lediglich affirmativen Kritik.

3. Moral

Kants dritte philosophische Antriebskraft, die Moral, könnte man für eine Philosophie der Praxis als selbstverständlich ansehen. Tatsächlich versteht sie sich nur als Gegenstand, nicht auch als Motivation von selbst. Die Moral und die anderen Aspekte der Praxis, Recht und Staat, Geschichte, Pädagogik und Religion, kann man aus rein theoretischem Interesse untersuchen. Kant dagegen verfolgt nicht nur gegenüber der Moral und den anderen Aspekten der Praxis, sondern fast in seinem ganzen Denken ein moralisches Interesse. Diese gegenüber vielen Interpretationen überraschende These, die Moral sei für Kants Philosophie eine generelle Antriebskraft, sei exemplarisch an der *Kritik der reinen Vernunft* belegt. Insbesondere diese Schrift wird nämlich häufig mit bloß theoretischem Interesse gelesen.

3.1 Häretische Lektüre von Kants Werk

Nach der üblichen orthodoxen Lektüre geht es der *Kritik der reinen Vernunft* vornehmlich um dreierlei: um Erkenntnistheorie, komplementär dazu um Gegenstandstheorie, schließlich auch um ein neues, endlich mit den Einzelwissenschaften konkurrenzfähiges Philosophiekonzept: die kritische Transzendentalphilosophie mit der Frage nach dem synthetischen Apriori als Schicksalsfrage.

Eine heterodoxe, sogar häretische Lektüre (vgl. Höffe 2003) korrigiert weder den Philosophiebegriff noch die Schicksalsfrage, wohl aber das wie selbstverständlich unterstellte Leitinteresse an der Erkenntnis. Es trifft zwar zu, daß der überwiegende Teil der ersten *Kritik*, ihre Elementarlehre, das Erkenntnisvermögen untersucht, sowohl dessen Möglichkeiten als auch Grenzen. Die nur im Umfang kleinere, durch die Gliederung als zweiter Teil aber für gleichrangig erklärte Methodenlehre geht jedoch über eine Erkenntnistheorie weit hinaus. Wer die Elementarlehre unvoreingenommen liest, stößt dort, namentlich in der dritten Antinomie, auf Hinweise, die die zweite Auflage noch verstärkt, da Kant sie hier schon in das (neue) Motto und in die ebenfalls neue Vorrede aufnimmt: Nach ihrem Weltbegriff im Unterschied zum Schulbegriff dient die Philosophie letztlich dem einzig notwendigen Zweck, der Sittlichkeit. In diesem Sinn sucht Kant «allen Einwürfen wider Sittlichkeit ... auf *sokratische* Art, nämlich durch den klärsten Beweis der Unwissenheit der Gegner, auf alle künftige Zeit ein Ende zu machen» (B xxxi).

Von einer heterodoxen Lesart spreche ich, sofern sich die erste *Kritik* auf alle drei Fragen richtet, in denen sich laut Kant alles Interesse der Vernunft, ausdrücklich «das spekulative [sprich: theoretische] sowohl, als das praktische» Interesse, vereinigt (*KrV*, B 832), das entsprechende Philosophieren eine «weltbürgerliche Bedeutung» erhält (*Logik*, IX 25) und die beiden Motive, Moral und Kosmopolitismus, ineinandergreifen. Indem die *Kritik der reinen Vernunft* nicht nur auf die Frage antwortet: «Was kann ich wissen?», sondern zusätzlich auch auf die beiden anderen «Was soll ich tun?» und «Was darf ich hoffen?» (B 832 f.), enthält sie eine Art Enzyklopädie der philosophischen Wissenschaften. Im Unterschied zur französischen *Encyclopédie ou Dictionnaire raisonné des sciences* wird sie nicht von einer «société des gens de lettres», von fast 150 Autoren, sondern von einem einzigen Autor verfaßt. Weil aber dabei die Moral die entscheidende Rolle spielt, spitze ich die heterodoxe zur häretischen Lesart zu: Die *Kritik der reinen Vernunft* untersucht zwar das Wissen, darüber hinaus das Hoffen, stellt aber gemäß der skizzierten Passage aus der zweiten Vorrede beide Themen in den Dienst des Sollens, nämlich der Moral.

In der ersten *Kritik* herrscht gegenüber der Moral die sokratische Methode vor. Ihre vor allem negative Art, nämlich Moral-Skeptiker und Moral-Leugner zu widerlegen, wird schon in der *Grundlegung*, dann auch in der zweiten *Kritik* um ein positives und zugleich konstruktives Vorgehen ergänzt. Kant zeigt, daß die Moral als reine praktische Vernunft zu denken ist; er begründet ihr Kriterium, die Verallgemeinerbarkeit von Maximen; und im Faktum der Vernunft stellt er ihre eigentümliche Wirklichkeit vor. Das, was viele Leser in der ersten *Kritik* übersehen, tritt in der zweiten *Kritik* unübersehbar zutage: Kants moralisch-praktisches Leitinteresse.

Überraschenderweise verhält es sich in der *Kritik der Urteilskraft* nicht anders. Auf den ersten Blick hat sie mit der Moral zwar wenig, eigentlich überhaupt nichts zu tun. Denn die von ihr untersuchte Fähigkeit, zum Besonderen das Allgemeine aufzusuchen, die reflektierende Urteilskraft, richtet sich auf moralfremde Gegenstandsbereiche. Der zweite Blick nimmt eine gründliche Korrektur vor. Sieht man von der Einleitung ab, so besteht die dritte *Kritik* aus sieben größeren Teilen, aus (1) der Analytik des Schönen, (2) der Analytik des Erhabenen, (3) der Deduktion der reinen ästhetischen Urteile, (4) der Dialektik der ästhetischen Urteilskraft, (5) der Analytik der teleologischen Urteilskraft, (6) der Dialektik der teleologischen Urteilskraft und (7) deren Methodenlehre. Von diesen sieben Teilen hat jeder einzelne der ersten vier ästhetischen Teile einen bedeutsamen Bezug zur Sittlichkeit bzw. Moral: In der Analytik des Schönen gilt das ästhetische Ideal als Ausdruck von Sittlichkeit; laut der Analytik des Erhabenen ist dieser Gegenstand mit der Moral verwandt; laut der Deduktion läßt ein Interesse am Naturschönen eine Anlage zur Moral vermuten; schließlich erklärt die ästhetische Urteilskraft in ihrer Dialektik die Schönheit zum Symbol der Sittlichkeit.

Bei den nächsten drei, teleologischen Teilen findet sich zwar ein wichtiger Moralbezug nur im letzten Teil, dort aber auf zwei sich ergänzende, sogar sich steigernde Weisen. Zum einen gilt der Mensch qua Moralwesen als Endzweck der Natur, zum anderen entwickelt Kant einen moralischen Gottesbeweis.

Wegen dieses erstaunlich vielfachen Bezuges zur Moral darf man sie als ein Band ansprechen, das den unterschiedlichen Themen der dritten *Kritik* zu einer gegenüber dem Titelbegriff, der reflektierenden Urteilskraft, zwar nachgeordneten, aber nicht zu unterschätzenden Einheit verhilft. (Zu deren näherer Interpretation siehe Höffe 2008 a.) Und in dem Maß, wie dieses zutrifft, erweist sich die Moral als ein Einheitsband von Kants gesamtem kritischen Werk.

Der in allen drei Schriften prominente Titelbegriff, die Kritik, betont zwar andere Gemeinsamkeiten, namentlich die richterliche Auseinandersetzung mit Dogmatismus und Empirismus (einschließlich Skeptizismus) und die Suche nach jener Erkenntnisart, dem synthetischen Apriori, die die Philosophie zur eigenständigen Wissenschaft befähige. Simplifizieren, nämlich auf einen einzigen Gesichtspunkt einschränken, darf man also die Einheit von Kants kritischem Denken nicht. Aus diesem Grund, dem Veto gegen ein übermäßiges Vereinfachen, darf man aber auch jenes Einheitsmoment nicht vernachlässigen, das nicht im Titelbegriff «Kritik» anklingt und doch ein wesentliches, wenn auch nicht das exklusiv dominante Motiv von Kants kritischer Transzendentalphilosophie ausmacht, das Interesse an der Sittlichkeit bzw. Moral.

Bis zu den Anfängen seines Philosophierens reicht dieses Motiv zwar nicht zurück. Kant befaßt sich zunächst mehr mit Naturphilosophie und folgt dabei bloß theoretischen Interessen. Schon Mitte der 1760er Jahre wendet er sich aber auch Fragen der natürlichen Theologie und der Moral zu, Fragen, die für die erste *Kritik* leitend sein werden. Denn wer sie bis zu ihrem letzten Teil, der Methodenlehre, liest, erfährt, was schon im Motto und der zweiten Vorrede anklingt: Letztlich will Kant nicht nur voremprirische Voraussetzungen von Empirie ausweisen, sondern die Möglichkeit der Metaphysik, hier insbesondere die Chancen der Moral und der Theologie, ausloten.

In einer seiner Vorlesungen zur Metaphysik, in der «Metaphysik L$_1$ Kosmologie, Psychologie, Theologie nach Pölitz», erklärt Kant unmißverständlich, durch Sperrdruck sogar hervorgehoben: Die «Hauptsache ist immer die Moralität: diese ist das Heilige und Unverletzliche, was wir beschützen müssen, und diese ist auch der Grund und der Zweck all unserer Spekulationen und Untersuchungen.» Denn, jetzt nicht mehr gesperrt gedruckt, «wenn die Begriffe von Gott und der andern Welt nicht mit der Moralität zusammenhingen, so wären sie nichts nütze» (XXVIII/1, 301).

Der damalige Siegeszug der Naturwissenschaft provozierte die Frage, welches Recht der Moral und der von ihr vorausgesetzten Willensfreiheit sowie jener mit beiden verknüpften Theologie bleibe, die sich mit Gott und der unsterblichen Seele befasse. Die Antwort, die Kant gibt, bringt der Moral und ihrer Philosophie eine gewaltige Aufwertung ein:

Im Gegensatz zu einer langen Tradition, immerhin von Aristoteles (siehe Kap. 11) bis mindestens Descartes, wird die Moral zu einem integralen Bestandteil der Fundamentalphilosophie, der Metaphysik, aufgewertet. Innerhalb deren beider Hauptteile, der theoretischen und praktischen Metaphysik bzw. der Metaphysik der Natur und der Metaphysik der Freiheit (sprich: der Moral), erhält die praktische Metaphysik sogar den Vorrang, denn deren Gegenstand, die Moral, habe gegenüber der theoretischen Vernunft den Primat. Der Grund für die Aufwertung und den Primat der praktischen Metaphysik liegt in Kants neuem Begriff der Moral, ihrer Bestimmung als reiner praktischer Vernunft.

Eine zweite, indirekte oder relationale Aufwertung kommt hinzu: Indem Kant zeigt, daß die drei Themen der überlieferten *metaphysica specialis*, Seele, Freiheit und Gott, sich jeder Erkenntnis versperren, erklärt er die gegenteiligen Ansprüche der theoretischen Metaphysik für unberechtigt. Auf diese Weise unterwirft er die bisherige Metaphysik einer rigorosen Diät, die die reine theoretische Vernunft in enge Schranken weist und im Gegenzug Rang und Reichweite der reinen praktischen Vernunft, eben der Moral, erhöht.

Kant gibt sich freilich mit einer bloßen Aufwertung der Praxis nicht zufrieden. Denn diese bedeutet für das abendländische Denken erst eine tiefgreifende Reform, noch keine veritable Revolution. Der unnützen Spitzfindigkeiten der Scholastik überdrüssig, sucht nämlich die frühneuzeitliche Philosophie generell die Wissenschaften und Künste zu erneuern und stellt die Erneuerung in praktische Dienste. Schon der prophetische Wissenschaftspolitiker Francis Bacon verpflichtet seine *Instauratio magna* (1620), die «Große Erneuerung» der Wissenschaften, auf das menschliche Wohlergehen (*Works*, VIII 19). Der Mathematiker, Physiker und Metaphysiker René Descartes übernimmt im letzten Teil seines programmatischen *Discours de la méthode* (1637) diese Verpflichtung. Als Grund, seine Gedanken niederzuschreiben, führt er nämlich das allgemeine Wohl aller Menschen («le bien général de tous les hommes»; 100) an. Und die zitierte *Encyclopédie* (vgl. Kap. 1) steigert die humanitäre Verpflichtung zur Erwartung, durch das gesammelte Wissen würden «unsere Enkel nicht nur gebildeter, sondern gleichzeitig auch tugendhafter und glücklicher» (V 653). Gegen diese Erwartung reitet Jean-Jacques Rousseau in seiner ersten Abhandlung, dem *Discours sur les sciences & les arts* (1750) eine scharfe Kritik, die Kant nach eigenem Zeugnis von seiner anfänglichen Überschätzung der Wissenschaft befreit (*Bemerkungen*, XX 44). Statt dessen öffnet er sich für den Vorrang der Moral. In diesem Sinn, aber entgegen der Einschätzung fast aller Interpreten, beginnt die *Kritik der reinen Vernunft* mit einer praktischen, nicht theoretischen Motivation, deutlich sichtbar in dem der zweiten Auflage vorangestellten lateinischen Motto.

Überraschenderweise zitiert Kant aber nicht Rousseau, sondern Bacon. Als Grund darf man vermuten, daß dieser im Gegensatz zu Rousseau das praktische Interesse nicht mit einem Angriff auf die Wissenschaften sondern mit deren Wertschätzung verbindet. Was Bacon freilich nur plant, eine Erneuerung der Wissenschaften im Namen der Praxis, führt Kant tatsächlich durch. Bescheidenerweise, aber auch weil seit Bacon die Wissenschaften enorme Fortschritte gemacht haben, beschränkt er seine große Erneuerung auf einen kleinen Teil der Wissenschaften, auf die Philosophie, deren fundamentaler Teil «Metaphysik» heißt.

Wie Bacon, so beabsichtigt auch Kant, einen endlosen Irrtum zu beenden. Ihm kommt es aber auf einen andersartigen Irrtum an.

Während Bacon die damals vorherrschenden Methoden anprangert, das Hantieren «mit leeren Begriffen und blinden Experimenten» (*Works*, VIII 125), setzt sich Kant vornehmlich mit Einwürfen «wider Sittlichkeit und Religion» auseinander. Bacon versteht die Sorge um den Nutzen und das Ansehen der Menschheit utilitaristisch, Kant dagegen streng moralisch in einem gegenüber dem Utilitarismus verschärften Begriff von Moral. (Zum engen Verhältnis von Kant zu Bacon siehe Höffe 2003, Kap. 21 u. a., näher ausgearbeitet bei Kim 2008.)

3.2 Eine Motiv-Konkurrenz?

Das moralische Leitziel der *Kritik der reinen Vernunft* wird ihrer zweiten Auflage nicht etwa nachträglich unterlegt, sondern beherrscht schon die erste Auflage. Allerdings scheint die erste *Kritik* damit zwei verschiedenen Herren zu dienen, einerseits jenem Gegenstand, mit dem sie sich von der Einleitung über die Transzendentale Ästhetik und Transzendentale Analytik bis zur Transzendentalen Dialektik vornehmlich befaßt, dem Wissen, und andererseits dem Zusatzthema der Methodenlehre, dem Handeln, dabei insbesondere der Moral, zusätzlich dem Hoffen.

Nach der orthodoxen, primär theoretischen Lesart sucht Kant vornehmlich dem Wissen zu dienen; er sieht aber – ergänzt die heterodoxe Lesart – mit Genugtuung, daß dieser Dienst auch der Moral hilft. Für diese Lesart, daß der Dienst an der Moral sekundär und komplementär ist, spricht, daß die erste *Kritik* über Hunderte von Seiten rein theoretischen Aufgaben nachgeht und erst gegen Ende jene drei Gegenstände erörtert, die Freiheit des Willens, die Unsterblichkeit der Seele und das Dasein Gottes, bei denen Kant das theoretische Interesse ausdrücklich für sehr gering hält (vgl. *KrV*, B 826). Groß sei dagegen das praktische, sogar öffentliche Interesse, weil man damit allgemein schädlichen Lehren wie dem Materialismus, Fatalismus und Atheismus die Wurzel abschneide (B xxxiv).

Infolgedessen ist eine zweite, nicht bloß komplementäre, sondern primär praktische, eben die häretische Lesart vorzuziehen. Ihr zufolge stellt der Dienst am Wissen nur das Mittel, freilich das unerläßliche Mittel für jenen praktischen Hauptzweck, das «Moralische», dar, der allein «bei der Einrichtung unserer Vernunft eigentlich» zählt (*KrV*, B 829). Deshalb sagt Kant in der *Kritik der praktischen Vernunft*, daß «alles Interesse [der Vernunft] zuletzt praktisch ist, und selbst das der spekulativen Vernunft nur bedingt und im praktischen Gebrauche allein vollständig ist» (*KpV*, V 121). Und aus diesem Grund liegt der Primat bei der praktischen Vernunft.

Nun zeichnen sich nach Kants Erkenntnistheorie beide Erkenntnisstämme, sowohl die Sinnlichkeit als auch der Verstand, durch ein Moment aus, das die Erkenntnis erweitert und trotzdem vor aller Erfahrung gültig ist, also durch ein synthetisches Apriori. Wo bleibt hier, muß man sich fragen, das angebliche Leitmotiv der *Kritik der reinen Vernunft*, die Moral? Die orthodoxe Lektüre hält das synthetische Apriori lediglich für einen (erkenntnis- und gegenstands-)theoretischen Begriff, tatsächlich hat es auch eine praktische Bedeutung. Denn die Gebote der Moral, etwa das Lügeverbot und das Hilfsgebot, gelten unabhängig von der hier entscheidenden Erfahrung, den Antrieben der Sinnlichkeit; sie haben also apriorischen Charakter. Da sie zudem über etwas Neues belehren, haben sie den methodischen Rang eines synthetischen Apriori, so daß Kants erste erkenntnistheoretische Innovation auf die Moral durchschlägt.

Freilich hat laut Kant das Prinzip der Kausalität ebenfalls den synthetischen Charakter a priori. Damit scheint unser Philosoph sich in den Rücken zu fallen, nämlich sein moralisches Leitziel aufs Spiel zu setzen. Denn die Moral, erkennt er an, setzt die Freiheit voraus. Wenn aber alle Naturprozesse rundum von Kausalität bestimmt sind, scheint für Freiheit und Moral kein Platz zu bleiben. Kant sieht dieses Problem, es entspricht der genannten, im Siegeszug der Naturwissenschaften liegenden Provokation und führt dazu, daß Kant in seiner Transzendentalen Dialektik, deren dritter Antinomie, ihm eine gründliche Untersuchung widmet. In ihr erweist er den Widerspruch von Naturkausalität und Freiheit als bloß scheinbar gegeben.

Getreu seiner Demokratie in epistemischer Hinsicht beruft sich Kant für seine These, «daß es wirklich reine moralische Gesetze gebe», nicht auf Sondereinsichten von Philosophen, vielmehr auf das «sittliche Urteil eines jeden Menschen» (*KrV*, B 835). Darin ist zweierlei enthalten. Zum einen deutet sich das methodische Leitinteresse an, eine Aufklärung des gewöhnlichen, allen vertrauten moralischen Bewußtseins über sich selbst. Zum anderen rückt erneut die Moral in den Vordergrund, und jede Theorie, nicht bloß die Theorie der Erkenntnis, sondern auch die Theorie der Moral, tritt in den Hintergrund.

Mit dem moralisch-praktischen Nutzen wird der akademische Begriff der Philosophie weder abgeschwächt noch um ein externes Moment verfremdet. Wohl aber weist die theoretische Vernunft über sich hinaus in den Bereich der praktischen Vernunft, und nur dadurch gelangt die Vernunft zur Vollendung. Kant lehnt sowohl die Ansicht ab, der er in der Frühzeit selber nahestand, das Wissen sei ein Selbstzweck (vgl. *KrV*, B 877 f.), als auch den Optimismus vieler Aufklärer, die da meinen, durch mehr Wissen würde sich der moralische Zustand der Menschheit verbessern. Die Vernunft kann zwar ihren Königsthron behalten; die theoretische Vernunft tritt ihn aber an die reine praktische Vernunft ab. Der Vorrang des Wissens weicht dem Primat der Moral.

3.3 Instrumentalisierung des Wissens?

Kants Unterordnung des Wissens unter die Moral könnte eine Instrumentalisierung bedeuten, die dem Wissen seinen eigenen Wert abstreitet oder die Ansprüche, die ein veritables Wissen zu erfüllen hat, ermäßigt. Tatsächlich will der Philosoph durchaus wissen, wie es sich mit dem Wissen verhält, und zwar dem Wissen im strengen Sinn, der objektiven Erkenntnis. Sein Beharren auf kognitive Ansprüche trifft für beide Ebenen zu, sowohl für das Wissen als Gegenstand der Kritik als auch für die von der Kritik erhobenen Wissensansprüche; bei letzteren ist aber noch eine Differenzierung erforderlich:

Einerseits hält Kant die Mathematik und die Physik, darüber hinaus die Logik für strenge Wissenschaften, die das für sie zuständige Kriterium, den «sicheren Gang» und nicht ein «bloßes Herumtappen» (*KrV*, B vii ff.), fraglos erfüllen. Und zumindest für die Untersuchung der Bedingungen, unter denen dieser sichere Gang möglich wird, also die transzendentale Ästhetik und die transzendentale Analytik, erhebt er den analogen Anspruch. Ohnehin ist Kants *Kritik der reinen Vernunft* von dem Interesse geleitet, endlich auch der Fundamentalphilosophie, der Metaphysik, zur strengen Wissenschaft zu verhelfen.

Dieser Anspruch erstreckt sich auch auf die beiden anderen Teile der Kritik, also auf die transzendentale Dialektik und die transzendentale Methodenlehre (zur näheren Interpretation siehe die einschlägigen Kapitel aus Höffe 2003). Im Kanon der ersten *Kritik* unterscheidet Kant drei kognitive Stufen, das Meinen als ein «mit Bewußtsein *sowohl* subjektiv, als objektiv unzureichendes Fürwahrhalten», das Glauben als «nur subjektiv zureichend» und als das «sowohl subjektiv als objektiv zureichende Fürwahrhalten» das Wissen (*KrV*, B 850). Zweifellos behauptet Kant, daß es für die beiden Gegenstände der praktischen Metaphysik, für «ein Dasein Gottes und ein künftiges Leben», keine logische Gewißheit, mithin kein Wissen, sondern lediglich eine moralische Gewißheit, also einen Glauben gebe. Im Gegensatz zum wankenden, bloß doktrinalen Glauben nennt er ihn den moralischen Glauben und spricht ihm die Gewißheit des moralischen Subjekts zu: «ich bin moralisch gewiß» (B 856 f.).

Die Einsicht in diese Art von Gewißheit hat aber ihrerseits nicht lediglich den Charakter von Glauben. Kant trägt nämlich Argumente vor, die er zudem für untrüglich hält, womit er stillschweigend die höhere kognitive Stufe, das Wissen, in Anspruch nimmt. In der ersten Vorrede verlangt Kant für sein Unternehmen Gewißheit und Deutlichkeit, verbietet sich, bloß zu meinen, lehnt kompromißlos scharf alles ab, was «einer Hypothese nur ähnlich sieht», und verlangt Erkenntnis, die «für schlechthin notwendig gehalten werden will» (*KrV*, A xv). Trotzdem liegt beim moralischen Glauben ein Wissen besonderer Art vor. Es hat auf eine spezifische, von der in der Vorrede abgelehnten Weise abweichenden, hypothetischen Charakter. Kant spricht selber von «Voraussetzung» (B 857), meint aber jetzt eine weder zufällige noch willkürliche, vielmehr unverzichtbare Voraussetzung. Sie ist nämlich an etwas gebunden, das Kant als für den Menschen wesentlich einschätzt: die Moralfähigkeit. Er behauptet nun: Vorausgesetzt, daß ich moralische Gesinnungen habe, so bin ich gewiß, daß es Gott und ein künftiges Leben gibt. Genau diese hypothetische, weil an eine Voraussetzung gebundene These hat ihrerseits bei Kant nicht Glaubens-, sondern Wissenscharakter.

Wie also ist der Primat der Moral zu verstehen, ohne daß das Wissen damit instrumentalisiert wird? Im kognitiven Bereich ist Wissen anzustreben, dabei sowohl in den Einzelwissenschaften als auch in der Philosophie, sogar in der Moralphilosophie. Kant schreibt seine *Grundlegung zur Metaphysik der Sitten* ausdrücklich auch aus einem theoretischen Motiv heraus, nämlich einem «Bewegungsgrunde der Spekulation, um die Quelle der a priori in unserer Vernunft liegenden praktischen Grundsätze zu erforschen» (IV 389 f.). Und in der zweiten *Kritik* spricht er von der praktischen Philosophie «als Wissenschaft» (*KpV*, V 12). Insofern hat das gesamte Wissen, selbst das von Moral und Recht, für Kant einen inneren Wert. Es hat Selbstzweckcharakter und unterliegt der entsprechenden Formel des kategorischen Imperativs: Strebe Wissen nie bloß als Mittel, sondern stets auch als Zweck an. Denn die Vernunft, erklärt Kant in der Abhandlung *Was heißt: Sich im Denken orientieren?*, hat das «Vorrecht ... der letzte Probierstein der Wahrheit zu sein» (VIII 146).

Bei der Moral ist aber für Kant das moralisch-praktische Motiv noch wichtiger: um «allerlei Verderbnis» zu überwinden, der die Sitten so lange unterworfen bleiben, wie «jener Leitfaden und oberste Norm ihrer richtigen Beurteilung» fehlt (*GMS*, IV 389 f.).

Generell ist auf die Frage, wofür der Mensch lebt («wofür er auf Erden ist»), mit der Moral, nicht mit dem Wissen zu antworten. Dieser Antwort, dem moralischen Hauptzweck, dient die *Kritik der reinen Vernunft* vornehmlich indirekt, durch die Widerlegung «der Unwissenheit der Gegner» (B xxxi; vgl. B 767 f.), also durch die Überwindung entgegenstehender Irrtümer.

Den nur indirekten Dienst an der Moral muß nicht alle Philosophie übernehmen. Kant selber folgt ihm, seinen Aufgaben gemäß, im wesentlichen nur in der ersten *Kritik*. Wie der Titel ankündigt, geht er in der *Grundlegung zur Metaphysik der Sitten* zu einer direkten Begründung der Moral über und setzt dies in der *Kritik der praktischen Vernunft*, in der *Metaphysik der Sitten* und weiteren

Schriften fort. Ob indirekt oder direkt – sinnvoll bleibt Kants dritte Antriebskraft, die Moral, zumal, wenn sie wie bei Kant weder dem Wissen seinen Eigenwert nimmt noch es für die Moral instrumentalisiert. Auch die dritte Antriebskraft ist mit den anderen eng vernetzt: Kants moralisch inspirierte Neubegründung der Moral verdankt sich wesentlich der zuständigen zweiten *Kritik*, die qua Kritik ans Selbstdenken zurückgebunden ist.

4. Kosmopolitismus

Für eine Verbindung der Philosophie mit Politik scheint der Begriff des Kosmopolitismus nahezuliegen. Denn nach heutigem Verständnis darf sich mit dem Ehrentitel «Kosmopolit» bzw. «Weltbürger» schmücken, wer staatliche und zusätzlich ethnische, sprachliche, kulturelle, vielleicht sogar religiöse Grenzen zu überschreiten vermag. Insofern verstehen wir heute den Ausdruck vor allem politisch. Seit ihren Anfängen kennt die Philosophie aber eine weit umfassendere Bedeutung. Der Grund liegt auf der Hand. Denn die kognitive Grundlage der Philosophie, wo auch immer sie entsteht und sich fortentwickelt, bildet keine ethnisch gebundene, etwa eurozentrische Fähigkeit. Ihre Antriebskraft und zugleich ihr Medium ist die jede politische Grenze überschreitende, allgemeinmenschliche Vernunft.

Diese Vernunft kann sich durchaus mit Erfahrung verbinden. Selbst bei Kant, dem großen Anwalt des synthetischen Apriori, ist die Philosophie nicht ausschließlich auf ein vorempirisches Denken verpflichtet. Die Erfahrung, auf die die Philosophie sich gegebenenfalls beruft, pflegt dann aber eine allgemeinmenschliche Erfahrung zu sein. Selbst wenn die Philosophie die Rechte von Besonderheiten, etwa das Recht kleiner Sozialeinheiten, verteidigt, führt sie dafür allgemein überzeugende Argumente an.

Obwohl also die Philosophie ihrem Wesen nach partikulare Grenzen überschreitet, denkt keiner ihrer überragenden Vertreter umfassend kosmopolitisch. Die einzige und zugleich bis heute maßgebliche Ausnahme bildet Kant. Seine Ausnahmebedeutung beginnt damit, daß ihm jede eurozentrische Überheblichkeit fremd ist. Sofern sich der Philosoph überhaupt mit Europa befaßt, interessiert er sich vornehmlich für interne Unterschiede, in der Vorlesung *Physische Geographie* für geographische Binnenunterscheidungen und in der *Anthropologie* (VII 316 f.) für eine mentalitätsmäßige Differenzierung. In beiden Fällen wendet er sich also Europas Reichtum an Vielfalt, nicht aber Gemeinsamkeiten zu, die es dem Kontinent erlaubten, sich ins Zentrum der Welt zu setzen, eben eurozentrisch zu denken, und diese Eurozentrik zu einem Überlegenheitsgefühl zu steigern.

Statt durch eurozentrische Überheblichkeit zeichnet sich Kants Denken durch einen universalen Kosmopolitismus aus, womit er einem Grundgedanken der Epoche (vgl. etwa Cavallar 2005, Cheneval 2002, Coulmas 1990 und Kleingeld 1999), dem oft auf die Wirtschaft eingeschränkten, gelegentlich auf die Politik erweiterten Kosmopolitismus, eine weit umfassendere, zudem grundlegendere und in vieler Hinsicht neuartige Bedeutung gibt. Bei Kant wird der Kosmopolitismus zu einer seine gesamte Philosophie umfassenden Antriebskraft, was freilich einer näheren Erläuterung bedarf.

4.1 Der Weltbürger aus Königsberg

Kants Kosmopolitismus schließt sogar die intellektuelle Biographie ein, auch wenn es auf den ersten Blick anders aussieht. Denn unser Philosoph wird in Königsberg geboren, wächst dort in bescheidenen Verhältnissen auf, besucht die Schule und die Universität und verdient die ersten Jahre seinen Lebensunterhalt als Hauslehrer in der näheren Umgebung. Als Dozent kehrt er an seine Heimatuniversität zurück, widmet sich dort mehr als vier Jahrzehnte der Lehre und Forschung, stirbt in Königsberg und wird in der Professorengruft der Dom- und Universitätskirche beigesetzt.

Biographisch gesehen erscheint also Kant als das genaue Gegenteil eines Weltbürgers: Er lebt in der Provinz, fühlt sich dort wohl, lehnt Rufe nach auswärts (1769 nach Erlangen, 1770 nach Jena) ab und unternimmt in die politischen und intellektuellen Zentren seiner Zeit, im deutschen Sprachraum etwa Berlin, Jena und Weimar, keine einzige Reise. Trotzdem ist er nicht bloß ein Weltbürger, sondern gibt für einen Weltbürger sogar das Muster ab, allerdings ein provokatives Muster. Denn er lebt und denkt vor, wie man zum Kosmopoliten wird, ohne Nomade, ohne ein Global Player zu sein.

Als erstes ist Kant Weltbürger im Sinne eines Bürgers, den man schon zu Lebzeiten in vielen Teilen der Welt kennt. Heute, gut zwei Jahrhunderte nach seinem Tod, trifft der rezeptionsgeschichtliche Kosmopolitismus vollends zu. Kant wird im wörtlichen Sinn weltweit studiert: nicht nur allerorten in Europa, sondern auch in vielen Ländern von Asien, von Nord- und Südamerika und dem pazifischen Raum.

Zu einem derartigen kosmopolitischen Ruhm fehlt gewöhnlichen Bürgern, auch schlichten Philosophie-Dozenten, das Kantische Genie. Zur kleinen Schwester des Ruhms und zugleich seinem humanen Kern sind aber alle Menschen fähig: Durch Rechtschaffenheit und eine begabungsgemäße Leistung vermögen sie die Achtung ihrer Mitmenschen zu erwerben und zusätzlich eine zweite, mindestens ebenso wichtige Achtung, die Achtung vor sich selbst.

Angeblich führt Kant ein pedantisches Leben. In Wahrheit ist er alles andere als ein vertrockneter Hagestolz. Nur die Hälfte seines Tages füllt er mit Lehre und Forschung. Die andere Hälfte gehört dem gesellschaftlichen Leben, womit er sich auch in einem gesellschaftlichen Sinne als Weltbürger, nämlich als ein Bürger von Welt, erweist, der als geistreicher Unterhalter zu einem begehrten Gesellschafter wird. Kant wäre aber kein so überragender Philosoph, wenn er das gesellschaftliche Leben nur genösse. In der *Anthropologie in pragmatischer Hinsicht* denkt er darüber nach und entfaltet eine Philosophie «des geselligen Wohllebens» in «Vereinigung … mit der Tugend», auf daß «die wahre Humanität» befördert werde (VII 278).

Darüber hinaus ist Kant Weltbürger in jenem dritten Sinn, dem ebenfalls jeder Mensch leicht nacheifern kann. Dank einer Neugier auf so gut wie alles, was in der Welt geschieht, in der Welt der Politik ebenso wie in der der Wissenschaft, erwirbt sich Kant, was man die kleine Schwester der Aufklärung nennen könnte, falls es nicht aufs Selbstdenken ankäme, eine ungewöhnlich breite Weltkenntnis. Dazu trägt bei, daß er ein außergewöhnlicher Leser ist: Kant liest viel, rasch und doch intensiv; um beispielsweise Rousseaus Erziehungsroman *Émile* in Ruhe zu studieren, schließt er sich für einige

Tage ein (vgl. Borowski 1804, 94). Zur philosophischen Lektüre kommen Gespräche mit befreundeten Kaufleuten und die Lektüre von Reiseberichten hinzu. Und mit der neuesten Naturforschung macht sich der Philosoph so weit vertraut, daß er naturwissenschaftliche Vorlesungen halten kann; zusätzlich ist er so kreativ, daß er beachtliche Forschungsbeiträge liefert:

Beispielsweise erklärt er die Passat- und Monsunwinde und veröffentlicht eine Theorie der Saturnringe und Nebelsterne (Galaxien). Auf das Erdbeben von Lissabon antwortet er nicht wie Voltaire mit Spott über Leibniz' Rechtfertigung Gottes. Er nimmt vielmehr eine rein rationale Erklärung aus unterirdisch weitergeleiteten Explosionen vor. Besonders eindrucksvoll ist seine rein wissenschaftliche Theorie der Weltentstehung. Mit der Devise «Gebt mir nur Materie, ich will euch die Welt daraus bauen» (*Naturgeschichte*, I 229) entwickelt er eine von theologischen Annahmen freie, insofern rationale Erklärung, die später als Kant-Laplacesche Theorie in der Astronomie eine wichtige Bedeutung erhält.

In noch höherem Maß Weltbürger ist Kant in einem vierten, jetzt wahrhaft philosophischen Sinn. Denn für die wichtigsten Bausteine jeder Kultur, für (1) das Wissen und (2) die Moral, (3) für die Einheit der beiden Welten Natur und Moral bzw. Freiheit, (4) für die Erziehung, (5) den *sensus communis*, auch für die Kunst, und (6) selbstverständlich für das Recht, nicht zuletzt für (7) die Geschichte, also für nicht weniger als sieben Gegenstandsbereiche, entwickelt er eine kosmopolitische Philosophie. Dies trifft sowohl «subjektiv», nach Kants eigener Einschätzung, als auch «objektiv», nach den Sachkriterien eines kosmopolitischen Denkens, zu. Und die Einheit der sieben kosmopolitischen Dimensionen hat ihrerseits einen kosmopolitischen Charakter.

Um im heutigen Verständnis wahrhaft kosmopolitisch zu sein, hat ein Denken zwei Bedingungen zu erfüllen. Einerseits mag es in historischer Hinsicht regionale, im Falle Kants vor allem abendländische Wurzeln haben, in der Gültigkeit muß es sich aber von diesen Wurzeln freimachen. Andererseits darf es die kulturellen Unterschiede nicht einebnen, sondern muß sich im Gegenteil für sie offen halten. Eine kosmopolitische Philosophie verbindet daher – *erstes Kriterium* – interkulturelle Gültigkeit mit einem Recht auf kulturelle Differenz. Allerdings liegt der Akzent dann erst auf dem vorderen Bestandteil: Die Philosophie ist *kosmo*politisch, nämlich globalisierungswert, aber noch ohne politische Institutionen.

Für das noch fehlende Moment, die Politik, hat Kant einen moralischen Begriff. Dieser zeichnet sich – *zweites Kriterium* – durch drei so formale Elemente aus, daß sie sich nicht auf die Politik im materiellen Sinn verpflichten, sie können daher schon in der *Kritik der reinen Vernunft* auftauchen: (1) Die Herausforderung einer moralischen Politik besteht im Naturzustand, der den Charakter eines Kriegszustandes hat (*KrV*, B 779 f.); (2) dessen moralische Überwindung geschieht mittels verallgemeinerbarer Grundsätze, die einen Rechtsstaat, für Kant eine Republik, konstituieren; (3) deren Zweck besteht im vorbehaltlosen, insofern ewigen Frieden, der zusätzlich zu dessen moralischem Charakter als «Wohltat» qualifiziert wird (*ZeF*, VIII 378). Kant nimmt hier also an, was das höchste Gut kennzeichnet: eine Kongruenz von (rechtsmoralischer) Moral und (eudaimonistischem) Wohlergehen.

Eine Philosophie ist nun inhaltlich, in ihren Aussagen, kosmopolitisch, wenn sie ihre interkulturelle Gültigkeit mit der Offenheit für verschiedene Kulturen verbindet. Sie ist in ihrem Vorgehen, also methodisch, kosmopolitisch, wenn sie den genannten drei formalen Elementen einer moralischen Politik folgt. Schließlich ist sie – *drittes Kriterium* – in einem motivationalen Sinn kosmopolitisch, wenn sie dabei dem Gemeinwohl mindestens der gesamten Menschheit dient.

Da Kants Philosophie, wie noch zu belegen ist, alle drei Bedingungen erfüllt, sie sich überdies nicht an das Thema von Recht und Politik bindet, kann sie einen universalen Kosmopolitismus enthalten. Die Politik bildet nicht einmal dessen Mitte. Vielmehr sorgt das moralische Grundmotiv dafür, daß nicht bloß die einzelnen Gegenstandsbereiche, sondern auch deren Einheit, folglich Kants gesamtes Denken von Grund auf, kosmopolitisch sind.

4.2 Die epistemische Weltrepublik

Nicht alle Facetten des Kantischen Kosmopolitismus zeigen sich
von Anfang an. In der philosophischen Entwicklung beginnt er
beim Wissen und schließt sich an die zweite Antriebskraft, die judikative Kritik, an. Blicken wir auf Kants intellektuelle Biographie, so
entdecken wir den ersten epistemischen Kosmopolitismus sehr
früh. Schon in der Erstlingsschrift, später in der *Nova dilucidatio,*
liest man von Streit und judikativer Streitschlichtung (siehe
Kap. 2.2). Und lange vor dem ersten Hauptwerk, an Silvester 1765,
beschreibt Kant in einem Brief die damalige Lage der Philosophie
mit den drei formalen Elementen moralischer Politik (*Briefe,* X 53:
Nr. 32). Er betont «die zerstörende Uneinigkeit der vermeinten
Philosophen», stellt fest, daß «gar kein gemeinsames Richtmaß da
ist», und verlangt als Therapie, die «Bemühungen einstimmig zu
machen» (vgl. *Nachricht,* II 308). Damit entwirft er den kosmopolitischen Rahmen für seine *Kritik der reinen Vernunft,* denn alle drei
Elemente einer moralischen Politik sind für deren Methode wesentlich.

Kosmopolitisch ist die erste *Kritik* aber auch in den Inhalten.
Ihre Grundsätze sind nämlich als synthetisches Apriori schlechthin
kultur- und geschichtsunabhängig gültig. Sie stiften, wie es in der
Architektonik heißt, das wissenschaftliche gemeine Wesen (*KrV,*
B 879), das als Gemeinwesen aller menschlichen Vernunft den Rang
der epistemischen Weltrepublik einnimmt. Weil Besonderheiten
unserer Gattung dabei keine Rolle spielen, außer dem Umstand,
daß zum Erkennen das Empfangen von Vorstellungen, mithin ein
Moment der Rezeptivität, gehört, schafft diese Weltrepublik nicht
bloß eine globale, für unseren Globus gültige, sondern eine wahrhaft kosmopolitische, das gesamte Universum umfassende Ordnung. Ferner herrscht in ihr die genannte Wohltat des epistemischen Friedens, so daß eine Art von epistemisch höchstem Gut
erreicht wird und die erste *Kritik* tatsächlich der Motivation nach
einen kosmopolitischen Charakter hat.

Schließlich liegt auch darin ein kosmopolitisches Moment, daß
bei den drei existentiell wichtigen Themen, Gott, Freiheit und Unsterblichkeit, jeder epistemische Bürger gleichberechtigt ist, so daß

der Denker von Beruf, der Fachphilosoph, «keine höhere und aus-
gebreitetere Einsicht» besitzt als «die große (für uns achtungswür-
digste) Menge» (*KrV*, B xxxiii). Hier sei nur eine Gemeinsamkeit
hervorgehoben, die der geforderten Offenheit für kulturelle Unterschiede entspricht: Mit ihrem synthetischen Apriori beansprucht
die epistemische Weltrepublik, für alle denkbaren epistemischen
Welten zu gelten, sofern deren Wissen gemäß Kants Theorem der
zwei Erkenntnisstämme nicht nur des Verstandes, sondern auch der
Rezeptivität bedarf.

«Völkerrecht» (*ius gentium*) bedeutet am Ursprung, in Rom, weniger das Recht, das die internationalen Beziehungen *zwischen* den
Völkern (im Sinne von Staaten) regelt, als das bei allen Völkern de
facto anerkannte Recht. In diesem Sinn haben die von Kant herausgearbeiteten synthetisch-apriorischen Elemente den Charakter eines epistemischen Völkerrechts. Ob wir wollen oder nicht: politisch sind wir erst ansatzweise Weltbürger, da sich eine globale
Rechtsordnung noch im Aufbau befindet. In erkenntnistheoreti-
scher Hinsicht leben wir dagegen schon jetzt in einer inter- und
transkulturell gemeinsamen Welt. Augenfällig trifft es für Kants
Muster von Wissenschaft, die Mathematik und Physik, zu. Weil sie
auf universal gültigen Elementen gründen, werden weltweit dieselbe Mathematik und von der Quantentheorie bis zur allgemeinen
Relativitätstheorie dieselbe Physik erforscht und gelehrt.

Kant selbst kommt es freilich nicht auf die interkulturelle Anerkennung von Wissenschaft, sondern auf deren apriorische Begründung an. Ihretwegen sind wir alle epistemische Weltbürger, das
heißt zur gemeinsamen Erkenntnis der Welt sowohl berufen als
auch fähig. Für beide Hinsichten, die Aufforderung und die grundsätzliche Fähigkeit, verfügen wir alle über dasselbe Vermögen, die
allgemeinmenschliche Vernunft.

Letztlich plädiert Kant aber nicht für einen auf unsere Gattung
beschränkten Universalismus. Im Gegensatz zu einem epistemischen Gattungsegoismus vertritt er in der *Kritik der reinen Vernunft* einen umfassenden, vollen Universalismus. Falls es nämlich
in anderen Sternensystemen ebenfalls Vernunftwesen gibt, stehen
sie selbstverständlich unter denselben epistemischen Anforderungen. Ihretwegen bilden sie potentiell, was im Fall einer Kontaktauf-

nahme, etwa beim Funkverkehr über Primzahlen, aktuell würde: Sie bilden mit uns eine gemeinsame epistemische Weltrepublik.

Für sie gibt die Philosophie aber lediglich einen sehr bescheidenen Rahmen vor, was bei beiden, den Wissenschaften und den politischen Gesellschaften, das Recht auf kulturelle Differenz begründet: Einerseits sind es die epistemisch verschiedenen Kulturen, die zuständigen Einzelwissenschaften, die den bescheidenen Rahmen nach eigenen Methoden und Kriterien ausfüllen. Andererseits bietet diese strenge Selbstbescheidung, eine Zurückhaltung gegenüber den Rechten der Einzelwissenschaften, sowohl der politischen Philosophie als auch der Politik selbst ein Vorbild. Die gemeinsame Rechtsordnung, die in den heutigen Zeiten der Globalisierung gefordert ist, darf ebenfalls lediglich in einem sehr formalen Rahmen bestehen. Ihn nach Maßgabe von Sachgesetzlichkeiten und Erfahrung, auch nach Interessen der eigenen Kultur auszufüllen, obliegt nicht mehr der Philosophie, sondern der Politik. Und diese darf den Rahmen, die Weltrechtsordnung, nur soweit profilieren, wie den einzelnen Gemeinwesen ein kräftiges Recht auf Differenz bleibt (siehe Kap. 15).

4.3 Moralischer Kosmopolitismus

Der epistemische Friede, den die erste *Kritik* etabliert, dient zwei «Personen», unmittelbar dem Wissen, letztlich aber der Moral. Und weil beide die Grundlage der Rechts- und Friedensphilosophie bilden, braucht es genau diese Abfolge: erst ein Weltbürgertum im Wissen, sodann das (für Kant noch wichtigere) Weltbürgertum in der Moral. Und nur unter diesen zwei Voraussetzungen läßt sich die dritte Gestalt, der im engeren Sinn rechtliche bzw. politische Kosmopolitismus, begründen.

Nur in Klammern gesagt: Kant unterwirft seine intellektuelle Biographie genau dieser systematisch gebotenen Abfolge, was meine en passant-These stützt, daß der biographische und der genuine philosophische Kosmopolitismus bei Kant ineinander greifen: Seit den frühen 1760er Jahren befaßt sich der Philosoph mit den Grundsätzen der Moral. Nach den Zeugnissen seiner Bibliothek studiert er etwa seit derselben Zeit, den Jahren 1762–1764, rechtsphilosophische Werke. Seit dem Sommersemester 1767 hält er sogar Vorlesungen über Rechtsphilosophie («Naturrecht»). Trotzdem widmet er sich innerhalb seiner kritischen Philosophie als erstes dem epistemischen Kosmos, danach dem moralischen und erst zuletzt dem im thematischen Sinn rechtlichen Kosmos.

Nach der hier vertretenen «häretischen Lektüre» interessiert sich die *Kritik der reinen Vernunft* letztlich nicht für das Wissen, sondern für die Moral (siehe Kap. 3). Im Kanon der Methodenlehre nennt der erste Abschnitt den Grund, dessen Entfaltung den dritten, motivationalen Kosmopolitismus zu einem teleologischen Kosmopolitismus steigert: Die «Endabsicht» der Vernunft, der über den schlichten Zweck, den epistemischen Frieden hinausreichende Endzweck, hängt mit drei Gegenständen zusammen, bei denen das theoretische Interesse gering, das moralisch-praktische dagegen groß sei, mit der Freiheit des Willens, der Unsterblichkeit der Seele und dem Dasein Gottes (*KrV*, B 826).

Die *Kritik der reinen Vernunft* beginnt zwar beim thematisch ersten, epistemischen Kosmopolitismus und geht erst dann zum thematisch zweiten, moralischen Kosmopolitismus über, weil der zweite Kosmopolitismus der Einsichten des ersten bedarf, etwa der zum synthetischen Apriori, zum Unterschied von rezeptiven Anschauungs-, spontanen Verstandes- und genuinen Vernunftelementen, nicht zuletzt zum vorgeblichen Gegensatz von Natur und Freiheit, zur dritten Antinomie. Auch die *Kritik der praktischen Vernunft* setzt diese Einsichten voraus.

Das Brückenglied, das von der Welt des Wissens in die Welt der Moral führt, ist der Gedanke des Endzwecks. Dieser steigert nun innerhalb des epistemischen Kosmopolitismus dessen kosmo*politischen* Charakter. Denn ohne den Endzweck ist das erkennende Subjekt noch kein Kosmo*polit*, sondern erst, wie Kant sagen würde, Cosmo*theoros* (siehe Kap. 4.4): Trotz der kopernikanischen Wende ist er ein bloßer *Betrachter* des Kosmos, insofern dessen Gegenüber und Zuschauer. Erst vom Endzweck her, als moralisches Subjekt, wird er zum Mitglied im Kosmos, sogar zu dessen Mitspieler, nämlich zum zurechnungsfähigen Subjekt. Dieser Status, die verantwortliche Person, und nicht erst die Fähigkeit, einzelstaatliche Grenzen zu überschreiten, oder gar erst die Wirklichkeit globaler politischer Institutionen, erhebt den Menschen in den Rang des Kosmo*politen*.

Kants Begriff und Kriterium für Moral, der weltweit bekannte und von vielen Moralphilosophen anerkannte kategorische Imperativ, erklärt den thematisch zweiten, moralischen Kosmopolitismus zum Prinzip des Handelns. Dabei praktiziert Kant den methodischen Kosmopolitismus. Mit dessen Hilfe widerspricht er einem radikalen ethischen Relativismus, der die Möglichkeit einer allgemeingültigen Moral bezweifelt. Zugleich folgt er dem formal-politischen Akzent seines Kosmopolitismus. Er führt, wenn auch nicht ganz so kunstvoll wie in der ersten *Kritik*, die bislang konkurrierenden Positionen an und überwindet den dabei anklingenden Naturzustand der Moralphilosophie zugunsten des moralphilosophischen Rechtszustandes. Das dafür zuständige Prinzip, das Sittengesetz bzw. der kategorische Imperativ, fordert bekanntlich die Universalisierbarkeit der Lebensgrundsätze, der Maximen (siehe Kap. 7), was für alle Menschen jeder Kultur, selbst für handlungsfähige Lebewesen außerhalb der Menschheit gilt. Die Universalisierbarkeit ist also ähnlich wie das synthetische Apriori der ersten *Kritik* wahrhaft kosmopolitisch: für ihr Thema, die Moral, umfaßt sie nicht bloß unsere Gattung, sondern die gesamte Welt.

Die dritte Grundformel des kategorischen Imperativs, die vom Reich der Zwecke, verstärkt zwar den moralischen Kosmopolitismus. Er bleibt aber inhaltlich apolitisch, da er ohne rechtliche und staatliche Institutionen auskommt. Das Reich der Zwecke ist nämlich ein Ganzes aller nicht privaten, sondern vernünftigen Zwecke, sofern das Ganze in systematischer Verknüpfung gedacht wird (*GMS*, IV 433). Politisch im engeren Sinn ist erst die «Verbindung der Menschen unter bloßen Tugendgesetzen», eine Verbindung, die Kant in der Religionsschrift behandelt und für den Fall, daß die Gesetze öffentlich sind, kein juridisches, sondern ein ethisches Gemeinwesen nennt (*Rel.*, VI 94). Eines der Argumente für dieses Gemeinwesen, das auch «Reich der Tugend» heißt (vgl. VI 95), folgt dem methodischen Kosmopolitismus. Es spricht nämlich von einem ethischen Naturzustand, der mittels bloßer Tugendgesetze durch die «ethisch-bürgerliche» Gesellschaft überwunden wird (vgl. ebd.). Im Unterschied zur üblichen, rechtlich-bürgerlichen

Gesellschaft ist dieser ethische Staat ein «System wohlgesinnter Menschen» (VI 98), das daher nicht von zwangsbefugten, sondern von streng zwangsfreien Gesetzen bestimmt ist (siehe Kap. 19).

Folgende Differenz ist entscheidend: Gemäß seiner Zweiteilung der Pflichten in Rechts- und in Tugendpflichten kennt Kant zwei Arten von moralischer Vollkommenheit, die aber grundverschiedenen Subjekten aufgegeben sind. Im Fall der Rechtsmoral ist die menschliche Gattung, in ihrem Rahmen jeder einzelne Staat, dazu verpflichtet, im Fall der Tugendmoral ist es dagegen primär das natürliche Subjekt, das sich gewissermaßen zu einer weltbürgerlichen Person entwickeln soll, sekundär die Gesamtheit derartiger Personen, die dann das Reich der Tugend bilden. Dort wird das *Zusammenleben* der Menschen, selbst das ihrer Gemeinwesen, von moralischen Gesetzen bestimmt, hier unterliegt dieser Bestimmung die *Denkungsart* der Individuen, ihre Gesinnung. Dort genügen moralische Gesetze, die andere zu verpflichten erlauben, die zwangsbefugten Rechtspflichten, die hier um die zwangsfreien Tugendpflichten ergänzt werden.

Im Reich der Tugend findet sich auch der teleologische Kosmopolitismus, das moralische Reich der Zwecke, wieder. Denn Kant erweitert den Gedanken des höchsten Gutes auf ein gemeinschaftliches Gut und erklärt, jede Gattung vernünftiger Wesen sei «objektiv in der Idee der Vernunft» zur «Beförderung des höchsten als eines gemeinschaftlichen Guts bestimmt» (VI 97).

Kehren wir zum Thema des moralischen Kosmopolitismus zurück. Zweifellos ist er anspruchsvoll, sogar provokativ, dem Zeitalter der Globalisierung aber erneut hochwillkommen. Indem Kant alle kulturellen Besonderheiten von Grund auf beiseite setzt, erweist er sich wieder als eine nur auf den ersten Blick paradoxe Person, nämlich als europäischer Weltbürger. Europäisch ist Kant, weil er Gemeinsamkeiten Europas, hier vor allem Elemente der Stoa und des Christentums sowie der Epoche der europäischen Aufklärung, auf einen Begriff bringt. Und zum Weltbürger wird er, indem der Begriff die europäischen Elemente von jedem Eurozentrismus freisetzt.

Zwei Beispiele bestätigen dies gewissermaßen empirisch: Das Verbot der rechtserheblichen Lüge, des Betrugs, findet sich in allen

Strafrechtsordnungen, die wir kennen. Auch das ethische Gebot, Notleidenden zu helfen, wird nicht erst vom Judentum und Christentum vertreten. Schon in einem altägyptischen Weisheitsbuch lesen wir: «Hilf jedermann. Befreie einen, wenn du ihn in Banden findest; sei ein Beschützer des Elenden. Gut nennt man den, der nicht die Augen zumacht.» (nach Höffe 1998, Nr. 5) Und der Koran sagt: «Fromm ist, wer sein Geld aus Liebe zu Allah ausgibt für seine Angehörigen und die Waisen und die Armen und den Sohn des Weges und die Bettler und die Gefangenen.» (ebd., Nr. 39)

Die Tragweite dieser Beobachtung ist bemerkenswert: Kant legt die philosophischen Grundlagen für ein nachweisbar gemeinsames Erbe der Menschheit, für das zum Weltkulturerbe analoge Weltmoralerbe, frei. Die beiden angeführten Beispiele wahren übrigens die Offenheit für kulturelle Unterschiede. Denn positive Strafrechtsordnungen entscheiden je auf ihre Weise, wie der Betrug strafrechtlich genau definiert wird, welche Schweregrade man annimmt und wie Betrugsdelikte bestraft werden. Ähnliches gilt für das Hilfsgebot. Dessen philosophische Begründung läßt nämlich die Frage offen, wem im Konfliktfall eher zu helfen ist, den Eltern, den Kindern oder dem Ehepartner, ebenso die Fragen, wie weit die Hilfe sich erstrecken und ob sie weitgehend freiwillig oder via Steuern zum großen Teil sozialstaatlich verbindlich, mithin erzwungen erfolgen soll. Offen bleibt schließlich, ob gewisse Fälle unterlassener Hilfe – und gegebenenfalls welche – strafrechtlich relevant sind.

4.4 Kosmopolitische Erziehung

In seiner *Pädagogik*-Vorlesung stellt Kant die Grundthese auf: «Kinder sollen nicht nur dem gegenwärtigen, sondern dem zukünftig möglichen besseren Zustande des menschlichen Geschlechts, das ist: der Idee der Menschheit und deren ganzer Bestimmung angemessen erzogen werden.» (IX 447) Daran schließt sich eine zweite Grundthese an, die im wesentlichen eine Einschätzung der ersten vornimmt: «Die Anlage zu einem Erziehungsplan muß aber kosmopolitisch gemacht werden» (IX 448). Was Kant mit beiden Thesen meint, zeigt der Zusammenhang (vgl. ebd.):

Das generelle Ziel aller Erziehung, «die Entwicklung der Naturanlagen», besteht auf seiten der Eltern in Einpassung der Kinder in «die gegenwärtige Welt, sei sie auch verderbt»: Die Eltern «sorgen gemeiniglich nur dafür, daß ihre Kinder gut in der Welt fortkommen»; sie «sorgen für das Haus». Die alternativen Erzieher, die Fürsten, «betrachten ihre Untertanen nur wie Instrumente zu ihren Absichten». Darunter versteht Kant keinen Mißbrauch zu fürstlichen Privatzwecken, sondern, wohlwollend gegenüber den Fürsten, eine Erziehung «für den Staat».

In beiden Fällen, bei den Eltern und bei den Fürsten, vermißt er jedoch als Endzweck «das Weltbeste und die Vollkommenheit». Eltern und Fürsten begnügen sich, wie ausgeführt, mit (1) einer Disziplinierung: der «Bezähmung der Wildheit», (2) einer Kultivierung: der «Verschaffung der Geschicklichkeit», und (3) einer Zivilisierung, zu der «Manieren, Artigkeit [im Sinne von Geschick, Tüchtigkeit] und eine gewisse Klugheit» gehören. Die letztlich entscheidende, die auf Vollkommenheit ausgerichtete Erziehung, die die Moralisierung bezweckt, fehlt dagegen. Erst durch sie wird der Mensch «nicht bloß zu allerlei Zwecken geschickt», sondern bekommt «die Gesinnung ..., daß er nur lauter gute Zwecke erwähle» (*Päd.*, IX 450; siehe Kap. 22).

Mit dieser Aufgabe befaßt sich auch die Methodenlehre der zweiten *Kritik*. Sie entfaltet nämlich nicht die Methode der Moralphilosophie, sondern die der moralischen Erziehung, wovon der in vielen Bundesländern angebotene Ethik-Unterricht lernen könnte. Das Ziel ist höchst anspruchsvoll: «in uns nach und nach das größte, aber reine moralische Interesse» an der Heiligkeit der Pflicht «hervorzubringen» (*KpV*, V 159). Dazu gehört, wie die Methodenlehre der *Tugendlehre* ergänzt, Kant-Kritiker aber gern übersehen, ein wackeres und fröhliches Gemüt (vgl. *TL*, VI 484).

Warum nennt Kant diese Erziehung kosmopolitisch? Es versteht sich, daß jedes Privatwohl, selbst das Gemeinwohl des eigenen Staates zu relativieren ist. Unser Philosoph meint nicht einmal das Wohl eines Weltstaates, denn politische Verhältnisse werden in der *Pädagogik* überhaupt nicht erwähnt. Im Ausdruck «kosmopolitisch» klingt vielmehr der kategorische Imperativ an. «Gute Zwecke», heißt es, «sind diejenigen, die notwendigerweise von Jedermann gebilligt werden, und die auch zu gleicher Zeit Jedermanns Zwecke sein können» (*Päd.,* IX 450).

Wie im Kanon der ersten *Kritik* nimmt Kant auch in der *Pädagogik*-Vorlesung das Weltganze in den Blick. Ihm kommt es auf den veritablen Panoramablick an, der jede engere, selbst die gattungsspezifische Perspektive überwindet und mit dem Blick auf den Endzweck das Ganze (*pan*) wahrnimmt. Darüber hinaus schwingt die noch zu klärende teleologische Bedeutung der dritten *Kritik* mit: Die Erziehung ist kosmopolitisch, weil sie «das Weltbeste» bezweckt, daher aus ihr «alles Gute in der Welt entspringt» (*Päd.,* IX 448), und zwar in jener «Welt», die sich nicht auf die Welt der Menschheit beschränkt, sondern das ganze Universum einschließt.

In den *Reflexionen zur Anthropologie* (Nr. 1170: XV 517) stellt Kant den Erdensohn dem Weltbürger gegenüber; den «ersten interessiert nichts als Geschäfte, und was sich auf Dinge bezieht, so fern sie Einfluß auf unser Wohlbefinden haben. Im zweiten interessiert die Menschheit,[1] das Weltganze, der Ursprung der Dinge, ihr innerer Wert, die letzten Zwecke». Der Akzent liegt wieder einmal auf dem ersten Bestandteil des Ausdruckes, auf dem «kosmo-», hier zu verstehen als Kosmos, als das Weltall in seiner letztlich moralischen Ordnung.

Diese Ansicht erinnert an eine Passage aus der *Logik* (IX 23 f.) und hat in der Architektonik der ersten *Kritik* eine Entsprechung (*KrV,* B 866 f.). An beiden Stellen spricht Kant von einem Weltbegriff der Philosophie, einem «sensus cosmicus» (*Logik,* IX 24), wobei die «Welt» nicht wie andernorts den «Inbegriff aller Erscheinungen» oder, «im transzendentalen Verstande, die absolute Totalität des Inbegriffs existierender Dinge» (*KrV,* B 447) meint. Diese Bestimmungen gehören nämlich zum Gegenbegriff des Weltbegriffs, zum Schulbegriff, wonach die Philosophie, obzwar ein «System der Erkenntnis», «als Wissenschaft gesucht wird» (B 866).

---

1 «Menschheit» bedeutet hier wie in der Regel bei Kant nicht die Gattung der Menschen, sondern das, was den Menschen als moralisches Wesen auszeichnet (vgl. z. B. *GMS,* IV 429 ff.; *KpV,* V 87 f., 131; *KU,* V 335).

In der Vorlesung *Metaphysik der Sitten* (Vigilantius) gibt Kant dem Schul-Philosophen einen griechischen Titel, den ich aus den veröffentlichten Schriften nicht kenne und der so ungewöhnlich ist, daß ihn selbst ein maßgebliches Griechisch-Lexikon, der Liddell-Scott, nicht verzeichnet. Kant übernimmt den Neologismus vermutlich von Christian Huygens' gleichnamiger Schrift (1698): Wer sich «mit der Natur nur in Rücksicht der zu vermehrenden Erkenntnis in theoretischer Betrachtung» beschäftige, heißt Cosmotheoros, nach dem *Opus postumum* zu Deutsch «Weltbeschauer» (XXI 553), dem Kant den Kosmopoliten entgegenstellt.

Unter dem Kosmopoliten versteht Kant nicht etwa, wie gesagt, einen hochgebildeten, weltgereisten und weltgewandten Menschen, sondern jemanden, der «die Natur um sich her in praktischer Rücksicht zur Ausübung seines Wohlwollens gegen dieselbe betrachtet» (XXVII, Bd. 2,1 673). Im Unterschied zu dem lediglich der Erkenntnis verpflichteten Cosmotheoros zeichnet sich der Kosmopolit durch eine moralisch-praktische Einstellung aus. Erneut ist nicht das Vorhandensein von politischen Institutionen entscheidend, sondern, daß der Mensch eine Person in jenem anspruchsvollen Sinn ist, den Kant an einschlägiger Stelle des *Opus postumum* als «moralisches Wesen» erläutert. Die Stelle lautet: «der Mensch als (*Cosmopolita*) Person (moralisches Wesen) sich seiner Freiheit bewußte Sinnenwesen (Weltbewohner)» (XXI 31, § 9). Dagegen ist der «*Cosmotheoros* der die Elemente der Welterkenntnis *a priori* selbst schafft aus welchen er die Weltbeschauung als zugleich Weltbewohner zimmert in der Idee» (ebd.). (Vgl. XXI 101, wo gegenübergestellt werden «ein Prinzip der Formen 1 der Persönlichkeit in mir 2 der Weltbeschreibung, *Cosmotheoros* außer mir»; dazu kommt drittens ein System «der Wesen die als in einem System in mir und dadurch außer mir gedacht werden».)

Der weltbürgerliche Philosoph schiebt die schulphilosophische Erkenntnis aber nicht beiseite. Er relativiert sie nur, indem er alle Erkenntnis auf einen Bezug «auf die wesentlichen Zwecke der menschlichen Vernunft» verpflichtet (*KrV*, B 867; vgl. *Logik*, IX 24). Dieser Bezug erfolgt nicht etwa bloß *modo theoretico*. Wie meist übersehen, ist die Weisheit im weltbürgerlichen Begriff der Philosophie sowohl durch Lehre als auch durch Beispiel zu lehren

(*Logik*, IX 24). Das Muster, zumal für jenes «durch Beispiel lehren», dürfte der stoische Weise abgeben. Nach der ersten *Kritik* stellt er nämlich das Ideal der reinen Vernunft, also die Idee *in individuo*, dar, wird deshalb auch der «göttliche Mensch in uns» genannt (*KrV*, B 596 f.).

Die für die Vernunft wesentlichen Zwecke, so fährt die zitierte *Logik*-Passage fort, bündeln sich in den berühmten Fragen, für die sich «jedermann notwendig interessiert» (*KrV*, B 868), wie die Architektonik der ersten *Kritik* erläutert. Da Kant mit diesen Fragen: «1. Was kann ich wissen? 2. Was soll ich tun? 3. Was darf ich hoffen? 4. Was ist der Mensch?» die gesamte Philosophie abdecken will, vertritt er von den Vernunftzwecken her gesehen ausdrücklich den thematisch universalen Kosmopolitismus.

Man muß es noch einmal hervorheben: Kant verwendet einen paradoxen, weil apolitischen Begriff. «Kosmopolitisch» nennt er nicht denjenigen, der staatliche und kulturelle Grenzen zu relativieren vermag und sich in aller Welt zu Hause fühlt. Nach seinem provokativen, weil moralischen Begriff ist Kosmopolit vielmehr, wer dem im Motto der *Kritik der reinen Vernunft* angesprochenen Gemeinwohl der Menschheit dient. Erneut sehr modern, nimmt Kant nicht nur die Gegenwart, sondern auch die künftigen Generationen in den Blick und verbindet diesen Blick mit einem Fortschrittsgedanken: Der Endzweck der *Pädagogik* besteht in dem zukünftig möglichen «gesitteten» (IX 449) Zustand, womit kein zivilisierter, sondern ein sittlicher, moralischer Zustand gemeint ist. Denn methodisch gesehen handelt es sich um eine «Idee», der gegenüber «die allmähliche Annäherung der menschlichen Natur» möglich (ebd.), in Form des Endzwecks überdies geboten ist.

Weil der Gedanke des Endzwecks über die Gattung hinausweist, erhält Kants Erziehungsplan die selten bemerkte, erneut im emphatischen Sinn *kosmo*politische Perspektive. Zugleich verbindet sich der moralische mit einem teleologischen Kosmopolitismus. Denn der Mensch existiert nicht bloß, wie es in der *Grundlegung* heißt, «als Zweck an sich selbst» (IV 428). Er ist auch, ergänzt die *Kritik der Urteilskraft*, «hier auf Erden als der letzte Zweck der Natur» zu beurteilen, auf den hin «alle übrigen Naturdinge ein System von Zwecken ausmachen» (*KU*, V 429).

4.5 Weitere Kosmopolitismen und Bilanz

Die Behauptung vom Menschen als Endzweck der Natur verdächtigt man gern eines Gattungsegoismus. Nach Kant hat der Mensch diesen Rang, «der Schöpfung Endzweck» zu sein (*KU*, V 435), aber nicht als Mitglied einer biologischen Gattung, sondern als ein moralisches Wesen, womit er für die Welt eine besondere Verantwortung übernimmt. Als Endzweck wird der Mensch nicht zu einem Gattungsegoismus ermächtigt, sondern zu etwas verpflichtet, was keinem anderen Wesen in der Welt aufgebürdet wird, zu einer Verantwortung auch für andere, also für die nichthumane Welt. Zugleich gewinnt ein viertes Thema den kosmopolitischen Charakter: jene in der *Kritik der Urteilskraft* behandelte Einheit von Natur und Freiheit, die schon in der ersten *Kritik*, in der im Kanon angesprochenen Endabsicht der spekulativen Vernunft, anklingt.

In der dritten *Kritik* kommt mit dem Stichwort des *sensus communis* ein weiterer, mittlerweile fünfter Kosmopolitismus hinzu. Kant versteht unter dem Stichwort die «Idee eines gemeinschaftlichen Sinnes», näherhin ein Beurteilungsvermögen, das sich mit seinen drei schon genannten Maximen – «1. Selbstdenken; 2. An der Stelle jedes andern denken; 3. Jederzeit mit sich selbst einstimmig denken» – «gleichsam an die gesamte Menschenvernunft» wendet (*KU*, V 293 f.). (In der *Anthropologie* nennt Kant die entsprechende Denkart einen Pluralismus im Gegensatz zum Egoismus und qualifiziert sie kosmopolitisch, nämlich, «sich nicht als die ganze Welt in seinem Selbst befassend, sondern als einen bloßen Weltbürger zu betrachten und zu verhalten»; VII 130). Nun ist der *sensus communis* unter anderem für die ästhetische Urteilskraft, also die Beurteilung von Natur- und Kunstschönheit zuständig, womit auch die Kunst einen kosmopolitischen Charakter erhält.

Kosmopolitisch ist «natürlich» der Bereich, der üblicherweise im Mittelpunkt steht, und daher schon ungeduldig erwartet sein dürfte. Aus zwei Gründen ist es aber besser, dort nicht direkt anzusetzen, denn dieser Bereich baut auf der kosmopolitischen Moralphilosophie auf. Das basale Rechtsprinzip, welches Kant entwickelt, das der allgemein verträglichen Freiheit, greift nämlich auf das im kategorischen Imperativ enthaltene Moment der Universalisierung zurück (*RL*, § B; siehe Kap. 13). Dieses setzt wiederum die kosmopolitische Erkenntniskritik voraus.

Philosophische Rechts- und Staatstheorien kennt Europa zuhauf. Erstaunlicherweise fehlt aber allen großen Autoren, von Platon und Aristoteles über Hobbes und Locke bis zu Hegel, die Theorie einer internationalen Rechts- und Friedensgemeinschaft. Dieses Defizit ist umso erstaunlicher, als die beiden Anwendungsbedingungen seit den Griechen gegeben sind: Die Menschen und ihre Gemeinwesen pflegen seit jeher Kontakt mit ihren Nachbarn und leben dabei nicht immer in «eitel Liebe und Freundschaft».

Der Ausdruck «Weltbürger» (*kosmou politês*) geht zwar vermutlich bis auf Sokrates zurück; eindeutig ist er für dessen Schüler Diogenes von Sinope bezeugt und wird seit Zenon von Kition, später Chrysipp zu einem Grundbegriff der Stoa. Deren Philosophie ist aber oft apolitisch. Selbst wenn sie wie bei Zenon gewisse politische Elemente enthält, sind sie nicht annähernd so ausgearbeitet wie die «nationale» praktische Philosophie bei Platon und Aristoteles. (Für einen konzisen Überblick siehe Höffe 1999, Kap. 8.1.)

Trotz der Überlegungen etwa von Dante, Christian Wolff und Abbé St. Pierre wird dieses Defizit erst auf dem Höhe- und zugleich Wendepunkt der europäischen Aufklärung überwunden. Eine schmale Abhandlung, Kants Entwurf *Zum ewigen Frieden* (1795), entfaltet eine so umfassende und zugleich wohldurchdachte Theorie, daß sie bis heute das maßgebliche Muster aller entsprechenden Versuche darstellt. Ob es Philosophen, Politikwissenschaftler oder Völkerrechtler, selbst Ökonomen sind – wer eine problembewußte Theorie einer globalen Rechtsordnung entwickeln will, geht klugerweise bei Kant in die Lehre. Die Schrift ist sogar über ihr Thema hinaus kosmopolitisch. Angefangen mit der Forderung, jede Verfassung solle republikanisch sein, sind nämlich ihre Aussagen interkulturell gültig und zugleich für kulturelle Unterschiede offen.

Da die nähere Erörterung später erfolgt (siehe Kap. 13–15), sei hier nur ein einziger Gesichtspunkt erwähnt: Im zweiten, dem Völkerrecht gewidmeten Definitivartikel, entwickelt Kant den anspruchsvollsten Gedanken seiner Friedensschrift und den vielleicht revolutionärsten Teil seines gesamten Kosmopolitismus: die Idee eines Friedensbundes aller Staaten (vgl. *ZeF*, VIII 354 ff.).

Schließlich taucht der Kosmopolitismus in der Geschichtsphilosophie auf, hier schon im Titel der wichtigsten Schrift, denn dort, in der *Idee zu einer allgemeinen Geschichte*, ist von einer «weltbürgerlichen Absicht» die Rede, deren Erläuterung später erfolgt (siehe Kap. 17). Hier ziehen wir Bilanz:

Offensichtlich ist heute, in Zeiten der Globalisierung, eine kosmopolitische Philosophie hochwillkommen. Dort nämlich, wo höchst unterschiedliche Kulturen dieselbe Welt nicht mehr bloß «im Prinzip», sondern im tatsächlichen Leben für alle sichtbar miteinander teilen, braucht es ein Denken, das auf ähnlich sichtbare Weise für die unterschiedlichen Kulturen offen ist. Es bedarf einer nicht ethnozentrischen, sondern inter- und transkulturell gültigen Argumentation. Bindet man sie an ein normatives Minimum von interkultureller Koexistenz, an elementare Bedingungen von Rechtsstaat und Demokratie, so kann sie politisch und bei einem globalen Blick kosmopolitisch: weltbürgerlich, heißen.

In diesem Sinn zeichnet sich Kants Philosophie durch einen facettenreichen Kosmopolitismus aus. Zusammen mit dessen Einheitsband, der Moral, macht er den Königsberger Philosophen für eine sich globalisierende Welt so wichtig, daß man von Tübingen aus das Pathos Friedrich Hölderlins (*Briefe*, 235) einbringen und sein Wort zur Philosophie abwandeln darf: Kants siebenfältigen Kosmopolitismus «mußt Du studieren, und wenn Du nicht mehr Geld hättest, als nötig ist, um eine Lampe und Öl zu kaufen, und nicht mehr Zeit als von Mitternacht bis zum Hahnenschrei».

Zweiter Teil
Kants Revolution der Moralphilosophie

Kant mutet der abendländischen Moralphilosophie eine veritable Revolution zu. Er weist sowohl das lange vorherrschende Prinzip der Eudaimonia, das der eigenen Glückseligkeit, als auch die gelegentliche Alternative des Prinzips der Theonomie, einer aus dem göttlichen Willen entspringenden Gesetzgebung, zurück. An deren Stelle und an die Stelle weiterer Prinzipien, so des epikureischen und des stoischen Moralverständnisses, tritt das Prinzip der Selbstgesetzgebung des Willens, das der Autonomie.

Diese Revolution zeichnet sich schon in der *Kritik der reinen Vernunft* ab und wird in der *Grundlegung zur Metaphysik der Sitten* weiter entwickelt. Am deutlichsten zeigt sie sich aber in der *Kritik der praktischen Vernunft*, auf die sich daher dieser zweite Teil vornehmlich bezieht – trotz der in den Forschungsdebatten oftmals einseitigen Konzentration auf die *Grundlegung*.

Kant hat für seine moralphilosophische Revolution zwei Gründe. Erstens will er die allein richtige Ansicht vom Wesen der Sittlichkeit bzw. der Moral darlegen. Mit Rousseau überzeugt, daß schon der einfache Mensch ein richtiges Moralverständnis hat, soll nicht etwa ein weitverbreitetes Verständnis revidiert oder ein grundlegend neues Verständnis postuliert werden. Vielmehr soll das moralische Bewußtsein, zu dem laut Kant der Gedanke uneingeschränkter Verbindlichkeiten gehört, über sich aufgeklärt werden.

Seit John Rawls (1980) herrscht in der anglophonen Interpretation von Kants Moralphilosophie ein Konstruktivismus vor. Ihm zufolge werden moralische Verbindlichkeiten nach einem durch den kategorischen Imperativ («KI») vorgegebenen Verfahren konstruiert. Rawls sieht aber zurecht, daß das KI-Verfahren seinerseits nicht konstruiert, sondern ausgebreitet wird (vgl. Rawls 2000, 238 ff.). In dieser, zugleich philosophisch grundlegenderen Weise ist Kants Moralphilosophie nicht konstruktivistisch, sondern hat den Charakter einer reflexiven Selbst-Aufklärung des moralischen Bewußtseins.

Kant will «nur» die Philosophie der Moral, nicht die Moral selbst revolutionieren, denn: «Wer wollte aber auch einen neuen Grundsatz aller Sittlichkeit einführen und diese gleichsam zuerst erfinden?» (*KpV*, V 8).

Ihm geht es lediglich um eine «neue Formel» (ebd.). Mit der neuen Formel dient Kant zweitens der Moral selbst. Denn gemäß dem hohen Anspruch, den Mathematiker dem Begriff zubilligen, wird mit der neuen Formel «das, was zu tun sei, um eine Aufgabe zu befolgen, ganz genau bestimmt und ... dieses in Ansehung aller Pflicht überhaupt» (ebd.). Auf diese Weise verfolgt Kant ein praktisches, des näheren moralisches Interesse, womit seine Ethik zu einer im emphatischen Sinn moralisch-praktischen Philosophie gehört (*Kapitel 5*).

Diese Philosophie hat zwei Seiten, eine destruktive und eine facettenreich rekonstruktive Seite, die hier sukzessive entfaltet werden: die Kritik am Prinzip der Glückseligkeit (*Kapitel 6*), als neue Formel das Grundgesetz der reinen praktischen Vernunft bzw. der kategorische Imperativ, welcher sowohl den Begriff als auch das Kriterium der Moral abgibt (*Kapitel 7*), und die Überlegungen zur Willensfreiheit, zum Vernunftfaktum und zum Gefühl der Achtung (*Kapitel 8*). Von den letzten drei Elementen kommt dem schwierigen Theorem des Vernunftfaktums eine besondere Bedeutung zu:

Eine Selbstaufklärung des moralischen Bewußtseins hat den Vorteil hoher Überzeugungskraft, sie hat aber auch eine gewichtige Grenze: Wo es kein moralisches Selbst gibt, kann es keine moralische Selbstaufklärung geben. Bei jemandem, dem jedes moralische Bewußtsein fehlt, nicht etwa nur vorübergehend, sondern grundsätzlich, bei der ebenso radikalen wie extremen A-Moralität, geht die moralische Selbstaufklärung mangels eines moralischen Selbsts ins Leere. Gegen diese Gefahr richtet Kant mit dem Theorem «Faktum der Vernunft» ein gutes Gegenargument: daß man bei jedem, der einen Willen, nämlich das Vermögen hat, sich nach Regeln zu bestimmen (*KpV*, V 32), sich schwerlich auf eine wahre Amoralität berufen kann.

5. Ethik als praktische Philosophie

Spätestens seit der *Kritik der reinen Vernunft* bildet die Moral für Kant eine wesentliche Antriebskraft, die, wie wir gesehen haben, mit den drei anderen Antriebskräften, der Aufklärung qua Selbstdenken, der judikativen Kritik und dem Kosmopolitismus eng verschränkt ist. Wegen dieses Quartetts von Motiven hält Kant eine reine Moralphilosophie für unabdingbar und nennt sie, weil von allem Empirischen frei, eine «Metaphysik der Sitten». Nachdrücklich erklärt er schon in der Vorrede der *Grundlegung zur Metaphysik der Sitten* die Metaphysik der Sitten aus zwei Gründen für «unentbehrlich notwendig». Der erste Grund besteht in dem rein theoretischen Motiv, «die Quelle der a priori in unserer Vernunft liegenden praktischen Grundsätze zu erforschen», der zweite, wichtigere Grund, das moralisch-praktische Motiv darin, die Sitten von jener Verderbnis freizusetzen, die in der Unkenntnis der obersten Norm ihrer Beurteilung liegt (*GMS*, IV 389 f.).

Die auf die *Grundlegung* folgende *Kritik der praktischen Vernunft* ist nicht weniger von einem moralisch-praktischen Interesse motiviert, sichtbar in der ihr gestellten Aufgabe («Obliegenheit»), die nichtmoralische, «die empirisch bedingte Vernunft von der Anmaßung abzuhalten, ausschließungweise den Bestimmungsgrund des Willens allein abgeben zu wollen» (*KpV*, V 16). Kant bestreitet nicht, daß es eine empirisch bedingte Vernunft gibt. Er lehnt nur zwei Anmaßungen ab, zum einen ihr Exklusivrecht: daß es allein sie gebe, und zum anderen den Anspruch, daß sie überhaupt moralischer Natur sei. Aus demselben doppelten Grund hält er es für «viel wichtiger und anratungswürdiger», jenen sittlichen Empirismus zurückzuweisen, der die praktischen Begriffe des Guten und Bösen «bloß in Erfahrungsfolgen … setzt» (*KpV*, V 70 f.), und damit die kompromißlos hohen Ansprüche der Moral untergräbt.

Nicht unerheblich, aber deutlich weniger wichtig ist für Kant die Kritik am planen Gegensatz zum ethischen Empirismus, die Ablehnung jenes Mystizismus der praktischen Vernunft, der «wirkliche, und doch nicht sinnliche, Anschauungen» im Bereich des Moralischen annimmt und damit «ins Überschwengliche hinausschweift» (ebd.). In theoretischer Hinsicht sei dieser Mystizismus zwar nicht weniger falsch als der ethische Empirismus, da es im Bereich der Moral keinerlei Anschauung gebe. In der für Kant entscheidenden moralischen Hinsicht ist er aber weniger gefährlich. Denn wer für die Moral nichtsinnliche Anschauungen annimmt, hat zwar einen falschen Begriff von Moral, er läuft aber nicht Gefahr, die kompromißlos hohen Ansprüche der Moral abzuschwächen.

5.1 Vorrang der zweiten *Kritik*

In der Vorrede zur *Grundlegung* erklärt Kant, er gebe sich mit einer «Grundlegung» zufrieden, obwohl er für seine künftige Metaphysik der Sitten «eigentlich» eine «Kritik einer *reinen praktischen Vernunft*» benötige (*GMS*, IV 391). Diese Aussage nimmt er drei Jahre später zurück, indem er denn doch eine weitere Kritik veröffentlicht. Deren Gegenstand, die praktische Vernunft, kommt jetzt aber im Titel ohne den qualifizierenden Zusatz «rein» aus. Denn «diese Abhandlung», heißt es zu Beginn der neuen Vorrede, «soll bloß dartun, daß es reine praktische Vernunft gebe, und kritisiert in dieser Absicht ihr ganzes praktisches Vermögen» (*KpV*, V 3).

Obwohl in der Wirkungsgeschichte die *Grundlegung* weit mehr Einfluß erhält, kommt aus mehreren Gründen dieser *Kritik der praktischen Vernunft* der größere philosophische Rang zu (zur Kommentierung siehe Beck [2]1966, Höffe 2002 und Reath/Timmermann 2010):

Zunächst ist die zweite *Kritik* weit themenreicher; allerdings verschiebt Kant auch den Schwerpunkt. Steht in der *Grundlegung* der kategorische Imperativ mit seinen verschiedenen Formeln und mit Beispielen dazu im Vordergrund, sind es jetzt die Autonomie, das Faktum der Vernunft, das Verhältnis von Vernunft und Sinnlichkeit bezüglich der praktischen Vernunft und das (schon in der ersten *Kritik* erörterte) höchste Gut.

Insbesondere gelingt ihr zweitens, was Kant nach der Vorrede der *Grundlegung* für unverzichtbar hält, dann aber nicht behandelt, weil ihm entweder die Sache damals noch nicht klar genug war oder sie doch nicht in den dortigen Zusammenhang gehörte, nämlich die Einheit der reinen praktischen Vernunft «mit der spekulativen in einem gemeinschaftlichen Prinzip» darzustellen (*GMS*, IV 391).

Jetzt aber, in der zweiten *Kritik*, widmet sich Kant dieser Aufgabe und erklärt, weil er sie zu lösen glaubt, voll Selbstbewußtsein und Stolz: «Der Begriff der Freiheit ... macht nun den Schlußstein von dem ganzen Gebäude eines Systems der reinen, selbst der spekulativen Vernunft aus, und alle andere Begriffe (die von Gott und Unsterblichkeit) ... bekommen mit ihm und durch ihn Bestand und objektive Realität» (*KpV*, V 3 f.). Denn für das System der Vernunft seien drei Begriffe entscheidend: Freiheit, Gott und Unsterblichkeit. Alle drei Begriffe sind nun letztlich von moralischer Bedeutung und erfahren – auf der Grundlage der sie vorbereitenden ersten *Kritik* – in der zweiten *Kritik* ihre letzte Begründung.

Die zweite *Kritik* ist nicht nur themenreicher und gründlicher als die *Grundlegung,* sondern auch, drittens, in der Problemstellung klarer, in der Begrifflichkeit genauer und im Gedankengang, zumal im ersten Buch, der Analytik der reinen praktischen Vernunft, zupackender.

Viertens ist der Text, jetzt im Verhältnis zur ersten *Kritik*, einfacher geschrieben und enthält kaum Abweichungen vom Leitthema. Vor allem aber bildet sie die notwendige Fortsetzung der ersten *Kritik*, da sie, was nach der ersten *Kritik* nur denkmöglich ist, die transzendentale Freiheit, jetzt als «nunmehr feststehend» nachzuweisen vermag (*KpV*, V 3).

Nach ihrer zweiten Vorrede will die erste *Kritik* «allen Einwürfen wider Sittlichkeit ... auf alle künftige Zeit ein Ende machen» (*KrV*, B xxxi). Dieses Zu-Ende-bringen, die in Kants Augen endgültige Widerlegung aller moralischen Skepsis, vollendet sich erst in der zweiten *Kritik*. Und weil nach ihr die Wirklichkeit dessen feststeht, was den Menschen über alles in der Welt erhebt, die Moral, darf Kant pathetisch werden. Im allerletzten Textstück der zweiten *Kritik*, dem Beschluß, genauer: seinem ersten längeren Absatz, wirft er jenen Rückblick auf die Leistung beider *Kritiken*, der mit den berühmten Worten beginnt: «Zwei Dinge erfüllen das Gemüt mit immer neuer und zunehmender Bewunderung und Ehrfurcht, je öfter und anhaltender sich das Nachdenken damit beschäftigt: *der bestirnte Himmel über mir und das moralische Gesetz in mir*» (*KpV*, V 161).

Der «bestirnte Himmel» benennt das Hauptthema der ersten *Kritik*, die Natur in ihrer Gesetzmäßigkeit, das «moralische Gesetz» dagegen das Thema der zweiten *Kritik*. Und die Erläuterung zeigt, warum sich Kant hier wie höchst selten in seinem Œuvre Pathos erlaubt: Kant verfolgt ein existentielles Interesse («ich ... verknüpfe sie [beide Dinge] unmittelbar mit dem Bewußtsein meiner Existenz»; V 162): «Der erstere Anblick einer zahllosen Weltenmenge vernichtet gleichsam meine Wichtigkeit», mit der Einschränkung: «als eines *tierischen Geschöpfs*». «Der zweite erhebt dagegen meinen Wert, als einer *Intelligenz*, unendlich durch meine Persönlichkeit, in welcher das moralische Gesetz mir ein von der Tierheit und selbst von der ganzen Sinnenwelt unabhängiges Leben offenbart» (ebd.).

Kopernikus' revolutionär neue Weltsicht hat angeblich den Menschen aus dem Zentrum der Welt verbannt, und angesichts der schieren Unendlichkeit des Universums erscheint der Mensch als eine kosmologische Winzigkeit. Geographisch, sagt Kant, mag das zutreffen, trotzdem braucht niemand darüber zu erschrecken. Denn die Größe des Menschen als eines moralischen Wesens läßt seine kosmologische Winzigkeit belanglos erscheinen: Der Mensch ist das in ein amoralisches Universum ausgesetzte Moralwesen (siehe Kap. 22).

5.2 Das moralische Interesse

Die für Kant wichtige Unterscheidung von praktischer und theoretischer Vernunft hat eine immer wieder unterschätzte, oft sogar verkannte Tragweite: In scharfem Gegensatz zur theoretischen Vernunft ist die praktische Vernunft als solche von allen erkennenden Elementen frei. Auf der Grundlage von Kants strenger Unterscheidung des Erkenntnis- und des Begehrungsvermögens werden in der praktischen Vernunft die epistemischen Elemente geradezu liquidiert. Das Unterscheidungsmerkmal von Vernunft bleibt selbstverständlich erhalten. Auch im Fall der praktischen Vernunft zeichnet sich die reine Vernunft durch ein synthetisches Apriori aus. Dieses betrifft aber nicht die Erkenntnis von Moral, sondern die Moral selbst, also eine bestimmte Praxis. Da es auf das Erkennen, nicht das Wollen ankommt, setzt sich Kant, ohne Platon zitieren zu müssen, von dessen *Politeia*, namentlich dem Philosophen-Königssatz und den drei Gleichnissen, dem Linien-, Sonnen- und Höhlengleichnis (V 473 c-d, VI 508 a-511 e und VII 514 a-521 b), streng ab: von der Bindung des moralisch Guten an epistemische Bedingungen.

Dort, wo zwar nicht die Moralphilosophie, wohl aber die Moral selbst, einschließlich der Rechtsmoral, der Gerechtigkeit, sich von aller Bindung an epistemische Elemente – bei Platon der Ideenlehre, besonders der Idee des Guten – freimacht, wo sie im Gegenteil der gemeinen, sowohl allgemeinen als auch einfachen Menschenvernunft offensteht, verlieren Philosophen ihre moralischen und die daraus abgeleiteten politischen Privilegien. Kants berühmte Kritik an Platons Philosophen-Königssatz (vgl. *ZeF*, VIII 369) beginnt also in der Sache schon hier, bei der strengen Trennung der praktischen von der theoretischen Vernunft, verbunden mit der Demokratisierung der Moral: daß der «gemeinste Verstand ohne Unterweisung» ihrer bewußt ist (*KpV*, V 27, vgl. V 87; auch *GMS*, IV 391 und 405).

Schon in der ersten *Kritik* erklärt Kant, daß in dem, was alle Menschen angeht, die Natur «keiner parteiischen Austeilung ihrer Gaben zu beschuldigen sei», weil «in Ansehung der wesentlichen Zwecke der menschlichen Natur», und das ist vor allem die Moral (vgl. *KrV*, B 857; ähnlich in *KU*, §§ 42 und 59), «die höchste Philosophie es nicht weiter bringen könne, als die Leitung, welche sie auch dem gemeinsten Verstande hat angedeihen lassen» (*KrV*, B 859; vgl. *KpV*, V 90).

Auch deswegen, wegen eines im wörtlichen Sinn radikal, nämlich bis zu den Wurzeln demokratischen Begriffs der Moral, entwickelt Kant seine Ethik als nachdrücklich praktische Philosophie. Kant selber verwendet zwar den Ausdruck nur im thematischen Sinn. Danach unterscheidet sich praktische Philosophie von der spekulativen bzw. theoretischen Philosophie durch ihren Gegenstand: das Gesollte (z. B. *GMS*, IV 427), die «Freiheit der Willkür» (*RL*, VI 216), die «Pflichtenlehre» (*TL*, VI 375) oder die «Sitten» (vgl. Erste Fassung der Einleitung zur *Kritik der Urteilskraft*, XX 195). Er praktiziert aber auch das anspruchsvollere, von seinem angeblichen Gegenspieler Aristoteles stammende Verständnis:

Gemäß der prägnanten Formulierung der *Nikomachischen Ethik* zielen Ethik und politische Philosophie nicht auf Erkennen, sondern Handeln: *to telos estin ou gnôsis alla praxis* (I 1, 1095 a 5 f.; vgl. dazu Höffe 1971, Teil I, auch Höffe 1995 a). Dieses Aristotelische Vorhaben einer wahrhaft praktischen Philosophie sehen viele Interpreten in Kants radikaler Grundlagenreflexion entschwinden. Tatsächlich ist es, allerdings ohne Aristoteles zu erwähnen, nicht nur in der *Metaphysik der Sitten*, ihrer *Rechtslehre* und ihrer *Tugendlehre*, gegenwärtig. Auch der zweiten *Kritik*, vorher schon der *Grundlegung*, liegt eine praktische, sogar existentielle Intention zugrunde: Gegen einen ethischen Skeptizismus, der die Gültigkeit moralischer Pflichten grundsätzlich in Zweifel zieht, und gegen einen ethischen Empirismus, der an ihrer Reinheit und Strenge zweifelt, stellt Kant das gewöhnliche moralische Bewußtsein auf einen sicheren Grund und bestätigt es in seiner Unbedingtheit: Als reines, von allen empirischen Elementen der Lust und Unlust unabhängiges Gesetz entspringt die Moral der Autonomie des Willens.

Aristoteles' praktische Philosophie besteht aus zwei Disziplinen, der Ethik und der Politik. Auch bei Kant hat nicht bloß die Ethik, sondern auch die Rechts-, Staats- und Politikphilosophie genuin praktischen Charakter. Dazu nur ein Beleg aus der *Rechtslehre*: Nach ihrer «Vorrede» handelt sie nicht bloß über einen Gegenstand der Praxis. Sie ist zusätzlich in dem intentionalen Sinn praktisch, daß ihr Gegenstand, das Recht, ein «auf die Praxis (Anwendung auf in der Erfahrung vorkommende Fälle) gestellter Begriff» ist (*RL*, VI 205), weswegen sich die *Rechtslehre* nicht als ein Selbstzweck versteht, vielmehr zielt sie auf die Praxis ab. Aus diesem Grund müßte sie laut Kant sogar «auf die empirische Mannigfaltigkeit» der entsprechenden «Fälle Rücksicht nehmen» (ebd.). Weil aber die Philosophie, sofern sie sich wie bei Kant mit Erkenntnissen a priori befaßt, zur empirischen Mannigfaltigkeit keinen Zugang hat, begnügt sie sich mit den zuständigen Prinzipien. Infolgedessen behandelt sie nicht den gesamten Gegenstand, sondern ledig-lich dessen metaphysische Anfangsgründe (ebd.). Wer Aristoteles kennt, findet dessen Gedanken eines *typô-*, eines Umriß- oder Grundriß-Wissens wieder (*Nikomachische Ethik,* I 1, 1094b20; vgl. Höffe 1996, Kap. 13): Kants grundlegende Rechtsphilosophie beschränkt sich auf den normativen Grundriß und überläßt die konkrete Ausgestaltung der durchaus unterschiedlichen Empirie.

Weil nicht bloß Kants Antriebskraft der Moral, sondern alle Antriebskräfte einen praktischen Charakterzug haben, auch weil «die letzte Absicht der weislich uns versorgenden Natur, bei der Einrichtung unserer Vernunft, eigentlich nur aufs Moralische gestellt» ist (*KrV*, B 829), gehört in einem weiteren Sinn sogar Kants gesamtes Denken zu einer praktischen Philosophie (für die *KrV*, siehe B xxxi und B xxxv).

Es versteht sich, daß Kant ebenso wie vor ihm Aristoteles ein auf Begriffe und Argumente verpflichteter Philosoph bleibt. Keineswegs mutiert er zum Moralisten oder moralisierenden Propheten; nirgendwo in der zweiten *Kritik* hebt er den moralischen Zeigefinger. Statt dessen spricht er, wie schon Aristoteles, keine appellative, sondern eine kognitive, nämlich auf Begriffen und Argumenten basierende Sprache. In der Moralphilosophie bildet die Moral, also eine besondere Art des Begehrungsvermögens, den Gegenstand; die Reflexion auf ihn, eben die Philosophie, wird aber nicht vom Begehrungs-, sondern vom Erkenntnisvermögen vorgenommen. Kant entfaltet seine praktische Philosophie ausdrücklich «als Wissenschaft» (V 12).

Des näheren beginnt Kant nicht mit einer Warnung vor dem Empirismus, die die schädlichen Folgen für die Sittlichkeit hervorhebt. Er setzt vielmehr bei den Grundsätzen der reinen praktischen Vernunft an, denen materiale Prinzipien, ob sittlich schädlich oder nicht, nicht genügen. Und seine Empirismus-Kritik, daß «der Empirism die Sittlichkeit in Gesinnungen … mit der Wurzel ausrottet und ihr ganz etwas anderes, nämlich ein empirisches Interesse … statt der Pflicht unterschiebt» (*KpV*, V 71), führt er in philosophisch-wissenschaftlicher Nüchternheit durch. Er übernimmt nämlich die zur ersten *Kritik* (vgl. *KrV*, A xii und B xxii-xxiv) analoge Aufgabe, «die Prinzipien a priori … nach den Bedingungen, dem Umfange und Grenzen ihres Gebrauchs» auszumitteln (*KpV*, V 12) bzw. diese Prinzipien «ihrer Möglichkeit, ihres Umfanges und Grenzen» nach (V 8) vollständig anzugeben.

Kants Zurückhaltung gegen alles Moralisieren geht sogar so weit, daß er im ersten Hauptstück der zweiten *Kritik* zunächst nur von «praktischen» Gesetzen spricht und erst in der Anmerkung nach Paragraph 6 den Ausdruck des «moralischen» Gesetzes einführt (vgl. V 29 f.). Trotzdem hat seine Moralphilosophie zu einem Großteil den Charakter einer wahrhaft praktischen Philosophie. Wer in ihr nicht bloß beim Moralprinzip, sondern generell einen Gegensatz zu Aristoteles' Ethik behauptet, wird das zwar anders sehen. Tatsächlich hält Kant nirgendwo, weder in der *Grundlegung* und der *Kritik der praktischen Vernunft* noch in der *Metaphysik der Sitten* und noch weniger in den Abhandlungen *Über den Gemeinspruch, Zum ewigen Frieden* und *Der Streit der Fakultäten*, die Theorie der Moral für jenen Selbstzweck, der «die rein theoretische Aufklärung der Bedingung der Möglichkeit von Moralität» suche (Bien 1981, 70).

Deutlich genug setzt sich Kant vor allem deshalb für «eine reine Moralphilosophie» ein, weil ohne eine derartige Philosophie «die Sitten selber allerlei Verderbnis unterworfen» seien (*GMS*, IV 390). Es gibt nämlich, was Kant eine «natürliche Dialektik» nennt, einen «Hang, wider jene strenge Gesetze der Pflicht zu vernünfteln und [im Namen der Neigungen] ihre Gültigkeit, wenigstens ihre Reinigkeit und Strenge in Zweifel zu ziehen» (IV 405). Diesem Hang tritt nun die mittels Moralphilosophie gefundene Formel entgegen. Die genannte natürliche Dialektik ist übrigens eine Art von Sophisterei und von der in der zweiten *Kritik* erörterten Dialektik der reinen Vernunft streng unterschieden (siehe Kap. 9).

Kants Kritik an der Vermischung genuin moralischer Prinzipien mit empirischen Elementen der Neigungen dient in zweierlei Hinsicht, im Sinne von «Sicherheit» und «Lauterkeit» (*TL*, VI 376), der Moral. Sicherheit heißt, daß eine mehr als nur «sehr zufällige» Pflichtgemäßheit zustande komme, Lauterkeit, daß «das sittliche Gesetz in seiner Reinigkeit und Echtheit» zutage trete (*GMS*, IV 390). Dort, bei der Sicherheit, dient die reine Moralphilosophie schon der Legalität. Denn die reine Moralphilosophie leistet dem «sophistischen» Hang, sich für die derzeitige Situation eine Ausnahme einzubilden, dadurch Widerstand, daß sie mit ihrer neuen Formel das, was moralisch geboten oder verboten ist, «genau bestimmt». Diese Sicherheit schließt aber nicht ein, daß das der moralischen Pflicht gehorchende Handeln auch genau «aus Pflicht» erfolgt. Sofern die reine Moralphilosophie dazu verhilft, dient sie der Lauterkeit, der Moralität. In beider Hinsicht hält Kant eine «völlig isolierte Metaphysik der Sitten» nicht nur für «ein unentbehrliches Substrat aller theoretischen ... Erkenntnis der Pflichten», sondern «zugleich» für «ein Desiderat von der höchsten Wichtigkeit zur wirklichen Vollziehung ihrer Vorschriften» (IV 410).

Ebenso deutlich tritt der moralische Charakter im kategorischen Imperativ zutage. Als Imperativ stellt er dem Handelnden nicht frei, ob er der Moral genügen will; im Gegenteil fordert er zum entsprechenden Handeln auf. Das moralisch-praktische Interesse zeigt sich ferner im Gedanken eines Faktums der Vernunft. Indem wir es für möglich halten, selbst «unter Androhung» der «unverzögerten Todesstrafe ... ein falsches Zeugnis wider einen ehrlichen Mann» zu verweigern (*KpV*, V 30; siehe Kap. 8), erklären wir, die «Liebe zum Leben» sei überwindbar, und bestreiten zugleich, daß die reine praktische Vernunft, die Moralität, ein lebensfremdes Sollen sei.

Ferner liegt ein moralisches Interesse Kants Hinweis zugrunde, mit einer *Philosophie* des Rechts erreiche man zwar gegenüber diesem Gegenstand die Höchstform von Wissenschaftlichkeit, gleichwohl sei bei diesem Gegenstand eine Philosophie des Rechts defizitär, ihr fehle es nämlich an Rechtserfahrung und Rechtsklugheit (*RL*, § 8: VI 229; siehe Kap. 13). Nicht zuletzt zeigt sich das moralisch-praktische Interesse sowohl in den «Kasuistische(n) Fragen» der *Tugendlehre* als auch in der Friedensschrift, sofern diese sich nicht damit zufrieden gibt, für eine Friedensordnung moralische Prinzipien aufzustellen, sondern auch zu zeigen sucht, wie die Politik zur Übereinstimmung mit moralischen Prinzipien gelangen kann.

Das moralische Interesse ist bei Kant so nachdrücklich, darüber hinaus so facettenreich präsent, daß man sich wundert, warum es nicht in jede Interpretation seiner Ethik eingeht. Keineswegs spielt es erst spät, in der *Metaphysik der Sitten*, ihrer *Rechtslehre* und ihrer *Tugendlehre*, eine Rolle oder zwar schon bei den früheren Schriften, dort aber nur auf das Lehrstück des kategorischen Imperativs begrenzt. Die moralische, zugleich existentielle Intention, die auch der zweiten *Kritik* und vorher schon der *Grundlegung*, selbst der ersten *Kritik* zugrunde liegt, trifft sogar in zweierlei Hinsicht zu, wie erwähnt als Kritik gegen einen ethischen Skeptizismus und gegen einen ethischen Empirismus. Der entsprechende Nachweis geschieht vor allem im ersten Buch der zweiten *Kritik*, in der Analytik der reinen praktischen Vernunft.

Weiterhin untersucht Kant, jetzt in der (knappen) Methodenlehre, die Art, wie man für die Moral sensibel, überdies zu ihrer Anerkennung bereit wird, nämlich «wie man den Gesetzen der reinen praktischen Vernunft *Eingang* in das menschliche Gemüt [«sensibel»], *Einfluß* auf die Maximen desselben verschaffen [«zur Anerkennung bereit»], d. i. die objektiv praktische Vernunft auch *subjektiv* praktisch machen könne» (*KpV*, V 151).

Wie in der Methodenlehre der ersten *Kritik*, so nimmt Kant auch in der zweiten *Kritik* Descartes' Programm eines «Discours de la méthode», einer «Abhandlung über die Methode», auf. Kant interessiert sich hier aber nicht etwa für die Methode der Moralphilosophie, gewissermaßen für eine theoretische Methode hinsichtlich der Moral, für deren «wissenschaftliche Erkenntnis» (V 151). Die Möglichkeit, über die in der zweiten Vernunftkritik praktizierte Methode nachzudenken, lehnt Kant in der genannten Methodenlehre sogar ausdrücklich ab. Dies unternimmt er aber andernorts, freilich nur ansatzweise: in der Vorrede, am Ende der Analytik, in deren kritischer Beleuchtung, und in den allerletzten Absätzen der Schrift, im zweiten und dritten Absatz vom Beschluß (V 162 ff.). In der Methodenlehre skizziert Kant dagegen eine Theorie moralischer Erziehung. In genialer Kürze unterscheidet er in der moralischen Erziehung zwei Phasen: eine pragmatische und eine im engeren Sinn moralische Erziehung, und bei der zweiten Phase legt er nicht nur auf die Erziehung zur Legalität, sondern auch auf deren Steigerung zur Moralität Wert.

Kants nähere Überlegungen stellen eine bedenkenswerte Alternative zum Vorschlag dar, die Moral anhand von Dilemmata zu diskutieren. Kant hält es dagegen für wichtig, an den Hang der Vernunft anzuknüpfen, der sich auch bei Jugendlichen findet, «in aufgeworfenen praktischen Fragen selbst die subtilste Prüfung mit Vergnügen einzuschlagen» (V 154). Auch lohne es sich, «das Prüfungsmerkmal der reinen Tugend an einem Beispiele» zu zeigen: «Man erzähle die Geschichte eines redlichen Mannes, den man bewegen will, den Verleumdern einer unschuldigen, übrigens nicht vermögenden Person ... beizutreten. Man bietet Gewinne ..., er schlägt sie aus. ... Nun fängt man es mit Androhung des Verlusts an ... so wird mein jugendlicher Zuhörer stufenweise von der bloßen Billigung zur Bewunderung, von da zum Erstaunen, endlich bis zur größten Verehrung und einem lebhaften Wunsche, selbst ein solcher Mann sein zu können ... erhoben werden. ... Also muß die Sittlichkeit auf das menschliche Herz desto mehr Kraft haben, je reiner sie dargestellt wird» (V 155 f.).

Wegen der strengen Trennung des Begehrungs- vom Erkenntnisvermögen und, darauf aufbauend, der strengen Unterscheidung von praktischer und theoretischer Vernunft, relativiert Kant das Cartesische Programm und zugleich das seiner ersten *Kritik*. Denn der Singular, eine für die gesamte Vernunft einzige und einheitliche Methodenlehre, weicht einem Dual: Die bislang als generell gültig erscheinende «Abhandlung über die Methode», die Methodenlehre der ersten *Kritik*, wird zu einer «Abhandlung der bloß theoretischen Methode» herabgestuft, zugleich um eine «Abhandlung über die praktische Methode» erweitert und auf diese Weise aus dem Blickwinkel der zweiten *Kritik* vervollständigt.

Noch aus einem weiteren Grund hat die Methodenlehre der zweiten *Kritik* komplettierenden Charakter: Eine dritte Kritik mit ihrer dritten Methodenlehre tritt – noch – nicht in den Blick. Im Gegenteil hält Kant das in der ersten *Kritik* begonnene Programm mit der zweiten *Kritik* für abgeschlossen, und nennt als Grund, daß mit dem nun erfolgten Beweis der «Realität» der Freiheit «der Schlußstein» vom ganzen Vernunftgebäude aufgestellt sei (V 3). Für ein zwischen Natur und Freiheit vermittelndes Vermögen, für eine (reine) Urteilskraft, sieht Kant hier keine Aufgabe. Die zweite *Kritik* vermittelt durchaus zwischen Natur und Freiheit, ihre Vermittlung betrifft aber die zur Tugend als der Glückswürdigkeit proportionale Glückseligkeit (V 110). Es geht also um das auf die Postulate von Unsterblichkeit und Gott gerichtete Hoffen.

5.3 Reine praktische Vernunft

In der *Kritik der praktischen Vernunft* besteht Kants Revolution der abendländischen Moralphilosophie vor allem aus zwei Teilen. Der erste, destruktive Teil lehnt alle bisherigen Begründungen der Sittlichkeit bzw. Moral ab. Während man vorher den Ursprung der Moral in der Ordnung der Natur oder der Gemeinschaft, im Verlangen nach Glück, im Willen Gottes oder im moralischen Gefühl suchte, zeigt Kant, daß all diese Versuche mißlingen (vgl. die Tafel: *KpV*, V 40).

Der Nachweis erfolgt analog zur ersten *Kritik*, da es in beiden Fällen um den formal selben Anspruch auf jene streng allgemeine und objektive Gültigkeit geht, die nur durch ein synthetisches Apriori ermöglicht wird. Dort, im Bereich des Theoretischen, erhebt diesen Anspruch die Wissenschaft und nennt ihn «Wahrheit» ohne jeden einschränkenden Zusatz: (theoretische) Wahrheit tout court. Hier, im Bereich des Praktischen, erhebt den Anspruch die Moral, die ebenfalls eine uneingeschränkte Verbindlichkeit meint, jetzt die höchste Stufe praktischer Objektivität, man kann auch sagen: praktischer Wahrheit.

Während die *Grundlegung* vom Begriff des schlechthin Guten ausgeht und über den Zwischenbegriff der (moralischen) Pflicht zum Begriff und Kriterium dieser Pflicht, dem kategorischen Imperativ, gelangt, weicht die zweite *Kritik* wegen ihrer andersartigen Aufgabe davon erheblich ab. Sie bestimmt die Moral nicht als das schlechthin Gute, sondern als das schlechthin allgemeine, streng objektive praktische Gesetz, das wiederum vom Vermögen streng objektiver Gesetze, von der Vernunft, her bestimmt wird. Kants Neubegründung der Moral erfolgt deshalb in Form einer kritischen Prüfung der praktischen Vernunft. Diese ist jedoch keine andere als die theoretische Vernunft, vielmehr «nur eine und dieselbe Vernunft ..., bloß in der Anwendung unterschieden» (*GMS*, IV 391); sie ist hier nicht mehr theoretisch («erkennend»), sondern praktisch («begehrend, wollend») tätig.

Generell versteht Kant unter der Vernunft das Vermögen, den Bereich der Sinne zu übersteigen und dabei streng objektiven Gesetzen bzw. Prinzipien zu folgen. Die theoretische Vernunft nimmt den Überstieg für das Erkenntnisvermögen vor und wird dabei von theoretischen Prinzipien bestimmt. Die praktische Vernunft betrifft dagegen das Handeln, dieses aber nicht etwa unmittelbar, sondern über das ihm zugrundeliegende Begehrungsvermögen vermittelt, das im Fall des Vernunftbestimmtseins Wille heißt. Im Gegensatz zu umgangssprachlichen Verwendungen versteht Kant darunter keine irrationale Kraft, sondern im Gegenteil etwas Rationales: die Vernunft in bezug auf das Begehrungsvermögen. Genauer besteht der als praktische Vernunft bestimmte Wille im Vermögen, «den Vorstellungen entsprechende Gegenstände entweder hervorzubringen, oder doch sich selbst zu Bewirkung derselben (das physische Vermögen mag nun hinreichend sein oder nicht), d. i. seine Kausalität zu bestimmen» (*KpV*, V 15).

Vier Gesichtspunkte dieser Definition sind wichtig: (1) Wegen des Ausdrucks «Bestimmungsgründe» geht es um ein Begehren, das nicht von den momentanen Gefühlen des Angenehmen oder Unangenehmen, sondern von Gründen geleitet ist. Auch die einfache, nicht erst die reine praktische Vernunft besteht in einem prinzipiengeleiteten Begehren; ihre Prinzipien sind entweder, so das Minimum an praktischer Vernunft, technische oder, so die erste Steigerung, pragmatische Imperative. (2) Der Ausdruck «hervorbringen» verweist auf eine produktive Kraft, (3) die allerdings – besagt die in Klammer gesetzte Erläuterung – nicht physisch zureichend sein muß; zwischen Wollen und Handeln besteht eine Differenz. (4) Gemäß dem Moment, «sich selbst zu Bewirkung derselben bestimmen», geht es um eine eigene Leistung, etwa um eine Entscheidung.

Die reine praktische Vernunft besteht nun in reinen Vernunftgründen. Darunter sind nicht theoretische, sondern genuin praktische Argumente zu verstehen, nämlich Gründe, die als praktische das dem Handeln zugrundeliegende Begehren bestimmen und die als Vernunftgründe die Bestimmung unabhängig von sinnlichen Antrieben, also den Trieben, Bedürfnissen und Leidenschaften und deren Empfindungen des Angenehmen und Unangenehmen, vornehmen. Die Unabhängigkeit bedeutet nun positiv gesagt – und damit kommt man zum zweiten, konstruktiven Teil in Kants moralphilosophischer Revolution –, daß der Wille die Gesetze sich selber gibt. Er ist autonom, und das revolutionär neue Prinzip heißt Autonomie im Sinne von Selbstgesetzgebung des Willens.

Die dazu gehörenden Gesetze oder Prinzipien sind seit der *Grundlegung* als kategorische Imperative bekannt. Dieser Ausdruck spielt zwar in der zweiten *Kritik* fast keine Rolle, denn der Leitbegriff einer Vernunftkritik ist das Gesetz, folglich bei einer praktischen Vernunftkritik das praktische Gesetz. Im Fall des Menschen oder anderer endlicher, nämlich sinnlich bestimmbarer Vernunftwesen haben praktische Gesetze aber keinen Seins-, sondern einen Sollenscharakter, der die entsprechenden Handlungen zur Pflicht macht (vgl. *KpV*, V 41). Sie sind daher kategorischen Imperativen äquivalent, so daß der Sache nach der kategorische Imperativ vom Anfang der «Analytik» an gegenwärtig ist, seit dem ersten Satz, der von «praktischen Grundsätzen» und «praktischen Gesetzen» spricht (V 19). Daher darf es nicht überraschen, daß im Paragraphen 7 unter dem Titel «Grundgesetz der reinen praktischen Vernunft» gar nicht dieses Sittengesetz selbst, sondern dessen Gestalt bei sinnlichen Vernunftwesen, mithin der kategorische Imperativ formuliert wird: «Handle so, daß die Maxime deines Willens jederzeit zugleich als Prinzip einer allgemeinen Gesetzgebung gelten könne» (V 30).

Es gibt für Kants in der zweiten *Kritik* zunächst geringes Interesse am Ausdruck «kategorischer Imperativ» einen weiteren Grund: Während die *Grundlegung* den für den Gedanken eines kategorischen Imperativs vorausgesetzten Begriff der Pflicht schon zu Beginn (vgl. *GMS*, IV 397) einführt, taucht er in der zweiten *Kritik* erst spät, im dritten und letzten Hauptstück, der Analytik, auf (*KpV*, V 80).

Kants entscheidende Frage, ob die Vernunft überhaupt praktisch sein kann, und die Anschlußfrage, ob es sie dann auch als reine praktische Vernunft gebe, zieht sich als eine Grundfrage fast durch die gesamte Philosophiegeschichte. Bekanntlich gibt Hume darauf die negative Antwort, da die Vernunft lediglich die «Sklavin der Leidenschaften» («slave of the passions») sei (vgl. *A Treatise of Human Nature*, 2.3.3). Vor diesem Hintergrund darf man Kants ebenso klares wie knappes Vorgehen «genial» nennen. Als erstes präzisiert es den Begriff und überwindet mit ihm viele Mißverständnisse, auch Irrwege: Die praktische Vernunft ist keine Erkenntnisfähigkeit, die sich lediglich auf einen besonderen Gegenstand, die Praxis, richtet. Sie ist vielmehr eine grundverschiedene, nicht etwa vom Erkennen abgeleitete, sondern rundum eigenständige Fähigkeit, die des Wollens.

Als nächstes bestimmt Kant die Alternative: Entweder ist das Wollen rein, von willensexternen Faktoren unabhängig oder es ist von ihnen nicht frei, insofern abhängig. Dabei ist das abhängige

Wollen empirisch bedingt, das davon unabhängige Wollen nicht, was nun zur entscheidenden Frage führt, ob es ein derartig unabhängiges Wollen geben kann (*KpV*, V 31).

Schon in der Vorrede der zweiten *Kritik* (V 3) gibt Kant die positive Antwort, die er in der folgenden «Analytik» als «Folgerung» aus dem «Grundgesetz der reinen praktischen Vernunft» behauptet: daß die reine Vernunft «für sich allein praktisch» sein kann (V 31). Mit dieser Behauptung weist Kant alle Ansprüche der empirisch bedingten praktischen Vernunft in ihre Grenzen. Ihretwegen findet im Bereich des Praktischen gegenüber dem Theoretischen eine Umkehrung des Beweiszieles statt, die sich im Titel der beiden Werke niederschlägt:

Beim Erkennen sind die Anmaßungen der *reinen* Vernunft zurückzuweisen, weshalb die entsprechende Schrift «Kritik der reinen [theoretischen bzw. spekulativen] Vernunft» heißt. Weil dagegen beim Willen die Anmaßungen der *empirisch bedingten* Vernunft zurückzuweisen sind, nennt sich die zweite Kritik «Kritik der praktischen» und, trotz des gegenteiligen Hinweises in der *Grundlegung* (IV 391), nicht der «*reinen* praktischen Vernunft». In der Untergliederung der Schrift ist allerdings, von der Einleitung abgesehen, stets von der als «rein» qualifizierten praktischen Vernunft die Rede, so in der Elementarlehre und der Methodenlehre, in der Analytik und der Dialektik, in den Grundsätzen, deren Gegenstand, den Triebfedern und so fort.

Die erste *Kritik* sucht einen mittleren Weg zwischen dem Empirismus (von Locke und Hume) und dem Rationalismus (von Descartes, Spinoza, Leibniz und Wolff); Kant gibt dort beiden Richtungen sowohl recht als auch unrecht. In der zweiten *Kritik* lehnt er die Ansicht, selbst die Prinzipien der Moral seien von der Erfahrung abhängig, ausnahmslos ab: Mit Blick auf Hume (vgl. *KpV*, V 13 f., auch 50 ff.) verwirft Kant den sittlichen Empirismus (vgl. V 7 und 71), diesen rundum, «in der ganzen Blöße seiner Seichtigkeit» (V 94). Kant geht sogar so weit, zu sagen, mit dem Empirismus könne es «schwerlich ... Ernst sein»; «vermutlich» sei er «nur zur Übung der Urteilskraft ... aufgestellt», um «durch den Kontrast die Notwendigkeit rationaler Prinzipien a priori in ein helleres Licht zu setzen» (V 14).

Die in der zweiten gegenüber der ersten *Kritik* vorgenommene Umkehr des Beweiszieles schlägt sich in einer veränderten Gliederung wieder. Die auf Vorrede und Einleitung folgende Zweiteilung von Elementar- und Methodenlehre bleibt zwar erhalten. Auch fängt die Elementarlehre wie in der ersten *Kritik* mit einer Analytik als Regel der Wahrheit an, subsumiert allerdings jetzt die Ästhetik unter die Analytik und läßt eine Dialektik als Darstellung und Auflösung des Scheins in Urteilen der praktischen Vernunft folgen (*KpV*, V 16). Dabei behält die Analytik im neuen, erweiterten Verständnis genau wie die Elementarlehre der ersten *Kritik* drei Teile, allerdings gegenüber der ersten *Kritik* in genau umgekehrter Reihenfolge:

Die erste *Kritik* beginnt mit der Theorie der Sinnlichkeit und läßt auf sie eine Analytik der Begriffe, sodann eine der Grundsätze folgen. Die zweite *Kritik* behandelt dagegen, stets in bezug auf die reine praktische Vernunft, als erstes die Grundsätze, sodann den Begriff eines Gegenstandes und schließlich als nichtsinnliche Triebfeder das moralische Gesetz, das allerdings «auf die Sinnlichkeit des Subjekts Einfluß hat» (V 75). Der Grund für die Umkehrung liegt im anderen Beweisziel. Während es ohne Sinnlichkeit kein Erkennen gibt, weshalb die Erkenntniskritik mit ihr zu beginnen hat, kommt es im Bereich des Praktischen auf den Willen an. Dessen moralische Qualität, die Reinheit der Willensbestimmung, tritt aber in seinen Grundsätzen zutage.

5.4 Sieben Beweisschritte

Der strenge Rationalismus, der zur reinen Willensbestimmung gehört, zeigt sich im Aufbau des den Grundsätzen gewidmeten ersten Hauptstückes. In Anlehnung, aber nicht in Übernahme des *mos* bzw. *ordo geometricus*, der mathematischen Methode, des Rationalismus und seines Höhepunktes, Spinozas *Ethica, Ordine Geometrico demonstrata* (1677), beginnt die zweite *Kritik* mit Definitionen («§ 1. Erklärung»). (Ähnlich geht Kant in der Geschichtsphilosophie, ihrem wichtigsten Text, der *Idee*, vor.) Daran schließt er Lehrsätze mit deren Begründungen, Folgerungen und Anmerkungen an. Dabei erscheinen die Lehrsätze I,

II und IV in der für einen Lehrsatz üblichen Form «A ist B» (*KpV*, V 21 ff.):

Nach dem Lehrsatz I sind alle materialen praktischen Prinzipien empirisch und gehören nach Lehrsatz II unter das Prinzip der Selbstliebe, während das alleinige Prinzip der moralischen Gesetze in der Autonomie des Willens besteht (Lehrsatz IV: § 8). Von dieser Lehrsatzform weicht nur Lehrsatz III ab: Der einschlägige Paragraph 4 beginnt hypothetisch («Wenn…, so…»), und die beiden nächsten, dem Lehrsatz IV noch vorangehenden Paragraphen benennen je eine Aufgabe, die die hypothetische Form übernehmen («Vorausgesetzt, daß…»). Man kann den Lehrsatz III zwar in die lehrsatzübliche Form bringen: «Ein vernünftiges Wesen kann sich seine Maximen nur als solche Prinzipien denken, die… bloß der Form nach den Bestimmungsgrund des Willens enthalten.» Eine wichtige Teilaussage des Lehrsatzes ginge dann aber verloren: daß Kant erst eine Möglichkeit, noch keine Wirklichkeit behauptet; das die Wirklichkeit anzeigende Theorem des Faktums der Vernunft bringt er erst später zur Sprache.

Die hypothetische Formulierung hebt nun jene für eine praktische Vernunftkritik, näherhin ihre Analytik charakteristische Argumentationsweise heraus, die Kant schon am Beginn der Anmerkung zu Paragraph 1 praktiziert («Wenn man annimmt…, so gibt es…»): Im Unterschied zu einem System der praktischen Vernunft, der später verfaßten *Metaphysik der Sitten*, kann man die Wirklichkeit der reinen praktischen Vernunft nicht als gegeben annehmen, muß sie vielmehr noch beweisen. Zu diesem Zweck setzt Kant die Wirklichkeit probeweise als gegeben voraus («Wenn…») und überlegt sich danach die Argumente, mit denen er die Voraussetzung schrittweise einholen kann.

In dieser quasi-rationalistischen Argumentation enthält Paragraph 1 allerdings sowohl mehr als auch weniger denn die erforderlichen Begriffsbestimmungen. Er enthält mehr, weil Kant auch «sich erklärt». Er stellt nämlich sein Programm bzw. die zu lösende Aufgabe vor, wie der Mensch trotz seiner Sinnlichkeit («pathologisch-affizierter Wille», *KpV*, V 19) die für die reine Vernunft charakteristische Allgemeingültigkeit im Bereich des Handelns denken und darüber hinaus auch verwirklichen kann. Auf der anderen Seite enthält die «Erklärung» weniger, da sie nur vorläufige, bloß nominale Begriffsbestimmungen gibt. Der entscheidende Begriff erhält seine anspruchsvollere Bestimmung, das praktische Gesetz, erst gegen Ende des ersten Hauptstückes, im Paragraphen 7.

Vergegenwärtigen wir uns den Gang der Argumentation: Als erstes nennt Kant das Beweisziel und Programm (§ 1), das er sodann in sieben Beweisschritten ausführt (§§ 2–8). Dabei enthalten die Paragraphen 4–6 den Kern des Beweises; denn sie unternehmen die Beweisschritte 2–4, wiederholen knapp den ersten Schritt und greifen den Schritten 5–7 vor.

Beweisziel und Programm: Der einfache, nicht notwendig reine Wille tritt in subjektiven Grundsätzen, Maximen, zutage. Eine reine praktische Vernunft und zugleich ein reiner Wille liegen nur dann vor, wenn die subjektiven Grundsätze auch objektiv, das heißt «für den Willen eines jedes vernünftigen Wesens», gültig sind und dann den Rang von praktischen Gesetzen haben (*KpV*, V 19). Das trifft lediglich dort zu, erläutert die Anmerkung, wo die reine Vernunft einen «zu Willensbestimmung hinreichenden Grund in sich» enthält (ebd.). Diesen wird er in den objektiven Grundsätzen, den praktischen Gesetzen, finden, die dem kategorischen Imperativ entsprechen.

Im *ersten*, negativen oder destruktiven *Beweisschritt*, den Lehrsätzen I–II (§§ 2–3), scheidet Kant alle Willensgrundsätze (Maximen) aus, die einem empirisch, insofern extern bestimmten Willen entspringen. Er zeigt, daß sie «keine praktischen Gesetze abgeben» können (§ 2), und bestimmt ihr Leitprinzip als jene «Selbstliebe oder eigene Glückseligkeit» (§ 3), die später Heteronomie (Fremdbestimmung) der Willkür genannt wird (§ 8).

Der erste Beweisschritt erbringt also ein zweiteiliges, negatives Ergebnis: (a) Alle Maximen, die einem empirisch, nämlich von der vorhergehenden Begierde bestimmten, «pathologisch-affizierten Willen» entspringen, können keine praktischen Gesetze abgeben (§ 2: Lehrsatz I). (b) Folglich scheidet ihr Leitprinzip, die Selbstliebe oder eigene Glückseligkeit, aus (§ 3: Lehrsatz II).

Solange man die praktische Vernunft als eine Erkenntnisfähigkeit versteht, die sich lediglich auf einen bestimmten Gegenstand, die moralische Praxis, richtet, erscheint der Gedanke einer reinen praktischen Vernunft als unsinnig. Denn wie soll das bloße Erkennen einer moralischen Verpflichtung zu einem ihr gemäßen Handeln bestimmen; es fehlt doch eine Antriebskraft? Nach heutiger Scholastik muß man daher jene externalistische statt einer internalistischen Position vertreten, die zusätzlich zur praktischen Vernunft einen ihr externen Faktor ansetzt. Wird dagegen die praktische Vernunft als Bestimmungsgrund des Willens verstanden, so wird die reine Gestalt der praktischen Vernunft zu etwas, das zwar schwierig, aber nicht unmöglich zu denken ist. Sie wird – gut internalistisch – zu einem reinen, von externen Vorgaben unabhängigen Wollen. Dessen Explikation, die positive oder konstruktive Seite der Kantischen Ethik, erfolgt ab dem zweiten Beweisschritt.

Zweiter Beweisschritt: Um ein von externen Vorgaben unabhängiges Wollen auszuweisen, argumentiert Kant in Form einer bestimmten Negation, also *e contrario*: Er schließt vom untauglichen Prinzip, der Gesamtheit aller materialen Bestimmungsgründe, auf das allein taugliche und zugleich hinreichende Prinzip, die Form eines reinen Willens (Lehrsatz III: § 4, 1. Absatz).

Der dritte, mit dem zweiten eng verklammerte *Beweisschritt* gibt dieser Form eine gehaltliche Fülle, die allgemeine Gesetzgebung (§ 4, 2. Absatz). Nachdem alles Materiale als untauglich ausgesondert ist, spricht sich der dritte Lehrsatz für die allein verbleibende Möglichkeit, die Form, aus: Maximen lassen sich nur dann als «praktische allgemeine Gesetze» denken, wenn sie «nicht der Materie, sondern bloß der Form nach den Bestimmungsgrund des Willens enthalten» (*KpV,* V 27):

Die Qualifizierung der praktischen Gesetze als allgemein hat hier wie andernorts eine explikative, keine spezifizierende Bedeutung. Denn nach Kants strengem Begriff von Gesetz und Gesetzgebung sind diese im Bereich des Praktischen «für den Willen jedes vernünftigen Wesens gültig» (§ 1; V 19). Und die Fähigkeit eines praktischen Gesetzes, «sich zur allgemeinen Gesetzgebung [zu] qualifizieren», «ist ein identischer Satz» (§ 4; V 27), was bei Kant eine analytische, schon im Begriff der Sache enthaltene Beziehung meint (vgl. *KrV,* B 10).

Unter dieser Voraussetzung, daß es allein auf die allgemeine Gesetzgebung ankommt, bestimmt Kant in zwei weiteren Schritten die nähere, in sich gedoppelte Aufgabe: Zu finden sind einerseits die Beschaffenheit eines nur durch die Gesetzesform bestimmten Willens (§ 5: Aufgabe I) und andererseits das diesem Willen korrespondierende Gesetz (§ 6: Aufgabe II). Gesucht ist also das höchste Moralprinzip in einer doppelten, subjektiven und objektiven Bedeutung, dort als das Prinzip der moralischen Subjektivität, hier als das ihr entsprechende objektive Gesetz, das zugleich das höchste Moralkriterium abgibt:

Gemäß dem *vierten Beweisschritt* liegt das Prinzip moralischer Subjektivität in der transzendentalen Freiheit. Das objektive Moralprinzip dagegen, das den freien Willen bestimmende Gesetz, ist – *fünfter Beweisschritt* – das Grundgesetz der reinen praktischen Vernunft, das auch Sittengesetz oder moralisches Gesetz genannt und als kategorischer Imperativ formuliert wird.

Zuvor, in der «Anmerkung» zum Paragraphen 4, geht Kant einen *zweiteiligen Seitenschritt*. Zunächst macht er die bloße Form der Gesetzgebung, die Allgemeinheit, zum Maß und Kriterium für moralische Maximen und wendet sodann dieses Maß, den Test der Verallgemeinerbarkeit bzw. Universalisierbarkeit, auf das berühmte Beispiel des Depositums an (siehe Kap. 7.4). Damit greift er dem fünften Beweisschritt, dem moralischen Gesetz in Gestalt des kategorischen Imperativs vor.

Der vierte Beweisschritt selbst ist in sich vierteilig. (a) Als erstes wird der freie Wille negativ bestimmt, «als gänzlich unabhängig von dem Naturgesetz der Erscheinungen, nämlich dem Gesetze der Kausalität» (*KpV*, V 29). (b) Als nächstes erhält die negative Bestimmung eine positive Wertschätzung, es ist die Freiheit «im strengsten, d. i. transzendentalen, Verstande» (ebd.). (c) Unter Rückgriff auf den dritten Beweisschritt erhält der Wille den positiven Gehalt, daß ihm «die bloße gesetzgebende Form der Maxime allein zum Gesetze dienen kann» (ebd.). Schon hier taucht also der positive Begriff der Freiheit auf, womit Kant die Sache des vierten und letzten Lehrsatzes und damit den siebten Beweisschritt, die Autonomie des Willens, anklingen läßt. (d) Im vierten Teilschritt kehrt Kant den Zusammenhang um: Die gesetzgebende Form der Maxime ist «das einzige, was einen Bestimmungsgrund des Willens ausmachen kann» (ebd.). Schon in der Anmerkung zu den Paragra-

phen 5 und 6 deutet Kant an, was er in der Anmerkung zum Grundgesetz und in einer weiteren Anmerkung zur Folgerung aus dem
Grundgesetz des näheren ausführt. Es ist jenes ebenso schwierige
wie zentrale Lehrstück, das den *sechsten Beweisschritt* ausmacht:
das Faktum der Vernunft.

   Daran schließt sich als *siebenter Beweisschritt* die Ausformulie-
rung der schon im vierten Schritt herausgearbeiteten These von der
transzendentalen Freiheit, die «Autonomie des Willens», an.

5.5 Die entscheidende Passage

Den argumentativen Kern der Analytik der reinen praktischen Vernunft bilden deren Paragraphen 4–6. Diese sollen nämlich darlegen,
«daß reine Vernunft praktisch sein, d. i. für sich, unabhängig von
allem Empirischen, den Willen bestimmen» kann (*KpV*, V 42). Die
dafür entscheidenden Beweisschritte sind in den Paragraphen 4–6
enthalten. Der Gesamtbeweis besteht zwar, wie gesagt, aus sieben
Beweisschritten, die nicht allesamt hier, im argumentativen Kern,
erfolgen. Die genannten Paragraphen befassen sich vornehmlich
mit dem zweiten (reine Form), dritten (allgemeine Gesetzgebung)
und vierten Beweisschritt (transzendentale Freiheit). Da sie aber
auch den ersten Beweisschritt («keine materiellen Prinzipien»)
knapp wiederholen und den Beweisschritten fünf (Grundgesetz),
sechs (Faktum der Vernunft) und sieben (Autonomie) vorgreifen,
bilden sie in der Tat den Kernbereich. Und weil Kant sein Leitziel
der transzendentalen Freiheit, die «objektive Realität» zu sichern
(*KpV*, V 3), im wesentlichen, wenn auch noch nicht in aller Deutlichkeit und Ausführlichkeit, schon in diesen Paragraphen erreicht,
bilden sie die entscheidende Passage der gesamten zweiten *Kritik*.
Fassen wir die wichtigsten Schritte des Kernarguments noch einmal
zusammen:

   (1) Aus dem Ausschluß der Materie des Willens leitet Kant die
bloße Form ab: § 4, 1. Absatz.

   (2) Er expliziert die bloße Form der Maximen als eine allgemeine
Gesetzgebung: § 4, 2. Absatz.

   (3) Kant behauptet: «Welche Form in der Maxime sich zur
allgemeinen Gesetzgebung schicke, welche nicht, das kann der

gemeinste Verstand ohne Unterweisung unterscheiden»: § 4, Anm., 1. Satz.

(4) Erläutert wird diese Behauptung am Beispiel eines Depositums «in meinen Händen, dessen Eigentümer verstorben ist und keine Handschrift darüber zurückgelassen hat»: § 4, Anm., 1. Absatz.

(5) Im selben Beispiel blickt Kant auch auf jene «Begierde zur Glückseligkeit» und ihre empirischen Bestimmungsgründe zurück, die für jede allgemeine, nicht bloß für eine äußere, sondern auch für eine innere Gesetzgebung untauglich sind: § 4, Anm., 2. Absatz.

(6) Die bloße Form des Gesetzes kann lediglich von der Vernunft vorgestellt werden; sie ist kein Gegenstand der Sinne, gehört folglich auch nicht unter die Erscheinungen und deren Gesetz der Kausalität. Somit ergibt sich, erneut in bestimmter Negation, daß ein Wille, der lediglich von seiner gesetzgebenden Form bestimmt wird, ein im strengsten, transzendentalen Verständnis freier Wille ist: § 5.

(7) Auch ein von allen empirischen und zugleich materialen Bedingungen unabhängiger Wille muß bestimmbar sein, wofür aber nur die gesetzgebende Form übrigbleibt: § 6.

(8) Freiheit und unbedingtes praktisches Gesetz weisen zwar «wechselweise auf einander zurück». Da man der Freiheit aber weder unmittelbar bewußt werden noch aus der Erfahrung auf sie schließen kann, hebt «unsere *Erkenntnis* des unbedingt Praktischen» beim moralischen Gesetz an. Daß man seiner unmittelbar bewußt wird, zeigt Kant am Beispiel eines extrem zugespitzten Konfliktes von Pflicht und Neigung, dem Konflikt zwischen dem moralischen Gebot der Ehrlichkeit und dem pragmatischen Wunsch, am Leben zu bleiben, und er kontrastiert diesen Konflikt mit einer pragmatischen Güterabwägung, der zwischen einer kurzfristigen, «wollüstigen» Neigung und dem langfristigen Interesse am Leben: § 6, Anm.

Daß Kants Ethik tatsächlich den Charakter einer genuin praktischen Philosophie hat, ist in diesem Kapitel auf zweierlei Weise exemplarisch vorgestellt worden: Wir haben uns auf die *Kritik der praktischen Vernunft* konzentriert und hier das erste Hauptstück der Analytik näher betrachtet. Dabei hat sich deutlich genug gezeigt, daß Kant von seinem Interesse an einer wissenschaftlichen Philosophie kein Jota abweicht. Dazu gehört neben der begrifflich-argumentativen Sprache die thematische Weite: daß Kant sowohl den Begriff als auch das Kriterium, die «neue Formel», schließlich die Wirklichkeit der Moral herausarbeiten will.

Dieses wissenschaftliche verbindet er mit einem moralisch-praktischen Interesse, in dem sich die vier Antriebskräfte entdecken lassen: Kant will keine neue Moral erfinden, sondern lediglich, womit man zum Selbstdenken aufgefordert wird, das moralische Bewußtsein über sich aufklären. In die Aufklärung spielt das – schon im Titel der Schrift angezeigte – kritische Interesse herein, die wahre, von aller Selbstliebe freie Moral zutage zu fördern. Die entsprechende Kritik hat keinen Selbstzweck, sondern dient der dritten Antriebskraft, der Moral, die gegen die natürliche Dialektik geschützt und damit in ihrer «Reinigkeit und Strenge» (*GMS*, IV 405) bzw. ihrer «Lauterkeit» genannten «Reinigkeit und Echtheit» (IV 390) gestärkt wird. Und daß diese Ethik über das allgemeinmenschliche Moralbewußtsein aufklärt, macht schließlich ihren kosmopolitischen Charakter aus.

6. Kritik am Prinzip Glückseligkeit

6.1 Ein weltfremdes Moralisieren?

Der erste, destruktive Teil der revolutionären Neubegründung von Moral verwirft mit besonderem Nachdruck das in der Moralphilosophie bislang dominante Prinzip der eigenen Glückseligkeit (Eudaimonie). Kant setzt es mit Selbstliebe gleich und erklärt später, in der *Tugendlehre*, die Eudaimonie hätte, zum Grundsatz aufgestellt, die Euthanasie, den sanften Tod der Moral zur Folge (*TL*, VI 378).

Gegen diese Gleichsetzung könnte das Phänomen der Freundschaft sprechen; nicht schon die Freundschaft, die man um des wechselseitigen Nutzens oder der gemeinsamen Freunde willen eingeht, wohl aber jene anspruchsvollere Freundschaft, bei der man, ungeachtet von Nutzen und Freude, sich gegenseitig um sei-

ner selbst willen achtet. Eine derartige Freundschaft gehört fraglos
zu den Dingen, die in hohem Maße zur (eigenen) Glückseligkeit
beitragen, die Selbstliebe aber zumindest stark einschränken.

In der *Kritik der reinen Vernunft* geht Kant nicht auf die Freundschaft ein, wohl aber in der *Tugendlehre* und dort an prominenter
Stelle, im Beschluß der Elementarlehre (*TL*, §§ 46–47). Die ebenso
prägnanten wie differenzierenden Ausführungen lesen sich wie ein
Loblied auf die Freundschaft, das freilich nüchtern vorgetragen
wird. Als «Vereinigung zweier Personen durch gleiche wechselseitige Liebe und Achtung» bestimmt, erscheint die Freundschaft als
ein Höhepunkt menschlicher Beziehung, mithin als eine Vollendung von Humanität. Nach ihr zu streben sei sogar «ehrenvolle
Pflicht» (VI 469). Da diese Freundschaft ausdrücklich weder auf
«wechselseitigen Vorteil abgezweckt» (VI 470) noch ihre Liebe
«Affekt» ist (VI 471), fällt sie nicht unter jene eigene Glückseligkeit, die Kant in der zweiten *Kritik* mit der Selbstliebe gleichsetzt.

Zurück zum ersten Teil in Kants Revolution der Moralphilosophie: Da doch alle Menschen glücklich werden wollen, erscheint
Kants Ablehnung des Prinzips der Glückseligkeit als weltfremdes
Moralisieren. In Wahrheit erkennt Kant die überragende Bedeutung des menschlichen Glücksverlangens an. Nicht mit einem ab-
geflachten Begriff, dem Glück als Sich-Wohlfühlen zufrieden, gibt
er schon in der ersten *Kritik* für die Glückseligkeit eine Definition:
«die Befriedigung aller unserer Neigungen» (*KrV*, B 834). Diese
legt nahe, was die *Grundlegung* ausdrücklich behauptet: daß alle
Vernunftwesen, sofern sie Imperativen unterworfen sind, die Absicht auf Glückseligkeit nicht bloß tatsächlich, sondern sogar nach
einer Naturnotwendigkeit haben (*GMS*, IV 415). Die zweite *Kritik*
bekräftigt es. Sie spricht von einem «nicht abzulehnenden Auftrag»
an die Vernunft, sich um das Interesse an Glückseligkeit zu küm-
mern (*KpV*, V 61).

Darüber hinaus erkennt Kant die Glückseligkeit sogar als moralisch gebotenen Zweck an, freilich nicht die eigene, sondern lediglich die fremde Glückseligkeit (vgl. *TL*, VI 385). Seine Glückseligkeitskritik ist nicht Kritik an jedweder Glückseligkeit, sondern
lediglich Kritik am Prinzip der «eigenen Glückseligkeit», die genau

deshalb mit der Selbstliebe gleichgesetzt wird (*KpV*, V 22). Und indirekt ist sogar die eigene Glückseligkeit Pflicht (vgl. *GMS*, IV 339).

Die Definition der ersten *Kritik* behält Kant übrigens in seinen genuin moralphilosophischen Werken im wesentlichen bei. Anders als Förster (2002, 180) annimmt, führt er auf dem Weg von der ersten zur zweiten *Kritik* keine für die Argumentation grundlegende Veränderung ein. Verstanden als eine nach Extensität («Mannigfaltigkeit»), Intensität («Grad») und Protensität («Dauer») vollständige Befriedigung aller unserer Neigungen (*KrV*, B 834), erfüllt der Glückseligkeitsbegriff der ersten *Kritik*, obwohl er höchst anspruchsvoll ist, das entscheidende Kriterium der zweiten *Kritik*, ein empirischer Begriff zu sein (vgl. auch *TL*, VI 480: daß «alles und immer nach Wunsch und Willen gehe»). Sowohl die Erwartung der gesuchten Befriedigung als auch die Befriedigung selbst geschehen in der Erfahrung. Daher braucht man nicht auf die Frage einzugehen, ob zwei Bestimmungen aus der zweiten *Kritik*, das Glücklichsein als «Zufriedenheit mit seinem ganzen Dasein» (*KpV*, V 25) und die Glückseligkeit als der «Zustand eines vernünftigen Wesens in der Welt, dem es im Ganzen seiner Existenz *alles nach Wunsch und Willen geht*» (V 124), von der «Befriedigung aller unserer Neigungen» abweichen und zugleich anspruchsvoller sind. Der entscheidende Gesichtspunkt, der empirische Charakter, bleibt sich gleich. Kant scheint übrigens selber beide Bestimmungen für gleichwertig zu halten, da er in der *Grundlegung* beide im selben Absatz verwendet (*GMS*, IV 389).

Die *Grundlegung*-These der naturnotwendigen Absicht auf Glückseligkeit wird nun in der zweiten *Kritik* bekräftigt. In der Anmerkung II zum Paragraphen 3 heißt es als erstes: «Glücklich zu sein, ist notwendig das Verlangen jedes vernünftigen, aber endlichen Wesens, und also ein unvermeidlicher Bestimmungsgrund seines Begehrungsvermögens» (*KpV*, V 25). Der Grund liegt auf der Hand: die (genannte) «Zufriedenheit mit seinem ganzen Dasein ist nicht etwa ein ursprünglicher Besitz ..., sondern ein durch seine endliche Natur selbst ihm aufgedrungenes Problem» (ebd.), das er mittels seiner Vernunft zu lösen hat (V 61). Ähnlich lesen wir in der *Tugendlehre*: «Glückseligkeit, d. i. Zufriedenheit mit seinem Zustande, ... sich zu wünschen und zu suchen ist der menschlichen Natur unvermeidlich» (*TL*, VI 387).

Die Kritik an der Selbstliebe erfolgt nicht uneingeschränkt. Kant geht nicht so weit, die Selbstliebe rundum zu verwerfen und nur einen puren Altruismus anzuerkennen. Selbst Fachleute überlesen oft, daß Kant dem Glücksverlangen des Menschen eine Berechtigung einräumt, diese Eigenliebe sogar als notwendig erachtet und die eigene Glückseligkeit wie erwähnt zur indirekten Pflicht erklärt. Daher muß man sich fragen, warum es für sie keine allgemeinen Gesetze gebe. Kants Antwort: Die Selbstliebe ist nicht uneingeschränkt, sondern nur unter der Voraussetzung berechtigt, daß sie sich «auf die Bedingung der Einstimmung mit diesem [moralischen] Gesetze einschränkt» und «alsdann *vernünftige Selbstliebe*» genannt wird (*KpV*, V 73). Dabei bedeutet «vernünftig» nicht «wohlüberlegt» oder «wohlkalkuliert». Es geht nicht etwa um jene pragmatischen Imperative, die das langfristig größte Eigenwohl gebieten, sondern um eine Selbstliebe, die sich vorab Einschränkungen unterwirft und moralische Pflichten erfüllt. Nur jene Selbstliebe ist in Kants Sinn vernünftig, die sich stets innerhalb der Grenzen der reinen praktischen Vernunft bewegt.

6.2 Bloße Form

Kants (verbleibende) Glückseligkeitskritik erfolgt mittels der schon in der ersten *Kritik* entscheidenden, dort auch für die Moral verwendeten Opposition von empirisch und apriorisch (vgl. *KrV*, B 834). Sie entspricht, so die Neuerung der zweiten *Kritik*, der jetzt entscheidenden Opposition von material und formal: Die Bedingungen der eigenen Glückseligkeit sind allesamt empirisch, weil material. Mit «material» ist gemeint, daß das Begehrungsvermögen einen Gegenstand hat, «dessen Wirklichkeit begehrt wird», weil man davon Lust erwartet. Da man aber von keinem Gegenstand apriori erkennen kann, ob er sich mit Lust verbindet, ist der entsprechende Bestimmungsgrund «jederzeit empirisch» (*KpV*, V 21). Moralische Grundsätze haben dagegen, um apriorische Gesetze sein und folglich deren sichere Kennzeichen, «Notwendigkeit und strenge Allgemeinheit» (*KrV*, B 3 f.), erfüllen zu können, rein formalen Charakter.

Eine *e contrario*-Argumentation entlang der Opposition von material und formal kennen wir schon von der ersten *Kritik*, dort freilich auf den Leitbegriff des Erkennens, die Wahrheit, und nicht wie in der zweiten *Kritik* auf den (normativen) Leitbegriff des Handelns, die Moral bzw. den rein vernünftigen Willen bezogen. In beiden Fällen ist eine für die strenge Objektivität charakteristische strenge Allgemeinheit gesucht. Im Fall der Erkenntnis scheidet die Materie als Bezugspunkt aus, weil ein streng allgemeines Kriterium von allem Inhalt abstrahieren muß, aber «Wahrheit gerade diesen Inhalt angeht» (*KrV*, B 83). Bei der Moral dagegen scheidet sie aus, weil alle Materie wegen ihrer empirischen Bedingtheit nicht zur strengen Allgemeinheit taugt.

Man kann sich trotzdem fragen, ob die zweite *Kritik* die Materie übereilt aussondert, da Kant nur gegen sinnliche Materie, aber nicht gegen jede Materie argumentiert habe. Die Antwort ergibt sich aus dem im Bereich des Praktischen weiten Begriff von Materie. Kant versteht darunter alle, seien es sinnliche, seien es nichtsinnliche Gegenstände, Zustände oder Tätigkeiten, deren Wirklichkeit man deshalb begehrt, weil sie Lust versprechen.

Kant hebt zu Recht hervor, was die überlieferte Zweiteilung von niederen und höheren Freuden Makulatur werden läßt: Begehren und Lust beziehen sich nicht nur auf die «niederen», sinnlichen Freuden (des Essens, Trinkens, der Sexualität, des Ausspannens), sondern auch auf die aus intellektueller, kreativer oder sozialer Tätigkeit zu gewinnenden «höheren», geistigen Freuden (*KpV*, V 22 ff.). Denn in beiden Fällen ist man von der erwarteten Annehmlichkeit bestimmt, was erstens für den Willen von außen kommt, also heteronomen Charakter hat, zweitens von der Erfahrung abhängt, also jederzeit empirisch ist, und drittens, weil erfahrungsabhängig, bestenfalls generelle, aber niemals jene für praktische nicht anders als für theoretische Gesetze erforderliche strenge, universelle Allgemeinheit erlaubt (V 36).

Kant räumt zwar wie gesagt ein, daß jedes endliche bedürftige Vernunftwesen seinen eigenen Vorteil, letztlich sein Glück, verstanden als Zufriedenheit mit dem ganzen Dasein, nicht nur tatsächlich, sondern sogar mit Notwendigkeit sucht (V 25). Weil diese Zufriedenheit aber von der (individuellen, sozialen und gattungsmäßigen)

Besonderheit des Subjekts abhängt, ferner von den Möglichkeiten, die die natürliche und soziale Welt bieten – weil das Glück also in zweierlei Hinsicht empirisch bedingt ist –, genügt es nicht dem Kriterium, das die reine praktische mit der reinen theoretischen Vernunft teilt, das der allgemeinen Gesetzlichkeit. Entscheidend ist die Lust an der Wirklichkeit des Begehrten.

Lust, die man empfindet, sowohl die an der noch ausstehenden Wirklichkeit, die Vorfreude, als auch die Lust, die man bei der Wirklichkeit erlebt, sind empirische Phänomene, abhängig von der jeweiligen Person, ihrer derzeitigen Lage, ihrem Temperament, ihrer Stimmung, ihren Hoffnungen und ihren Ängsten. Daher sagt Kant zu Recht: «unmöglich ist a priori einzusehen, welche Vorstellung mit *Lust*, welche hingegen mit *Unlust* werde begleitet sein» (V 58).

Da selbst geistige Interessen ausgeschieden werden, scheint das gesamte Feld möglicher Bestimmungsgründe ausgeschritten zu sein, so daß es für Kants revolutionär neuen Begriff der Sittlichkeit keinen Platz gebe. Im dritten Beweisschritt zeigt Kant, daß nach Ausschluß aller Materie immer noch die Form, aber auch nur die Form der Maximen übrigbleibt, so daß sie den einzigen Bestimmungsgrund des Willens ausmacht (§ 4):

Unter der stillschweigenden Voraussetzung einer vollständigen Disjunktion – entweder Materie oder Form, etwas Drittes gibt es nicht – schließt Kant im zweiten Teil des Lehrsatzes II auf die Form als den nach Ausschluß der Materie übrigbleibenden Rest. Für den dabei verwendeten Begriff der Form eignet sich nicht die von Korsgaard (1996b, 75 f.) für die *Grundlegung* gegebene Erläuterung, es gehe um das Verhältnis von auszuführender Handlung und zu verwirklichender Absicht («purpose»). Als Beispiel führt Korsgaard die Maxime «Ich schlage Alex nieder, um meine Wut loszuwerden» an und ordnet den Teilsatz «Ich schlage Alex nieder» der Handlung, den anderen Teilsatz «Ich will meine Wut loswerden» aber der Absicht zu. Korsgaards Beispiel ist in Kants Verständnis noch keine Maxime, nicht einmal eine Regel, die unter eine Maxime fällt (vgl. *KpV*, V 19):

Analog zu den Beispielen der zweiten *Kritik*, «keine Beleidigung ungerächt zu erdulden» (ebd.) und «mein Vermögen durch alle sichere Mittel zu vergrößern» (V 27), auch analog zu den Beispielen der *Grundlegung* müßte die Maxime etwa so lauten: «Wenn ich wütend bin, will ich meine Wut mit allen – sicheren – Mitteln loswerden.» Die (moralisch bedenkliche) Regel, die darunter fällt, hieße: «Wenn es mir als – sicheres – Mittel, meine Wut loszuwerden, erscheint, schlage ich jemanden nieder.» Ich werde also gewalttätig, was sich nach Kant nicht als allgemeines Gesetz denken oder wollen läßt, überdies im Gegensatz zur Gerechtigkeit steht (vgl. *KpV*, V 61), jedenfalls der Moral widerspricht. Sowohl die genannte Regel als auch die ihr zugrundeliegende Maxime, seine Wut durch (mir gefahrlose) Gewalttätigkeit loszuwerden, enthalten für Kant eine materiale Willensbestimmung, eben die Begierde, seine Wut mit allen sicheren Mitteln loszuwerden.

Die von Kant gemeinte Form entspricht auch nicht schlicht einem Sollen. Denn auch ein reines, also dem Sollen enthobenes Vernunftwesen, eine Gottheit oder ein Engel, vermag nach bloßer Form zu handeln. Als ein im «ontologischen» Sinn heiliges, nämlich der Sinnenwelt und folglich allen Bedürfnissen enthobenes Wesen handelt es sogar stets und mit Notwendigkeit nach bloßer Form. Wie Kant schon in der *Grundlegung* (*GMS*, IV 431 und 436), dann auch in der zweiten *Kritik* (*KpV*, V 27) erläutert, geht es bei der Form um die reine Form eines Gesetzes: die allgemeine Gesetzgebung.

Ein Blick in Kants *Logik* bekräftigt diese Interpretation: In der Einleitung, dem Abschnitt «V. Erkenntnis überhaupt …», nennt Kant Materie den «Gegenstand» und Form «die Art, *wie* wir den Gegenstand erkennen» (*Logik*, IX 33). Auf das Thema der zweiten *Kritik*, den Willen und seinen Bestimmungsgrund, übertragen, liegt die Materie im Gegenstand des Willens und die Form in der – von aller Lusterwartung abgekoppelten – Art, sich auf den Gegenstand zu beziehen, wobei der Bezug in einem Wollen, nicht etwa einem Erkennen liegt. Beim Wollen gibt es nun die Alternative: entweder enthält schon die Form den Bestimmungsgrund des Willens, was allgemeine Gesetzlichkeit bedeutet, oder aber es kommt auf die Materie an, was einen Mangel der allgemeinen Gesetzlichkeit zur Folge hat. Dabei ist der Zusatz «allgemein» nicht qualifizierend, sondern explikativ zu verstehen. Kant setzt nicht eine allgemeine gegen eine besondere Gesetzgebung ab, sondern legt auf das entscheidende Merkmal jeder veritablen Gesetzgebung, ihre kompromißlos strenge Allgemeinheit, Wert. Nur ihretwegen führt die bloße Form als Bestimmungsgrund einen eigenen, positiven Gehalt, eben die strenge Allgemeinheit, und entfaltet damit kriteriologische Kraft.

Die Ablehnung des Prinzips Glückseligkeit ist für Kant so wichtig, daß er sie nach der Hauptkritik im Lehrsatz II noch einmal beim Lehrsatz III aufgreift. Kant wendet sich dort gegen «verständige Männer», die die der Begierde zur Glückseligkeit entsprechende Maxime für ein allgemeines praktisches Gesetz ausgeben (*KpV*, V 28). Man kann sich fragen, auf wen Kant hier anspielt: denkt er wie in Paragraph 3 (vgl. V 24) an den in der Liste der praktischen materialen Bestimmungsgründe namentlich genannten Epikur? Eine positive Antwort fällt nicht leicht; wegen des anderen Diskussionsrahmens ist allerdings kaum an Epikur zu denken:

Im Paragraphen 3 geht es um eine unmittelbar bestimmende Vernunft, die nicht vermittelst eines dazwischen kommenden Gefühls der Lust und Unlust agiert, also um den Gegensatz von unmittelbarer und mittelbarer Willensbestimmung (V 22). Im Paragraphen 4 kommt es dagegen auf die Opposition von «Einstimmung» und dem «äußersten Widerspiel der Einstimmung», dem «ärgsten Widerstreit», an (V 27). Macht man die (stets: eigene) Glückseligkeit zum Gesetz, so führt dies zu jenem ärgsten Widerstreit, der an Hobbes' Krieg aller gegen alle erinnert: «Denn der Wille Aller hat alsdann nicht ein und dasselbe Objekt, sondern ein jeder hat das seinige (sein eigenes Wohlbefinden)» (V 28), und dieses verträgt sich allenfalls zufälligerweise mit anderen Absichten. Eine bloß gelegentliche und nur zufällige, manchmal sogar nur scheinbare Harmonie («was mein Bruder [Kaiser] Karl haben will, das will ich [König Franz I.] auch haben»; ebd.) widerspricht jedoch der Aufgabe einer streng allgemeinen Gesetzgebung.

Aus gutem Grund sieht Kant den Unterschied zwischen «feineren Freuden», etwa aus der «Kultur der Geistestalente» (V 24), und solchen, die auf sinnlichen Vorstellungen beruhen, für seine Neubegründung der Moral als unerheblich an. Als Beispiel für feinere Freuden führt er das Vergnügen an, das man «an dem Bewußtsein seiner Seelenstärke in Überwindung der Hindernisse, die sich unserem Vorsatze entgegensetzen, an der Kultur der Geistestalente u. s. w.» finden könne, auch das Vergnügen, das uns «intellektuelle Vorstellungen» gewähren (ebd.). Er leugnet auch nicht deren Vorteile. Sie bleiben aber dem unteren Begehrungsvermögen, den Gefühlen der Annehmlichkeit oder Unannehmlichkeit, folglich dem Prinzip der Selbstliebe verhaftet. Ein oberes Begehrungsvermögen richtet sich nicht auf ein geistiges im Unterschied zu einem sinnlichen Vergnügen. Vielmehr bleibt alles Vergnügen, ob sinnlich oder geistig, der Welt des Angenehmen oder Unangenehmen, damit zugleich der Welt der Materie des Begehrungsvermögens verhaftet. Weil sich ein wahrhaft oberes Begehrungsvermögen davon frei machen muß, kann es nur in reiner Vernunft bestehen, die «für sich allein praktisch» ist, «d.i. durch die bloße Form der praktischen Regel den Willen bestimmen» kann (ebd.).

6.3 Zwei Glücksethiken: Aristoteles und Utilitarismus

Um das Gewicht der Kantischen Kritik anhand des Prinzips der Glückseligkeit anzudeuten, werfen wir einen Blick auf die beiden im heutigen Ethikdiskurs prominentesten Ethiken des Glücks. Sie werden von Kant der Sache nach aber nicht ausdrücklich verworfen, die erste Position nicht, weil Kant für die einschlägige antike Position nur Epikur berücksichtigt, die zweite nicht, weil die entsprechende neuzeitliche Position, die von Bentham, damals noch so gut wie unbekannt war (die zuständige *Introduction to the Principles of Morals and Legislation* erscheint 1780 nur im Privatdruck).

Die eine heute viel diskutierte Ethik des Glücks stammt von dem im (Neo-)Aristotelismus präsenten Aristoteles, also von dem nicht bloß für die Antike, sondern auch für das Mittelalter und die Neuzeit, selbst für manche Richtung der Gegenwart überragenden Moralphilosophen, die andere ist der von Bentham und Mill begründete, von Sidgwick und anderen verfeinerte Utilitarismus samt dessen Hedonismus. Weitere zeitgenössische Gegenpositionen, namentlich die Diskursethik, kommen spätestens in der Diskussion des kategorischen Imperativs zur Sprache (Kap. 7.2).

Aristoteles. Für einen umfassenden Vergleich von Aristoteles' eudaimonistischer und Kants autonomer Ethik ist hier nicht der angemessene Ort. In meiner Studie *Lebenskunst und Moral* (2007, Kap. 5.5, Kap. 14 u. a.) habe ich den entscheidenden Unterschied in der Handlungstheorie hervorgehoben: Beide, Aristoteles um nichts weniger als Kant, suchen etwas, das nicht erst für etwas anderes, sondern ganz für sich selbst schlechthin oder unüberbietbar gut ist. Beide beziehen diesen genuin ethischen Gedanken aber auf unterschiedliche Handlungsbegriffe. Aristoteles versteht das menschliche Handeln als Verlangen nach einem Ziel, als Streben (*orexis*), weshalb er nach einem schlechthin höchsten Ziel fragt und dieses in zweierlei Hinsicht versteht, sowohl dominant, als das «zielhafteste Ziel» (*telos teleiotaton*), als auch inklusiv, als eine Fülle (*autarkia*: Sich-selbst-genug-Sein), der nicht mehr hinzugefügt werden kann (*mê synarithmonmenê*). Diese nicht mehr überbietbare Fülle nennt er in Übereinstimmung mit dem griechischen Sprachgebrauch «*eudaimonia*», Glück bzw. Glückseligkeit (*Nikomachische Ethik*, I 4).

Kant betrachtet das Handeln dagegen von seinem Anfang, dem Wollen, her und bestimmt es wie Aristoteles als absoluten Superlativ, jetzt aber nicht als unüberbietbar höchstes Ziel, sondern als jenen schlechthin ersten Anfang, den er in der Analytik der zweiten *Kritik* über die skizzierten Beweisschritte schließlich als Autonomie qua Selbstgesetzgebung des Willens bestimmt. Allerdings führt Kant noch einen zweiten Begriff, den des höchsten Guts ein, der Aristoteles' *eudaimonia* nahe kommt (siehe Kap. 9.2).

Wegen desselben ethischen Grundbegriffs, des unüberbietbar höchsten Guts, kann man zunächst nicht die eine, die autonome Ethik Kants, für «moralischer» als die andere, Aristoteles' eudaimonistische Ethik, halten. Derselbe moralische Rang reicht noch weiter. Kants Kritik an Epikurs Glücksverständnis und dessen empirischem Charakter, der den apriorischen Anspruch der Moral verfehle, trifft auf Aristoteles zu einem erheblichen Teil nicht zu. Wie von einem unüberbietbar guten Streben nicht anders zu erwarten, zeichnet es den entsprechend guten Menschen aus, daß der das Gute um seiner selbst willen wünscht und tut. Nach der Freundschaftsabhandlung beispielsweise gehört dies zum Selbstverhältnis des guten Menschen (*spoudaios*; *Nikomachische Ethik*,

IX 4, 1166a14–17). Ähnliches gilt für den rechtschaffenen, gerechten Menschen: er tut das Gerechte, handelt auf gerechte Weise und wünscht Gerechtes (*Nikomachische Ethik,* V 1, 1129a8 f.; vgl. bei weiteren Tugenden z. B. für den Tapferen: III 11, 1116a11 f.).

Nach Kant zeigt sich der empirische Charakter der Glückseligkeit im dazu wechselnden Verhalten ein und desselben Menschen. Dieser kann beispielsweise «ein ihm lehrreiches Buch … ungelesen zurückgeben, um die Jagd nicht zu versäumen, in der Mitte einer schönen Rede weggehen, um zur Mahlzeit nicht zu spät zu kommen …» (*KpV*, V 23). Im klaren Gegensatz dazu kennt die Moral keinen derartigen Wechsel, was nicht nur für Kant, sondern auch für Aristoteles zutrifft. Wie nach Kant der Hilfsbereite bei fremder Not stets zu helfen hat und der Ehrliche nie ein falsches Versprechen abgeben darf, so muß nach Aristoteles der Tapfere in Gefahrensituationen stets tapfer, der Freigebige in Gelddingen stets freigebig handeln, und diese Leit-Anforderungen kennt man vor aller Erfahrung, nur das konkrete Handeln hängt von der Situation und den eigenen Möglichkeiten ab.

Der insofern auch nach Aristoteles apriorische Charakter der Moral hat jedoch eine doppelte, sowohl wissens- als auch verbindlichkeitstheoretische Grenze. Ein Beispiel dafür ist schon genannt: Die uneingeschränkt gebotene Tapferkeit garantiert nicht, daß man dabei das ihr zugrundeliegende Prinzip, die Eudaimonie, erreicht. Dazu kommt ein zweites, erneut sowohl wissens- als auch verbindlichkeitstheoretisches Beispiel. (Für einen weiteren Vergleich von Aristoteles und Kant, dann unter dem Gesichtspunkt der Metaphysik, siehe Kap. 11)

Aristoteles hält das wissenschaftlich-philosophische Leben, den *bios theôrêtikos*, für die höchste Lebensform des Menschen (*Nikomachische Ethik*, X 6–7). Die dafür vorgetragenen Argumente würde Kant nicht ablehnen; er würde weder bestreiten, daß es hier um die höchste und anhaltendste Tätigkeit geht, noch, daß sie eine höchste Lust verspricht. Er würde «nur» einen Anspruch anführen, den Aristoteles selbst zwar nicht erhebt, der aber für den Gegenstand einer echten Moralphilosophie, für wahrhaft praktische Gesetze, zu erheben sei: daß man *a priori* behaupten könne, ein Vernunftwesen wie der Mensch solle notwendigerweise und streng allgemein die dem Geist eigentümliche, theoretische Lust begehren, denn ein solches Leben sei uneingeschränkt, also im moralischen Sinn gut.

Auch bei intellektuellen Freuden kommt es auf die empirischen Unterschiede an, die sowohl zwischen Subjekten als auch zwischen den verschiedenen Lebensphasen und Lebensumständen desselben Subjekts bestehen. Deshalb müssen weder alle Menschen für das wissenschaftlich-philosophische Leben geeignet sein noch die dafür geeigneten Menschen stets und ausschließlich den *bios theôrêtikos* führen.

Aristoteles ist sich der entsprechenden Einschränkung durchaus bewußt (z. B. *Nikomachische Ethik*, I 1, 1094 b 14 ff. und X 5, 1176 a 10–15). Daher gibt er sich zwar nicht überall, aber in dieser Hinsicht mit *hôs epi to poly*, also mit meistens, aber nicht immer geltenden Aussagen zufrieden (vgl. Höffe 1971, II.5). Die hier einschlägige Differenz von Kant zu Aristoteles kann man daher auch am wissens- und verbindlichkeitstheoretischen Anspruch festmachen: Nach Kant sind für die Moral ausschließlich streng allgemeine Gesetze zuständig, während sich Aristoteles an manchen Stellen, freilich nicht überall, mit zumeist geltenden Aussagen zufrieden gibt. Auch Aristoteles kennt streng allgemeine Aussagen, namentlich zur Eudaimonia als notwendigem Prinzip jeder vom Strebenshandeln ausgehenden Ethik. Ebenfalls streng allgemein verbindlich ist es, die Haltung der ethischen Tugenden wie Besonnenheit, Tapferkeit und Freigebigkeit und ihrer notwendigen Ergänzung, der Lebensklugheit (*phronêsis*), zu erwerben und auszuüben.

Wie Kant so begründet auch Aristoteles den Anspruch auf streng allgemeine Verbindlichkeit nicht aus gegenstandsexternen, etwa wissenschaftstheoretischen, sondern aus dem gegenstandsinternen Grund, das Wesen der Moral zu bestimmen. Dieses Wesen besteht allerdings nach Aristoteles in einer von der Eudaimonie, nach Kant in einer von der Autonomie her gedachten Moral. Nicht mehr streng allgemein, sondern bloß zumeist gültig sind nach Aristoteles Aussagen über den «eudaimonistischen Erfolg» tugendgemäßen Handelns. Denn wer beispielsweise tapfer ist, kann genau deshalb so jung sterben, daß man sein Leben schwerlich glücklich (*eudaimon*) nennen kann (*Nikomachische Ethik*, I 1, 1094 b 18 f.).

Utilitarismus. Weil er den Unterschied zwischen feineren und weniger feinen Freuden für unerheblich hält, lobt Kant Epikur als konsequent und verstärkt dieses Lob mit dem Hinweis: «Konsequent zu sein, ist die größte Obliegenheit eines Philosophen und wird doch am seltensten angetroffen» (*KpV*, V 24). Wenn man schon «aufs bloße Vergnügen» abhebt, gibt es nämlich keinen Grund, geistige Freuden für grundsätzlich besser als sinnliche Freuden einzuschätzen (ebd.). In diesem Sinn würde Kant Mills Versuch (*Utilitarianism*, Kap. 2), Benthams (*Introduction*, Kap. 1) rein quantitativen Hedonismus durch einen qualitativen Hedonismus zu verbessern, verwerfen. Nach Bentham hat die Natur «die Menschheit unter die Herrschaft zweier souveräner Gebieter – Leid und Freude (pain und pleasure) – gestellt» (*Introduction*, 11). Deshalb suchten die Menschen ihre Lust-Unlust-Bilanz zu maximieren, ohne dabei auf die höhere oder aber niedrigere Qualität der Freuden Rücksicht zu nehmen. Dieser als «pig philosophy» verrufenen Ansicht stellt Mill die These entgegen, die «Freuden des Verstandes, der Empfindung und Vorstellungskraft sowie des sittlichen Gefühls» besäßen «einen weit höheren Wert» als die «der bloßen Sinnlichkeit» (*Utilitarianism*, 15).

Kant gesteht durchaus den feineren Freuden, etwa «dem Bewußtsein seiner Seelenstärke in Überwindung der Hindernisse, die sich unserem Vorsatze entgegensetzen», also einem moralischen Vergnügen, aber auch der «Kultur der Geistestalente», ihre Überlegenheit zu (*KpV*, V 24). Und in der Kürze von zweieinhalb Zeilen führt er überzeugendere Gründe dafür an, als sich in Mills langatmiger Begründung des qualitativen Hedonismus finden. Zu ihren Gunsten spreche nämlich, daß [a] «sie mehr wie andere in unserer Gewalt sind, [b] sich nicht abnutzen, [c] das Gefühl zu mehrerem Genuß derselben vielmehr stärken und, [d] indem sie ergötzen zugleich kultivieren» (ebd.).

Derartige Argumente machen es aber nicht nötig, den quantitativen Hedonismus durch einen qualitativen zu ersetzen, mehr noch: es wird sogar unmöglich. Denn sobald man den Hedonismus anerkennt, in Kants Worten: solange es einem «bloß an der Annehmlichkeit des Lebens gelegen ist», fragt kein Mensch, «ob Verstandes- oder Sinnesvorstellungen, sondern nur *wie viel und großes*

Vergnügen sie ihm auf die längste Zeit verschaffen» (V 23). Insofern ist ein konsequenter Hedonismus notwendigerweise quantitativ und drängt einen Lustkalkül (hedonistischen Kalkül) auf, den bekanntlich auch Bentham entwirft. Der Gedanke eines hedonistischen Kalküls ist aber keineswegs Benthams Erfindung. Einen personalen Lustkalkül, freilich in Worten, nicht als mathematische Formel formuliert, finden wir ansatzweise schon bei Platon im *Protagoras* (355e-357c) und des näheren bei Kant. Dieser nennt zunächst den Grund für einen bloß quantitativen Hedonismus: «Beruht die Willensbestimmung auf dem Gefühle der Annehmlichkeit oder Unannehmlichkeit, die er aus irgend einer Ursache erwartet, so ist es ihm gänzlich einerlei, durch welche Vorstellungsart er affiziert werde». Sodann skizziert Kant den Lustkalkül: «Nur [a] wie stark, [b] wie lange, [c] wie leicht erworben und [d] oft wiederholt diese Annehmlichkeit sei, daran liegt es ihm, um sich zur Wahl zu entschließen.» (*KpV*, V 23)

Nach einem beliebten Vorwurf soll Kants Ethik gegen das tatsächliche Wohlergehen konkreter Menschen gleichgültig und wegen dieser Gleichgültigkeit dem Utilitarismus unterlegen sein, denn dieser definiere die Moral in Begriffen eines allgemeinen, nämlich alle Betroffenen einschließenden Wohlergehens. Bentham spricht plakativ vom größten Glück der größten Zahl («greatest happiness of the greatest number»). In Wahrheit erklärt Kant selber, wie erwähnt, daß jedes endliche Vernunftwesen nach Glück verlange (*KpV*, V 25). Auch hält er die Sorge für das Wohl anderer für moralisch geboten (*KpV*, V 34; vgl. *GMS*, IV 398; *TL*, VI 450). Während der klassische Utilitarismus aber sein Leitprinzip, das allgemeine Wohlergehen, nicht mehr philosophisch begründet, läßt sich Kant auf die – komplexe – Begründung ein.

Im übrigen hält er das Wohlergehen anderer nicht für die einzige Pflicht. Er kennt vielmehr zwei pflichtgebotene Zwecke, neben der fremden Glückseligkeit auch die eigene Vollkommenheit (*TL*, VI 385). Außerdem stellt er sich der vom Utilitarismus vernachlässigten Frage, unter welchen apriorischen Bedingungen ein Subjekt überhaupt zur Moral fähig sei, und antwortet, in notwendigem Widerspruch zu dem unter den Utilitaristen beliebten Hedonismus, mit der Autonomie des Willens. Nicht zuletzt erlaubt der Utilitarismus, im Namen des Allgemeinwohls gegen die Gerechtigkeit zu verstoßen, selbst Menschenrechte zu verletzen. Dagegen erhebt Kant Einspruch und erklärt, daß die engen Rechts-, sprich: Gerechtigkeitspflichten den Vorrang vor den weiten ethischen Pflichten besitzen (vgl. *TL*, VI 390 ff.). Nun fallen das Tötungs- und das Betrugsverbot unter die Rechtspflichten, so daß sie nicht im Namen des (utilitaristisch gebotenen) kollektiven Wohlergehens verletzt werden dürfen.

Aus diesen Gründen erscheint die utilitaristische Ethik, von Kant aus gesehen, nicht einfach als falsch, wohl aber als teils ergänzungs-, teils korrekturbedürftig. Sie bildet also weniger ein klares Gegenmodell zu Kant als eine nicht hinreichend gründliche, überdies zu kurz greifende Moralphilosophie. Und mit der skizzierten Vorrangthese bietet Kant gegenüber dem Utilitarismus nicht bloß die philosophisch, sondern auch die moralisch überlegene Alternative.

7. Die neue Formel: Der kategorische Imperativ

7.1 Drei Aufgaben

Von einer philosophischen Ethik erwartet man in der Regel, daß sie für moralische Verbindlichkeiten einen Maßstab bzw. ein Kriterium aufstellt. Kant erfüllt die Erwartung, und er erfüllt sie auf die philosophisch überzeugendste Weise. Er entwickelt nämlich das Kriterium, die «neue Formel», aus der Sache. Aus dem für sinnliche Moralwesen charakteristischen Begriff der Moral, der unbedingten Verbindlichkeit, als Fremdwort: dem kategorischen Imperativ, folgt als dessen Erkennungsmerkmal die strenge, ausnahmslos allgemeine Gültigkeit.

Dieses bekannteste Element der Kantischen Ethik, der kategorische Imperativ, erfüllt infolgedessen zwei methodisch grundverschiedene, sachlich aber untrennbar verknüpfte Bedeutungen. Nach der grundlegenden, semantischen Bedeutung enthält der kategorische Imperativ nichts anderes als den Begriff der Moral, sofern er für nichtreine, eben sinnliche Vernunftwesen gilt: Für sie besteht das Wesen der Moral erstens in einer Verbindlichkeit, einem Imperativ, der zweitens einen unbedingten, also kategorischen Charakter hat. Nach der zweiten, kriteriologischen Bedeutung enthält der kategorische Imperativ einen Maßstab und zugleich ein Erkennungsmerkmal für die Moral, eben die streng allgemeine Verbindlichkeit.

Mit diesem Erkennungsmerkmal stellt Kant für die Moral ein höchstes Beurteilungskriterium bereit. Das dazugehörige Urteilsvermögen, die «reine praktische Urteilskraft» (*KpV*, V 67 ff.), beinhaltet gegenüber der seit Aristoteles in der Ethik vorherrschenden Urteilskraft, der *phronêsis* bzw. prudentia, der (Lebens-)Klugheit, eine neuartige und zugleich in moralischer Hinsicht grundlegendere Gestalt. Aristoteles' *phronêsis* setzt nämlich die moralische Ausrichtung mittels der ethischen Tugenden schon voraus und begnügt sich damit, die Wege zum entsprechenden Ziel zu bestimmen (*Nikomachische Ethik*, VI 13, 1144 a 8 f.). Kants reine praktische Urteilskraft dagegen ist für die moralische Ausrichtung, für die Unterscheidung unmoralischer von moralischen Maximen, zuständig.

Über dieser Maßstabs- und Urteilsaufgabe darf man die dritte Aufgabe nicht übersehen, da der kategorische Imperativ, der in der zweiten *Kritik* unter dem Titel «Grundgesetz der reinen praktischen Vernunft» (*KpV*, V 30) erscheint, kein neutrales Angebot macht. Für Kant ist er weit mehr als ein bloßes Meßinstrument, als ein Moralometer, das lediglich anzeigt, worin die moralischen Verbindlichkeiten bestehen, insofern auch mehr als bloß eine neue Formel. Keineswegs bleibt es dem Handelnden großzügig überlassen, ob er sich geruht, der moralometrischen Anzeige gemäß zu handeln. Das Grundgesetz bzw. der kategorische Imperativ ist auch kein Moralostat, der wie ein Thermostat eine Regelung vornimmt, nur daß er nicht die Raumtemperatur regelt, sondern das moralische Handeln zustande bringt. Weniger als ein Moral-Regler, aber mehr als ein Moral-Anzeiger besteht der kategorische Imperativ in einem Sollen, das zum entsprechenden Handeln auffordert. Seine Kurzform lautet daher: «Handle moralisch!» Erst in zweiter Hinsicht sagt es, woran sich das entsprechende Handeln bemißt: an der Verallgemeinerungsfähigkeit der zugrundeliegenden Maximen. Hinzu kommt drittens die erwähnte semantische Bedeutung.

7.2 Das Naturgesetz als Typus

Blickt man auf die Formeln des kategorischen Imperativs, so scheint auf den ersten Blick zwischen der *Grundlegung* und der zweiten *Kritik* eine Spannung, vielleicht sogar ein Widerspruch zu bestehen. Denn während die *Grundlegung* zahlreiche, fast unübersichtlich viele Formeln anführt und sie alle für äquivalent hält, hebt die *Kritik der praktischen Vernunft* im zuständigen Lehrstück, der Typik der reinen praktischen Urteilskraft, eine einzige Formel heraus. Im Grundgesetz der reinen praktischen Vernunft wird die neue Formel als ein Imperativ formuliert: «Handle so, daß die Maxime deines Willens jederzeit zugleich als Prinzip einer allgemeinen Gesetzgebung gelten könnte» (*KpV*, V 30). In der Typik geschieht es in Form eines Gedankenexperimentes: «Frage dich selbst, ob die Handlung, die du vorhast, wenn sie nach einem Gesetze der Natur, von der du selbst ein Teil wärest, geschehen sollte, sie du wohl als durch deinen Willen möglich ansehen könntest» (V 69).

Konzentrieren wir uns auf die Typik: Ein Widerspruch zur *Grundlegung* läge vor, wenn die Formel ein Exklusivrecht erhielte, dessentwegen alle anderen Formeln ihr Recht verlören. Und bloß um eine Spannung zwischen *Grundlegung* und zweiter *Kritik* handelte es sich, wenn die Typik-Formel nur privilegiert würde, sie also für (weit) wichtiger, die anderen Formeln im Gegenzug für unwichtiger erklärt würden. Schauen wir in die Texte:

Nach der *Grundlegung* ist der kategorische Imperativ zunächst «nur ein einziger» und lautet (im Original kursiv) fast wörtlich wie das Grundgesetz der zweiten *Kritik*: «handle nur nach derjenigen Maxime, durch die du zugleich wollen kannst, daß sie ein allgemeines Gesetz werde» (*GMS*, IV 421). Im Fortgang nennt Kant die Formel, die der allgemeinen Gesetzgebung (IV 432; vgl. IV 434 u. ö.), «die allgemeine Formel des kategorischen Imperativs» und erklärt, bei der sittlichen Beurteilung sei es besser, immer sie zugrunde zu legen (IV 436). Trotzdem führt er außer dieser Grundformel noch drei Unterformeln an, nennt sie «drei Arten, das Prinzip der Sittlichkeit vorzustellen», und hält sie für «so viele Formeln eben desselben Gesetzes» (ebd.). Deren Zusammenhang erläutert er mittels der drei Quantitätskategorien seiner Urteilstafel (vgl. *KrV*, B 106; die zwei ersten Urteilsformeln erscheinen erneut kursiv):

Die erste, formale Unterform, die «der *Einheit* der Form des Willens (der Allgemeinheit desselben)», lautet: «handle so, als ob die Maxime deiner Handlung durch deinen Willen zum *allgemeinen Naturgesetze* werden sollte» (*GMS*, IV 421; ähnlich IV 437). Die zweite, materiale Unterform, die der «Vielheit der Materie (der Objekte, d. i. der Zwecke)», erklärt: «Handle so, daß du die Menschheit, sowohl in deiner Person als in der Person eines jeden anderen jederzeit zugleich als Zweck, niemals bloß als Mittel brauchst.» (IV 429). Nach der dritten, vollständigen Bestimmung, der «Allheit oder Totalität des Systems derselben» [sc. Zwecke], sollen «alle Maximen aus eigener Gesetzgebung zu einem möglichen Reich der Zwecke, als einem Reiche der Natur, zusammenstimmen» (IV 436; vgl. IV 433).

Die *Grundlegung* legt nun auf beides Wert: sowohl auf die Vielzahl der Formeln – es gibt eine Grundformel und drei Unterformeln – als auch auf deren inneren Zusammenhang (gemäß den drei Quantitätskategorien). Nicht zuletzt betont sie deren sachliche Gleichwertigkeit, das heißt: Die Formeln stehen für unterschiedliche Argumente, die aber stets zum selben Resultat führen sollen. Daher mag es in manchen Zusammenhängen sinnvoll sein, die eine oder andere Formel vorzuziehen, grundsätzlich bleiben sie aber allesamt und gleichermaßen gültig. Als moralisch oder aber unmoralisch werden keine unterschiedlichen Maximen, sondern dieselben ausgewiesen. Weicht nun die Typik der zweiten *Kritik* davon ab, oder nimmt sie diese Bedeutung sogar zurück?

Schon eine kursorische Lektüre der zweiten *Kritik* drängt die negative Antwort auf. Denn zum einen entspricht die im Paragraphen 7 eingeführte Formel der Grundformel aus der *Grundlegung*, denn es kommt auf die allgemeine Gesetzgebung an. Zum anderen erklärt der Abschnitt «Von den Triebfedern...» nicht nur: Der Mensch und «nur der Mensch und mit ihm jedes vernünftige Wesen ist Zweck an sich selbst», was an die zweite Unterformel erinnert. Kant führt diese Unterformel sogar direkt an, da er ausdrücklich sagt, das vernünftige Wesen sei «niemals bloß als Mittel, sondern zugleich selbst als Zweck zu gebrauchen» (*KpV*, V 87). Die dritte Unterformel, das Reich der Zwecke, taucht zwar nicht wirklich, aber in einer sachlich äquivalenten Formulierung auf, wenn Kant von einem «Reich der Sitten» spricht und ähnlich wie in der *Grundlegung* (IV 433 f.) die Glieder bzw. Untertanen vom Oberhaupt unterscheidet. Kaum ins Gewicht fällt, daß die Ergänzung des Reichs der Zwecke um den Hinweis «als ein Reich der Natur» fehlt (*GMS*, IV 436). Etwas gewichtiger ist, daß auch eine Überlegung zu dem über die Quantitätskategorien vermittelten Zusammenhang der verschiedenen Formeln fehlt. Darin liegt aber keine Abweichung von der *Grundlegung*, schon gar nicht ein Widerspruch zu ihr; es zeigt sich nur ein etwas anderes thematisches Interesse.

Die Privilegierung der Naturgesetzformel in der Typik gründet in der anstehenden Aufgabe. Gegenüber der *Grundlegung* ist sie zwar nicht grundsätzlich neu, weshalb sie schon in der *Grundlegung* auftaucht und dort durch die mehrfache Erwähnung ein großes Gewicht erhält. Erst die Typik arbeitet aber die für den kategorischen Imperativ charakteristische Vermittlungsaufgabe heraus, und für sie kommt der Naturgesetz-Formel das Exklusivrecht zu.

Die Vermittlungsaufgabe der Typik ist analog zur Aufgabe, die in der ersten *Kritik* das Theorem des Schematismus erfüllt. Weil die Analogie aber nur begrenzt zutrifft, spricht die zweite *Kritik* nicht mehr von Schematismus, sondern von Typik. Gemeinsam ist es, heterogene Dinge in Beziehung zu setzen, unterschiedlich hingegen die Art der Heterogenität. In der *Kritik der reinen Vernunft* stehen gemäß ihrer These der zwei Erkenntnisstämme das noch unbestimmte, insofern «blinde» Material der Anschauung und die bestimmende, aber für sich inhaltsleere Form der reinen Verstandesbegriffe, der Kategorien, sich gegenüber. Durch das Schema werden nun mit Hilfe der Einbildungskraft die für sich «blinden» Anschauungen begrifflich, also sehend gemacht und die für sich «leeren» Begriffe anschaulich, mithin inhaltlich gefüllt (vgl. *KrV*, B 176 ff.; vgl. Höffe 2003, Kap. 11).

Während beim Erkennen zwei grundverschiedene Erkenntnisstämme, rezeptive Anschauung und spontanes Denken, ineinanderpassen müssen, sind beim moralischen Handeln zwei grundverschiedene «Systeme» passend zu machen: das System der unbedingten Sollensforderungen bzw. deren Singular, das Sittengesetz, und das «System» der für das moralische Handeln einschlägigen empirischen Begebenheiten, das in der empirischen Willensbestimmung besteht und in den praktischen Grundsätzen, den Maximen, greifbar wird.

Man kann ebenso von zwei Welten sprechen, von der moralisch-praktischen Welt der sittlichen Gebote und Verbote und der natürlich-praktischen Welt der tatsächlichen Willensgrundsätze bzw. «Willensmeinungen» des Individuums (*KpV*, V 66), seiner Maximen. Zwischen diesen zwei heterogenen Welten hat nun eine spezielle Urteilsfähigkeit zu vermitteln. Es ist die (reine) praktische Urteilskraft, die wegen ihrer Reinheit weder in einem angeborenen Talent noch einer erworbenen Expertise besteht.

Um den Sein-Sollensfehler und den komplementären Sollen-Seinsfehler zu vermeiden, kann die genannte, sehr spezielle Urteilskraft weder von den empirischen Gegebenheiten, dem Sein, auf das moralische Sollen noch vom moralischen Sollen auf das empirische Sein schließen. Um trotzdem die beiden Seiten in ein Verhältnis zu setzen, schlägt Kant ein Quasi-Schematisieren vor, das er «Typisieren» nennt. Es handelt sich deshalb nur um ein Quasi-Schematisieren, weil alles Sinnliche als der Moral widersprechend ausscheidet, wobei statt der beim eigentlichen Schematisieren tätigen Einbildungskraft (erste *Kritik*), jetzt, in der zweiten *Kritik*, der reine Verstand agiert. Nun besteht das reine Verstandesgesetz in einem sich durch Allgemeinheit auszeichnenden Naturgesetz. Daher kann man «ein Naturgesetz, aber nur seiner Form nach, als Gesetz zum Behuf der Urteilskraft unterlegen». Aus genau diesem Grund, daß das Naturgesetz wegen seiner Allgemeinheit das Muster abgibt, kann man das Naturgesetz den Typus des Sittengesetzes nennen (vgl. *KpV*, V 69): Weil die Sinnenwelt von streng allgemeinen Naturgesetzen bestimmt – im Sinne von determiniert – ist, taugt die Natur der Sinnenwelt zum Typus der intelligiblen Natur und ihrer Freiheitsgesetze. Und weil man bei dieser Typisierung von aller (sinnlichen) Anschauung zu abstrahieren hat, bleibt «bloß die Form der Gesetzmäßigkeit überhaupt» übrig (V 70).

Für Kant ist die «Gesetzmäßigkeit überhaupt», also der gegen die Differenz von Natur- oder Freiheitsgesetz indifferente Gesetzesbegriff entscheidend. Daher spricht er vom Sitten-«gesetz», auch vom «Gesetz» der Freiheit und versteht das Gesetz im strengsten Sinne von Allgemeinheit und Notwendigkeit. Und weil dafür das Naturgesetz das Vorbild oder die für Gesetzmäßigkeit vertrautere Gestalt abgibt, greift er zu Recht auf das Naturgesetz als Typus zurück.

7.3 Beispiel 1: Lügeverbot

Ein Moralkriterium wie der Verallgemeinerungs- bzw. Universalisierungsaspekt des kategorischen Imperativs muß praktikabel sein, was Kant beim Begriff der neuen Formel auch beansprucht, dabei sogar ein «genau bestimmt» reklamiert (*KpV*, V 8). Allerdings ist noch zu klären, für welchen Gegenstand Kant die «genaue Bestimmung» feststellt. Man könnte an die konkrete moralische Handlung denken, tatsächlich kommt es Kant jedoch auf die zugrundeliegende Willensbestimmung, die Maxime, an (so schon *GMS*, IV 499 f.).

Werfen wir zunächst einen kurzen Blick auf ein Beispiel aus der *Grundlegung,* bevor wir das Hauptbeispiel der zweiten *Kritik* ausführlicher diskutieren. In der Vorrede der *Grundlegung* heißt es zu Recht, «daß das Gebot: du sollst nicht lügen, nicht etwa bloß für Menschen gelte, andere vernünftige Wesen sich aber daran nicht zu kehren hätten.» (IV 389) Denn eine Legitimation des Lügeverbots beruft sich nicht auf Besonderheiten der Menschen, sondern auf den «Begriff der Handlung an sich selbst» (IV 402; zum Lügeverbot siehe auch 422 und 428 f., sowie *TL*, VI 429 ff., wonach die Lüge die «größte Verletzung der Pflicht des Menschen gegen sich selbst» ist). Unter das Lügeverbot fällt auch das Verbot, ein Versprechen im Wissen abzugeben, es nicht zu halten.

Nach der immer noch verbreiteten konsequentialistischen Interpretation der Verallgemeinerung ist das Versprechen eine sozial verbindliche Handlungsregel, eine Institution, die sich sowohl durch Vorteile als auch Verpflichtungen definiere, zugleich Erwartungen schaffe und eine Abstimmung des eigenen Handelns mit dem anderer, folglich ein geregeltes Zusammenleben ermögliche. Das falsche Versprechen untergrübe nun die Glaubwürdigkeit der Institution, und im Fall, daß jeder so handelte – so die konsequentialistische Interpretation –, gäbe es keinen mehr, der sich auf ein Versprechen einließe. Nach dieser Interpretation stirbt bei einer Verallgemeinerung der entsprechenden Maxime die Institution des Versprechens und mit ihr eine Möglichkeit zum vernünftigen Miteinanderleben dahin.

Eine derartige Überlegung ist nicht falsch, sie trifft aber weder Kant noch das genaue Sachproblem. Denn konsequentialistisch betrachtet ist es gleichgültig, woher der allgemeine Vertrauensschwund kommt: ob aus fehlender Ehrlichkeit oder daher, daß man gelegentlich, trotz bester Absicht, nämlich aufgrund unvorhergesehener Schwierigkeiten, ein Versprechen nicht halten kann. Während der zweite Grund moralisch unbedenklich ist, interessiert sich Kant allein für den moralischen Gesichtspunkt, für die zugrundeliegende Willensbestimmung, die Maxime, und ihretwegen nicht für die etwaigen Folgen, sondern für die Handlung bzw. den Begriff der Handlung an sich selbst (*GMS*, IV 402 u. ö.). Weil sie dies verkennt, geht eine konsequentialistische Legitimation fehl (gegen Smith 2010). Sie verkennt Kants durchaus überzeugende Pointe, daß ein falsches Versprechen nicht erst wegen gewisser Folgen, sondern schon als solches moralisch verboten ist.

Bevor man Kants Pointe für überzeugend hält, muß man allerdings die zugrundeliegende Argumentation verständlich machen, sie sogar, da Kants Hinweise teils mißverständlich, teils übermäßig kurz sind, rekonstruieren: Wie ist hier Kants Berufung auf den Begriff der Handlung an sich selbst sinnvollerweise zu verstehen: «Zu-jemandem-Reden» heißt nicht bloß, so ist hier das Argument «Begriff der Handlung an sich selbst» zu denken, etwas sagen, beispielsweise etwas behaupten («Ich behaupte, daß p») oder etwas versprechen («Ich verspreche q»). Vielmehr gehört eine Mitbehauptung dazu, nämlich daß das Behauptete die eigene Überzeugung bzw. das Versprochene den eigenen Willen ausdrücke. Während nun das ausdrückliche Moment der Rede die propositionale Wahrheit («ich behaupte, daß p») oder quasi-propositionale Wahrheit («ich verspreche q») betrifft, ist für das Verbot der Lüge bzw. des falschen Versprechens in der hier entscheidenden moralischen Hinsicht das zweite Moment wesentlich, also die im sprachtheoretischen Sinn nicht mehr propositionale, sondern pragmatische

Wahrheit. Das zweite Moment ist nicht bloß wichtiger, sondern hier allein entscheidend, nämlich die mitbehauptete Ehrlichkeit: «ich behaupte, daß ich persönlich davon überzeugt bin, daß p» bzw. «ich behaupte, daß ich persönlich willens bin zu q».

Wer nun lügt, erklärt etwas zu seiner Überzeugung oder zu seinem Willen, was seine Überzeugung bzw. sein Wille gar nicht ist. Ein solcher Widerspruch zur Mitbehauptung ist im Einzelfall durchaus möglich, was die Fülle von einzelnen Lügen durch die Tat bestätigt. Gäbe es diese Möglichkeit, auch diese Wirklichkeit nicht, bräuchte man das Lügeverbot nicht aufzustellen. Eine Sprachwelt dagegen, die so beschaffen ist, daß die Mitbehauptung grundsätzlich falsch ist, in der also das behauptete persönliche «von p»- bzw. «von q»-Überzeugtsein gar nicht zutrifft, hebt die Mitbehauptung als solche auf. Eine Sprachwelt, in der jede Behauptung objektiv falsch ist, mag durchaus denkmöglich sein, aber eine Sprachwelt, in der jede mit einem Wahrheitsanspruch auftretende Äußerung, eben jede Behauptung auch subjektiv falsch, nämlich gelogen ist, läßt sich nicht denken. Wo, gemäß Kants Gesetzesbegriff bzw. dem Begriff der Handlung an sich selbst, die Deklaration eines Überzeugtseins ausnahmslos und notwendig dem tatsächlichen Überzeugtsein widerspricht, wird das Überzeugtsein gar nicht deklariert. Das aber bedeutet nicht weniger, als daß der Anspruch auf die pragmatische Wahrheit, auf die Ehrlichkeit, gar nicht erhoben wird. Eine Sprachwelt, in der jede mit Wahrheitsanspruch auftretende Äußerung qua Lüge gar keinen Wahrheitsanspruch erhebt, vernichtet sich *eo ipso* selbst. Infolgedessen läßt sich eine Sprachwelt, mithin auch eine soziale Welt, in der Behauptungen notwendigerweise stets unehrlich sind, in der Tat nicht denken.

Selbst wenn die nähere Begründung des Lügeverbots umstritten bleibt (für einen ausführlicheren Rekonstruktionsvorschlag siehe Höffe 1989), ist folgender Punkt unstrittig: Wenn die Begründung überzeugen soll, beruft sie sich auf den Begriff des Lügens und weder auf Besonderheiten unserer Lebenswelt noch auf Eigentümlichkeiten unserer biologischen Art, es sei denn auf die Vernunft- und Sprachbegabung, die aber bei anderen Arten ebenso gegeben sein könnte. Sollte es andere vernunft- und sprachbegabte Lebewesen geben, so sind sie trotz ihrer vermutlich anderen biologischen

Ausstattung und einer anderen naturalen (Um-)Welt gleichwohl derselben Pflicht, dem Lügeverbot, unterworfen.

7.4 Beispiel 2: Depositum

In der zweiten *Kritik* behauptet Kant, die Frage: «Welche Form in der Maxime sich zur allgemeinen Gesetzgebung schicke, welche nicht», lasse sich sehr einfach beantworten, denn «das kann der gemeinste Verstand ohne Unterweisung unterscheiden». Und um dies zu belegen, nimmt er sich die Maxime vor, «mein Vermögen durch alle sichere Mittel zu vergrößern» (*KpV*, V 27).

Bei diesem Beispiel steht nicht die Absicht, sein Vermögen zu vergrößern, zur Diskussion, auch wenn diese Absicht, zu einem Lebensgrundsatz gemacht, den Charakter einer wenig schätzenswerten Einstellung, nämlich den der Habsucht, hat. Kant geht es nur um einen Sonderfall von Unehrlichkeit, um jene Maxime der Habsucht, die sich auch betrügerischer Mittel bedient, allerdings nicht schlechthin aller, sondern nur aller «gefahrlosen» Betrügereien («sichere Mittel»). Kant prüft nun die Verallgemeinerbarkeit dieser Maxime indirekt, nämlich an einer seiner Ansicht nach nicht verallgemeinerbaren Betrugsregel. Es ist das berühmte Depositum-Beispiel, das die Philosophie seit Platons *Politeia* (I 333 b-d) diskutiert.

Eine halbe Generation nach Kant wird Hegel in seinem Naturrechtsaufsatz (1803, bes. 466 f.; vgl. *Phänomenologie*, 1807: «Die gesetzprüfende Vernunft», 327 f.), Kants Behandlung des Beispiels und mit ihm die Grundlage der Kantischen Moralphilosophie verwerfen. Viele Generationen von Hegelianern werden dieser Kritik folgen, oft ohne ihre Berechtigung in einer genauen Kant-Lektüre zu überprüfen. (Zu Hegels Kant-Kritik siehe auch Allison 1990, 184 ff. und Ameriks 2000, Kap. 7.)

Soll es wieder auf den Begriff der Handlung an sich selbst ankommen, so ist als erstes der Begriff des Depositums zu klären. Seit dem Römischen Recht bedeutet es eine bewegliche Sache, die jemandem zur unentgeltlichen Aufbewahrung übergeben ist. Der zugrundeliegende Rechtsakt heißt «pactum depositi»: Verwahrungsvertrag, und ist von der zur Verwahrung gegebenen Sache, dem

Depositum, zu unterscheiden. Das Lehrbuch, auf dessen Grundlage Kant seine Naturrechtsvorlesungen hält, der «Achenwall» (Achenwall/Pütter 1750, § 379: 124 f.), folgt diesem Verständnis. Es bestimmt das «pactum *depositi*» als Vertrag, «durch den unentgeltlich die Bewachung einer fremden beweglichen Sache übernommen wird» (quo custodia rei alienae mobilis gratis suscipitur; vgl. heute BGB § 688, allerdings muß die Verwahrung nicht immer unentgeltlich sein: BGB § 689). Obwohl man gelegentlich unter Depositum nicht (bloß) die Sache, sondern (auch) den zugrundeliegenden Vertrag versteht, ist Kants Formulierung eindeutig: Ein Depositum «in meinen Händen» (*KpV*, V 27) ist eine Sache und kein Vertrag.

Als nächstes ist zu sehen, daß Kant nicht irgendein Depositum, sondern lediglich jenes erörtert, das die Bedingung «sicheres Mittel» erfüllt. Dies trifft zweifellos dort zu, wo der Eigentümer «verstorben ist und keine Handschrift darüber zurückgelassen hat» (ebd.). Kant erörtert also den Sonderfall einer nicht schriftlich nachweisbaren, insofern lediglich auf Treu und Glauben erfolgten und wegen des Todesfalls vom Verwahrungsgeber nicht einmal reklamierbaren Hinterlegung; er diskutiert einen wohlüberlegten Betrug.

Hegel sieht in seiner Kritik das Depositum zurecht als einen Fall von Eigentum an, wirft Kant aber zweierlei vor. Einerseits erbringe das Gedankenexperiment der Verallgemeinerung nur ein tautologisches Ergebnis: «wenn Eigentum ist, muß Eigentum sein». Andererseits lasse sich Kant auf die entscheidende Aufgabe nicht ein, «zu erweisen, daß Eigentum sein müsse» (1803, 467); statt dessen setze er dieses Rechtsinstitut als schon gegeben voraus.

Beginnen wir mit Hegels zweitem Vorwurf: Auch wenn Depositum-Verträge zumindest in informeller Form in so gut wie allen entwickelteren Kulturen vorkommen dürften, nimmt Kant sie nicht als in der Wirklichkeit schon gegeben an. Für seine Argumentation reicht die Denkbarkeit eines derartigen Rechtsinstitutes aus. Es genügt sogar, daß es irgendein Mittel gibt, sei es in der Wirklichkeit, sei es bloß in einem Gedankenexperiment, das sowohl die Bedingung «sicheres Mittel, um mein Vermögen zu vergrößern» erfüllt als auch moralischen Geboten widersprechen *könnte*. Kant setzt für seine Argumentation lediglich voraus, daß es in moralischer Hinsicht unterschiedliche, nämlich teils mit der Moral verträgliche, teils unverträgliche Mittel der Vermögensbildung gibt. Dann zeigt er, daß die moralunverträglichen, des näheren: betrügerischen Mittel sich mit Hilfe eines Gedankenexperiments, der strengen Verallgemeinerung, aussondern lassen.

Daß Kant sich mit so bescheidenen Voraussetzungen begnügt, entkräftet auch Hegels ersten Einwand. Sein Gedankenexperiment hat nicht das in der Tat tautologische Ergebnis: «wenn Eigentum ist, muß Eigentum sein». Vielmehr sondert es gewisse Formen der Eigentumsbildung als moralisch illegitim aus. Genau genommen geht es überhaupt nicht um die Institution des Verwahrungsvertrages, auch nicht um die des Eigentums, für die wir bei Kant durchaus eine Rechtfertigung finden, aber nicht in der zweiten *Kritik*, sondern in dem dafür zuständigen Text, der *Rechtslehre* («I. Teil. Das Privatrecht vom äußeren Mein und Dein überhaupt»: *RL*, VI 245 ff.). Ihm kommt es lediglich auf die Nichtverallgemeinerbarkeit eines gewissen Mittels an, das zudem nicht etwa besonders raffiniert ausgesucht ist. Es handelt sich vielmehr um ein vom gewöhnlichen moralischen Bewußtsein, dem «gemeinsten Verstand», ohne Unterweisung als offensichtlich unmoralisch eingeschätztes Mittel, um einen unriskanten Betrug. Selbst dieses Mittel ist nur ein Beispiel für den eigentlichen Gegenstand, auf den es letztlich Kant ankommt, nämlich die Ansicht, «die Begierde zur Glückseligkeit» (*KpV*, V 28) tauge zum allgemeinen praktischen Gesetz, zurückzuweisen.

Kant weist die Untauglichkeit wie angedeutet am Beispiel einer Leidenschaft, der Habsucht, nach. Anhand des abgeleugneten Depositums kritisiert er aber weder die Habsucht pragmatisch, als Torheit; im Gegenteil greift er die wohlüberlegte Handlung heraus, ein nicht nachweisbares Depositum abzuleugnen, worin sich Klugheit im Sinne von Gerissenheit zeigt. Noch verwirft er die Habsucht insgesamt, da er sie für eine zwar «ganz geistlose», aber doch «nicht immer moralisch verwerfliche» Leidenschaft hält (*Anthropologie*, VII 274). Kant kritisiert hier die Habsucht nur als ein unmoralisches Mittel. Mit dem Argument, das Gesetz, jedes nicht nachweisbare Depositum ableugnen zu dürfen, würde «sich selbst vernichten» (*KpV*, V 27), weist er für die zuständige Habsuchtsmaxime, den wohlkalkulierten Betrug, die Untauglichkeit zu einer allgemeinen Gesetzgebung aus.

Nach der *Grundlegung* gibt es beim Verallgemeinerungstest zwei Stufen: das strenge, für die vollkommenen Pflichten zuständige «Nichtdenkenkönnen» und das weniger strenge, für unvollkommene Pflichten zuständige «Nichtwollenkönnen» (*GMS*, IV 424). Offensichtlich entspricht das Kriterium «sich selbst vernichten» dem strengeren Kriterium, so daß der Fall einer vollkommenen Pflicht erörtert wird, des näheren einer vollkommenen Pflicht gegen andere, der einer Rechtspflicht.

Weil Kant auch erklärt, daß es bei einer Verallgemeinerung des entsprechenden Betruges «gar kein Depositum gäbe» (*KpV*, V 27), könnte man sein Argument für folgenorientiert («konsequentialistisch») und sozialpragmatisch, überdies empirisch halten. Allerdings pflegt man dabei vom Depositum zum Depositumsvertrag überzugehen, also Kant schon im Ansatz mißzuverstehen. Kant behauptet ja nicht, daß es dann keinen Depositumsvertrag, sondern daß es dann kein Depositum, also keine fremde, nur zur Verwahrung übernommene Sache, gäbe.

Nach der verbreiteten konsequentialistischen Interpretation ist dagegen das Hinterlegen eines Depositums, der Verwahrungsvertrag, nichts anderes als das Versprechen, nämlich eine sozial verbindliche Handlungsregel, eine Institution, die ein vorteilhaftes Zusammenleben ermögliche. Das Verleugnen eines Depositums untergrübe nun die Glaubwürdigkeit der Institution, und im Fall, daß jeder so handelte, gäbe es keinen mehr, der sich auf einen Verwahrungsvertrag einließe, womit eine Möglichkeit zum vernünftigen Miteinanderleben dahinstürbe.

Erneut trifft diese Überlegung, obwohl sie nicht falsch ist, weder Kant noch das genaue Sachproblem. Denn aus konsequentialistischer Sicht ist es gleichgültig, ob der allgemeine Vertrauensschwund aus fehlender Ehrlichkeit folgt oder daher kommt, daß man gelegentlich, trotz bester Absicht, nämlich aufgrund unvorhergesehener Schwierigkeiten, den in Verwahrung genommenen Gegenstand nicht zurückgeben kann. Während der zweite Grund moralisch unbedenklich ist, es sei denn, die Schwierigkeiten hätte man denn doch erwarten und ihnen dann aus dem Weg gehen können, zählt nach Kant allein der moralische Gesichtspunkt, die zugrundeliegende Willensbestimmung, die Maxime.

Diesen Umstand übersieht auch der Hegel-Freund und Kant-Gegner Gerd Roellecke (2011, 77). Seines Erachtens habe Kant «ernsthaft geglaubt, die reine Logik führe zu seinem kategorischen Imperativ, zitiert als: ‹Handle so, daß die Maxime deines Willens jederzeit zugleich als Prinzip einer allgemeinen Gesetzgebung gelten könne›». Und Roelleckes Kant-Paraphrase fährt fort: «Die Unterschlagung einer Einlage [sprich: eines Depositums] zum Beispiel könne man nicht verallgemeinern, weil es dann keine Einlagen mehr gäbe und Unterschlagung unmöglich würde. Deshalb sei die Unterschlagung unmoralisch. Genauso kann man bei homosexuellem Verkehr argumentieren: Homosexueller Verkehr ist unmoralisch. Denn wenn alle homosexuell verkehrten, wäre homosexueller Verkehr bald nicht mehr möglich, weil es keine Menschen mehr gäbe.»

Bei dieser (Fehl-)Interpretation geht offensichtlich die Pointe «Willensbestimmung» verloren. In Kants Bemerkung, daß es bei entsprechender Maxime «gar kein Depositum gäbe» (*KpV*, V 27), ist das «nicht geben» anders als bei Roellecke zu verstehen, nämlich im Sinne des vorangehenden «sich selbst vernichten», und dieses betrifft nicht den Aufbewahrungsvertrag, sondern die aufbewahrte Sache: Ein zur Aufbewahrung hinterlegter Gegenstand ist kein Geschenk, sondern eine fremde Sache, die man dem Eigentümer oder dessen Erben zurückzugeben hat. Dort, wo ein Depositum via Ableugnen das zum Begriff unverzichtbare, sogar entscheidende Moment der «fremden» Sache verliert, wird es in seinem «Wesen», *fremdes* Eigentum zu sein, zerstört, und in diesem begrifflichen, nicht etwa physischen Sinn vernichtet.

Generell zeigt sich für Kant das eigentlich Moralische, die Moralität, nicht in Handlungen, sondern – so das Hauptargument gegen die konsequentialistische Interpretation – in deren Bestimmungsgründen. Ähnlich geht es beim Depositum nicht um das Zurückgeben. Denn die hinterlegte Sache könnte durch einen Brand zerstört werden oder durch einen Diebstahl abhanden kommen. Kant kommt es vielmehr auf das etwaige «Ableugnen» an, also auf Fälle von Lüge und Betrug und als deren volitiven Hintergrund auf eine betrugsbereite Habsucht.

In der konsequentialistischen Interpretation taucht Kants Ergebnis der Verallgemeinerung, das «sich selbst vernichten» bzw. «sich selbst aufreiben», nicht auf. Denn eine Welt, in der man aufgrund enttäuschter Erwartungen keine Sache mehr hinterlegt und alle Wertsachen lieber unter der Matratze versteckt oder im Garten vergräbt, mag unangenehm sein – undenkbar ist sie nicht. Auf den in Kants Wendungen enthaltenen logischen, und nicht, wie Korsgaard (1996, 92) annimmt, praktischen Widerspruch stößt man erst, wenn man nicht mehr auf die (widrigen oder wünschenswerten) Folgen, sondern allein auf die Maxime selbst achtet: Was bedeutet «mein Vermögen durch alle sichere Mittel zu vergrößern»?

In der *Phänomenologie* erklärt Hegel: «Behalte ich für mich das Depositum, so begehe ich … ganz und gar keinen Widerspruch; denn alsdenn sehe ich es nicht mehr für das Eigentum eines andern an; etwas behalten, das ich nicht für das Eigentum eines andern ansehe, ist vollkommen konsequent» (*Phänomenologie*, 333 f.). Hier verkennt auch Hegel die Pointe, daß Kant nicht den Einzelfall als solchen, sondern die ihm zugrundeliegende Maxime untersucht, und dafür gilt:

Weil ein Verwahrungsvertrag seinem Begriff nach – etwas Fremdes verwahren – die Verpflichtung zur Rückgabe begrifflich einschließt, bedeutet ein Ableugnen des Verwahrten, daß man eine fremde Sache verwahrt und die Sache doch nicht als eine fremde ansieht. Einem Depositum, das man im Wissen und der Absicht annimmt, es zu behalten, liegt also tatsächlich die «in sich widersprüchliche» Maxime zugrunde, etwas als fremde Sache anzuerkennen und es zugleich als fremd zu leugnen. Diese Widersprüchlichkeit wird im Einzelfall praktiziert und erweist sich damit als denkmöglich und darüber hinaus als problemlos praktizierbar, erst die zu einem Naturgesetz gewordene Verallgemeinerbarkeit ist nicht denkmöglich. Denn ein strenges Gesetz erlaubt den Widerspruch nicht, daß etwas eine fremde Sache und doch keine fremde Sache ist.

7.5 Maximenethik

Kants neue Formel, der kategorische Imperativ, wird gern mit dem Prinzip der Verallgemeinerung gleichgesetzt. Tatsächlich besteht er aus zwei weiteren Elementen, dem Gegenstand der Verallgemeinerung, den Maximen, und dem Gebot, lediglich nach verallgemeinerbaren Maximen zu handeln. Vor allem die Bedeutung der Maximen wird häufig übersehen. Ihretwegen vertritt Kant unmittelbar keine Handlungs-, sondern eine Regelverallgemeinerbarkeit, wobei es zweitens nicht, wie selbst Philosophen vom Fach oft annehmen, auf irgendwelche Regeln ankommt. In Wahrheit sind zwei Begriffselemente entscheidend: Erstens geht es um Regeln höherer Stufe, die zweitens das Subjekt als für seinen Willen gültig ansieht (*KpV*, V 19) oder «selbst zur Regel macht» (*RL*, VI 225).

Der Ausdruck der Maximen ist aus der Moralkritik der frühen Neuzeit bekannt. Beispielsweise stellt der Aufklärer La Rochefoucauld seine moralkritischen Reflexionen über den Menschen unter den Titel *Maximes*. Im Vergleich zu ihm zeigt sich Kant als wahrhaft philosophischer Aufklärer, nämlich als ein Moralkritiker zweiter Stufe. La Rochefoucauld räsoniert unter dem Motto: «Unsere Tugenden sind meist nur bemäntelte Laster» (Motto zu den *Réflexions morales*, 1664). Diese demaskierende Kritik wandelt sich bei Kant in jene Kritik zweiter Stufe, die im Wissen, daß es durchaus bemäntelte Laster gibt, die wahren Tugenden gegen die nur scheinbaren absetzt. Dieser Aufgabe dient das Gedankenexperiment der Verallgemeinerung. Weit davon entfernt, einem abstrakten Universalismus zu frönen, wie Hegelianer, neuerdings selbst Kersting (2010) Kant unterstellen, kommt es dem kategorischen Imperativ darauf an, im bunten Strauß von (gehaltvollen) Maximen die unmoralischen gegen die moralischen abzusetzen.

Schon in der ersten *Kritik* versteht Kant unter Maximen subjektive Gründe der Handlungen, d. i. subjektive Grundsätze (*KrV*, B 840). Nach der zweiten *Kritik* enthalten derartige Grundsätze eine allgemeine Bestimmung des Willens und haben mehrere praktische Regeln unter sich (*KpV*, § 1; vgl. *GMS*, IV 420 f.). Drei Punkte sind hier wichtig:

(1) Als *subjektive* Grundsätze können Maximen von Individuum zu Individuum verschieden sein. Sie müssen es allerdings nicht, und im Fall moralischer Maximen sind sie es auch nicht. (2) Als etwas, das sich das Subjekt selbst zur Regel macht, als *Willens*bestimmungen, bezeichnen sie nicht Ordnungsschemata, die ein objektiver Beobachter dem Handelnden unterstellt. Sie verdanken sich der ausdrücklichen Setzung oder Anerkennung durch den Betreffenden. Es sind nicht irgendwelche Gleichförmigkeiten, sondern diejenigen, die der Akteur selbst herstellt, indem er sie zu den seinigen macht, das heißt in seinen Willen aufnimmt. Dabei meint die Absicht des Willens, das Wollen, nicht bloß ein Wünschen («ich hätte gern» oder «ich täte gern»). Kant ist nicht in dem Sinn ein Gesinnungsethiker, daß der Wille eine Welt tatenloser Innerlichkeit bezeichnet, die in der politischen, gesellschaftlichen und persönlichen Welt ohne jede Äußerung bleibt. Der Wille ist kein «Jenseits» zur Wirklichkeit unseres Lebens, vielmehr ihr bestimmender Grund, soweit er im handelnden Subjekt selbst liegt. Allerdings kann die Manifestation des Willens, die Handlung, wegen physischer, psychischer, intellektueller, wirtschaftlicher oder anderer Mängel hinter dem Gewollten zurückbleiben. Maximen sind also Prinzipien, die der Handelnde in seinem handlungsleitenden Willen selbst als die eigenen anerkennt. Ohnehin kommt es nicht auf die Abfolge von Quasi-Naturereignissen und deren Gesetzmäßigkeiten, sondern auf das Setzen und Verfolgen von Zwecken an.

(3) Als *Grund*sätzen, die mehrere Regeln unter sich haben, steht in Maximen «unser ganzer Lebenswandel» auf dem Prüfstand (*KrV*, B 840): Maximen beinhalten die Art und Weise, wie man sein Leben als ganzes führt, freilich bezogen auf bestimmte Grundaspekte des Lebens und Zusammenlebens, etwa auf Hilfsbedürftigkeit, Lebensüberdruß oder Beleidigungen oder, so Beispiele der zweiten *Kritik*, auf ein Rachebedürfnis (§ 1) und auf betrugsbereite Habsucht (§ 4, Anm.). Durch diesen Bezug unterscheiden sich Maximen von einer noch höheren Allgemeinheitsstufe, sowohl von dem, was bei Aristoteles *bios* (Existenzweise, Lebensform), als auch von dem, was bei Kierkegaard Existenzmodus heißt. Maximen entsprechen eher dem, was die Tradition Tugend oder Laster nennt: letzte Grundausrichtungen eines Lebens, sofern sie

noch auf gewisse Bereiche der Lebenswirklichkeit hin spezifiziert werden.

Wenn man Kants Beispiele für Maximen betrachtet (seine Naturgaben verwahrlosen zu lassen: *GMS*, IV 423; keine Beleidigung ungerächt zu erdulden: *KpV*, V 19; sein Vermögen durch alle sicheren Mittel zu vergrößern: *KpV*, V 27), so findet man weder selbstgesetzte Regeln von der Aristotelischen Art: ich will ein Genußleben (*bios apolaustikos*), ein auf Gelderwerb gerichtetes (*bios chrêmatistês*), ein sittlich-politisches (*bios politikos*) oder ein theoretisches Leben (*bios theôrêtikos*) führen (vgl. *Nikomachische Ethik*, I 3). Ebenso findet man keine Regeln der Kierkegaardschen Art: ich will eine ästhetische, eine ethische oder religiöse Existenz leben (zur Übersicht siehe Pieper 2000, 60–99). Und derartige Regeln fehlen nicht deshalb, weil Kant im Rahmen seiner an der Dichotomie Sittlichkeit–Nichtsittlichkeit orientierten Ethik andere «Existenzmodi» unterscheiden würde. Sie fehlen vielmehr, weil mit Hilfe des kategorischen Imperativs allererst geprüft werden soll, welche Willensrichtungen «Teile» einer sittlichen Existenz sind und welche nicht. Zudem kann man nicht sagen, daß jemand eine direkte Vorstellung davon hat, wie er sein Leben führen soll, wenn er nur weiß, daß er es sittlich oder aus Eigennutz führen will. So verliert der Aufstieg zu noch allgemeineren Sätzen zugleich die Sache der Maxime aus dem Auge, nämlich ein inhaltlich bestimmendes Prinzip eines Lebens zu sein. Im Unterschied zu den Maximen haben nun die Handlungsregeln, die unter die Maxime fallen, mit den wechselnden Bedingungen des Lebens zu tun und sind entsprechend verschieden.

Ohne daß es Kant im Rahmen seiner praktischen Vernunftkritik eigens hervorhebt, ist eine Maximenethik jener verbreiteten Regel- oder Normenethik mindestens fünffach überlegen, die ihre Moralkriterien auf beliebige, insbesondere auch auf relativ konkrete Regeln bezieht:

1. Weil die Willensgrundsätze von den wechselnden Umständen absehen, wird in ihnen das normative Grundmuster einer Handlung herauspräpariert. Damit entsprechen sie Aristoteles' zweitem wissenstheoretischen Gedanken zur Ethik, d.h. – nach dem Zumeist-Wissen – dem des *typô*-(Grundriß-)Wissens (*Nikomachische Ethik*, I 1, 1094 b 19–21; dazu Höffe 1971, 2. Teil).

Ein Grundriß-Wissen zeichnet sich durch drei Momente aus. Erstens ist der (normative) Grundriß der Sache erkannt; zweitens ist die vollständige Bestimmung zwar gefordert, aber noch nicht geleistet; schließlich geschieht ihre Durchführung in einem eigenen Bestimmungsprozeß. In der Ethik hält Aristoteles ein derartiges Wissen deshalb für die allein angemessene Gründlichkeit, weil man nur auf diese Weise dem eigentümlichen Gegenstand der Ethik, dem guten und gerechten Handeln, Genüge leiste. Denn durch ein Grundriß-Wissen werden einerseits die «Strukturgitter» des sittlichen Handelns, bei Aristoteles vor allem die verschiedenen Tugenden, begrifflich genau bestimmt und andererseits das historisch und individuell Besondere (das veränderliche Ethos, die je anderen Lebensverhältnisse und Umstände) freigegeben. Zugleich wird der Handelnde aufgefordert, in entsprechenden Beurteilungsprozessen die individuellen Gestalten sittlichen Handelns je neu und je selbst zu erfinden und im eigenen Tun und Lassen zu verwirklichen.

Ähnliches gilt für Kant, auch wenn er dies nicht deutlich genug ausgesprochen hat, allerdings kann man in der Erfordernis einer «durch Erfahrung geschärften Urteilskraft»(*GMS*, IV 389) einen Hinweis sehen. Kantischen Maximen liegt jedenfalls die Vorstellung zugrunde, daß ein konkretes sittliches Urteil oder Handeln die Synthesis zweier Momente darstellt, von den je neuen Situationsbedingungen und der relativ invarianten Maxime. Mittels der Maxime wird aus dem Konkreten das normative Leitprinzip herauspräpariert, also von dem anderen Moment, der streng genommen jeweils anderen Konstellation der Situationsfaktoren abstrahiert, so daß das gleichbleibende normative Grundmuster zutage tritt.

Dieses Vorgehen ist folgenreich. Denn man sieht, wieso unterschiedliches Handeln eine gemeinsame Qualität, die des Moralischen oder des Nichtmoralischen, haben kann, ohne deshalb in einen ethischen Relativismus auf der einen oder einen starren Regeldogmatismus auf der anderen Seite zu fallen. Die Maxime ist nämlich genau jenes identische, entweder moralische oder im Gegenteil nichtmoralische Einheitsmoment, das gegen den Relativismus spricht. Das Einheitsmoment ist aber auch nicht mehr als ein normativer Grundriß, der die relativ allgemeine Maxime mit den Besonderheiten der jeweiligen Situation zu vermitteln erfordert.

Und dieses Erfordernis, die Notwendigkeit einer «Kontextualisierung», tritt einem starren Regeldogmatismus entgegen. An seiner Stelle bedarf es moralisch-praktischer Urteilskraft, die mittels produktiver Vermittlungs- und Beurteilungsprozesse das konkrete, situationsgerechte Handeln bestimmt. Dieser Urteilskraft obliegt eine «sittlich-hermeneutische» Aufgabe, für die sich Kant aber aus verschiedenen Gründen weniger interessiert (vgl. Höffe 2001 a, Kap. 3).

Da es sich bei Maximen um ziemlich allgemeine Lebensgrundsätze handelt, die in den mannigfachen Situationen des Lebens jeweils angemessen zu konkretisieren sind, macht sich Brandt (2010, 115) eine seiner Kant-Kritiken zu leicht: Gegen das von Kant mittels des Verallgemeinerungstestes begründete strenge Lügenverbot führt Brandt als Gegenbeispiel an, man sage einem Kind, es laufe so gut wie ein Olympiasieger. Nach Brandt begehe man hier «eine glatte Lüge», die gleichwohl moralisch zulässig sei. In Wahrheit gehört zur rhetorischen Gattung von Lob und Ansporn die liebenswürdige Übertreibung hinzu, so daß schon deshalb von einer glatten Lüge keine Rede sein kann. Im übrigen liegt die Übertreibung auf der Hand, denn jemand, der noch ein Kind ist, kann nicht im vollen Sinn «wie ein Olympiasieger» laufen. Wenn aber der Sprecher im Stolz auf das Kind tatsächlich die Ansicht vertritt, wäre er naiv, eventuell auch realitätsblind, da er die Anforderungen an einen Olympiasieger unterschätzt. Er wäre aber, selbst ohne das Bewußtsein einer liebenswürdigen Übertreibung, ehrlich.

2. Daß Kant eine Maximenethik vertritt, entkräftet den beliebten Vorwurf, seine Ethik sei gegenüber den Folgen von Handlungen, folglich auch dem Wohlergehen konkreter Menschen gleichgültig. Zugleich zeigt sich, daß die neuerdings so beliebte Alternative «Deontologie oder Konsequentialismus/Utilitarismus» für Kant kein strenges Entweder-Oder bedeutet. Die Rechtfertigung der moralischen Pflichten läßt sich zwar insofern nicht von den Folgen her, also konsequentialistisch, vornehmen, als die Pflicht als solche gültig ist, nicht erst wegen pflichtexterner Bedürfnisse, Wünsche oder Interessen, gleich ob diese egoistischer, altruistischer oder gemischter Natur sind. Im Rahmen dieser Pflichten, namentlich der unvollkommenen Pflichten wie dem Hilfsgebot, hat man sich aber

sehr wohl die Folgen zu überlegen, insbesondere, ob die geplante Handlung ein wirksames Mittel zum beabsichtigten Zweck ist. In deutlich engeren Grenzen trifft dies auch für eine vollkommene Pflicht wie das Gebot der Ehrlichkeit zu. Es erlaubt zwar nicht, etwa am Krankenbett, zu lügen, gebietet aber durchaus, die Wahrheit mit Umsicht, «schonend», zu vermitteln.

Kant schreibt selber in der «Anmerkung» zu Paragraph 1, daß die Regeln, die unter alle praktischen, also auch unter die moralischen Grundsätze fallen, einen technischen bzw. instrumentalen Charakter haben, denn sie schreiben eine «Handlung als Mittel zur Wirkung als Absicht» vor (*KpV*, V 20). Wer also das Wohlergehen anderer tatsächlich befördern will, muß sich überlegen, womit er einer konkreten Person in ihrer gegenwärtigen Lage gemäß den eigenen Möglichkeiten erfolgversprechend hilft. Die Rechtfertigung der Hilfsbereitschaft muß ohne Folgenerwägungen, also nicht konsequentialistisch erfolgen. Die Überlegung einer konkreten Hilfe dagegen, auch die einer Regel des Helfens, beispielsweise hinsichtlich der Behandlung von Unfallopfern, bedarf der Folgenerwägung, freilich nur der hilfsinternen Folgenerwägung. Hilfsexterne Folgenerwägungen (wird die Hilfe honoriert? dient sie meinem Ansehen?) dürfen keine Rolle spielen, zumindest nicht für eine Hilfe aufgrund des moralischen Hilfsgebotes.

3. Bedeutungsvoll ist eine Maximenethik für das weite Feld der moralischen Identität und moralischen Integrität, einschließlich der moralischen Erziehung und Beurteilung von Menschen. Denn weil Maximen der situationsgerechten Anwendung bedürfen, verhindern sie, daß sich die Biographie eines Menschen in eine unübersehbare Mannigfaltigkeit von Regeln oder gar unendlich viele Einzelhandlungen aufsplittert. Im Gegenteil werden die Teile einer Biographie zu einheitlichen Sinnzusammenhängen verbunden, zu Sinnzusammenhängen, bei denen der kategorische Imperativ prüft, ob sie nicht bloß subjektiv, sondern auch objektiv, für jedes Vernunftwesen gültig und damit sittlich sind. Während ferner das Einimpfen von Regeln die Erziehung in die Nähe einer Dressur rückt, erleichtert die Ausrichtung an normativen Leitprinzipien, eben Maximen, jene vernünftige Selbstbestimmung, die dem Menschen Freiraum für Unterschiede in Temperament, Fähig-

keit und in der Situation, in der er sich vorfindet, beläßt, und ihm damit eine eigene, höchstpersönliche, gleichwohl moralische Lebensgestaltung ermöglicht. Und weil Maximen von der jeweiligen Situation, überdies von den physischen, intellektuellen und anderen Fähigkeiten eines Menschen absehen, kommt in ihnen der eigentliche Charakter eines Menschen zum Ausdruck. Nicht die konkreten Handlungsregeln, sondern erst die Maximen erlauben, jemanden als rachsüchtig oder aber großmütig, als rücksichtslos oder aber rücksichtsvoll, als eigensüchtig, rechtschaffen usf. zu qualifizieren.

Das Gedankenexperiment der Verallgemeinerung prüft dann, ob der genannte Sinnzusammenhang nicht bloß subjektiv, sondern auch objektiv für jedes Vernunftwesen gültig und damit moralisch ist. Im Fall sozialer Maximen, also unter Beiseitesetzen der Pflichten gegen sich, erfolgt diese Prüfung in zwei Schritten. Erster Schritt: Kann man wollen, nach dieser Maxime ein ganzes Leben zu führen? Zweiter Schritt: Kann man wollen, nach der Maxime das gesamte Zusammenleben mit seinesgleichen zu führen?

4. In der Regel wird die Verallgemeinerung nur in sozialer Perspektive verstanden, nämlich als eine Personenverallgemeinerung, die Kant in negativer Form vornimmt: daß eine Maxime für alle Personen sich entweder nicht wollen oder sogar nicht denken läßt. Der zweite Absatz der «Anmerkung» von Paragraph 4 korrigiert dieses Verständnis. Denn er sagt von den empirischen Bestimmungsgründen, sie taugten nicht nur zu keiner allgemeinen äußeren Gesetzgebung, sondern auch «eben so wenig zur innern» (*KpV*, V 28). Der Grund: «in jedem Subjekt selber ist bald die, bald eine andere [Neigung] im Vorzuge des Einflusses» (ebd.). Damit deutet sich, erneut *e contrario,* neben der bekannten, «interpersonalen Verallgemeinerung», der allseitigen Einstimmung, eine zweite, jetzt «intrapersonale Verallgemeinerung» an. Kant führt sie neutral hinsichtlich der Pflichten gegen sich und der Pflichten gegen andere ein, womit sie für beide gültig sein dürfte. Damit gibt sie auch das Kriterium für jene durchaus moralischen Verbindlichkeiten ab, die in der heutigen, auf Soziales eingeschränkten Moralphilosophie kaum noch Beachtung, geschweige denn Anerkennung finden: für die Pflichten gegen sich.

5. Schließlich erlaubt erst eine Maximenethik, die Steigerung der bloßen Übereinstimmung mit der Pflicht, der Legalität, zum Handeln aus Pflicht, zur Moralität, zu prüfen. Im Gegensatz zu einem zwar pflichtgemäßen, aber aus «selbstsüchtiger Absicht» erfolgenden Handeln wird erst mit der Moralität die eigentliche Dimension von Moral erreicht, mit ihr aber rundum.

Unter Bezug auf Kant hält McDowell (1998, 77 ff.) die Ansicht, rein aus Pflicht zu handeln, für absurd. Denn der Gedanke der Pflicht tauge nicht als Grund («reason»), a fortiori nicht als hinreichender Grund. Nicht ein generelles Sollen führe zum Handeln, sondern lediglich eine besondere, situationsbezogene Überlegung, die wiederum durch allgemeine moralische Urteile («overall moral verdicts») gestützt, aber nicht konstituiert werde. McDowells Annahme, wenn sie denn zutrifft, widerspricht nicht erst Kants Vorstellung von der moralischen als der reinen praktischen Vernunft, sondern schon der der schlichten praktischen Vernunft. Kant bestimmt sie nämlich als das Vermögen, sich von den Empfindungen des Angenehmen und Unangenehmen, also Antrieben der Sinnlichkeit, abzusetzen und statt dessen nach Prinzipien zu handeln, unter die wiederum auch technische und pragmatische, nicht nur moralische Gesetze fallen (ansatzweise schon *KrV*, B 562 und B 830; ausdrücklich *GMS*, IV 412 f.). Nach Kant bezieht sich alle Rationalität auf jene Regeln zweiter Stufe, die Prinzipien, die eine normative Bestimmtheit mit der Offenheit für situative Überlegungen verbinden. Selbst wenn gute Gründe gegen die Annahme sprechen, der Regelbezug sei konstitutiv für Rationalität, so treffen sie nicht Kants Gedanken der Moralität. Bei diesem kommt es nämlich nicht auf den Unterschied von «situationsbezogen» und «allgemein», sondern auf den von empirisch Bedingtem und einem davon unabhängigen Allgemeinen an. Dort entscheiden die eigenen Bedürfnisse und Interessen, während sie hier als Entscheidungsgrund beiseite geschoben werden, was auch bei einer situationsbezogenen Überlegung möglich ist.

Viele Kant-Interpreten gehen davon aus, der kategorische Imperativ diene zum Kriterium für die Pflichtgemäßheit von Handlungen. Dem kategorischen Imperativ geht es aber um Willensbestimmungen, folglich um Moralität und nicht allein um den Gegensatz von Pflichtwidrigkeit, Legalität. Die *Reflexionen* bringen diesen Sachverhalt in die prägnante Formel: «Es kommt bei der Ethik nicht auf die Handlungen, die ich tun soll, sondern das principum an, woraus ich sie tun soll.» (*Reflexionen*, XIX 244). Und in der *Metaphysik der Sitten* heißt es: «Die Übereinstimmung einer Handlung mit dem Pflichtgesetze ist die *Gesetzmäßigkeit* (legalitas) – die der Maxime der Handlung mit dem Gesetze die *Sittlichkeit* (moralitas) derselben» (*RL*, VI 225).

Nur bei den letzten, vom Subjekt zur Regel gemachten Grundsätzen läßt sich feststellen, ob das Handeln bloß pflichtgemäß, also legal, oder aus Pflicht, mithin moralisch, geschieht. Allerdings kann man, sieht Kant zu Recht, nicht «in die Seele blicken», deshalb weder in bezug auf sich noch auf andere der Moralität sicher sein. Nur wenn man sieht, daß es dem kategorischen Imperativ auf Moralität, nicht Legalität ankommt, wird auch eine Eigentümlichkeit der Beispiele der Kantischen Diskussion verständlich. In der *Grundlegung* bezieht sich Kant auf vier Pflichten: auf die Pflicht, sein Leben zu erhalten, die Pflicht zur Ehrlichkeit, die zur Kultivierung der eigenen Talente und die zur Wohltätigkeit. In allen vier Fällen prüft er mit Hilfe des kategorischen Imperativs nicht die jeweilige Gesamtklasse der pflichtgemäßen Handlungen, sondern nur eine bestimmte Teilklasse, da zu anderen Teilklassen auch eine Neigung bestehe. Um es anhand der zweiten Pflicht zu erläutern: Wie es schon im Sprichwort «ehrlich währt am längsten» heißt, zahlt sich Unehrlichkeit auf die Dauer kaum aus. Wer unehrlich ist, läuft Gefahr, als Geschäftsmann seine Kunden (vgl. *GMS*, IV 397) und als Mitbürger seinen guten Ruf zu verlieren, damit auch seine Freunde und Bekannten. Falls sich überhaupt die Moralität eines Handelns feststellen läßt, dann jedenfalls nicht bei irgendeiner Pflichterfüllung, sondern nur dort, wo die natürliche Neigung zum Befolgen durch eine widerstreitende und zugleich stärkere Neigung unterdrückt wird, etwa die Neigung zur Ehrlichkeit durch augenblickliche Not.

Beim Beispiel der zweiten *Kritik*, dem Depositum-Beispiel, sieht es nicht viel anders aus. Hier gibt es die Neigung, nicht zu betrügen, da bei entdecktem Betrug höchst unangenehme Folgen zu gewärtigen sind; die unmittelbare Neigung besteht also in der Angst vor Strafe, die mittelbare (in der Regel) im Nichtbetrügen. Kant läßt diese Neigung zwar unausgesprochen, aber vermutlich deshalb, weil sie auf der Hand liegt. Jedenfalls kommt «klugerweise» nur genau jener gefahrlose Betrug in Frage, den Kant im Depositum-Beispiel skizziert. Mit der Nichtverallgemeinerbarkeit des «klugen Betruges» beweist nun Kant e contrario zweierlei, zum einen, daß jedweder Betrug unmoralisch ist, zum anderen, daß die Maxime, die jeden, auch den eindeutigen, gefahrlosen Betrug ausschließt, für Moralität steht.

Die Allgemeinheit, die schon in jeder Maxime steckt, ist nämlich erst eine subjektive und relative Allgemeinheit, nicht die objektive: absolute und strenge Allgemeinheit, die schlechthin jedes Vernunftwesen umfaßt. Deshalb prüft die Verallgemeinerung, ob der subjektive Lebenshorizont einer Maxime auch als objektiver Lebenshorizont sowohl einer einzelnen Person als auch einer Gemeinschaft von Personen gelten kann. Aus dem bunten Strauß subjektiver Grundsätze werden auf die skizzierte indirekte Weise die moralischen von den nichtmoralischen geschieden, und der Handelnde ist aufgefordert, nur moralische Maximen sich zur Regel zu machen.

8. Willensfreiheit und Vernunftfaktum

Kants Revolution der Moralphilosophie kann sich mit einer neuen «Formel» der Moral, mit dem Sittengesetz bzw. dem kategorischen Imperativ, nicht zufriedengeben. Für die selbstgestellte Aufgabe, für die kritische Selbstaufklärung des Moralbewußtseins, braucht es mindestens drei weitere Theoriestücke. Die neue Formel ist erst das objektive Moralprinzip, zu dem als Gegenstück das subjektive Moralprinzip, das Prinzip der moralischen Subjektivität, fehlt: Welche Art von moralischem Subjekt ist sich des kategorischen Imperativs als seiner zuständigen Formel bewußt? Weiterhin ist der Realitätsnachweis notwendig: Läßt sich beides erwarten: daß das Gebot, das die neue Formel enthält, sich auch befolgen läßt, so daß sich das Moralbewußtsein keine weltfremde, utopische Forderung aufstellt, und ebenso, daß es die komplementäre moralische Subjektivität tatsächlich gibt und es sich bei ihr nicht um eine spekulative Fiktion handelt? Schließlich stellt sich die Frage nach der Triebfeder.

Nach Kant besteht die moralische Subjektivität im zweiten Hauptbegriff der *Kritik der praktischen Vernunft*, in der Willensfreiheit. Bei ihr kommt es auf zwei Dinge an: (1) auf die Beschaffenheit des freien Willens, auf seine Autonomie statt Heteronomie, und (2) auf den nur erkenntnis-, nicht seinstheoretischen, auf den gnoseologischen, nicht ontologischen Vorrang des Sittengesetzes vor der Willensfreiheit. Daran schließen sich die zwei fehlenden Theoriestücke, die «Faktum der Vernunft» genannte Wirklichkeit des freien Willens und das Gefühl der Achtung als Triebfeder, an.

Hinzu kommt ein systemisches Interesse: Mittels der entsprechenden Überlegungen soll die in der ersten *Kritik* vorgenommene Vernunftkritik sowohl bekräftigt als auch fortgesetzt werden. Kant will in der zweiten *Kritik* nicht bloß zeigen, daß deren Lehren in sich konsistent sind, sondern auch, daß sie mit den Lehren der ersten *Kritik* übereinstimmen. Zusätzlich will er die dort gewonnenen Einsichten um weitere bereichern, namentlich in bezug auf die genannten Theoriestücke, den kategorischen Imperativ, die Autonomie des Willens, das Faktum der Vernunft und das Gefühl der Achtung. Beginnen wir mit dem Interesse an Übereinstimmung:

8.1 Ein Blick zurück in die dritte Antinomie

Mit den Vermögen der reinen praktischen Vernunft, heißt es in der Vorrede der *Kritik der praktischen Vernunft*, «steht auch die transzendentale Freiheit nunmehr fest», und zwar in jener «absoluten Bedeutung», deren die spekulative Vernunft bedarf, «um sich wider die [dritte] Antinomie zu retten» (*KpV*, V 3). Kant weist also von Beginn der zweiten *Kritik* an auf dieses Lehrstück der ersten *Kritik* zurück, weshalb es kurz erinnert sei:

Zu Kants Zeiten wird die Annahme der Willensfreiheit kaum anders als heute von der Annahme des Determinismus bedroht. Ihr zufolge sind alle Ereignisse die Wirkung von vorangehenden Ursachen. Weil auch menschliches Wollen und Handeln Ereignisse bzw. Veränderungen sind, sind sie nicht frei. Die kausale Notwendigkeit, so scheint es, entlarvt alle Freiheit als unmöglich. Da aber die Moral die Freiheit, in Kants Moralverständnis die Willensfreiheit, voraussetzt, verliert auch die Moral ihr Recht. Folglich werden, worin

Vertreter des Determinismus ihren Beitrag zur Aufklärung sehen, Freiheit und Moral zur Illusion.

Im dritten Teil der *Kritik der reinen Vernunft*, in der Dialektik, erweist Kant diesen Anschein als veritablen Schein. Damit leistet er erneut eine wahrhaft philosophische Aufklärung: Er entlarvt die schlichte Aufklärung, die vom Determinismus behauptete Illusion, die von ihm angeblich vorgenommene Entlarvung von Freiheit und Moral, als die wahre Illusion: Trotz kausaler Notwendigkeit bleiben die Willensfreiheit und mit ihr die Moral denkmöglich, sogar in einer wohlbestimmten Weise denknotwendig.

Beim zuständigen Lehrstück, der dritten Antinomie der reinen Vernunft (*KrV*, B 472 ff.), darf man allerdings nicht übersehen, daß es sich unmittelbar nicht mit der moralisch relevanten Willensfreiheit befaßt. Denn kontextgerecht, nämlich dem Thema des zuständigen Hauptstücks, der Kosmologie als Theorie der genannten Welt, entsprechend, beginnt Kant mit der Freiheit als naturphilosophischem Begriff. Es ist die kosmologische Freiheit, die er als schlechthin ersten Anfang einer Reihe von Erscheinungen versteht (B 476). Kant erinnert allerdings auch an die «Frage über die Freiheit des Willens» und daß sie nur «transzendental» sei (ebd.). Danach geht er zur Freiheit als handlungstheoretischem Begriff, zur praktischen Freiheit, über (B 478). Und schließlich erklärt er, der Umstand, daß das denkende Selbst «in seinen willkürlichen Handlungen frei und über den Naturzwang erhoben sei», sei einer der «Grundsteine der Moral und Religion» (B 494).

In dieser Weise geht in das kosmologische Thema ein moralisches, darüber hinaus religionsphilosophisches Interesse ein. Da es auch den anderen drei Antinomien zugrunde liegt, ist Kants transzendentale Kosmologie nicht bloß von kosmologischer, mithin erkenntnis- und gegenstandstheoretischer, sondern erneut auch von praktischer Bedeutung.

Die dritte Antinomie konstatiert zunächst zwei grundverschiedene Gesetzmäßigkeiten, also ein radikal adversatives Verhältnis (B 471 ff.; zur konzisen Interpretation der dritten Antinomie siehe Höffe 2003, Kap. 18.4; vgl. auch Bojanowski 2006, Teil II). Auf der einen Seite stehen die von der Kausalität geprägten Gesetze der Natur, deretwegen es keine Freiheit gebe (Antithesis). Auf der anderen

Seite gebe es außer dieser Naturkausalität «noch eine Kausalität durch Freiheit» (Thesis). Sodann stellt Kant deren frontalen Gegensatz fest, den schließlich der dritte Argumentationsschritt auflöst: Kant gibt dem Kritiker der Freiheitskausalität, dem Determinsten, insofern recht, als jedes Ereignis, einschließlich jeder Handlung, sich auf Ursachen hinterfragen läßt. Weil man weder die Ursachenfrage von sich weisen noch deren Nichtbeantwortbarkeit belegen kann, ist jedes vorstellbare Ereignis und jedes tatsächliche Ereignis aktuell determiniert: Die naturgesetzliche Kausalität, also Determiniertheit ist allumfassend.

Determiniertsein wirft allerdings ein erkenntnistheoretisches, zugleich naturwissenschaftsrelevantes Problem auf: Wie verhält es sich mit dem allererten Anfang einer Reihe von Erscheinungen? Wenn die «Kausalität der Ursache, durch welche etwas geschieht», selbst Wirkung einer weiter zurückliegenden Ursache ist, «also alles nach bloßen Gesetzen der Natur geschieht, so gibt es jederzeit nur einen subalternen [untergeordneten, unselbständigen], niemals aber einen ersten Anfang, und also überhaupt keine Vollständigkeit der Reihe» der Ursachen (B 472). «Nun besteht aber eben darin das Gesetz der Natur: daß ohne hinreichend a priori bestimmte Ursache nichts geschehe.» (B 474)

Dieser naheliegende, aber meist übersehene oder verdrängte Befund hat eine ebenso enorme Tragweite, die sich als eine Reihe von Folgerungen darstellen läßt. Erste Folgerung: Die Behauptung der Antithese, alles erfolge nach Naturkausalität, führt, konsequent zu Ende gedacht, in einen Widerspruch. Zweite Folgerung: Also kann die Naturkausalität nicht als einzige Kausalität angenommen werden. Dritte Folgerung: Man muß eine zweite Kausalität annehmen, die als Unabhängigkeit von Naturkausalität in einer Freiheit besteht. Diese wiederum, so die vierte Folgerung, besteht allgemeiner formuliert in der Unabhängigkeit von Fremdbestimmung. Ins Positive gewendet ergibt dies die fünfte Folgerung: Also ist der Thesis recht zu geben, daß eine andere, von allen notwendigen Gesetzen unabhängige Kausalität angenommen werden muß, «d.i. eine *absolute Spontaneität* der Ursachen, eine Reihe von Erscheinungen, die nach Naturgesetzen läuft, *von selbst* anzufangen» (B 474).

Zugleich hat sich ein positiver Begriff von Freiheit gefunden: Die Freiheit besteht in eigener Spontaneität oder Selbstbestimmung. Frei sind wir demzufolge, weil wir uns nicht nur als Erscheinungen, sondern auch als intelligible Wesen denken können, sogar müssen und in dieser Hinsicht keiner Naturnotwendigkeit unterliegen. Als Erscheinung bleibt menschliches Handeln ein Teil der Natur und ist insofern determiniert. Der Bereich des Naturnotwendigen ist also auf die Welt der Erscheinungen beschränkt, was Freiheit und Naturnotwendigkeit derselben Handlung ermöglicht.

Kant nennt die absolute Spontaneität nicht etwa absolute Freiheit, sondern «transzendentale Freiheit» (B 474). Transzendental dürfte hier in einem zweifachen Sinn zu verstehen sein, zum einen als letzte Bedingung der Möglichkeit, Naturereignisse absolut vollständig zu erklären, zum anderen als Bedingung der Möglichkeit moralisch-praktischer Freiheit.

Kants Kritik an der Antithese läßt sich auch so formulieren: Aus dem bislang skizzierten methodischen Determinismus folgt nicht jener dogmatische Determinismus, der die Freiheit für unmöglich erklärt. Eine derartige Folgerung unterschlägt nämlich eine methodisch unverzichtbare Einschränkung: Ereignisse sind nur soweit determiniert, wie man sich im Umkreis möglicher Erfahrung bewegt. Infolgedessen bleibt außerhalb der Erfahrung die Freiheit zumindest denkmöglich. Hier hat nun die von Kant als transzendental qualifizierte Freiheit ihren Ort. Als Unabhängigkeit von aller Naturkausalität bedeutet sie jene exzeptionelle «Kausalität», «durch welche etwas geschieht, ohne daß die Ursache davon noch weiter durch eine andere vorhergehende Ursache nach notwendigen Gesetzen bestimmt sei» (B 474).

Die im Lehrstück der dritten Antinomie erörterte Freiheit besteht in einer uranfänglichen Ursache. Sofern Menschen frei sein sollen, müssen sie einer derartigen uranfänglichen Ursache fähig sein, um den durchgängigen Naturdeterminismus durchbrechen zu können. In seinem sinnlichen Dasein ist aber der Mensch vom Naturmechanismus beherrscht. Folglich läßt sich die dritte Antinomie lediglich dadurch aufzulösen, daß der Mensch nicht ausschließlich ein sinnliches, sondern auch ein nichtsinnliches, also ein intelligibles bzw. noumenales Wesen ist. Nur dann, wenn der

Mensch außer dem phänomenalen auch einen noumenalen Charakter hat, kann er den Naturmechanismus aufheben und frei sein. Nach der ersten *Kritik,* ihrer Auflösung der dritten Antinomie, ist dies allerdings nur als Denkmöglichkeit, freilich als eine notwendige, gegeben.

Ebenso wie die Antithesis bedarf auch die Thesis einer methodischen Einschränkung. Die «*absolute Spontaneität* der Ursachen» (B 474, vgl. B 831) ist ihrer Begriffsart nach kein Verstandesbegriff, selbst kein reiner Verstandesbegriff, keine Kategorie. Bei der transzendentalen Freiheit handelt es sich vielmehr um eine «höhere» Begriffsart, um einen Begriff der reinen Vernunft, «Idee» genannt (B 476), die als solche nicht erkannt, sondern nur gedacht wird. Gedacht wird sie allerdings nicht irgendwie, eventuell willkürlich, sondern mit der skizzierten Notwendigkeit.

Diese Erinnerung an die dritte Antinomie erlaubt eine Zwischenbilanz: Der Determinismus wird gern von Naturforschern, heute beispielsweise von Kognitions- und Neurowissenschaftlern wie Gerhard Roth (2003) und Wolf Singer (2004) vertreten. Wenn sie unter Berufung auf ihre Experimente einen freiheitsleugnenden Determinismus vertreten, so nehmen sie Deutungen ihrer unstrittigen Experimente vor, die durch diese Experimente selbst nicht unstrittig gedeckt sind. Einer der neurowissenschaftlichen Pioniere, Benjamin Libet (2004), ist daher zu Recht vorsichtiger. Die Deutungen sind übrigens nicht bloß derzeit, sondern auch in aller Zukunft ungedeckte Schecks. Denn der Begriff der Freiheit, der die Naturkausalität in ihre Schranken weist, der Begriff der transzendentalen Freiheit, ist der empirischen Forschung grundsätzlich versperrt, denn er sprengt schon methodisch den Gesamtbereich der Erfahrung. Im übrigen zeigt die Hirnforschung lediglich, *wann* der Mensch, nicht auch, *was* er denkt.

8.2 Ein freier Wille

Mit der bloßen Denknotwendigkeit von Freiheit kann sich Kant freilich nicht zufrieden geben. Bevor er, jetzt in der *Kritik der praktischen Vernunft,* die Wirklichkeit nachzuweisen unternimmt, sucht er den Gegenstand näher zu bestimmen:

Der Ausdruck «Freiheit» hat wie die meisten Leitwörter unseres Lebens viele Bedeutungen. Der Grund liegt nicht in einer Ungenauigkeit der Sprache oder der Sprecher, sondern in der Vieldeutigkeit der Welt: Eine elementare Freiheit findet sich schon bei Kleinkindern, sogar im vormenschlichen, selbst vorbiologischen Bereich. In einem ersten, bescheidensten Sinn heißt nämlich eine Bewegung frei, die wie der freie Fall nicht von außen gehemmt ist (vgl. *KpV*, V 96).

Nach der sich daran anschließenden zweiten und anspruchsvolleren Bedeutung nennen wir ein Handeln frei, des näheren freiwillig, das nicht aus äußerem Zwang erfolgt, sondern vom Handelnden selbst ausgeht: Wird jemand so stark gestoßen, daß er gegen seinen Willen fällt, so ist der Stoßende frei, der Fallende aber nicht. Zur noch einmal anspruchsvolleren, dritten Bedeutung gehört ein Wissen. In Sophokles' Tragödie *König Ödipus* erschlägt der Titelheld freiwillig einen Menschen, aber unfreiwillig seinen Vater, und er heiratet freiwillig eine Königin, aber unfreiwillig seine Mutter.

Die vierte Stufe erreicht, wer sich in seinem Tun und Lassen nicht von «Bewegungsursachen der Sinnlichkeit», das heißt: von Empfindungen der Lust und Unlust, nötigen läßt. Laut der *Kritik der reinen Vernunft* läge andernfalls eine tierische Willkür («arbitrium brutum») vor, «die nicht anders als durch sinnliche Antriebe, d. i. pathologisch bestimmt werden kann» (*KrV*, B 830, vgl. B 562). Man muß sich nicht etwa von den genannten Empfindungen vollständig freimachen, also hinsichtlich Lust und Unlust gefühllos werden. Wohl aber darf der Inbegriff der Lust- und Unlustempfindungen, die praktische Sinnlichkeit, nicht soweit die prinzipielle Übermacht besitzen, daß man sich von ihr nötigen läßt.

Nun verfügt der Mensch über die dafür erforderliche Voraussetzung. Dank seiner Vernunftbegabung vermag er Vorstellungen von Regeln zu entwickeln, deren Beachtung für sein Handeln gut ist, allerdings ohne sich immer nach ihnen zu richten, weshalb die Regeln einen Imperativ-Charakter haben (vgl. ebd.). Als Vorschriften, die die Sinnlichkeit einzuschränken fordern, ohne sie schon deshalb tatsächlich einzuschränken, haben sie keinen Seins-, vielmehr einen Sollensstatus. Im Unterschied zu Naturgesetzen richten sich die praxisbezogenen Vorstellungen nicht auf natürliche, soziale oder psychische Sachverhalte, einschließlich des (selbsterlebten oder fremdbeobachteten) Wollens. Sie gehören vielmehr zu jener andersartigen Welt des Sollens, für die wie gesagt Naturforscher schon methodisch gesehen unzuständig sind. Zuständig ist der Wille, der nicht notwendig ein reiner Wille ist.

Kant versteht unter der praktischen Freiheit eine nicht mehr tierische, sondern zwar sinnlich bestimmbare, aber freie Willkür («arbitrium sensitivum et liberum»). Bei ihr werden die Motive («Bewegursachen») «unabhängig von sinnlichen Antrieben ... nur von der Vernunft vorgestellt» (*B 830*). Diese Vorstellungen sind nicht notwendigerweise schon moralisch, sondern zunächst nur am Eigenwohl orientiert. Dabei beruft sich Kant auf die Fähigkeit des Menschen, alternative Handlungsmöglichkeiten in den Blick zu nehmen, sie im Blick auf die Zukunft als «nützlich oder schädlich» einzuschätzen, dieser Einschätzung zu folgen und dabei konkurrierende sinnliche Antriebe zu überwinden. Diese Fähigkeit ist bei den Menschen zwar unterschiedlich stark ausgebildet, gleichwohl ab einer gewissen Entwicklungsstufe so offensichtlich gegeben, daß Kant sie, eine noch vormoralische Freiheit, in der Tat als «durch Erfahrung bewiesen» behaupten darf (ebd.). (Zu Kants subtiler Freiheitssemantik siehe auch *MS*, Einleitung, Abschnitt IV.)

Nach der *Grundlegung* erfolgt das typisch menschliche Handeln im Gegensatz zu den (gesetzlosen) Empfindungen des Angenehmen und Unangenehmen nach der Vorstellung von Gesetzen (vgl. *GMS*, IV 412 f.). Welche Gesetze gemeint sind, ist unter den Interpreten zwar umstritten: Sind es moralische Gesetze (Duncan 1957, 103), Naturgesetze (Cramer 1972, 170–174) oder aber beide (Haegerstrohm 1902, 269 und Vorländer 1906, xx), sind es subjektive Maximen (Paton 1971, 80 f. und Bittner 1974, 491–496), oder sind all diese Optionen miteinander vereinbar (Laberge 1989, 91)? Mit Hilfe der anschließenden Sätze dürfte sich der Streit aber schlichten lassen: Kant geht es um objektive Prinzipien, die «für einen Willen nötigend» sind, deshalb «ein Gebot (der Vernunft)» heißen und in Imperativen bestehen (*GMS*, IV 413). Er meint praktische Gesetze, die «eine mögliche Handlung als gut und darum für ein durch Vernunft praktisch bestimmbares Subjekt als notwendig» vorstellen; es sind «objektive Gesetze» (des Guten) (IV 414). Da es um irgendeinen Willen, nicht nur den moralischen geht, gehören sowohl die vormoralischen, technischen und pragmatischen Imperative bzw. problematisch- und assertorisch-praktischen Prinzipien (vgl. IV 415) als auch die moralischen, kategorischen Imperative bzw. apodiktisch-praktischen Prinzipien dazu. Deutlich spricht Kant vom «Wollen nach diesen dreierlei Prinzipien» (IV 416).

In ihren Tanner-Vorlesungen *The Sources of Normativity* (1996 a, 31) nennt Korsgaard die einschlägigen Kantischen Gesetze der Autonomie «positive Gesetze», denn moralische Gesetze existierten nur, weil wir sie als Gesetze erlassen («legislate»). Eine derartige Deutung ist nicht bloß verfremdend, sondern irreführend. Dieses ist nicht bloß aus dem terminologischen Grund der Fall, daß Kant jene Gesetze positiv nennt, «die ohne wirkliche äußere Gesetzgebung gar nicht verbinden (also ohne letztere nicht Gesetze sein würden)» (*RL*, VI 224), die deshalb zufällig und willkürlich sind (VI 227), während die (Rechts-)Moral, die sogenannte natürliche Rechtslehre, «zu aller positiven Gesetzgebung die unwandelbaren Prinzipien hergeben muß» (VI 229). Es trifft zwar zu, daß die moralischen Gesetze nicht von außerhalb des Menschen kommen. Trotzdem ist nicht der Mensch als solcher ihr Gesetzgeber, weder der Mensch als eine bestimmte biologische Spezies noch als endliches Vernunftwesen. Die Gesetze verdanken sich lediglich einem Moment im Menschen, das überdies anderen biologischen Spezies ebenfalls zu eigen sein kann. Quelle der Normativität ist nicht die spezifisch menschliche Willkür, sondern eine generelle praktische Vernunft, die zudem nicht etwa nur den moralischen, sondern allen, auch den technischen und den pragmatischen Gesetzen zugrunde liegt.

In der zweiten *Kritik* bestimmt Kant den Willen analog als Vermögen, «Kausalität durch die Vorstellung von Regeln zu bestimmen» (*KpV*, V 32). Die entsprechenden Regeln, ab der *Grundlegung* genauer Maximen, sind freilich verschiedenartig. Je nach Reichweite der Sollensforderung unterscheidet schon die erste *Kritik*, was die *Grundlegung* noch weit ausführlicher entwickelt (z. B. IV, 415 f.): Es gibt drei Stufen von Regeln oder Maximen, entsprechend drei Stufen der Freiheit und des Guten (*KrV*, B 561 f. mit 830 und 833 ff.). Gemeinsam ist diesen Stufen ein doppeltes, zugleich komplementäres Verständnis, die Unabhängigkeit von Fremdbestimmung, die positiv in Selbstbestimmung besteht. Beide Seiten, die negative und die positive Freiheit, reichen aber unterschiedlich weit:

Auf der ersten Stufe, beim technisch Guten, und der ihr entsprechenden technischen Freiheit, beschränken sich die Vorstellungen und die zugehörigen Imperative auf eine Zweck-Mittel-Beziehung. «Gut» heißt hier «gut für irgend etwas». Ein triviales Beispiel: Wer reich werden will, muß für weit mehr Einnahmen als Ausgaben sorgen. Oder: Wer ein Hirnforscher werden will, muß sich das nötige Wissen und Können erarbeiten. Die Frage aber, ob es gut ist, reich, und ebenso ob es gut ist, Hirnforscher zu werden, mag im Hintergrund stehen, wird aber zunächst nicht gestellt. Wer nach einem technischen Imperativ agiert, macht sich hinsichtlich der Zweck-Mittel-Beziehung, aber auch nur in dieser Hinsicht von den sinnlichen Antriebskräften frei.

Auf der zweiten Stufe, dem pragmatisch Guten, erstreckt sich die Freiheit schon auf den Zweck, allerdings erst auf einen natürlichen, keinen moralischen Zweck. Er besteht in der Erfüllung aller Neigungen, also in der Selbstliebe bzw. dem Glück. Im erstgenannten Beispiel stellt sich die Frage, ob Reichtum glücklich macht, zumindest das Leben erleichtert, vielleicht aber auch erschwert, da er Neid, vielleicht sogar Diebstahl provoziert. Oder: Falls der angehende Hirnforscher im internationalen Wettbewerb nicht bestehen kann, welkt das von einer wissenschaftlichen Karriere erwartete Glück dahin.

Offensichtlich gibt es noch eine Steigerung. Erst bei ihr, der dritten Stufe, dem moralisch Guten, drängt man die Sinnlichkeit als Antriebskraft vollständig zurück: «Die Ehrwürdigkeit der Pflicht hat nichts mit Lebensgenuß zu schaffen; sie hat ihr eigentümliches Gesetz, auch ihr eigentümliches Gericht, und wenn man auch beide noch so sehr zusammenschütteln wollte, um sie vermischt gleichsam als Arzneimittel der kranken Seele zuzureichen, so scheiden sie sich doch alsbald von selbst» (*KpV*, V 89).

Spätestens beim Superlativ, dem «vollständig» Zurückdrängen, taucht Skepsis auf. Daß man alle Rücksicht auf das (eigene) Wohl beiseite schieben soll, erscheint als weltfremde Forderung. Kants einschlägige Beispiele zeigen aber, daß dies nicht der Fall ist, Kant im Gegenteil welterfahren ist und erfahrungsgesättigt philosophiert, indem er unser gewöhnliches Moralbewußtsein auf den Begriff bringt. Die eine Gruppe, die Rechtsbeispiele Kants, beinhalten das, was die Menschen einander schulden, etwa das Verbot, den Reichtum (vgl. das Depositum-Beispiel) oder auch das Karrierestreben auf Betrug zu gründen. Die andere Gruppe, die Tugendbeispiele, gehören wie das Gebot, Notleidenden zu helfen, zu dem über das Geschuldete hinausgehenden, verdienstlichen Mehr. Werden alle Einschränkungen der Sinnlichkeit beiseite geschoben, selbst der natürliche Leitzweck, das Glück, so erreicht man jene Höchstform des Guten, die als absoluter Superlativ den Rang des Kategorischen besitzt.

Auf diese Weise bildet Kant einen moralinfreien, bemerkenswert nüchternen Begriff von Moral. Ohne jeden Anklang an Vorhaltungen oder an eine Predigt bestimmt er die Moral als die nicht mehr steigerbare Höchstform des Guten. Erst diesem absoluten Superlativ, und lediglich ihm, entspricht der moralische Begriff von Freiheit und zugleich der philosophische Begriff von Willensfreiheit. Die Autonomie besteht nicht in irgendeiner Selbstbestimmung, sondern in der Selbstbestimmung der dritten Stufe: Der Wille ist frei, wenn er sich das Gesetz (*nomos*) selbst (*autos*) gibt.

Wegen ihrer überragenden Bedeutung für die Moral übersieht man leicht, daß die «Autonomie» bei Kant ein Prinzip seiner gesamten Philosophie bildet, freilich keine eigene Antriebskraft, sondern ein Prinzip, auf das das kritische Selbstdenken schließlich in jedem der drei Grundvermögen des Menschen stößt. Der Ausdruck taucht zwar erstmals in der *Grundlegung,* und dort lediglich in der moralischen Bedeutung als «Grund der Würde der menschlichen und jeder vernünftigen Natur», auf (IV 436; vgl. 440). «Alle Philosophie», heißt es aber im *Opus postumum,* «ist Autonomie» (XXI 106). Gemäß seiner Dreiteilung der oberen Vermögen in Verstand bzw. theoretische Vernunft, in praktische Vernunft und in reflektierende Urteilskraft kennt Kant außer der Autonomie des Willens auch eine Autonomie im Bereich des Theoretischen; sie bezeichnet dort die Fähigkeit der Vernunft zu einem alle Erfahrung übersteigenden «vollständigen System» (*Opus postumum*, XXI 59). Und die dritte Art, die auch als «Heautonomie» bezeichnete Autonomie der reflektierenden Urteilskraft zeigt sich in der (subjektiven) Allgemeingültigkeit von Geschmacksurteilen, die gleichsam auf einer «Autonomie des ... urteilenden Subjekts, d. i. auf seinem eigenen Geschmack» beruht (*KU*, V 281).

Zurück zur moralischen Autonomie: Schon auf den niederen Freiheitsstufen folgt man Regeln, die aber nicht aus dem Willen selbst, sondern von außen herstammen, weshalb Hetero-nomie vorliegt. Die Frage der Willensfreiheit entscheidet sich jedenfalls nicht, wie man neuerdings annimmt, im neuronalen Mikro-Experiment, an einer «atomaren» Handlung, sondern an der Art des zugrundeliegenden, nicht schlicht zu beobachtenden, sondern selbstanerkannten Gesetzes. Nicht in einem Willensruck besteht sie, wie das paradigmatische Experiment von Libet (2004) unterstellt, sondern in dem Umstand, daß der Wille keinem fremden, sondern dem eigenen Gesetz folgt. Da alle materialen Bestimmungsgründe willensextern sind, besteht das eigentümliche Gesetz, haben wir gesehen (vgl. Kap. 6.2), in der bloßen Gesetzesform. Diese wiederum kann «lediglich von der Vernunft vorgestellt werden» (*KpV*, V 28). Daraus ergeben sich Kants weitere Argumente zwangsläufig: daß die Form «kein Gegenstand der Sinne» ist, «folglich auch nicht unter die Erscheinungen gehört» und «von allen Bestimmungsgründen der Begebenheiten in der Natur nach dem Gesetze der Kausalität unterschieden» ist (ebd.). Eine derartige Unabhängigkeit von aller Naturkausalität heißt aber Freiheit «im strengsten, d. i. transzendentalen, Verstande» (V 29).

Die zweite *Kritik* zeigt nun, daß der in der ersten *Kritik* gewonnene Begriff der transzendentalen Freiheit, sobald man ihn auf die Welt des Handelns, nicht die Kosmologie bezieht, in der moralischen Freiheit besteht: Bei dem von aller Fremdbestimmung und ihrer Naturkausalität freien, dem autonomen Willen, bleibt die doppelte, sowohl negative als auch positive Bestimmung der Freiheit erhalten: Negativ besteht die Willensfreiheit in der Unabhängigkeit von materialen Bestimmungsgründen, positiv in der Selbstbestimmung in Form der eigenen Gesetzgebung.

Die zweite *Kritik* braucht den Begriff der transzendentalen Freiheit nicht zu erläutern, da sie ihn von der dritten Antinomie der ersten *Kritik* als bekannt voraussetzen kann (vgl. *KpV*, V 3). Daß deren Bestimmung, die absolute Spontaneität von Ursachen, tatsächlich im wesentlichen übernommen wird, belegen zwei Stellen.

Nach der Vorrede wird die transzendentale Freiheit «in derjenigen absoluten Bedeutung genommen, worin die spekulative Vernunft beim Gebrauche des Begriffs der Kausalität sie bedurfte, um sich wider die Antinomie zu retten» (V 3). Und nach der «Kritischen Beleuchtung der Analytik» muß die transzendentale Freiheit «als Unabhängigkeit von allem Empirischen und also von der Natur überhaupt gedacht werden» (V 97). In genau dieser Unabhängigkeit besteht aber die absolute Spontaneität.

Erstaunlicherweise erörtert Kant hier nicht jenen Komplementärbegriff zur transzendentalen Freiheit, die komparative Freiheit, die er im ersten Beispiel der Anmerkung nach der Aufgabe II als pragmatische Freiheit anklingen läßt. Dort räumt er nämlich dem Lebenswillen gegenüber der Wollust den selbstverständlichen Vorrang ein. Trotzdem spricht er nicht von einer komparativen Freiheit und begibt sich damit einer Möglichkeit, die exzeptionelle Bedeutung der transzendentalen Freiheit durch Kontrast hervorzuheben. Kant spricht zwar von komparativer Freiheit, aber nur dort, wo «der bestimmende Naturgrund», wie beispielsweise bei der freien Bewegung eines geworfenen Körpers, «innerlich im wirkenden Wesen liegt» (V 96).

Die transzendentale Freiheit beinhaltet nun deshalb den strengsten Freiheitsbegriff, weil einerseits alle anderen Begriffe noch Momente von Determination zulassen; es sind – in einem weiteren und nicht pejorativen Sinn – komparative Freiheitsbegriffe. Wie etwa bei der «psychologischen Freiheit», «einer bloß inneren Verkettung der Vorstellungen der Seele» (ebd.), ist man mehr oder weniger, aber nicht absolut frei. Andererseits läßt sich in ihrer transzendentalen Gestalt die Freiheit nicht mehr steigern. Als «absolute Spontaneität der Ursachen» bedeutet sie, wie die erste *Kritik* betont, einen nicht mehr subalternen, sondern einen schlechthinnigen, absoluten Anfang. Und dieser Anfang heißt genau deshalb transzendental, weil es in ihm um Bedingungen der Möglichkeit geht, eine Reihe von Erscheinungen von selbst anzufangen.

Mit der Bestimmung des moralischen Handelns als Autonomie erhalten die Gedanken von praktischer Rationalität und Verantwortlichkeit eine neue Schärfe und Radikalität. Der Mensch bleibt zwar immer ein Bedürfnis-, darüber hinaus – worauf Kant hier aber nicht eingeht – ein Geschichts- und Gesellschaftswesen. Gegen den so beliebten Vorwurf des abstrakten Universalismus schließt die Moral, als Autonomie verstanden, mit Kant weder die Bedürfnisse noch die gesellschaftlichen Abhängigkeiten aus; im Gegenteil sind sie als Bestimmungsgrund zugelassen. Denn jedes vernünftige, aber endliche Wesen verlangt, «glücklich zu sein», womit Kant der vernünftigen Selbstliebe ein Recht einräumt (siehe Kap. 6.1).

Kant widerspricht der Ansicht späterer Existenzphilosophen, um frei zu sein, müsse ein Mensch aus dem Nichts neu anfangen. Nach Kant soll der Mensch nicht Vitalität, Sensibilität und soziale Orientierungen zugunsten einer dann leeren Rationalität zum Verschwinden bringen. Eine «lautere» Moralität schlägt sich weder auf die Seite von Askese und Lebensflucht noch auf die von Traditions- und Geschichtslosigkeit. Ihr geht es auch nicht um ein «eigentliches» oder «authentisches» Leben. Autonomie bedeutet, mehr als ein bloßes Bedürfnis- und Gesellschaftswesen zu sein und in dem Mehr, aber nicht in einem Stattdessen, zum entscheidenden Selbst, zu einem moralischen Wesen als einem Wesen reiner praktischer Vernunft, zu finden.

Im Prinzip der Autonomie tritt Kants revolutionäre Neubegründung der Moralphilosophie besonders deutlich zutage. Das Prinzip stellt nämlich die philosophische Ethik auf ein radikal neues Fundament. Der Grund der Sittlichkeit liegt weder in der wohlwollenden Selbstliebe (Rousseau) noch in einem moralischen Gefühl (moral sense: Hutcheson, auch Shaftesbury und Hume). Im Rahmen der Pflicht zur eigenen Vollkommenheit soll man zwar das moralische Gefühl (*KpV*, V 38) und das Wohlwollen kultivieren (vgl. *TL*, VI 386 f.). Beide, wohlwollende Selbstliebe und moralisches Gefühl, sind aber lediglich faktische, zudem zufällige Befindlichkeiten des Subjekts, und daher, anders als Kants Alternative, das Gefühl der Achtung (siehe Kap. 9.3), nicht streng allgemeingültig. Kant zufolge bleiben Rousseau und die Moral-sense-Philosophen einem verfeinerten Empirismus verhaftet.

Noch weniger gründet die Sittlichkeit in einem physischen Gefühl (wofür Epikur steht, den Kant jedoch nicht für moralisch «so niedrig gesinnt» hält, «als man aus den Prinzipien seiner Theorie … schließen möchte»: *KpV*, V 115). Selbst die Vollkommenheit der Dinge (Stoiker, Wolff) oder der Wille Gottes (Crusius, theologische

Moralisten) sind für moralische Verpflichtungen keine letztentscheidende Instanz. Denn eine Maxime ist für Kant nicht deshalb vernünftig, weil sie Gott in souveräner Macht gebietet, sondern Gott gebietet sie, weil sie und er selbst vernünftig sind. Auch wenn es empirisch gesehen manchmal umgekehrt sein mag – systematisch betrachtet folgt die Moralität nicht aus einem religiösen Glauben, sondern geht ihm voran (siehe Kap. 19).

Nicht zuletzt bietet Kant ein in zweierlei Hinsicht neues Verständnis von Freiheit. Zum einen ist die wahre, die moralische Freiheit nicht als eine relative, sondern als eine absolute Spontaneität, als eine uranfängliche Ursache, zu denken. Zum anderen besteht sie durchaus in dem weit verbreiteten Verständnis von Freiheit, nämlich daß man auch «anders hätte handeln können». Es geht aber nicht um irgendein «anders», sondern – wohlgemerkt: nicht bei jeder, sondern nur bei der moralischen Freiheit – um die Fähigkeit, im Konflikt von Pflicht und Neigung sich gegen die Neigung und für die Pflicht zu entscheiden, und zwar selbst dann, wenn ich eine so elementare Neigung wie das Lebenwollen zu überwinden habe (siehe Kap. 8.4).

Eines darf man freilich dabei nicht übersehen: Die volle Moral, die nicht bloß pflichtgemäße Handlung, sondern das Handeln aus Pflicht, also die Moralität, nicht bloß Legalität, ist dem Menschen epistemisch nicht irrtumsfrei zugänglich. Weder in bezug auf andere noch in bezug auf uns selbst können wir zweifelsfrei erkennen, ob ein Tun oder Lassen rein aus Pflicht vorgenommen wird oder nicht andere als Pflichtmotive zum entsprechenden Handeln bewegen. Dieses epistemische Nichtkönnen, eine Ignoranz, hat moralische Folgen:

Wir können zwar – häufig zumindest – die Legalität eines Handelns, aber nicht dessen Moralität sicher beurteilen. Und damit dürfte Kant recht haben. Schon in der ersten *Kritik* erklärt Kant kompromißlos klar: «Die eigentliche Moralität der Handlungen (Verdienst und Schuld) bleibt uns …, selbst die unseres eigenen Verhaltens, gänzlich verborgen. Unsere Zurechnungen können nur auf den empirischen Charakter bezogen werden. Wie viel aber davon reine Wirkung der Freiheit, wie viel der bloßen Natur und dem unverschuldeten Fehler des Temperaments oder dessen glücklicher Beschaffenheit (merito fortunae) zuzuschreiben sei, kann niemand ergründen und daher auch nicht nach völliger Gerechtigkeit richten.» (*KrV*, B579) Dieser epistemischen Bescheidenheit der ersten *Kritik* bleibt Kant in der zweiten *Kritik* treu.

8.3 Sittengesetz vor Freiheit

In der Anmerkung zu Paragraph 6 der zweiten *Kritik* stellt Kant die Frage, die er schon in der Vorrede mit der Unterscheidung von «ratio essendi» und «ratio cognoscendi» (vgl. *KpV*, V 4) andeutet, nämlich wovon «unsere Erkenntnis des unbedingt Praktischen *an-hebe*, ob von der Freiheit, oder dem praktischen Gesetze» (V 29). Kant gibt eine durchaus provokative Antwort, die für ihn aber auf der Hand liegt. Während sich mancher Anwalt der Freiheit auf ein unmittelbares Freiheitsbewußtsein beruft, bestreitet Kant diese Möglichkeit. Dagegen werde man sich des moralischen Gesetzes unmittelbar bewußt, sobald man auf die «Notwendigkeit, womit sie [die reinen praktischen Gesetze] uns die Vernunft vorschreibt, und auf Absonderung aller empirischen Bedingungen, dazu uns jene hinweiset, Acht» hat (V 30). Und von dort kann man auf die Freiheit schließen.

Kant greift damit dem Theorem des nächsten Paragraphen, dem Faktum der (reinen) Vernunft, vor: Kant verbindet das unmittelbare Bewußtsein des moralischen Gesetzes mit einer parenthetisch eingeschalteten Bedingung. Deren Status ist nicht unmißverständlich klar: Handelt es sich um eine «bedingende Bedingung», nämlich um den Grund einer Folge, oder um eine Anwendungsbedingung, die da sagt, wo die Sache gefragt ist? Kant spricht von einem «sobald», das beide Bedeutungen zuläßt. Das genannte Bewußtsein sei gegeben, «sobald wir uns Maximen des Willens entwerfen» (V 29). Danach bedarf es einer Leistung, die sich sowohl gegen ein gedankenloses In-den-Tag-Hineinleben als auch gegen ein bloßes Genußleben richtet. Sie besteht darin, auf subjektive Willensgrundsätze des Lebens, eben Maximen, zu achten.

Irritierenderweise werden diese Maximen nicht näher qualifiziert, sie müßten also nicht moralisch sein. Nichtmoralische Maximen wären freilich nicht verallgemeinerbar, so daß der seit dem Paragraphen 1 entscheidende Unterschied bloß subjektiver Maximen zu gesetzestauglichen, daher objektiven Maximen wegfiele. Anhand einer unmoralischen Maxime, etwa des vom Depositum-Beispiel bekannten Grundsatzes, «mein Vermögen durch alle sichere Mittel zu vergrößern», wird man sich aber schwerlich des moralischen Gesetzes unmittelbar bewußt. So wie Kant wenige Zeilen später von «reinen praktischen Gesetzen» spricht (V 30), dürfte er auch hier schon moralische und nicht irgendwelche Grundsätze meinen: Nur dann, wenn man sich moralische Willensgrundsätze vorstellt, wird man sich unmittelbar des moralischen Gesetzes bewußt.

Allerdings könnte man Kants erstes Beispiel in der Anmerkung in Paragraph 6, das Beispiel einer angeblich unwiderstehlichen, angesichts der Lebensgefahr aber doch bezwingbaren «wollüstigen Neigung», als Einwand anführen. Das Beispiel, werden wir sehen, ist aber anders zu interpretieren. Bei oberflächlicher Lektüre taucht eine weitere Irritation auf: Obwohl Kant das moralische Gesetz so nachdrücklich von allen sinnlichen Bedingungen absondert, behauptet er gegen Ende der Anmerkung, «die Erfahrung bestätigt diese Ordnung der Begriffe» (V 30). Sollte die Erfahrung die Moral oder die Freiheit begründen, so läge jedoch ein Sein-Sollens-Fehler, überdies eine gravierende Inkonsistenz zu den bisherigen Aussagen vor. In Wahrheit soll die Erfahrung nur die Ordnung der beiden Begriffe im Sinne der *ratio cognoscendi* bestätigen, nämlich daß «Sittlichkeit uns zuerst den Begriff der Freiheit entdecke» (ebd.). Für die vom Begründen zum Bestätigen abgeschwächte Beweisaufgabe könnte freilich die Erfahrung immer noch eine schwerlich überzeugende Instanz sein. Daher klären wir zunächst, wie Kants Argument zu verstehen ist, bevor wir seine Triftigkeit prüfen.

Vor allem die analytische Philosophie ist auf ihre Gedankenexperimente stolz. Wir kennen sie aber längst von den großen Klassikern, von Descartes etwa als Gedankenexperiment vom bösartigen Geist («genius malignus»: *Meditationen*, 1. Meditation). Auch Kant beherrscht das Argumentationsmuster des Gedankenexperimentes, bei unserem Argument in Form von zwei Beispielen, womit er zweistufig argumentiert. Ohne den Ausdruck einzuführen, argumentiert er zuerst für eine pragmatische, dem eudaimonistischen

Prinzip der Selbstliebe bzw. dem eigenen Wohl verpflichtete Freiheit. Erst danach folgt ein Beispiel jener genuin moralischen bzw. transzendentalen Freiheit, die sich aller Neigung zur Selbstliebe entzieht.

Im ersten Beispiel geht es um eine Leidenschaft. Nach der Habsucht im Depositum-Beispiel handelt es sich jetzt um eine «natürliche (angeborene)» und «erhitzte» Leidenschaft, die Wollust (*Anthropologie*, VII 267 f., dort «Geschlechtsneigung» genannt). Die «Wollust», eine sexuelle Begierde, steht hier für eine gesteigerte, angeblich sogar unwiderstehliche sinnliche Lust, so daß sich das Beispiel auf den pragmatischen Imperativ bezieht: «Wer an seinem Leben hängt, darf bei Lebensgefahr nicht seiner gegenläufigen Lust nachgeben». Auf die unausgesprochene Frage, ob man auch kann, was man pragmatisch soll, antwortet Kant mit einem schlagenden Beleg:

Wenn der Betreffende wüßte, er würde unmittelbar «nach genossener Wollust» an einem vor dem Haus aufgerichteten Galgen geknüpft, so bräuchte man nicht lange zu raten, was er auf die Frage, ob «er alsdann nicht seine Neigung bezwingen würde», antworten würde (*KpV*, V 30). Damit spielt Kant auf die noch nicht moralische, sondern erst pragmatische Freiheit an, die eine gegenwärtig vorherrschende, angeblich übermächtige Neigung zugunsten einer höherrangigen Neigung, dem Lebenwollen, einzuschränken vermag. Aus Angst um sein Leben, allgemeiner formuliert: im Blick aufs eigene Wohl, verzichtet man auf eine Lust. Im ersten Gedankenexperiment geht es also um die in der Welt der Neigungen pragmatische, mit ihrem Prinzip der Selbstliebe gegenwärtige, und zwar als Wirklichkeit, als Faktum, herrschende Freiheit.

Die Wirklichkeit von Freiheit macht aber auf dieser Stufe nicht halt, wie das zweiteilige Gedankenexperiment beweisen soll: Wenn der Wollüstige «unter Androhung derselben unverzögerten Todesstrafe» aufgefordert wird, «ein falsches Zeugnis wider einen ehrlichen Mann ... abzulegen», einen Mann, dem er nicht etwa in Freundschaft verbunden ist, sondern «den er gerne unter scheinbaren Vorwänden verderben möchte», «ob er da, so groß auch seine Liebe zum Leben sein mag, sie wohl zu überwinden für möglich halte» (ebd.).

Hier verbinden sich auf der einen Seite zwei starke Neigungen, das Beispiel einer physischen mit dem einer emotionalen Selbstliebe, das im ersten Gedankenexperiment schon als übermächtig dargestellte physische Lebenwollen wird also noch einmal um das emotionale Jemandem-Schadenwollen zu einem schwerlich überbietbaren Superlativ von Selbstliebe gesteigert. Ihr gegenüber steht gemäß Kants Gedankenexperiment eine noch stärkere Gegenmacht, die – stillschweigend – als moralisch zu qualifizierende Freiheit.

Ob man die Freiheit tatsächlich ausübt, hält Kant realistischerweise für offen, die Möglichkeit dazu aber nicht: «Ob er es tun würde, oder nicht, wird er vielleicht sich nicht getrauen zu versichern, daß es ihm aber möglich sei, muß er ohne Bedenken einräumen» (V 30). Damit ist er sich sowohl des Vorrangs der Ehrlichkeit vor dem Lebenwollen, also der Priorität eines moralischen Gesetzes vor dem Inbegriff der Neigungen, der Selbstliebe, als auch der Möglichkeit, den Vorrang zu praktizieren, bewußt. Und auf diese Weise kann man vom moralischen Bewußtsein auf die moralische Freiheit schließen.

8.4 Faktum der Vernunft

Bei seiner revolutionären Neubegründung der Moral hat Kant zwei Hauptgegner. Er will sowohl den ethischen Empirismus überwinden, demzufolge die Moral in empirischen Begriffen, dabei namentlich der Selbstliebe, zu definieren sei, als auch den ethischen Skeptizismus, der entweder die Wirklichkeit oder sogar schon die Möglichkeit von moralischen Verbindlichkeiten bezweifelt. Um beide Gegner zu widerlegen, genügen die bislang skizzierten Theoriestücke nicht. Mit dem Kriterium der Verallgemeinerbarkeit von Maximen und dem Prinzip der Autonomie hat Kant erst gezeigt, daß das Gegenprogramm zum ethischen Empirismus, das Verständnis der Moral als der nicht empirisch bedingten, sondern reinen praktischen Vernunft, widerspruchsfrei verständlich gemacht werden kann. Um den ethischen Empirismus und zusätzlich den Skeptizismus zu widerlegen, muß sich die derart kompromißlos streng bestimmte Moral noch gegen den Verdacht verteidigen, sie beruhe letztlich auf Täuschungen, seien diese persönlicher, gruppenspezifischer, epochaler oder gattungsspezifischer Natur. Kant tritt diesem doppelten Verdacht mit dem Gedanken «Faktum der (reinen praktischen) Vernunft» entgegen (*KpV*, § 7, Anmerkungen; «Von der Deduktion der Grundsätze»: V 47; vgl. auch V 30, 72 und 105).

Gegen den doppelten Verdacht, entweder gründe die Moral in materialen, also empirischen Prinzipien oder sie sei eine Erfindung weltfremder Moralisten, führt Kant das Faktum der Vernunft als klaren Gegenbeleg an: Die reine praktische Vernunft ist wirklich, nämlich im Urteil präsent, das die Menschen über die Gesetzmäßigkeit ihrer, zu betonen: ihrer eigenen Handlungen fällen. Insofern ist sie längst im Wesen aller Menschen «einverleibt» (V 105): «mit der gröbsten und leserlichsten Schrift in die Seele des Menschen geschrieben» (*Gemeinspruch*, VIII 287).

In der *Kritik der reinen Vernunft* unterscheidet Kant die *quaestio facti* von der *quaestio iuris*, also die Tatsachen- von der Rechtfertigungsfrage. Gemäß dieser Unterscheidung fällt das Theoriestück «Vernunftfaktum» unter den ersten Fragetyp; es wird sich aber als eine spezielle Tatsache erweisen.

Kant erkennt den ehrwürdigen Grundsatz an, keine Verpflichtung reiche über das hinaus, was man vermöge («Ultra posse nemo obligatur»). Daher stellt er die Frage, ob der Mensch denn auch kann, was er soll, also autonom sein und nach verallgemeinerbaren Maximen, nach objektiven Gesetzen, leben. Unter dem Stichwort «Faktum der Vernunft» behauptet er auf Individuen bezogen ein Doppeltes: Erstens gibt es die reine, moralische Vernunft tatsächlich. Sie existiert aber zweitens nicht so, wie Tiere, Pflanzen und Mineralien vorkommen.

Das Verständnis von Kants einschlägigem Lehrstück ist nicht leicht, daher erwartungsgemäß umstritten, in neueren US-Beiträgen zu Kants Ethik sogar harsch kritisiert. Allen Wood nennt es ein großes, moralistisches Geschrei («moralistic bluster»: 2008, 135), Paul Guyer ein höchst spektakuläres Wrack («most spectacular train wreck»: 2006, 462), obwohl John Rawls (2000, 335 ff.) und Onora O'Neill (2002) sowie schon zuvor ich selber (Höffe 1983, Kap. VIII.4) eine umsichtigere Einschätzung und zumindest diskussionswürdige Interpretation vorgelegt haben.

Nehmen wir uns die einschlägigen Passagen der zweiten *Kritik* vor, die außer dem ersten Text allesamt aus der Analytik stammen, die Dialektik ist nicht einschlägig: (1) Vorrede (*KpV*, V 3–6); (2) Paragraphen 5 bis 8 der Analytik, hier insbesondere die Anmerkung zum Grundgesetz der reinen praktischen Vernunft (V 31) und die Anmerkung zur Folgerung (V 32); (3) drei Passagen in der «Deduktion der Grundsätze …» (V 42, 43 und 47); (4) eine Stelle in «Von der Befugnis …» (V 55); (5) eine Stelle in der «Kritischen Beleuchtung» (V 91); und schließlich (6) Überlegungen im Anhang der «Kritischen Beleuchtung». (7) Der Sache nach, aber noch ohne den Ausdruck des Faktums der Vernunft ist auch die Anmerkung zur Aufgabe II einschlägig (V 29 f.); diese Stelle und die beiden Texte aus Nr. 2 sind am wichtigsten. (Hinzu kommt eine Passage aus der ersten *Kritik*, wonach «die Prinzipien der reinen Vernunft … objektive Realität haben»: *KrV*, B 836.)

Als Faktum der Vernunft bezeichnet Kant an der ersten und wichtigsten Stelle (*KpV*, V 31) nicht das Sittengesetz selbst, sondern dessen Bewußtsein. Dieser Umstand mag überraschen, da ein Bewußtsein doch dem genannten Verdacht einer (Selbst-)Täuschung ausgesetzt bleibt. Es handelt sich aber nicht um das übliche, sondern um ein singuläres Bewußtsein, nämlich um ein nicht empirisches (V 31), sondern a priori gegebenes (V 47), folglich unbestreitbares, weil apodiktisch gewisses Faktum. Es ist jenes Bewußtsein einer unbedingten Verpflichtung, dem sich die Vernunft «als ursprünglich gesetzgebend (sic volo, sic jubeo)» ankündigt (V 31). Kant nennt es ein Faktum (der Vernunft), «weil man es nicht aus vorhergehenden Datis der Vernunft, z.B. dem Bewußtsein der Freiheit (denn dieses ist uns nicht vorher gegeben), herausvernünfteln kann, sondern weil es sich für sich selbst uns aufdringt» (ebd.).

Kant will nicht bloß – wie Rawls annimmt (2000/2004, 335 f.) – «zeigen, daß das moralische Gesetz tatsächlich Geltung hat, und insbesondere, daß es für uns gilt». Er will darüber hinaus nachweisen, daß wir es tatsächlich, sogar mit einer bestimmten Notwendigkeit anerkennen. Treffender erklärt Rawls etwas später (343): «Das Faktum der Vernunft ist: unser Bewußtsein des moralischen Gesetzes als das für uns in höchstem Maße autoritativen und regulativen

Gesetzes». (Bedenklich ist lediglich, wie wir sehen werden, das ein-
schränkende «für uns».)

Als Beleg für das Faktum der Vernunft in seiner Unleugbarkeit
führt Kant die besondere, für die Moral charakteristische Art von
Urteilen an. Es sind Urteile, in denen man sich für die moralische
Gesetzmäßigkeit von Handlungen (vgl. *KpV*, V 33) nicht bloß un-
abhängig von einer konkurrierenden Neigung, sondern sogar im
Widerspruch zu deren Prinzip ausspricht. In diesen Urteilen sind
beide Seiten der Freiheit gegenwärtig. Im Widerspruch gegen die
Neigungen tritt die Unabhängigkeit von der kausal determinierten
Naturordnung, also die negative Freiheit, zutage. Und in der Fähig-
keit, trotzdem, dann aber aus Prinzipien der reinen praktischen
Vernunft zu agieren, beweist sich die positive Freiheit. Charakteristisch für diese Urteile ist nun laut Kant genau das, was die Präsenz
einer reinen praktischen Vernunft beweist:

(a) Die reine Vernunft im praktischen Gebrauch läßt sich nicht
durch konkurrierende Neigungen beirren; wo erforderlich, nämlich beim Konflikt von Pflicht und Neigung, ist sie neigungs-
resistent, eben unbeirrbar. (b) Weil sie im Konfliktfall gegen das
Interesse selbst mächtigster Neigungen urteilt, urteilt sie «unbe-
stechlich». (c) In ihrem Urteil wird sie zwar «gezwungen», aber
nicht von außen, sondern «durch sich selbst». Es handelt sich um
einen internen, autonomen Zwang. (d) Gegenstand des Zwanges
ist, daß sich «die Maxime des Willens bei einer Handlung jederzeit
an den reinen Willen halte». (e) Das heißt aber, daß die Vernunft
sich «an sich selbst halte». (f) Indem sie sich vom praktischen Apo-
steriori, den Neigungen, freimacht, betrachtet sie sich als nicht a
posteriori, vielmehr «a priori praktisch» (V 32). Oder kürzer, freilich noch ohne den Ausdruck des Vernunftfaktums zu verwenden:
Es besteht im Bewußtsein reiner praktischer Gesetze (V 30). (g)
Dank des Verallgemeinerungstestes urteilt die Vernunft auf der
Ebene der Maximen untrüglich.

Weil aus diesem (siebenfach bestimmten) Bewußtsein der Begriff
eines reinen Willens entspringt, darf Kant behaupten, daß «Sittlichkeit uns zuerst den Begriff der Freiheit entdecke» (ebd.): Die
Moral bzw. Sittlichkeit ist der Erkenntnisgrund (*ratio cognoscendi*)
für die Freiheit als dem Seinsgrund (*ratio essendi*): Nur das mora-

lische Gesetz berechtigt uns, Freiheit «anzunehmen», während ohne die Freiheit «das moralische Gesetz in uns gar nicht anzutreffen wäre» (V 4; vgl. V 30).

Diese Bestimmungen sind folgenreich: Das entsprechende Prinzip der Sittlichkeit ist ein «Gesetz für alle vernünftigen Wesen, so fern sie überhaupt einen Willen haben» (V 32). Das Bewußtsein vom moralischen Gesetz als höchster Autorität trifft nicht bloß für uns Menschen, sondern für alle endlichen Vernunftwesen zu, «ja schließt sogar das unendliche Wesen als oberste Intelligenz mit ein» (ebd.).

Auf die genannte Art zu urteilen beruft sich Kant, nachdem er vorher, in der Anmerkung zu Paragraph 6, das schon genannte zweite Gedankenexperiment angestellt hat, demzufolge man selbst unter Todesdrohung ein falsches Zeugnis verweigern kann (vgl. V 31), und welches man sinnvollerweise zum Verständnis des Vernunftfaktums heranzieht. Die «Wahrhaftigkeit im Gegensatze mit der Lüge» spielt generell (V 61) bei Kant eine besondere Rolle. Man denke an das Verbot des falschen bzw. lügenhaften Versprechens in der *Grundlegung* (siehe Kap. 7.3), an den Satz aus der Abhandlung *Zum ewigen Frieden* «Ehrlichkeit ist besser denn alle Politik» (VIII 370), und an die Ablehnung eines «vermeinten Rechts, aus Menschenliebe zu lügen» (VIII 423–430).

In der zitierten Passage der zweiten *Kritik* konstruiert Kant im zweiten Gedankenexperiment ein schlagendes Beispiel für den Gegensatz der Pflicht zur Neigung. Daß man, um eines so gravierenden Vorteiles wie des Überlebens willen einmal unmoralisch handelt und beispielsweise lügt, wird jeder für möglich halten. Ebenso hält Kant es aber für möglich, die Lüge zu verweigern. (Immerhin hat Sokrates vorgelebt, in anderer Weise Antigone in Sophokles' gleichnamiger Tragödie, wie man selbst angesichts des drohenden Todes seiner moralischen Überzeugung treu bleibt.)

Kant fährt daher fort: «Er urteilt also, daß er etwas kann, darum, weil er sich bewußt ist, daß er es soll, und erkennt in sich die Freiheit, die ihm sonst ohne das moralische Gesetz unbekannt geblieben wäre.» (*KpV*, V 30, vgl. 155 und 158; zum Lügeverbot siehe Kap. 7.3). Mit dem ersten Teil greift er dem Lehrstück «Faktum der Vernunft» vor («der Mensch kann etwas, weil er sich bewußt ist, es zu sollen»), und mit dem zweiten Teil bzw. dem ganzen Satz bestätigt er das moralische Gesetz als *ratio cognoscendi* der (transzendentalen) Freiheit. (Zum Fall des Bösewichts siehe unten.)

In der Tat, auch wenn wir für das falsche Zeugnis Nachsicht haben, selbst wenn wir es erwarten, weil wir mit einem übermächtigen Lebensinteresse rechnen, werden wir es trotzdem, und zwar sowohl bei anderen als auch bei uns selbst, als moralisches Unrecht einschätzen und verurteilen. In dieser Reaktion erweist sich das Sittengesetz, eine unbedingte, von einer noch so krassen Bedrohung des eigenen Wohlergehens unabhängig gültige Gesetzgebung, als Wirklichkeit präsent. Darin, daß wir das bewußt falsche Zeugnis nicht bloß, was leicht ist, bei anderen, sondern, weit anspruchsvoller, auch bei uns selber verurteilen, sieht Kant die von aller praktischen Empirie, nämlich von aller Neigung unabhängige, also reine praktische Vernunft, als real gegeben. Der reine Wille erscheint nicht länger als ein lebensfremdes Sollen, sondern als eine Wirklichkeit, die wir immer schon de facto anerkennen. (Vgl. die Diskussion eines Beispiels reiner Tugend in der Methodenlehre: *KpV*, V 155.)

Ziehen wir eine Zwischenbilanz: Mit der These vom Vernunftfaktum erreicht Kant den dritten Argumentationsschritt seiner Lehre der Freiheit: (1) Bei der dritten Antinomie der ersten *Kritik* weist er die Denkmöglichkeit der transzendentalen Freiheit nach. (2) Mit dem in der zweiten *Kritik* entfalteten Prinzip der Autonomie wandelt er den zunächst nur negativen Begriff der transzendentalen Freiheit in den positiven Begriff der moralischen Freiheit um. (3) Mit dem Faktum der Vernunft belegt er schließlich, daß die transzendentale und zugleich moralische Freiheit wirklich ist.

Nach der *Kritik der praktischen Vernunft* ist das soweit erläuterte «Faktum der reinen Vernunft» singulär; es ist «das einzige» (V 31). In zwei späteren Texten taucht freilich erneut ein Vernunftfaktum auf: in der Friedensschrift will Kant unter dem Titel der Garantie dem ewigen Frieden die objektive Realität nachweisen. Und im zweiten Fakultätenstreit verweist Kant auf die uneigennützige «Teilnehmung» an der französischen Revolution. Ob Kant damit die Exklusivität des in der zweiten *Kritik* behaupteten Vernunftfaktums zurücknimmt, wird zu prüfen sein (siehe Kap. 15).

Gegen das Vernunftfaktum drängt sich der Einwand auf, Kant begehe hier den Sein-Sollens-Fehler (nach Ilting 1972: den naturalistischen Fehlschluß), der aus bloßen Seinsaussagen Sollensaussagen ableitet. Um beurteilen zu können, ob der Einwand berechtigt ist, muß man im Ausdruck des Vernunftfaktums das Element «Faktum» klären. Zwei Deutungen legen sich nahe: Entweder ist eine Tatsache oder aber eine Tat gemeint. Geht man vom ursprünglichen Wortsinn aus (zugrunde liegt das lateinische Verb *facere*, machen), so handelt es sich beim Faktum um etwas, das gemacht worden ist, was für die zweite Bedeutung spricht. In der Begriffsklärung der *Metaphysik der Sitten* bestätigt Kant diese Interpretation. Denn dort setzt er dem Ausdruck «Tat» in Klammern ein erläuterndes «factum» hinzu (*RL*, VI 227).

Das Vernunftfaktum hat einen autopoietischen Charakter. Es ist etwas Gemachtes, eine Tat, deren Urheber nur derjenige sein kann, der angesichts des Konfliktes von Pflicht und Neigung sich gegen die Neigung und für die Pflicht ausspricht. Die im Vernunftfaktum «gemachte» Sache wird also von dem Urteilenden, und zwar dem moralisch Urteilenden, nicht etwa erkannt, sondern hervorgebracht. Insofern ist das Vernunftfaktum beides: eine Tatsache, die aber nur dadurch besteht, daß gewisse Wesen, die Vernunftwesen, sich als tatsächliche Vernunftwesen realisieren, was wiederum den Charakter einer Tat hat.

Dem Theorem des Vernunftfaktums liegt also nicht der befürchtete Sein-Sollensfehler zugrunde. Vielmehr zeigt sich die scheinbar paradoxe Situation der Kantischen Ethik, vermutlich sogar jeder gründlichen Moralphilosophie: Reflektiert wird auf etwas, das im moralischen Bewußtsein immer schon gegeben ist, also auf ein Faktum, ein *Ist*, und doch soll die Reflexion zum Sittengesetz als dem Maßstab des *Sollens* führen. Der Grund: Das Faktum bedeutet keine gewöhnliche, naturale Tatsache, sondern ein vom moralisch Urteilenden selber hervorgebrachtes Bewußtsein eines moralischen Sollens. Die reine praktische Vernunft bringt sich selbst hervor und gibt sich im Selbsthervorbringen ihre Beglaubigung.

Ist dieses Bewußtsein zu haben, selber gesollt? «Faktum» heißt: Es ist vom Menschen gemacht, allerdings nicht vom Menschen als Sinnen- bzw. Tierwesen, sondern als Wesen reiner praktischer Ver-

nunft. Und von einem derartigen Vernunftwesen wird dieses Bewußtsein auch so gemacht. Es soll eine Realität bewiesen werden:
Der Mensch erfährt sich – in der Regel? – als unter diesem Anspruch stehend. Des näheren bietet Kant für die Aufgabe, das Sein-
Sollens-Problem innerhalb der Moralphilosophie zu lösen, einen
differenzierten Vorschlag. Und dieser leistet mehr, als Beck
(1960/1974, 198) befürchtet. Das Rätsel um Moral und menschliche
Freiheit wird nicht lediglich um nur eine Stufe verschoben:

Erstens setzt Kant die theoretische Vernunft, die den Bereich des
Seins untersucht, von der praktischen Vernunft ab, die sich auf das
Sollen richtet. Schon in der ersten *Kritik*, noch nachdrücklicher in
der *Grundlegung* unterscheidet er zweitens verschiedene Arten
und zugleich Stufen des Sollens: den technischen, pragmatischen
und kategorischen Imperativ, die ebenso viele Stufen der praktischen Vernunft bedeuten. Drittens hebt er in der zweiten *Kritik* die
empirisch bedingte, vor allem pragmatische Vernunft von der reinen praktischen, moralischen Vernunft ab. Deshalb läßt sie sich aus
einer nichtmoralischen Erfahrung grundsätzlich nicht ableiten.

Viertens meint das Vernunftfaktum keine empirische Tatsache,
sondern die moralische Selbsterfahrung des zur reinen praktischen
Vernunft begabten, ihren Gesetzen aber nicht notwendigerweise
folgenden Vernunftwesens: Als moralische Erfahrung dokumen-
tiert sich die Selbsterfahrung nicht in empirisch beobachtbarem
Handeln, sondern in moralischen Urteilen über die dem Handeln
zugrundeliegenden Maximen. Als Selbsterfahrung wiederum urteilt sie über die Qualität von Urteilen über die eigenen Lebensgrundsätze, eben Maximen. Vor allem und fünftens bilden diese
Urteile keine empirische Vorgabe, sondern etwas, worin sich der
Mensch als moralisches Subjekt hervorbringt und beglaubigt, also
konstituiert und zugleich anerkennt.

Der Umstand, daß das Vernunftfaktum vom Urteilenden gemacht wird, führt zu einer Einschränkung, die Kant nicht sieht,
vielleicht aber auch ausschließt, da er nicht von Exemplaren der
biologischen Gattung *homo sapiens*, sondern von sinnlich bestimm-
baren Vernunftwesen spricht. Die Frage, ob alle Menschen sich des
moralischen Gesetzes unmittelbar bewußt werden, legt sich Kant
jedenfalls nicht vor. Vielleicht gibt es Soziopathen bzw. im wört-

lichen Sinn a-moralische Menschen, denen nicht etwa bloß das moralische Handeln, sondern selbst das moralische Selbstbewußtsein absolut fremd ist. Ob es unter den Menschen, und zwar nicht etwa Kleinkinder oder geistig Schwerbehinderte, Individuen gibt, die schlechthin ohne Gewissen leben und für die – in ihrer Sicht bloß angeblichen – moralischen Gesetze nur Verachtung übrig haben, kann hier dahingestellt bleiben. Kant scheint diese Möglichkeit auszuschließen, da er in der zweiten Anmerkung zu Paragraph 7 für die von ihm angesprochenen Subjekte nur einen Willen voraussetzt, den Willen als Vermögen bestimmt, seine «Kausalität durch die Vorstellung von Regeln zu bestimmen», und dann umstandslos, ohne ein Argument, zu den wahrhaft moralischen Regeln, nämlich den «praktischen Prinzipien a priori» übergeht (*KpV*, V 32).

Wer mangels Gegenargumenten die Möglichkeit von absolut amoralischen Personen nicht ausschließt, zieht eine gegenüber Kant abgeschwächte Bilanz: Wer die entsprechende Entscheidungssituation «Pflicht kontra Neigung» moralisch beurteilt – nicht notwendigerweise auch moralisch bewältigt –, allerdings die Entscheidungssituation, in der er selber steht und die er nicht bloß bei anderen beobachtet, wer also in der ersten Person Singular so urteilt, bringt sich als moralisches Wesen in die Wirklichkeit. Gemeint ist also eine zu leistende Tat, freilich keine sinnliche, sondern eine intelligible Tat, die zugleich eine Tatsache ist. Schließlich leitet Kant aus dem Vernunftfaktum keine Sollensaussagen ab: Argumentationslogisch betrachtet folgt das Sittengesetz bzw. der kategorische Imperativ nicht aus dem Vernunftfaktum, sondern aus dem Begriff eines uneingeschränkt allgemeinen, streng objektiven Gesetzes.

Insofern darf man Kant folgen und die Moral samt Willensfreiheit zumindest in einer ersten Stufe für real halten: als Urteil über die Verpflichtung zur Ehrlichkeit selbst in einer Notlage. Und wo man sich der laut Kant absoluten Annäherung an das Urbild von Moral, den heiligen Willen, annähert (V 32 f.), wo man zunächst durch Erziehung und Selbsterziehung beispielsweise die Ehrlichkeit zu einer Haltung befestigt und selbst in schwieriger Lage ehrlich bleibt und ebenso hilfsbereit oder couragiert, dort zeichnet sich die volle Realität von Moral und Willensfreiheit ab.

8.5 Warum moralisch sein: Das Gefühl der Achtung

Das Faktum der Vernunft belegt die Wirklichkeit der Moral. Ob wir wollen oder nicht – als Wesen, die mit einem Willen begabt sind, können wir das moralische Urteilen immer wieder unterdrücken, aber laut Kant nicht grundsätzlich ausrotten. Warum aber sollen wir es nicht unterdrücken, zumal es im Konfliktfall den «Abbruch aller Neigungen» (*KpV*, V 72) verlangt? Die zweite *Kritik* behandelt diese Frage unter dem Titel «Triebfedern der reinen praktischen Vernunft» und gibt die einzige Antwort, die Kants Ethik der Autonomie erlaubt: Achtung für das moralische Gesetz.

Der Ausdruck der Achtung bedeutet dabei wie generell in der philosophischen Ethik nicht Aufmerksamkeit oder Warnung, sondern eine Wertschätzung und respektvolle Anerkennung, die sich stets auf Personen und ihre Leistungen, nie auf Sachen richtet. Die nicht mehr überbietbare, moralische Wertschätzung kann man präzisierend moralische Achtung nennen. Wenn der Kontext klar genug ist, kann man aber, wie beim entscheidenden Denker Kant, auf den Zusatz «moralisch» verzichten.

In der kritischen Phase taucht der Ausdruck der Achtung noch nicht in der *Kritik der reinen Vernunft*, sondern erst in der *Grundlegung* auf. Sie versteht darunter ein außergewöhnliches Gefühl, nämlich «kein durch Einfluß empfangenes, sondern durch einen Vernunftbegriff selbstgewirktes Gefühl», die «unmittelbare Bestimmung des Willens durchs [moralische] Gesetz und das Bewußtsein derselben» (IV 401). Die zweite *Kritik* folgt dem im wesentlichen, da sie die Achtung als «ein Gefühl, welches durch einen intellektuellen Grund gewirkt wird», bestimmt (V 73). Im Abweisen aller sinnlichen Antriebe tut die Achtung allen Neigungen, sofern sie dem Sittengesetz «zuwider sein könnten», Abbruch, wirkt insoweit «als Triebfeder nur negativ» und kann mit dieser Wirkung «a priori erkannt werden» (V 72).

Entscheidend ist die handlungsmotivierende Funktion. Kant versteht unter der Achtung jene aus dem Inneren der Person erfolgende freie und vorbehaltlose Zustimmung zum Sittengesetz, die die nur im Inneren der Person stattfindende freie Selbstverpflichtung auf die Moral begleitet. Diese Zustimmung hat für Kant wegen ihrer Unmittelbarkeit keinen Urteils-, sondern wie in der britischen Gefühlsethik einen Gefühlscharakter. Im Unterschied zum moralischen Gefühl (moral sense) bei Shaftesbury, Hutcheson, Hume und Adam Smith hat Kants Achtung aber weder eine kriteriologische Bedeutung noch hängt sie von der betreffenden Person ab. (Kant lehnt ab, das «moralische Gefühl» einen «moralischen Sinn zu nennen»: *TL*, VI 399 f.; für eine knappe Differentialanalyse vgl. Höffe 2007, Kap. 22.4; zu Kant siehe Scarano 2002, Goy 2007; siehe auch Kap. 10). Die Achtung besteht in der sinnlich erlebbaren Empfindung der im tatsächlichen Leben praktizierten Anerkennung von Moral.

Mit der Lehre vom Gefühl der Achtung will Kant die Motivationslücke schließen, die sich anscheinend zwischen der Beurteilung eines Handelns nach dem Sittengesetz und der tatsächlichen Ausübung dieses Handelns auftut. Er nimmt dabei zur heutigen Debatte um externalistische und internalistische Ethik-Positionen dezidiert Stellung. Den beiden Positionen geht es um das Verhältnis von moralischen Gründen und Motiven. Nach dem Internalismus besteht zwischen den Gründen für ein Handeln und den Motiven bzw. Triebfedern eine innere («interne») Verbindung. Nicht etwa die Gründe selbst, wohl aber die Überzeugungen von rechtfertigenden Gründen gäben starke Motive für das entsprechende Handeln ab. Nach dem Externalismus braucht es dagegen für die Ausführung noch ein gegenüber den Gründen äußeres («externes») Motiv, namentlich die Furcht vor äußeren oder inneren negativen Sanktionen, dort vor Strafen, hier vor Scham- oder Schuldgefühlen (Gewissen), oder die Hoffnung auf positive Sanktionen wie die Anerkennung durch andere oder die Achtung vor sich selbst.

Eine raffinierte, zugleich sich dem Internalismus annähernde Version des Externalismus geht weder von negativen noch positiven Sanktionen aus, sondern von einem (nichtkognitiv verstandenen) Wunsch, das moralisch Richtige zu tun. Dieser Wunsch sei nun beim Tugendhaften gegeben, beim Bösen dagegen nicht. Der Externalismus hält jedenfalls die Verbindung von Gründen und Motiven für nicht notwendig (kontingent).

Kant nimmt in diesem Streit eindeutig für den Internalismus Partei: Wer vom zuständigen Gegenstand, primär nicht einer gewissen

Handlung oder Regel, sondern einer Maxime, auf handlungsmächtige Weise überzeugt ist, sie sei moralisch, der handelt *eo ipso* dieser Überzeugung gemäß. Wer es zum Beispiel aus Willensschwäche nicht tut, dem fehlt es an der vollen Anerkennung, an moralischer Achtung.

Überschätzen darf man die Motivationskraft der Achtung freilich nicht. Denn der sachliche Vorrang liegt bei der freien Anerkennung der moralischen Grundsätze. Die Achtung ist lediglich ein Begleitgefühl, das die Anerkennung nicht hervorruft, den Einfluß des Moralgesetzes aber verstärkt. Phänomenologisch betrachtet hat sie zwei Seiten. Negativ gesehen unterwirft sie das natürliche Verlangen nach Glück einer Demütigung; Neigung und Selbstinteresse verlieren das Recht, die letzte Antriebskraft zu sein. Positiv erhebt sich das zum Handeln nach Gründen fähige Wesen zur reinen praktischen Vernunft. Wer sich gegen die Moral verfehlt, empfindet das Gegengefühl, ein nicht autoritär erzwungenes, sondern moralisch begründetes Schuldgefühl. Wo der Verstoß kraß ausfällt, steigert sich dieses Gefühl zum konträren Gegensatz der Selbstachtung: zur Selbstverachtung. Wer aber die moralische Achtung lebt, sie sogar zu einer Haltung ausbildet, verfügt über ein zur Lebenseinstellung gewordenes Achtungsgefühl, die moralische Gesinnung.

8.6 Was kann die heutige Ethik-Debatte von Kant lernen?

Ungeduldige Zeitgenossen vermeinen, die Kunst des Philosophierens bestehe darin, Antworten, selbstverständlich: zeitlos gültige Antworten, zu (er)finden. In Wahrheit besteht die Kunst des Denkens darin, grundsätzliche Fragen aufzuwerfen und die Antworten den Fragen abzulauschen, indem man die Frage in Probleme transformiert, die deren Lösung, wenn auch verborgen, in sich tragen.

«Was ist Moral?» lautet eine der großen Fragen der Philosophie. Darauf bezogen kann die heutige Ethik-Debatte als erstes von dem gegenüber den vorherrschenden Postionen weit umfassenderen Problembewußtsein der Ethik Kants lernen. Konzentrieren wir uns auf die Grundlegung der Moral, also die Fundamentalethik, und lassen das weite Feld der angewandten Ethiken außer Betracht:

Auch wer Kant nicht in allen Argumenten folgt, muß ihm zumindest darin zustimmen, daß eine sachgerechte Moralbegründung mindestens vier Aufgaben zu erfüllen hat: (1) eine semantische Aufgabe: die Bestimmung des Begriffs der Moral bzw. des moralisch Guten; (2) eine kriteriologische Aufgabe: die Begründung eines höchsten Gesetzes oder einer höchsten Regel für die Moral; (3) eine subjektivitätstheoretische Aufgabe: die Bestimmung der dem Begriff und dem Gesetz entsprechenden moralischen Subjektivität; (4) Überlegungen zur Wirklichkeitsweise der Moral. (5) Hinzu kommt im nächsten Kapitel als weitere Aufgabe das Problemfeld vom höchsten Gut und der Postulatenlehre, nämlich der Frage, wie sich die «naturale» Bestimmung des Menschen, sein Verlangen nach Glück, zur Vernunftbestimmung, der Moral, verhält.

Blickt man auf die gegenwärtig dominierenden Moralphilosophien, etwa auf Rawls, die Diskursethik und den Utilitarismus, so erscheinen alle insofern als eklektisch, als sie sich mit weniger Aufgaben als Kant zufriedengeben und ihr Weniger von der Sache her kaum überzeugt. Somit dürfte auch nach mehr als zwei Jahrhunderten die *Kritik der praktischen Vernunft* schon hinsichtlich der reicheren Aufgabenstellung ihresgleichen suchen. Überdies sprechen gute Gründe für die Annahme, daß dies auch für die Lösung der Aufgaben gilt: (1) Die Moral meint ein schlechthin objektives Gesetz; (2) ihr Kriterium, die «neue Formel», liegt in der Verallgemeinerung von Maximen, (3) ihr subjektiver Ursprung in der Autonomie des Willens, und (4) die Wirklichkeit der Moral besteht in einem eigentümlichen Faktum, das sowohl Tat als auch Tatsache ist. (5) Wer schließlich das Problem des höchsten Gutes nicht länger verdrängt, scheint es ohne eine Postulatenlehre oder zumindest ein gleichwertiges Äquivalent kaum lösen zu können.

Selbst mit diesen fünf Themen ist Kants reiches Problembewußtsein noch nicht ausgeschritten. Über den Begriff der Pflicht kommt nämlich ein anthropologisches Element hinein: daß der gute Wille, konkurrierenden Antrieben der naturwüchsigen Neigungen ausgesetzt, «unter gewissen subjektiven Einschränkungen und Hindernissen» agiert (*GMS*, IV 397; vgl. *KpV*, V 32). Bei reinen Intelligentien wie Gott ist dieses nicht der Fall (vgl. *KpV*, V 32, 72, 82), sondern lediglich bei vernünftigen Naturwesen (*TL*, VI 379) wie den Menschen. Sobald Kant mit dem Pflichtbegriff operiert, verfolgt er also das Interesse, den Menschen als moralisches Wesen zu begreifen, und geht zu diesem Zweck von dem anthropologischen Grundfaktum aus, daß das Begehren des Menschen nicht mit Notwendigkeit gut ist. Die Vorrede der *Grundlegung* weist zwar alle praktische Anthropologie als empirischen Teil der Ethik ab (IV 387 f.), was dem anthropologischen Grundfaktum zu widersprechen scheint. Dieses geht aber nicht in den «Grund einer Verbindlichkeit» ein, sondern ist lediglich für den Modus der dem Menschen eigentümlichen Moral, ihren Sollenscharakter, verantwortlich. Im übrigen kommt es nicht auf Besonderheiten einer biologischen Spezies, sondern auf jede Art nichtreiner Vernunftwesen an. Auch beim moralischen Rechtsbegriff findet sich ein anthropologisches Element (siehe Kap. 13.2).

Ein weiterer Vorzug Kants und eine erneute Erweiterung des Problembewußtseins besteht in der Unterscheidung von Legalität und Moralität. Danach gibt es nicht bloß zwei Gruppen moralischer Verbindlichkeiten, die (einander geschuldete) Rechtsmoral und die verdienstlichen Mehrleistungen. Man muß auch sehen, daß es zur selben Verbindlichkeit zwei Arten der Beziehung eingehen kann, wobei die im vollen Sinn moralische Beziehung in der Moralität liegt. Alle Ethiken, die die Moral bloß in Begriffen von Pflichten, Normen, Werten oder neuerdings, bei der Vorliebe für Prozeduren, von Verfahrens- oder Konstruktionsvorschriften bestimmen, stellen daher nicht bloß eine unzureichende, sondern nach Kants strengem Begriff sogar überhaupt keine *Moral*philosophie, keine Theorie des schlechthin Guten in bezug auf das handelnde Subjekt, dar:

Ob man an die ältere Wertethik eines Max Scheler (1916) und an Nicolai Hartmann (1926), an die verschiedenen Spielarten des Utilitarismus oder auch an das Erlanger Modell vernünftiger Konfliktbewältigung (Lorenzen/Schwemmer 1973) denkt, ob an das Universalisierungsprinzip (z. B. Habermas 1983) oder auch an verhaltenstheoretische und soziologische Theorien (z. B. Bischof 1978, Durkheim 1893 und Luhmann 1978) – sie alle sind bestenfalls Theorien pflichtgemäßen Handelns: Theorien der legalen, nicht auch der moralischen Praxis. Selbst der neue Konstruktivismus von

John Rawls (seit 1980) und in seinem Gefolge von Herman 1993, Korsgaard 1996 a und 1996 b sowie O'Neill 1996 erreicht nicht deutlich genug die zweite Stufe, die Moralität.

Gegen diese Kritik ist zwar der Vorwurf gegen die Gesinnungsethik beliebt, demzufolge sich Kants Theorie der Moralität auf eine Welt tatenloser Innerlichkeit belaufe, die ihrerseits eine doppelte Privatisierung beinhalte: Erstens fehle ein objektiver Maßstab und zweitens seien ihm die Äußerungen in der realen Welt gleichgültig. Diesem Vorwurf liegt aber ein zweifaches Mißverständnis zugrunde: *Einerseits* besteht nach Kant das Wollen nicht in einem bloßen Wunsch, sondern in der Aufbietung aller Mittel – soweit sie in unserer Gewalt sind (*GMS*, IV 394). Der Wille ist also kein «Jenseits» zur Wirklichkeit des Handelns, vielmehr der sie letztlich bestimmende Grund. Die Manifestation des Willens, die Handlung, kann allerdings hinter dem Gewollten zurückbleiben, bei endlichen Vernunftwesen ist das nicht grundsätzlich vermeidbar. Denn ihr Tun und Lassen spielt sich in einem natural und intersubjektiv bestimmten Kräftefeld ab, das nicht allein durch den Willen konstituiert ist, vom Handelnden nicht einmal voll überschaut wird. Jede Alternative zur «bloßen Gesinnungsethik», die im tatsächlichen Erfolg das Kriterium sieht, ist daher in einem fundamentalen Sinn in-human. In Verkennung der Conditio humana erklärt sie nämlich den Menschen für etwas voll verantwortlich, das er gar nicht voll verantworten kann.

Andererseits stellt die Legalität für Kant keine Alternative zur Moralität, sondern ihre notwendige Bedingung dar. Ein Handeln *aus* Pflicht ist *erstens* ein Handeln *gemäß* der Pflicht, das *zweitens* diese Pflicht zum Bestimmungsgrund nimmt. Die Moralität ist kein Rivale zur Legalität, sondern deren Steigerung. Im übrigen stellt Kant ein objektives Kriterium auf, seine neue Formel, die Verallgemeinerungsfähigkeit von Maximen. (Zu Kants reicherem Problembewußtsein von Recht und Moral siehe Höffe 2001 a, Kap. 5.)

Als nächstes kann die heutige Ethik-Debatte, wenn sie Kant genauer liest, weit verbreitete Frontstellungen aufgeben, zum Beispiel den Hegelschen oder neohegelschen Vorwurf des abstrakten Universalismus: Wer wie Kant das moralische Selbstbewußtsein über sich aufklärt, entdeckt dessen gegen die Mannigfaltigkeit der Perso-

nen und Situationen offenen Gesetzescharakter, der teils durch die
– via Maximen – normativ vorstrukturierte Lebenswelt, teils durch
die in der Rechtsphilosophie legitimierten Grundinstitutionen
(siehe Kap. 13–15) sich mit Gehalt füllt.

Aufzugeben, mindestens zu modifizieren sind auch zwei neoaristotelische Vorwürfe, einerseits, Kant habe Aristoteles' Gedanken
der wahrhaft praktischen Philosophie aufgegeben (siehe Kap. 5),
andererseits, dass ihm eine Tugendethik fehle, was hier mit dem
Hinweis auf eine eigene Schrift, die *Tugendlehre*, zurückgewiesen
wird (siehe auch Höffe 2001 a, Kap. 2.3; zu einem dritten neoaristotelischen Vorwurf, bei Kant fehle eine Theorie der Urteilskraft,
siehe ebd., Kap. 3).

Der Vergleich der Kantischen Ethik mit dem Utilitarismus führt,
wie wir gesehen haben (vgl. Kap. 6.3), zu der Diagnose, daß die utilitaristische Ethik weniger ein klares Gegenmodell zu Kant darstellt, als vielmehr eine nicht hinreichend gründliche und zu kurz
greifende Moralphilosophie. Dies kann Anlaß zum Überdenken
einer weiteren verbreiteten Frontstellung der gegenwärtigen Debatte bieten, der zwischen sogenannten «deontologischen» und
«konsequentialistischen» Moraltheorien. Und so wird sogar Derek
Parfit, der sich unlängst diesem Projekt annahm (2011, 311 ff.), zum
Kantianer.

Andere Vorzüge Kants sind im Laufe der vorangegangenen
Überlegungen schon ausgeführt worden, weshalb hier eine kurze
Erinnerung genügt: die zur Erörterung moralischer Dilemmata alternative Methode eines Ethik-Unterrichts (Kap. 5.3), Vorzüge einer Maximenethik (Kap. 7.5) und der Beitrag zur Internalismus-
Externalismus-Debatte (Kap. 8.5). Weitere Vorzüge zeigen sich im
nächsten Teil «Provokationen».

**Dritter Teil
Kantische Provokationen**

Kants kategorischer Imperativ gehört in der zeitgenössischen Ethik-Debatte zu den wichtigsten Elementen. Insbesondere sein universalistischer Grundzug ist weithin anerkannt. Ein hohes Maß an Zustimmung findet auch Kants Prinzip der Autonomie, insbesondere seine anti-eudaimonistische und anti-heteronome Spitze. Andere Theoriestücke wie die These vom Faktum der Vernunft sind dagegen umstritten. Und wieder andere erscheinen so wenig überzeugend, daß man sie nicht einmal einer kritischen Würdigung unterzieht. Einige dieser Elemente werden im folgenden behandelt. Statt sie mit «verschämtem Beschweigen» zu übergehen, soll ihr provokatives Potential herausgearbeitet und auf dessen Überzeugungskraft hin untersucht werden: Dazu gehören der Gedanke des höchsten Gutes, samt Gefühl der Achtung und die Postulatenlehre (*Kapitel 9*), der schroffe Gegensatz von Pflicht und Neigung (*Kapitel 10*) und der Umstand, daß Kant unserem gegen jede Art von Metaphysik skeptischen Zeitalter zumutet, ohne Metaphysik gäbe es keine überzeugende Moralbegründung (*Kapitel 11*). Ein Ausblick skizziert kantinspirierte Ethiken (*Kapitel 12*).

9. Provokation 1: Höchstes Gut?

Kants Moralphilosophie wird häufig nur über die *Grundlegung* und dann bloß über deren erste zwei Abschnitte zur Kenntnis genommen. Allenfalls liest man von der *Kritik der praktischen Vernunft* noch deren Analytik, dabei meist lediglich das erste Hauptstück «Von den Grundsätzen der reinen praktischen Vernunft». Um die Dialektik der zweiten *Kritik* dagegen machen viele Kant-Interpreten lieber einen Bogen, und die Interpreten, die sich auf den Text einlassen, halten dessen Aussagen oft für wenig überzeugend. Tatsächlich wird das Themenfeld, das Ideal des höchsten Gutes, die damit verbundenen Postulate sowie deren epistemischer Status, der Vernunftglaube, schon in der ersten *Kritik*, in deren Kanon, abgehandelt. Dem gegenüber bringt die zweite *Kritik* kaum etwas Neues, so daß die von der Dialektik der zweiten *Kritik* vertretenen Thesen den Leser der ersten *Kritik*, sofern er sich denn auf den gesamten Text einläßt, weder überraschen noch seinem Verständnis unüberwindbare Hürden entgegensetzen dürften.

Trotzdem tauchen Schwierigkeiten auf. Sie beginnen bei der von Kant behaupteten Parallele von erster und zweiter *Kritik* hinsichtlich der Dialektik (Kap. 9.1). Sie lassen sich aber überwinden, zumindest abschwächen, wenn man noch klarer als Kant die Themenverschiebung vom Sollen (Analytik) zum Hoffen (Dialektik) anerkennt und den dabei entscheidenden Begriff des höchsten Guts klärt (Kap. 9.2). Dort, wo die Tragweite der Themenverschiebung unterschätzt wird, taucht als neue Schwierigkeit die Gefahr einer Re-Theologisierung, vor allem aber eines Resteudaimonismus auf, der Kant selber nicht ganz entgeht (Kap. 9.3). Man überwindet selber die zweite Schwierigkeit, wenn man von Kant abweichend eine Quasi-Dialektik nicht der reinen praktischen, sondern der gesamten reinen Vernunft gegeben sieht (Kap. 9.4). Darauf kann eine Skizze der nach Kant die Dialektik auflösenden Postulatenlehre folgen (Kap. 9.5).

9.1 Eine Parallele zur ersten *Kritik*?

Gemäß der *Kritik der praktischen Vernunft* hat die reine Vernunft, dort ohne Einschränkung behauptet, also nicht bloß die reine theoretische, sondern auch die reine praktische Vernunft, «jederzeit … ihre Dialektik» (V 107). Die dafür gegebene Begründung stimmt mit den Aussagen der ersten *Kritik* überein: Sobald die reine Vernunft ihren spezifischen Gedanken, das Unbedingte, verstanden als Totalität der Bedingungen, auf Erscheinungen anwendet, als wären sie Sachen an sich selbst, verwickelt sie sich in einen unvermeidlichen Schein.

In der *Kritik der reinen Vernunft* untersucht die Dialektik sowohl den Ursprung dieses unvermeidlichen Scheins als auch die Möglichkeit, ihn aufzuheben. Nach diesem Vorbild liegt das Programm der Dialektik der zweiten *Kritik* auf der Hand und scheint zumindest als Aufgabe, als Theorie eines unvermeidlichen Scheins, unproblematisch zu sein (ebd.). Selbst Kant-freundliche Interpreten sehen das anders. Für Förster (2002, 173) erscheint genau dann, wenn man die erste *Kritik* zum Vorbild nimmt, eine Dialektik der zweiten *Kritik*, nämlich eine Dialektik der (reinen) praktischen Vernunft, als erstaunlich, sogar als widersprüchlich. Und nach Beck (1960/1974, 228) ist ein Kernstück, die Antinomie der praktischen Vernunft, sogar «ein ziemlich armseliges und unscheinbares Ding, völlig außer Stande, diese ganze historische und systematische Last zu tragen.» Haben diese Kritiker recht?

Die Dialektik der ersten *Kritik* bezieht sich auf den Versuch der theoretischen Vernunft, die Kluft zwischen Phaenomena und Noumena zu überspringen und selbst für die Noumena eine objektive Erkenntnis zu gewinnen. An einer analogen Konstellation fehlt es in der *Kritik der praktischen Vernunft* auf zweierlei Weise. Erstens geht es ihr nicht mehr um Erkennen, sondern um Wollen. Zwar gibt es auch dabei eine Kluft, jetzt zwischen empirisch bedingtem und reinem Wollen. Sie zu überspringen ist aber nicht bloß zulässig, sondern unverzichtbar, um die von der Vernunft gesuchte Allgemeinheit und Notwendigkeit zu erreichen. Im Bereich des Praktischen gibt es die reine Vernunft; sie, die in der Moral bzw. dem Sittengesetz besteht, ist allen Menschen vertraut und beweist im Faktum der Vernunft ihre Wirklichkeit.

In dieser Hinsicht gibt es für die reine praktische Vernunft der zweiten *Kritik* keine Dialektik. Allenfalls taucht, wie es in der *Grundlegung* (*GMS*, IV 405) heißt, eine «natürliche Dialektik» auf, nämlich ein «Hang, wider jene strenge Gesetze der Pflicht zu vernünfteln, und ihre Gültigkeit, wenigstens ihre Reinigkeit und Strenge in Zweifel zu ziehen». Sowohl der ersten als auch der zweiten *Kritik* kommt es aber auf jene weit grundsätzlichere Dialektik an, die in der *reinen* Vernunft selbst liegt.

Da das Thema der *Kritik der praktischen Vernunft*, die Moral, zur Welt des Unbedingten gehört, bestünde ein etwaiges «Blendwerk» in der Ansicht, die Moral ließe sich in Begriffen von Glückseligkeit verstehen. Dieses eklatante Mißverständnis weist Kant aber schon in der Analytik zurück. Daraus folgt nun das zweite Argument gegen eine zur ersten *Kritik* analoge Dialektik: In der ersten *Kritik* wird der dialektische Schein mittels der skeptischen Methode entlarvt, die einen Widerstreit von Behauptungen inszeniert, welche sie dann entweder als gleichermaßen richtig oder aber falsch erweist. Von dieser Methode ist in der zweiten *Kritik* keine Rede, weil die Aufgabe, ein Blendwerk zu durchschauen, der Sache nach, freilich ohne den Ausdruck «Blendwerk» zu verwenden, schon in der Analytik gelöst ist. Außerdem kann die Moral, laut erster *Kritik*, jenen «Mißverstand der Abstraktion vermeiden» (*KrV*, B 453), der das Blendwerk zur Folge hat.

Soll es trotzdem für die zweite *Kritik* eine wahrhafte Dialektik geben, so müßte, vom Standpunkt der reinen praktischen Vernunft aus gesehen, die schon im «Kanon» der ersten *Kritik* skizzierte und in der Analytik der zweiten *Kritik* entwickelte Moraltheorie noch defizitär sein und beim Überwinden des Defizits eine innere Dialektik auftauchen. Bevor man dieser Möglichkeit nicht nachgegangen ist, kann man das Lehrstück «Dialektik der reinen praktischen Vernunft» nicht als Irrweg Kants verwerfen.

Schieben wir eine Beobachtung ein: Von den drei Arten dialektischer Trugschlüsse der ersten *Kritik*, den Paralogismen, den Antinomien und dem Ideal der reinen Vernunft, taucht in der zweiten *Kritik* nur die mittlere Art auf. Denn sie betrifft das Leitthema der Freiheit und wird von Kant selber zu Beginn der Vorrede erwähnt (*KpV*, V 3) und später als «die wohltätigste Verirrung» bezeichnet, «in die die menschliche Vernunft je hat geraten können». Denn sie treibt uns zur «Aussicht in eine höhere, unveränderliche Ordnung der Dinge» an, «in der unser Dasein der höchsten Vernunftbestimmung gemäß fortzusetzen, wir durch bestimmte Vorschriften nunmehr angewiesen werden können» (V 107 f.).

Halten wir daher fest: Die Dialektik der zweiten *Kritik* ist thematisch gesehen weit facettenärmer als die der ersten *Kritik*. Sie hat nämlich nur zu einem der drei Themenbereiche der ersten *Kritik* eine Entsprechung und behandelt von den vier Teilthemen dieses einen Themas nur ein einziges Teilthema, so daß sich nur zu einem Zwölftel der ersten *Kritik* eine gewisse Parallele findet.

9.2 Vom Sollen zum Hoffen: Das höchste Gut

Kants neue Dialektik wird verständlicher, wenn man den zweiten Interpretationszugang wählt, die behauptete Parallele zur *Kritik der reinen Vernunft* zurückstellt und auf das neue Thema achtet. Es ist ein Lehrstück, das Kant schon im Kanon der ersten *Kritik* vorträgt das und zur letzten seiner berühmten drei Fragen gehört, so daß Kant von der Analytik zur Dialektik das Thema verschiebt: Die Analytik erörtert das (moralische) Sollen, die Dialektik das Hoffen. Damit geht ein folgenreicher Perspektivenwechsel einher. Denn die Frage nach dem Sollen ist gemäß der ersten *Kritik* «bloß praktisch», die nach dem Hoffen dagegen «praktisch und theoretisch zugleich» (*KrV*, B 833). Denn die dritte Frage lautet genauer: «wie, wenn ich mich nun so verhalte, daß ich der Glückseligkeit nicht unwürdig sei, darf ich auch hoffen, ihrer dadurch teilhaftig werden zu können?» (B 837).

Da das Teilhaftigwerden vom Gang der Welt abhängt und das Wissen davon theoretischen Charakter hat, ist die Frage des moralisch zulässigen Hoffens nicht bloß praktisch, sondern «theoretisch zugleich». Beide *Kritiken* geben nun auf die dritte Frage: «Was darf ich hoffen?» dieselbe Antwort. Sie besteht in der Lehre vom höchsten Gut und den zwei damit verbundenen Postulaten der reinen praktischen Vernunft, der Unsterblichkeit der Seele und dem Dasein Gottes. Zum gedanklichen Hintergrund gehören, erneut in beiden *Kritiken* gleichermaßen, zwei Theoreme: der Primat der reinen praktischen vor der theoretischen Vernunft und die Proportionalität von Glücksseligkeit und Glückswürdigkeit bzw. das System der sich selbst lohnenden Moralität.

Der zuständige Abschnitt in der zweiten *Kritik* trägt zwar den Titel «Die Antinomie der praktischen Vernunft», enthält aber nicht so klar wie die erste *Kritik* eine Thesis und eine Antithesis. Kant führt nur ein Entweder – Oder ein, das aber als analog gelten darf: «Es muß also entweder die Begierde nach Glückseligkeit die Bewegursache zu Maximen der Tugend, oder die Maxime der Tugend muß die wirkende Ursache der Glückseligkeit sein» (*KpV*, V 113). Nun scheidet die erste Option, die «Thesis» heißen mag, als «schlechterdings unmöglich» (ebd.) aus. Denn die entscheidende negative Aussage der vorangehenden Analytik lehnt die Ansicht ab, die Glückseligkeit sei als leitende Antriebskraft genommen moralisch. Folglich bleibt nur die zweite Option, die «Antithesis», übrig. Infolgedessen liegt erstens keine veritable Antinomie, allenfalls eine Quasi-Antinomie vor, bei der im Unterschied zur ersten *Kritik* nicht beide Optionen, wenn auch in unterschiedlichen «Welten», in der intelligiblen oder der phänomenalen Welt, wahr sind. Da es beim Leitthema der zweiten *Kritik*, der Moral, ausschließlich um die intelligible Welt geht, kann nur die Antithesis wahr sein: daß die Tugend die wirkende Ursache der Glückseligkeit sei. Wenn es eine Dialektik, wir sagen jetzt besser: Quasi-Dialektik, der reinen praktischen Vernunft geben soll, dann muß die Moraltheorie der Analytik deshalb unzureichend sein, weil die Tugend, sprich: Moralität, in einer noch zu bestimmenden Weise aus sich heraus die Glückseligkeit zu bewirken verlangt. Diese gegenüber der Analytik neue Aufgabe nennt Kant das höchste Gut.

Nach der *Kritik der reinen Vernunft* gibt es für den charakteristischen Gegenstand der reinen Vernunft, das Unbedingte, zwei Begriffe, den unüberbietbar ersten Anfang jeder Reihe von Bedingungen und die Totalität aller Bedingungen. In der *Kritik der praktischen Vernunft*, ihrer Analytik, spielt der erste Begriff eine Rolle, beim «unbedingten» praktischen Gesetz und dem «unbedingt Praktischen» (V 29), also dem Kern der Analytik, der für sich genommen weder zu einer Dialektik noch zu einer Quasi-Dialektik Anlaß bietet. Wenn es sie doch geben soll, muß es sich wie gesagt um ein neues Thema handeln. Bei ihm operiert nun Kant mit dem zweiten, gegenüber der Analytik neuen Unbedingtheitsbegriff, mit der «unbedingten Totalität des Gegenstandes der reinen praktischen Vernunft», die wiederum den «Namen des höchsten Guts» trägt (V 108). Diese Totalität besteht seit der *Kritik der reinen Vernunft* in der Proportionalität von Glückswürdigkeit mit tatsächlich erfahrener Glückseligkeit (*KrV*, B 836 f.).

Die nach Kant dabei auftauchende (Quasi-)Dialektik setzt bei einer Zweideutigkeit im Begriff des Höchsten an. Es ist entweder im dominanten Sinn das Oberste (*supremum*), nämlich eine Bedingung, die selbst unbedingt ist, also eine schlechthin ursprüngliche Bedingung (*originarium*). Oder es ist als im inklusiven Sinn Höchstes, als das Vollendete (*consummatum*), zu verstehen als jenes schlechthin umfassende Ganze, das kein Teil eines noch größeren Ganzen ist.

Diese zweifache Bedeutung des Höchsten findet sich schon bei Aristoteles' Bestimmung der Eudaimonia (siehe Kap. 6.3). Während aber Aristoteles die Eudaimonia durch beide Qualifikationen zugleich, sowohl durch Dominanz als auch durch Inklusivität, bestimmt, bezeichnen sie bei Kant zwei grundverschiedene Dinge. Zugrunde liegt eine Differenz, die auch Aristoteles, aber nur ansatzweise, kennt: daß, wer die für die Eudaimonia erforderlichen Tugenden praktiziert, sich nicht schon deshalb der Eudaimonia erfreuen muß: Wer der Eudaimonia würdig ist, wird nicht deshalb schon ihrer teilhaftig. Aristoteles räumt zwar ein, daß ein Tugendhafter, der von Unglück heimgesucht wird, schwerlich glücklich genannt werden kann (*Nikomachische Ethik*, I 10, 1100a5–9). Diese Möglichkeit veranlaßt ihn aber nicht, beim nun höchsten Gut die Dominanz qua Glückswürdigkeit von der Inklusivität im Sinne des auch tatsächlichen Genusses zu trennen. Kant nimmt diese begriffliche Trennung vor und hebt sie im Begriff des höchsten Guts wieder auf.

Vier Argumentationsschritte sind hier fraglos plausibel: (1) Daß sowohl Glückswürdigkeit als auch die Glückseligkeit in einem Superlativ in dem Sinn gut sind, (2) daß beide Superlative begrifflich verschieden sind, (3) daß wegen der Verschiedenheit die beiden Superlative nur eingeschränkte, relative Superlative sind, und (4) daß der absolute Superlativ, die Totalität des Guten, als Verknüpfung beider Superlative zu denken ist. Problematisch ist die von Kant behauptete Notwendigkeit der Verknüpfung, wobei freilich die Art der Notwendigkeit noch zu klären bleibt.

Kants Klärung beginnt in der zweiten *Kritik* negativ, und dieser erste Klärungsschritt bleibt überzeugend: Kant hält die Annahme einer Verknüpfung von Glückswürdigkeit bzw. Tugend mit Glückseligkeit nicht für neu. Schon aus der Antike sind ihm zwei Lösungsvorschläge bekannt, die überdies bis in die Neuzeit nachwirken. Erstaunlicherweise diskutiert Kant aber nicht den von Aristoteles skizzierten Vorschlag, bei einem anspruchsvollen Verständnis der Eudaimonia fielen Dominanz und Inklusivität zusammen. Er geht nur auf die Vorschläge der Epikureer und der Stoiker ein. An beide richtet er denselben Vorwurf einer ungebührlichen Vereinfachung. Denn sie übergehen die begriffliche Differenz von Glückswürdigkeit und Glückseligkeit, wollen also die Aufgabe lösen, indem sie das darin liegende Problem unterschlagen:

Beide Schulen suchten «Einerleiheit der praktischen Prinzipien der Tugend und der Glückseligkeit zu ergrübeln»; beide wollten aber «diese Identität» auf unterschiedliche Weise «herauszwingen» (*KpV*, V 112). Die eine Seite, die Epikureer, verlegte die Glückswürdigkeit schon in das Glück, die andere Seite, die Stoiker, das Glück in die Glückswürdigkeit: «Der Begriff der Tugend lag nach dem *Epikureer* schon in der Maxime seine eigene Glückseligkeit zu befördern; das Gefühl der Glückseligkeit war dagegen nach dem *Stoiker* schon im Bewußtsein seiner Tugend enthalten» (ebd.).

9.3 Re-Theologisierung und Rest-Eudaimonismus?

Der nächste Klärungsschritt hat eine überzeugende Alternative zu finden. Deren positive Aufgabe ergibt sich aus der bestimmten Negation von Stoa und Epikur. Während für den Epikureer das höchste Gut schon in der eigenen Glückseligkeit, für den Stoiker schon in der Tugend liegt, beide also jeweils nur die eine Seite anerkennen und die andere verkennen, sind Glückseligkeit und Tugend für Kant sowohl in ihrem Eigenwert anzuerkennen als auch miteinander zu versöhnen, mehr noch: sie sind «als notwendig miteinander verbunden» zu denken (*KpV*, V 113). Zu diesem Zweck führt Kant allerdings zwei Elemente ein, zwei Postulate der reinen praktischen Vernunft, die das Projekt einer rein autonomen Moral in zweifacher Weise, in Form einer Re-Theologisierung und eines Resteudaimonismus, gefährden.

Die erste Gefahr droht, weil die beiden Elemente vor allem aus der Religion, namentlich dem Christentum, aber auch dem Islam und dem Judentum (für die Unsterblichkeit aber nicht in all seinen Richtungen) bekannt sind. Dem Religionsskeptiker dürften sie jedoch unüberwindliche Schwierigkeiten bereiten: das Dasein Gottes und die Unsterblichkeit der Seele. Freilich stehen zwei Optionen offen. Entweder muß man, um von Kants Lösung überzeugt zu werden, schon vorab religiös sein: Läßt sich also nur der Fromme von Kant überzeugen? Oder muß, wer von Kants Lösungsvorschlag überzeugt ist, dann notwendig religiös werden? Wird also, wer es nicht schon vorher ist, durch Kant zur Religion «bekehrt», womit sich Kant als Missionar für zunächst säkulare Zeitgenossen erwiese? In der Tat geht Kants Moralphilosophie mit der Postulatenlehre in eine Religionsphilosophie über. Diese besteht zwar nicht in einer Philosophie göttlicher, des näheren: christlicher Offenbarung, sondern verbleibt, wie es Kant in seiner späteren Religionsschrift schon im Titel sagt: «innerhalb der Grenzen der bloßen Vernunft».

Selbst gegen eine vernunftbegrenzte Religion gibt es aber genügend Skeptiker. Dieser Befund ist jedoch, kann man einwenden, nur ein empirisches Gegenargument. Das ist richtig, es gibt allerdings noch ein grundsätzlicheres Gegenargument. Wenn Religion erforderlich ist und Gott ins Spiel kommt, droht jene Theonomie, die die reine Autonomie, das Auf-Sich-Gestelltsein des Willens, aufhebt, und daher von Kant selbst verworfen wird (*Rel.*, VI 3 ff.).

An die Re-Theologisierung schließt sich die Gefahr eines Resteudaimonismus an: Wer nur deshalb moralischen Maximen folgt, weil er die im höchsten Gut gedachte, zur eigenen Pflichterfüllung proportionale Glückseligkeit erhofft und wegen der Proportionalität im Jenseits eine lohnende und strafende Gerechtigkeit erwartet, verfehlt die lediglich auf Glückswürdigkeit verpflichtete Lauterkeit der Moralität. Ihretwegen braucht es also weder das höchste Gut noch die Postulate. Man kann nicht bloß, sondern muß sogar moralisch sein, ohne in seine Triebfeder die Gedanken des höchsten Gutes und des Vernunftglaubens an Gott und eine unsterbliche Seele aufzunehmen.

Während die Analytik der zweiten *Kritik* in dieser Hinsicht kompromißlos klar ist, trifft es auf die Dialektik nur zu, wenn sie sich noch deutlicher als Kant selber ausschließlich einer gegenüber der Analytik neuartigen Aufgabe stellt. Zu behandeln sind nicht mehr die bisherigen vier Aufgaben: Begriff, Kriterium und Wirklichkeit der Moralität sowie die Triebfeder zu ihr. Gesucht ist vielmehr der Sinn eines moralischen Lebens in einer nicht allein von Moralität bestimmten Welt: Ist eine Welt sinnvoll, in der die entsprechenden Subjekte ihr ganzes Leben dem moralischen Gesetz unterwerfen, obwohl sie damit ihr «Naturbedürfnis» (*KpV*, V 108) am eigenen Wohlergehen nicht befördern, es sogar gefährden? Dabei ist der aufs Hoffen verweisende Ausdruck «sinnvoll» wichtig, denn die Ausdrücke «gut», «gesollt» und «erstrebenswert» gehö-

ren zu den Aufgaben der Analytik, sind daher für die neuartige
Aufgabe der Dialektik unzutreffend. In dieser Hinsicht ist Kant
selber noch nicht zur vollen Klarheit gelangt:

In der Vorlesung über «Philosophische Religionslehre» (nach
Pölitz) entgeht er dem die Autonomie verspielenden Resteudaimonismus nicht. Zunächst erklärt Kant: Wenn «auf Wohlverhalten
kein Wohlbefinden folgen sollte; so wäre ein Widerspruch zwischen dem Laufe der Natur und der Moralität» (XXVIII, 1072).
Und er sagt: Um diesen Widerspruch aufzuheben, brauche es Gott,
der dafür sorge, daß das «durch Moralität einer fortdauernden
Glückseligkeit würdige Geschöpf auch wirklich dieser Glückseligkeit teilhaftig» werde (ebd.).

Wenn man die Erwartung einer Verbindung von Wohlverhalten
und Wohlbefinden in die Triebfeder eingehen läßt, so vertritt hier
Kant einen Resteudaimonismus, der den Autonomie-Gedanken
verrät. Die soweit zitierte Passage braucht aber nicht so interpretiert zu werden. Daß sich der Lauf der Natur und die Moralität
nicht widersprechen, ist nämlich der Kern des höchsten Gutes. Es
gehört also nicht mehr zum Sollensthema der Analytik der zweiten
Kritik, sondern zum Hoffensthema ihrer Dialektik. Trotzdem fällt
Kant in seiner Vorlesung der Analytik in den Rücken, da er fort-
fährt: «denn sonst verlieren alle subjektiv notwendigen Pflichten …
ihre objektive Realität» (ebd.). Nach der Analytik sind jedoch die
moralischen Pflichten qua praktischer Gesetze nicht bloß subjektiv,
sondern auch objektiv gültig, und die objektive Realität zeigt sich
im Faktum der Vernunft.

Erstaunlicherweise folgen sowohl der Kanon der ersten *Kritik* als
auch Dialektik-Passagen der zweiten *Kritik* der Pölitz-Vorlesung.
Nach der *Kritik der reinen Vernunft* sind ohne den Gedanken des
höchsten Guts und die mit ihm zusammenhängenden Postulate von
Gott und Unsterblichkeit «die moralischen Gesetze als leere Hirngespinste anzusehen» (*KrV*, B 839). Auch: «Ohne … einen Gott
und eine … gehoffte Welt, sind die herrlichen Ideen der Sittlichkeit
… nicht Triebfedern des Vorsatzes und der Ausübung» (B 841).

Die *Kritik der praktischen Vernunft* sieht es im Abschnitt «Die
Antinomie» (*KpV*, V 113 f.) insofern nicht anders, als vor der (mit
der Postulatenlehre verbundenen) Aufhebung der Antinomie als

«phantastisch», die zugehörigen Zwecke als «leere eingebildete» gelten (V 114). Kant geht hier durchaus vom Sollensthema zum Hoffensthema über, nämlich zum höchsten Gut und den Postulaten, mithin zur neuartigen Aufgabe der Dialektik. Mit dem Verlieren objektiver Realität («Philosophische Religionslehre» nach Pölitz), leeren Hirngespinsten (erste *Kritik*) und leerer Einbildung (zweite *Kritik*) bindet er sich aber an ein Theoriestück der Analytik, das Faktum der Vernunft, zurück, das um der Autonomie willen für sich, ohne die Hoffensperspektive, bestehen müßte.

Der Kanon der ersten *Kritik* erhält allerdings noch eine Zweideutigkeit, die sich in der zweiten *Kritik* wiederfinden läßt. Beim methodischen Status der Postulate, ihrem Charakter als Vernunftglauben, erklärt Kant zwei Dinge als untrennbar verknüpft, deren Untrennbarkeit sich bezweifeln läßt: Einerseits würden durch den Vernunftglauben die sittlichen Grundsätze davor bewahrt, «umgestürzt» zu werden, andererseits würde man ohne deren Anerkennung in seinen «eigenen Augen verabscheuungswürdig» (*KrV*, B 856). Nach der ersten Aussage sind die beiden Postulate für die Anerkennung der sittlichen Grundsätze unverzichtbar, nach der zweiten Aussage verzichtbar, da die Anerkennung schon zur Selbstachtung unaufgebbar hinzugehört. Folglich entfällt die Gefahr, ohne die Anerkennung der Postulate würden die sittlichen Grundsätze «umgestürzt».

Auch nach dem Faktum der Vernunft droht der Umsturz nicht, so daß man weder das Gottes- noch das Unsterblichkeitspostulat braucht.

9.4 (Quasi-)Dialektik der reinen Vernunft tout court

Soll die Dialektik mit ihrer Theorie vom höchsten Gut und den Postulaten dem für die Autonomie tödlichen Resteudaimonismus entgehen, so darf sie sich zwar wie die vorangehende Analytik auf die Bestimmung von Vollkommenheit richten, der Blick auf die Vollkommenheit muß sich aber grundlegend ändern. Nun geht es in der Analytik um die Vollkommenheit der handelnden Subjekte, in Übereinstimmung mit der Antinomie um ihre Moralität. In der Dialektik muß dagegen diese moralische Vollkommenheit unange-

tastet bleiben. Es darf lediglich auf einen neuartigen Superlativ ankommen, auf die Vollkommenheit der (sowohl natürlichen als auch
sozialen) Welt: Wie kann die Welt nicht bloß in sich, sondern auch
im Blick auf die Moral vollkommen sein? Es handelt sich hier um
eine neuartige und für die praktische Philosophie der Moral zugleich letzte Frage. Auf sie und ausschließlich sie darf Kant mit dem
höchsten, nicht nur obersten, sondern auch vollständigen Gut antworten und dieses als Harmonie der Glückswürdigkeit mit der tatsächlichen Glückseligkeit verstehen.

Nach Kants Geschichtsphilosophie erreicht die soziale Welt
ihre Vollkommenheit, wenn die Menschheit all ihre auf Vernunft
abzielenden Naturanlagen vollständig entwickelt, was in Rechtsstaaten und deren rechtsförmiger Koexistenz geschieht (*Idee*,
bes. 3., 5. und 7. Satz; siehe Kap. 16–17). Für die Vollkommenheit
der anderen, natürlichen Welt gibt Kant eine zweifache, eine naturale und eine teleologische Antwort. Nach der naturalen Vollkommenheit, die die *Kritik der reinen Vernunft* behandelt, besteht die
Welt naturaliter in einer Ordnung, die sich aus den konstitutiven
Verstandesgrundsätzen und den regulativen Vernunftprinzipien
ergibt und ohne das Zutun empirischer Menschen, vollständig
hinter ihrem Rücken, zustande kommt. Und nach der *Kritik der
Urteilskraft* besteht sie finaliter im Menschen, der als moralisches,
freilich auch nur als moralisches Wesen Endzweck der Schöpfung
ist (*KU*, bes. §§ 82–84; siehe Kap. 23).

Der systematische Ort der neuen Frage ist durch den Themen-
wechsel vom Sollen zum Hoffen bestimmt. Seinetwegen betrifft die
Frage nicht die reine praktische Vernunft für sich, sondern deren
Beziehung auf die theoretische Vernunft. Bloß für das Sittengesetz
braucht es wie gesagt die Überlegungen zum höchsten Gut nicht,
weder für den Begriff des Sittengesetzes noch für dessen Kriterium
und auch nicht für die «Faktum der Vernunft» genannte tatsächliche Anerkennung. Andererseits wird die Beziehung auf die theoretische Vernunft vom (moralisch-)praktischen Standpunkt aus betrachtet.

Am plausibelsten erscheint der Gedanke des höchsten Gutes
vom Standpunkt Gottes aus: «Denn der Glückseligkeit bedürftig,
ihrer auch würdig, dennoch aber derselben nicht teilhaftig zu sein,

kann mit dem vollkommenen Wollen eines vernünftigen Wesens, welches zugleich alle Gewalt hätte, wenn wir uns auch nur ein solches zum Versuche denken, gar nicht zusammen bestehen» (*KpV*, V 110). Ohne Zweifel gereicht das höchste Gut Gott zur höchsten Ehre, denn «nichts ehrt Gott mehr als das, was das Schätzbarste in der Welt ist, die Achtung für sein Gebot, die Beobachtung der heiligen Pflicht, die uns sein Gesetz auferlegt, wenn seine herrliche Anstalt dazu kommt, eine solche schöne Ordnung mit angemessener Glückseligkeit zu krönen» (V 131). Wie Kant selber in der ersten *Kritik* erklärt, ist dieser Gedanke vom höchsten Gut von Leibniz' Reich der Gnaden inspiriert (*KrV*, B 840). Das höchste Gut ist das von Gottes beiden moralischen Vollkommenheiten, von seiner Güte und seiner Heiligkeit bestimmte, rundum vollkommene, nämlich sowohl maximale (dominante) als auch optimale (inklusive) Ziel. Dagegen ist der Gedanke des höchsten Guts schwerlich plausibel, wenn man, wie Kant selber in der zweiten *Kritik*, vom Sittengesetz ausgeht.

Eine reine Moraltheorie bedarf also der Dialektik der *Kritik der praktischen Vernunft* nicht, so daß dies zu bekräftigen ist: Für die Moralität bedarf es der Postulate nicht; der Rechtschaffene muß als Rechtschaffener weder fromm sein noch fromm werden. Die Moralphilosophie kann und muß auch ohne die Postulatenlehre überzeugen, was es dem säkularen religionsskeptischen Zeitgenossen erleichtert, in der philosophischen Ethik Kantianer zu sein. Ob es noch andere Argumente gibt, ist bei Kants Religionsphilosophie zu prüfen (siehe Sechster Teil).

Diese Zwischenbilanz ist folgenreich, denn sie erlaubt systematisch gesehen von der Analytik der zweiten *Kritik* unmittelbar zur Methodenlehre überzugehen, dabei die Dialektik zu überspringen. Es ist erst die Vernunft insgesamt, ein sowohl theoretisches als auch praktisches Vernunftwesen, das nicht hinnehmen kann, daß die Welt der Natur und die der Moral nicht zur Einheit des höchsten Gutes finden. Insofern liegen hier nicht wirklich eine Dialektik der reinen *praktischen* Vernunft und als deren genaue Gestalt eine Antinomie der reinen praktischen Vernunft vor, sondern sowohl eine Dialektik als auch eine Antinomie der reinen Vernunft insgesamt. Im höchsten Gut diskutiert Kant die Einheit von theoretischer und praktischer Vernunft, damit von Natur (samt deren Erforschung) und Moral.

Da die Dialektik der reinen praktischen Vernunft in Wahrheit eine Dialektik der reinen Vernunft tout court behandelt, verdienten die entsprechenden Überlegungen eine eigene Schrift. Zumindest müßte das zuständige zweite Buch der zweiten *Kritik* einen anderen Titel tragen, zum Beispiel «Dialektik der reinen sowohl spekulativen als auch praktischen Vernunft». Man könnte den Titel des zweiten Hauptstückes des zweiten Buches in diesem Sinn lesen, denn Kant spricht lediglich von der «reinen Vernunft» ohne deren Qualifizierung als «praktisch». (Über diese Abweichung vom Titel des gesamten zweiten Buches gibt Kant aber weder Auskunft noch Rechenschaft.) Und laut der ersten *Kritik* ist es «nach der Vernunft, in ihrem theoretischen [!] Gebrauch» notwendig, daß «jedermann die Glückseligkeit in demselben Maße zu hoffen Ursache habe, als er sich derselben in seinem Verhalten würdig gemacht hat» (*KrV*, B 837; ähnlich *TL*, VI 479 f. und 482).

Die gesuchte Harmonie, Proportionalität von tatsächlicher und verdienter Glückseligkeit, setzt deren Verbindung (Synthesis) voraus. Diese kann laut Kant weder analytisch noch empirisch gegeben sein. Die analytische Option entfällt wegen jener begrifflichen Differenz, die die Epikureer und die Stoiker auf unterschiedliche Weise unterschlagen: daß die mir zuteil werdende Glückseligkeit von der von mir selber zu verantwortenden Glückwürdigkeit verschieden ist. Ebensowenig kann sie empirisch gegeben sein, da der Lauf der Welt nicht von Rechtschaffenheit beherrscht wird. Deshalb muß es weder dem Schurken wegen seines Schurkenseins schlecht noch dem Rechtschaffenen wegen seiner Rechtschaffenheit gut ergehen.

Platon ist hier grundlegend anderer Ansicht. Nach ihm schadet der Ungerechte sich selbst am meisten (*Gorgias*, 468 c). Allein hinsichtlich der Lust ergeht es dem extrem Ungerechten, dem Tyrannen, drei hoch zwei hoch drei, also 729mal, schlechter als dem Gerechten und «unendlich viel mehr hinsichtlich der moralischen Lebensführung, Schönheit und Tugend» (*Politeia*, IX 587d12–588a9). Der Grund: Der Tyrann führe ein Leben ohne Freundschaft, ohne Weltvertrauen und ohne Selbstachtung, kurz: eine elende Existenz, während erst die Gerechtigkeit das eigene Leben lebenswert mache. Diese optimistische Einschätzung von Rechtschaffenheit ist Kant so fremd, daß er sie nicht einmal der Kritik für würdig hält. Daher spielt außer Aristoteles auch der andere, ältere Kirchenvater der Moralphilosophie, Platon, in Kants zweiter *Kritik* keine wesentliche Rolle.

Obwohl Kant im irdischen Leben keine Proportionalität von Glückseligkeit und Glückswürdigkeit gegeben sieht, denkt er anspruchsvoller, zugleich realitätsnäher als Platon. Nach der *Kritik der reinen Vernunft* genügt es zum eigenen Wohlergehen nicht, ob jemand für sich allein gerecht, sprich: moralisch lebt. Die Mitmenschen, sogar alle, müssen ebenfalls moralisch leben. Denn das «System der sich selbst lohnenden Moralität» ist an die Bedingung geknüpft, daß «jedermann tue, was er soll» (*KrV*, B 837 f.). Hier tritt zur bloßen Pflichterfüllung die Hoffnung hinzu, durch die Pflichterfüllung werde eine Welt herbeigeführt, in der moralische Vollkommenheit Grund und Ursache allgemeiner Glückseligkeit ist.

Indem Kant in der zitierten Passage das «jedermann» kursiv hervorhebt, betont er die Eigenverantwortung der Menschen. In dieser Hinsicht erscheint das höchste Gut als ein innerweltliches Gut, das nicht in einem Jenseits, sondern in der diesseitigen sozialen Welt zu realisieren ist. Die Realisierung ist auf zweierlei Weise denkbar. Spontan mag man nur an die erste Option, an ein System von Lohn und Strafe denken, das die Rechtschaffenen für ihre Rechtschaffenheit so belohnt und die unmoralisch Handelnden, die Bösen, so bestraft, daß die gesuchte Proportionalität tatsächlich zustande kommt. Eine Gesellschaftsordnung mit entsprechenden negativen und positiven Sanktionen, namentlich einem gut funktionierenden Strafrecht, verbunden mit einem «System» von Ehrungen und anderen Belohnungen, könnte dem nahekommen. Die erste *Kritik* nimmt aber diese institutionelle Option nicht in den Blick, sondern eine individuelle, freilich universal individuelle Lösung, denn jeder soll das moralisch Gebotene erfüllen.

Wird das Sittengesetz von allen Menschen anerkannt, so sind zwar laut erster *Kritik* die vernünftigen Wesen selbst «Urheber ihrer eigenen und zugleich anderer dauerhafter Wohlfahrt» (*KrV*, B 837). Diese Ansicht ist selbst hinsichtlich einer moralischen sozialen Welt aber wohl zu optimistisch. Greifen wir die vier Beispiele der *Grundlegung* auf:

Wo (1) Lüge und Betrug entfallen, außerdem (2) Hilfsbereitschaft vorherrscht, (3) jeder seine Talente entfaltet und (4) niemand von eigener Hand aus dem Leben scheidet, dort wird die Chance allseitiger Glückseligkeit zweifellos erheblich erhöht. Eine soziale Welt, in der alle Mitglieder moralisch handeln, ist also für das eigene und fremde Wohlergehen höchst förderlich. Gleichwohl kann es glückgefährdende Reste pragmatischer Torheit geben. Außerdem gehört es zur Glückseligkeit, daß es dem Betreffenden «im Ganzen seiner Existenz alles nach Wunsch und Wille geht» (*KpV*, V 124). Der Mensch hat aber sowohl Wünsche, die unrealisierbar sind, man denke an Fausts Wunsch, daß ein besonders schöner Augenblick «verweilen», also nicht enden möge (Goethe, *Faust II*, Vers 11582), als auch Wünsche, die sich nur in Konkurrenz, also zum Schaden anderer realisieren lassen, etwa Sieger in Sport-, Literatur-, Wissenschafts- und anderen Wettbewerben zu sein. Ferner gibt es Wünsche, die dem tatsächlichen Lauf der Welt widersprechen. Außerdem kann das «Schicksal» mit Unfällen und Unglück zuschlagen, für die allein die natürliche Welt, nicht auch die soziale Welt zuständig ist. Und selbst wenn man dank moralischer Mitmenschen ohne Demütigung, statt dessen mit Anerkennung lebt, muß nicht jeder das Maß an Freundschaft und Liebe erfahren, das er für seine Glückseligkeit erwartet, vielleicht sogar braucht. Entgegen Platons hoch optimistischer und einer im Anschluß an Kants erste *Kritik* abgeschwächt optimistischen Einschätzung ist selbst bei allseitiger Tugend eine allseitige Glückseligkeit auf Erden nicht zu erwarten.

Ohnehin ist die Annahme, daß tatsächlich alle Menschen moralisch handeln, so unrealistisch, daß man sie im wörtlichen Sinn utopisch nennen muß. Kant, der generell aller Schwärmerei abhold ist, erliegt der Utopie insofern nicht, als er eine zweite Option in Erwägung zieht. Dort, wo nicht annähernd alle Menschen moralisch handeln, braucht es eine «höchste Vernunft», die Kant sowohl das «Ideal des höchsten Guts» als auch «Gott» nennt. Zusätzlich nimmt er «eine für uns [als Sinneswesen] künftige Welt» an, in der die höchste Vernunft das höchste Gut realisiert, jetzt mit «Verheißungen und Drohungen» verknüpft (*KrV*, B 838 f.).

Wegen des für sich allein genommen utopischen Charakters –
denn wo handeln schon alle Menschen stets moralisch? – wandert
Kant von der irdischen sozialen Welt zu einer «überirdischen»
Welt. Dieser zweiten Option liegt nach der *Kritik der praktischen
Vernunft* deren Antinomie zugrunde. Formuliert man die Antino-
mie in der aus der ersten *Kritik* bekannten Form, so lautet sie:

Thesis: «die Begierde nach Glückseligkeit [ist] die Bewegungsur-
sache zu Maximen der Tugend»;

Antithesis: «die Maxime der Tugend muß die wirkende Ursache
der Glückseligkeit sein» (*KpV*, V 113).

Nach Kants erster Einschätzung ist die erste Option «schlechterdings unmöglich», weil glücksorientierte Maximen «gar nicht
moralisch» sind. Die zweite Option ist dagegen abgeschwächt, nur
«auch unmöglich» (ebd.). Denn die «pünktliche Beobachtung der
moralischen Gesetze» hat Wirkungen in der Welt, die dem Kau-
salgesetz der Natur und nicht der Proportionalität von Glückswürdigkeit und tatsächlicher Glückseligkeit gehorchen (V 113 f.).
Diese doppelte Unmöglichkeit hält Kant für desaströs. Denn der
unverzichtbare Kern seiner Überlegungen, das moralische Gesetz,
wäre «phantastisch» und «an sich falsch» (V 114). Trotz dieser
ersten Einschätzung will Kant diese Antinomie aufheben und
analog zur (dritten) «Antinomie der reinen spekulativen Vernunft»
zeigen, daß «kein wahrer Widerstreit» vorliege (ebd.). Tatsächlich
löst die zweite *Kritik* ihre Antinomie aber bloß zum Teil analog,
zum anderen Teil aber disanalog auf. Im Unterschied zur ersten
Kritik (vgl. *KrV*, B 472 f.) sind nämlich nicht beide Sätze, wenn
auch in verschiedener Hinsicht wahr. Die Auflösung ist disanalog,
denn der erste Satz, «daß das Bestreben nach Glückseligkeit einen
Grund tugendhafter Gesinnung hervorbringe, ist *schlechterdings
falsch*» (*KpV*, V 114). Die Antithesis dagegen, «daß Tugendgesin-
nung notwendig Glückseligkeit hervorbringe, ist … nur *bedingter
Weise* falsch», nämlich lediglich unter der Voraussetzung, daß man
das Dasein in der Sinnenwelt «für die einzige Existenz des vernünftigen Wesens» annimmt (ebd.).

9.5 Die Postulate: Gott und Unsterblichkeit

Überwinden läßt sich die Quasi-Antinomie nur durch die Annahme einer weiteren, nicht bloß phänomenalen, sondern auch noumenalen Existenz. Dafür braucht es die zwei Postulate. Zusätzlich führt Kant als weiteres Postulat noch die Freiheit an, die er «positiv betrachtet», als die «Kausalität eines Wesens, so fern es zur intelligiblen Welt gehört» bestimmt (*KpV*, V 132). Allerdings nimmt die Freiheit eine Sonderstellung ein, da sie nicht bloß postuliert, sondern über das Faktum der Vernunft als wirklich bewiesen wird.

Postulate bedeuten generell Forderungen. Bezogen auf die reine praktische Vernunft bestimmt Kant ein Postulat als «einen *theoretischen*, als solchen aber nicht erweislichen Satz …, sofern es einem a priori unbedingt geltenden *praktischen* Gesetze unzertrennlich anhängt» (V 122, vgl. V 11). Darunter darf man sich nicht Forderungen des Sittengesetzes vorstellen, die dieses Sittengesetz zu befolgen ermöglichen. Denn die Möglichkeit des Befolgens ist durch das Faktum der Vernunft hinreichend gewährleistet, und jeder Zusatzfaktor würde die Lauterkeit der Moralität beeinträchtigen. Kant bezieht die Postulate ausdrücklich auf die spekulative, also die theoretische Vernunft. Gleichwohl sind die Postulate keine «theoretischen Dogmata» (vgl. V 132), da sie nicht die theoretische Erkenntnis erweitern.

Nach der ersten *Kritik* sind die entsprechenden Gegenstände, Gott, Freiheit und Unsterblichkeit, bloße Ideen ohne jede Erkenntnisbedeutung. Die ihnen deshalb fehlende objektive Realität wird nun «vermittelst ihrer Beziehung aufs Praktische» gegeben. In diesem Sinn sind sie «Voraussetzungen in notwendig praktischer Rücksicht» (V 132).

Die entsprechende «Überzeugung ist nicht logische, sondern *moralische* Gewißheit» (so schon *KrV*, B 857). Die Begründung des Gottespostulats kann hier knapp skizziert werden; das entscheidende Argument lautet: Es braucht ein Wesen, das für das höchste Gut tatsächlich Sorge trägt, also dafür sowohl fähig als auch dazu willens ist. Die entscheidenden Qualifikationen führt Kant schon in der ersten *Kritik* an: «Dieser Wille muß allgewaltig sein, damit die ganze Natur und deren Beziehung auf Sittlichkeit in der Welt ihm unterworfen sei; allwissend, damit er das innerste der Gesinnungen und deren moralischen Wert erkenne; allgegenwärtig, damit er unmittelbar allem Bedürfnisse, welches das höchste Weltbeste erfordert, nahe sei; ewig, damit in keiner Zeit diese Übereinstimmung der Natur und Freiheit ermangele» (*KrV*, B 843). Nach der konzisen Bestimmung der zweiten *Kritik* ist es «ein Wesen, das durch Verstand und *Willen* die *Ursache* (folglich der Urheber) der Natur ist, d. i. Gott» (*KpV*, V 125).

Die Begründung des zweiten Postulats kann hier ähnlich knapp ausfallen. Nach dem Kernargument müssen die Adressaten des göttlichen Willens fähig sein, dessen Wirkens teilhaftig zu werden. Da es nicht in dieser Welt geschieht, braucht es eine die gewöhnliche Sterblichkeit transzendierende Existenz.

Aus anderen Regionen und im Abendland von Pythagoras und den Orphikern kennt man den Gedanken der Seelenwanderung: daß die Seele nach dem Tod in ein anderes Geschöpf übergeht. Die Vergeltung für böses Handeln findet danach weder im jetzigen Leben noch in einem jenseitigen, sondern im jeweils folgenden Leben statt, bis man schließlich auf einem Weg der Erlösung von den Fesseln des Leibes und den Qualen der Wiedergeburt befreit wird. Kant zieht nicht diese Option, sondern ausschließlich eine ins Unendliche gehende Existenz des Vernunftwesens, mithin die Unsterblichkeit der Seele, in Erwägung.

Noch aus einem weiteren Grund ist diese Unsterblichkeit zu postulieren, und die zweite *Kritik* legt allein darauf Wert: Die völlige Angemessenheit der Gesinnungen an das Sittengesetz, die Heiligkeit, ist bei endlichen Vernunftwesen nur bei einem unendlichen, mithin eine unsterbliche Seele voraussetzenden Fortschritt denkbar (*KpV*, V 122).

Nach Kant läßt sich jedenfalls die für das Sinnbedürfnis notwendige Harmonie von Glückswürdigkeit und Glückseligkeit nur unter zwei Voraussetzungen denken. Einerseits muß es jemanden geben, der für die Harmonie sorgt, was nur Gott leisten könne, weshalb sein Dasein vorauszusetzen sei. Andererseits müssen die von der Harmonieaufgabe «Betroffenen» in den Genuß der Harmonie gelangen können. Infolgedessen müssen sie über die «Zeit», in der sie sich noch nicht der Harmonie erfreuen, also über das irdische Leben hinaus existieren. Es braucht die Unzerstörbarkeit der Person, für Kant: die Unsterblichkeit der Seele.

Diese zwei Voraussetzungen heißen nun deshalb Postulate der reinen praktischen Vernunft, weil man sie unterstellen muß, um das im höchsten Gut zutage tretende Sinnbedürfnis der reinen, aber nicht nur reinen praktischen, sondern der insgesamt reinen Vernunft als erfüllbar zu denken: Der moralisch Rechtschaffene postuliert, daß zum Zweck des höchsten Guts Gott existiert und seine, des Rechtschaffenen Seele unsterblich ist.

Um die Postulatenlehre zu verstehen, muß man sich überlegen, an wen sie sich wendet. Kants Antwort ist klar: «Es ist der Rechtschaffene», der sagt: «ich will, daß ein Gott» usw. sei (*KpV*, V 143). Kant legt hier auf die erste Person Singular Wert. Der moralische Glaube sagt nicht: «es *ist* moralisch gewiß, daß ein Gott sei etc, sondern *ich bin* moralisch gewiß etc.» (*KrV*, B 857). Der sich in den Postulaten aussprechende reine praktische Vernunftglaube, «der Glaube an einen Gott und an eine andere Welt ist mit meiner moralischen Gesinnung … verwebt» (ebd.). In epistemischer Hinsicht ist er «ein reiner praktischer Vernunftglaube». Trotzdem ist er nicht etwa in moralischer Hinsicht «geboten», sondern eine «freiwillige, zur moralischen (gebotenen) Absicht zuträgliche … Bestimmung», die «selbst aus der moralischen Gesinnung entsprungen» ist und «öfters selbst bei Wohlgesinnten bisweilen in Schwanken, niemals aber in Unglauben geraten» kann (*KpV*, V 146). Das führt zur paradoxen Situation, daß der Rechtschaffene der entsprechenden Religion nicht bedarf und trotzdem, so Kant, wegen seiner Gesinnung der Rechtschaffenheit, zu ihr gedrängt wird.

Zum Abschluß dieser Überlegungen drängen sich noch einige Rückfragen auf; ich beschränke mich hier auf das zweite Postulat. Erste Rückfrage: Kann der Mensch überhaupt oder allgemeiner ein sinnliches Vernunftwesen im strengen, «ontologischen» Sinn heilig werden? Er müßte doch seine Sinnlichkeit, nämlich Verführbarkeit zu unmoralischem Wollen, verlieren. Wie Kant selber erklärt, ist «kein vernünftiges Sinnenwesen in keinem Zeitpunkt seines Daseins fähig» zur «Heiligkeit» genannten Vollkommenheit (*KpV*, V 122). Trotz einer eventuell wachsenden Lauterkeit bleibt es als Sin-

nenwesen an das Verlangen nach Glück und an die daraus resultie-
rende Verführbarkeit gebunden. Folglich kann es sich zumindest
im «ontologischen» Sinn der Heiligkeit gar nicht annähern. Und
für eine «pragmatische» Annäherung, für eine hinreichend feste
Einstellung, die Tugend, muß der Fortschritt nicht unendlich sein.

Zweite Rückfrage: Ist die von der Leiblichkeit befreite Person,
die unsterbliche Seele, von Versuchungen der Eigenliebe nicht ohnehin frei? Dort scheint also Unmögliches, hier Unnötiges verlangt
zu werden.

Dritte Rückfrage: Kann die unsterbliche Seele sich überhaupt der
Harmonie von Glückseligkeit und Glückswürdigkeit erfreuen? Die
Glückseligkeit ist doch an Neigungen, mithin an einen Leib gebunden, von dem die unsterbliche Seele freigeworden ist. Gibt es also
eine zweite Unmöglichkeit?

Diese Rückfragen sind nicht belanglos, aber anderes ist wichtiger, nämlich Kants doppelte Provokation, auch wenn ihre Einzelheiten noch nicht überzeugen. Die erste Herausforderung liegt im
Thema. Danach ist keine Moralphilosophie zufriedenstellend, die
außer den schon weitreichenden vier Fragen nach Begriff, Kriterium, Subjektivität und Faktum der Moral nicht noch sich die
fünfte Frage stellt: Ist eine Welt sinnvoll, die zuläßt, daß es den
Rechtschaffenen schlecht, den Bösen aber gut ergehen kann? Kants
zweite Provokation: Da der Mensch diese Frage negativ beantwortet, weil er als theoretisches und zugleich praktisches Vernunftwesen ein Sinnbedürfnis hat, das nach einer Entsprechung von Rechtschaffenheit und eigenem Wohl verlangt – kann dieses Sinnbedürfnis
nur auf eine die säkulare Welt herausfordernde Weise beantwortet
werden? Auch wenn eine säkulare Welt lieber nach Entwürfen als
nach Argumenten für die Zustimmung sucht – kennt sie eine zu
Kant alternative Antwort; kommt sie tatsächlich ohne die, fraglos
ungeliebten, Annahmen von Gott und Unsterblichkeit aus?

10. Provokation 2: Pflicht kontra Neigung?

Eines der Mißverständnisse, denen Kants Moralphilosophie noch immer ausgesetzt ist, betrifft den Gegensatz von Pflicht und Neigung. Deren prominentester Kritiker ist Friedrich Schiller, und ihr populärster Ausdruck findet sich im Zweizeiler: «Gerne dien ich den Freunden, doch tu ich es leider mit Neigung/Und so wurmt es mir oft, daß ich nicht tugendhaft bin» (*Nationalausgabe* I, 357). Dieses Distichon stammt zwar aus den gemeinsam mit Goethe verfaßten *Xenien*, kann aber klar Schiller zugeordnet werden (vgl. die Anmerkung von R. Wild in Goethe, *Münchner Ausgabe*, Bd. 4.1, 1186).

Vielleicht läßt die Doppelstrophe auch andere Deutungen zu. Schillers eigenes Programm ist aber von Begriffen getragen, die wie die schöne Seele und der Spieltrieb ein Gegenprogramm zu Kant zu entwerfen suchen. Dieses Gegenprogramm macht Anleihen bei der britischen moral sense-Philosophie, die empirisch kontaminiert ist und die Kant genau deshalb zugunsten seiner apriorischen Moral der reinen praktischen Vernunft überwinden will.

10.1 Braucht die Moral den Gegensatz zur Neigung?

Oberflächliche Kant-Kritiker verstehen den Begriff der Pflicht rein funktional als die Aufforderung, eine beliebige Aufgabe zu erfüllen, ohne den Rang der Aufgabe zu beachten. Manche glauben sogar, der Begriff sei von aristokratischem Standesdünkel und konservativer Gesellschaftskritik durchtränkt. Kant vertritt aber weder einen funktionalen und fremdbestimmten (heteronomen), sogar autoritären Pflichtbegriff, noch einen als «pietistisch» oder «preußisch» zu denunzierenden Gehorsam. Im Rahmen der Selbstbestimmung enthält der Begriff vielmehr die schwerlich zu bestreitende Einsicht, daß Menschen nicht immer so handeln, wie sie moralisch handeln sollen. Wegen ihres natürlichen Interesses am eigenen Wohl, also aus einem durchaus anthropologischen Grund, hat die Moral den Charakter eines Sollens. Für den Menschen, ein sinnliches Vernunftwesen, tritt es in Form eines uneingeschränkt gültigen, kategorischen Imperativs auf, der nicht erst seit Kant, sondern seit der Stoa auf Griechisch den Charakter von *kathêkon*, im Lateinischen den eines *officium* und auf Deutsch den einer Pflicht hat. Um sie gegen andere, etwa konventionelle Verbindlichkeiten abzugrenzen, spricht man genauer von sittlicher oder moralischer Pflicht.

Wer ihr genügt, beispielsweise einem Notleidenden hilft, handelt, wem auch immer die Hilfe zugute kommt, erst der moralischen Pflicht *gemäß*. Schon vor Kant, heute aber oft verdrängt, fragt eine gründliche Moralphilosophie, ob es zu dieser moralischen (nicht positiv-rechtlichen) Legalität noch eine Steigerung gibt, jene wahre Moralität, die nicht bloß die einzelne Handlung, sondern auch das ausführende Subjekt selbst moralisch zu nennen erlaubt. Ob es zutrifft, entscheidet sich an der Triebfeder. Wer jemandem nur wegen positiver oder negativer Sanktionen hilft, wer also einen Lohn erwartet, handelt allenfalls pflichtgemäß, nicht *aus* Pflicht.

Zu Recht spricht auch Schillers Distichon nicht über eine einzelne von ihrer Triebfeder isolierte Tat, sondern über die Grundhaltung einer Person, ihre Tugend, bei der das Helfen zum Charakter gehört, zu einer Lebenseinstellung, die auch in jener schwierigen Lage sich bewährt, wo keinerlei Lohn zu erhoffen oder Strafe zu befürchten ist. Wer «aus seinem Inneren heraus» hilfsbereit ist, hilft weder aus Berechnung noch lediglich den Menschen, denen man von allein Gutes zu tun pflegt, der eigenen Familie oder wie im Distichon den Freunden.

Ob das Ich in Schillers Distichon jemand ist, der leider nur seinen Freunden hilft und sich daher zu Recht nicht tugendhaft nennen darf, kann hier dahingestellt bleiben, wiewohl die Ballade «Die Bürgschaft» zeigt, wie anspruchsvoll wahre Freundschaft ist, denn sie bürgt sogar mit dem eigenen Leben. Jedenfalls verfügt, wer ausschließlich seinen Freunden hilft, gegen die Not aller anderen aber gleichgültig bleibt, nicht über die Tugend der Hilfsbereitschaft.

Dort, wo Kant auf den Pflichtbegriff Wert legt, spricht er nicht etwa als anklagender oder larmoyanter Moralist, sondern lediglich als Moralphilosoph, man kann auch sagen: als Metaethiker. Weder hält er eine Bußpredigt noch hebt er den moralischen Zeigefinger oder fordert die Menschen in anderer Weise zur Tugend auf. Er stellt bloß fest, was man unter einer moralischen Person versteht, und dürfte mit seiner Feststellung recht haben: Es genügt nicht, gelegentlich moralisch zu handeln, oder ausschließlich dort, wo es aus Berechnung oder angesichts von Freunden leicht fällt. Tugendhaft darf sich erst nennen, wer auch in schwieriger Lage den moralischen Geboten folgt. Weil also der moralische Charakter sich nicht schon dort zeigt, wo man aus Gründen eines Vorteils oder wegen einer natürlichen Neigung moralisch richtig handelt, muß ein Philosoph die Situation so zuspitzen, daß die Pflicht klarerweise der Neigung widerspricht. Erst in dieser Konfliktsituation tritt jene wahre Triebfeder zutage, die auf Moralität und nicht nur Legalität zu schließen erlaubt.

Daß es keinen Menschen gibt, der sich nie von seinen Neigungen verführen läßt und beispielsweise selbst unter Lebensgefahr zuverlässig moralisch handelt, weiß Kant durchaus. Nach dem Faktum der Vernunft bleibt er sich aber der moralischen Pflicht bewußt, während sich ein stets zuverlässiges moralisches Handeln auf Heiligkeit beliefe, also auf «eine Vollkommenheit, deren kein vernünftiges Wesen der Sinnenwelt, in keinem Zeitpunkte seines Daseins, fähig ist» (*KpV*, V 122). Was also müßte den Sprecher des Distichons wurmen? Nicht, daß er seinen Freunden hilft, auch nicht, daß er dies gern, also mit Neigung tut, sondern nur, falls er es tatsächlich sagen will: daß es ihm an Bereitschaft fehlt, auch Nicht-Freunden zu helfen und er deshalb kein tugendhafter Mensch ist. Wem es an entsprechender Bereitschaft mangelt, handelt nicht nur «mit Neigung», sondern auch, was der Pflicht widerspricht, «aus Neigung».

10.2 Was findet in der schönen Seele zur Einheit?

Schiller selbst erkennt übrigens Kants Gegensatz an, wenn er in einem anderen Doppelvers sagt: «Teuer ist mir der Freund, doch auch den Feind kann ich nützen./Zeigt mir der Freund, was ich kann, lehrt mich der Feind, was ich soll» («Freund und Feind»: *Nationalausgabe* I, 288). Trotzdem scheint er weder den Grund noch die Tragweite des Kantischen Gegensatzpaares voll zu durchschauen.

Andernfalls könnte er nicht im Gedanken der schönen Seele zwei Begriffe zu versöhnen versuchen, die man, um das Wesen einer moralischen Person zu verstehen, besser unversöhnt stehen läßt.

Der Ausdruck «schöne Seele», im 18. Jahrhundert weit verbreitet, geht bis zu Platon zurück, bei dem er weit mehr als eine bloß ästhetische Schönheit meint. Er bedeutet vielmehr eine Ganzheit und umfassende Wertschätzung, eine sich rundende Humanität, zu der die Moral wesentlich hinzugehört. Auch bei Schiller erhält der Gedanke der Schönheit einen moralischen Einschlag, worin gleichermaßen ein Vorteil wie ein Nachteil liegt. Der Vorteil: Die moralisch imprägnierte Schönheit verliert gegenüber der Moral an Heterogenität, läßt sich daher mit ihr leichter vereinen. Der Nachteil: Die schon moralisch imprägnierte Schönheit bedarf nicht mehr einer eigenständigen Moral. Oder komparativ ausgedrückt: Je moralischer die Schönheit aufgeladen ist, desto leichter vermag sie, was sie dann aber um so weniger braucht, nämlich eine Verbindung mit der Moral einzugehen.

An der entscheidenden Stelle, in der Abhandlung *Über Anmut und Würde* (*Nationalausgabe* XX, 287), argumentiert Schiller vor allem mit den Ausdrücken des sittlichen, man darf auch sagen: moralischen Gefühls und des Affektes. Der erste Ausdruck, der *sensus moralis* oder moral sense, steht im Mittelpunkt der britischen Moralphilosophie vor Kant. Deren erster großer Vertreter, von dem übrigens Schiller beeinflußt ist, Shaftesbury, stammt bezeichnenderweise aus der Cambridge-Schule des Neuplatonismus. Bei ihm bezeichnet das moralische Gefühl ein für die Moral zuständiges «Organ», das zwei Leistungen erbringt: Es erkennt das moralisch Gute und motiviert zugleich, ihm gemäß zu handeln. Die natürliche Grundlage des zuständigen «Organs» bildet eine uneigennützige Neigung: das Mitleid mit anderen und vor allem das Wohlwollen für sie.

Das moralische Gefühl ist eine Art von Gewissen, bei dem aber im Unterschied zu dessen gewöhnlichem Verständnis die Wissensseite betont wird. Überdies stellt sie nicht nur eine negative Instanz dar, die gegen das moralisch Schlechte Einspruch erhebt. Das moralische Gefühl ist wesentlich eine positive Instanz, die um das moralisch Gute weiß und dieses Wissen mit einer handlungsleitenden

Kraft verbindet. Trotz des Wissens hat es aber einen Gefühlscharakter, da das entsprechende Wissen unmittelbar gegeben wird. Folglich steht das sittliche Gefühl in der Nähe einer vorempirischen, also apriorischen Intuition, einer reinen, das sittlich Gute billigenden Anschauung (vgl. später in der phänomenologischen Ethik Max Scheler, nach dessen materialer Wertethik das Sittliche eingesehen bzw. gefühlt werde: Scheler 1916, 272).

Der fast-apriorische Charakter rückt das sittliche Gefühl in die Nähe von Kant, wegen des «fast» aber lediglich in dessen Nähe. Denn als ein Gefühl beinhaltet es eine emotionale Billigung, die wiederum als eine faktische Gegebenheit von der Besonderheit der betreffenden Person abhängt. Daher ist es sich jener vernünftigen, also bloß rationalen, nicht emotional durchsetzten Allgemeinheit nicht sicher, die nach Kants kategorischem Imperativ das Kriterium der Moral bzw. des Sittengesetzes ausmacht. Genau aus diesem Grund verwirft Kant die britische Gefühlsmoral, die er vor allem in der Gestalt Hutchesons kritisiert (*GMS*, IV 442; *KpV*, V 40). An deren Stelle setzt er eine innere Haltung des Subjekts, die sittliche Gesinnung, die das Vernunftgebotene als solches will und deshalb gemäß dem kategorischen Imperativ nur in universalisierbaren Maximen zutage tritt.

Wie schon bei Shaftesbury so bezeichnet auch bei Hutcheson das moralische Gefühl ein Gefühl zweiter Stufe, das in Form von Billigung oder Mißbilligung auf die Gefühle erster Stufe reagiert. Des näheren ist es eine zwingende geistige Disposition, eine Neigung, die wohlwollende und allgemein nützliche Handlungen ohne einen Blick auf das eigene Glück billigt. Damit will Hutcheson einer empirisch-sinnlichen Faktizität einen streng allgemeingültigen Charakter zusprechen, was Kant schon aus erkenntnistheoretischen Gründen für unmöglich hält.

Das sittliche Gefühl, das Kant durchaus kennt, besteht bei ihm in einem durch Vernunft, also keinem empirischen, sondern einem rein intellektuell geweckten Gefühl der Achtung. Es tritt dort auf, wo sich der Mensch das Sittengesetz zum obersten Handlungsgrund macht (siehe Kap. 9.3). Das Gefühl der Achtung ist zwar sinnlich und trotzdem rein, da es im Unterschied zu empirischen Gefühlen nicht auf einen Sinnenreiz, sondern auf einen empiriefreien Gegenstand, das Sittengesetz, reagiert. Diese Triebfeder der reinen praktischen Vernunft, die rein vernünftige Achtung, ist zudem von der Aufgabe entlastet, das Sittliche zu erkennen, so daß die Motivationskraft übrig bleibt. Wer das vom Sittengesetz Gebotene aus Achtung vor dem Sittengesetz erfüllt, steigert die sittliche Grundstufe, die Legalität, zur sittlichen Vollendungsstufe, der Moralität.

Mit seinem zweiten Ausdruck «Affekt» betont Schiller dreierlei: die Unmittelbarkeit: daß man ohne zu zögern, weil ohne nachzudenken und zu überlegen, agiert; die Sicherheit: daß man trotzdem moralisch gut handelt, sogar stets und ohne Fehler; und eine Leichtigkeit, «als wenn man bloß aus einem Instinkt handelte». Alle drei Momente, die Unmittelbarkeit, die Sicherheit und die Leichtigkeit, gelten deshalb als gegeben, weil man aus jenem Inneren der (moralischen) Persönlichkeit heraus handelt, die in Charakterschönheit besteht.

Beide Begriffe, moralisches Gefühl und Affekt, sind bei Schiller nicht gleichrangig. Das moralische Gefühl besitzt vielmehr den kompromißlosen Vorrang. Erst wenn das moralische Gefühl in alle Empfindungen der Menschen die Anforderungen des Sittlichen «einverleibt» hat, nur unter dieser Bedingung, daß die Erkenntnis des moralisch Gebotenen und dessen Befolgung sichergestellt sind, darf es sich zurücknehmen und seine Macht auf den Affekt übertragen. Dabei verbindet sich die Moral mit dem angeblichen Gegner, der praktischen Sinnlichkeit, zu einer moralisch gewordenen Sinnlichkeit bzw. einer sinnlich gewordenen Moral.

Wo also liegt Schillers Steigerung der Moral zur Schönheit? Gesteigert wird nicht die Moral; ein Wettbewerb um moralische Exzellenz findet nicht statt. Die schöne Seele besteht vielmehr in einer Moral, die nicht mehr inneren Widerständen abgerungen werden muß, die also jede Moral «mit umwölkter Stirn» überwindet. Zweifellos findet diese Überwindung, eine Steigerung der Humanität zu deren Meisterschaft, einer mit der Sinnlichkeit in Eintracht und Einklang lebenden Sittlichkeit, unser Wohlgefallen, deshalb darf man sie als schön qualifizieren. Die schöne Seele besteht in der in sich harmonischen, weil von der eigenen Natur auf die Moral gerichteten Antriebskraft. Wer aus dieser Antriebskraft heraus sein ganzes Leben führt, darf sich seiner freien und souveränen Sittlichkeit rühmen und sich Maestro des Menschseins nennen.

Für den (sittlich) vollendeten Menschen kennt Schiller noch andere Begriffe, etwa den Begriff des Spielens: Der Mensch ist im vollen Sinn nur Mensch, wenn er spielt (vgl. *Briefe über ästhetische Erziehung*, Brief 15: *Nationalausgabe* XX, 359). Sehr vorläufig ist darunter eine vorbehaltlose Intensität zu verstehen, jenes «mit Leib und Seele bei einer Sache sein», das sein Bestes gibt, aber nicht verkrampft und verbissen, sondern mit einer kräftigen Prise Unbeschwertheit und Lässigkeit gewürzt, und sich dabei nicht für beliebige Dinge, sondern nur für eine zweckfreie Sache engagiert. Wer im Schillerschen Sinn spielt, steht nicht in fremden Diensten; nichts und niemandem ein Knecht oder gar Sklave ist er sein eigener Herr und rundum frei. Mit Leib und Seele widmet er sein ganzes Leben einer zweckfreien Sache.

10.3 Kant oder Schiller?

Müßte Schiller auch die Grenze zwischen Pflicht bzw. Tugend und Neigung für hinfällig halten, da seines Erachtens bei der Biographie einer schönen Seele alle «schneidenden Grenzlinien verschwunden» sind? Wegen des moralischen Gefühls folgt man nämlich der moralischen Pflicht, die aber wegen des genannten Affektes keine Spitze gegen die Neigung hat.

Bevor sich entscheiden läßt, ob Schiller tatsächlich Kants Dualismus überwindet, ist der im Dualismus gemeinte Begriff der Neigung zu klären. Die Neigungen, lateinisch *inclinationes*, geben Handlungen und Einstellungen die Richtung vor. Als bloße Richtungsvorgabe bestimmt, sind sie gegen die Frage der Moral indifferent. Ein etwaiger Gegensatz zur Pflicht taucht erst dort auf, wo man nach der Reichweite fragt. Gelten die Neigungen als die entscheidende Autorität, liegt also die Lizenz zur Richtungsvorgabe ausschließlich bei den Neigungen, so bestimmen sie das Handeln so grundsätzlich, daß man nur aus Sympathie, etwa bloß seinen Freunden, oder gar lediglich aus Berechnung hilft. Die Folge liegt auf der Hand: Man stimmt mit der Moral nur gelegentlich und zufällig und vor allem nicht ihretwegen überein. Die aus Pflicht erfolgende Übereinstimmung, die zur Moralität gesteigerte Moral, ist nur dort möglich, wo die Lizenz zur Richtungsvorgabe nicht mehr bei der Neigung, sondern bei der Moral selbst liegt. Dann aber wird die Übereinstimmung als solche gesucht, ohne Rücksicht auf die zufällig harmonierenden, oft genug aber widerstreitenden Neigungen. Nichts anderes behauptet der Kantische Gegensatz von Pflicht bzw. Tugend und Neigung: daß die Neigungen eines Menschen ihre Ermächtigung zur Richtungsvorgabe verlieren und sich der Autorität der Pflicht beugen müssen.

Seit Thomas Hobbes (z. B. *Leviathan*, Kap. 26) lautet die in der Rechts- und Staatstheorie entscheidende Frage: «Quis iudicabit?» – bei wem liegt in Konfliktfällen das Recht zur Letztentscheidung; wer besitzt die «Souveränität» genannte höchste Entscheidungsgewalt, die *suprema potestas*? Kant stellt in der Moralphilosophie die analoge Frage für das Handeln, näherhin für die Autorität zur Richtungsvorgabe. Zu Recht sieht er, daß die Antwort nicht bei einem konfliktscheuen Sowohl-als-auch liegt, sondern beim konfliktbereiten Entweder-Oder; der Dualismus ist hier unvermeidbar. Wie eine monotheistische Gottheit sagt, wer nicht für mich ist, ist wider mich, so antwortet Kant ebenso klar wie kompromißlos: Die *suprema potestas moralis* liegt nicht bei der Neigung, sondern bei der Moral selbst.

Auf der Grundebene ist nichts anderes als eine *rigueur conceptionelle*, ein kompromißloser Rigorismus, gefragt. Aus dem fundamentalethischen Rigorismus folgt aber nicht notwendig ein Rigorismus in angewandter Ethik. In konkreten Fällen mag man zu anderen Einschätzungen als Kant kommen, beispielsweise meinen, in Extremfällen aus Menschenliebe lügen zu dürfen. (Man darf hier allerdings nicht übersehen, daß Kant nach einem Recht fragt, was mehr ist als irgendein Dürfen.) Um den Rang der Moral zu haben, darf aber auch die von Kant abweichende Einschätzung nicht aus einer momentan vorherrschenden Neigung erfolgen, muß vielmehr einer Maxime genügen, jetzt einer Maxime zweiter Stufe, die für Pflichtenkollisionen zuständig ist (vgl. dazu Höffe 2001 a, 82 ff.). Ich vermute nun, daß Schiller in seinem Distichon nicht sieht, daß Kant bei seinem Dualismus und Rigorismus sich auf der fundamentalethischen Ebene bewegt und daß sie dort um der Reinheit der Moral willen unvermeidbar sind.

Man könnte einwenden, Schiller komme es vermutlich auf etwas anderes an. Von einigen mißverständlichen Formulierungen Kants angestoßen, zum Beispiel von der Bestimmung der Tugend als «moralische Gesinnung im Kampfe» (*KpV*, V 84), müsse man sich nach Kant den moralisch Handelnden als eine Person vorstellen, der man ansieht, daß sie noch mit moralfremden Neigungen zu kämpfen hat. In der Tat kann, wer das moralisch Gebotene nur unter Mühen erfüllt, durchaus nicht bloß den Freunden, sondern wie der Samariter sogar Mitgliedern einer ihn verachtenden Gruppe helfen. Weil er sich dabei aber noch schwertut, leistet er die Hilfe mit einem inneren Widerstreben, das sich auch äußerlich, etwa in einer «umwölkten Stirn», zeigt. In diesem Sinn könnte man Schillers Vorwurf verstehen: «In der kantischen Philosophie ist die Idee der Pflicht mit einer Härte vorgebracht, die alle Grazien … zurückschreckt» und «einer finsteren … und mönchischen Asketik» das Wort redet (*Über Anmut und Würde*, in: *Nationalausgabe* XX, 284).

Aber auch Kant hält das entsprechende Handeln für moralisch defizitär, denn es erfolgt nicht «rundum aus freien Stücken». Aus Achtung vor dem Sittengesetz handelt nur, wer sich diese Achtung zur Haltung macht und, wie es in der *Tugendlehre* (VI 484) ausdrücklich heißt, «wachen und fröhlichen Gemüts» die Pflichten befolgt. Er hat sie sich «einverleibt», was die klassische Moralphilosophie als eine «zweite Natur» anspricht.

Deshalb empfiehlt es sich, Schiller in folgendem Sinn zu verstehen: Die schöne Seele meint eine Einverleibung der Achtung vor dem Sittengesetz, eine moralische Anmut (siehe Höffe 2007, Kap. 22), die Kant jedoch nicht fremd ist. In seiner Vorlesung *Anthropologie in pragmatischer Hinsicht* erklärt er: «Der Purism des Zynikers und die Fleischestötung des Anachoreten, ohne gesellschaftliches Wohlleben, sind verzerrte Gestalten der Tugend und für diese nicht einladend», sondern – man staune – «von den Grazien verlassen, können sie auf Humanität nicht Anspruch erheben» (*Anthropologie*, VII 282).

Selbst im Lob auf die Grazien sind sich also Schiller und einer seiner philosophischen Mentoren, Kant, einig. Herrscht somit über die Grenzen unterschiedlicher Ausdrücke hinweg eine volle, «schöne Harmonie»? Die Frage entscheidet sich am Gehalt und an der Existenzweise der schönen Seele und verdient als Antwort ein: «teils ja, teils nein». Sie verdient ein Ja, weil auch Kant die bloße Pflichterfüllung zur freien, inneren Zustimmung zu steigern und die Pflichterfüllung «fröhlichen Gemüts» vorzunehmen verlangt. Es braucht aber auch das Nein, weil erstens, inhaltlich gesehen, die von Kant gelobte verfeinerte Menschlichkeit nicht das entscheidende Humanum, die Moral, steigert, und zweitens methodisch, weil Schillers sittliches Gefühl ein Moment emotionaler Billigung enthält, das in Kants Achtung vor dem Gesetz deshalb ausgeschlossen ist, weil es kein rein rationales ist.

Vor allem erscheint bei Schiller die schöne Seele als eine reale Möglichkeit. Menschen, deren «Herz» das Sittliche *stets* «mit Freudigkeit bekennt», scheint es nach Schillers Ansicht realiter zu geben, was Kant grundsätzlich in Zweifel zieht. Seine Gegengründe sind nicht etwa aus Pessimismus oder gar Misanthropie geboren, sie folgen vielmehr der anthropologischen Einsicht, die den Pflichtbegriff nötig macht: Als Leib- und Bedürfniswesen hat der Mensch Antriebskräfte, die der Moral widerstreiten können, weshalb ihm das Sittengesetz kein Naturgesetz ist, das er notwendig befolgt, sondern ein Imperativ, der zur Befolgung auffordert.

Für Kant ist der Gegenbegriff zur moralischen Gesinnung «im Kampfe» nicht, wie in Schillers Alternative anklingt, die moralische Gesinnung «in Leichtigkeit», sondern der Besitz einer «völligen Reinigkeit der Gesinnungen des Willens» (*KpV*, V 84). Diese ist gleichbedeutend mit jener Heiligkeit im «ontologischen» Sinn, für die nicht einmal das vorbildliche Verhalten ausreicht, das nach katholischer Auffassung jemanden zur Ehre der Altäre und zum Adressaten von Fürbitten befähigt. Im «Besitz einer völligen Reinigkeit der Gesinnungen» ist nur, wem jede praktische Sinnlichkeit fehlt. Dieses Defizit trifft selbst auf die Vorbilder von Nächstenliebe nicht zu, weder auf den barmherzigen Samariter noch auf den heiligen Franziskus von Assisi, noch auf Mutter Teresa, sondern lediglich auf eine reine Intelligenz, also einen Engel oder eine Gottheit. Derartige Personen hat Schiller kaum vor Augen. Dann aber kann er nicht ausschließen, was der Ausdruck «im Kampfe» bedeutet: Reste vormoralischer Neigungen, die imstande sind, den konkreten Menschen in Versuchung zu führen. Der Möglichkeit einer für ein Leib- und Bedürfniswesen essentiell oder strukturell vorgegebenen Versuchbarkeit und Verführbarkeit kann kein Mensch entkommen.

Wo also liegt die Differenz? Kant und Schiller unterscheiden sich nicht im Gedanken einer Harmonie von moralischem Willen und sittlichem Gefühl, sondern im methodischen Status des Gefühls: Als Achtung vor dem Gesetz ist es bei Kant rein rational, überdies von der Erkenntnis des Sittlichen entlastet. Dazu kommt ein Unterschied in der Existenzweise dieser Harmonie; ich schränke ein: «allenfalls». Denn es ist nicht ausgeschlossen, daß Schiller selber, ohne es hervorzuheben, der schönen Seele den methodischen Rang billigt, den ihr Kant einräumen würde, den eines Ideals. Darüber hinaus könnte das Ideal für Schiller sogar eine lebenspraktische, existentielle Bedeutung gehabt haben: Vielleicht war es ein Wunsch-, selbst Traumbild, das der Autor in seinem Leben gern verwirklicht hätte, das er jedoch dank der in seine Persönlichkeit tief eingegrabenen Dualismen, etwa zwischen Verstand und künstlerischer Phantasie, nicht auch nur annähernd zu erreichen vermochte.

Was bei Schiller methodisch ungeklärt bleibt, ist bei Kant jedenfalls klar. Für Kant wäre die schöne Seele ein Ideal, also eine Idee von Vollkommenheit, sofern sie in einem Individuum existiert. Sein Beispiel ist nach der ersten *Kritik* der stoische Weise (*KrV*, B 597), der aber nicht als eine reale Person zu verstehen ist, sondern als ein personalisiertes Ideal. Ihm sich mehr und mehr anzunähern, ist dem Menschen geboten, es jemals voll zu erreichen aber grundsätzlich verwehrt.

11. Provokation 3: Eine «Metaphysik» der Moral?

Paradoxerweise hebt die Geschichte der Fundamentalphilosophie, die man «Metaphysik» nennt, als Metaphysik-Kritik an, die Geschichte der fundamentalphilosophischen, insofern auch metaphysischen Ethik beginnt dagegen so gut wie ohne jede Metaphysik. Das Programm, das John Rawls 1985 in seinem Aufsatztitel «Justice as Fairness: Political, not metaphysical» ankündigt und das Habermas 1988 unter dem Titel «Nachmetaphysisches Denken» auf seine Weise bekräftigt, trifft schon mehr als zwei Jahrtausende zu, sogar auf die ersten als «Ethik» betitelten Veröffentlichungen, insbesondere auf Aristoteles' *Nikomachische Ethik*. Überraschenderweise gilt es aber nicht für Rawls', auch nicht für Habermas' wichtigste Inspirationsquelle: Kant.

Obwohl Kant die überlieferte Metaphysik verwirft, ordnet er seine systematische Ethik ausdrücklich einer jetzt neuartigen Metaphysik zu. Daher stellt sich die Frage, ob diese Situation kontingent ist oder gute Gründe für sie sprechen: daß Aristoteles' eudaimonistische Ethik metaphysikfrei, Kants autonome Ethik dagegen metaphysisch ist. Folgen also Rawls und ähnlich auch Habermas zwei widersprüchlichen Interessen, nämlich methodisch dem Programm einer metaphysikfreien Ethik, inhaltlich aber der auf Metaphysik verpflichteten Ethik der Autonomie? Muß man sich folglich entscheiden, ob man in der Ethik lieber metaphysikfrei, dann aber eudaimonistisch, oder besser autonom, dann jedoch metaphysisch denken soll? Vielleicht ist die Situation aber komplizierter, da Aristoteles' Ethik in einer von Aristoteles' Metaphysik verschiedenen Weise doch metaphysischen Charakter hat, Kants Ethik dagegen in anderer Hinsicht metaphysikfrei ist.

In der zeitgenössischen Ethik-Debatte gelten Aristoteles' und Kants Ethik als sich gegenseitig ausschließende Optionen. Ohne den in der Tat bestehenden Unterschied von eudaimonistischer Strebens- und autonomer Willensethik herunterzuspielen, nimmt aber ein unvoreingenommener Blick einen bunten Strauß von Gemeinsamkeiten wahr (siehe schon Höffe 2001a, Kap. 2), von denen zuvor einige erinnert werden sollen.

11.1 Kant als Aristoteliker

Wegen einer Reihe von grundlegenden Übereinstimmungen erweist sich Kant als ein Aristoteliker durch die Tat. *Erste* Gemeinsamkeiten haben wir schon kennengelernt: daß Kant stillschweigend Aristoteles' Gedanken einer praktischen Philosophie anerkennt (siehe Kap. 5). Nirgendwo in seinen Schriften zur Ethik, weder in der *Grundlegung* und der *Kritik der praktischen Vernunft* noch in der *Metaphysik der Sitten* und noch weniger in den Abhandlungen *Über den Gemeinspruch*, *Zum ewigen Frieden* und *Der Streit der Fakultäten* hält Kant die Theorie der Moral, wie Bien (1981, 70) behauptet, für einen Selbstzweck, indem sie nur «die rein theoretische Aufklärung der Bedingungen der Möglichkeit von Moralität» suche. Schon seiner *Kritik der reinen Vernunft*, dann seinem Programm einer reinen, von allen empirischen Elementen freigesetzten Moralphilosophie liegt ein moralisch-praktisches Interesse zugrunde.

Weiterhin besteht Kants «System» der praktischen Philosophie, die *Metaphysik der Sitten*, nicht anders als bei Aristoteles aus zwei Teildisziplinen, die trotz gemeinsamer Grundbegriffe relativ unabhängig voneinander bleiben. Bei Aristoteles sind es die Ethik und die Politik, bei Kant die *Rechtslehre* und die *Tugendlehre*. In beiden Teilen praktiziert Kant als *dritte* Gemeinsamkeit Aristoteles' wissenstheoretischen Gedanken des *typô-*, des Grundriß-Wissens. Er stellt nämlich im wesentlichen nur normative Prinzipien vor und läßt deren konkrete Ausfüllung offen. Zudem ist für beide Philosophen eine Opposition wichtig, die überdies bei beiden ähnlich ausfällt. Während Kant das von der reinen praktischen Vernunft bestimmte Leben: ein Handeln aus Pflicht dem Leben gemäß der Neigung entgegenstellt, sieht Aristoteles die allein richtige Lebensführung im vernunftgemäßen Leben (*kata logon zên*), das er kompromißlos scharf gegen das rein affekt- bzw. leidenschaftsbestimmte Leben (*kata pathos zên*) absetzt. Und wenn er die für den Menschen charakteristische Leistung (*ergon*) als Vernunft bestimmt (*Nikomachische Ethik*, I 6), so folgt der Mensch im vernunftgemäßen Leben seinem eigentlichen Selbst, so daß man hier von einer Selbstbestimmung und Selbstverwirklichung reden kann, die sich Kants Begriff der Autonomie nähert. Und indem es beiden, Kant ebenso wie Aristoteles, auf Selbstbestimmung ankommt, lehnen sie jede theologische, aus Gottes Willen stammende Moral ab. *Schließlich* wehren sich beide Philosophen gegen eine Verkürzung der Moral auf die Beziehung zu den Mitmenschen, auf eine Sozialmoral. Kant kennt nämlich Pflichten gegen sich und Aristoteles selbstbezügliche Tugenden wie die Besonnenheit.

11.2 Aristoteles' Ethik: metaphysikfrei-metaphysisch

Die Geschichte der Metaphysik beginnt deshalb als Metaphysik-
Kritik, weil Aristoteles' unter dem Titel *Metaphysik* herausgege-
bene Sammlung fundamentalphilosophischer Abhandlungen eine
Alternative zu der der Sache nach ersten Metaphysik, Platons Ideenlehre, entfaltet (vgl. Höffe 1996, Kap. 11.3).

Aristoteles kritisiert an Platon nicht etwa die Prämisse einer
«starken Metaphysik», den Vorrang des rein Gedachten vor
dem Wahrnehmbaren. Ihm geht es subtiler um die Frage, in welcher Weise der in jeder Erkenntnis und Sprache enthaltene All-
gemeinbegriff des näheren «ist». Nach Platons Ideenlehre gelten
die Allgemeinbegriffe als Entitäten, die ewig und unveränderlich sind, gesondert von den Einzeldingen bestehen und das
Vor- und Urbild (*paradeigma*) für die Dinge abgeben, die ihrerseits durch Teilhabe (*methexis*) an der Idee ihr «Sein» erhalten.
Ideen sind jene idealen Vorbilder der Einzeldinge, die nicht nur
über eine eigene, sondern sogar die eigentliche Realität verfügen.

Aristoteles verwirft diese Deutung als eine hybride Konstruktion und überflüssige Hypostasierung (vgl. *Metaphysik*, I 9,
VII 14, XIII-XIV, auch *Sophistische Widerlegungen*, Abschn. 22,
und *Nikomachische Ethik*, I 4). Allgemeinbegriffe wie eine eigene Realität zu behandeln, sei unsinnig. Aristoteles' Alternative,
die Substanzmetaphysik, hier in Übereinstimmung mit vorphi-
losophischen Überzeugungen, hält die Substanzen (*ousiai*) für
selbständige Wirklichkeiten. Die mittelalterliche Schulphilosophie
wird von *in re-* statt *ante rem*-Universalien sprechen. Diese Substanzmetaphysik spielt nun in Aristoteles' Ethik – wir konzentrieren uns auf die *Nikomachische Ethik* – keinerlei tragende Rolle. An
einer einzigen Stelle des Werkes spricht Aristoteles von *ousia* im
«metaphysischen» Sinn von Wesen bzw. Wesenheit. Es geschieht
aber nicht etwa in bezug auf den Grundbegriff der Ethik, das Gute,
sondern auf den zwar wichtigen, aber nachrangigen Gegenstand,
die Tugend. Bei deren Begriffsbestimmung sagt er, sie habe eine
Wesenheit (*ousia*) und ein Wassein (*ti ên einai*), nämlich die Mitte
(*mesotês*: *Nikomachische Ethik*, II 6, 1107a2 f.).

Aristoteles' Metaphysik läßt sich auf die Substanzmetaphysik allerdings nicht einschränken. Im Verlauf der *Metaphysik* erhält nämlich die Fundamentalphilosophie drei Bestimmungen und wird auch in dreifacher Gestalt realisiert: Sie ist erstens eine Wissenschaft allgemeinster Prinzipien, zweitens die genannte Substanzmetaphysik, verstanden als Wissenschaft vom Seienden als Seienden (*on hê on*), und schließlich die Wissenschaft vom ranghöchsten Gegenstand, dem Ewigen (*aei*), Unbewegten (*akinêton*) und Abgetrennten (*chôriston*), das mit dem Göttlichen identifiziert wird, sie ist also philosophische Theologie.

In diesem Programm fehlen nicht bloß die Grundbegriffe der Ethik, der Begriff des Zieles (*telos*) und der des Guten (*agathon*), samt deren Superlativen, dem unüberbietbar höchsten Ziel und Guten. Vielmehr entwickelt Aristoteles auch deren Theorie mit einer deutlichen Spitze gegen den Prototyp einer metaphysischen Entität, Platons Idee des Guten. Er bestimmt nämlich das höchste Gute sowohl als «praktikables Gut» (*to pantôn akrotaton tôn praktôn agathôn*: I 2, 1095a16f.) als auch als «für den Menschen Gutes» (*anthrôpinon agathon*: I 1, 1094b7). Auf diese Weise kommt seine Ethik so gut wie ohne metaphysische Prämissen aus. Statt dessen ordnet sie sich der Politik zu (*Nikomachische Ethik*, I 1, 1094b12; dazu Höffe 1995a), womit Aristoteles Rawls' Devise «political not metaphysical» vorgreift bzw. Rawls sich hier als Aristoteliker erweist, auch wenn sein näheres Programm nicht allzu Aristotelisch ausfällt.

Soweit ist die Einschätzung von Aristoteles' Ethik richtig, aber unvollständig. Denn der formale Kern von Aristoteles' Metaphysikbegriff besteht in einer Philosophie der letzten Grundlagen. Und diese trifft auf Aristoteles' *Nikomachische Ethik* ebenfalls zu, dort nämlich, wo sie eine Theorie des schlechthin höchsten Zieles aller menschlichen Praxis entfaltet. Was heute «Moralprinzip» heißt, das letzte Maß menschlichen Handelns, besteht wegen Aristoteles' Handlungstheorie, ihrem Strebensbegriff, in einem schlechthin höchsten Ziel, dem Glück im Sinne von *eudaimonia*.

Sowohl in der Aristoteles- als auch in der Sachdebatte gibt es für das höchste Ziel zwei Interpretationen, die an die entscheidende Zweideutigkeit erinnern, die nach Kant der Begriff des Höchsten enthält (vgl. *KpV*, V 110): Das Glück gilt entweder als ein homoge-

nes, alle anderen Ziele überragendes Ziel, als ein dominantes Gut
(z. B. Heinaman 1988; Kenny 1992), was Kants Begriff des Obersten (*supremum*) entspricht. Oder man versteht es als ein in sich
vielfältiges, aber alle Vielfalt umfassendes, inklusives Ziel (Ackrill
1974), was sich auf das Vollendete (*consummatum*) beläuft. Für
Aristoteles' Glücksbegriff eignen sich beide Bestimmungen, beide
allerdings nur mit Einschränkungen:

Insofern das Glück gegenüber den gewöhnlichen Endzielen als
logisch höherstufig, sogar höchststufig bestimmt wird, hat es einen
absolut dominanten Charakter. Als das zielhafteste Ziel (*telos teleiotaton*) ist es gleichbedeutend mit dem besten Gut (*agathon ariston*), so daß Aristoteles hier Kants Begriff des höchsten Gutes so
gut wie wörtlich vorgreift (vgl. zu diesen Bestimmungen *Nikomachische Ethik*, I 5). Ebenso greift er dessen doppelter, sowohl dominanter als auch inklusiver Bedeutung vor. Im Unterschied zu Kant
sieht er sie jedoch nicht als alternativ (entweder–oder), sondern als
gleichermaßen zutreffend an.

Warum sind diese Dinge zu erwähnen? Der Grund: In genau diesen Überlegungen hat Aristoteles' Ethik den Rang einer jetzt praktischen Metaphysik. Man könnte zwar relativierend von einer Art
regionaler, nämlich lediglich aufs Handeln bezogener Metaphysik
sprechen. Dagegen spricht aber, daß Aristoteles im wesentlichen
nur zwei, überdies ziemlich gleichrangige Großregionen kennt.
Wenn man nun von regionaler Metaphysik spricht, müßte man
beide, sowohl die theoretische als auch die praktische Metaphysik
als regionale Metaphysiken qualifizieren, was wenig sinnvoll ist.

Den Rang einer praktischen Metaphysik begründet jedenfalls der
Eudaimoniebegriff, so daß die Einleitungsfrage leicht zu beantworten ist: Nicht weil Aristoteles' Ethik eudaimonistisch ist, bleibt sie
von Metaphysik frei, sondern weil die von Aristoteles ausgearbeitete Metaphysik ethik- und eudaimoniefrei ist. Aristoteles' charakteristischer Eudaimoniebegriff gibt dagegen seiner Ethik einen fundamentalphilosophischen, insofern metaphysischen Rang.

Infolgedessen ist diese Schlußbilanz zu ziehen: Aristoteles' Ethik
ist paradoxerweise beides, metaphysikfrei und metaphysisch zugleich. Dabei beinhaltet diese Bestimmung «metaphysikfrei-metaphysisch» eine mehrfache Einschränkung:

Erstens entspricht der metaphysische Charakter der *Nikomachischen Ethik* nicht dem, was Aristoteles selbst als Metaphysik entfaltet. Zweitens ist der metaphysische Anteil quantitativ gesehen höchst gering; er beschränkt sich auf den ersten Teil des ersten von zehn Büchern der *Nikomachischen Ethik* und nimmt selbst in diesem Teil nur einen kleinen Umfang, in etwa ein Zwanzigstel, ein. Er findet sich nämlich vor allem in Kapitel 5, allenfalls noch in Kapitel 4, so daß man quantitativ gesehen auf nicht mehr als ein bis zwei Prozent der gesamten Schrift kommt. Den Grund dafür bietet das dritte Argument, daß die Ethik kein Selbstzweck ist, sondern letztlich dem Handeln dient. Deshalb handelt sie ihren quasi-metaphysischen Gegenstand, die Eudaimonie, so facettenreich und lebensnah ab, daß sie eine Fülle anderer, weder metaphysischer noch quasi-metaphysischer Gegenstände erörtert, wie die ethischen Tugenden, die Freundschaft, die Willensschwäche und die Lust. Nicht zuletzt gilt deren Erörterung, obwohl sie philosophisch gesehen gründlich ist, nur als *typô*-, Grundriß-Wissen. Wegen der Verpflichtung auf die Praxis braucht es nämlich eine situationsgerechte Konkretisierung und deren Vollzug, was einer nichtphilosophischen Instanz, dem Handelnden, sowohl überlassen als auch überantwortet wird.

11.3 Kants Ethik: metaphysisch-metaphysikfrei

Nach der ausführlichen Erörterung von Kants Moralphilosophie (siehe Teil II) läßt sich die Frage nach deren metaphysischem Charakter rascher beantworten. Eine erste Einschätzung zur Metaphysikfrage ist kaum strittig: Kants Revolution der Fundamentalphilosophie verwirft deren zwei Traditionsströme, den Rationalismus und den Empirismus. Reserviert man den Ausdruck «Metaphysik» für ihre überlieferte Gestalt, immerhin von Platon und Aristoteles bis Descartes, Leibniz und Wolff auf der einen und Locke mit Hume auf der anderen Seite, so ist Kants transzendentale Kritik nichtmetaphysisch, und die darauf aufbauende Ethik ist es – erste Kant-Zwischenbilanz – ebensowenig.

Bekanntlich verstehen die meisten der heute dominierenden Philosophen ihr Denken nachdrücklich als nichtmetaphysisch. Kant hält dagegen trotz seiner scharfen Abrechnung mit der Tradition

am Ausdruck «Metaphysik» fest. Ob mitlaufend behauptet oder
direkt ausgesprochen – Kant hat dafür vier gute Gründe, von denen
mindestens die Argumente 1 und 3, teilweise auch die beiden anderen Argumente, selbst von Metaphysikskeptikern nicht so leicht
beiseite zu schieben sind.

Erstes Argument: Auch in Kants transzendentaler Kritik bleibt
die wörtliche Bedeutung der Meta-Physik, der Überschritt über die
Erfahrung, die Transzendenz der Natur, erhalten. Zumindest wer
philosophische Grundfragen behandelt, tut sich schwer, auf Metaphysik in diesem grundlegenden Verständnis zu verzichten. Wer
wie Strawson (1959) den Ausdruck noch vorurteilsfrei zu verstehen
vermag, wird eine Aufgabe, die der Philosophie zweifellos obliegt,
die Untersuchung der eventuell invarianten Grundstruktur unseres
Begriffssystems und dessen implizite Ontologie, ohne semantische
Berührungsängste noch «Metaphysik» nennen.

Nach Kants *zweitem* Argument, dem der Dialektik der ersten
Kritik, verlieren die klassischen Gegenstände der (speziellen) Metaphysik, Gott, Freiheit und unsterbliche Seele, ihre bisherige Bedeutung, erhalten aber eine transzendentale Bedeutung und mit ihr ein
neues, nicht mehr konstitutives, wohl aber regulatives Recht. Da
eine gründliche Ethik auf eine Diskussion der Freiheit schwerlich
verzichten kann und im Fall einer vorurteilsfreien Diskussion es
zumindest für *möglich* hält, daß die Freiheit einen nichtempirischen
Charakter hat, schließt sie eine nichtempirische Theorie der Freiheit, folglich eine entsprechende Metaphysik nicht von vornherein
aus.

Schon das Paradigma Ideenlehre bezieht sich auf die metaphysischen Gegenstände nicht unmittelbar, sondern im Rahmen einer
Reflexion auf die Voraussetzungen von Wissen und Handeln. Ähnlich reflektiert Aristoteles in seiner philosophischen Theologie, im
Buch XII der *Metaphysik*, auf die Voraussetzung von Natur und
deren Erkenntnis. Da derartige Reflexionen der Philosophie aufgegeben bleiben und die Voraussetzungen der Erfahrung schwerlich
Erfahrungscharakter haben, ist – *drittes* Argument – ein Stück Metaphysik kaum a priori auszuschließen.

Kants *viertes* Argument entspricht Aristoteles' Verhältnis zu Platon: Die Entmachtung der bisherigen speziellen Metaphysik, ihrer

drei Disziplinen, der rationalen Psychologie («Seele»), der transzendentalen Kosmologie («Freiheit») und der natürlichen Theologie («Gott»), erfolgt im Namen und mit Argumenten einer neuen Metaphysik, vor allem einer neuen allgemeinen Metaphysik, der transzendentalen Erkenntnis- und Gegenstandstheorie. Auch hier ist eine zeitgenössische Fundamentalphilosophie schwerlich ohne jede Metaphysik denkbar. Nehmen wir als Beispiel Habermas: Sein starker kommunikativer Vernunftbegriff mag von Platon, Aristoteles, Kant und Hegel abweichen. Als eine Fundamentalphilosophie verständigungsorientierten Handelns, als dessen nichtempirische Theorie, gehört sie aber angesichts der Alternative empirische oder aber vorempirische Theorie zur zweiten, mithin metaphysischen Seite.

Für das Hauptthema, Kants Ethik, gilt jedenfalls, daß sie – zweite Zwischenbilanz – als fundamentalphilosophische und zugleich dezidiert nichtempirische Theorie der Moral metaphysischen Charakter hat. Allerdings unterscheidet sie sich darin nicht von Aristoteles; methodisch gesehen ist sie nicht anders metaphysisch als der fundamentalphilosophische Anteil in dessen Ethik.

Wie gegen Anfang der Metaphysikgeschichte, bei Aristoteles, und nicht am, aber gegen Ende, etwa bei Strawson, meint man aber vor allem die theoretische Fundamentalphilosophie, dabei eine allgemeine Gegenstandstheorie und eine ebenso allgemeine Erkenntnistheorie. Zu fragen ist daher, wie weit die in der ersten *Kritik* entfaltete theoretische Fundamentalphilosophie in Kants Ethik eine Rolle spielt. Kants ethische Grundbegriffe heißen guter Wille, Pflicht, kategorischer Imperativ, Faktum der Vernunft und Achtung vor dem (Sitten-)Gesetz. Sie alle und zusätzlich die Begriffe von Begehrungsvermögen, Lust und Unlust, Willkür, Legalität und Moralität, Triebfeder und höchstes Gut, nicht zuletzt Person, Zurechnung, Recht, Tugend und Strafe sind nicht theoretischer, sondern genuin praktischer Natur. Man könnte zwar auf den Begriff der reinen praktischen Vernunft verweisen, da er ein mit der theoretischen Philosophie gemeinsames Moment, die Vernunft enthält. Diese tritt aber in zwei grundverschiedenen Anwendungen, dort erkennend, hier aufs Handeln bezogen auf. Und während viele Philosophen den theoretischen Disziplinen den Vorrang einräumen, liegt nach Kant der Primat bei der praktischen Vernunft. Die reine theoretische Vernunft ist nämlich zur Hauptaufgabe des Theoretischen, der Erkenntnis, nicht fähig, die reine praktische Vernunft zur Hauptaufgabe des Praktischen, der Willensbestimmung und Handlungsanleitung, aber doch.

Nach einem eventuell weiteren Einwand finden sich in Kants Moralphilosophie noch genuin theoretische Begriffe, insbesondere das synthetische Apriori. Sie betreffen aber quantitativ gesehen nur einen sehr kleinen Anteil in Kants Ethik. Und vor allem spielen sie qualitativ die subsidiäre Rolle, den wissenstheoretischen Status der Moral zu bestimmen. Dritte Kant-Diagnose: Wenn man die Metaphysik als theoretische Fundamentalphilosophie versteht, so ist Kants Ethik nicht anders als die des Aristoteles im wesentlichen metaphysikfrei.

Warum aber legt Kant so viel Wert darauf, seine Ethik, zunächst deren Grundlegung, schließlich das ausgearbeitete System, «Metaphysik» zu nennen? Der Grund liegt im Wesen des Gegenstandes, der Moral. Als Unabhängigkeit von sinnlichen Antrieben übersteigt sie ihrem bloßen Begriff nach die hier entscheidende Natur, die nicht theoretische, sondern praktische Sinnlichkeit. Vierte Bilanz: In erster Linie hat nicht die philosophische Disziplin, die Ethik, sondern ihr Gegenstand, die Moral, metaphysischen Charakter. Allein dieser Grund erlaubt Kant eine Behauptung aufzustellen, die nach dem üblichen Verständnis von Metaphysik nur Kopfschütteln hervorruft: daß eine Metaphysik der Sitten zu haben selbst Pflicht ist. Eine gewisse Theorie nicht nur anzuerkennen, sondern sogar zu haben, kann man schwerlich von jemandem verlangen, und noch weniger kann man es ihm moralisch gebieten. Gebieten kann man jedoch, wie Kant erläutert, jene «allgemeine Gesetzgebung in sich zu haben», die die Moral auszeichnet und die «jeder Mensch» auch tatsächlich in sich hat, «obzwar gemeiniglich nur auf dunkle Art» (*RL*, VI 216).

Wenn wir uns an den methodischen Status von Aristoteles' Begriff der Eudaimonie erinnern, an das Ziel, über das hinaus kein Ziel gedacht werden kann, so finden wir hier zwischen Aristoteles und Kant erneut eine Parallele. Das nach der *Grundlegung* uneingeschränkt Gute, der gute Wille, ist ein Gutes, über das hinaus – lassen wir den Gedanken des höchsten Gutes einmal beiseite – kein noch besseres Gutes gedacht werden kann. Der verbleibende Unterschied zwischen Aristoteles und Kant ist nicht etwa metaphysischer, auch nicht genuin ethischer, sondern wie erwähnt handlungstheoretischer Natur. Von Aristoteles' Grundbegriff her, dem Streben, zählt ein nicht mehr übersteigbares Ziel, die Eudaimonie, von Kants Grundbegriff, dem Willen, ein nicht mehr hinterfragbarer Anfang, die Autonomie.

Es gibt noch eine letzte Gemeinsamkeit: Bei beiden Philosophen findet sich eine Art von «Einbruch» der Metaphysik in eine ansonsten metaphysikfreie Ethik. Bei Aristoteles geschieht es in der schwächeren Form des *bios theôrêtikos:* Im wissenschaftlich-philosophischen Leben öffnet sich dem Menschen etwas Göttliches, allerdings in dem nicht religiösen, sogar kaum theologischen, vielmehr fast meta-physischen Sinn, daß man das gewöhnliche Leben des Menschen weit überragt (*Nikomachische Ethik*, X 6–7). Bei Kant besteht der «Einbruch» in der stärkeren, wahrhaft theologischen Form von Gott als einem Postulat der reinen praktischen Vernunft. Metaphysisch «kontaminiert» wird dadurch aber nur die Dialektik, nicht auch die Analytik der *Kritik der praktischen Vernunft*. Und gegen diese Kontaminierung – haben wir gesehen (siehe Kap. 9) – erheben sich gewichtige Bedenken.

Infolgedessen läßt sich diese Schlußbilanz ziehen: auch Kants Ethik ist auf eine metaphysikfreie Weise metaphysisch. Einleitend hab ich Aristoteles als Vorbild einer Ethik ohne Metaphysik, Kant dagegen als Muster einer metaphysischen Ethik vorgestellt. Was prima vista als ein klarer, geradezu frontaler Gegensatz erscheint, schmilzt bei näherer Betrachtung aber so weit zusammen, daß trotz ihrer grundlegenden handlungstheoretischen, dann auch ethischen Differenz zur Frage der Metaphysik beide Philosophen sich ähnlich verhalten. Beide entwickeln eine auf metaphysikfreie Weise metaphysische Ethik, nämlich eine von ihrer theoretischen Fundamentalphilosophie weitgehend unabhängige, genuin praktische Fundamentalphilosophie.

12. Ausblick: Kantinspirierte Ethiken

Kein anderer Philosoph der Neuzeit verändert deren ethisches Denken so radikal und zugleich nachhaltig wie Kant. Was er mit der *Kritik der reinen Vernunft* für den Bereich des objektiven Erkennens leistet, gelingt ihm ebenso für den Bereich des objektiven Handelns; er stellt die Moral, einschließlich Recht, Staat und Politik, Geschichte und Religion, auf eine neue Grundlage. Die zuständigen Schriften, in wirkungsgeschichtlicher Hinsicht vor allem die *Grundlegung zur Metaphysik der Sitten* und die *Kritik der praktischen Vernunft*, aber auch die Abhandlung *Über ein vermeintes Recht aus Menschenliebe zu lügen*, ferner *Die Metaphysik der Sitten*, außerdem die *Religion innerhalb der Grenzen der bloßen Vernunft*, nicht zuletzt die einschlägigen Passagen der ersten und der dritten *Kritik* – sie alle zeichnen sich durch ein derart hohes Maß an Originalität und begrifflich argumentativer Schärfe aus, daß sie einen Großteil der Debatten in der philosophischen, selbst der nichtphilosophischen Ethik bis heute prägen. «Kantisch» können nun all die Ethiken heißen, die von Kants Moralphilosophie inspiriert sind, wobei die Inspiration nicht immer Zustimmung bedeutet und, ob zustimmend oder ablehnend, in der Regel ein weit schmaleres Themenspektrum abdeckt.

Daran zu erinnern, auch wenn es in einem recht elementaren Blick auf einige markante Figuren nach Kant besteht, trägt zur Profilierung von Kants Ethik selbst bei.

12.1 Deutscher Idealismus bis zum Neukantianismus

Mit Friedrich Schiller, der innerhalb der Kantischen Ethik einen Sonderplatz einnimmt, haben wir uns schon befaßt (siehe Kap. 10). Wenden wir uns daher dem ersten Denker zu, der Kants Philosophie nicht als weitgehend vollendetes Lehrgebäude hinnehmen, sondern sie konsequent zu Ende denken will: *Johann Gottlieb Fichte*. Seine wirkungsgeschichtlich maßgebende Schrift, die *Grundlage der gesamten Wissenschaftslehre* (1794), hat mit ihrer

Lehre von der schöpferischen Freiheit des absoluten Ich einen fundamentalethischen, freilich nicht exklusiv ethischen Charakter. Zwei Elemente Kants erhalten dabei eine geradezu exzessive Steigerung: die Autonomie und der Primat der praktischen Vernunft. Das bei Kant auf den Bereich des Praktischen beschränkte Prinzip Autonomie wird nämlich auf den Bereich des Theoretischen ausgedehnt, womit auch dieser Bereich Handlungscharakter erhält und der Primat des Praktischen thematisch erheblich erweitert wird.

Was sich bei Kant erst abzeichnet, die Autonomie als Prinzip der gesamten Philosophie, wird hier zum Programm. Fichte hebt die Autonomie in den Rang eines universalen, auch für die theoretische Vernunft gültigen Prinzips. Dieser Universalisierung von Selbsttätigkeit, der «Selbsterzeugung des Menschen», könnte man einen idealistischen Hochmut vorwerfen. Tatsächlich liegt eine Einsicht vor: Selbst die Ordnung der uns vorgegebenen, natürlichen Welt besteht nicht unabhängig von uns. Denn sie hängt davon ab, daß wir Zusammenhänge entdecken, indem wir Begriffe bilden und Gesetze aufstellen und sie auf den Wissenden, also uns selbst, beziehen. Insofern steht am wahrhaften Anfang ein Freiheitsgeschehen. Das theoretische und das praktische Wissen entspringen aber nicht «in» der Freiheit, vielmehr «entspringen sie frei». Man hat sich nämlich auf etwas einzulassen, das man auch verweigern kann; man muß sich für die Wahrheit oder die Moral öffnen (erster Grundsatz) und ihr zugleich gehorchen (zweiter Grundsatz). Demgegenüber ist der Philosoph nicht der Gesetzgeber des menschlichen Geistes, sondern dessen «Geschichtsschreiber».

Der zweite Vertreter des Deutschen Idealismus, *Friedrich Wilhelm Joseph Schelling,* ist an Ethik wenig interessiert. Ein Höhepunkt seines Denkens, die *Philosophische[n] Untersuchungen über das Wesen der menschlichen Freiheit* (1809), kann man aber insofern zu einer im weiteren Sinn Kantischen Ethik rechnen, als sie dem Willen eine überragende Bedeutung beimessen. Im Gegensatz zu heutigen Erwartungen befaßt sich der Text aber mehr mit der Freiheit Gottes als mit der Freiheit der Menschen. Gleichwohl lassen sich einige Themen auf Kantisches Denken ein, namentlich die im Begriff des Bösen zusammenlaufende Nachtseite der Freiheit. Eine für die Rechts- und Staatsseite in Kants Ethik wichtige Dimension fällt jedoch vollständig aus: die soziale und politische Freiheit samt ihrer Sicherung durch Recht und Staat.

Das Denken des dritten Idealisten, *Georg Wilhelm Friedrich Hegel*, ist generell eine Metaphysik unter Voraussetzung von Kants Metaphysikkritik, aber ohne dessen Kritik als Methode. Abgesehen von den *Vorlesungen über die Geschichte der Philosophie* taucht in ihr Kants Ethik vor allem an zwei Stellen auf, in der *Phänomenologie des Geistes* (1807) und in den *Grundlinien der Philosophie des Rechts* (1821). In beiden Fällen wird Kants Ethik sowohl bekräftigt als auch nachdrücklich relativiert:

Hegels geniales Werk, die *Phänomenologie des Geistes*, dynamisiert Kants einmalige Reform der Denkungsart zu einem Prozeß vieler, sich stets überbietender Reformen, von denen allerdings keine so radikal ausfällt wie Kants einmalige Reform. Ähnlich wie Fichte und im Sinne des idealistischen Systemgedankens geht es Hegel um den Gesamtbereich des Menschlichen, was Moral, Gesellschaft, Religion und Kunst einschließt. Deren verschiedene Gestalten erscheinen in einer sachlogischen Hierarchie, die sich aus den Erfahrungen des Bewußtseins mit sich selbst ergibt. In diesem Prozeß findet sich eine Kantische Ethik vor allem im Kapitel «Gewissen, die schöne Seele, das Böse und seine Verzeihung».

Im zweiten zuständigen Werk, den *Grundlinien der Philosophie des Rechts*, zeigt Hegel, wie das unausgesprochene Gerechtigkeitsprinzip im Zusammenleben, der freie Wille, unter einer Bedingung der Moderne, der Entfremdung, zur Wirklichkeit gelangt. Dabei weicht Hegel sowohl im Freiheits- als auch im Rechtsbegriff, nicht zuletzt in der dialektischen Argumentation von Kant ab. Er versteht die Freiheit als «Bei-sich-selbst-sein-im-anderen» und das Recht nicht wie Kant als allgemeinverträgliche Freiheit, sondern als «Dasein des freien Willens», wobei «Dasein» so viel wie «volle Wirklichkeit» bedeutet (§ 29):

Nach dem Vorbild der antiken Polis und ihres Theoretikers Aristoteles versteht Hegel unter seinem rechtsphilosophischen Leitbegriff, der Sittlichkeit, die Einheit der Moralvorstellungen von Individuen mit den Moralvorstellungen der «sittlichen Mächte» eines konkreten Gemeinwesens, nämlich mit dessen Recht, Sitte und Religion. (Aristoteles' Eudaimonismus wird dagegen nicht erneuert.)

Die Einheit wird freilich erst in einem Prozeß gewonnen, der bekanntlich drei Institutionen gelungener Kommunikation durchläuft, die Familie, die Arbeits- und Wirtschaftsgesellschaft («bürgerliche Gesellschaft») und den Staat. Weil dessen legitime Gestalt, der Rechtsstaat, sich angeblich ausschließlich in konkreten Einzelstaaten verwirkliche, wird Kants weitsichtiger Gedanke einer globalen Herrschaft des Rechts pauschal verworfen.

Hegels Zeitgenosse, *Arthur Schopenhauer*, hält zwar die *Kritik der reinen Vernunft* für «das wichtigste Buch, das jemals in Europa geschrieben worden». Mit Kants Ethik, zumal der Rechtsethik, geht er aber scharf ins Gericht. Wie schon der Titel des eigenen Hauptwerkes andeutet, *Die Welt als Wille und Vorstellung* (1844), hält Schopenhauer an Kants Primat der praktischen Vernunft fest, sucht allerdings Kants Dualismus, die Zweiteilung von Natur und Freiheit, auf eine «materialistische» und zugleich lebensphilosophische Weise zu überwinden. Insofern stellt nicht erst Marx, sondern schon Schopenhauer die Philosophie vom Kopf auf die Füße, genauer auf den ganzen Leib, in den sich der Wille sichtbar objektiviere. Auf diese Weise wird aus Kants gegen alle empirische Anthropologie scharf abgesetzter Moralphilosophie eine an die Empirie gebundene voluntaristische Metaphysik des Lebens.

Auch *Friedrich Nietzsche* übt am Königsberger Philosophen scharfe Kritik und zollt ihm trotzdem hohe Achtung. Den moralischen Begriffen von Tugend, Pflicht und Gutem den «Charakter der Unpersönlichkeit und Allgemeingültigkeit» zuzusprechen, hält er zwar für «Hirngespinste» (*Der Antichrist*, § 11). Das hindert ihn aber nicht, an Kants Primat der praktischen Vernunft festzuhalten, diesen aber lebensphilosophisch zu interpretieren.

Eine These, auf die Nietzsche besonders stolz ist: daß der Menschheit die reine praktische Vernunft nicht in die Wiege gelegt worden sei, sie sie vielmehr sich nach und nach erarbeiten mußte, teilt er, vielleicht ohne es zu wissen, ebenfalls mit Kant. Mit dem dazu gehörenden Forschungsprojekt, einer Genealogie der Moral, weicht er freilich von Kant ab.

Der Ruf des Neukantianismus «Zurück zu Kant!» erreicht auch die philosophische Ethik. Der Begründer und Hauptvertreter des Marburger Neukantianismus, *Hermann Cohen*, verspricht unter

dem Titel *Ethik des reinen Willens* (1904) eine umfassende Neubegründung der Ethik aus Kantischem Geist. In Wahrheit begnügt er
sich aber mit einer Rechts- und Staatsethik, die er an eine Grundlegung der Geisteswissenschaften bindet und im Gedanken eines
ethischen Sozialismus münden läßt.

Die zweite, südwestdeutsche Schule des Neukantianismus führt
die Ethik, indem sie sie vom Hintergrund einer «Logik der Geisteswissenschaften» löst, näher zu Kants eigenem Projekt zurück. Dabei spielt das Begriffspaar formal–material eine große Rolle. Nach
Bruno Bauch gibt es einen «absoluten, über dem bloßen Leben
selbst stehenden Zweck», der hinsichtlich des materialen Hand-
lungsinhaltes «völlig inhaltslos sein» muß, während die materialen
Bestimmungen in die Empirie, die individuellen Umstände des einzelnen, fallen (*Ethik*, 264 f.).

12.2 Kant in der Gegenwart

Die eindrucksvollste und zweifellos wirkungsmächtigste von Kant
inspirierte Ethik der letzten Jahrzehnte stammt vom Harvard-Phi-
losophen *John Rawls*. Längst weltweit diskutiert, hat vor allem sein
Hauptwerk *A Theory of Justice* (1971) den Rang eines klassischen
Textes erlangt. Mit ihm gelingt dem Autor für die Ethik und
die politische Philosophie ein facettenreicher Paradigmenwechsel.
Während vorher im englischen Sprachraum metaethische Studien
vorherrschten, wendet sich Rawls unmittelbar einem Kantischen
und zugleich systematischen Thema, der Gerechtigkeit, zu. Getragen von einer moralischen Grundintention, der Freiheit und
Gleichheit aller Bürger, faßt er komplizierte Sachverhalte in Begriffen zusammen, die, einmal ausgesprochen, sich wie von selbst verstehen: Urzustand (original position) und Schleier des Nichtwis-
sens (veil of ignorance), zu denen später, im *Political Liberalism*
(1993), der Gedanke eines übergreifenden Konsenses (overlapping
consensus) hinzukommt.

Soweit die englischsprachige Welt vor Rawls moralische Fragen
erörterte, favorisierte sie die Ethik des Utilitarismus. Gegen sie
setzt Rawls, zweitens, eine alternative Grundintuition durch, die
«Gerechtigkeit als Fairneß»: Die Gewinne, aber auch die Lasten je-

der gesellschaftlichen Kooperation sollen so verteilt werden, daß alle einzelnen, insbesondere aber die schlechtestgestellten Mitglieder der Gesellschaft, einen möglichst großen Vorteil erzielen. Seitdem findet sich der Utilitarismus in weiten Teilen der anglophonen Welt in die Defensive gedrängt und ist Kant in den Vordergrund gerückt.

Zwei weitere Elemente von Rawls öffnen die philosophische Ethik, drittens, einer interdisziplinären Debatte und drängen zugleich die vorher dominierende Sprachanalyse in den Hintergrund: Um die Konkurrenz zwischen dem Utilitarismus und der Gerechtigkeit als Fairneß einerseits rational, in Form einer «moralischen Geometrie» (§ 20), zu entscheiden, greift Rawls auf die in den Wirtschaftswissenschaften dominierende «Sprache» der Entscheidungs- und Spieltheorie zurück. Andererseits geht er quasi-empirisch vor, denn er sucht die wohlüberlegten Gerechtigkeitsurteile einer Gesellschaft in einen in sich stimmigen Zusammenhang, das Überlegungsgleichgewicht (reflective equilibrium), zu bringen. Dadurch wird seine Gerechtigkeitstheorie zu einer Art von Hermeneutik der westlichen Demokratie, was die Rückfrage aufdrängt, die man aber nur mit Kant, nicht mit Rawls beantworten kann: Wie verhält man sich, wenn in moralischen Krisenepochen oder beim Zusammenstoß verschiedener Kulturen Rawls' empirische Voraussetzung, ein substantieller Minimalkonsens über Gerechtigkeit, brüchig wird?

Viertens mutet er der US-amerikanischen Spielart des Liberalismus zu, was andernorts, in West- und Nordeuropa, in dieser grundsätzlichen Form nicht nötig war: die Ergänzung des politischen Liberalismus um ein kräftiges Stück Sozialstaatlichkeit. Ein Rawlsscher Sozialstaat sieht allerdings paternalistischer aus, als es unstrittige Gerechtigkeitsüberzeugungen zulassen.

Lange Zeit lehnte der westliche Marxismus, namentlich die Frankfurter Schule, jede philosophische Ethik ab. Mit *Jürgen Habermas* ändert sich das grundlegend. Unter Rückgriff auf Kants universalistische Ethik überwindet Habermas die Skepsis gegen jede Moralphilosophie und entwickelt zusammen mit Karl-Otto Apel die Diskursethik: Danach lassen sich moralische Ansprüche in einem gewaltfreien Diskurs rechtfertigen (*Moralbewußtsein und kommunikatives Handeln*, 1983). Dabei zählt nicht jede naturwüchsige, sondern nur die unter den idealen Bedingungen einer herrschaftsfreien Kommunikation erzielte Übereinstimmung. Weil dann aber nicht der Diskurs, sondern die Gesamtheit jener Bedingungen zum Moralkriterium taugt, die nicht mehr den Gegenstand, sondern die Voraussetzung des Diskurses, seine Präjudizien, bilden, hat die Moralbegründung radikaler, zugleich Kant-näher anzusetzen (vgl. Höffe 1990, Kap. 13.3). Sie muß mit einer Begriffsanalyse des Moralischen, des schlechthin höchsten Guten, beginnen, von dort aus den Maßstab aller Moral gewinnen und sodann mit seiner Hilfe die Grundsätze für einen idealen Diskurs bestimmen.

Meine eigene, Kant-nähere Begründung der Moral unterscheidet sich daher von der Diskursethik in vier Hinsichten (vgl. Höffe 2007): (1) Legitimationstheoretisch liegt der Vorrang bei der Universalisierbarkeit; sie schließt die interpersonale Begründbarkeit als eine (logische) Folge ein. (2) Die Ethik universalisierbarer Maximen legt auf zwei Stufen Wert, auf die Steigerung des (a) moralisch Richtigen («Legalität») zum (b) moralisch Guten («Moralität»). (3) Die Universalisierbarkeit von Willensgrundsätzen, den Maximen, läßt zu, was Diskursethiken in der Regel bestreiten, Pflichten des Menschen gegen sich. (4) Schließlich bleibt eine Rechtsethik des Geschuldeten von einer Tugendethik des verdienstlichen Mehr zu unterscheiden. (Für eine Kantische Rechtsethik siehe Höffe 1990; für die kosmopolitische «Fortsetzung» Höffe 1999.)

Vierter Teil
Politische Philosophie

Als Erkenntniskritiker und als Moralphilosoph ist Kant weithin
bekannt. Daß er auch ein überragender Rechts- und Staatsphilo-
soph ist, beispielsweise der bis heute maßgebliche Theoretiker einer
globalen Rechts- und Friedensordnung, wird dabei gern übersehen.
Aber auch in diesem Themenfeld erweist sich Kant als Höhe- und
zugleich Wendepunkt der Aufklärung, der sich von heute aus gesehen durch fünf Provokationen auszeichnet:

(1) Gegen die Vorherrschaft empirisch-sozialpragmatischer, uti-
litaristischer Theorien vertritt Kant einen kategorischen Rechtsimperativ. (2) Die darauf aufbauende Rechts- und Staatstheorie beläuft
sich politisch gesehen auf einen Liberalismus, der den Rechtsstaat
favorisiert und den Sozialstaat nur im Dienst des Rechtsstaates zuläßt. (3) Innerhalb eines neuartigen Gedankens, eines Weltbürger-
rechtes, übt Kant nicht bloß scharfe Kritik an allen Formen von
Kolonialismus. Mit seiner dezidierten Ablehnung von Philanthro-
pie als einer Rechtsforderung votiert er auch gegen eine globale Sozialstaatlichkeit, zumindest verlangt er strenge Zurückhaltung. (4)
Ähnlich wie bei seiner Moralphilosophie, so trifft auch hier zu: Sowohl im Verhältnis zu vielen Vorgängern, etwa Hobbes und Rousseau, als auch zu heutigen Theoretikern ist Kants Rechts- und
Staatsphilosophie entschieden substanzreicher. Ihre schlechthin
universalistische Rechts- und Staatsethik entwickelt ein allgemeines
Rechtsprinzip samt Zwangsbefugnis und ein Prinzip der Menschenrechte; sie begründet die Institution des Eigentums, läßt sich
auf ein Ehe- und ein Elternrecht ein, fragt, was Geld, was ein Buch
ist; sie befaßt sich mit der öffentlichen Gerichtsbarkeit, der Gewaltenteilung, dem Strafrecht und dem Widerstandsrecht sowie mit
der staatlichen Verantwortung für das Armenwesen, für Findelhäu-
ser und das Kirchenwesen. Vor allem erklärt sie eine zwischenstaatliche, sogar globale Rechtsordnung für unverzichtbar. (5) Gegen
die heute vorherrschende Ablehnung aller Metaphysik läßt unser
Philosoph nicht etwa bloß Restbestände zu, vielmehr hält er, wie
schon der Titel der zuständigen Hauptschrift «Metaphysik der Sitten. Erster Teil: Metaphysische Anfangsgründe der Rechtslehre»
anzeigt, die Metaphysik für unverzichtbar.

Da ich mich zu Kants Rechts- und Staatsphilosophie schon andernorts ausführlich geäußert habe, kann ich sie hier knapper be-

handeln. Ich beginne mit Kants moralischem Rechtsbegriff, der dem kategorischen Rechtsbegriff entspricht (*Kapitel 13*). Darauf folgen der für eine Theorie der Menschenrechte wichtige Gedanke eines einzigen angeborenen Rechts (*Kapitel 14*) und schließlich die Gerechtigkeitstheorie des Friedens (*Kapitel 15*).

13. Der kategorische Rechtsimperativ

Recht und Moral gehören zum gemeinsamen Erbe der Menschheit. Denn weil die Spezies Mensch in ihrem Verhalten biologisch hochgradig unterbestimmt ist – früher sprach man von «Instinktentbundenheit» –, braucht sie, was sich auch in so gut wie allen Kulturen und Epochen tatsächlich findet, eine Moral, nämlich Verbote, Gebote und Ermächtigungen, die das Verhalten der Menschen zu sich und zu seinesgleichen, häufig auch zur Natur verbindlich bestimmen. Im Rahmen dieser Moral spielt der Inbegriff der zwangsbefugten Verbindlichkeiten, das Recht, genau wegen seiner Zwangsbefugnis eine besondere Rolle. Ein normativer Rechtsphilosoph wie Kant versteht dabei unter Moral nicht den Inbegriff der in einer Gruppe tatsächlich geltenden Verbindlichkeiten, die positive Moral. Er meint vielmehr den überpositiven und kritischen, wahrhaft moralischen Begriff der Moral. Unterwirft man diesem Begriff das Recht, so erhält man einen moralischen Rechtsbegriff. Kant entwikkelt ihn in seinem rechtsphilosophischen Haupttext, dem ersten Teil der *Metaphysik der Sitten*, den *Metaphysischen Anfangsgründen der Rechtslehre* oder kürzer *Rechtslehre* (= RL).

Läßt man den Anteil beiseite, der für die *Rechtslehre* und ihr Gegenstück, die *Tugendlehre*, gemeinsam ist, die Einleitung in die Metaphysik der Sitten, so besteht der Text aus drei Teilen: aus Prolegomena, nämlich einer «Einleitung in die Rechtslehre» und den beiden (ebenfalls je dreigliedrigen) Hauptteilen: «Das Privatrecht vom äußeren Mein und Dein überhaupt» und «Das öffentliche Recht». Wie in der Eigenschaft des Äußeren anklingt, gibt es aber auch ein inneres Mein und Dein, ein angeborenes Recht, das Kant wegen seiner Kürze schon in der Einleitung behandelt. In systematischer Hinsicht gliedert sich also Kants Rechtsphilosophie in vier

Teile: (1) in die wirklichen Prolegomena, die den grundlegenden Rechtsbegriff entwickeln, (2) in das Privatrecht I: das innere Mein und Dein, (3) in das Privatrecht II: das äußere Mein und Dein, und (4) in das öffentliche Recht. Die folgenden Überlegungen konzentrieren sich auf den Rechtsbegriff.

13.1 Moralisches kontra positives Recht

Kant unterscheidet zwei grundverschiedene Fragen, denen zwei ebenso grundverschiedene Rechtsbegriffe, ein natürlicher und ein empirischer Rechtsbegriff, entsprechen. Dem Hauptgegenstand der heutigen Rechtswissenschaft, dem positiven Recht, liegt nach Kant die Frage zugrunde, was «die Gesetze an einem gewissen Ort und zu einer gewissen Zeit sagen oder gesagt haben» (*RL*, VI 229). Diesem positiven Recht droht die Gefahr, in Selbstüberschätzung sich absolut zu setzen, nämlich jede andere Perspektive stillschweigend für überflüssig zu erklären, was Kant mit dem provokativen Vergleich kritisiert, das Recht sei dann wie ein hölzerner Kopf, «der schön sein mag, nur schade! daß er kein Gehirn hat» (VI 230).

Ein gehirnloser Kopf ist wie ein kopfloser Kopf, weil ihm die entscheidende Fähigkeit, das Denken, fehlt. Für nichts weniger als dieses Denken und dessen Substrat, das Gehirn, erklärt Kant die zweite, philosophische Frage und deren Gegenstand für zuständig: Das Naturrecht bzw. der metaphysische Begriff des Rechts soll «zu aller positiven Gesetzgebung die unwandelbaren Prinzipien hergeben» (VI 229). Kant versteht unter Naturrecht «das a priori durch jedes Menschen Vernunft erkennbare Recht» (VI 296), das wegen seines apriorischen Charakters zur Metaphysik, freilich nicht einer theoretischen, auf das Erkennen, sondern einer praktischen, aufs Handeln bezogenen Metaphysik, gehört.

Auf den ersten Blick erscheint dieser Anspruch, erst mit dem Naturrecht erhalte das positive Recht das erforderliche Gehirn, als maßlos überzogen. In Form eines Gedankenexperimentes führt Kant aber ein immer noch überzeugendes Argument an: Man stelle sich eine äußere Gesetzgebung aus «lauter positiven Gesetze[n] vor, … alsdann aber müßte doch ein natürliches Gesetz vorausgehen, welches die Autorität des Gesetzgebers (d.i. die Befugnis,

durch seine bloße Willkür andere zu verbinden) begründete»
(VI 224). Diesem Argument zufolge kann sich eine rein positive
Rechtsordnung nicht selber tragen; sie bedarf eines überpositiven
Fundaments.

Kant kritisiert hier in erster Linie einen rein positiven Gesetzgeber, der sich seiner (nur moralisch möglichen) Legitimation als
zwangsbefugtem Gesetzgeber entzieht und bloß auf diesem Weg,
also sekundär, eine positivistische Rechtstheorie, die das Recht von
aller überpositiven, moralischen Legitimation freihalten will. Unter
Kants Kritik fällt auch Luhmanns (z. B. 1993, Kap. 2) These der
Selbststeuerung des Rechts, denn ein Rechtswesen, dem es nur auf
die Abläufe von Verfahren und die dahinter stehende Macht ankommt, das die Frage nach Recht und Unrecht dagegen verdrängt,
ist für Kant «gehirnlos», weil letztlich unfundiert. Jener Philosoph
dagegen, der gern, wenn auch vorschnell zum Vater des neuzeitli-
chen Rechtspositivismus erklärt wird, Thomas Hobbes, bestätigt
Kants Argument. Denn er qualifiziert den Befehlscharakter des
Gesetzes durch den Hinweis: «Nur der Befehl eines Menschen ist
ein Gesetz, der sich an eine Person richtet, die zuvor [!] zu Gehorsam verpflichtet war *(formerly obliged to obey)*» (*Leviathan*,
Kap. 26, 2). In genau dieser Vorabverpflichtung liegt das nach Kant
unverzichtbare vor- und überpositive Element.

Ähnliches gilt für Hans Kelsen. Dessen viel zitierter und viel kri-
tisierter Satz, jeder beliebige Inhalt könne Recht sein (Kelsen 1960,
201), setzt eine Vorabautorisierung des Gesetzgebers voraus. Ob
man sie mit Kelsen auf eine Grundnorm oder, wie in Demokratien,
auf das Volk zurückführt – nur eine überpositive, letztlich moralische Rechtfertigung ermächtigt die betreffende Instanz zur Gesetzgebung.

Für Kant genügt allerdings eine bloß formale Autorisierung. In
scharfem Gegensatz zu einem strengen Rechtspositivismus, für den
mit Kelsen jeder beliebige Inhalt Recht sein darf, unterwirft Kant
das positive Recht jenen Verbindlichkeiten, die er bald Gesetze der
Freiheit, bald moralische Gesetze (*RL*, VI 214), Gesetze der Sittlichkeit und Gesetze der reinen praktischen Vernunft nennt.

13.2 Metaphysik plus Anthropologie

Die Philosophie setzt anders als die Mathematik nicht bei Definitionen an, sondern entwickelt ihre Begriffe aus der Sache heraus. Im Fall des moralischen Rechtsbegriffs hat die «Sache» zwei Momente: den Standpunkt der Moral und den von ihm aus zu betrachtenden Gegenstand. Dort geht es um die moralische Verbindlichkeit, um die Legitimität im Unterschied zur positiven Geltung, der (juridischen) Legalität, hier um die Frage, wofür das Recht denn zuständig ist, um dessen Anwendungsbedingungen.

Weil das erste Moment, die Moral, nach Kant nichtempirischer Natur ist, hat sie einen im wörtlichen Sinn meta-physischen Charakter. Die Anwendungsbedingungen ergeben sich dagegen aus der *Conditio humana*, sie gehören daher zu einer Anthropologie.

Die in Kants *Rechtslehre* gegenwärtige Anthropologie ist mehrschichtig, sie besteht nämlich (1) aus einer der *Rechtslehre* und der *Tugendlehre* vorangehende Anthropologie, (2) aus einer allgemeinen Rechtsanthropologie und (3) aus einer zweiteiligen speziellen Rechtsanthropologie.

Die erste Anthropologieschicht ist gegen die Differenz von zwangsbefugtem Recht und zwangsfreier Tugend indifferent. Nach ihr, der fundamentalethischen Anthropologie, ist der Mensch ein sinnliches, durch Neigungen verführbares Vernunftwesen. Wegen seiner Vernunftnatur ist er ein zurechnungsfähiges Subjekt, eine Person, für die wegen der Sinnlichkeit die Moral Pflicht- bzw. Imperativcharakter hat. Die Einleitung in die Metaphysik der Sitten spricht von einer Willkür, die «sinnlich affiziert und so dem reinen Willen … oft widerstrebend ist», und erklärt, deshalb seien die moralischen Gesetze «kategorische (unbedingte) Imperative» (*RL*, VI 221).

Die zweite, beiden Hauptteilen der *Rechtslehre*, dem Privatrecht und dem öffentlichen Recht, zugrundeliegende Anthropologie, gehört zum kategorischen Rechtsimperativ im Singular, zum Prinzip der allgemeinverträglichen Freiheit. Sie besteht in einer allgemeinen Sozialanthropologie, hat insofern den Rang einer fundamentalen Sozialphilosophie und dürfte unkontrovers sein: Sinnliche Vernunftwesen treten in derselben Außenwelt in Mehrzahl auf, woraus sich ein Verhältnis «eines unvermeidlichen Nebeneinanderseins» ergibt (VI 307).

Die dritte Schicht, die spezielle Rechtsanthropologie, gehört zum kategorischen Rechtsimperativ im Plural, nämlich zu jener speziellen Rechtsethik, die Kant in zwei Teilen, als Privatrecht und als Öffentliches Recht, entfaltet.

Den systematischen Anfang der Rechtsethik bildet ein Element, das merkwürdigerweise in der *Rechtslehre* zu kurz kommt, die Leiblichkeit des Menschen und der Umstand, daß sie durch die Mitmenschen verletzt werden kann. Nur unter dieser Voraussetzung, daß Menschen gegeneinander Gewalt ausüben, sogar einander töten können, kann man sinnvollerweise von einem (Menschen-)Recht auf Leib und Leben sprechen. Da die Theorie des angeborenen Rechts (siehe Kap. 14) ihrer Kürze wegen schon in der Einleitung in die Rechtslehre behandelt wird, beginnt zwar die *Rechtslehre* mit dem äußeren Mein und Dein. Dessen Legitimation setzt aber Spezifikationen der Leiblichkeit, mithin diese selbst voraus: Die Institution des Eigentums ist nur deshalb sinnvoll, weil das «Leibwesen» Mensch einen Lebensraum braucht, ferner Güter, um seine Bedürfnisse und Interessen zu befriedigen. Weiterhin bezieht sich Kants Eherecht auf die Sexualität des Menschen und sein Elternrecht darauf, daß die Neugeborenen hilfsbedürftige «Nesthocker» sind, die sich nicht selbst in den Status der Hilfsbedürftigkeit versetzt haben.

Diese und weitere empirische Elemente sind für die kategorischen Rechtsprinzipien unabdingbar, bestimmen trotzdem nicht mehr als deren Anwendungsbedingungen. Die moralische Verbindlichkeit gründet dagegen in einem metaphysischen Element, in der aller Empirie enthobenen Aufforderung, die anthropologischen Bedingungen auf uneingeschränkt gültige, eben moralische Weise zu gestalten.

13.3 Der moralische Rechtsbegriff

Für den moralischen Rechtsbegriff ist die mittlere Anthropologieschicht entscheidend. Hier geht es um jene Koexistenz zurechnungsfähiger Wesen, Personen genannt, die dem Standpunkt der Moral genügt. Greift man für den Standpunkt der Moral auf Kants

Kriterium, die streng allgemeine Gesetzlichkeit, zurück, so erhält man die berühmte Formel aus Paragraph B der *Rechtslehre*: «Das Recht [sc. im moralischen Sinn] ist also der Inbegriff der Bedingungen, unter denen die Willkür des einen mit der Willkür des andern nach einem allgemeinen Gesetze der Freiheit zusammen vereinigt werden kann» (*RL*, VI 230).

Wegen seiner lapidaren Kürze mißverständlich, verdient der Satz einige Erläuterungen. Sie richten sich als erstes auf die Reichweite. Üblicherweise denkt man bei einem moralischen Rechtsbegriff an ein rechtsnormierendes Maß, das moralisch legitimes vom illegitimen Recht zu unterscheiden erlaubt. Der moralische Rechtsbegriff könnte aber auch die anspruchsvollere, rechtslegitimierende Bedeutung haben und das menschliche Zusammenleben überhaupt rechtsförmig zu gestalten gebieten. Bei der ersten, bescheideneren Bedeutung, hat der Begriff eine rechtsnormierende, bei der zweiten zusätzlich eine rechtslegitimierende Bedeutung. Kant führt die Unterscheidung zwar nicht ein; die Interpretation wird aber zeigen, daß sein moralischer Rechtsbegriff für beide Aufgaben, die Rechtsnormierung und die Rechtslegitimation, zusätzlich sogar noch für vier weitere Aufgaben zuständig ist; er erfüllt also insgesamt sechs Funktionen.

Weiterhin: Weil Kant im moralischen Rechtsbegriff vom «Gesetz der Freiheit» spricht und man dabei zunächst an Autonomie, dann an Handeln aus Pflicht denkt, scheint er jene Emanzipation des Rechts von der Gesinnung zurückzunehmen, die für Kants Rechtsethik qua Ethik zwangsbefugter Moral konstitutiv ist. In der genannten Formel ist unter «Freiheit» aber nicht die Willensfreiheit, zu verstehen. Kant unterscheidet schon in der Einteilung einer Metaphysik der Sitten zwei Arten der (Freiheits-)Gesetzgebung: «Diejenige, welche eine Handlung zur Pflicht und diese Pflicht zugleich zur Triebfeder macht, ist ethisch. Diejenige aber, welche das Letztere nicht im Gesetze mit einschließt, ... ist juridisch.» (VI 219). In diesem Sinn braucht man nach Paragraph C das Rechtsprinzip sich nicht zur Maxime zu machen. Die weiterreichende Forderung nach einer Rechtsgesinnung, die das Rechtsprinzip «aus Pflicht» anerkenne, erhebe nur die Ethik, womit Kant auf die *Tugendlehre* verweist. Der Zusatz «Freiheit» in der gesamten Formel qualifiziert das betreffende «Gesetz» als ein moralisches Gesetz, das im Unterschied zu Naturgesetzen nur mittels freier Anerkennung zur Wirklichkeit gelangt.

Drittens darf man die nähere Bestimmung des Gesetzes als «allgemein» nicht explikativ verstehen. Daß jedes Gesetz, ohne Eigennamen formuliert, einen gewissen Allgemeinheitsgrad enthält, ist allzu offensichtlich, als daß es zweimal ausgesprochen werden müßte. Mit der Eigenschaft des Allgemeinen erinnert Kant «nur» an sein generelles Moralkriterium: Der moralische Rechtsbegriff ordnet sich in sein Programm einer universalistischen Ethik ein.

Mit dem Moment des Allgemeinen werden übrigens stillschweigend das persönliche und das kollektive Wohlergehen als letzte Bestimmungsgründe aufgehoben. Zugleich wird der Gegenstand, der moralische Rechtsbegriff, einer veritablen Metaphysik der *Sitten*, also keiner theoretischen, sondern einer praktischen, mit Antriebskräften befaßten Metaphysik zugeordnet. Eine theoretische Metaphysik untersucht vorempirisch gültige Momente der Erkenntnis, eine praktische Metaphysik dagegen vorempirische Antriebskräfte, die wegen ihres vorempirischen Charakters das Wohlergehen als Bestimmungsgrund beiseite setzen.

Viertens ist die den Standpunkt der Moral ergänzende Anthropologie selbstverständlich nicht von jener empirischen Natur, die Kant in der Vorrede zur *Grundlegung* vehement ausschließt. Die dort abgelehnte Anthropologie richtet sich auf Antriebskräfte, während die allgemeine Rechtsanthropologie in nichts anderem als den Anwendungsbedingungen des Rechts, in der konfliktträchtigen Koexistenz mehrerer Personen besteht.

Ein Mensch kann zwar mit sich selbst Konflikte haben, Rechtsprobleme entstehen aber erst, wenn mehrere Personen in eine praktische, also nicht lediglich ästhetische oder theoretische Beziehung zueinander treten und dann als leibgebundene Intelligenzien schon aufgrund der Ausdehnung ihres Leibes einen Teil der gemeinsamen Welt beanspruchen. Überdies haben sie als Leibwesen Bedürfnisse und Interessen, zu deren Befriedigung sie Güter brauchen, derentwegen sie in die gemeinsame Welt eingreifen.

Diese Sachlage ist nicht an besondere Merkmale des Menschen, sondern ausschließlich an vier davon unabhängige Elemente gebunden: (1) Zurechnungsfähige Personen (2) teilen dieselbe Welt, (3) beeinflussen sich dabei wechselseitig und sind (4) im Unterschied zu subhumanen Wesen zur Vernunft hin offen, im Gegensatz zu reinen Vernunftwesen von ihr aber nicht notwendig bestimmt. Falls derartige sinnliche Vernunftwesen auch außerhalb der Erde vorkommen, so unterliegen sie, ohne Mitglieder der biologischen Spezies *homo sapiens* zu sein, gleichwohl Kants moralischem Rechtsbegriff und dem sich daran anschließenden kategorischen Rechtsimperativ: Sowohl in der Beziehung untereinander als auch einer etwaigen Beziehung zu Menschen müssen sie den Anforderungen eines moralischen Rechts genügen, der allseitigen Verträglichkeit von Handlungsfreiheit. Da dieser moralische Rechtsbegriff als uneingeschränkte Forderung auftritt, hat er den Charakter eines kategorischen Rechtsimperativs. Bei ihm beschränkt sich der genuin moralische, folglich metaphysische Anteil auf das Moment des streng Allgemeinen. Zusätzliche metaphysische Elemente tauchen nicht auf, so daß die im moralischen Rechtsbegriff enthaltene Metaphysik unproblematisch sein dürfte.

Gemäß der allseitigen Verträglichkeit hat der moralische Rechtsbegriff, fünfte Erläuterung, eine negative Seite, die Kant wohl deshalb nicht eigens erwähnt, weil sie ihm allzu selbstverständlich war: Die Handlungsfreiheit von jedermann ist einzuschränken. Diese Einschränkung erfolgt sachlich vor der Begründung des Staatsrechts, sogar vor der des Privatrechts, so daß es sich um eine vorstaatliche, sogar voreigentumsrechtliche Freiheitseinschränkung handelt.

Dieser Umstand hat eine Tragweite, die schon in mancher Kant-Interpretation, noch mehr in der systematischen Menschenrechtsdebatte übersehen wird: Das aus dem moralischen Rechtsbegriff folgende Menschenrecht (siehe Kap. 14) betrifft nicht nur eine vorstaatliche, sondern selbst vorprivatrechtliche Freiheitseinschränkung. Sie wendet sich daher nicht an einen Gesetz- oder Verfassungsgeber, sondern an die «natürlichen Rechtsgenossen», nämlich an jene Personen, die, noch ohne irgendeine öffentliche Rechtsordnung, lediglich aufgrund der gemeinsamen Außenwelt mit- und gegeneinander agieren. In bezug auf diesen vorstaatlichen Rechtszustand sind öffentliche Rechtsverhältnisse zwar unverzichtbar, rechtsethisch gesehen aber von nur sekundärer Bedeutung (vgl. *RL*, VI 305 ff.).

Für die Freiheitseinschränkung liegt nun ein Argument auf der Hand, das Kant selber nicht erläutert: Weil die Personen in derselben Außenwelt leben, kann jederzeit zweierlei geschehen, zum einen daß sich jemand dort niederlassen will, wo sich schon ein anderer befindet, und zum anderen, daß jemand dasselbe, etwa ein Gut oder eine Dienstleistung, wie ein anderer begehrt. Da dort, wo das eine oder das andere geschieht, *eo ipso* ein Konflikt vorliegt, wird die Handlungsfreiheit unabhängig von der Frage eingeschränkt, wie man den Konflikt löst, gewaltsam oder friedlich, durch einseitiges Nachgeben oder durch einen Kompromiß. Schon das bloße Bestehen des Konfliktes hebt eine uneingeschränkte Handlungsfreiheit auf.

Dieses Argument entspricht dem Gedankenexperiment eines primären Naturzustandes. Ihm zufolge ist die systematisch erste Freiheitseinschränkung kein moralisches Phänomen, vielmehr eine Zufälligkeit und «Naturvorgabe», die mit der bloßen Koexistenz, dem «unvermeidlichen Nebeneinandersein» unvermeidlich mitgesetzt ist (vgl. Höffe 1987, bes. Kap. 10): Sobald mehrere Personen sich dieselbe räumlich begrenzte Außenwelt teilen, den Erdboden, der als eine «sich selbst schließende Fläche» von endlichen Ausmaßen ist (*RL*, VI 311), kann niemand einen Lebensraum für sich beanspruchen, ohne dadurch den möglichen Lebensraum aller anderen einzuschränken. Wo es *eine* Welt, aber mehrere Personen gibt, die, mit welcher Wahrscheinlichkeit auch immer, sich in ihren Handlungen gegenseitig beeinflussen, besteht eine wechselseitige Freiheitseinschränkung.

Kant selber, so die sechste Erläuterung, hebt bei der Freiheitseinschränkung nur jene zweite, positive Seite hervor, die im Fall einer moralisch legitimen Art zustande kommt: daß die Willkür des einen mit der Willkür des anderen «zusammen vereinigt werden» kann. Danach führt eine Freiheitseinschränkung, die streng gleich erfolgt, eine Freiheitssicherung mit sich. Beide, die Einschränkung und die Sicherung der Freiheit, sind also zwei Seiten desselben Vorganges. Nur dort, wo man die Freiheit nach einem allgemeinen Gesetz limitiert, wird die Freiheit allseitig und gleich geschützt.

An den moralischen Begriff des Rechts schließt Kant dessen Prinzip an (Paragraph C); dieses benennt denselben Sachverhalt, aber aus einer anderen Blickrichtung betrachtet. Während es im moralischen Rechtsbegriff um ein objektives Recht geht, kommt es hier, im moralischen Rechtsprinzip, auf das ihm entsprechende subjektive Recht, einen Anspruch, an. In ihm zeichnet sich schon das Kantische «Menschenrecht» ab. Und letztlich deshalb, weil das subjektive Recht in nichts anderem als der Gesamtheit der Handlungen besteht, zu denen man nach dem objektiven Recht befugt ist (*RL*, VI 230), ist es ein Menschenrecht im Singular. Aus ihm folgt aber ein Menschenrecht im Plural, da das Menschenrecht im Singular, das Rechtsprinzip, den moralischen Maßstab für alle subjektiven Ansprüche im Sinne von rechtsmoralischen Befugnissen bildet. Da diese Befugnisse vor und unabhängig von positiven Rechtshandlungen bestehen, liegen in der Tat vor- und überpositive Rechte, also angeborene Rechte, mithin das Menschenrecht im Plural vor.

Der moralische Rechtsbegriff entspricht der Idee der Gerechtigkeit, für die man seit Aristoteles (*Nikomachische Ethik*, Buch V) insbesondere eine distributive von einer kommutativen Gerechtigkeit und bei letzterer die freiwillige Tausch- von einer unfreiwilligen Strafgerechtigkeit unterscheidet (vgl. Höffe 2001 b, 25). Wegen der Wechselseitigkeit der Freiheitseinschränkungen ist die von Kant behandelte Gerechtigkeit der Tauschgerechtigkeit zuzuordnen, was eine erhebliche Bedeutung hat: Systematisch gesehen kommt es beim Zusammenleben in erster Linie nicht auf die Zuteilung von Gütern oder Dienstleistungen, sondern auf einen Tausch an, den einander gleichgeordnete Personen mit- und untereinander vornehmen. Bei diesem basalen Tausch darf man freilich nicht an ökonomische Güter denken, zumal deren legitimatorische Grundlage, die Rechtfertigung von Eigentum, noch gar nicht behandelt ist. Bei einem der wichtigsten Menschenrechte, dem Schutz von Leib und Leben, werden vielmehr Freiheitsverzichte getauscht: Jeder gibt sein Recht auf, im Konfliktfall seinesgleichen zu töten, wodurch er *eo ipso*, nicht erst als Folge, das subjektive Recht auf Leib und Leben erhält.

Für die Rechtsmoral führt Kant schließlich eine dritte Variante ein, nach dem moralischen Rechtsbegriff und dem moralischen

Rechtsprinzip jetzt das allgemeine und erneut moralische Rechtsgesetz. Es hat denselben Inhalt wie der Rechtsbegriff und das
Rechtsprinzip, nur wird er jetzt als ein kategorischer Imperativ formuliert; das Rechtsgesetz hat den Rang *des* kategorischen Rechts-
imperatives. Im Unterschied zum allgemeinen kategorischen Imperativ, seiner Grundformel und seinen drei Unterformeln (siehe
Kap. 7.1) kommt es nicht auf Maximen, mithin die innere Willensbestimmung und ihretwegen auf Moralität, an. Weil das äußere
Handeln, folglich Legalität, genügt, lautet der kategorische Rechtsimperativ: «handle äußerlich so, daß der freie Gebrauch deiner
Willkür mit der Freiheit von jedermann nach einem allgemeinen
Gesetze zusammen bestehen könne» (*RL*, VI 231). Seinem Gehalt
nach ist der kategorische Rechtsimperativ liberal. Denn die allgemein verträgliche Handlungsfreiheit gewährt jeder Person und jeder Gruppe ein Recht auf Eigenart, vorausgesetzt, daß der Anspruch wechselseitig und für jeden gleichermaßen gilt.

13.4 Sechs Funktionen

Wie weit reicht das Aufgabenfeld der drei moralischen Rechtsbestimmungen? Keine von ihnen begnügt sich mit der rechtsnormierenden Aufgabe, zusätzlich übernehmen sie vier weitere Aufgaben.

Die systematische erste Aufgabe behandelt Kant im Vorübergehen, beim Vergleich der bloß empirischen Rechtslehre mit dem höl-
zernen Kopf in Phädrus' Fabel. Die ironische Bemerkung, der
schöne Kopf habe leider kein Gehirn, richtet sich gegen eine Definition des Rechts ohne jeden Bezug auf Moral, nimmt also eine
rechts*definierende* Moral in Anspruch. Zugleich setzt Kant sich mit
einer ersten Facette im später berühmten Problemfeld «Rechtspositivismus oder Naturrecht» auseinander (vgl. Höffe 1987, Kap. 5–6).

Im Fortgang zeigt Kant zweitens, daß eine positive Rechtsordnung samt ihrer Zwangsbefugnis moralisch legitimiert sein kann,
worin sich eine rechts*legitimierende* Moral ausspricht. Damit stellt
er sich einer von der neueren politischen Philosophie vernachlässigten Aufgabe, einer Auseinandersetzung mit einem philosophischen
Anarchismus. Während philosophische Anarchisten wie Proudhon
und Vertreter des westlichen Marxismus die Legitimität jeder Herr-

schaft von Menschen über Menschen bestreiten und für Herrschaftsfreiheit votieren, zeigt Kant, daß eine derartige Herrschaft gerechtfertigt sein kann.

Bei der dritten Dimension, der rechts*normierenden* Moral, geht es um die moralischen Grundsätze, an denen sich, einem Rechtstheoretiker wie Niklas Luhmann zum Trotz (zur Luhmann-Kritik siehe Höffe 1990, Kap. 3), eine positive Rechtsordnung zu orientieren hat, die Legitimität beansprucht und deren Mißachtung eine moralische Rechtskritik auf den Plan ruft.

Einer vierten Aufgabe, der Fortsetzung der rechtsnormierenden Gerechtigkeit, obliegt jene nähere Ausgestaltung der Rechtsordnung, die Kant, erneut im Gegensatz zu vielen neueren Rechts- und Gerechtigkeitstheorien, nicht bloß auf das Thema der Menschenrechte einschränkt. Im Rahmen dieser rechts*gestaltenden* Gerechtigkeit legitimiert er, was Hegelianer gegenüber Kant bis heute verdrängen, die Institution des Eigentums; er befaßt sich mit Ehe und Familie und erörtert die einschneidendste Institution öffentlicher Zwangsbefugnis, die Kriminalstrafe.

Fünftens stellt sich Kant jenen Fragen nach Rechtsgehorsam, bürgerlichem Ungehorsam und Widerstandsrecht, die mittlerweile wieder mehr diskutiert werden: Gibt es eine moralische Verpflichtung, die Gebote und Verbote einer positiven Rechtsordnung allesamt einzuhalten? Oder gibt es eine moralische Erlaubnis, vielleicht sogar eine Verpflichtung, gegen einzelne Rechtsnormen Ungehorsam, in besonderen Fällen sogar gegen eine Rechtsordnung insgesamt Widerstand zu leisten?

Indem Kants moralische Rechtsbestimmungen die Bedingungen benennen, ohne die eine Koexistenz von Handlungsfreiheit nicht möglich ist, gewinnen sie zusätzlich zu den schon genannten Aufgaben eine sechste, rechts*konstituierende* Bedeutung. Sie fordern nämlich stillschweigend dazu auf, die menschliche Koexistenz überhaupt rechtsförmig zu gestalten. Zugleich wird das Gewicht der Rechtsethik erhöht. Weit mehr als eine partielle Sozialethik hat sie das Gewicht einer Fundamentaldisziplin der Gesellschaft: Rechtsverhältnisse unter den Menschen einzurichten ist nicht bloß moralisch legitim. Um die menschliche Koexistenz auch moralisch zu gestalten und dabei jedem Menschen Handlungsfreiheit zu ermöglichen, ist die Etablierung einer Rechtsordnung sogar moralisch geboten.

13.5 Zwangsbefugnis

Eine rechtliche Befugnis zu haben, verbietet vom bloßen Begriff her, das der Befugnis entsprechende Tun oder Lassen zu verhindern. Da die Menschenrechte einen Sonderfall von Befugnissen darstellen, gilt für sie dasselbe. Auf Leib und Leben beispielsweise hat jemand nur dann ein Recht im Sinne einer Befugnis qua Anspruch, wenn es allen anderen rechtlich verwehrt ist, physische Gewalt zu üben. Zur rechtlichen Befugnis gehört insofern die Befugnis zweiter Stufe hinzu, das Gebotene oder Verbotene rechtlich zu erzwingen. Ein moralischer Rechtsbegriff ist daher unvollständig, wenn er das Thema einer Legitimation der Zwangsbefugnis außer acht läßt.

In dieser Hinsicht ist den wirkungsmächtigen Gerechtigkeitstheorien der letzten Jahrzehnte ein Defizit vorzuwerfen. John Rawls beispielsweise begründet in seiner *Theory of Justice* die Gerechtigkeitsprinzipien von gesellschaftlichen Grundgütern her (Rawls 1971, § 26). Die Frage, warum diese Güter zu Ansprüchen werden sollen, die man gegebenenfalls mit Zwang durchsetzen dürfe, wirft er aber nicht auf. Rawls' Gegenspieler, Robert Nozick, bemerkt zwar das Defizit, gibt aber keine überzeugende Antwort (1974, 131 ff.). Kant skizziert nun ein Argument, das das Legitimationsdefizit zu beheben verspricht. Er behauptet nicht wie Nozick, eine zwangsbefugte Verpflichtung sei nur zweistufig zu rechtfertigen. Er erklärt vielmehr die Zwangsbefugnis zu einem Element, das mit jeder moralisch-rechtlichen Verpflichtung untrennbar verbunden ist.

Seit dem deutschen Frühaufklärer Christian Thomasius (*Fundamenta juris naturae et gentium* 1718, Prooemium, auch § 23) versteht sich die Verknüpfung des Rechts mit der Zwangsbefugnis fast von selbst. Deren Beweis, immerhin die theoretische Lösung einer bis heute aktuellen Grundfrage, gelingt aber erst Kant: Warum darf es eine Zwangsbefugnis von Menschen gegenüber Menschen geben? Im Unterschied zu Thomasius, auch dem für sich wichtigen

Kompendium von Achenwall/Pütter (1750), hält Kant die Zwangs-befugnis aber nicht für ein Definitionselement des Rechts, sondern für etwas, das zu legitimieren bleibt. Nach einer Vorlesung aus dem Wintersemester 1793/94, der sogenannten *Metaphysik Vigilantius*, kann nun «die Befugnis zu zwingen nur aus der Idee des Rechts selbst abgeleitet werden» (XXVII 526). Und in der *Rechtslehre* geht er auch so vor; er knüpft an die moralischen Rechtsbestimmungen, insbesondere das Rechtsprinzip, an.

Mit seiner Legitimation der Zwangsbefugnis weist Kant alle So-zialutopien zurück, die auf jeden Zwang verzichten wollen. Ohne jede Zusatzannahme folgt laut Kant die Zwangsbefugnis direkt aus der Aufgabe des Rechts, das Zusammenleben äußerer Freiheit nach allgemeinen Gesetzen zu ermöglichen: In dieser einstufigen Legiti-mation ist die Zwangsbefugnis mit dem Recht «nach dem Satze des Widerspruchs verknüpft» (*RL*, VI 231; vgl. 232 ff.).

Man könnte die Zwangsbefugnis mit einer für Kant generell wichtigen Argumentationsform, einer Antinomie, rechtfertigen. Die Antinomie bestünde hier im Gegensatz der positivistischen These, nach der die Rechtsordnung einen Blankoscheck erhält, so daß jeder rechtliche Zwang legitim wäre, mit der anarchistischen Antithese, die jeden Zwang verwirft. Aufzulösen wäre die Antinomie in jener Rechtfertigung des Zwangs, die zugleich seine Reichweite einschränkt. Die Legitimation verbände sich also mit einer Limitation, und das Maß dafür läge in Kants Moralkriterium, der strengen Verallgemeinerbarkeit.

In einer derartigen Argumentation träte das charakteristische Profil der Aufgabe besser hervor. Sie würde freilich die Überlegung zu den Anwendungsbedingungen des Rechts wiederholen. Demzu-folge sind beide Seiten der Rechtsantinomie in sich widersprüch-lich. Im Widerspruch zum philosophischen Anarchismus macht das Gedankenexperiment auf eine erste Stufe von Zwang aufmerk-sam: Sobald mehrere Personen sich dieselbe Außenwelt teilen, kommt es zu dem in systematischer Hinsicht primären Zwang. Da dieser hinter dem Rücken der Beteiligten stattfindet, ist er nieman-dem zurechenbar, es sei denn, man erklärt jemanden als für sein Da-sein in der Welt verantwortlich, obwohl doch niemand sich selbst in die Welt bringt.

Auf Sigmund Freud geht der Gedanke eines zum Lustprinzip konträren Realitätsprinzips zurück, für den die Kultur verantwortlich sei. Da der Zwang aber Kants überzeugender Argumentation zufolge seinen systematischen Ursprung beim sozialen Primärzwang hat, täuscht sich Freud. Denn nicht erst aus der Kultur, sondern aus der bloßen Koexistenz in derselben Außenwelt folgt ein unvermeidlicher Sozialzwang. Ihretwegen hat die seit der Antike betonte Sozialnatur des Menschen auch ihre «Schattenseiten», weshalb man in der Sozialnatur nicht einseitig nur die positiven, kooperativen Aspekte hervorheben darf, sondern sich auch die negativen, konfliktuellen Aspekte einzugestehen hat. Ohne deshalb ebenso einseitig nur diese zu betonen, also jenseits eines bloß optimistischen oder allein pessimistischen Blicks, muß man die Sozialnatur judikativ-kritisch betrachten und einsehen, daß die Sozialität des Menschen nicht bloß eine Lust, sondern ebenso eine Last ist.

Relativ zum unvermeidlichen Sozialzwang ist nun das angekündigte Gedankenexperiment durchzuführen: Dort, wo in Übereinstimmung mit dem strengen Rechtspositivismus das subjektive Recht in einer *beliebigen* Zwangsbefugnis besteht, hebt sich der Begriff eines moralischen Rechtsanspruchs auf. Ob es Eigentumstitel oder Leib und Leben sind – das, was jemand für sich beansprucht, kann ebenso von einem anderen beansprucht werden. Gibt es aber gemäß der anarchistischen Antithese keinerlei Zwang, so ist man für die Anerkennung von subjektiven Rechten auf das Wohlwollen der anderen angewiesen. Infolgedessen gibt es bestenfalls Quasi-Rechte; weder Leib und Leben noch das Eigentum oder der eigene gute Name haben den Rang strenger Rechtsansprüche.

Das angedeutete Gedankenexperiment entspricht nun den beiden Seiten im moralischen Rechtsbegriff und führt aus, was dort bloß behauptet worden ist: Die wechselseitige Freiheitssicherung ist nur durch eine ebenso wechselseitige Freiheitseinschränkung möglich. Insofern Kant selber das skizzierte Gedankenexperiment nicht vornimmt, schöpft er die Möglichkeiten einer kritischen Rechtsethik nicht voll aus.

Die Begründung, die er tatsächlich vornimmt, bereitet er im Paragraphen C vor und führt sie in den Paragraphen D und E der

Rechtslehre durch. Die sehr formale Argumentation zielt auf eine immanente Zwangsbefugnis. In nichtkantischen Worten: Dem moralischen Recht des einen korrespondiert eine moralische Pflicht aller anderen, da dem eigenen Recht auf die allgemein verträgliche Freiheit die fremde Pflicht entspricht, sich mit der allgemein verträglichen Freiheit zufrieden zu geben. Und weil beide Seiten, Recht und Pflicht, juridischer, nicht bloß ethischer Natur sind, sind sie mit einer Zwangsbefugnis verbunden.

Beim Ausdruck «Zwang» mag man spontan an physische Gewalt denken. Neben ihr gibt es aber eine Fülle anderer Zwangsformen, außerdem nicht nur den direkten, sondern auch jenen indirekten Zwang, der aus gesellschaftlicher Abhängigkeit oder wirtschaftlicher Armut resultiert. Da Kant das weite Spektrum der möglichen Zwangsbegriffe nicht vorstellt, schreibt man ihm gern einen engen, auf physische Gewalt eingeengten Begriff zu. In Wahrheit läßt er offen, ob der Zwang physisch oder ökonomisch stattfindet, ferner ob er leicht wahrnehmbar ist oder aber sich versteckt und ob er direkt oder lieber indirekt auftritt. Weil die entsprechenden Fragen nicht zur grundsätzlichen Rechtfertigung gehören, ist Kant auch gut beraten, auf sie nicht einzugehen. Entscheidend ist lediglich die Frage, der er sich auch stellt, ob überhaupt und gegebenenfalls wie weit der Zwang moralisch erlaubt ist. Auf diese Frage antwortet Kant ebenso einfach wie überzeugend: Moralisch legitim ist jeder Zwang, der sich einem illegitimen Zwang, dem Unrecht, entgegenstellt und «andere zur Befolgung des Rechts zu zwingen unternimmt» (XIX 1335).

Diese Antwort richtet sich gegen die Antithese der Rechtsantinomie, gegen den Gedanken der Herrschaftsfreiheit. Stillschweigend lehnt sie einen strengen Anarchismus ab. «Zwang darf sein», erklärt Kant. Berechtigt ist er aber nur unter zwei restriktiven Bedingungen, mit denen er der These, dem strengen Rechtspositivismus, widerspricht. Erstens ist der Zwang nur dort erlaubt, wo es ohnehin schon Zwang gibt, dort nämlich, wo ein anderer in meinen legitimen Freiheitsraum eindringt. Der legitime Zwang greift nicht an, sondern verteidigt sich; er ist kein aggressiver, sondern ein defensiver Zwang, ein Gegen-Zwang. Und im Rahmen des defensiven Zwangs ist zweitens allein jener Zwang legitim, der sich gegen Unrecht wendet. Andernfalls wäre ein Dieb, der den Bestohlenen daran hindert, sein Eigentum zurückzugewinnen, moralisch im Recht. Der Dieb übt nämlich einen Gegenzwang aus; seine Handlung ist zwar defensiv, gleichwohl illegitim; denn sie wehrt nicht Unrecht ab, sondern bekräftigt es.

Die allein legitime Unrechtsabwehr tritt in zwei Gestalten auf: präventiv und restitutiv. Dort, wo sich ein Diebstahl anbahnt, darf man ihn verhindern; hat er aber schon stattgefunden, so darf man sich das Gestohlene wieder zurückholen. Dieses Argument mit zwei Facetten verbindet die Legitimation der Zwangsbefugnis mit deren Limitation. Allein diejenige Verhinderung einer unrechtmäßigen Handlung ist rechtmäßig, die im Sinn einer (wohl)bestimmten Negation, wie Kant sagt, «mit der Freiheit nach allgemeinen Gesetzen zusammenstimmend» ist. Ob präventiv oder restitutiv – der Gegenzwang ist nur im Rahmen der präzisen Unrechtsabwehr berechtigt. Wer nicht bloß den Diebstahl verhindert, sondern den Dieb bewußt verletzt, oder auch wer sich mehr als das Diebesgut zurückholt, begeht seinerseits ein Unrecht.

Zur Rechtfertigung des Zwangs im Sinne von Unrechtsabwehr verwendet Kant die Begriffe «Hindernis einer Wirkung» und «Widerstand, der dem Hindernis entgegengesetzt wird». Beide Begriffe fallen unter dem Oberbegriff der «praktischen Negation». Im «Hindernis» besteht nämlich die einfache, im «Widerstand gegen das Hindernis» aber jene doppelte Negation des Handelns, die Kant als positiv, als «Beförderung» einschätzt.

Dort, wo ein Handeln moralisch legitim ist, definiert die einfache Negation das Hindernis, also ein moralisches Unrecht. Umgekehrt besteht das Unrecht in nichts anderem als in einem Hindernis der legitimen Handlungsfreiheit. Wer nun die Negation seinerseits negiert und also eine doppelte Negation vornimmt, der, sagt Kant zu Recht, gewinnt die Position wieder. Leistet man einem Unrecht Widerstand, so hebt man das Unrecht auf und erkennt das (subjektive) Recht an: «wenn ein gewisser Gebrauch der Freiheit selbst ein Hindernis der Freiheit nach allgemeinen Gesetzen (d. i. unrecht) ist, so ist der Zwang, der diesem entgegengesetzt wird, als Verhinderung eines Hindernisses der Freiheit mit der Freiheit nach allgemeinen Gesetzen zusammen stimmend, d. i. recht» (*RL*, VI 231).

Kant argumentiert hier lediglich mit den moralischen Begriffen von Recht und Unrecht sowie mit der logischen Operation, daß man mit Hilfe der doppelten Negation die Position wiedergewinnt. Genau deshalb folgt die Zwangsbefugnis unmittelbar aus dem Rechtsprinzip, weshalb Kant die Legitimation sogar für analytisch hält: «mithin ist mit dem Rechte zugleich eine Befugnis, dem, der ihm Abbruch tut, zu zwingen, nach dem Satze des Widerspruchs verknüpft» (ebd.).

Kant weicht insofern von der genannten Thomasius-Tradition ab, als er das (moralische) Recht nicht unmittelbar als zwangsbefugt einführt. Die Zwangsbefugnis bleibt vielmehr auszuweisen. Der Ausweis erfolgt aber in der skizzierten Weise analytisch, so daß laut Kant die Zwangsbefugnis nicht quasi-axiomatisch zu einer einleitenden Definition von Recht gehört. Sie ist aber mit der allgemein verträglichen Freiheit analytisch verbunden, gehört insofern zum schließlichen Begriff hinzu, weshalb im folgenden Paragraphen E das Recht im strengen Sinn, das strikte Recht, als «die Möglichkeit eines mit jedermanns Freiheit nach allgemeinen Gesetzen zusammenstimmenden wechselseitigen Zwanges» bestimmt werden kann (VI 232). Oder im Anhang: «Mit jedem Recht in enger Bedeutung (*ius strictum*) ist die Befugnis zu zwingen verbunden» (VI 233). Folgerichtig sind zwei etwaige Rechtsphänomene, bei denen «die Befugnis zu zwingen durch kein Gesetz bestimmt werden kann», die Billigkeit und das Notrecht, allenfalls «ein Recht im weiteren Sinne (*ius latum*)» (VI 233 f.).

Weil die Zwangsbefugnis zwar nicht in die vorlaufende Definition der Rechtsbefugnis gehört, aber aus ihr notwendig folgt, schließt das rechtlich Erlaubte die Erlaubnis zweiter Stufe ein, das auf der ersten Stufe Erlaubte zu erzwingen: «Recht und Befugnis zu zwingen bedeuten also einerlei» (VI 232).

Da sich der moralische Rechtsbegriff bzw. kategorische Rechtsimperativ aus der Anwendung einer moralischen Perspektive auf ein empirisches Grunddatum, das Zusammenleben zurechnungsfähiger Subjekte, ergibt und da im Verhältnis zum Rechtsbegriff bzw. kategorischen Rechtsimperativ die Zwangsbefugnis analytischer Natur ist, erfüllt auch die Zwangsbefugnis das Programm der Kantischen Rechtsethik. Relativ zum empirischen Grunddatum wird die Befugnis rein rational begründet, wozu Kant im nächsten Paragraphen gewissermaßen die Probe unternimmt. Der Paragraph E geht nämlich wie gesagt vom Ergebnis des Paragraphen D, der Zwangsbefugnis des moralischen Rechts, aus und fragt nach der «Möglichkeit eines mit jedermanns Freiheit nach allgemeinen Gesetzen zusammenstimmenden durchgängigen wechselseitigen Zwangs» (ebd.). Die Antwort lautet: Ein derartiger Zwang ist nur als Recht im strengen Sinn des Wortes möglich.

In der Erläuterung vergleicht Kant diese Probe mit der in der reinen Mathematik geübten Methode, der Konstruktion eines Begriffs «in einer reinen Anschauung a priori» (ebd.). Allerdings hebt er nicht auf die reine Geometrie, sondern auf ein Axiom der theoretischen Mechanik ab, auf das dritte Newtonsche Axiom. Wer analog zu diesem Axiom, der Gleichheit von Wirkung und Gegenwirkung, von sich wechselseitig beeinflussenden Wesen ausgeht, entdeckt bei der Konstruktion einer entsprechenden Gemeinschaft, daß sie nur bei einem «durchgängig wechselseitige(n) und gleichzeitige(n) Zwang» darstellbar sei. Kurz, ohne den entsprechenden Zwang ist die Gemeinschaft gar nicht möglich.

Der Rechtsbereich ist auch deshalb mit der Mathematik vergleichbar, weil die Gesetze jedem das ihm rechtlich Zustehende, das Seine, «mit mathematischer Genauigkeit» bestimmen müssen, was im Bereich der Tugend «nicht erwartet werden darf» (VI 233). Diese Differenz von Recht und Tugend erinnert an Aristoteles, der die Gerechtigkeit als eine mathematisch zu bestimmende Mitte (*meson pragmatos*), alle anderen Tugenden aber als subjektrelative Mitte (*meson pros hêmas*) bestimmt (*Nikomachische Ethik*, II 5, 1106a29–31 und V 9, 1133b32 f.; vgl. Höffe 1996, Kap. 14). Und zu den Gründen, warum Kant die beiden genannten Spezialphänomene, die Billigkeit und das Notrecht, aus dem strikten Recht aussondert, gehört das Fehlen mathematischer Genauigkeit. Wo die Sache nicht genau zu bestimmen ist, kann nach Kant von zwangsbefugtem Recht und Unrecht nicht gesprochen werden.

14. Das eine angeborene Recht

14.1 Das Kriterium für Menschenrechte

Die Frage, welche Rechte, selbst welche Gruppen von Rechten zu den Menschenrechten zählen, ist sowohl politisch als auch philosophisch umstritten. Nicht mehr umstritten ist nur der Plural. Ob man mit dem klassischen Liberalismus nur die negativen Freiheitsrechte anerkennt oder unter Rückgriff auf Georg Jellineks *System der subjektiven öffentlichen Rechte* (1892) zunächst drei Arten von Ansprüchen eines Rechtssubjekts unterscheidet und sodann über Jellinek hinaus allen drei Arten den Rang von Menschenrechten zubilligt: den persönlichen Freiheitsrechten (*status negativus*), den demokratischen Mitwirkungsrechten (*status activus*) und den sozial- und kulturstaatlichen Rechten (*status positivus*) – in jedem Fall spricht man von den Menschenrechten in der Mehrzahl.

Unter der Überschrift «Das angeborene Recht ist nur ein einziges» (*RL*, VI 237) vertritt Kant die Gegenposition. An die Stelle des Plurals tritt der entschiedene Singular: «Freiheit (Unabhängigkeit von eines anderen nötigenden Willkür), sofern sie mit jedes Anderen Freiheit nach einem allgemeinen Gesetz zusammen bestehen kann, ist dieses einzige, ursprüngliche, jedem Menschen, kraft seiner Menschheit zustehende Recht» (ebd.).

Die Begründung fällt allerdings so kurz aus, daß man schon vom Umfang her nicht jene überlegene Klarheit erwarten darf, die nur dort zustande kommt, wo man einen Gedanken Schritt für Schritt erläutert, verschiedenen Verzweigungen nachgeht und sich mit naheliegenden Mißverständnissen auseinandersetzt. Um Kants überknappe Argumente, gelegentlich sogar kryptische Hinweise zu verstehen, muß man auf weitere Texte, vor allem auf die Einleitung in die Metaphysik der Sitten (VI 211 ff.) und einige differentialanalytische Bestimmungen der *Tugendlehre* zurückgreifen.

Die erforderlichen Erläuterungen verlangen sechs Überlegungen. Drei von ihnen sind freilich schon im vorangehenden Kapitel erfolgt, werden daher hier nur erinnert: (1) die Unterscheidung von zwei Grundfragen, einer moralischen und einer empirischen bzw. positiven Frage zum Recht, (2) die moralischen Bestimmungen des Rechts, einschließlich des kategorischen Rechtsimperativs, und (3) die mit ihnen verbundene Zwangsbefugnis. Hier folgen die drei noch fehlenden Überlegungsreihen: (4) zur Wendung «kraft seiner Menschheit» (Abschnitt 14.2), (5) zu Kants Explikation seiner These vom einzigen angeborenen Recht in vier Aussagen, also einem Plural, der seinen Singular der Menschenrechte aufzuheben scheint (Abschnitte 14.3 und 14.4), (6) zur Schärfung des Profils von Kants These schließlich ein «Ausblick» auf drei Quasi-Menschenrechte (Abschnitte 14.5 und 14.6).

Die drei Gegenstände der Einleitung in die Rechtslehre (*RL*, VI 229 ff.), der moralische Rechtsbegriff, das (moralische) Rechtsprinzip und das (moralische) Rechtsgesetz, zeichnen sich, weil sie als moralische Gegenstände zur reinen praktischen Vernunft gehören, durch strenge Allgemeinheit und apriorischen Charakter aus. Als Prinzipien «aller» positiven Gesetzgebung sind sie aller Erfahrung und deren Veränderbarkeit enthoben, folglich zugleich «unwandelbar» (VI 229). All diese Qualifikationen treffen auf das angeborene Recht ebenso zu: Es ist ein streng vorempirisch und zugleich unwandelbar gültiges, rein vernünftiges Recht, des näheren ein Prinzip der reinen rechtlich-praktischen Vernunft, also ein rechtsmoralisches Prinzip.

Im Bereich des Erkennens hat Kant die Grundsätze als synthetische Elemente a priori ausgewiesen (vgl. Höffe 2003, Kap. 13). Die im Bereich des Handelns entsprechende Aufgabe übernehmen die «moralisch» genannten «Gesetze der Freiheit» (*RL*, VI 214). Von deren zwei Arten, den juridischen und den ethischen Gesetzen, betrifft das Recht nur juridische, «auf bloße äußere Handlungen und deren Gesetzmäßigkeit» bezogene Freiheitsgesetze (ebd.). Unter deren moralische Perspektive fällt auch das angeborene Recht.

Nach ihrem begriffsimmanenten Anspruch teilen die Menschenrechte mit dem angeborenen Recht diese moralische, zugleich vor- und überpositive Bedeutung. Denn sie bezeichnen Ansprüche, die nicht erworben, sondern angeboren sind, und zwar nicht etwa bloß bei sehr vielen, sondern ausnahmslos bei allen Menschen. Genauer genommen zeichnen sie sogar alle zurechnungsfähigen Subjekte aus. Da Kant derartige Subjekte «Personen» nennt (VI 223), müßte man eigentlich von «Personenrechten» statt «Menschenrechten» sprechen, zumal sich in dem geläufigeren Ausdruck ein Gatungsegoismus der Menschen verstecken könnte, der sogenannte «Speziesismus». In Wahrheit handelt es sich bei dem Ausdruck um eine pars pro toto-Rede, die lediglich jenen Teil der in Frage kommenden Wesen auswählt, den wir als Personen kennen, eben die Menschen.

Ob Menschenrechte oder treffender Personenrechte genannt – wegen ihrer vor- und überpositiven Bedeutung gehören sie zum natürlichen Recht. Trotzdem bleibt die Unterscheidung der überpositiven Gerechtigkeitsfrage von der positiven Rechtsfrage einschlägig. Denn üblicherweise treten die Menschenrechte in Erklärungen auf, die «an einem gewissen Ort und zu einer gewissen Zeit» abgegeben werden, insofern methodisch gesehen zunächst bloß eine positive Bedeutung haben. Demgegenüber stellt die Rechtsethik die raum- und zeitunabhängige Frage nach Recht und Unrecht und beantwortet sie mit dem Kriterium für Menschenrechte, das als höchstes Kriterium notwendigerweise im Singular auftritt.

Für Kant bildet dieses Kriterium freilich nicht die Grundlage für einen Katalog von Menschenrechten im vertrauten Sinn. Er leitet aus ihm zwar, wird sich zeigen, vier implizite und drei Quasi-Menschenrechte ab. Nach der Systematik seines Textes bildet das Kriterium aber in erster Linie die Grundlage für die zwei Hauptteile der *Rechtslehre*, für das Privatrecht und für das Öffentliche Recht. Dieser Umstand wendet sich gegen die weitverbreitete Vorstellung, ihrer Kernaufgabe nach bestünden die Menschenrechte in Abwehrrechten gegen den Staat. In Wahrheit können weder das grundlegende Menschenrecht noch spezifische Menschenrechte ausschließlich, nicht einmal primär von seiten des Staates bedroht werden. Nur weil es zur Gewährleistung der Menschenrechte öffentlicher Gewalten bedarf und diese ihre legitime Gewalt mißbrauchen können, sind die Menschenrechte, freilich nur sekundär, auch Abwehrrechte gegen den Staat. Zweierlei bleibt richtig. Erstens steht am Ursprung der Menschenrechte der Gedanke negativer Freiheitsrechte, die zweitens durchaus Abwehrrechte sind, aber gegen andere Rechtsgenossen und erst sekundär gegen den Staat.

14.2 «kraft seiner Menschheit»

In Kants These vom angeborenen Recht ist die Frage entscheidend, was die Menschheit ist, kraft der das Recht besteht. Der Ausdruck «Menschheit» ist von der *Grundlegung* her bekannt. Er bezeichnet dort nicht, wie man bei oberflächlicher Lektüre glauben könnte, die Gattung der Menschen, das *genus humanum,* sondern das, was den Menschen auszeichnet, seine Natur oder sein Wesen, also die *humanitas.* Kant bestimmt sie als die «vernünftige Natur» (*GMS*, IV 430), auch als den Menschen «bloß als moralisches Wesen betrachtet» (*TL*, VI 429; vgl. *RL*, VI 223 und 226) und behauptet von ihnen, sie existieren als Zweck an sich selbst (siehe auch Kap. 23). Daraus ergibt sich dann die bekannte zweite, «materiale» Formel des kategorischen Imperativs: «Handle so, daß du die Menschheit... jederzeit zugleich als Zweck ... brauchst» (*GMS*, IV 429).

In der *Rechtslehre* versteht Kant unter der Menschheit den Menschen, sofern er «nach der Eigenschaft seines Freiheitsvermögens» betrachtet wird (*RL*, VI 239). Dieses Vermögen ist «ganz übersinnlich», weshalb die «von physischen Bestimmungen» unabhängige Persönlichkeit, der «homo noumenon», gemeint ist (ebd.). Den Gegensatz dazu bildet der von physischen Bestimmungen abhängige Mensch, der «homo phaenomenon» (ebd.). Innerhalb von Kants zwei Betrachtungsweisen, der noumenalen und der phänomenalen, gehört der Ausdruck «Menschheit» zur ersten, moralischen Betrachtung, denn «die Menschheit in seiner Person» ist nichts anderes.

14.3 Eine Rechtspflicht gegen sich

Die Menschheits-Zweck-Formel der *Grundlegung* verlangt, die Menschheit «sowohl in deiner Person als in der Person eines jeden andern» entsprechend zu behandeln. Sie betrifft also nicht nur Pflichten gegen andere («in der Person eines jeden andern»), sondern auch die Pflichten gegen sich («in deiner Person») (vgl. *GMS*, IV 428). Vom Recht erwartet man jedoch, daß es lediglich auf die Beziehung zu den Mitmenschen ankommt. Überraschenderweise wird an der ersten Stelle, an der Kant in der *Rechtslehre* ausdrücklich vom Rechte der Menschheit spricht, dieses Recht als «in unserer eigenen Person» angeführt und daraus eine Pflicht gegen sich begründet: «Mache dich anderen nicht zum bloßen Mittel, sondern sei für sie zugleich Zweck» (*RL*, VI 236). Es ist jene Pflicht zur rechtlichen Ehrbarkeit, mit der Kant die erste Ulpian-Formel: «Sei ein rechtlicher Mensch (honeste vive)» erläutert (vgl. Höffe 2001 a, Kap. 7, auch Höffe 1999, Kap. 3.5). In der *Pädagogik*-Vorlesung bekräftigt es Kant: daß «der Mensch in seinem Innern eine gewisse Würde habe, die ihn vor allen Geschöpfen adelt, und seine Pflicht ist es, diese Würde der Menschheit in seiner eigenen Person nicht zu verleugnen» (IX 488 f.). (Zu Kants Würde-Begriff, s. Sensen 2011.)

Diese offensichtlich moralische Pflicht verlangt «im Verhältnis zu anderen seinen Wert als den eines Menschen zu behaupten» (*RL*, VI 236). Damit führt Kant in die Rechtsphilosophie eine ebenso neuartige wie erstaunliche, prima facie sogar irritierende Pflicht ein. Über sie ist er sich auch erst spät klar geworden. Noch drei Jahre vor der *Rechtslehre*, in der Vorlesung zur Metaphysik der Sitten aus dem Wintersemester 1793/94 (Nachschrift Vigilantius), ohnehin noch früher, in der Nachschrift Kähler (1773/74), ordnet er die genannte Ulpian-Maxime «honeste vivere» dem Gegenstück des Rechts, den von den «rechtlichen Pflichten» verschiedenen «ethischen Pflichten», zu (XXVII/2. 527). Die also in Kants philosophischer Entwicklung vorher unbekannte Pflicht gehört zu den Lehrstücken, mit denen sich Kants Rechtsethik als revolutionär und provokativ zugleich erweist.

Die neue Pflicht besteht in einer basalen, nicht physischen, sondern rechtsmoralischen Selbstbehauptung. Kant erklärt sie zum Kern einer rechtlichen Ehrbarkeit, der gegenüber das gewöhnliche Verständnis von rechtlicher Ehrbarkeit, daß man sich rechtlich nichts hat zuschulden kommen lassen, als banal erscheint. Kant kommt es auf etwas wahrhaft Ungewöhnliches an, auf jene für das Recht schlechthin fundamentale Ehrbarkeit, die das Rechtsverhältnis allererst ermöglicht. Diese rechtskonstituierende Ehrbarkeit besteht in einer grundlegenden Anerkennung, aber nicht in der der Philosophie etwa von Hegel vertrauten Anerkennung durch andere, sondern in der Anerkennung durch sich selbst.

Geht man vom Begriff der Anerkennung, und zwar einer schlechthin primären Anerkennung, aus, so zeichnen sich für die

Begründung einer Rechtspersönlichkeit zwei Positionen ab. Zur Rechtsperson wird man entweder durch eine Anerkennung seitens anderer oder seitens seiner selbst. Nach der ersten Position ist man von fremder Anerkennung, also anderen abhängig, nämlich von der Wertschätzung, die man bei seinen Mitmenschen genießt. Deren Minimum besteht im guten Ruf und die Steigerung in der Ehre, die aus einem Sich-Auszeichnen entspringt. Die Anerkennung ist jedenfalls ein wesentlich soziales Phänomen. Man kann nämlich auf sie hinarbeiten und sie trotzdem durch Eigenleistung allein nicht erreichen, denn die Leistung muß von anderen als Leistung wahrgenommen und vor allem geschätzt werden, womit man sich ungewollt in fremde Abhängigkeit begibt.

Sofern die erste Position für diese Anerkennung das Gemeinwesen verantwortlich macht, beläuft sie sich auf einen fundamentalen Rechtspaternalismus, den Kant jedoch ablehnt. Er vertritt die zweite Position, die man einen (ebenso fundamentalen) Rechtsliberalismus nennen kann. Denn an den Ursprung des Rechts stellt er eine Eigenleistung, die primär einen negativen Charakter hat: Zu einer Rechtsperson wird nur, wer sich der bloßen Instrumentalisierung, einer fundamental-rechtlichen Erniedrigung und Entwürdigung, verweigert. Wer sich nicht verweigert, bleibt gleichwohl entwürdigt, gewiß. Er erbringt aber nicht die nach Kant erforderliche Eigenleistung, die übrigens als solche schon eine positive Seite hat: Wer die bloße Instrumentalisierung von sich weist, beansprucht für sich einen eigenen Freiheitsraum und behauptet damit «im Verhältnis zu anderen seinen Wert» (*RL*, VI 236).

Im Unterschied zu Pippin (1999, 70) halte ich die Behauptung seines eigenen Wertes nicht für ein Überbieten der Verweigerung, sich erniedrigen und entwürdigen zu lassen, sondern für nichts anderes als deren positive Kehrseite: In Übereinstimmung mit der Menschheits-Zweck-Formel ist, wer sich «anderen nicht zum bloßen Mittel» macht, eo ipso «für sie zugleich Zweck» (*RL*, VI 236).

Kant schließt nicht aus, daß zur Selbstanerkennung eine Fremdanerkennung noch hinzutreten mag, er hält die Selbstanerkennung aber für vorrangig: Nur wer sich für sich selbst als Rechtsperson konstituiert, ist ein für Rechtsbeziehungen taugliches Subjekt. Was ist der Grund? Allein der Betreffende vermag für sich einen Freiheitsraum zu reklamieren, so daß er zu einem Wesen wird, dem gegenüber überhaupt von einer etwaigen Freiheitseinschränkung und einer spiegelbildlichen Freiheitszubilligung die Rede sein kann. Das Recht, das seinem Begriff nach im «Vermögen» besteht, «andere zu verpflichten» (VI 239), setzt also die Pflicht voraus, sich als moralische Person, allerdings nur als *rechts*moralische Person, zu konstituieren. Die Mitmenschen haben dagegen die Pflicht, ihresgleichen einen Freiheitsraum zuzubilligen. Nicht historisch, wohl aber systematisch gesehen muß man sich jedoch zuvor als jemand behaupten, der für sich einen Freiheitsraum beansprucht.

Nach der Tafel der Pflichten zeichnet sich das «Recht der Menschheit in unserer eigenen Person» durch drei Bestimmungen aus. Die ersten zwei verstehen sich von selbst: Beim Recht handelt es sich um eine Rechts-, keine Tugendpflicht, außerdem um eine vollkommene, also ausnahmslos geltende, keine unvollkommene Pflicht. Erstaunlich, sogar irritierend ist lediglich jene dritte Bestimmung, in der die revolutionäre Neuartigkeit und zugleich Provokation liegt:

Obwohl es im Recht um das Verhältnis zu anderen geht, steht am Ursprung keine Sozialbeziehung, sondern ein Selbstverhältnis, also keine Pflicht gegen andere, sondern eine Pflicht gegen sich selbst. Sogar beim Recht ist also der Mensch zuallererst «der Menschheit in seiner eigenen Person verantwortlich» (VI 270). Hierzu paßt das Wort aus der *Tugendlehre*: «Die Menschheit ist eine Würde; denn der Mensch kann von keinem Menschen (weder von Anderen noch sogar von sich selbst) bloß als Mittel gebraucht werden»; und durch diese Würde erhebt er sich «über alle anderen Weltwesen, die nicht Menschen sind» (*TL*, VI 462). Ein weiterer Gegensatz bekräftigt das Ungewöhnliche der Rechtspflicht gegen sich und schärft zugleich ihr Profil. Kant stellt das «Recht der Menschheit» jenem «Recht der Menschen» entgegen, das sich auf eine Pflicht gegen andere beläuft (vgl. *RL*, VI 270).

Folgt man dem Argumentationsgang der *Rechtslehre* und geht von der rechtlichen Ehrbarkeit (Abschnitt A: Allgemeine Einteilung der Rechtspflichten) über zum angeborenen Recht (Abschnitt B: Allgemeine Einteilung der Rechte), so bedeutet das «Recht der Menschheit in unserer eigenen Person», daß der Mensch als Moral-

wesen das Recht hat, als Rechtsperson anerkannt zu werden. Dieses
Recht wird ihm freilich nicht von außen geschenkt. Weder fällt es
wie das Manna vom Himmel noch ist es eine Gnade, die ihm von
einer höhergestellten Instanz gewährt wird. Es ist auch keine Gabe,
die man von seinesgleichen in Erwartung einer Gegengabe empfängt. Mit Rezeptivität oder Passivität gelangt man hier nicht zum
Ziel. Weil eine Eigenleistung zählt, braucht es Aktivität. Man hat
das Recht selber wahrzunehmen, was dadurch geschieht, daß man
sich der skizzierten rechtlichen Entwürdigung verweigert.

Nur wer diesem fundamentalen Aspekt rechtlicher Ehrbarkeit
genügt und sich nie zum bloßen Mittel degradieren läßt, behauptet
sich als Rechtsperson und realisiert dann, was ihm «von Natur zukommt»: «unabhängig von allem rechtlichen Akt» (VI 237) hat er
Anspruch auf die mit allen anderen nach einem allgemeinen Gesetze verträgliche Freiheit. Das Wort «unabhängig» bedeutet hier,
daß es um ein inneres statt eines äußeren Mein und Dein geht, daß
es also angeboren und nicht erworben, folglich auch ursprünglich
und nicht irgendwie nachgeordnet ist.

Eine Unstimmigkeit bleibt freilich zu erwähnen: Nach der Allgemeinen Einteilung der Rechte gibt es das angeborene Mein und
Dein nur als inneres, da das äußere Mein und Dein jederzeit erworben werden müsse (VI 237). Trotzdem wird Kant im Verlauf des
Privatrechts den guten Namen für «ein angeborenes äußeres, obzwar bloß ideales Mein und Dein» ansprechen (VI 295).

14.4 Implizite Menschenrechte

Mit der Formel von der allgemeinverträglichen Freiheit gibt sich
Kant beim angeborenen Recht nicht zufrieden. Er schließt noch
eine Explikation im wörtlichen Sinn an, denn er erklärt, was alles in
der Freiheitsformel schon enthalten sei (vgl. *RL*, VI 237 f.). Dabei
führt er vier Rechte an, die, weil im angeborenen Recht schon enthalten, dieselbe Rechtsqualität wie das angeborene Recht besitzen.
Jedes Implikat entspricht also einem Menschenrecht, womit aus
dem Singular denn doch ein Plural wird. Nicht zusätzlich, sondern
nur innerhalb des einen Menschenrechts gibt es eine Mehrzahl: Das
eine angeborene Recht läßt sich in vier angeborene Rechte aus-

buchstabieren, in (1) das Verbot von Privilegien, (2) das Recht, sein eigener Herr zu sein, (3) das Recht zunächst einmal als unbescholten zu gelten; schließlich (4) das Recht, Beliebiges zu tun oder zu lassen, solange man nicht in fremde Rechte eingreift.

Zwei Begriffe, Freiheit und Gleichheit, stehen in Menschenrechtserklärungen üblicherweise an erster Stelle. Zusammen mit dem angeborenen Recht auf Freiheit präzisieren Kants vier Implikate, was die beiden Begriffe sinnvollerweise bedeuten. Schon dadurch sind die Implikate grundlegender als viele Elemente der vertrauten Menschenrechtskataloge. Kant spricht weder von Eigentum, Glück und Sicherheit, wie es in der *Virginia Bill of Rights*, noch von Eigentum, Sicherheit und Widerstand gegen Unterdrückung, wie es in der französischen *Déclaration des droits de l'homme et du citoyen*, oder von Leben, Freiheit und Sicherheit der Person, wie es in der *Allgemeinen Erklärung der Menschenrechte* der Vereinten Nationen heißt. Ohnehin fehlen Menschenrechte wie die Glaubens-, Gewissens- und Religionsfreiheit, wie die Meinungs- und Presse-, wie die Kunst- und Wissenschaftsfreiheit.

Die Abfolge, in der die vier impliziten Menschenrechte behandelt werden, ist nicht zufällig. Ihr liegt vielmehr eine gewisse Systematik zugrunde. Wegen des Versuchs, möglichst alle Implikate des einen Menschenrechts herauszustellen, beginnt Kant beim nächstliegenden Implikat und arbeitet sich nach und nach zu den ferner liegenden Implikaten vor.

In vielen Gerechtigkeits- und Menschenrechtsdebatten wird über die Priorität gestritten: Wer von den beiden Leitbegriffen, Freiheit oder Gleichheit, besitzt den Vorrang? Kants Antwort besteht in einer Gleichrangigkeit, ausgesprochen im ersten, auf der Hand liegenden Implikat. Insofern jedem Menschen kraft seiner Menschheit eine wohlbestimmte Freiheit zukommt, wird jeder mit jedem anderen als gleich geachtet. Und der Gehalt dieser angeborenen Gleichheit ist mit dem der Freiheit identisch. Das erste implizite Menschenrecht besagt: Niemand unterliegt mehr Verbindlichkeiten als die anderen; ebenso: niemand hat mehr Rechte als die anderen. Hier lehnt Kant stillschweigend alle Arten von Privilegien ab, wie sie pars pro toto im lateinischen Sprichwort erscheinen: «Quod licet Jovi, non licet bovi» (was Jupiter [einem Gott] erlaubt [in Gestalt eines Stieres einer fremden Frau beizuwohnen], steht einem Stier [qua gewöhnlichem Wesen] nicht zu). Statt dessen behauptet Kant, daß jeder Person erstens das Gleiche und zweitens all das rechtlich erlaubt ist, was sich innerhalb des Rahmens wechselseitiger Freiheitseinschränkung bewegt.

Der das nächste Implikat einleitende Ausdruck «mithin» bedeutet eine logische Folge. Nicht direkt aus der angeborenen Freiheit, sondern aus deren Implikat, der angeborenen Gleichheit, also notwendigerweise erst im zweiten Schritt, leitet Kant das nächste Implikat ab: daß der Mensch der Qualität nach, also gemäß Kants zweiter Kategorienklasse aus der ersten *Kritik*: der Sachheit oder Sachhaltigkeit (realitas) nach, «sein eigener Herr» ist (*RL*, VI 238).

Diese kryptische Formulierung bezieht man am besten auf den Personenbegriff. Kant bestimmt in der Einleitung in die Metaphysik der Sitten die Person als zurechnungsfähiges Subjekt, das «keinen anderen Gesetzen als denen, die sie … sich selbst gibt, unterworfen» ist (VI 223). In Klammern führt er zwei Optionen an, die man den beiden Teilen, der *Rechtslehre* und der *Tugendlehre*, zuordnen kann: Die Gesetze, denen man unterworfen ist, gibt man sich «entweder allein», was auf die Tugendpflichten zu beziehen ist, «oder wenigstens zugleich mit anderen», was die Rechtspflichten betrifft (vgl. ebd.).

Wer sein eigener Herr ist, hat die rechtsmoralische Befugnis, sein Leben selber zu bestimmen. Er beansprucht alle jene Rechte, die mit dem angeborenen Menschenrecht beginnen, weshalb das zweite implizite Menschenrecht besagt: Jeder Mensch hat das Recht, ein Mensch mit einer Rechtspersönlichkeit, also kein Leibeigener oder Sklave, vielmehr eine Persönlichkeit mit eigenen Rechten, zu sein.

Das dritte implizite Menschenrecht, eingeführt als «imgleichen», das heißt, auf gleiche Weise, in gleicher Art, also ebenfalls als Implikat des ersten Implikats, besteht im Recht, als unbescholten zu gelten. Dieses Recht sieht nur oberflächlich betrachtet nach der strafrechtlichen Unschuldsvermutung aus, in Wahrheit ist es wie schon die für das angeborene Recht entscheidende Ehrbarkeit weit grundlegender: Solange der Mensch keinen Rechtsakt vornimmt, hat er, wie Kant erläutert, gegen niemanden ein Unrecht begangen: Solange man nichts Rechtserhebliches unternimmt, steht man in niemandes Schuld. Wer beispielsweise die Pflicht, Notleidenden zu helfen, oder allgemeiner die Pflicht zur Wohltätigkeit verletzt, begeht zwar ein moralisches, aber kein rechtsmoralisches Unrecht. Der «Geist der Brüderlichkeit», in dem nach Artikel 1 der UN-Menschenrechtserklärung die Menschen einander begegnen sollen, hat für Kant nicht den Rang eines angeborenen Menschenrechts.

Nach dem vierten impliziten Menschenrecht darf man sich gegen andere beliebig verhalten, solange man nicht deren Rechte, also ihr inneres oder äußeres Mein und Dein, schmälert. Kant führt ein Beispiel an, das auf den ersten Blick überrascht. Denn es erlaubt, was der Philosoph doch zu verbieten pflegt, die «Unwahrheit zu sagen», also die Lüge (vgl. *RL*, VI 238). Zum Verständnis kann man auf die Einteilung einer Metaphysik der Sitten zurückgreifen, wo es heißt: «Also nicht in der Ethik, sondern im Ius liegt die Gesetzgebung, daß angenommene Versprechen gehalten werden müssen» (VI 220). Kants Erläuterung schränkt diese Pflicht nicht etwa ein, sondern erklärt lediglich, daß dort, wo «der äußere Zwang, auch weggelassen wird», also in der Ethik, «die Idee der Pflicht alleine schon zur Triebfeder hinreichend sei» (ebd.). Abweichend vom vierten impliziten Menschenrecht nimmt Kant hier, beim Gebot, Versprechen zu halten, keinerlei Einschränkung vor. Er sagt lediglich: «Es ist keine Tugendpflicht, sein Versprechen zu halten, sondern eine Rechtspflicht, zu deren Leistung man gezwungen werden kann» (ebd.).

In der *Tugendlehre* dagegen ist Kant kompromißlos streng: «Die Lüge», bestimmt als «jede vorsätzliche Unwahrheit in Äußerung seiner Gedanken», «ist Wegwerfung und gleichsam Vernichtung seiner Menschenwürde» (*TL*, VI 429). Bei diesem rigorosen Verdikt führt er allerdings den präzisierenden und zugleich einschränkenden Zusatz an: «in der ethischen Bedeutung des Worts» (VI 430; vgl. VI 429: «in der Ethik»). Damit spielt er auf die Differenz von Ethik und Ius an und setzt differenzierend hinzu, daß die vorsätzliche Unwahrheit «in der Rechtslehre» nur dann den «harten Namen» der Lüge verdient, «wenn sie anderer Recht verletzt» (VI 429; vgl. VI 430, wonach die schädliche Unwahrheit eine «Verletzung Anderer» bedeutet).

Kant unterscheidet also streng zwischen einer rechtserheblichen und einer rechtsunerheblichen Unwahrheit. Auch in der *Rechtslehre* erklärt er analog zur Ansicht der *Tugendlehre*, daß man durchaus unwahr und unaufrichtig erzählen, selbst versprechen darf, vorausgesetzt, man bringt niemanden um das Seine (*RL*, VI 238).

14.5 Quasi-Menschenrechte

Obwohl Kant nur ein einziges Recht für angeboren hält, haben noch zwei weitere Lehrstücke eine menschenrechtliche Bedeutung. Sie entsprechen den beiden Hauptteilen der *Rechtslehre*, dem Privatrecht vom äußeren Mein und Dein und dem Staatsrecht, womit sich Kants Philosophie der Menschenrechte über seine gesamte Rechtslehre erstreckt. Die ausdrückliche Philosophie der Menschenrechte besteht zwar «nur» aus der skizzierten Theorie des «inneren Mein und Dein». Aus ihr folgt aber der menschenrechtliche Rang des (äußeren) Privatrechts und des Staatsrechts. Für Einzelheiten ist hier nicht der Ort; die beiden Lehrstücke sollten aber wenigstens genannt und in ihrem menschenrechtlichen Rang angedeutet werden:

In der vorstaatlichen und genau deshalb «Privat»-Recht genannten Theorie des Eigentums geht es nicht allein um Eigentum an Sachen, sondern auch um zwei weitere Arten, um Dienstleistungen («Vertragsrecht») und um Zustände einer anderen Person («Ehe-, Eltern- und Hausherrenrecht»). Kant begründet diese drei Arten von Eigentum weder mit empirischen noch mit geschichtlichen, anthropologischen oder pragmatischen Gründen. Weder erklärt er, daß es Eigentum schon lange, eventuell in so gut wie allen Kulturen gegeben habe. Noch legitimiert er es aus zoologischen Besonderheiten der Spezies homo sapiens und auch nicht mit Hinweis auf einen persönlichen oder auf den kollektiven Nutzen. Das äußere Mein und Dein rechtfertigt sich für Kant aus keinem anderen Grund als aus einem Argument der reinen praktischen Vernunft, bezogen auf die grundlegende Anwendungsbedingung des Rechts, die äußere Freiheit mehrerer Personen in derselben Welt:

Gemäß der Vernunftbegründung führt Kant den Begriff eines intelligiblen Besitzes, des «Vernunftbesitzes», ein (*RL*, VI 245). Im Anschluß daran erklärt er zum rechtlichen Postulat der (reinen) praktischen Vernunft, daß ein Gesetz, nach dem «ein Gegenstand der Willkür an sich (objektiv) herrenlos (res nullius)» werde, «rechtswidrig» sei, also dem moralischen Begriff des Rechts widerspreche (VI 246). Wenige Zeilen später heißt es: «Also ist es eine Voraussetzung a priori der praktischen Vernunft einen jeden Gegenstand meiner Willkür als objectiv mögliches Mein oder Dein anzusehen und zu behandeln» (ebd.).

Die Begründung setzt bei der Gegenposition an und fragt, ob sie mit dem moralischen Rechtsbegriff der Verträglichkeit «mit der Freiheit von jedermann nach einem allgemeinen Gesetz», zusammen bestehen kann (ebd.). Nun gibt es, erklärt Kant, für «die praktische Vernunft keine andere als formale Gesetze» (ebd.). Daher könne man beim möglichen Eigentum nicht legitime von illegitimen Gegenständen unterscheiden, so daß alle Gegenstände zum Eigentum entweder zu verbieten oder aber zuzulassen sind. Nun hebt aber ein absolutes Verbot die Grundaufgabe des moralischen Rechtsbegriffs, das Ermöglichen äußerer Freiheit, hier: das Verfolgen selbstgewählter Zwecke, auf. Also bleibt nur als Alternative, alle Gegenstände ohne jede Einschränkung als mögliche Eigentumstitel zuzulassen: Nichts darf «an sich (objektiv) herrenlos (res nullius)» sein.

Gemäß dem apriorischen Charakter dieser These handelt es sich um eine streng vor- und überpositiv gültige Aussage, mithin um jene Unverzichtbarkeit, die der Ebene des Menschenrechts entspricht. Kant stellt hier nicht ein Menschenrecht auf Eigentum auf. Weder erklärt er, jeder Mensch habe ein angeborenes Recht auf einen gewissen Eigentumstitel. Noch behauptet er, jeder Mensch habe das Recht, zumindest etwas als Eigentum zu haben. Deshalb spricht man besser nicht von einem Menschenrecht, sondern lediglich von einer menschenrechtlichen Bedeutung oder von einem Quasi-Menschenrecht.

Der Adressat dieses Quasi-Menschenrechts ist eine Rechtsordnung, freilich eine erst privat-, nicht öffentlich-rechtliche Ordnung. Ihr ist es vom rechtsmoralischen Standpunkt aus verboten, irgendwelche Gegenstände menschlicher Willkür zu verbieten, zu einem äußeren Mein und Dein zu werden. Positiv formuliert hat jeder Mensch das Recht, in einer Rechtsordnung zu leben, die jedem Gegenstand menschlicher Willkür erlaubt, zu einem äußeren Mein und Dein zu werden.

Auch im zweiten Teil der *Rechtslehre* taucht ein Quasi-Menschenrecht auf. Es besteht im Recht des Menschen, in einem öffentlichen Rechtszustand zu leben. Diesem Recht greift Kant schon im Privatrecht vor, sogar dreimal, nämlich in allen drei Hauptstücken (§§ 8–9; § 15; §§ 41–42). Diese Vorgriffe auf das öffentliche Recht zeugen nicht etwa von einer unklaren Komposition. Sie besagen vielmehr, daß das bloße Privatrecht in all seinen Hauptstücken erst den Rang eines Naturzustandes hat, in dem alles äußere Mein und Dein nur einen provisorischen Rechtscharakter hat, der nur in einem öffentlichen Rechtszustand zu einem endgültigen («peremtorischen») Mein und Dein überwunden wird.

Dieser Zustand entsteht allerdings erst dann, wenn die anderen Personen, sogar alle anderen, in ihn eintreten. Deshalb gibt es, wie es schon in der Allgemeinen Einteilung der Rechtspflichten heißt, die Pflicht: «Tritt in einen Zustand, worin Jedermann das Seine gegen jeden Anderen gesichert sein kann» (*RL*, VI 237). Dieser Zustand hat nach Teil II, Das öffentliche Recht, drei Dimensionen (vgl. auch *ZeF*, VIII 348 ff.), weshalb man von einem dreifachen basalen Recht sprechen kann: Der Mensch hat erstens das Recht auf einen Staat, des näheren auf eine Republik (*RL*, §§ 43–49: Staatsrecht), zweitens das Recht darauf, daß zwischen den Staaten eine Rechtsbeziehung herrscht (§§ 53–61: Völkerrecht), und drittens das Recht auf eine weltbürgerliche Beziehung, die aber bescheidenerweise nur in einem Besuchs-, nicht Gastrecht besteht (§ 62: Weltbürgerrecht).

14.6 Ein Blick in die Friedensschrift

Von einem angeborenen Recht spricht Kant nicht nur in der *Rechtslehre*, sondern schon vorher in der Schrift *Zum ewigen Frieden*. Dort formuliert er es allerdings nachdrücklich nicht im Singular («nur ein einziges»), sondern im Plural (vgl. *ZeF*, VIII 350). Darin könnte man einen wichtigen Unterschied sehen wollen. Tatsächlich stimmen beide Texte in der entscheidenden Hinsicht überein, daß Kant keinen Katalog von Menschenrechten aufstellt, sondern lediglich deren Kriterium. Dieses betrachtet er in der Friedensschrift aber unter drei Gesichtspunkten, die drei Rollen entsprechen: dem Menschen, dem Untertanen der Gesetzgebung und dem Staatsbürger. Von diesen drei Rollen ist beim angeborenen Recht der *Rechtslehre* nur die erste Rolle gefragt; denn nur sie gehört zu der noch dem Privatrecht vorgelagerten Rechtsethik. Dem Thema des ersten Definitivartikels der Friedensschrift entsprechend beziehen sich die beiden anderen Rollen dagegen schon auf ein Staatswesen. Insofern besteht zwischen der *Rechtslehre* und der Friedensschrift in der Tat ein Unterschied, aber kein grundlegender. Er beläuft sich nur auf ein erweitertes Thema, während zu dem für beide Texte gleichen Thema, dem vorstaatlichen angeborenen Recht, Kant in beiden Texten den Singular vertritt: Es gibt ein einziges angeborenes Recht. Außerdem geht es um denselben Leitbegriff, die Freiheit, wobei aber – ein weiterer Unterschied – die Friedensschrift von «Prinzipien» der Freiheit, also vom Plural, spricht.

Es gibt noch eine Differenz. Kant begnügt sich bei der dritten Rolle, der des Staatsbürgers, nicht mit dem Kriterium der Gleichheit. Er wendet das Kriterium auch exemplarisch auf die hier wohl wichtigste Frage an, ob ein Erbadel im Unterschied zu einem Amtsadel zulässig sein kann, und antwortet mit Nein. Wenn nämlich «der vom Staat zugestandene Rang (eines Untertans vor dem andern) vor dem Verdienst» stünde, so gäbe es Begünstigte «ohne alles Verdienst», denn bei der Geburt sei der mögliche Verdienst «ganz ungewiß», so daß «der allgemeine Volkswille» das «nie beschließen wird» (*ZeF*, VIII 350): Der Erbadel ist menschenrechtlich illegitim, seine Abschaffung menschenrechtlich geboten.

Eine weitere Gemeinsamkeit: Eine Verfassung, die den drei Gesichtspunkten Freiheit, Abhängigkeit und Gleichheit entspricht, ist «die einzige», welche aus der Idee des ursprünglichen Vertrags hervorgeht» (ebd.).

Ziehen wir eine (vorläufige) Bilanz: Nach Kant gibt es nur ein einziges angeborenes Recht und es kann gemäß dem einen kategorischen Rechtsimperativ auch nur ein einziges angeborenes Recht geben. Bezogen auf die Menschenrechte beläuft es sich auf deren letzten Maßstab, der in vielen Menschenrechtstheorien fehlt. Obwohl wenn Kant dem angeborenen Recht diese Maßstabsaufgabe nicht ausdrücklich zuspricht, verwendet er das angeborene Recht in diesem Sinn, denn er weist damit teils Menschenrechte, teils Quasi-Menschenrechte aus.

15. Kants Gerechtigkeitstheorie des Friedens

15.1 Ein eminent politisches Traktat

Die Situation ist erstaunlich: Daß die Menschen des Krieges satt werden und ihre Schwerter zu Pflugscharen und ihre Lanzen zu Winzermessern umschmieden (*Jesaja* 2,4), um endlich einen sowohl umfassenden als auch dauerhaften Frieden einzurichten – dieser Wunsch gehört zu den ältesten Wünschen der Menschheit und bezeichnet darüber hinaus eine existentielle Aufgabe von moralischem Rang. Trotzdem ist der Friede nie zu einem Grundbegriff der Philosophie geworden.

Diese Situation ist umso erstaunlicher, als schon die griechischen Stadtrepubliken in internationalen, sowohl panhellenischen als auch Hellas überschreitenden Beziehungen stehen. Die Stoa wiederum hat zwar einen kosmopolitischen Einschlag, der jedoch – vielleicht aus dem guten Grund, nicht zur bloßen Utopie zu degenerieren – weit mehr *kosmo*- als *politisch* ist. Und Rom entwickelt zwar eine ziemlich vorbildliche Praxis, das *ius gentium*, aber weder eine zureichende philosophische Begründung noch weitet es die vornehmlich zivil-, genauer handelsrechtliche zu einer öffentlich-rechtlichen Ordnung aus. Letztere widerspräche auch Roms imperialen Plänen.

In der reichen Friedensliteratur des Abendlandes tauchen zwar namhafte Philosophen auf (vgl. Höffe 1999, Kap. 8). Von den klassischen Texten der Philosophie trägt aber keiner den Ausdruck «Friede» im Titel. Selbst in den großen politischen Werken der Neuzeit herrscht das thematische Desiderat vor: etwa in Hobbes' *Leviathan* (obwohl er sich als universale Friedenstheorie versteht), und in Lockes *Second Treatise of Government* und in Rousseaus *Contrat social*. Während Europa von Kriegen überzogen wird, liest man – zum Beispiel in Lockes *Treatise*, Kap. XVI – zu einer Theorie des Krieges bemerkenswerte Ansätze, die Theorie für eine internationale Friedensgemeinschaft hingegen fehlt. Nur bei zwei überragenden Denkern erhält der Friede eine mehr als bloß marginale Bedeutung: gegen Anfang der christlichen Theologie, bei Augustinus (*De civitate Dei*, vor allem Buch XIX), und am Höhe- und zugleich Wendepunkt der europäischen Aufklärung, bei Kant. Und allein Kant gelingt es, die hierfür entscheidenden Denkmotive, die bislang neben- oder gegeneinander liefen, zu einer Einheit zu führen:

Der Philosoph verbindet das Rechts- und Staatsdenken seit Platon und Aristoteles mit dem stoischen Kosmopolitismus, freilich ohne ihn auf den meist apolitischen Grundzug zu verkürzen. Er kennt das Völkerrecht der frühen Neuzeit, auch den von Augustinus bekannten Gedanken des ewigen Friedens, der aber jetzt nicht mehr dem Jenseits vorbehalten bleibt, sondern im Diesseits und hier durch das Recht nach seinem moralischen Begriff verwirklicht werden soll. Darin besteht nun Kants erste große Innovation: Der Friede wird zum rein philosophischen, nicht mehr zusätzlich oder sogar primär theologischen Grundbegriff; sein Schwerpunkt liegt in einer säkularen Rechts- und Staatsphilosophie.

In seinem voluminösen Werk *Kritik der reinen Vernunft* erweist sich Kant als ein überragender Denker des Theoretischen, auch wenn er sich schon dort mit Moral befaßt. Seinen Ruhm hingegen, auch ein eminent politischer Philosoph zu sein, verdankt er einem Text, der nur gerade zehn Prozent der ersten *Kritik* umfaßt, dem Entwurf *Zum ewigen Frieden*. Der geringe Umfang spricht aber nicht gegen das philosophische Gewicht; im Gegenteil, in der bündigen Kürze tritt hohe Virtuosität zutage.

Der Text ist deshalb ein eminent politisches Traktat, weil sich die Philosophie in den Dienst eines politischen, freilich nicht machtpolitischen, sondern moralisch-politischen Zwecks, des unbegrenzten, zugleich vorbehaltlosen Friedens unter allen Staaten, stellt. So bleibt Kant auch in seiner politischen Philosophie Aristoteles' Gedanken einer genuin praktischen, hier praktisch-politischen Philosophie treu.

Obwohl die Schrift wahrscheinlich aus einem politischen Anlaß entsteht, dem am 5. April 1795 geschlossenen Basler Frieden zwischen Preußen und Frankreich, ist sie keine politische Gelegenheitsschrift. Sie enthält vielmehr die Grundzüge einer vollständigen Rechts- und Staatsphilosophie, überdies die Prinzipien ihrer Umsetzung in reale Politik. Die Sicherheit der Gedankenführung läßt übrigens auf eine längere Beschäftigung schließen, was ein genauer Blick in Kants Œuvre bestätigt:

Der flüchtige Leser entdeckt den politischen Denker Kant erst in dessen Spätwerk. Der gründliche Leser findet aber einen wichtigen Begriff, den der Republik, ferner die Gedanken des Kampfplatzes der Metaphysik (*KrV*, A viii) und der Friedensstiftung in der Philosophie, schon in der *Kritik der reinen Vernunft* (u. a. B 372 ff.; zu deren politischer Lektüre siehe Höffe 2001 a, Kap. 12). Die erste auch für die Friedenstheorie einschlägige Veröffentlichung, die *Idee* (1784), erscheint sogar vor der ersten kritischen Schrift zur Moralphilosophie, der *Grundlegung* (1785). Weitere Überlegungen folgen im *Anfang* (1786), später im dritten, völkerrechtlichen Teil des *Gemeinspruchs* (1793) und nach der Friedensschrift in der *Rechtslehre* (1797, §§ 53–62 und Beschluß) sowie im *Streit der Fakultäten* (1798, 2. Abschn.). Vorher, in der *Verkündigung des nahen Abschlusses eines Traktats zum ewigen Frieden in der Philosophie* (1787), erweist sich der ewige Friede als ein generelles Ziel, das Kant auch in der theoretischen Philosophie verfolgt, hier um den Krieg der Theorien, den Kampfplatz Metaphysik, zu überwinden.

Dazu kommen zwei Texte, die selbst Kant-Kenner überraschen dürften. Die für den Frieden zuständige Rechtsordnung, «ein weltbürgerliches Ganzes, d. i. ein System aller Staaten», taucht auch in der *Kritik der Urteilskraft* (1790) auf, hier unter dem Titel «Von dem letzten Zwecke der Natur als eines teleologischen Systems» (*KU*, V 429 ff.). Und die *Religion* (1793) spricht im Ersten Stück vom Zustand eines «ewigen, auf einen Völkerbund als Weltrepublik gegründeten Friedens» (*Rel.*, VI 34). Während andere Philosophen der Neuzeit durch Schweigen auffallen, bildet also bei Kant der Friede ein Grundmotiv nicht nur des politischen, sondern des gesamten Denkens.

Wie von Kant zu erwarten, sind die Überlegungen der Friedensschrift nicht nur begrifflich hochdifferenziert und argumentativ wohldurchdacht. Sie sind auch von geschichtlicher Erfahrung gesättigt, überdies von der bisherigen Friedensdebatte inspiriert. Kant läßt sich aber weder von sozial- noch von ideengeschichtlichen Kenntnissen auf Nebenthemen ablenken, kommt vielmehr rasch zum systematisch Wesentlichen.

15.2 Eine Fülle von Innovationen

Da sich die Menschheit den Frieden von alters her wünscht, ist nicht der Friedensgedanke selbst für Kant charakteristisch, sondern erst dessen genaues Profil. Dieses beginnt damit, daß Kant, anders als die Friedenspläne etwa von Dante bis in die Zeit vor Kant, keinerlei politische Interessen im engeren Sinn verfolgt. Weiterhin entwickelt er wie gesagt eine rein philosophische Argumentation; religiöse Motive tauchen nicht auf. Ferner verzichtet er auf jede politische Schwärmerei und erkennt ein Grundelement des Politischen, den Konflikt, an. Nicht dort, wo eitel Liebe und Freundschaft herrschen, im ewigen Nirgendwo («Utopie») der Konfliktfreiheit, soll Frieden herrschen, sondern dort, wo man mit Konflikten nach rechtsmoralischen Grundsätzen umgeht. An die Stelle einer nie realisierbaren, insofern schwärmerischen Utopie tritt eine realistische Vision. Zu ihr gehört eine klare Einschränkung: Lediglich zum Schutz von Leben und Freiheit bestimmt, ist der von Kant erörterte Friede eine reine Rechtsaufgabe.

Andere Einschränkungen dagegen schiebt der Philosoph souverän beiseite. Was die Menschheit bislang an Frieden kannte, war wie eine kleine Insel im großen Meer von Gewalt und Krieg: sowohl zeitlich als auch räumlich begrenzt und beispielsweise auf die «christlichen Staaten von Europa» beschränkt.

Gegen diese und weitere Einschränkungen verteidigt Kant einen rechts- und friedensmoralischen Universalismus: den globalen, ebenso zeitlich wie räumlich universalen Frieden. Der einschlägige Haupttext, die Abhandlung *Zum ewigen Frieden,* behandelt insgesamt acht größere, relativ selbständige Themenkreise und entfaltet dabei eine bemerkenswert facettenreiche Innovation:

(1) Trotz seiner generellen Ächtung des Krieges macht sich Kant die Mühe, das Geächtete, solange es noch gegeben ist, zu reformieren. Der Krieg soll zwar nicht bloß «gezähmt» werden, denn außer zur Verteidigung bleibt er schlechthin illegitim; man soll ihn jedoch so führen, daß der Friede als Leitziel möglich bleibt. In diesem Gedanken, einer Veränderung des Krieges um des Friedens willen, liegt Kants nächste, nach dem rein säkularen Charakter zweite Innovation. Denn seine friedensfunktionale Kriegsreform hat keine nennenswerten Vorgänger. Von den damit betrauten Bestimmungen («Präliminarartikel») bleiben mindestens zwei Bestimmungen bis heute aktuell: daß stehende Heere nach und nach abzuschaffen sind, also das Prinzip Abrüsten statt Wettrüsten, und daß man sich in Verfassung und Regierung anderer Staaten nicht gewalttätig einmischen darf, da sie das Recht haben, sich selber zu reformieren (Interventionsverbot). Bei dem ihm damals unbekannten, heute aber erschreckend häufigen Völkermord, dürfte Kant aber eine humanitäre Intervention kaum grundsätzlich ablehnen.

Nach der *Rechtslehre* (§ 55) kommt ein weiteres friedensfunktionales Kriterium hinzu: Ein Souverän, sagt Kant, darf seine Bürger nicht ohne deren freie Beistimmung in den Krieg schicken. Auch reiche es nicht aus, wenn der Bürger ein Recht zum Kriegführen überhaupt erteile. Er muß «zu jeder besonderen Kriegserklärung ... seine freie Beistimmung geben» (*RL*, VI 345 f.).

(2) Die endgültigen Bestimmungen, die «Definitivartikel», enthalten den Kern der Friedenstheorie, deren moralische und als solche zugleich apriorische Bedingungen. Kant skizziert eine rechtsmoralisch vollständige Theorie des öffentlichen Rechts: (a) Der erste, staatsrechtliche Artikel behandelt die Beziehungen von Individuen und Gruppen zueinander, (b) der zweite, völkerrechtliche Artikel die Beziehung der Staaten und (c) der dritte Artikel, das Weltbürgerrecht, die Beziehung von Privaten (Individuen und Gruppen) zu fremden Staaten sowie die rechtsmoralisch nichtgeschuldeten Beziehungen der Staaten untereinander. Dabei enthält der erste Definitivartikel Kants dritte große friedensethische Innovation: Er reichert den Friedensgedanken um die politische Innovation der Zeit, die in den Vereinigten Staaten und in Frankreich, auch

den Niederlanden eingeführte Republik, an. Nicht aus einem geschichtlichen Zufall wird also Kants Schrift zum berühmtesten Friedensplan aufsteigen. Ihre Verbindung der politischen Neuerung, der Republik, mit wahrhafter Globalität, schafft vielmehr den politisch kühnsten Plan.

Kant definiert die Republik durch eine nach drei Prinzipien gestiftete Verfassung: «erstlich nach Prinzipien der Freiheit der Glieder einer Gesellschaft (als Menschen); zweitens nach Grundsätzen der Abhängigkeit aller von einer einzigen gemeinsamen Gesetzgebung (als Untertanen); und drittens ... nach dem Gesetz der Gleichheit ... (als Staatsbürger)» (*ZeF*, VIII 349 f.). Auf diese Weise entspricht Kants Republik weitgehend einer Demokratie im heutigen Sinn. Nach dem ersten Element ist sie eine freiheitliche, liberale, nach dem zweiten eine rechtsstaatliche und nach dem dritten eine demokratische Verfassung.

Im Fortgang der Erläuterungen zum ersten Definitivartikel führt Kant ein viertes Element ein, die Gewaltenteilung, bei der allerdings nur die «Absonderung der ausführenden Gewalt (der Regierung) von der gesetzgebenden» genannt wird (VIII 352). Faßt man die ersten drei Elemente in eines zusammen, so definiert sich die Republik durch zwei Hauptelemente: durch den Inbegriff der ersten drei Elemente, die Menschenrechte, und die Gewaltenteilung.

(3) Das Bindeglied zwischen dem ersten und dem zweiten Definitivartikel, also zwischen der Theorie innerstaatlicher und der zwischenstaatlicher Koexistenz, bildet deren Entsprechung. «Staaten», so beginnt die Erläuterung des zweiten Definitivartikels, «können wie einzelne Menschen beurteilt werden» (VIII 354). Dieser Entsprechung wegen (Staaten als Individuen) sind für die zwischenstaatliche Perspektive dieselben Antworten zu erwarten wie für die innerstaatliche. Die entsprechenden internationalen Staatsaufgaben werden übrigens nicht eigens gerechtfertigt, sondern nur im Vorübergehen und wie selbstverständlich eingeführt. Sie belaufen sich auf einen sehr engen und strengen Begriff. Die *inter*nationale Rechtsgemeinschaft ist für das zuständig, was wir *intra*national einen Nachtwächterstaat oder Minimalstaat nennen.

Diese Restriktion ist die schlüssige Konsequenz der genannten Analogie. Weil Staaten wie Individuen zu betrachten sind, gilt für sie das, was wir als allgemeines Rechtsprinzip kennengelernt haben: Für sich selbst dürfen die Staaten-Individuen tun und lassen, was sie wollen – vorausgesetzt, ihr Handeln kann mit dem aller anderen Staaten-Individuen nach einem allgemeinen Gesetz zusammenbestehen. Man darf sogar behaupten, auf ein derartiges Handeln habe man ein angeborenes Recht, also einen rechts-moralischen Anspruch. Damit tut sich ein neues Menschenrecht auf, neu nicht im Inhalt, sondern hinsichtlich des Adressaten. Es ist ein Menschenrecht, das nicht den natürlichen Individuen, sondern den Staaten-Individuen zukommt. Nennen wir es das Menschenrecht von Staaten.

Dessen Inhalt definiert Kant ebenso klar wie eng. Angefangen mit der *Idee*, die von «Sicherheit und Rechten» spricht (*Idee*, VIII 24), über den *Gemeinspruch* bis hin zur Friedensschrift hat das neue Menschenrecht im wesentlichen dieselben zwei Seiten: den Schutz des Eigentums, das heißt hier: den Schutz der territorialen Unversehrtheit, und das Recht auf die (sowohl politische als auch kulturelle) Selbstbestimmung.

Die nun auf der mittleren Ebene gebotene globale Friedensgemeinschaft sucht nicht bloß *einen* Krieg, sondern, vierte Innovation, alle Kriege und diese «auf immer zu endigen» (*ZeF*, VIII 356). Nach dem Vorbild der innerstaatlichen Friedenssicherung bräuchte es zwar, so die positive Idee, eine Weltrepublik (VIII 357). Diese ist allerdings von jener etwa von Dante in der *Monarchia* (um 1310) vertretenen «Universalmonarchie» verschieden, in der alle Staaten zu einem einzigen zusammenschmelzen.

Mit dem Argument, daß sich die Staaten auf die entsprechenden Souveränitätsverzichte nicht einließen, plädiert Kant für ein «negatives Surrogat» (*ZeF*, VIII 357), also für einen nur zweitbesten Weg, für einen sich mehr und mehr ausbreitenden Völkerbund. Gegen einen Staat, der sich aus den weiter fortbestehenden Staaten zusammensetzt, gegen eine föderale Weltrepublik, bleibt er also skeptisch. Kant entgeht damit die Möglichkeit einer weiteren Innovation, die einer globalen Rechtsordnung.

(4) Den Abschluß und die Vollendung des öffentlichen Rechts bildet nach Kant ein von ihm in die Staatsphilosophie als fünfte Innovation neu eingeführtes Weltbürgerrecht. Dieses tritt nicht etwa an die Stelle des «nationalen» Bürgerrechts, sondern ergänzt es.

Kant vertritt einen komplementären, nicht exklusiven Kosmopolitismus.

Das neue Weltbürgerrecht besteht in einem qualifizierten Kooperationsrecht: Ob Individuen, Gruppen, Unternehmen oder Staaten – jeder darf andernorts anklopfen, er hat aber kein Recht auf Einlaß. Vor allem darf man weder die Ankömmlinge töten, versklaven oder ausrauben noch umgekehrt die Einheimischen unterwerfen, ausbeuten oder versklaven. Politisch relevant ist Kants scharfe Abrechnung mit der damaligen Kolonialpolitik. Von Süd-, Mittel- und Nordamerika über Afrika und Asien bis Australien dürften nach Kants Kriterium so gut wie alle Koloniebildungen der Neuzeit ein klares Unrecht sein. Denn er erklärt im wörtlichen Sinn lapidar, wie in Stein gemeißelt: «die Einwohner rechneten sie für nichts» (VIII 358).

Das qualifizierte Kooperationsrecht beinhaltet freilich mehr als nur negativ ein Verbot unrechter Kolonialisierung und positiv mehr als ein internationales Privatrecht, vor allem Handelsrecht. Weil auch Wissenschaft, Kultur und Tourismus in diesen Bereich fallen, beläuft es sich auf den generellen Anspruch der Menschen, in derselben Welt in einer umfassenden Kooperationsgemeinschaft zu leben, ohne dabei auf persönliche und kollektive Eigenarten verzichten zu müssen.

(5) Kants Friedensbegriff enthält auch eine politiksoziologische These, zu finden im ersten Definitivartikel. Danach befördern vor allem zwei Antriebskräfte den globalen Friedensbund: negativ die Erfahrung mit den Schrecken des Krieges und positiv die Errichtung von Republiken, der Republikanismus. Kant versteht unter Republiken wie gesagt in etwa konstitutionelle Demokratien bzw. demokratische Rechtsstaaten, jedenfalls nicht bloß Staaten mit Gewaltenteilung. Derartige Gemeinwesen, behauptet Kant in seiner sechsten Innovation, sollen wenig Neigung zu einem Angriffskrieg haben. Kant führt die Friedensneigung von Demokratien nicht etwa auf eine höhere Moral ihrer Bürger zurück. In aller Nüchternheit beruft er sich lediglich auf die Fähigkeit, das Selbstinteresse der Bürger stärker zum Zuge kommen zu lassen.

Unter Berufung auf Kants These, Republiken seien «ihrer Natur nach zum ewigen Frieden geneigt» (VIII 356) halten einige Politikwissenschaftler liberale Demokratien für friedfertig. Oder komparativ formuliert: Zwischen dem Maß an Demokratie eines Staates und seiner Kriegsbereitschaft bzw. Friedfertigkeit besteht ein kausaler Zusammenhang: Je demokratischer ein Gemeinwesen ist, desto friedfertiger verhält es sich (vgl. Doyle 1983).

Die These hat zwei Teile. Nach der eigentlichen Friedfertigkeitsthese seien Demokratien friedfertig und nach der These vom Exklusivrecht der Demokratien seien *nur sie* friedfertig, autoritäre Staaten dagegen nicht. Infolgedessen erwartet man von einer weltweiten Demokratisierung ein ebenso weltweites Ende aller Kriege. Gegen diese Erwartung drängen sich allerdings Einwände auf (vgl. Höffe 2001 a, Kap. 10):

Wird beispielsweise der Krieg nicht an den Staatsgrenzen geführt, so spüren die Bürger seine Schrecken viel weniger und noch einmal weniger, wenn sich der Krieg gegen einen deutlich schwächeren Feind richtet. Weiterhin läßt sich an fremden Kriegen verdienen. Ferner können Kriege das Prestige und die geopolitische Macht wachsen lassen oder von innenpolitischen Schwierigkeiten ablenken. Andererseits verhindern auch demokratieunabhängige Ursachen, namentlich die Waffenentwicklung, manchen Krieg. Wegen der verheerenden Folge der Zweitschlagfähigkeit gibt es bei einem Atomkrieg nur Verlierer. Nicht zuletzt kann sich die bisherige Friedfertigkeit von Demokratien abschwächen, sobald die meisten Staaten demokratisch geworden sind.

Aus diesen Gründen empfiehlt sich eine bescheidenere und zugleich realistischere These. Da Demokratien dem Selbstinteresse ihrer Bürger zur Wirklichkeit verhelfen, sind sie kriegszurückhaltend, kriegszögerlich, denn wenige Kriege versprechen einen per saldo-Vorteil. Grundsätzlich kriegsfeindlich und ebenso grundsätzlich friedfertig sind sie aber nicht. Soll es trotzdem zu einer grundsätzlichen Friedfertigkeit kommen, so reicht das aufgeklärte Selbstinteresse nicht aus. Es bedarf vielmehr eines genuin moralischen Momentes, das freilich in der Integrität der demokratischen Bürger, in ihrem Rechts- und Gerechtigkeitssinn, verankert sein könnte. Da aber dieser Rechts- und Gerechtigkeitssinn kaum beim überwiegenden Teil der Bevölkerung in einem hinreichend verläßlichen Maß gegeben ist, empfiehlt es sich, nicht auf die genannte Bürgertugend allein zu vertrauen, sondern eine internationale, letztlich globale Organisation zu erwägen: Auch wenn eine Demokratisierung aller Staaten durchaus hilfreich, sie aus rechtsmoralischen Gründen sogar geboten ist, kann man ohne global gültige Regelwerke, ohne ebenso global zuständige Organisationen und ohne deren Recht auf öffentliche Gewalt, kurz: ohne eine subsidiäre und föderale Weltrepublik, mit keinem dauerhaften Weltfrieden rechnen (vgl. zu diesem Thema Höffe 1999).

(6) Der Erste Zusatz («Von der Garantie des ewigen Friedens») erweitert die moralische Friedenstheorie um eine teleologische Naturtheorie. Im Rückgriff auf Gedanken seiner Geschichtsphilosophie entwirft Kant eine Sozialgeschichte der Menschheit, die lediglich von der Natur, insbesondere der Zwietracht der Menschen, und doch vom Frieden als Endzweck bestimmt ist (siehe Kap. 17). Heraklits berühmtes Fragment erklärt den Krieg (*polemos*, im weiten Verständnis von Spannung und Widerstreit) zum Vater *aller* Dinge, also zum Urheber der gesamten, auch subhumanen Naturprozesse (Diels/Kranz, Fragment 22 B 80). Kant beschränkt sich auf den Menschen. Er sieht den für die Kulturentwicklung entscheidenden Faktor generell in der Zwietracht (*Idee*, 7. Satz: Antagonismus). Sie führe nämlich zur Besiedelung selbst der «unwirtbarsten Gegenden» (*ZeF*, VIII 363), trage überdies zur Kultur bei (vgl. *KU*, § 83) und diene sogar der Moral, da sie einen Altruismus zugunsten der jeweiligen Gemeinschaft und vor allem den Übergang vom Natur- zum Rechts- und Staatszustand befördere. Siebente Innovation: Der Krieg nötigt die Menschen, «in mehr oder weniger gesetzliche Verhältnisse zu treten» (VIII 363), was auf Dauer den Krieg überwindet.

Der Krieg erweist sich hier als eine List der Natur (des Menschen): als ein Mittel zum Zweck, ihn abzuschaffen. Selbst dann ist aber keine soziale Entropie: kein Wärmetod der Weltgesellschaft, zu befürchten. Denn die Vielfalt, auch Konkurrenz der Sprachen und Religionen, nicht zuletzt die Handels-, inklusive Wissenschafts-, Kultur- und Sportkonkurrenz bleiben erhalten. *Allein* zuständig für den globalen Frieden ist der globale Rechts- und Staatszustand jedenfalls nicht. Außer den politischen gibt es auch gesellschaftliche, bei Kant namentlich wirtschaftliche Beziehungen.

Auf sie hat man allerdings kein Anrecht; sie erfolgen in aller Freiwilligkeit. Der hier zuständige Antrieb, Kants zweite, wirtschaftssoziologische These zur Ausbildung einer Weltgesellschaft heißt: Handelsgeist. Und weil «unter allen der Staatsmacht untergeordneten Mächten (Mitteln) die Geldmacht wohl die zuverlässigste sein möchte» (VIII 368), liegt im Handelsgeist – genereller: in den Vorteilen, die sich aus jederart, eben auch wissenschaftlicher, kultureller und sportlicher Kooperation ergeben – eine Antriebskraft zur Globalisierung. Sie führt freilich nur zu einer Welt*gesellschaft,* nicht zu einem Welt*gemeinwesen*: weder zu einem Völkerbund noch zu einer Welt*republik.*

15.3 «Königliche Völker» und königliche Menschheit

(7) Im zweiten Zusatz läßt sich Kant auf eine Theorie-Praxis-Diskussion ein, damit auf einen Teil der Frage nach dem Verhältnis von Philosophie und politischer Macht. Unter dem Titel «Geheimer Artikel zum ewigen Frieden» fordert er ironischerweise nichts anderes, als alle Geheimhaltung aufzuheben; statt dessen sei «über die allgemeinen Maximen der Kriegsführung und Friedensstiftung» eine freie und öffentliche Diskussion zu erlauben (*ZeF*, VIII 369). Angesichts der Praxis internationaler Politik ist diese Forderung revolutionär, vergleichbar mit der kopernikanischen Wende, die die erste *Kritik* für die Erkenntnis- und Gegenstandstheorie unternimmt. Der nicht etwa nur damals vorherrschenden Geheimdiplomatie stellt Kant das Prinzip Öffentlichkeit (Publizität) entgegen. Dieses verlangt, achte Innovation, jede staats- und völkerrechtliche Maxime, also die das politische Handeln leitenden Grundsätze, auf ihre innere Ehrlichkeit hin zu überprüfen. Jede Maxime, die nur in Heimlichkeit Erfolg haben kann, mithin beim Test durchfällt, ist rechtsmoralisch verboten.

(8) Die Fortsetzung der Theorie-Praxis-Diskussion, schließlich der zweiteilige Anhang «Moral und Politik», greift das Motiv des Vorspanns auf: die Konkurrenz von Philosophen, die «einen süßen Traum träumen», mit Staatsleuten, die sich ihrer Weltkunde rühmen (VIII 343). Insofern Kant diesen Streit schlichtet, stiftet er,

neunte Innovation, auch den Frieden zwischen Philosophie und Politik.

Diese erneute Friedensstiftung beginnt schon im Zweiten Zusatz und antwortet dort auf Platons Philosophen-Königssatz (*Politeia*, V 473 c–d), daß entweder die Philosophen Könige werden oder die jetzt so genannten Könige und Gewalthaber sich aufrichtig und gründlich mit Philosophie befassen sollen; denn andernfalls gebe es kein Ende des Unheils für die Staaten. Den Kern von Kants Antwort bildet eine Unterscheidung: Sie trennt die Bestimmung der moralischen Grundsätze von deren realer Durchsetzung und betraut die Philosophen nur mit der ersten Aufgabe. Auf diese Weise überträgt er seinen generell vertretenen Gedanken der (nicht bloß ökonomischen) Arbeitsteilung (vgl. *GMS*, IV 388 f. und *Idee*, VIII 21 f.) auf den Bereich des Politischen. Die Philosophen dürfen sich nicht anmaßen, für die politische Herrschaft selbst zuständig zu sein. Nach ihrem Metier sind sie lediglich für die Debatte über die politischen Grundsätze kompetent. Die Konkretisierung und Durchsetzung der Grundsätze obliegt dagegen den Herrschern, die dabei von Fachleuten wie den Juristen beraten werden.

Nachdem Kant zu Beginn des Zweiten Zusatzes forderte, die Maximen der Philosophen zu Rate zu ziehen, heißt es im Schlußabschnitt unter deutlicher Anspielung auf Platon: «Daß Könige philosophieren, oder Philosophen Könige würden, ist nicht zu erwarten, aber auch nicht zu wünschen: weil der Besitz der Gewalt das freie Urteil der Vernunft unvermeidlich verdirbt.» Im Anschluß daran bekräftigt Kant seine klare Gegenposition: «Daß aber Könige oder königliche (sich selbst nach Gleichheitsgesetzen beherrschende) Völker die Klasse der Philosophen nicht schwinden oder verstummen, sondern öffentlich sprechen lassen, ist beiden zu Beleuchtung ihres Geschäfts unentbehrlich» (*ZeF*, VIII 369).

Für die hier vertretene Arbeitsteilung zwischen Philosophie und politischer Herrschaft finden sich in Kants Œuvre mehrere Argumente. Auch nach Kant verfügen die Philosophen über eine Fähigkeit, Rat zu erteilen (*ZeF*, VIII 368 f., vgl. *Fak.*, VII 35). Diese Beratungsfähigkeit erinnert an die Wohlberatenheit (*euboulia*) der Platonischen Philosophenkönige (*Politeia*, IV 428 b). Im Unterschied zu Platon erstreckt sie sich bei Kant aber nicht auf den Gesamtbereich der Herrschaft, sondern lediglich auf einen kleinen, freilich grundlegenden Teil. Darin liegt Kants erstes, wissenstheoretisches Argument für die philosophisch-politische Arbeitsteilung:

Philosophie und Politik sind deshalb zu trennen, weil sich die kognitive Kompetenz von Philosophen gar nicht auf die konkrete Politik erstreckt, weder auf die Bedingungen der Wirklichkeit noch auf die dazu gehörende Erfahrung und Urteilskraft, einschließlich eines Gespürs für das Machbare und für Macht. Deshalb empfiehlt er auch nicht, Philosophen als Politikberater einzustellen, wohl aber auf ihre «Maximen», die «Bedingungen der Möglichkeit des öffentlichen Friedens», zu hören (*ZeF*, VIII 368). Als rechtsmoralische Prinzipien menschlicher Koexistenz entsprechen diese den Prinzipien politischer Gerechtigkeit, so daß sich Kants Version des Philosophenkönigssatzes auf eine Verpflichtung der Politik auf elementare Gerechtigkeitsprinzipien beläuft.

Nach Platon schließt die Einsicht in die Idee des Guten ihre Anerkennung ein (*Politeia*, X 618 c-d); die Einsicht sei also handlungsleitend und die Handlung einsichtsgeleitet. Gegen diese Annahme, eine Einheit von *principium diiudicationis* mit dem *principium executionis*, eine Einheit, die Kant in anderen Zusammenhängen anerkennt, richtet sich Kants zweites Argument, das der Korrumpierbarkeit. Selbst wenn die Philosophen keine begrenzte Beratungskompetenz hätten, sollte man ihnen die Herrschaft verweigern. Denn andernfalls würde ihre tatsächliche Kompetenz, das freie Urteil der Vernunft, verdorben.

Dieses Gegenargument gegen Platon ist anthropologischer Natur. Nach Kant gibt es keine im strengen Sinn guten, nämlich schlechthin nicht-korrumpierbaren Herrscher. Letztlich dürfte diese Skepsis Kants im Theorem des radikal Bösen gründen (siehe Kap. 19 und 21), das seinerseits Platons Erwartung, schon im Diesseits ließen sich Moral und Eigenwohl versöhnen (vgl. *Politeia*, II 357 d-358 a und IX 576 b ff.), unwiederbringlich zerstört: Nach Kant hat der Mensch einen angeborenen Hang, vom moralisch Gebotenen zugunsten des Eigenwohls abzuweichen, was bei entsprechender Macht das freie Urteil der Vernunft in der Tat verdirbt.

In einer weiteren Hinsicht setzt sich Kant gegen Platon ab. Während nach der *Politeia* äußerst wenige Menschen zur Philosophie geeignet sind, genügt bei Kant die allgemeine Menschenvernunft (*ZeF*, VIII 369). An die Stelle von Platons Aristokratie des Geistes (dank der Schulung in Mathematik und Dialektik) tritt bei Kant eine Demokratie der Vernunft. Denn aus dem Umstand, daß auch die allgemeine Menschenvernunft ohne Schulung nicht auskommt, schließt Kant nicht auf eine intellektuelle Aristokratie. Philosophen verfügen hinsichtlich konkreter politischer Fragen über keinerlei Sonderfähigkeiten oder Sondereinsichten, folglich auch über keinerlei Sonderrechte. Ohne ein Amt oder eine privilegierte Einsicht sind sie lediglich Anwalt einer «allgemeine(n) Menschenvernunft, worin ein jeder seine Stimme hat» (*KrV*, B 780; siehe auch Kap. 2).

Damit jeder seine Stimme erheben darf, braucht es, wie der Zweite Zusatz der Friedensschrift verlangt, eine generelle Meinungsfreiheit. Während Platon Wert auf philosophische Freunde legt – die höchste, ungeschriebene Lehre steht sogar nur dem engsten Kreis von Eingeweihten offen –, vertritt Kant das Prinzip Öffentlichkeit, gibt ihr sogar einen transzendentalen Rang (*ZeF*, VIII 381).

Völker, die sich der entsprechenden Reform unterziehen und die Grundsätze der Rechtsmoral anerkennen, verdienen nach Kant einen Ehrentitel, der die Demokratisierung des Philosophenkönigssatzes vollendet; es sind «königliche Völker» (VIII 369). In der *Tugendlehre* bezeichnet Kant einen Menschen, der die wahre, intelligible Tugend besitzt, nicht nur als «frei, gesund, reich», sondern auch als «ein[en] König» (*TL*, VI 406): königlich ist also der wahrhaft moralische Mensch. Ein Volk ist nun königlich, das sich nach Grundsätzen der hier entscheidenden Moral, der Rechtsmoral, organisiert. An die Stelle des Platonischen Königs tritt also das Volk, an die Stelle herausragender Individuen die Gesamtheit der Betroffenen. Und diese darf sich nur dann den Ehrentitel des Königlichen zulegen, wenn es sich den von der Rechtsmoral geforderten Kriterien unterwirft.

Kant rechtfertigt nicht die bloße Demokratie, sondern eine der Rechtsmoral verpflichtete und damit «königliche Demokratie». Um legitim zu sein, muß sie sich «nach Gleichheitsgesetzen» beherrschen (*ZeF*, VIII 369). Sie hat nämlich dafür zu sorgen, daß «keiner den andern wozu rechtlich verbinden kann, ohne daß er sich zugleich dem Gesetz unterwirft, von diesem wechselseitig auf dieselbe Art auch verbunden werden zu können» (VIII 350). Ein Volk ist also königlich, wenn jeder Bürger gleichsam ein König ist. Dieser thront freilich nicht über allen Gesetzen; er ist kein absolutistischer, sondern ein an die eigenen Gesetze gebundener, konstitutioneller König, also Gesetzgeber und dem Gesetz Unterworfener zugleich.

Weil diese Bedingung durch die Rechtsmoral geboten ist, zeichnen sich «königliche Völker» nicht etwa durch ein ungewöhnlich hohes Bildungsniveau aus, sondern durch das moralisch Gute. Kants zehnte Innovation besteht jedenfalls in der demokratischen Uminterpretation des aristokratischen Philosophenkönigssatzes: An die Stelle von Platons personal gerechtem König tritt eine institutionelle, näherhin politische Gerechtigkeit, die gerechte Verfassung eines dann königlichen Volkes. Und wenn die Menschheit die rechtsmoralischen Grundsätze anerkennt, wenn sie nicht nur innerhalb der Staaten, sondern auch zwischen ihnen eine Rechtsordnung nach moralischen Grundsätzen schafft, dann erreicht sie, jetzt als ganze, den Rang des Königlichen.

15.4 Eine realistische Vision

Kants Friedensschrift trägt nicht bloß zum politischen Denken bei. Sie enthält auch eine Sozialvision, die aus zwei Gründen bis heute attraktiv ist. Zum einen ist sie attraktiv, weil sie überhaupt visionäre Energien weckt und mit ihnen jenen resignativen Verlust von Hoffnungen überwindet, der dem Leben jeden Glanz nimmt und die Welt verarmen läßt. Der Erfahrung, daß «die Menschen überhaupt, oder besonders die Staatsoberhäupter des Krieges nie satt werden können» (*ZeF*, VIII 343), tritt Kant mit der moralisch gesetzgebenden Vernunft entgegen, die «den Krieg als Rechtsgang schlechterdings verdammt» (VIII 356).

Attraktiv ist die Schrift zum anderen, weil sie sich einer Gefahr stellt, die ein zeitgenössischer Rezensent und ehemals leidenschaftlicher Anhänger der revolutionären Ideen, Friedrich Wilhelm von

Schütz, befürchtet: daß «der Gedanke eines ewigen Friedens ... nicht fähig [ist], auf Realität Anspruch zu machen» (nach Dietze/ Dietze 1989, 299). Kant sieht die Gefahr durchaus, spricht er doch von einem «süßen Traum», den nur die Philosophen «träumen» (*ZeF*, VIII 343), und von der Möglichkeit, das Ziel sei «bloß chimärisch», also ein Hirngespinst (VIII 368). In der Friedensschrift gibt er sich aber keinen von Wunschdenken geprägten Illusionen hin: weder hinsichtlich der Güte der Menschen noch der Weisheit ihrer Regenten. Statt dessen zeigt er mit Nachdruck, daß der ewige Friede kein «sachleerer Gedanke» (VIII 372) und «keine leere Idee» ist (VIII 386). Selbst wer bezweifelt, daß Kant der Nachweis gelungen ist, kann nicht leugnen, daß unter Kants Bedingungen die Realisierungschancen kräftig steigen:

Eine erste realisierungsfreundliche Bedingung liegt im Verzicht auf eine umfassende Utopie. Im Vergleich zu Augustinus oder auch zu Platons erster Polis-Stufe (*Politeia*, II 369 b-372 c) verteidigt Kant nicht einmal ein umfassendes Friedensideal. In Platons elementarer Polis leben die Menschen nicht nur mit ihren Mitmenschen in Frieden, sondern auch mit sich und mit den Göttern, vielleicht auch mit der Natur (vgl. Höffe 1987, Kap. 8.2). Kant läßt die meisten dieser Friedensdimensionen beiseite. Während Platon den sozialen Frieden an den inneren oder persönlichen Frieden bindet, siedelt Kant den Frieden im Bereich eines Rechts an, das ohne persönliche Einstellungen auskommt. Ausgespart bleiben: (1) der Friede des Menschen mit sich, der innere oder persönliche Friede, (2) dessen Erweiterung oder Vertiefung, der religiöse Friede in oder mit Gott, ferner (3) der Friede in und mit der Natur, der ökologische Friede, und (4) jener seit Augustinus so wichtige kosmische Friede, bei dem innerhalb einer hierarchisch aufgebauten Weltordnung jedes Ding den ihm zukommenden Platz einnimmt (*De civitate Dei*, XIX 12 f.). Übrig bleibt nur (5) der soziale Friede.

Selbst diese Dimension wird bescheiden verstanden. Im Deutschen ist der Ausdruck «Friede» mit «frei», «freien» und «Freund» verwandt. Von der indogermanischen Wurzel *pri* – lieben, schonen – abgeleitet, meint er «ursprünglich einen Zustand der Liebe und Schonung, wobei freilich das Moment aktiver gegenseitiger Hilfe und Stütze stärker betont ist als das einer gefühlsmäßigen Bindung und Zuneigung» (Janssen 1975, 543). Später verengt sich die Bedeutung auf (6) einen negativen sozialen Frieden und meint nur das (zumeist zeitlich befristete und räumlich begrenzte) Aussetzen der Gewalttätigkeit. Kants (7) politischer, näherhin rechtlicher Begriff des Friedens läßt die ersten vier Dimensionen ganz beiseite und stellt sich zwischen den umfassenden sozialen Begriff und seine extreme Verengung: Einerseits wird die Gewalttätigkeit ohne jeden Fristvorbehalt und ohne jede territoriale Beschränkung ausgesetzt. Andererseits kommt zwar ein Moment aktiver Hilfe hinzu, es beschränkt sich aber auf eine einzige Aufgabe, die Sicherung des Rechts. In allen drei Definitivartikeln der Friedensschrift herrscht ein mehr negativer Friedensbegriff vor: die Rechtssicherheit.

Im Begriff des Rechts liegt der zweite realisierungsfreundliche Gesichtspunkt: der genannte Verzicht auf die Idylle der Konfliktfreiheit. Nach dem einschlägigen anthropologischen Begriff, der im Ersten Zusatz bestätigten «ungeselligen Geselligkeit», gehören zum Menschen Leidenschaften, die wie «Ehrsucht, Herrschsucht oder Habsucht» an sich zwar «nicht liebenswürdig» sind, als «Widerstand» gegen den «Hang zur Faulheit» aber die Menschen «aus der Rohigkeit zur Kultur» führen (*Idee*, VIII 20 ff.). Kant läßt also Konflikte nicht nur gelten, sondern heißt sie sogar willkommen; er schließt aber die Gewalt als Mittel der Konfliktregelung aus.

Der Erste Zusatz führt als weiteren realisierungsfreundlichen Gesichtspunkt die «große Künstlerin Natur» ein, die sich der natürlichen Zwietracht der Menschen bedient, um «Eintracht selbst wider ihren Willen emporkommen zu lassen» (*ZeF*, VIII 360).

Der vierte realisierungsfreundliche Gesichtspunkt tritt im Vergleich zu den frühen Utopien zutage, zu Thomas Morus' *Utopia* und der Fülle von Staatsromanen, die im 16. und 17. Jahrhundert diesem Vorbild nacheifern. Weil sie die soziale und politische Einbildungskraft auf Reisen schicken, heißen sie zurecht «voyages imaginaires», fiktive Reisen. Kant setzt sich davon nachhaltig ab, wenn er den «süßen Traum» ausdrücklich vom «Philosophen» träumen läßt, also von dem, dessen Metier in Begriff und Argument liegt. Bei Kant geht nicht mehr die Einbildungskraft, sondern die reine praktische Vernunft auf Reisen. Sie hebt den ewigen Frieden in den Rang einer «unmittelbaren» rechtsmoralischen Pflicht (*ZeF*,

VIII 356; vgl. 362 und 378): Von der Selbstverteidigung abgesehen (VIII 345), ist wie gesagt der «Krieg als Rechtsgang schlechterdings verdammt» (VIII 356). Darin liegt der kategorische Rechts- und Friedensimperativ. Wird er befolgt, so erreicht man eo ipso den in moralischer Hinsicht ewigen Frieden.

Vom römischen Militärtheoretiker Vegetius (4. Jh. n. Chr.) stammt das Motto, dem die meisten Staaten zu folgen pflegen: «Wenn du den Frieden willst, so rüste für den Krieg.» (*Si vis pacem, para bellum.*) Dem setzt Kant der Sache nach den Satz entgegen: Wenn du den Frieden willst, so sorge für – politische – Gerechtigkeit. (*Si vis pacem, para iustitiam.*) In seiner eigenen Formulierung: «Trachtet allererst nach dem Reiche der reinen praktischen Vernunft und nach seiner Gerechtigkeit, so wird euch der Zweck (die Wohltat des ewigen Friedens) von selbst zufallen» (*ZeF*, VIII 378).

Ziehen wir eine Zwischenbilanz und nennen einen Punkt der Kritik. Die Bilanz: Die Friedensschrift führt, in eine klare Rangfolge gebracht, vier Gesichtspunkte der Friedenssicherung zusammen. (1) Das Leitziel bildet der Völkerbund oder aber die Weltrepublik. (2) Das Leitziel einzurichten, hilft die republikanische bzw. die konstitutionell-demokratische Verfassung der Einzelstaaten. Dieses Prinzip Demokratisierung (im Sinne eines demokratischen Rechtsstaates) wird (3) negativ durch die «Drangsale des Krieges» (VIII 351) und (4) positiv durch den Handelsgeist ergänzt, denn dieser kann «mit dem Kriege nicht zusammen bestehen» und bemächtigt «früher oder später sich jedes Volkes» (VIII 368).

Die «große Künstlerin Natur» bedient sich also der natürlichen Zwietracht der Menschen (VIII 360): Aus durchaus selbstsüchtigen Motiven schließen sich die Menschen zu einzelnen Staaten zusammen, die wiederum zunächst untereinander Krieg führen, auf Dauer aber, wegen der Drangsale des Krieges und aus Interesse an Handel und Wohlstand, allgemeiner: aus Interesse an wirtschaftlicher, wissenschaftlicher und kultureller Blüte, in Frieden miteinander leben.

Das Zusammenwirken dieser vier Gesichtspunkte sorgt nicht bloß für eine vorbehaltlose Ächtung allen Krieges. Weil dank des Handelsgeistes der Wohlstand nicht ausbleibt, reichert sich der negative Friede, die Abwesenheit von Krieg, zu jenem positiven Frieden an, der von verschiedenen Kulturen gleichermaßen bekannt ist: sowohl von der griechischen *Eirene* und dem hebräischen *Schalom* als auch der römischen *Pax* und dem germanischen *Fride*.

Zweiter Bilanzteil: In einer wichtigen Hinsicht ist Kant mit seinen eigenen Grundgedanken fortzuentwickeln: Kant kann nicht leugnen, daß das rechtsmoralische Gebot, über alle Konflikte zwischen den Menschen nicht die private Meinung und Gewalt, sondern nur das Recht und seine öffentliche (staatsförmige) Sicherung entscheiden zu lassen, auch für Konflikte zwischen Staaten gilt.

Besser als direkte Gewalt, besser als Krieg, sind internationale Vereinbarungen ohne Zweifel. Weil für die rechtsförmige Sicherung des Vereinbarten aber die geeigneten Instrumente fehlen, liegt eine Rechtslösung ohne Sicherung, folglich ein Recht unter Vorbehalt vor, also ein Provisorium, das zur eigentlichen Aufgabe, der staatsförmigen Sicherung des Rechts, nur ein Durchgangsstadium sein kann. Nach Kants Begriff aus dem Ersten Präliminarartikel handelt es sich um einen bloßen Waffenstillstand, der, weil das «Schwert der Gerechtigkeit» fehlt, ein (modifizierter) Naturzustand bleibt. Das Ideal des Weltfriedens büßt daher, sofern es wie bei Kant nur als Völkerbund realisiert wird, an visionärer Kraft erheblich ein. So kann man unserem Philosophen diesen Vorwurf nicht ersparen, daß an die Stelle des hoffnungsweckenden großen Entwurfs die halbherzige Lösung tritt.

Nicht mehr halbherzig ist nur eine globale Rechtsordnung, die die primäre Rechtssicherung zwar den Einzelstaaten überläßt, die den Rang von Primärstaaten haben. Die Weltrepublik, oder bescheidener formuliert: eine Weltrechtsordnung, ist daher nur als die rechtsförmige Koexistenz von (Rechts-)Staaten legitim, als ein Sekundärstaat oder Völkerstaat (im Sinne eines Staates von Staaten) mit relativ wenigen Kompetenzen, mithin als föderale und subsidiäre Weltrepublik.

Für die weitaus meisten Staatsaufgaben bleiben die Primärstaaten zuständig. Einer Weltrechtsordnung oder Weltrepublik obliegt vor allem, Staaten gegen Übergriffe anderer Staaten zu schützen und ihnen ansonsten weitgehend die Souveränität zu belassen, was zu der vom Begriff eines Bundesstaates bekannten gestuften und hier: noch einmal mehr gestuften Souveränität führt. Im Rahmen des universalen Rechtsgebotes verbleibt der internationalen Rechtsordnung nur eine kleine Teil- und Restzuständigkeit:

Die vertrauten Staatsaufgaben, die Fragen des Zivil- und des Strafrechts, die des Arbeits- und Sozialrechts, das Recht der Sprache, der Religion und der Kultur – sie alle verbleiben in der Zuständigkeit der Primärstaaten. Folgerichtig sind derartige Kompetenzen der staatlichen Kompetenz des Sekundärstaates, der Weltrepublik, entzogen. Eine Weltorganisation, die sich mehr Zuständigkeiten anmaßte, würde das Menschenrecht, bescheidener: Grundrecht von Staaten, das Recht auf die (politische und kulturelle) Selbstbestimmung, verletzen, es sei denn, die Staatengemeinschaft hat gute Gründe, sich freiwillig auf mehr Zuständigkeiten zu verständigen.

Eine derart bescheidene Weltrepublik ist nicht, was Kant befürchtet: etwas, das die Staaten «durchaus nicht wollen» (*ZeF*, VIII 357). Mit ihr verhält es sich vielmehr so, wie es Kant in seiner Geschichtsphilosophie sagt: Es ist eine Idee, zu der uns die Annäherung auferlegt ist (*Idee*, VIII 23); sie ist ein Teil jenes Rechtsfortschrittes, zu dem beizutragen wir moralisch verpflichtet sind.

Man kann die Errichtung einer globalen Weltrechtsordnung als zweite republikanische Revolution ansehen. Sie, die letztlich zur Weltrepublik führt, realisiert man aber nicht durch einen einmaligen Rechtsakt. Nötig ist es, die entsprechenden Konflikte Thema für Thema, also in vielen kleinen Schritten, in durchsetzungsfähige Rechtsgestalten zu überführen. Die republikanische Ordnung zwischen republikanisch verfaßten Staaten, die Weltrepublik, ist vielleicht nichts anderes als der Inbegriff all dieser Rechtsgestalten.

Es besteht also ein rechtsmoralisches Gebot, auf Dauer global zuständige Gerichte einzurichten, ebenso auf Dauer Instanzen für global geltende Gesetze und für deren Durchsetzung. Es braucht eine Weltjustiz, ein Weltparlament und eine Weltregierung. Aus zwei unterschiedlichen Gründen, aus dem pragmatischen Grund, Erfahrungen zu sammeln und dem rechtsmoralischen Grund, daß man die Staaten nicht mit Gewalt in eine globale Rechtsordnung zwingen darf, ist die Weltrepublik aber für lange Zeit nichts anderes als der Inbegriff all der Rechtsinstitutionen, die man nach und nach für die verschiedenen staatenübergreifenden Konfliktthemen der

Welt einrichtet. Eine weitergehende Weltrepublik darf man nur dann schaffen, wenn sie gegen Gefahren wie Bürgerferne, Überbürokratisierung, Machtakkumulation und mangelnde politische Öffentlichkeit gewappnet ist.

Fünfter Teil
Geschichte

Kant hat keine Kritik der Geschichtsvernunft verfaßt, aber in zahlreichen Texten eine außergewöhnlich facettenreiche, ihrem Grundcharakter nach säkulare, vor allem aber kosmopolitische Philosophie der Geschichte entwickelt (*Kapitel 16*). Diese Geschichtsphilosophie ist durch Kants Leitfaden einer praktischen Philosophie der Freiheit geprägt, der hier in einer Fortschrittsgeschichte der Freiheit zutage tritt. Zu den wichtigsten Aufgaben dieser Geschichtsphilosophie gehört es, die Geschichte so zu lesen, als ob sie einen Sinn hätte. Kant sieht den Sinn vor allem in der Errichtung einer weltweiten Rechts- und Friedensordnung, für die er eine Garantie nachzuweisen sucht (*Kapitel 17*). Im Anschluß an Kant blüht die Geschichtsphilosophie für einige Jahrzehnte auf, ohne den Kantischen Beitrag, insbesondere das kritische Fortschrittsdenken, zu devalorisieren (*Kapitel 18*).

16. Kosmopolitische Geschichtsphilosophie

16.1 Der Diskussionsrahmen

Die abendländische Geschichtsschreibung hebt früh, mit Herodot und Thukydides, also im 5. Jahrhundert v. Chr., an. Die Philosophie der Geschichte ist dagegen sehr jung, auch wenn es, wie bei fast allen Themen, antike Vorläufer gibt.

Als Schöpfer des Ausdrucks «Geschichtsphilosophie» gilt Voltaire, der David Humes *Complete History of England* (1754–1762) als Vorbild ansieht, selber einen *Essai sur l'histoire générale et sur les mœurs et l'esprit des nations* (*Versuch über die Weltgeschichte, über die Sitten und den Geist der Völker*, 1756) und später *Philosophie de l'histoire* (*Philosophie der Geschichte*, 1765) verfaßt. Voltaire entwirft jedoch keine philosophische Theorie der Geschichte. Ihm geht es vielmehr um einen Abriß der Geschichte, der im Gegensatz zum Theologen Jacques Bossuet (*Discours sur l'histoire universelle/Abhandlung über die Weltgeschichte*, 1681) und dem maßgeblichen Augustinus (*De civitate Dei/Vom Gottesstaat*, 413–426) die Geschichte nicht länger als Verwirklichung eines göttlichen Heilsplans versteht, sondern sie auf natürliche Erklärungen zurückführt. Außerdem dürfe man sich nicht in der Fülle der Einzelheiten verlieren, sondern müsse mit Hilfe eines Blicks auf Geist, Sitten und Gebräuche der wichtigsten Völker eine allgemeine Idee der Völker gewinnen, womit die Welt als universaler Erfahrungsraum der Menschheit erscheine.

Noch vor Voltaires *Philosophie der Geschichte* veröffentlicht der Basler Isaak Iselin philosophische Mutmaßungen *Über die Geschichte der Menschheit* (1764), in denen im Gegensatz zu Jean-Jacques Rousseaus *Discours sur les sciences et les arts* (*Abhandlung über die Wissenschaften und Künste*, 1750) der seither entscheidende Fortschrittsgedanke zentral ist: Daß sich der Mensch mittels Tugenden, Künsten und Wissenschaften allmählich von der Alleinherrschaft der Triebe und Begierden befreit.

Ein anderer Schweizer, Jakob Wegelin, ist vorsichtiger. In seinen Memoiren *Sur la philosophie de l'histoire* (*Über die Philosophie der Geschichte*, 1770–1776) und den späteren *Briefen über den Werth der Geschichte* (1783) macht er sich vor allem Gedanken zur (Wissenschafts-)Theorie der Geschichtsschreibung und zur Politik. Beispielsweise erörtert er Fragen der Glaubwürdigkeit von Quellen und erklärt in einer ansatzhaft soziologischen, an Herder erinnernden Betrachtung, daß die dominierenden Ideen der verschiedenen Völker ihrer je eigenen Logik und Moral folgen. Nur im Vorübergehen erklärt er, die Weltgeschichte nähere sich einem friedlichen Endstadium an, in dem der Mensch seine Anlagen verwirklichen könne.

Ein Jahrzehnt nach Iselin veröffentlicht der junge Johann Gottfried Herder anonym die «physiognomische Geschichtsphilosophie»: *Auch eine Philosophie der Geschichte zur Bildung der Menschheit* (1774), die kompromißlos scharf den «Roman einseitiger Hohnlüge» (79) verwirft, die Menschheitsgeschichte stelle sich als «Fortgang zu Licht und Wohlstand» (Brummack/Bollacher 1994, 825) dar. Herder räumt durchaus Entwicklungsschritte ein, die aber mit einem Verlust erkauft würden, so daß die Gegenwart keineswegs der Vergangenheit überlegen sei.

Damit ist der Diskussionsrahmen umrissen, den Immanuel Kant vorfindet: das Interesse an einer allgemeinen Geschichte; eine säkulare Philosophie der Geschichte statt deren heilsgeschichtlicher

Theologie; die Suche nach natürlichen Erklärungen über den Geschichtsverlauf; Mutmaßungen über dessen Ziel und Zweck; die Annahme der kollektiven Verwirklichung von menschlichen Anlagen; der Fortschrittsgedanke, aber auch philosophische Skepsis gegen ihn; nicht zuletzt wissenschaftstheoretische Überlegungen zur Historiographie.

Kant greift all diese Aspekte auf und führt sie auf eine genuin philosophische Weise zusammen. Dazu gehört, daß er die Wissenschaftstheorie der Geschichte um den bislang unbekannten Gedanken einer regulativen Idee der Geschichtsforschung erweitert. Vollends neu sind säkulare Mutmaßungen zum veritablen Anfang der Menschheitsgeschichte. Und in den 1790er Jahren fügt er, der Philosoph zweier Revolutionen, einer philosophischen Revolution im Denken (erste *Kritik*) und einer moralischen Revolution der Denkungsart bzw. Gesinnung (zweite *Kritik*), ein bestimmtes Verhältnis zur Französischen Revolution hinzu: Die «uneigennützige», zudem nicht gefahrlose «Teilnehmung» an einer Revolution zugunsten des Republikanismus (*Fak.*, VII 85). Kants Hauptinteresse der Geschichtsphilosophie: seine Zeitgenossen davon zu überzeugen, daß man über den Lauf der Geschichte nicht zu verzweifeln braucht. (Goethe wird mit der *Faust*-Gestalt des Mephisto diesen Gedanken aufgreifen, daß aus Schlechtem, selbst Bösem am Ende doch Gutes geschieht, bei Kant: daß sich eine weltweite Rechts- und Friedensordnung entwickelt.)

16.2 Die Texte

Zwei Kantische Texte tragen den Ausdruck «Geschichte» schon im Titel: die *Idee zu einer allgemeinen Geschichte in weltbürgerlicher Absicht* (1784) und *Mutmaßlicher Anfang der Menschengeschichte* (1786). Beide Texte sehen schon wegen ihrer Kürze bescheiden aus, sachlich sind sie aber höchst gehaltvoll, ohnehin wohlkomponiert.

Das Themenfeld beider Schriften wird in mindestens vier weiteren Texten behandelt: in der zweiteiligen *Rezension* (1784/85) von Herders zweitem geschichtsphilosophischem Werk *Ideen zur Philosophie der Geschichte der Menschheit*, im Ersten Zusatz der Schrift *Zum Ewigen Frieden* (1795), im zweiten *Streit der Fakultä-*

ten (1798) und im letzten Abschnitt des zweiten Teils der *Anthropologie in pragmatischer Hinsicht* (1798).

Geschichtsphilosophisch relevant sind noch weitere Passagen, die hier aber nur genannt seien: so aus der *Kritik der reinen Vernunft* das letzte Hauptstück der transzendentalen Methodenlehre: «Die Geschichte der reinen Vernunft», aus der *Kritik der Urteilskraft* der Paragraph 83 und aus *Über den Gemeinspruch: Das mag in der Theorie richtig sein, taugt aber nicht für die Praxis* (1793) der Teil III. Und nicht zuletzt beginnt Kants Geschichtsphilosophie mit einer kosmologischen Theorie, der *Allgemeine[n] Naturgeschichte und Theorie des Himmels* (1755).

Idee. Die *Idee zu einer allgemeinen Geschichte in weltbürgerlicher Absicht* erscheint bald nach der *Kritik der reinen Vernunft*, sogar noch vor der *Grundlegung* (1785) und der Schrift *Metaphysische Anfangsgründe der Naturwissenschaft* (1786). Der Text ist nicht bloß Kants erste, allerdings nicht für die humane Geschichte einschlägige Schrift. Nach ihrem philosophischen Anspruch, dem streng systematischen Aufbau und den behandelten Teilthemen stellt sie auch Kants Hauptwerk zur Geschichtsphilosophie dar (zur Interpretation siehe Höffe 2011 a).

Seiner literarischen Gattung nach ist der Text keine rein wissenschaftliche Abhandlung, sondern ein Essay für ein größeres Publikum. Ein Grund dafür dürfte im bescheideneren philosophischen Anspruch liegen. Kant legt keine Kritik der historischen Vernunft vor, so daß es nicht der Stringenz einer Vernunftkritik bedarf. Überdies kommt zur besonderen literarischen Gattung eine sachliche Bescheidenheit hinzu. Kant vermag nur einen «Leitfaden» vorzustellen (*Idee*, VIII 17), was vom Anspruch seiner «System»-Schriften, den «Metaphysischen Anfangsgründen» (der Naturwissenschaft und der Rechtslehre/Tugendlehre), nämlich veritablen Prinzipien, weit entfernt ist. Allerdings klingt im Titelausdruck «allgemein» ein Moment dessen an, was ein philosophisches Prinzip auszeichnet, ein vor- und überpositives Interesse, das die *Idee* denn doch in gewisser Analogie zu den *Metaphysische[n] Anfangsgründe[n] der Naturwissenschaft* zu lesen erlaubt, nämlich als ersten Versuch, das neue, transzendentalkritische Denken auf einen Sachbereich, hier die Geschichte, systematisch anzuwenden und auf diese Weise die Fruchtbarkeit des neuen Denkens unter Beweis zu stellen.

Obwohl Kant einen Essay verfaßt, besteht dieser in einem atypischen Beispiel. Denn als ob er Spinozas *Ethica* (1677) nacheifern wollte, baut Kant seinen Text *more geometrico* auf. Er stellt nämlich Lehrsätze auf, die systematisch aufeinander folgen und jeweils erläutert oder begründet werden. Gemäß dieser geometrischen Methode ist der allererste Satz ein allgemeines Postulat, eine Art von regulativer Idee, die im zweiten Satz auf die Situation der Menschen hin spezifiziert wird.

Die stillschweigende Grundfrage der *Idee* lautet: Wie läßt sich ein Fortschritt der Menschheit philosophisch begründen, mit der Anschlußfrage: worin besteht er; und aufgrund welcher Antriebskraft ist er zu erwarten?

Der Antwort liegt in zweierlei Hinsicht die im Titel angekündigte weltbürgerliche Absicht zugrunde. Zum einen führt die Weltgeschichte schließlich zu einer rechtsförmigen Koexistenz von Rechtsstaaten, zum anderen liegt einer darauf abzielenden Erörterung ein kosmopolitisches, nämlich allgemeinmenschliches Interesse zugrunde.

Herder-Rezension. Bei der Suche nach natürlichen Ursachen für die Geschichtsentwicklung darf man nach Kant nicht in den Fehler verfallen, den er Johann Gottfried Herder in einer zweiteiligen Rezension von dessen Werk *Ideen zur Philosophie der Geschichte der Menschheit* vorwirft. Kant findet durchaus lobende Worte; er spricht von einem «gedankenvollen Werke» und nennt den Autor einen «geistvollen Verfasser» mit einem «lebhaften Genie» (*Rez.*, VIII 55). Der Tenor der Rezensionen ist aber vernichtend. Dahinter mag Kants Enttäuschung stehen, daß sein ehemaliger Hörer sich dem neuen, transzendentalkritischen Denken versperrt. Kant moniert, daß an die Stelle gründlicher Philosophie eine freie Poesie trete.

Nach Kants zweitem, sachlichen Vorwurf (vgl. VIII 48) spreche Herder bei der Entwicklung von Pflanzen und Tieren nicht von (gedanklich nachvollziehbaren) Keimen, sondern von (geheimnisvollen) organischen Kräften, und im Instinkt sehe er nicht eine besondere Naturkraft. Ferner messe er für die Entwicklung zum

Menschen dem aufrechten Gang des Menschen eine zu große Bedeutung zu. Schließlich seien, anders als Herder behauptet, «Menschengeschlecht» und «Gattung» keine leeren Begriffe (VIII 56).

Nach dem Hauptvorwurf, der mangelnden Schlüssigkeit, macht sich Herder, darf man ergänzen, der im Paralogismuskapitel der *Kritik der reinen Vernunft* (*KrV*, B 399 ff.) monierten *quaternio terminorum* schuldig: daß im entscheidenden Argument der Mittelbegriff zweierlei Bedeutungen habe. Denn Herder unterscheide nicht zwischen der «Stufenerhebung» des Menschen «zu einer vollkommeneren Organisation in einem andern Leben» und der «Stufenleiter» im Reich der Natur (*Rez.*, VIII 53). Hier, bei der Stufenleiter, überlasse die Natur «die Individuen der völligen Zerstörung» und erhalte «nur die Art». Dort, bei der Stufenerhebung, müsse man aber «wissen, ob auch das Individuum vom Menschen seine Zerstörung hier auf Erden überleben werde, welches vielleicht aus moralischen, oder metaphysischen Gründen, niemals aber nach irgend einer Analogie der sichtbaren Erzeugung geschlossen werden kann» (ebd.).

In der Rezension des zweiten Teils von Herders Werk wirft Kant dem Autor vor, «den Anfang aller Kultur … nicht in dem eigenen Vermögen der Menschengattung, sondern gänzlich außer ihm» zu suchen (VIII 63). Dem stellt Kant seine eigene These entgegen, die einer einzigen Art von Fortschritt. Deshalb wandelt er Herders Titelbegriff, den Plural («Ideen») zum Singular um («Idee»), gibt dem Begriff der Idee die präzise Bedeutung von Vernunftbegriff und erklärt, daß der größtmögliche Grad der Kultur «nur das Produkt einer nach Begriffen des Menschenrechts geordneten Staatsverfassung, folglich ein Werk der Menschen selbst sein kann» und darin «der eigentliche Zweck der Vorsehung» läge (VIII 64).

Vom mutmaßlichen Anfang der Menschengeschichte. Kant begnügt sich nicht mit der Fortschrittsfrage, sondern untersucht die Weltgeschichte auch im Blick auf den schlechthin ersten Anfang. Dieses Thema ist einer empirischen Geschichtswissenschaft schon deshalb fremd, weil die Voraussetzung für ihre Arbeit, das Vorhandensein von historischen Quellen, fehlt: Kant weiß, daß er sich deshalb der Einbildungskraft überläßt, die aber dank eines «an Erfah-

rung geknüpften» Leitfadens (*Anfang*, VIII 110) sich nicht in
willkürlicher Fiktion verliert.

Kant konstruiert dabei das Programm der *Idee*, namentlich deren Zweiten Satz, konkretisierend, eine «Geschichte der ersten Entwicklung der Freiheit aus ihrer ursprünglichen Anlage in der Natur des Menschen» (*Anfang*, VIII 109). Zum Leitfaden wählt er eine «heilige Urkunde», die biblische Schöpfungsgeschichte nach Erschaffung des Menschen (*Genesis* 2–6), womit er dem Leser eine doppelte Botschaft vermittelt: Einerseits läßt sich die Entwicklung der menschlichen Anlagen mit der biblischen Erzählung vereinbaren. Andererseits kann man dank vernünftiger Mutmaßungen für diese Erzählung ein hohes Maß an Plausibilität nachweisen. Methodisch gesehen sucht Kant mittels der Sonde der Vernunft in der Offenbarung überzeugende Elemente heraus. Der Vorrang liegt somit bei der Vernunft; nicht anders als später in der Religionsschrift (siehe Kap. 19–20) bleibt der Offenbarung zwar eine wichtige, aber bloß dienende Funktion:

Der erste Anfang, von der *Genesis* «Paradies» genannt, ist philosophisch betrachtet ein Zustand müheloser Existenz: Der Mensch ist insoweit noch ganz Natur, mithin Tier, als er allein dem Instinkt folgt. Er lebt in Unwissenheit, folglich Unschuld, insofern in Glück, aber ohne Freiheit. Sobald er jedoch das erste Mal eine freie Wahl vorzunehmen versucht, entdeckt er «in sich ein Vermögen, sich selbst eine Lebensweise auszuwählen und nicht gleich anderen Tieren an eine einzige gebunden zu sein» (*Anfang*, VIII 112).

Diese Befreiung vom Instinkt bietet nun beides, Chance und Risiko zugleich. Einerseits öffnet sich dem Menschen eine Unendlichkeit von Gegenständen der Begierde. Andererseits verfügt er über keinerlei kultivierte Vernunft, die ihn zur rechten Wahl anleiten könnte. Die Emanzipation des Menschen aus der «Vormundschaft der Natur in den Stand der Freiheit» ist daher «auf der sittlichen Seite» ein (Sünden-)Fall, dem als Strafe «eine Menge nie gekannter Übel des Lebens» folgt (VIII 115).

In seiner Deutung des Paradieses und des Sündenfalles setzt sich Kant mit dem «berühmten J. J. Rousseau» auseinander und bringt «die so oft gemißdeuteten, dem Schein nach einander widerstreitenden Behauptungen ... unter sich und mit der Vernunft in Einstimmung» (VIII 116). Er unterscheidet nämlich Rousseaus frühere von der späteren Position und gibt dem frühen Rousseau, dem der beiden Diskurse, darin recht, daß es zwischen der Kultur und der Natur «einen unvermeidlichen Widerstreit» gebe und der Übergang von der Natur zur Kultur ein Fall sei. Aber der Fall, sagt Kant, ist notwendig, um die verschiedenen Anlagen und Kräfte des Menschen zur Entfaltung zu bringen und Kultur zu ermöglichen. Rousseau fordere daher zu Unrecht, zur Natur zurückzukehren, habe dagegen recht, wenn er später, im *Contrat social* und im *Émile*, den beschwerlichen Weg des Menschen zur Kultur und zum Bürgersein darlegt.

Im Zusatz der Schrift *Zum ewigen Frieden* greift Kant unter dem Titel der «Garantie» das Stichwort «Vorsehung» auf und bestimmt sie als «tiefliegende Weisheit einer höheren, ... diesen Weltlauf prädeterminierenden Ursache» (*ZeF*, VIII 360). Man könne aber auch alternativ vom Schicksal sprechen, im Sinne der «Nötigung einer ihren Wirkungsgesetzen nach uns unbekannten Ursache» (VIII 360 f.; siehe auch Kap. 17). In beiden Deutungen geht es um eine Zweckmäßigkeit, die den epistemischen Status einer Idee, also eines Vernunftbegriffs, hat, so daß die entsprechende Naturteleologie weder erkannt noch erschlossen, sondern lediglich hinzugedacht werden kann. Freilich gibt es dafür einen guten Grund: Der ewige Friede wird durch «die große Künstlerin Natur» garantiert, die, hier in Übereinstimmung mit dem Antagonismus der *Idee*, «durch die Zwietracht der Menschen Eintracht selbst wider ihren Willen emporkommen» läßt (*ZeF*, VIII 360). Trotzdem soll der Mensch mithelfen. Die *Idee* (8. Satz) spricht zurückhaltend von einem «gewissen Herzensanteil, den der aufgeklärte Mensch am Guten ... zu nehmen nicht vermeiden kann» (*Idee*, VIII 28). Die Friedensschrift steigert dieses Können zum Sollen: Der Mensch hat die Pflicht, zum ewigen Frieden hinzuarbeiten (vgl. *ZeF*, VIII 368).

Im zweiten *Streit der Fakultäten*, dem «Streit der philosophischen Fakultät mit der juristischen», unterscheidet Kant drei Vorstellungsarten der Geschichte, die er allesamt verwirft: daß die Menschheit sich in ihrer moralischen Bestimmung (a) kontinuierlich zum Ärgeren, (b) ebenso kontinuierlich zum Besseren entwickle oder (c) «im ewigen Stillstande» verbleibe (*Fak.*, VII 81). Er fragt nach der Art der Erfahrung, auf die man sich hier berufen kann, antwortet aber nicht mit der aus der *Idee* bekannten und in der Friedensschrift bekräftigten ungeselligen Geselligkeit.

Er beruft sich vielmehr auf die schon genannte uneigennützige, gleichwohl nicht ungefährliche «Teilnehmung» an der republikanischen Revolution. Dieser «Enthusiasmus» beweise, weil man Gefahr läuft, wegen aufrührerischer Haltung angeklagt zu werden, einen «moralischen Charakter» des Menschengeschlechts (VII 85). Kant gibt also ein Beispiel für das der Neigung widerstreitende Pflichtbewußtsein, was an das Faktum der Vernunft erinnert (*KpV*, § 6, Anm.; siehe Kap. 8.4). Wie sich dort das sittliche Bewußtsein in dem Urteil beweist, daß man auch bei Androhung der Todesstrafe «ein falsches Zeugnis wider einen ehrlichen Mann» (V 30) verweigern soll, so spricht man sich hier trotz persönlichen Risikos für eine republikanische Verfassung aus.

16.3 Wider «zyklopische Gelehrsamkeit»

Obwohl sich Kant also mit der Geschichte und der Geschichtserfahrung mehrfach auseinandersetzt, unterzieht er sie nirgendwo einer systematischen Kritik, die sich mit der Kritik der Naturerfahrung aus der ersten und der Kritik der moralischen Erfahrung aus der zweiten *Kritik* vergleichen ließe. Dem Umstand, daß Kant für seine Beiträge zur Geschichtsphilosophie nicht den Rang einer Kritik der historischen Vernunft beansprucht, liegt nicht etwa eine Geringschätzung des Gegenstandsbereichs zugrunde. Im Gegenteil zeigt schon das Leitthema der *Idee,* die Erscheinungen der Willensfreiheit zu erzählen, wie wichtig für Kant die Geschichte ist. Außerdem skizziert Kant in der *Idee* zwei ihm zentrale Gedanken, die er später, in seiner *Kritik der Urteilskraft* (§§ 83 ff.), aufgreift: die «Steigerung» der bürgerlichen Gesellschaft zum «weltbürgerlichen Zustand» und den Gedanken des Menschen als Endzweck der Schöpfung.

Nicht zuletzt bündelt er in den geschichtsphilosophischen Texten einen bunten Strauß weiterer für sein Denken wichtiger Themen. Dazu gehören schon in der *Idee* ein Grundgedanke von Kants Teleologie, daß alle Naturanlagen eines Geschöpfs zum vollständigen und zweckmäßigen Auswickeln bestimmt sind (*Idee*, 1. Satz), ferner dessen humanspezifische «Anwendungen» (2. und 3. Satz), auch Grundgedanken von Kants Anthropologie wie etwa die ungesellige Geselligkeit, wie der Hang zur Faulheit und dessen Gegenkräfte, die Leidenschaften der Ehrsucht, Herrschsucht und Habsucht (4. Satz), weiterhin die Notwendigkeit eines Herrn (6. Satz), die Bedeutung eines Rechtsstaates, bürgerliche Gesellschaft genannt, und einer rechtsförmigen Koexistenz von Staaten (7. Satz), nicht zuletzt das Projekt, die Geschichte nach einer Idee, also nach einem (apriorischen) Vernunftbegriff, abzufassen (9. Satz).

Kants Geschichtsphilosophie behandelt also ein komplexes Themenfeld, das die Naturteleologie, die Anthropologie und die Philosophie von Recht, Staat und Weltrechtsordnung einschließt. Überdies spielt mit dem Stichwort Vorsehung die Theologie hinein. Auch geht es um die Philosophie von Freiheit und Moral und mit den Stichworten Kultivieren, Zivilisieren und Moralisieren sowohl um eine Kulturtheorie als auch um Erziehung, samt deren Schwierigkeit, daß der zuständige Erzieher, ein «Herr», selber ein fehlbarer Mensch ist. Und im *Streit der Fakultäten* kommt der uneigennützige Enthusiasmus für Frankreichs republikanische Revolution hinzu.

Nicht wegen einer eventuell fehlenden Bedeutung des Gegenstandes schreibt Kant also keine Kritik der Geschichtsvernunft. Vielmehr gibt es seines Erachtens nur drei menschliche Grundkräfte, das Erkenntnis-, das Begehrungsvermögen und als deren «Mittelglied» die (reflektierende) Urteilskraft (*KU*, V 176 ff.), weshalb es nur drei Kritikprojekte geben könne. Infolgedessen ist mit einer Kritik der historischen Vernunft ebensowenig wie mit einer Kritik der Religion (siehe Kap. 19.1) zu rechnen. Allenfalls kann man eine Quasi-Kritik erwarten, die sich unter Kants Leitfaden einer praktischen Philosophie der Freiheit vollzieht.

Trotzdem sucht der von der Wissenschaftstheorie faszinierte Neukantianismus in Kants Geschichtsphilosophie die Grundzüge einer Methodologie der Geschichtswissenschaften oder allgemeiner die der Geistes- und Kulturwissenschaften. Man kann sich für dieses Vorhaben aber nicht auf Kants Geschichtsphilosophie berufen. Diese begründet nicht das historische «Verstehen» (Sinnverstehen) von Besonderheiten im Unterschied zu einem naturwissenschaftlichen Erklären von Allgemeinem. Noch weniger entwickelt sie eine Hermeneutik als die den Geisteswissenschaften gemeinsame Methode. Am üblichen Gegenstand der Historiker, der Geschichte in der bunten Fülle der Geschehnisse, wenig interessiert, bleibt diese Aufgabe vollständig der «eigentlichen bloß empirisch abgefaßten Historie» überlassen (*Idee*, VIII 30). Kant selbst wendet sich der Geschichte ausschließlich vom Standpunkt einer Philosophie zu. Dabei ist diese auf eine für den Historiker von Profession provokative Weise unbescheiden:

Zum einen begnügt sie sich, hier in Übereinstimmung mit Voltaire, Iselin und Herder, nicht mit mehr oder weniger kleinen Ausschnitten aus der Geschichte. Ihr kommt es auf nichts weniger als die Weltgeschichte der ganzen Menschengattung an. Ein derartiges Vorhaben dürfte jeden Forscher, selbst jeden Forscherverbund, überfordern. Kant ist daher klug, zugleich philosophisch genug, daß er sich nicht an einer Welt- oder Universalgeschichte im üblichen praktischen Sinn etwa von Voltaire, Iselin und Wegelin versucht. Er befaßt sich nicht mit der geschichtlichen Entwicklung der Völker, Reiche und Kulturen in ihren empirisch feststellbaren Gemeinsamkeiten, Unterschieden und wechselseitigen Beziehungen.

Kant fragt vielmehr, so die zweite Unbescheidenheit, inwieweit die Weltgeschichte, ohne die angedeuteten empirischen Gegebenheiten kennen zu müssen, für den Menschen als praktisches Vernunftwesen von Interesse ist. Ihm geht es durchaus um ein Sinnverstehen, aber nicht vom Besonderen, sondern von einem Allgemeinen: der gesamten Menschheitsgeschichte. Er überlegt nämlich, unter welchen erfahrungsunabhängigen Bedingungen der Gang der Geschichte in zweierlei Hinsicht als vernünftig erscheint, erstens als ein strukturiertes und zweitens als ein zweckmäßiges, insofern sinnvolles Ganzes.

Da Kant kein «planloses Aggregat», sondern ein strukturiertes Ganzes, ein System, sucht (VIII 29), ist die Idee der *Idee* im Sinne der ersten *Kritik* ein regulatives Prinzip. Mit ihm bringt Kant Vernunft, aber nicht theoretische, sondern praktische Vernunft in seinen Gegenstand. Historiker, die darauf verzichten und eine historische Kenntnis ohne einen Blick auf Zweckmäßigkeit ausbreiten, besitzen nach einem sprechenden Bild aus Kants *Logik* nur eine «zyklopische Gelehrsamkeit»; denn ihnen fehle ein Auge, «das Auge der Philosophie» (*Logik*, IX 45). Als ob er auf Voltaires Vorhaben «en philosophe» anspielen würde, schreibt Kant ausdrücklich als «philosophischer Kopf», der allerdings auch «sehr geschichtskundig sein müßte» (*Idee*, VIII 30). Anders als Voltaire entfaltet er aber eine wahrhaft philosophische Theorie, die vornehmlich praktisch relevant ist. Kants Einheitsband für die Fülle der Ereignisse liegt in der Entwicklung der freiheitsdienlichen Vernunftanlagen, in dem dieser Entwicklung dienenden Rechtsfortschritt und in dessen Potential für die Moralisierung der Menschheit. Kant kommt es also auf Gesichtspunkte an, für die sich weder die empirischen Geschichtswissenschaften noch deren Wissenschaftstheorie interessieren. Aber nicht aus Kritik an den empirischen Geschichtswissenschaften, wohl aber in klarem Gegensatz zu ihnen, geht es erstens um eine veritable Gattungsgeschichte, die zweitens unter vernünftigen, dabei vor allem moralischen Gesichtspunkten betrachtet wird.

16.4 Der Motor: Antagonismus

Nach Kants teleologischer Annahme, alle Naturanlagen eines Geschöpfes seien bestimmt, sich einmal vollständig und zweckmäßig auszuwickeln (*Idee*, 1. Satz), gelangen trotz des moralischen Gebotes, seine Talente und Fähigkeiten zu entwickeln (vgl. *Grundlegung*, IV 401), jene besonderen Naturanlagen des Menschen, die auf den Gebrauch der Vernunft zielen, nicht im Individuum, sondern nur in der Folge der Generationen und dabei bloß in der Gattung zur vollen Entwicklung (*Idee*, 2. Satz). Diese Naturabsicht, die volle Entwicklung der Anlagen, soll durch die menschliche Natur selbst erreicht werden. Der Sinn der Geschichte findet durch unser Zutun und doch ohne unsere Planung, gleichsam hinter unserem Rücken statt. Dies entspricht in etwa dem, was die vorkantische Philosophie die Vorsehung, Hegel aber den Weltgeist nennt.

Vereinfacht gesagt liegt nach Philosophen wie Hobbes der Urtrieb allen Handelns im «egoistischen» Verlangen nach Selbsterhaltung, dagegen nach Aristoteles, später Cumberland, Pufendorf und Locke in der politischen bzw. sozialen Natur des Menschen. Kant hält beide Aussagen für richtig, nur ihre Verabsolutierung für falsch. Er spricht von einem Antagonismus (Widerstreit), worunter der «Streit zweier mit einander zu einem gemeinschaftlichen Endzweck vereinigten Parteien (concordia discors, discordia concors)» zu verstehen ist (*Fak.*, VII 35). Weil dieser Streit im Inneren des Menschen liegt, ist der Mensch nicht erst in sozialer Perspektive, sondern schon in sich selbst konfliktträchtig. Mit dieser These, daß ein anthropologischer Motor die Entwicklung aller menschlichen Anlagen zustande bringt, überwindet Kant die Alternative von Aristoteles mit einer vornehmlich kooperativen Natur des Menschen und Hobbes mit der konfliktuellen Natur.

Des näheren versteht Kant unter dem Antagonismus die «ungesellige Geselligkeit der Menschen, d. h. den Hang derselben in Gesellschaft zu treten, der doch mit einem durchgängigen Widerstande, welcher diese Gesellschaft beständig zu trennen droht, verbunden ist» (*Idee*, VIII 20). Gesellig ist der Mensch, insofern er zu einem gemütlich-gemächlichen Leben in Eintracht neigt, ungesellig, insofern er sich hervortun, sich auszeichnen, dabei alles nach seinem eigenen Sinn, folglich wo erforderlich gegen den Widerstand der Mitmenschen einrichten will. Und genau durch diese Neigung, namentlich durch Ehrsucht, Herrschsucht und Habsucht (*Idee*, VIII 21; vgl. *Anthropologie*, VII 271, vorher Hobbes, *Leviathan*, Kap. 13), werden alle Kräfte des Menschen, die andernfalls verkümmerten, zur Entwicklung von Kultur und Künsten geweckt. Dieser Grundmotor, die ungesellige Geselligkeit, spezifiziert sich nach Kant zugunsten der weltbürgerlichen Verfassung in zwei Hauptantriebskräfte: negativ in die Not aus den beständigen Kriegen (*Idee*, 7. Satz) und positiv in den «Handelsgeist», der «mit dem Kriege nicht zusammen bestehen kann» (*ZeF*, VIII 368).

Für die Gründung des Völkerbundes nach dem Ersten Weltkrieg und für die der Vereinten Nationen nach dem Zweiten Weltkrieg mag die Abneigung gegen Kriege eine starke Antriebskraft gewesen sein. Schon die Notwendigkeit eines zweiten Versuchs, eine weltweite Friedensgemeinschaft zu gründen, zeigt aber, daß das Gedächtnis der Menschheit kurz ist, die Erfahrung der Not allzu leicht verdrängt wird und anscheinend (fast) jede Generation die Erfahrung selber machen muß. Zudem können Kriege, zumal die der anderen, sofern man ihnen Kriegsmaterial liefert, wirtschaftlichen Gewinn abwerfen, also dem Handelsgeist dienen. Kant hat zwar recht, um der weltweiten Friedensgemeinschaft willen zu fordern, erst die Kriege zu vermenschlichen, sie dann seltener werden zu lassen und endlich den Angriffskrieg ganz abzuschaffen. Ob man auf eine vollständige Abschaffung je rechnen kann, ist jedoch angesichts der in der menschlichen Natur bleibenden «Ungeselligkeit» fragwürdig.

Auf die ungesellige Geselligkeit allein verläßt sich Kant freilich nicht. Für die genannte Entwicklung sieht er eine Mitverantwortung der Menschen, die er allerdings in der *Idee* auf ein Beschleunigen einschränkt («schneller herbeiführen»: VIII 27). Allerdings sei man auch dazu nur bereit, wenn der behauptete Zweck keine bloße Utopie, im Gegenteil «mit Sicherheit» zu erwarten sei (ebd.), was aber auch zutreffe. Denn Staaten, die «in der inneren Kultur» (hinsichtlich bürgerlicher Freiheit) nachlassen, verlieren gegen andere Staaten «an Macht und Einfluß» (ebd.), so daß schon das Selbstinteresse, namentlich der Handelsgeist, der die individuelle und kollektive Wohlfahrt fördert, für eine kräftige Übernahme der Mitverantwortung spricht.

Dieser Mitverantwortung liegt nur ein aufgeklärtes Selbstinteresse zugrunde. Im zweiten *Streit der Fakultäten* geht Kant wie gesagt darüber hinaus. Mit dem nicht gefahrlosen Enthusiasmus für die Französische Revolution kommt ein genuin moralischer Antrieb herein. Und nichts spricht dagegen, den Enthusiasmus nur für das Beispiel eines moralischen Antriebs zu halten, der die Mitverantwortung des Menschen an der Errichtung einer weltweiten Friedensgemeinschaft über das Selbstinteresse hinaus ausweitet.

16.5 Fortschrittsdenken: bescheiden-unbescheiden

Ob Entwicklung aller menschlichen Anlagen, ob Ausbildung eines weltbürgerlichen Zustandes und ewiger Friede oder das Überbieten von Kultivieren und Zivilisieren im Moralisieren – Kants geschichtsphilosophischen Leitgedanken liegt die Annahme eines Fortschritts zugrunde.

Generell versteht man unter einem Fortschritt jede nicht zufällig, sondern geordnet oder gezielt stattfindende Entwicklung vom Niederen zum Höheren. Bei deren näherer Bestimmung gibt es deutliche Unterschiede. Nach der einen Ansicht schreite die Menschheit aus Unwissenheit und Aberglauben zu Aufklärung und Wissenschaft, nach einer zweiten Ansicht aus Armut oder Knechtschaft zu Wohlstand oder Freiheit, nach einer dritten Ansicht aus ungebildeter Animalität zu gebildeter Humanität fort. Das optimale Ziel endlich sieht man in einer umfassenden Befreiung des Menschen von allen Zwängen: sowohl von Naturzwängen als auch von wirtschaftlichen, rechtlich-politischen und religiösen Zwängen, auf daß schließlich die Menschheit ihre Geschichte selbst gestalte.

Zunächst verwendet Kant, der den Ausdruck «Fortschritt» sogar geprägt hat (vgl. Koselleck/Meier 1975, 381) – Ausdrücke wie Perfektion und perfectibilité tauchen freilich schon lange vorher auf –, diesen in einem naturgeschichtlichen, näherhin geohistorischen Sinn. In einer seiner frühesten Schriften, *Die Frage, ob die Erde veralte* (1754), spricht er in bezug auf «unsere Erdkugel» vom «Fortschritt ihres Alters» (I 200). In anderer Bedeutung ist in *Träume eines Geistersehers* (1766) vom «Fortschritt der Untersuchung» (II 324) die Rede.

Da Kant die Menschheitsentwicklung in bezug auf Freiheit und Moral betrachtet, erscheint die Geschichte dann als sinnvoll, wenn sie die Menschheit aus dem rohen Naturzustand zum Freiheitszustand und dessen Vollendung führt. Dies genau ist das Thema der *Idee*. Nicht erst Hegels, sondern schon Kants Geschichtsphilosophie ist eine Fortschrittsgeschichte der Freiheit, die sich vor allem auf ein Zusammenleben in äußerer, nicht innerer Freiheit bezieht. Sie zielt auf die Herrschaft des Rechts, das zunächst innerhalb der Staaten, dann auch zwischen ihnen regiere. Dann wird nämlich zweierlei zustande gebracht: politisch gesehen überwindet man die Despotie und in kultureller Hinsicht die Barbarei. Allerdings spielt unter den Stichworten des Moralisierens und der moralisch-guten Gesinnung (*Idee*, VIII 26) und dem «Herzensanteil am Guten» (VIII 28) auch die innere Freiheit eine Rolle.

Die Erwartung einer Entwicklung zum Besseren, Höheren und Vollkommeneren gehört so wesentlich zu den Grundansichten der europäischen Aufklärung, daß man im Fortschrittsdenken die Zivilreligion der Aufklärung sehen darf. Erwartet werden die Fortschritte in fast allen Lebensbereichen: Man rechnet mit wissenschaftlich-technischen Verbesserungen und sucht den Aberglauben zu überwinden; man erwartet eine Steigerung des Wohlstands und politische Fortschritte, nicht zuletzt eine moralische Vervollkommnung. Man zielt also auf eine allgemeine Verbesserbarkeit, eine universale Perfektibilität.

Zweifellos kann die Aufklärungsepoche auf die glanzvollen Erfolge der Naturwissenschaft und Technik verweisen. Das europäische *Siècle des lumières* ist das Zeitalter der mathematisch-naturwissenschaftlichen, aber auch der geographischen Entdeckungen sowie der Erfindungen von neuen Beobachtungs- und Meßinstrumenten, von technischen Verfahren und Geräten. Zusätzlich ist es ein Zeitalter von selbstbewußten Intellektuellen, die sich das Recht nehmen, Institutionen wie das Erziehungswesen, selbst Staat und Kirche, einer kritischen Prüfung zu unterziehen. Die Epoche läuft aber Gefahr, ihre unbestreitbaren Erfolge zu einer unbegrenzten Leistungsfähigkeit der Vernunft, einer steten Verbesserung aller Lebensverhältnisse einschließlich der moralischen Entwicklung der Menschen und ihrer Gesellschaft, zu extrapolieren. Diese Fortschrittshoffnungen hält Kant für überzogen und konzentriert sich weitgehend auf den Rechtsfortschritt (siehe Kap. 18.4).

16.6 Zum epistemischen Status

Die Frage, welche der drei Entwicklungs-«Theorien» – steter Fortschritt, ständiger Verfall und Sich-gleich-Bleiben – auf die Geschichte zutrifft, vermag nach Kant weder die Erfahrung noch die theoretische Vernunft zu beantworten. Daher löst er den Fortschrittsbegriff aus der Welt objektiver Erkenntnis und ordnet ihn der (moralisch-)praktischen Vernunft zu. «Die Tendenz zum kontinuierenden Fortschritt des Menschengeschlechts zum Besseren», heißt es im Nachlaß, ist «eine moralisch-praktische Vernunftidee», nach der zu handeln die praktische Vernunft gebietet (XIX 611). Des näheren ist der entsprechende Fortschritt ein hypothetischer

Leitfaden, nach dem die reflektierende Urteilskraft in moralisch-praktischer Absicht den Verlauf der Geschichte teleologisch, als Prozeß zunehmender Kultivierung, Disziplinierung und schließlich auch Moralisierung, interpretiert.

Das philosophische apriorische «Wissen» von der Geschichte ist jedenfalls moralisch-praktischer Natur; die Annahme eines Rechtsfortschritts ist keine theoretische Notwendigkeit, sondern eine regulative Idee der rechtlich-praktischen Vernunft. Diese leistet nichts weniger, als die Befürchtung abzuwehren, die Menschheitsgeschichte sei sinnlos. Kant schreibt seine Geschichtsphilosophie gegen eine andernfalls drohende Verzweiflung. Der Gefahr von Hoffnungslosigkeit tritt er mit einer «tröstenden Aussicht in die Zukunft» (*Idee*, VIII 30), mit einem Vernunftglauben, entgegen, demzufolge die Aufgabe, nach vernünftigen Prinzipien zusammenzuleben, nicht schlechthin unerfüllbar ist.

Für eine weitere Klärung des epistemischen Status der Kantischen Geschichtsphilosophie kann man auf die drei berühmten Fragen zurückgreifen, in denen sich nach Kant das Interesse der menschlichen Vernunft vereinigt: «1. Was kann ich wissen? 2. Was soll ich tun? 3. Was darf ich hoffen?» (*KrV*, B 833). Alle drei Fragen werden nicht etwa unpersönlich, in der dritten Person, sondern in der ersten Person Singular gestellt, womit sie unmißverständlich sagen, daß sie den Fragenden selber angehen. Für alle drei Fragen ist also charakteristisch, was man einem so hochspekulativen Werk wie der *Kritik der reinen Vernunft* nicht zutraut: Sie haben eine existentielle Bedeutung.

In der Geschichtsphilosophie werden nun alle drei Fragen verhandelt. Die Idee der *Idee* als regulative Forschungsidee, auch der Antagonismus bzw. die ungesellige Geselligkeit gehören, weil hier ein Naturmechanismus am Werk ist, zur ersten Frage. In die zweite Frage reicht hinein, daß der Mensch trotz des Naturmechanismus eine Eigenverantwortung trägt, die er auch wahrnimmt, denn nach dem Achten Satz der *Idee* nimmt der aufgeklärte Mensch einen «Herzensanteil … am Guten», der wiederum «nach und nach bis zu den Thronen hinauf gehen, und selbst auf ihre Regierungsgrundsätze Einfluß haben» soll (*Idee*, VIII 28). Überdies kann und soll der Mensch den Fortschritt beschleunigen.

Vornehmlich befaßt sich Kants Geschichtsphilosophie aber mit der dritten Frage. Der Ausdruck «hoffen» kommt zwar nur mehr beiläufig vor, in der *Idee* zum Beispiel in der Einführung, in der Fußnote zum Sechsten Satz und zweimal im Neunten Satz (VIII 30), dort beim ersten Mal freilich deutlich genug als «mit Grunde hoffen». Kant verwendet jedenfalls den Ausdruck, erläutert ihn aber nicht, noch weniger hebt er dessen systematische Bedeutung hervor.

Innerhalb der drei Fragen nimmt die für die Geschichtsphilosophie vorrangige dritte Frage insofern eine Sonder-, zugleich Mittelstellung ein, als sie nach Kant «praktisch und theoretisch zugleich» ist (*KrV*, B 833). Praktisch ist sie, weil sie sich auf die schon genannten Zwecke richtet, sowohl auf die Entwicklung der Vernunftanlagen als auch auf den Rechtsfortschritt und auf das Potential zur Moralisierung. Und theoretisch ist sie, weil sie mit dem Antagonismus einem Naturmechanismus, also dem Kausalitätsprinzip, folgt.

Um den epistemischen Charakter des Hoffens und mit ihm den kognitiven Status der Geschichtsphilosophie weiter zu bestimmen, empfiehlt sich ein Blick auf den Abschnitt der ersten *Kritik*, der sich an die Hoffenstheorie anschließt. In dem brillanten Kabinettstück «Vom Meinen, Wissen und Glauben» (B 848 ff.) plaziert Kant seine «Erkenntnistheorie» der Hoffnung in eine systematische Epistemologie, die durch Einführung einer neuen, mittleren epistemischen Stufe den seit der Antike bis heute vielfach vertretenen Dualismus von Meinen (*doxa*) und Wissen bzw. Wissenschaft (*epistêmê*) aufhebt. (Zu den drei epistemischen Stufen siehe auch *Logik*, Einleitung, IX.)

Die neu eingeführte Stufe, der Glaube, bewahrt die aus dem Bereich des Wissens verbannten Gegenstände vor einem epistemisch unwürdigen Rang. In der *Kritik der reinen Vernunft* sind es Gott und die unsterbliche Seele, in der *Idee* dagegen die Gedanken der Entwicklung der Vernunftanlagen und die Errichtung von Rechtsstaaten, weiterhin deren rechtsförmige Koexistenz, die ihrerseits zur Moralisierung der Menschen beitragen.

Es versteht sich, daß Kant die tatsächliche Geschichte nicht ausblendet. Auch räumt er ein, daß einen Sinn zu finden nicht leicht ist, da die Geschichte zunächst den trostlosen Anblick bietet, daß trotz gelegentlicher «Weisheit im Einzelnen man doch endlich alles im Großen aus Torheit, kindischer Eitelkeit, oft aus kindischer Bosheit und Zerstörungssucht zusammengewebt» findet (*Idee*, VIII 18). Nach Kant läßt sich die Geschichte durchaus als eine Folge von Kriegen wahrnehmen, die alles Gute zerstören und dafür «Übel und Verderbnis der Sitten» einhandeln (*Fak.*, VII 86).

Obwohl sich daher anstelle des Optimismus eher ein Pessimismus, sogar ein Verzweifeln aufdrängt, das die Geschichte mit all ihrem Unheil für sinnlos, vielleicht sogar widersinnig hält, glaubt Kant, einen Sinn entdecken zu können, dies allerdings nur unter drei Bedingungen: Erstens muß man sich die Weltgeschichte vornehmen, sie zweitens unter der Sinnfrage betrachten und darf drittens die Sinnfrage nicht etwa andernorts stellen, muß sie vielmehr auf die Weltgeschichte einschränken.

Als Bestandteil des Vernunftglaubens gehört nun das in Kants Geschichtsphilosophie vertretene Fortschrittsdenken weder zum möglichen Wissen noch zur Fiktion. Das Ziel der Menschheitsgeschichte kann bloß als praktische Idee entworfen werden. Für den Anfang ist dagegen eine andere kognitive Form, ein Mutmaßen, zuständig. Somit kommen in Kants früher Geschichtsphilosophie zwei epistemisch grundverschiedene «Wissens»-Formen zusammen. Für Sinn und Ziel der Weltgeschichte ist der mit dem Hoffen verbundene Vernunftglaube zuständig, für den Anfang dagegen ein vernünftiges Mutmaßen.

Der spätere *Streit der Fakultäten* bringt eine weitere epistemische Form ein, die Steigerung des Hoffens zum Erwarten: Obwohl man den politischen Endzweck der Geschichte, den ewigen Frieden, nicht theoretisch vorherzusagen vermag (vgl. *ZeF*, VIII 368) – denn zu mächtig spricht die tatsächliche Geschichte gegen alle Fortschrittsgewißheit aus der Erfahrung (*Rel.*, VI 19 f.) –, gibt sich Kant optimistisch. Die Bereitschaft des Menschen, seiner rechtsmoralischen Aufgabe zu genügen und sich für vernünftige Rechtsverhältnisse auszusprechen, sieht er durch die schon genannte, nicht gefahrlose Begeisterung für die Französische Revolution bewiesen (*Fak.*, VII 85 ff.).

So behauptet Kant noch vor dem französischen Historiker und Soziologen Alexis de Tocqueville (1805–1859), daß spätestens seit der Französischen Revolution die Menschheit in einer Epoche lebt, in der die Völker trotz vielfältiger Widerstände nach gerechten Staatsformen streben und mit diesem Streben der Geschichte einen Sinn geben. Allerdings ist dann nicht mehr bloß der Antagonismus der menschlichen Natur, sondern auch ein Gerechtigkeitsstreben, mithin ein Moral- und Freiheitsgeschehen, für den Rechtsfortschritt verantwortlich.

Alle drei epistemischen Formen zeichnen eine genuine Philosophie der Geschichte im Gegensatz zu deren empirischer Wissenschaft aus. Infolgedessen gibt es zur Geschichte mindestens vier epistemische bzw. kognitive Beziehungen: den Vernunftglauben, das philosophische Mutmaßen, ein berechtigtes Erwarten und schließlich, was Kant nachdrücklich nicht verdrängen will (*Idee*, VIII 30), die empirische Wissenschaft.

17. Zur Garantie des ewigen Friedens

Die bedeutendste Friedensschrift der Neuzeit, der in der abendländischen Philosophie überhaupt gewichtigste Text, stammt aus der Feder Kants. Die schmale Abhandlung *Zum Ewigen Frieden* (vgl. auch Kap. 15) behandelt fünf größere, relativ selbständige Themen, in deren räumlicher Mitte eine Geschichtsphilosophie steht. Im Verhältnis zu Kants geschichtsphilosophischem Haupttext, der *Idee zu einer allgemeinen Geschichte in weltbürgerlicher Absicht*, setzt die Abhandlung einen neuen Akzent. Während es der *Idee* auf die Entwicklung aller ursprünglichen Anlagen der Menschengattung ankommt (*Idee*, VIII 28), zielt die Friedensschrift auf eine weltweite Friedensordnung, für die Kant unter dem Titel «Von der Garantie des ewigen Friedens» eine teleologische Naturtheorie skizziert. Nach den für die Friedensordnung entscheidenden Definitivartikeln kommt es aber auf die Überwindung von Gewalt in den drei Dimensionen an, der Gewalt innerhalb eines Volkes («Staatsrecht»), der Gewalt zwischen Völkern («Völkerrecht») und der zwischen Menschen und Völkern bei Handelsbeziehungen

(«Weltbürgerrecht»). Folgerichtig behandelt die «Garantie» alle drei gewalt- und friedensrelevanten Dimensionen. Kants *Idee* kennt nur zwei Dimensionen, die Überwindung der innerstaatlichen und der zwischenstaatlichen Gewalt. Die elf Jahre spätere Friedensschrift (mittlerweile sind die zweite und die dritte *Kritik* erschienen) wahrt in zweierlei Hinsicht die Kontinuität: Sie erkennt beide Dimensionen an, außerdem mit nur geringer Modifikation die Antriebskraft für die Gewaltüberwindung. Grundlegend neu ist jedoch die dritte Dimension, das Weltbürgerrecht.

17.1 Eine quasi-transzendentale Deduktion

Im Ersten Zusatz fragt Kant, was uns nicht bloß berechtigt, sondern sogar garantiert zu hoffen, daß sich die Idee eines ewigen Friedens verwirklichen lasse. Um die Tragweite dieser Frage zu verstehen, sind sechs Dinge zu erläutern: (1) Die Qualifizierung des Friedens als «ewig» ist nicht temporal, sondern qualitativ gemeint; mit dem «ewigen» Frieden ist ein vorbehaltloser Frieden gemeint. (2) Indem Kant nach Berechtigung fragt, stellt er sich einer Aufgabe, die er in der *Kritik der reinen Vernunft* «Deduktion» nennt, so daß man auch hier eine Deduktion erwarten darf. (3) Die Legitimation betrifft jetzt aber eine Idee, mithin einen Vernunftbegriff, der schon als solcher einen vorempirischen Charakter hat, weshalb er, anders als die Kategorien der ersten *Kritik*, keiner metaphysischen Deduktion bedarf. Kant geht es um den Nachweis «objektiver Realität», womit er jeden Verdacht auf bloße Utopie abwehrt, was «Quasi-Deduktion» heißen möge. (4) Die Aufgabe, einem Vernunftbegriff die «objektive Realität zu sichern», kennen wir aus Kants *Kritik der praktischen Vernunft*, dort in bezug auf den Begriff der Freiheit (*KpV*, V 3). (5) Unser Zusatz der Friedensschrift befaßt sich zwar mit der moralischen Freiheit und dem Sittengesetz, aber nicht wie die zweite *Kritik* mit deren personaler, tugendethischer, sondern interpersonaler, rechtsethischer Hinsicht. Denn Kant erklärt mit einem bei ihm seltenen Pathos, daß «die Vernunft vom Throne der höchsten moralisch gesetzgebenden Gewalt herab den Krieg als Rechtsgang schlechterdings verdammt, den Friedenszustand dagegen zur unmittelbaren Pflicht macht» (*ZeF*, VIII 356; vgl. auch 362).

(6) Viele Kant-Interpreten denken bei objektiver Realität nur an den Bereich des Wissens, allenfalls noch an den Bereich moralischen Handelns. Tatsächlich vertritt Kant im Zusatz der Friedensschrift noch eine dritte Art, die aber auf den ersten Blick merkwürdig, sogar irritierend aussieht. Denn von Kants berühmten drei Fragen steht in der Geschichtsphilosophie die dritte («Was darf ich hoffen?») im Mittelpunkt. Weil der epistemische Status des Hoffens kein Wissen, sondern ein Glauben ist, fragt man sich, wie es für die zwar existentiell wichtige, epistemisch aber «minderwertige» Gestalt eine objektive Realität geben kann: Wie soll man die objektive Realität im Bereich des Glaubens finden können?

17.2 Die Lösung: «die große Künstlerin Natur»

Die These der objektiven Realität tritt dem Verdacht entgegen, der Gedanke eines ewigen Friedens sei eine unrealisierbare Utopie. Die zuständige Garantie sieht Kant in der «große[n] Künstlerin Natur», die in Klammern als «daedala rerum» bezeichnet wird (*ZeF*, VIII 360). Als mythischer Ahnherr der ältesten griechischen Bildhauer und als Erfinder des menschlichen Fluges steht Dädalus, der Vater von Ikarus, sowohl für die Orginalität und Kreativität eines Erfinders als auch für die Zuverlässigkeit eines Handwerkers. Diese mehrfache Leistungsfähigkeit einer mechanisch wirkenden Natur soll den ewigen Frieden garantieren.

Wie in der *Idee*, so verwendet Kant auch in der Friedensschrift anthropomorphistisch mißverständliche Formulierungen: beispielsweise «Die Natur hat gewollt» (*Idee*, VIII 19) und «die Natur hat zu ihrem Zweck gewählt» (*ZeF*, VIII 364). Er schreibt der Natur aber keine ausdrücklichen Absichten und auch sonst keinerlei personalen Charakter zu. In der schon vorher erschienenen *Kritik der Urteilskraft* (§ 68) erklärt er hinreichend deutlich, aus Gründen der reflektierenden, das heißt der zum Besonderen das Allgemeine aufsuchenden Urteilskraft, spreche man selbst in der Physik «ganz recht von der Weisheit, der Sparsamkeit, der Vorsorge, der Wohltätigkeit der Natur» (*KU*, V 383). Man lege ihr also Absichten bei, «ohne dadurch aus ihr ein verständiges Wesen zu machen». Die Natur «beabsichtigt» keine Zweckmäßigkeit, es handelt sich nur um ein «als ob ... absichtlich» (ebd.). Denn sie bringt auf rein mechanischem, also kausalem Wege Dinge zustande, die sich vernünftigerweise als zweckmäßig verstehen lassen. Den Aspekt der Zweckmäßigkeit bringt zwar der Interpret der Naturvorgänge mit, es geschieht aber nicht willkürlich, sondern aus gewisser Notwendigkeit.

Im Bereich der Geschichtsphilosophie findet sich diese subjektive und doch notwendige Zweckmäßigkeit wieder, jetzt aber nicht auf Individuen, sondern auf die Gattung bezogen. Im Ersten Zusatz entwirft Kant wie im *Anfang*, aber weit gedrängter, eine Sozialgeschichte der Menschheit, die lediglich von der Natur, dabei vornehmlich von den menschlichen Neigungen, und zugleich vom ewigen Frieden als jenem Zweck bestimmt ist, «den uns die Vernunft unmittelbar vorschreibt (dem moralischen)» (*ZeF*, VIII 362).

Der dafür verantwortliche Motor, «durch die Zwietracht der Menschen Eintracht selbst wider ihren Willen emporkommen zu lassen» (VIII 360), entspricht dem «Antagonismus der ungeselligen Geselligkeit» aus der *Idee* (VIII 20). In beiden Fällen handelt es sich um eine einträchtige Zwietracht bzw. eine zwieträchtige Eintracht.

Die Überlegungen der *Idee* sind zwar anspruchsvoller, da es dort auf die vollständige Entwicklung aller auf den Gebrauch der Vernunft abzielenden Naturanlagen ankommt (VIII 18 f.). Für ihr bescheideneres Thema braucht aber die einträchtige Zwietracht der Friedensschrift nicht die Entwicklung aller menschlichen Anlagen zu erklären. Sie hat lediglich verständlich zu machen, daß es zu einem Krieg der Art kommt, die zum (ewigen) Frieden drängt. Infolgedessen darf Kant auf gehaltvollere Antriebe verzichten, sich auf einen Grundantrieb, den Eigennutz, konzentrieren und unmittelbar von ihm aus die einträchtige Zwietracht begründen.

Für die auf den ersten Blick in sich widersprüchliche Verbindung «einträchtige Zwietracht» gibt Kant zwei äquivalente Deutungen. Säkular gedeutet handelt es sich um «Nötigung einer ihren Wirkungsgesetzen nach uns unbekannten Ursache» und heißt dann Schicksal; religiös verstanden, nämlich als «tiefliegende Weisheit einer höheren Ursache», liegt eine (göttliche) Vorsehung vor (*ZeF*, VIII 360 f.). So wie in der *Idee* gibt Kant auch in der Friedensschrift beiden Begriffen, der Natur und der Vorsehung, ein Recht, spricht

das weit größere Recht aber dem bescheideneren Begriff, nicht der
Vorsehung, sondern der Natur zu. Später im Text ist von einem
«Mittel» die Rede, das von der Vernunft gebraucht werde (*ZeF*,
VIII 366). Damit greift Kant nicht bloß Hegels Ausdruck «List der
Vernunft» vor, sondern vertritt schon die Sache selbst: daß die Vernunft «die Leidenschaften für sich wirken läßt» (Hegel, *Vorlesungen über die Philosophie der Geschichte*, 49; vgl. *Enzyklopädie*,
§ 209). Einmal mehr erweist sich nicht etwa Kant als Hegelianer,
sondern Hegel, der Nachgeborene, als Kantianer.

Eine längere Fußnote faßt die christliche, vermutlich des näheren
altprotestantische Lehre der Vorsehung zusammen. Die epistemischen Bemerkungen dürften für uns wichtiger sein. Sie fügen sich
zu Kants Leitthese, daß sich der Endzweck nicht in den Individuen,
sondern nur in der Gattung realisiere: In einzelnen Begebenheiten
Vorsehung oder Fügung erkennen zu wollen, ist «törichte Vermes-
senheit des Menschen … ungereimt und voll Eigendünkel …, so
fromm und demütig auch die Sprache lauten mag». Lediglich «in
moralisch-praktischer Absicht», die sich freilich nicht aufs Sinnliche, sondern das «Übersinnliche» richtet, «ist der Begriff des göttlichen concursus [Laufs der Dinge] ganz schicklich und sogar notwendig» (*ZeF*, VIII 361 f.). Entsprechend heißt es im Text, daß wir
die Vorsehung weder «erkennen» noch «auf sie schließen», wohl
aber «hinzudenken können und müssen» (VIII 362). Denn es handelt sich um eine Idee, die, wie wir schon seit der ersten *Kritik* wissen (vgl. *KrV*, B 649), «zwar in theoretischer Absicht überschwenglich, in praktischer … aber dogmatisch und ihrer Realität nach wohl
gegründet ist» (*ZeF*, VIII 362). («Dogmatisch» steht bei Kant im
Gegensatz zu «zetetisch», forschend, und zu «kritisch», nämlich in
bezug auf menschliche Grundvermögen untersuchend, der Ausdruck bedeutet also nicht etwa «grundlos/unbegründet», sondern
im Gegenteil «mit gutem Grund behauptet».)

17.3 Äußere und innere Natur

Bevor Kant die auf den ewigen Frieden zulaufende Sozialgeschichte der Menschheit skizziert, fügt er einen längeren Einschub ein, demzufolge sich in der Natur bereits im vorrechtlichen Zustand, dem Naturzustand, Zweckmäßigkeit findet. Sie besteht in zwei gegenüber der *Idee* neuen Vorbedingungen für die Überwindung des Naturzustandes, in einer Bedingung der äußeren und einer der inneren Natur.

Nach der äußeren Natur ist die Erde «allerwärts» bewohnbar (*ZeF*, VIII 363). Diese (fast) globale Bewohnbarkeit ist allerdings für Kants Argumentation nicht nötig; eine Teilbewohnbarkeit würde reichen. Ohnehin ist der größte Teil unseres Globus von Meeren bedeckt, die sich zwar befahren, aber, von Inseln und Küstennähe abgesehen, nicht bewohnen lassen. Wichtiger ist ein Punkt, den Kant sowohl in der Friedensschrift als auch später in der *Rechtslehre* jeweils für das Weltbürgerrecht hervorhebt, aber nicht im Ersten Zusatz erwähnt: die «Kugelgestalt der Erde» (vgl. *RL*, VI 352). Ihretwegen sind die Möglichkeiten, sich in immer entlegenere Gegenden zurückzuziehen, grundsätzlich begrenzt: Weil Menschen sich «nicht ewig» anderen Menschen entziehen können, müssen sie mit Nachbarschaftskontakten und mit der ihnen entspringenden verträglichen Unverträglichkeit rechnen.

Die zweite, innere Natur wiederum sorgt auf «despotische», sprich: gewaltsame Weise dafür, daß die Menschen «allerwärts leben sollten» (*ZeF*, VIII 364). Als Beispiele führt Kant die in Sprachverwandtschaften belegbaren und seines Erachtens vermutlich durch Gewalt hervorgerufenen Völkerwanderungen an. Obwohl Kant von Sollen spricht, weil das Allerwärts-Leben der Menschen «wider ihre Neigung» erfolge (ebd.), liegt keine Pflicht vor. Denn nicht ein moralisches Gesetz zwingt den Menschen, sondern eine soziale Realität, der Krieg, unter dem hier nicht nur zwischenstaatliche Feindseligkeiten, sondern jeder gewaltbereite Streit zu verstehen ist. Kants Grundthese ist auf paradoxe Weise dialektisch: Indem die Natur die «Krieg» genannte Gewalt mit Hilfe eben dieses Kriegs zugunsten des moralisch gebotenen Rechtszustandes aufzuheben vermag, besorgt der Krieg seine eigene Aufhebung.

Erstaunlicherweise führt Kant beim Krieg eine Eintracht stiftende, also unmittelbar friedensfunktionale Seite an, die sowohl der *Idee* als auch dem *Anfang* unbekannt ist: Ein «Krieg gegen die Tiere» veranlasse die Menschen, sich miteinander zu solidarisieren (*ZeF*, VIII 363). Bei diesem Krieg ist an beides zu denken, sowohl an die Verteidigung der Menschen gegen Raubtiere als auch an die gemeinsam organisierte Jagd auf Beutetiere. Auch die sich an eine Jägerkultur anschließende wirtschaftlich-gesellschaftliche Entwicklung: der Weg vom nomadischen Jäger- (und auch Sammler-) Leben über Ackerbau, Viehzucht, Handwerk und Bergbau bis zum Handel ist nicht aus Plan und Einsicht, sondern aus Not geboren. So enthält der Krieg für konstruktive Leistung ein erstaunlich reiches Potential. Denn er erscheint nicht nur mittelbar, aufgrund von Konkurrenz, sondern auch unmittelbar, als gemeinsame Triebfeder aller Kultur.

Darüber hinaus gilt er als die letzte, nicht weiter zu hinterfragende Triebfeder (immer für den Menschen als Tierklasse: VIII 365). Denn: «Der Krieg aber selbst bedarf keines besonderen Beweggrundes, sondern scheint auf die menschliche Natur gepfropft zu sein» (ebd.). Der Ausdruck «Pfropfen» stammt aus der Pflanzenzucht und bezeichnet das Veredeln einer Pflanze. Für eine Friedensschrift überraschend, sogar irritierend behauptet Kant also, die Kriegsbereitschaft veredele den Menschen. Die Fortsetzung des Textes bestätigt dies, denn sie nennt den Krieg «etwas Edles» (ebd.). Nach dem Kontext ist dabei nicht an den Krieg als jene rohe, auch gegen Unschuldige gerichtete Gewalt zu denken, den nur Zyniker als edel qualifizieren könnten. Kant kommt es hier nur auf einen Aspekt an, der aber für diejenigen, die einen Krieg anzetteln, selten zutreffen dürfte: daß man «ohne eigennützige Triebfedern» agiert, dann «durch den Ehrtrieb beseelt wird» und sich durch «Kriegesmut» (wie bei den Indianern und europäischen Rittern) auszeichnet (vgl. ebd.). Nur unter dieser eingeschränkten Perspektive kann man Kant folgen und «dem Kriege an sich selbst eine innere Würde» zusprechen. Im übrigen ist unser Philosoph umsichtig genug, nicht mit einem Lob auf den Krieg zu enden, sondern mit einer negativen Aussage, einem Zitat: «Der Krieg ist darin schlimm, da er mehr böse Leute macht, als er deren wegnimmt» (ebd.).

17.4 Staatsrecht, Völkerrecht, Weltbürgerrecht

Die letzten Absätze unseres Zusatzes buchstabieren die drei Verhältnisse des öffentlichen Rechts Schritt für Schritt aus: die Garantie in bezug auf (1) das Staatsrecht, (2) das Völkerrecht und (3) das neu eingeführte Weltbürgerrecht. In jedem dieser Fälle nimmt die Antriebskraft eine andere Färbung an. Beim Staatsrecht ist, wenn auch nicht exklusiv, der Krieg von außen entscheidend; beim Völkerrecht spielt die Verschiedenheit der Sprachen und Religionen die tragende Rolle, beim Weltbürgerrecht schließlich kommt es auf den im Handel realisierten wechselseitigen Eigennutz an.

(1) *Staatsrecht*: Kant führt hier ein zweites, dem zuständigen Hauptautor fremdes Argument ein. Nach Thomas Hobbes, beispielsweise in Kapitel 13 des *Leviathan*, ist der Naturzustand innerhalb einer Gesellschaft ein Kriegszustand. Kant hebt überzeugenderweise neu hervor, daß ein Volk Nachbarn hat und von ihnen, also auch von außen, Krieg droht. Der Grund für die neue Perspektive liegt in einem Defizit: daß man «durch innere Mißhelligkeit genötigt» wird, könnte nicht ausreichen, um «sich unter den Zwang öffentlicher Gesetze zu begeben» (*ZeF*, VIII 365). Das angesprochene Defizit läßt zwei Lesarten zu: Entweder gibt es innerhalb der Gesellschaft keinerlei innere Mißhelligkeit, oder die bestehende Mißhelligkeit hält sich in derart engen Grenzen, daß das Interesse an einer staatlichen Rechtsordnung zu schwach bleibt. In beiden Fällen läßt Kant ein häufiges Gegenargument gegen die innergesellschaftliche Notwendigkeit eines Staatszustandes zu. Selbst wenn man die (wenig realistische) Prämisse anerkenne, daß die Menschen, statt einander feindlich gesonnen zu sein, auch friedlich miteinander leben, bleibe die Außenbedrohung bestehen, deretwegen ein Volk hinreichend motiviert sei, sich «innerlich zu einem Staat» zu bilden (ebd.), nämlich eine gegen drängende Nachbarn gerüstete Macht zu schaffen.

Nach diesem Argument macht der Text einen gedanklichen Sprung. Er geht vom Staat als einer zur Außenverteidigung fähigen Macht zu einer bestimmten Staatsgewalt über, zu der nach dem ersten Definitivartikel rechtsmoralisch gebotenen republikanischen Verfassung, kurz: Republik. Daß nur ein republikanischer und nicht auch ein despotischer Staat zur Außenverteidigung fähig sei, behauptet Kant zwar nicht und hätte dafür auch kaum gute Gründe. Trotzdem spricht er nicht mehr von Staat überhaupt, sondern nur von dem durch die Rechtsidee vorgeschriebenen republikanischen Staat, kurz: Rechtsstaat. Dabei stellt er sich einer Aporie, die er schon in der *Idee* (VIII 23) formuliert hat: daß moralisch unzureichende Wesen wie die Menschen einschließlich ihrer Staatsoberhäupter, eine Staatsverfassung von moralischem Rang, den Rechtszustand bzw. die Republik, gründen sollen. Diese Aporie löst Kant mit der These auf: «Das Problem der Staatserrichtung ist, so hart wie es auch klingt, selbst für ein Volk von Teufeln (wenn sie nur Verstand haben) auflösbar» (*ZeF*, VIII 366; für eine knappe systematische Deutung vgl. Höffe 1988).

Mit der seither berühmten Staat-Teufel-These wehrt Kant die Ansicht ab, für eine republikanische Verfassung bräuchte es jene moralisch schlechthin guten Wesen, Engel genannt, die weder versuchbar noch verführbar sind. (Man kann hier an Platon denken, der in der *Politeia* nicht für alle Bürger, wohl aber für ihre Herrscher jenes Quartett der Kardinaltugenden, also Besonnenheit, Tapferkeit, Gerechtigkeit und Weisheit, verlangt, das ein moralisch rundum gutes Wesen auszeichnet.) Träfe die genannte Voraussetzung zu, wären die realen Menschen weit überfordert und die republikanische Verfassung würde denn doch zu einer nicht realisierbaren, bloß schwärmerischen, rein utopischen Idee. An die Stelle objektiver Realität träten «lauter Hirngespinste» oder «gedichtete Begriffe» (*KrV*, B 269), die «allem Wahn offen» sind (B 286).

Kant behauptet nun das konträre Gegenteil. Nicht nur irgendwelche Wesen unterhalb des Engel-Status, sondern sogar veritable Teufel sind zur entsprechenden Aufgabe fähig. Kants Teufel sind freilich nicht extrem teuflisch. Weder treten sie wie Mephisto in Goethes *Faust* als Versucher und Verführer auf, noch wollen sie wie etwa Richard III. in Shakespeares gleichnamiger Tragödie das Böse als solches. Gemeint sind rein selbstsüchtige Wesen, die zum Selbstprivileg des Schwarzfahrens bereit sind («insgeheim sich davon auszunehmen»: *ZeF*, VIII 366). Sie brauchen nur Verstand zu haben, womit sie zu aufgeklärten Egoisten werden, also zu Wesen, die zwar lediglich an ihr eigenes, aber doch langfristiges Wohl denken und dabei das bekannte Gefangenendilemma durchschauen: daß Schwarzfahren besser ist als die Anerkennung von Regeln, ein allseitiges Schwarzfahren aber jeden am schlechtesten stellt. Daher zahlt sich die Anerkennung der Rechtsidee langfristig aus, so daß es in der Tat keinerlei persönliche Moral oder gar Moralität braucht: Der «Widerstreit ihrer unfriedlichen Gesinnungen» nötigt die Menschen, «den Friedenszustand, in welchem Gesetze Kraft haben», herbeizuführen (VIII 366). Ein «liberales» Gewährenlassen menschlicher Selbstsucht hat also die erfreuliche Folge, daß man, um «ein guter Bürger zu sein», kein «moralisch-guter Mensch» zu werden braucht (vgl. ebd.).

Hier drängt sich allerdings eine Rückfrage auf: Warum braucht es dann für die Errichtung der Republik eine so lange Menschheitsgeschichte? Warum finden die Menschen nicht weit früher zur erforderlichen Einsicht? Die Antwort liegt im Kriterium «langfristig». Kurzfristig – das zeigt die Menschheitsgeschichte zuhauf – zahlen sich Gewalt und Betrug aus, weshalb sich die Menschen, vor allem die mächtigen unter ihnen, ungern auf eine Herrschaft des Rechts einlassen. Dem tritt der Mechanismus der Natur entgegen, der nicht etwa den selbstsüchtigen Neigungen ihre Selbstsucht austreibt. Er schafft keine neuen Menschen, sondern macht lediglich die alten Menschen zu verstandesbegabten, folglich langfristig denkenden Egoisten.

Nicht erst aufgrund von Moralität läßt sich also eine gute Staatsverfassung erwarten. Die Umkehrung trifft dagegen zu: Von der guten Staatsverfassung ist «die gute moralische Bildung eines Volkes zu erwarten» (VIII 366). Der Mechanismus der Natur erzwingt nicht moralisch-gute Menschen, sondern nur eine (rechts-)moralisch gute Verfassung; diese verhilft aber zu guten Bürgern. Infolgedessen läßt der Naturmechanismus sogar moralisch-gute Menschen erwarten, diese allerdings nur mittelbar. Lediglich über die moralisch gute Verfassung vermittelt, verhilft er zur guten moralischen Bildung eines Volkes, insofern zu kollektiv guten («Volk»), nicht notwendig auch zu distributiv guten («alle einzelnen») Menschen.

Weil republikanische Verfassungen nach Kants erstem Definitivartikel friedfertig sind, stellt sich die Frage, wie sich diese These, eine der heilsamen Wirkungen des aufgeklärten Selbstinteresses, zum Siebenten Satz der *Idee* verhält? Denn dort kommt der Völkerbund nicht durch eine Leistung der Betroffenen zustande, sondern aufgrund der Not und Übel, in die die Natur des Menschen – Argument 1: Naturabsicht –, des näheren der Antagonismus, die Staaten treiben. Um die Not und Übel zu überwinden, also – Argument 2 – aus Selbstinteresse und trauriger Erfahrung, verläßt man den internationalen Naturzustand und tritt in einen Völkerbund ein (vgl. *Idee*, VIII 24 ff.).

Auf den ersten Blick scheint die These, daß Republiken friedfertig sind, die Argumentation der *Idee*: Naturabsicht und Selbstinteresse, in drei Richtungen zu durchkreuzen: Erstens sind nicht alle Staaten, sondern ist lediglich ihr republikanischer Teil friedfertig. Zweitens genügt nur der friedfertige Teil den Anforderungen einer moralisch legitimen Verfassung, so daß das Selbstinteresse nicht auszureichen scheint und ein moralisches Element, eine staatslegitimierende Moral, erforderlich wird. Drittens könnte die Republik eine andere, eventuell moralisch höherstehende Art von Bürgern zur Folge haben, so daß die Friedfertigkeit, wenn sie denn an die Republik gebunden ist, nicht bloß eine institutionelle Moral, eben die Republik, sondern auch eine personale Moral, die der republikanischen Bürger, voraussetzt.

Dieses Moment einer personalen Moral klingt übrigens schon in der *Idee* an, wenn sie von «der inneren Bildung der Denkungsart» der Bürger spricht (VIII 26). Eine derartige Bildung, man darf sagen: eine Bürgertugend, gilt aber in der Friedensschrift nicht als Voraussetzung für die Errichtung des Völkerbundes. Und dieses zu Recht, denn warum sollte das Definitionsmerkmal der Republik, die genannte Gewaltenteilung, bessere Bürger schaffen; Republiken sind deshalb friedfertig, weil nur in ihnen die Betroffenen ihre Beistimmung, also eine ausdrückliche und auf innere Überzeugung gegründete Zustimmung (vgl. Grimm/Grimm 1854, 1398), geben und «alle Drangsale des Krieges über sich selbst beschließen müßten» (*ZeF*, VIII 351). Kant beruft sich also nicht etwa auf eine höhere Moral demokratischer Bürger, weder auf einen umfassenden Rechtssinn, der jeden Streit, auch den zwischenstaatlichen, einem unparteiischen Dritten überläßt, noch auf eine genuine Friedfertigkeit. In aller Nüchternheit zählt erneut nur das Selbstinteresse, dabei nicht etwa das positive Interesse am Handel, sondern bloß das negative Interesse, die Opfer eines Krieges zu vermeiden. Während bei Nichtdemokratien in der Regel einzelne Personen über den Krieg entscheiden, sind Republiken allein deshalb friedfertiger, weil sie dem Selbstinteresse der Leidtragenden zur Wirklichkeit verhelfen. Warum sollten die Leidtragenden ihr Leid tragen wollen? Darin liegt eine friedensfunktionale Legitimation der Republik bzw. Demokratie: Damit die Leidtragenden der Kriege und des Wettrüstens (freilich nur die der jeweils den Krieg beginnenden Staaten) eine Stimme erhalten, müssen sie gleichberechtigte Subjekte der kriegsführenden Kollektivsubjekte, der Staaten, sein.

Daß sich Kant allein auf dieses Argument beruft, macht seine hohe Attraktivität aus und erlaubt einer empirischen Politikwissenschaft, darauf zurückzugreifen. Kants insgesamt hochkomplexe, überdies metaphysische Rechts- und Friedenstheorie: die Theoreme vom Naturrecht und dessen Vorrang vor dem positiven Recht, vom (einzigen) angeborenen Recht, von Privat- und Öffentlichem Recht, von intelligiblem Besitz, von der Erde als ursprünglichem Gesamtbesitz aller Menschen und vom kategorischen Imperativ der Strafgerechtigkeit – diese und andere Lehrstücke der *Rechtslehre* können hier außer acht bleiben. Es genügt das zweiteilige Argument: daß in Republiken der Krieg von den Bürgern bzw. ihren Repräsentanten beschlossen werden muß und daß genau deshalb ihr Selbstinteresse zum Zuge kommt.

(2) *Völkerrecht:* Der Naturmechanismus setzt sich laut Kant in der zwischenstaatlichen Dimension fort und führt hier langfristig zu einer völkerrechtlichen Ordnung. Den Part der innerhalb eines Volkes Zwietracht stiftenden Neigungen übernimmt zwischen den Völkern nicht etwa die kollektive Gestalt der aus der *Idee* (4. Satz: VIII 20 ff.) und der *Kritik der Urteilskraft* (V 433) bekannten Faktoren. Im Gegensatz zur geschichtlichen Erfahrung spielen in der Friedensschrift erstaunlicherweise kollektive Ehrsucht, kollektive Herrschsucht und kollektive Habsucht keine Rolle. Sobald es nicht mehr um innerstaatliche, sondern zwischenstaatliche Beziehungen geht, werden vielmehr genuin kollektive Besonderheiten wichtig: die Sprachen und die Religionen. In beiden herrscht erneut eine unverträgliche Verschiedenheit vor.

Allerdings bleibt unklar, wie aus dem Wettstreit verschiedener Religionen und Sprachen ein zwischenstaatlicher Frieden entstehen soll. Daß es durch die Konkurrenz der Sprachen zur Fremdsprachenkompetenz der Bürger oder aber zu einer lingua franca, früher dem Latein, neuerdings dem Englischen, kommen soll, mag zutreffen, auch wenn oft mehr Macht- als Konsens-Gründe entscheiden. Ohnehin spricht Kant nicht davon. Außerdem gehörte eine sprachliche Eintracht eher zur dritten, weltbürgerlichen Dimension. Und hinsichtlich der Religionen (für Kant nur: Glaubenslehren) mag die Toleranz wachsen, mehr als eine minimale Vorbedingung für einen zwischenstaatlichen Rechtszustand beinhaltet sie aber nicht. Hier bleibt also Kants Argument für seine These unbewiesen, zumindest unklar.

Klar wird dagegen etwas anderes: Kant verschärft den Begriff des Krieges. Nach Hobbes' *Leviathan* (Kap. 13) besteht er «nicht nur in Schlachten oder Kampfhandlungen, sondern in einem Zeitraum, in dem der Wille zum Krieg genügend bekannt ist». Kant verschärft die Bedingung «genügend bekannt» zu einem erfahrungsunabhängigen Wissen. Denn schon überall dort, wo voneinander unabhängige Nachbarstaaten existieren, sieht er einen Zustand des Krieges gegeben. Damit unterstellt er diesen Staaten, ohne deren tatsächliche Beziehungen zu kennen, latente Feindseligkeit und Kriegsbereitschaft.

Erstaunlicherweise hält Kant den internationalen Kriegszustand für besser, sogar für «nach der Vernunftidee», also für rechtsmoralisch besser als einen monarchischen Weltstaat, «Universalmonarchie» genannt (*ZeF*, VIII 367). Erstaunlich ist diese Ansicht in zweierlei Weise. Nach Kants empirisch-prophetischer Annahme verliert bei einem (wohl räumlich, nicht kompetenzmäßig; vgl. *RL*, VI 350) vergrößerten Umfang der Regierung diese in einem ersten Schritt an Durchsetzungsmacht. In einem zweiten Schritt geht sie in einen «seelenlosen», nämlich die Keime des Guten ausrottenden «Despotismus» über. Und am Ende schließlich verfällt sie in Anarchie, so daß man schon von diesem Ergebnis sagen könnte, es sei nicht schlechter als der internationale Kriegszustand. Warum aber soll dieser Kriegszustand «nach der Vernunftidee» besser sein? Vielleicht, weil er den Grund für allzu offensichtlich hält, spricht

Kant ihn nicht aus: Beim internationalen Kriegszustand bleibt etwas, das die Vernunft gebietet, der innerstaatliche Rechtszustand, erhalten. Insofern ist der internationale Kriegszustand immerhin zum Teil, zur innerstaatlichen Hälfte, vernünftig und nur zum anderen Teil, der zwischenstaatlichen Hälfte, unvernünftig. Als umfassende Anarchie hebt dagegen eine globale Anarchie auch die innergesellschaftliche Rechtsstaatlichkeit auf, womit sie vollständig unvernünftig ist.

So weit kann man Kants Ansicht nachvollziehen. Erstaunlich ist erst etwas anderes: daß sich der Philosoph einen Weltstaat nur als staatlich homogene, zentralistische Einheit vorstellt. Ein kluges Weltreich gliedert sich aber in kleinere Einheiten, läßt ihnen hinreichende Eigenkompetenzen und entgeht dadurch der notwendig in Anarchie endenden Entwicklung.

Erstaunlich ist zweitens, daß Kant sich den Weltstaat oder, bescheidener, eine Weltrechtsordnung, nur in Form eines Zusammenschmelzens vorstellt. Eine Ordnung, die, in Souveränität gestuft, der obersten Instanz nur eng begrenzte Befugnisse überläßt, wäre eine sinnvolle Alternative. Mit der Schweizer Eidgenossenschaft gäbe es sogar ein zeitgenössisches Vorbild. Überdies schließt dieses Vorbild die beiden von Kant benannten Verschiedenheiten, die der Sprachen und der Religionen, ein: Die Schweiz ist weder sprachlich noch konfessionell homogen.

Statt eine Weltrechtsordnung anzuvisieren, vertraut Kant darauf, daß «im lebhaftesten Wetteifer» auf Dauer ein Gleichgewicht der Kräfte entsteht (*ZeF,* VIII 367). Damit unterscheidet sich Kant deutlich von der *Idee,* die zwar ein «Gesetz des Gleichgewichts» kennt, aus dem Kant jedoch «eine vereinigte Gewalt, ... mithin einen weltbürgerlichen Zustand der öffentlichen Staatssicherheit», also eine Weltstaatlichkeit, entstehen sieht (*Idee,* VIII 27).

(3) *Weltbürgerrecht*: Nach Kant bringt die Natur zwei auf den ersten Blick sich ausschließende Leistungen zustande: Trennung und Vereinigung. Tatsächlich bilden sie aber nur eine Variante von Kants generellem Duett heterogener Kräfte, der Zwietracht und Eintracht, und beiden liegt die eine menschliche Natur, das Interesse an Eigennutz, zugrunde. Deshalb hält Kant die vor allem durch Sprache und Religion hervorgerufene Trennung der Völker für se-

gensreich («weislich»); sie schafft nämlich Konkurrenz und Wetteifer. Andererseits führt dieselbe Antriebskraft, der Eigennutz, in Form einer kollektiven Variante von Habsucht, des Handelsgeistes, «der früher oder später sich jedes Volkes bemächtigt», die Menschen zusammen (*ZeF*, VIII 368).

Man kann sich fragen, warum Kant hier allein den Handelsgeist hervorhebt und nicht, genereller, von der Wirtschaft, oder wie in der *Idee* von «allen Gewerben, vornehmlich dem Handel» (VIII 27), spricht. Der Grund liegt auf der Hand: Die zwischenstaatliche Seite der Wirtschaft bündelt sich im Handel, der seinerseits den wirtschaftlichen Wohlstand zu fördern pflegt, so daß zweifellos er am deutlichsten den wechselseitigen Eigennutz repräsentiert. Ihm liegen jene finanziellen Interessen zugrunde, die, hier «Geldmacht» genannt, «unter allen der Staatsmacht untergeordneten Mächten wohl die zuverlässigste sein» möchten (*ZeF*, VIII 368). Allenfalls vermißt man andere, nichtökonomische Arten des Commercium, also etwa jenen wissenschaftlichen und kulturellen Austausch, der als wechselseitige Bereicherung ebenso allseits vorteilhaft ist. Freilich kann er mit der Macht des wirtschaftlichen Vorteils kaum konkurrieren.

Problematischer ist, daß Kant – vielleicht mangels damaliger Wirklichkeit – noch keinen Waffenhandel in Erwägung zieht. Nur deshalb kann er pauschal behaupten, was aber nur mit der hier angedeuteten Einschränkung gilt: daß sich Handelsgeist und Krieg nicht miteinander vertragen. Denn ein Staat kann aus einem Krieg geostrategische Vorteile ziehen; außerdem läßt sich über den Verkauf von Kriegsmaterial an fremden Kriegen verdienen, nicht zuletzt kann man von innerstaatlichen Schwierigkeiten ablenken.

Plausibler ist der Schlußhinweis, daß Kriegsbündnisse «nur höchst selten» zustande kommen und «noch seltener glücken» (VIII 368). Kant beruft sich dabei nicht auf die Erfahrung, sondern auf die «Natur der Sache». Wie ist das zu verstehen? Vorab ist zu beachten, daß Kant nicht von irgendwelchen militärischen Bündnissen, sondern von Kriegsbündnissen spricht. Damit schließt er jene Verteidigungsbündnisse aus, wie sie schon aus der griechischen Antike, neuerdings als Nato bekannt und durchaus erfolgreich sind. Zur behaupteten Natur der Sache könnte er etwa so argumentieren: Der Krieg, seiner Natur nach ein mit Gewalt ausgetragener Wettstreit, kann sich zwar vorübergehend gegen einen gemeinsamen Konkurrenten richten, womit er Eintracht schafft. Schon bei der Aufteilung einer etwaigen Kriegsbeute beginnt aber der Wettstreit unter den Bündnispartnern, so daß kein Kriegsbündnis einen dauerhaften bündnisinternen Frieden erwarten läßt.

17.5 Epistemischer Status

Am Ende des letzten Absatzes des Ersten Zusatzes, abgetrennt durch zwei Gedankenstriche, die gewissermaßen den Beginn eines neuen Absatzes markieren, präzisiert Kant den epistemischen Status seiner Garantie-These. Einige Absätze vorher hatte er zur Gewähr des ewigen Friedens durch die Natur erklärt: «daß dasjenige, was der Mensch nach Freiheitsgesetzen tun sollte, aber nicht tut, dieser Freiheit unbeschadet auch durch einen Zwang der Natur, daß er es tun werde, gesichert sei» (*ZeF*, VIII 365). Nach Kant ist der Mensch also moralisch verpflichtet («Freiheitsgesetze»), durch die Einrichtung von Rechtsverhältnissen den ewigen Frieden herbeizuführen. Auf das Einhalten der Pflicht kann man sich aber nicht verlassen; mehr noch: man verläßt sich auch de facto nicht darauf.

Glücklicherweise gibt es jedoch eine zweite Antriebskraft, einen nicht mehr moralischen, aber hoffentlich verläßlichen Stellvertreter; nämlich einen «Zwang der Natur», dessentwegen der ewige Friede «gesichert sei ... wir mögen wollen oder nicht» (ebd.). Hier klingt die sichere Garantie an, die das von Kant zitierte lateinische Sprichwort bekräftigt: «fata volentem ducunt, nolentem trahunt» («den Willigen führt das Schicksal, den Widerstrebenden schleift es mit»). Wer deshalb, wegen des «Mechanism der menschlichen Neigungen», tatsächlich eine sichere Vorhersehbarkeit erwartet, wird aber enttäuscht. Obwohl ein Mechanismus vorliegt, der als solcher eindeutige Sicherheit zu versprechen scheint, hält Kant ihn doch nicht für hinreichend, um «die Zukunft desselben [ewigen Friedens] (theoretisch) zu weissagen» (VIII 368). Es sei lediglich «in praktischer Absicht» genug, womit man zu jener Hoffnung berechtigt ist, die in der *Idee* «tröstende Aussicht in die Zukunft» heißt (*Idee*, VIII 30). Ebenso sei die Garantie zureichend, um es «zur Pflicht» zu machen, «zu diesem (nicht bloß schimärischen [Hirngespinst-]Zwecke hinzuarbeiten» (*ZeF*, VIII 368). Alle drei Teilargumente werfen Fragen auf:

(1) Wieso kann ein Mechanismus vorliegen, wenn er keine hinreichende Sicherheit bietet? Die Antwort dürfte lauten: Der Mechanismus besteht darin, daß der Eigennutz ein doppeltes Potential enthält, das zur Zwietracht und das zur Eintracht; daß ferner ein verstandesgeleitetes, aufgeklärtes Selbstinteresse das Potential für Eintracht privilegiert; daß man aber nicht sicher sein kann, daß der Verstand beim Interesse sich auf Dauer als hinreichend mächtig erweisen werde.

(2) Worin besteht die praktische Absicht? Für Kant bedeutet «praktisch» in der Regel: moralisch-praktisch; in der Friedensschrift, einem im weiteren Sinn rechtstheoretischen Traktat, ist also an eine rechts-, nicht tugendmoralische Absicht zu denken. Diese liegt in der Aufhebung des Naturzustandes, in dem von der Rechtsidee vorgeschriebenen Rechtszustand (vgl. VIII 366 f.).

(3) Darf man der «großen Künstlerin Natur» eine Garantie zusprechen und sie trotzdem als unzureichend ansehen, so daß es einer heterogenen, jetzt, wegen des Pflichtbegriffs, tugendmoralischen Ergänzung bedarf? Man verläßt dann nämlich die Perspektive, auf die Kant mit der Natur und ihrem Mechanismus so viel Wert legt und die er beim «Volk von Teufeln»-Argument bekräftigt: die «Ansehung der Menschengattung als einer Tierklasse» (VIII 365). Man betrachtet den Menschen als moralisches Wesen, zugleich als Individuum, nicht als Gattung, womit die im zweiten Definitivartikel erwähnte «moralische Anlage im Menschen» nicht bloß eine «zur Zeit schlummernde» ist (vgl. VIII 355).

Zugleich tut sich im Text zwar keine Inkonsistenz, aber doch eine unausgesprochene Spannung auf. Sie besteht zwischen dem Menschen als Mitglied einer Tierklasse und dem Menschen als verantwortlicher Person. Dort ist er seiner sinnlichen Natur, den selbstsüchtigen Neigungen, unterworfen, hier steht er unter moralischen Verbindlichkeiten. So erweist sich der Mensch auch in Kants Geschichtsphilosophie als Mitglied beider Welten. Bei oberflächlicher Lektüre trifft es noch nicht auf die *Idee*, wohl aber auf die Friedensschrift zu, daß der Mensch als handelndes Subjekt wichtig wird. In Wahrheit ist der Mensch schon in der *Idee*, mit der Fähigkeit, trotz des naturmechanischen Antagonismus den Zweck der Geschichte schneller herbeizuführen (vgl. *Idee*, VIII 27), auch Mitglied der moralischen Welt. Er ist also einerseits, als Naturwesen, Objekt der Geschichte, und andererseits, als Freiheitswesen, ihr Subjekt.

18. Geschichtsphilosophie nach oder mit Kant

Die Geschichtsphilosophie, vor Kant als eigene Disziplin erst zwei Jahrzehnte alt, sucht seit ihrem ausdrücklichen Begründer Voltaire eine säkulare Geschichtsphilosophie, die im Anschluß an Kant vor allem im deutschen Sprachraum für einige Jahrzehnte aufblüht. Keiner der Autoren behandelt Kants Fülle von Gesichtspunkten und die neuen Gedanken, die bei einigen in den Blick treten, lassen doch die Frage offen, ob Kants nüchterne Überlegungen, insbesondere sein kritisches Fortschrittsdenken, die heute aktuellere Gestalt der Geschichtsphilosophie bedeuten.

Wir greifen exemplarisch drei verschiedenartige Texte heraus: für die Zeit bald nach Kants geschichtsphilosophischem Haupttext, der *Idee zu einer allgemeinen Geschichte in weltbürgerlicher Absicht*, Friedrich Schillers «Antrittsrede», für einen Höhepunkt im Deutschen Idealismus Georg Wilhelm Friedrich Hegels «Weltgeschichte» und für die Zeit nach dem Zusammenbruch des Deutschen Idealismus Friedrich Nietzsches Überlegungen zum «Nutzen und Nachteil der Historie».

18.1 Friedrich Schiller

Im Sommersemester 1789 tritt der junge Friedrich Schiller in einer intellektuellen Hochburg seiner Zeit, in Jena, eine unbesoldete Professur für Geschichte und Philosophie an. Noch vor Ausbruch der Französischen Revolution und fünf Jahre nach Kants *Idee* hält er vor begeisterten Studenten seine Antrittsrede unter dem Titel: «Was heißt und zu welchem Ende studiert man Universalgeschichte?».

Sofern man den Text überhaupt einer Geschichtsphilosophie zuordnen will, kündigt der Titel eine Geschichtsphilosophie eher im älteren Voltaireschen als in Kants neuem Verständnis an. Schiller entwirft keine veritable Philosophie der Geschichte, sondern begnügt sich mit der Historie, die nicht «ein Brotgelehrter», sondern ein «philosophischer Kopf» bzw. «philosophischer Geist» schreibt. Nicht bloß im Verständnis von Geschichtsphilosophie, sondern auch literarisch weicht Schiller von Kant ab. Statt Kants nüchterner, in mathematischer Methode von «Satz» und Erläuterung samt Begründung entwickelter Abhandlung lesen wir eine pathosgeladene Rede, sichtbar sowohl im Rhythmus der Sprache als auch in der Wahl emotionsgeladener Wörter, nicht zuletzt in den vorgetragenen Gedanken.

Wichtiger als die Kritik des Brotgelehrten ist für Schiller die positive Bestimmung, das Ideal des philosophischen Kopfes: «Wo der Brotgelehrte trennt» – wäre es hier treffender, von einem positivistischen, theorielosen Faktensammler zu sprechen, oder moniert Schiller eine sich abschottende Spezialisierung? –, «vereinigt der philosophische Geist». Hier nähert sich Schiller Kant. Davon überzeugt, «daß alles ineinander greife», begnügt sich der Brotgelehrte nicht «mit Bruchstücken», sondern sucht «Übereinstimmung» und das Ordnen «zu einem harmonischen Ganzen». Die nähere Bestimmung dieser Intention zeigt Schillers Nähe zu Kant noch deutlicher. Als ob er hier Kant paraphrasiere, erklärt er ein «Aggregat», also eine Anhäufung «von Bruchstücken», solle zu einem «vernunftmäßig zusammenhängende[n] Ganze[n]», einem «System», werden (Schiller 1789, 20; zu Kants Kritik am bloßen Aggregat siehe *KrV*, B 860 ff.). Daß dieses nicht auf Kosten der Wahrheit geschehen darf, versteht sich.

Für die Gegenintention zu einem Aggregat, für die zu einem System erforderliche Verkettung, greift Schiller aber weder wie Kant auf die der Sache internen Elemente zurück, noch entwickelt er eine Idee im Sinne eines regulativen Forschungsprinzips. Seines Erachtens braucht es «künstliche Bindungsglieder» (Schiller 1789, 20), womit Schillers Universalgeschichte zu einem Konstrukt wird. Der Konstrukteur, der Universalhistoriker, «nimmt … diese Harmonie aus sich selbst heraus und verpflanzt sie außer sich in die Ordnung der Dinge» (ebd.). Mit der Harmonie «aus sich selbst heraus» könnte Schiller zwar auf Kants kopernikanische Wende, die Wende zum Subjekt, anspielen. Er hätte dann freilich deren Pointe mißverstanden: daß das Subjekt in die Ordnung der Dinge nichts einpflanzt, sondern daß diese Ordnung durch apriorische Elemente des Subjekts konstituiert wird.

Erst Schillers weitere Erläuterung kommt Kant wieder nahe: Der philosophische Kopf «bringt einen vernünftigen Zweck in den Gang der Welt» (ebd.). Die wissenschaftliche Einheit ist denn doch keine willkürliche Konstruktion. Ohne der Einheit wie bei Kant den Rang einer regulativen Idee zuzusprechen, sucht Schillers philosophischer Geschichtswissenschaftler den Wesensgehalt der Geschichte zu enthüllen. Dabei behauptet Schiller nicht anders als Kant eine Entwicklung, von der er aber optimistischer als Kant annimmt, daß sie schon in der Gegenwart, also vor der Einrichtung des von Kant geforderten weltbürgerlichen Zustandes, zu einer gewissen Vollendung gelangt sei.

Gegen einen überschwenglichen Fortschrittsoptimismus der Aufklärung hatte Kant nur eingeräumt, daß wir «im hohen Grade durch Kunst und Wissenschaft kultiviert», auch «bis zum Überlästigen» zivilisiert seien, aber zum letztlich Entscheidenden, dem Moralisiertsein, «noch sehr viel» fehle (*Idee*, VIII 26). Und Herder hatte zehn Jahre vorher für ein Eigenrecht anderer Epochen und Kulturen plädiert. Von Herders tolerantem Blick auf andere Kulturen und vergangene Zeiten weit entfernt, stellt sich Schiller die Menschheitsentwicklung weitgehend nach dem Muster eines individuellen Lebens vor. Er spricht nämlich die Vergangenheit der eigenen Kultur als Kindheit an, sieht deren Entsprechung in den fernen Kulturen und nimmt dort rohe Völkerstämme und Wilde wahr, die weder die unentbehrlichsten Künste wie das Eisen, den Pflug und den Besitz des Feuers kennen noch Institutionen wie Ehe und Eigentum. So seien die einen tief von Sklaverei, Dummheit und Aberglauben niedergebeugt, die anderen lebten dagegen elend in gesetzloser Freiheit (Schiller 1789, 13).

Danach heißt es in scharfer Zäsur: «So waren *wir* ... Was sind wir jetzt?» (ebd.) Die Antwort erfolgt in einer Eloge auf den Fortschritt, nämlich auf all die technischen, pragmatischen und rechtsmoralischen Errungenschaften, auch auf die Schöpfungen der Kunst, Wissenschaft und Philosophie, die seitdem durch den menschlichen Fleiß zustande gekommen seien. Die Geschichte, mit der sich ein Universalhistoriker befasse, sei eine Geschichte des Aufstiegs: «vom ungeselligen Höhlenbewohner – zum geistreichen Denker, zum gebildeten Weltmann» (Schiller 1789, 16). Der nach Kant wesentliche Rechtsfortschritt fehlt hier, so daß sich Schiller, der große Verfechter der Freiheit – man denke an das Wort aus dem *Don Carlos* (III, 10): «Sire, geben Sie Gedankenfreiheit» –, hier erstaunlicherweise mit den beiden Vorstufen, dem Kultiviert- und dem Zivilisiertsein, begnügt.

Um den Fortschritt auszuweisen, habe sich die Universalgeschichte auf die «Mannigfaltigkeit in Gebräuchen, Verfassungen und Sitten» einzulassen, und die Gegenwart als «das Resultat vielleicht aller vorhergegangenen Weltbegebenheiten» zu verstehen (Schiller 1789, 16). Im übrigen treffe der Universalhistoriker eine strenge Auswahl; er hebe nur jene Begebenheiten heraus, die für die heutige Gestalt der Welt einen wesentlichen Einfluß haben. Auch in dieser Hinsicht erscheint die Universalgeschichte bei Schiller als ein Konstrukt, das dem Autor sogar erlaubt, die tatsächliche Reihenfolge umzukehren: «Die wirkliche Folge der Begebenheiten steigt von dem Ursprung der Dinge zu ihrer neuesten Ordnung herab, der Universalhistoriker rückt von der neuesten Weltlage aufwärts dem Ursprung der Dinge entgegen» (Schiller 1789, 19). Damit wird das Ursache-Wirkungs-Denken durch ein Denken in Mitteln und Absichten abgelöst (vgl. ebd., 20).

Einen Erfolg einer derartigen Universalgeschichte sieht Schiller in einem Gerechtigkeitsempfinden: Weil sich der Zeitgenosse als Resultat der Vergangenheit kennenlernt, regt sich «ein stiller Wunsch ..., an das *kommende* Geschlecht die Schuld zu entrichten, die er dem vergangenen nicht abtragen kann» (Schiller 1789, 22). Von hier bis zum Ende des Vortrages bleibt der Autor seinem Pathos von Emanzipation und Progression treu: Die Gegenwart übernehme von ihren Vorfahren ein «Vermächtnis von Wahrheit, Sittlichkeit und Freiheit», das sie «reich vermehrt an die Folgewelt wieder abgeben» müsse (ebd.). Obwohl das gegenwärtige Zeitalter allen vorangegangenen Epochen als deutlich überlegen gilt, ist das

Endziel der Geschichte noch nicht erreicht. Trotz seiner optimistischen Einschätzung der Gegenwart hält Schiller den Fortschritt in der Geschichte nicht für abgeschlossen, worin das bleibende Defizit besteht, erläutert er aber nicht.

Soweit die Antrittsrede. Wer Schillers geschichtsphilosophisches Denken insgesamt verstehen will, muß allerdings einen späteren Text mit heranziehen: *Über die ästhetische Erziehung des Menschen in einer Reihe von Briefen* (1795). Ihm zufolge liegt das Ziel der Geschichte und die Erfüllung der Geschichtsphilosophie in der Versöhnung von Natur und Freiheit, von Individuum und Gesellschaft, und dies vermag – hier spricht der Schriftsteller für sein eigenes Metier – allein die Kunst zu leisten. Erneut erhält Kants Hauptgedanke, der Rechtsfortschritt, keine prominente Rolle.

18.2 Georg Wilhelm Friedrich Hegel

Gut zwei Jahrzehnte nach Schillers Antrittsrede veröffentlicht Hegel, mittlerweile auf dem Höhepunkt seines philosophischen Einflusses, «Zum Gebrauch für seine Vorlesungen» eine Philosophie von Recht, Moralität und Staat. Der letzte Unterabschnitt dieses Werkes, *Naturrecht im Grundrisse* oder *Grundlinien der Philosophie des Rechts* (Okt. 1820, mit Erscheinungsjahr 1821), enthält unter dem Titel «Die Weltgeschichte», was bei Hegel «Geschichtsphilosophie» heißen darf. Denn nach den *Vorlesungen über die Philosophie der Geschichte* (20) ist die «Philosophie der Geschichte nichts anderes als die denkende Betrachtung derselben».

Im «Streit der philosophischen Fakultät mit der juristischen» (*Fak.*, VII 79 ff.) hatte Kant drei «Vorstellungsarten» der Menschengeschichte unterschieden, die aber allesamt zu verwerfen seien, den kontinuierlichen Verfall ins Ärgere, den beständigen Fortgang zum Besseren und ein ewiges Schwanken zwischen Verbesserung und Verschlechterung. Als überzeugende Alternative hatte er eine «wahrsagende Geschichte des Menschengeschlechts» entworfen, die aus der uneigennützigen und zugleich nicht ungefährlichen Teilnehmung der Zuschauer an der republikanischen Revolution in Frankreich eine zunehmende Republikanisierung der Staaten der Welt erwarten läßt. In der Einleitung seiner geschichts-

philosophischen Vorlesungen widmet sich auch Hegel drei Be-
handlungsarten der Geschichte, übrigens einem Thema, das in den
Grundlinien fehlt. Die drei Arten haben aber mit Kants Unterscheidung wenig zu tun. Denn bei den ersten zwei Arten handelt es
sich um Formen jener empirischen Geschichtsschreibung, die Kant
durchaus anerkennt, aber nicht in Hegels Weise differenziert und
damit ihr Gewicht erhöht. Vor allem sind es drei legitime und nicht
wie bei Kant illegitime Arten, überdies drei Stufen zunehmender
Präsenz von Geistigem. Kants scharfe Trennung von Empirie und
Philosophie weicht einer internen Dynamik, die an Hegels *Phänomenologie des Geistes* denken läßt, so daß man hier von einer Phänomenologie des historischen Geistes sprechen darf.

Die erste Behandlungsart, die «ursprüngliche Geschichte» eines
Herodot oder Thukydides, überträgt «das, was äußerlich vorhanden war, in das Reich der geistigen Vorstellung» (*Vorlesungen über
die Philosophie der Geschichte*, 11). Ihre Autoren «binden zusammen, was flüchtig vorüberrauscht, und legen es im Tempel der
Mnemosyne nieder, zur Unsterblichkeit» (12). Die zweite Art, die
«reflektierende Geschichte», reicht – etwa als Kompendium, das
eine «Beurteilung der geschichtlichen Erzählungen» auf ihre
«Wahrheit und Glaubwürdigkeit» vornimmt (18) oder auch als Geschichte allgemeiner Gesichtspunkte wie Kunst, Recht und Religion – «rücksichtlich des Geistes über die Gegenwart hinaus» (14).
Die dritte Gattung, die «philosophische Geschichte» bzw. «Philosophie der Geschichte» schließlich ist «nichts anderes als die denkende Betrachtung derselben». Sie bringt allerdings nur einen einzigen apriorischen Gedanken mit, nämlich «daß die Vernunft die
Welt beherrsche, daß es also auch in der Weltgeschichte vernünftig
zugegangen sei» (20). Für Hegel heißt dies, daß «die Vernunft nicht
so ohnmächtig ist, es nur bis zum Ideal, bis zum Sollen zu bringen»
(21).

Da das Argument vom bloßen Sollen zum Repertoire von Hegels
Kritik an Kant gehört, könnte man auch hier eine stillschweigende
Kant-Kritik vermuten. Sie würde aber, wenn es Hegel so meint,
noch weniger dem Kritisierten gerecht. Denn daß es in der Weltgeschichte zumindest insofern vernünftig zugeht, daß sich in der Gattungsgeschichte alle Vernunftanlagen entwickeln und zu diesem

Zweck ein Fortschritt zu rechtsmoralischen Rechtsverhältnissen, letztlich dem weltbürgerlichen Zustand, stattfinde, ist der Grundgedanke von Kants Geschichtsphilosophie, namentlich dem Hauptwerk, der *Idee*.

Zu dieser Gemeinsamkeit mit Kant, der Vernunft in der Weltgeschichte, kommt eine weitere hinzu: Hegels Geschichtsphilosophie gehört ebenso wie die von Kant zur professionellen Philosophie, während wir bei Schiller die Einleitung zur philosophierenden Historiographie eines geborenen Schriftstellers lesen. Eine dritte Gemeinsamkeit von Hegel mit Kant liegt im systematischen Ort. Auch wenn Kant die Geschichtsphilosophie nicht wie Hegel direkt in seiner Rechtsphilosophie plaziert, geht es in der *Idee* doch um die für die Rechtsphilosophie charakteristische äußere Freiheit. Im übrigen breitet Kant seine Geschichtsphilosophie auch im *Gemeinspruch*, seinem dritten, völkerrechtlichen Teil, aus, ferner, wie wir in Kapitel 17 gesehen haben, in der Friedensschrift, nicht zuletzt im *Streit der Fakultäten*, also in drei direkt rechtsphilosophischen Texten.

Hegel räumt der Geschichtsphilosophie in seinen *Grundlinien der Philosophie des Rechts* eine herausragende Stelle, den Schluß, ein. Mit dieser Plazierung bildet sie gemäß Hegels Methode, der Dialektik, den Gipfel einer fortlaufenden Steigerung. Bei näherer Betrachtung erscheint dieser Schluß aber als ein merkwürdiger Gipfel: In den vorangehenden Abschnitten stellen sich die *Grundlinien* als eine kontinuierliche Klimax dar, die stufenweise die «Idee des an und für sich freien Willens» enwickeln: vom abstrakten Wollen im «abstrakten Recht» über den in sich reflektierten Willen, die «Moralität», zur Einheit und Wahrheit beider Momente in der «Sittlichkeit». In ihr wiederum schreitet die Argumentation vom natürlichen Geist, der «Familie», über das Stadium der Entzweiung, die «bürgerliche Gesellschaft», zur objektiven Freiheit, dem «Staat», voran. Innerhalb des Abschnitts «Der Staat» findet sich aber statt einer Klimax eine Anti-Klimax. Denn der Gegensatz zum freien Willen, die vollen Rechtsverhältnisse und das sittliche Ganze, wird schon auf der ersten Stufe, dem «inneren Staatsrecht», erreicht. Auf der zweiten Stufe dagegen, dem «äußeren Staatsrecht», wird das sittliche Ganze der Zufälligkeit ausgesetzt. Und der letzte

Abschnitt – jetzt im Unterschied zu Kant kein Weltbürgerrecht, sondern die Weltgeschichte – wird hinsichtlich eines freien Willens ambivalent bestimmt.

Wegen der Ambivalenz findet «nach dem Erreichen des Niveaus des sittlichen Staates» nicht bloß «ein seltsamer Abstieg» statt (Ottmann 1997, 282). Denn die «Disharmonie von Natur und Freiheit, die auf universalhistorischer Ebene nicht mehr versöhnt werden kann» (ebd.), ist nicht Hegels letztes Wort. Unser Philosoph bleibt vielmehr seinem dialektischen Vorgehen treu. Die Weltgeschichte ist durchaus eine Synthese von innerem und äußerem Staatsrecht. Denn «in der *Weltgeschichte* [ist] die geistige Wirklichkeit in ihrem ganzen Umfange von Innerlichkeit und Äußerlichkeit» gegeben (*Grundlinien*, § 341), was sich fraglos auf eine weitere Steigerung, sogar deren Vollendung beläuft. Allerdings, so das negative, Anti-Klimax-Moment, besteht die Steigerung in einem subjektiven, nicht explizit vernünftigen «Gericht» (ebd.). Im Gegenteil, heißt es in *Vorlesungen über die Philosophie der Geschichte* (35), ist die Weltgeschichte eine «Schlachtbank ..., auf welcher das Glück der Völker, die Weisheit der Staaten und die Tugend der Individuen zum Opfer gebracht worden» sind. Trotzdem beharrt Hegel darauf, daß die allgemeine Vernunft sich gegen die partikulare Willkür (von Völkern, Staaten und Individuen) behauptet. Infolgedessen kann die Geschichte durch die der Vernunft innewohnenden Gesetze bestimmt und von der Philosophie in ihrer immanenten Notwendigkeit erkannt, aber nicht wie bei Kant von den Subjekten auch beschleunigt werden (vgl. *Idee*, VIII 27).

Daß die Rechtsphilosophie in einer Weltgeschichte als «Schlachtbank» und nicht wie bei Kant im höchsten politischen Gut, dem ewigen Frieden, gipfelt, trägt Hegel kaum Sympathien ein. Von heute aus gesehen, von der Dominanz einer universalistischen Rechtsethik mit dem Gedanken von Menschenrechten und von einer zunehmenden Verrechtlichung der zwischenstaatlichen Verhältnisse, erscheint Kant als klar überlegen. Denn Hegel verwirft die Idee eines ewigen Friedens (*Grundlinien*, § 333 A). Er erklärt, Kriege seien für die «sittliche Gesundheit» der Völker unverzichtbar (*Grundlinien*, § 324 A). Und für die zwischenstaatlichen Beziehungen begnügt er sich mit einem Völkerrecht, das nicht nur, wie an einigen Stellen Kants (so *ZeF*, VIII 354 ff., allerdings nicht im Siebten Satz der *Idee*) auf eine Weltrechtsordnung, sondern selbst auf deren bescheidene Vorstufe, einen Staatenbund, verzichtet.

Trotzdem teilt Hegel in der Geschichtsphilosophie mit Kant Grundgedanken der Aufklärung. Als erstes konzipiert auch er die Geschichte als Universalgeschichte und diese als Fortschrittsgeschichte. Dabei nimmt er wie Kant und im Gegensatz zu überschwenglichen Aufklärern, auch zu Schiller, keinen generellen Fortschritt an, sondern konzentriert sich auf die Fortentwicklung von Freiheit und einer Vernunft, die sich vor allem als Rechtsvernunft darstellt. Ferner setzt sich bei beiden, bei Hegel nicht anders als bei Kant, der entscheidende Fortschritt vor allem hinter dem Rücken der Subjekte durch.

Was bei Adam Smith die unsichtbare Hand im Wirtschaftsleben ist, wird bei Kant zur «Naturabsicht» (*Idee*, VIII 17). Diese kann man als eine List der menschlichen Natur verstehen, da diese Natur, der Antagonismus der ungeselligen Geselligkeit, den Rechtsfortschritt besorgt. Was nun bei Kant nur der Sache nach gegeben ist, drückt Hegel direkt aus; er spricht ausdrücklich von der «List der Vernunft» (*Vorlesungen über die Philosophie der Geschichte*, Einleitung), zusätzlich, erneut in Übereinstimmung mit Kant, von «Vorsehung und Plan der Vorsehung», die aber als etwas «Unerkennbares und Unbegreifliches» gelten (*Grundlinien*, § 343 A).

Um den Fortschritt zu vollziehen, bedient sich nach Hegel die Vernunft bzw. Vorsehung zweier Subjekte. Beide, sowohl die «welthistorischen Individuen» als auch die «Volksgeister» – gemeint ist die Art, wie Völker ihr Recht und ihre Verfassung organisieren –, verhelfen nicht etwa trotz, sondern wegen ihrer (an Kants aufgeklärtes Selbstinteresse erinnernden) partikularen Interessen der Vernunft als freiem Willen zu Erfolg. Wenn Hegel dabei von Weltgeist spricht, so meint er keine abstruse Kraft, sondern die gesamte sittliche Welt der Menschheit. Bei Kant, am deutlichsten im *Streit der Fakultäten*, kommt aber die eigene Verantwortung des Menschen hinzu: Das mit Freiheit begabte Wesen kann und soll Urheber des Fortschritts zum Besseren sein (vgl. *Fak.*, VII 84).

Hegel beendet seine Philosophie der Weltgeschichte mit der dialektisch interpretierten Abfolge von vier «welthistorischen Reichen», dem orientalischen, dem griechischen, dem römischen und dem germanischen Reich. Dabei ist es sinnvoll, bei seinen Gedanken von der Geschichte als «Schlachtbank» nicht in Zeiträumen von Generationen zu denken und gegen den Autor etwa auf die beiden Weltkriege, den Einsatz von Atombomben, auf den Holocaust und die brutalen Unrechtsregimes des 20. und auch 21. Jahrhunderts hinzuweisen. Hegel denkt im Blick auf die welthistorischen Reiche in Jahrhunderten, sogar Jahrtausenden. Damit gibt er dem bei Schiller anklingenden Aufstieg vom defizitären Früher zum reicheren Heute ein scharfes und zugleich reichhaltigeres Profil.

Auch dieses gehört zur Einschätzung von Hegels Unterabschnitt «Weltgeschichte», daß der Autor hier gewissermaßen noch einmal von unten anfängt. Das orientalische Reich erfüllt ja nicht die Kriterien, die Hegel für einen vorausgehenden Teil, das «innere Staatsrecht», aufgestellt hat. Wegen der Verquickung von Staatsverfassung und Gesetzgebung mit Religion und weil die «individuelle Persönlichkeit rechtlos» ist, werden selbst die Bedingungen des systematisch ersten Teils der *Grundlinien*, das «abstrakte Recht», höchst unzureichend erfüllt. Auf Hegels vierter Stufe, der des Staates, empfängt jedenfalls der Geist «in seiner Innerlichkeit seine Wahrheit und konkretes Wesen» und wird «in der Objektivität einheimisch und versöhnt» (*Grundlinien*, § 353). Denn der Staat entfaltet sich «zum Bilde und zur Wirklichkeit der Vernunft» (*Grundlinien*, § 360).

Eine weitere Gemeinsamkeit von Kant und Hegel: Bei beiden wird die bloße Partikularität durch den gemeinsamen Gedanken der «Erziehung des Menschengeschlechts» (bei Hegel: *Grundlinien*, § 343 A) relativiert. Wo liegt also der genaue Unterschied? Hegel bleibt Vertreter eines Universalismus. Die Art, wie er ihn verortet, in der bürgerlichen Gesellschaft, verkürzt aber das im Universalismus liegende Potential, zugleich die Verantwortung der Menschen. Hegel erkennt selbstverständlich die Errungenschaft der Französischen Revolution, die Menschen- und Bürgerrechte, an (vgl. *Grundlinien*, § 209). Ihr Ort ist aber die ökonomische, nicht auch die politische Weltgesellschaft. Weder im äußeren Staatsrecht erhalten sie einen rechtsphilosophischen Platz noch in der Weltgeschichte. Einer der Gründe liegt in Hegels verengtem Begriff von Kosmopolitismus, von dem er im selben Paragraphen der Menschenrechte sagt, er fixiere sich, «dem konkreten Staatsleben gegenüberzustehen» (ebd.).

Hegelianer werden allerdings statt von verkürztem Kosmopolitismus lieber von größerem Realitätssinn sprechen. Denn die Wirklichkeit werde so anerkannt, wie sie ist und vermutlich bleiben wird: daß die Staaten, die ihre Souveränität eifersüchtig hüten, sich auf die für eine Weltrechtsordnung erforderlichen Souveränitätsverzichte nicht einlassen. Die erste Hälfte dieses Realitätssinns trifft in der Tat zu. In Hegels Zeit gab es weder Souveränitätsverzichte noch waren sie absehbar. Schon heute sieht es jedoch anders aus. Ob es ausdrücklich oder nur stillschweigend vorgenommene Souveränitätsverzichte sind – von den inter- und supranationalen Regelwerken und Organisationen und generell vom Völkerrecht werden souveränitätsähnliche Funktionen übernommen. Sie geben nämlich Regeln vor, womit sie in legislative Aufgaben eintreten. Ein Teil sorgt sich für die Einhaltung der Regeln, übernimmt also exekutive Aufgaben. Und mancherorts kennt man sogar Schiedsinstanzen, ohnehin bestehen schon Weltgerichte. Nimmt man dies alles zusammen, so zeichnen sich schon jetzt «sanfte» Formen öffentlicher Gewalten ab, also in sanfter Form als «soft legislation», «soft executive power» und «soft juridical power», womit einer Weltrechtsordnung vorgearbeitet wird. Nicht zuletzt ist an die Europäische Union und an die Vereinten Nationen zu erinnern.

Wegen derartiger Differenzen zwischen der Zeit von Hegel und der von heute läßt sich die zweite Hälfte von Hegels angeblich größerem Realitätssinn bezweifeln. Die schon heute sich da und dort anbahnende Bereitschaft zu kleineren Souveränitätsverzichten erlaubt es schwerlich, sie für die Zukunft ganz auszuschließen.

18.3 Friedrich Nietzsche

Mehr als ein halbes Jahrhundert nach Hegels «Weltgeschichte» veröffentlicht der junge Nietzsche die schon damals viel diskutierte Schrift *Vom Nutzen und Nachteil der Historie für das Leben* (1874). Der Text, ähnlich wortgewaltig wie Schillers Antrittsrede, ist der zweite von vier in etwa gleich langen Abhandlungen, die unter dem Obertitel *Unzeitgemäße Betrachtungen* Überlegungen «gegen die Zeit und dadurch ... hoffentlich zu Gunsten einer kommenden Zeit» (*Historie*, 247) vortragen. Nietzsche versucht nämlich «etwas, worauf die Zeit mit Recht stolz ist, ihre historische Bildung, hier einmal als Schaden, Gebreste und Mangel der Zeit zu verstehen» (246).

Mit der sich an ein Goethe-Wort anschließenden Maxime «Nur soweit die Historie dem Leben dient» (245) kritisiert Nietzsche das Ideal historischer Objektivität. Die zugrundeliegende, nicht wissenschaftstheoretische, sondern lebenspraktische Intention erinnert an Voltaires Forderung, sich um nützliche Wahrheiten statt um fruchtlose Gelehrsamkeit zu bemühen. Nietzsche hält zwar die Objektivität für «eine Illusion» (289). Wichtiger ist ihm aber, daß Objektivität, ob erreichbar oder nicht, gar nicht wünschbar sei. Wie sein erstes Titelwort «Nutzen» andeutet, ist sie freilich nicht schlechthin unerwünscht. Denn der Mensch, so Nietzsches anthropologischer Grund, den er in der *Genealogie der Moral*, ihrer Zweiten Abhandlung, wieder aufgreifen wird, braucht beides: nicht lediglich das Erinnern-Können, sondern auch die Fähigkeit des Vergessens (*Historie*, Kapitel 1), denn: «Ein historisches Phänomen, rein und vollständig erkannt ... ist für den, der es erkannt hat, todt» (*Historie*, 257). In diesem lebenspraktischen Interesse kann man eine (freilich nur ferne) Verwandtschaft mit dem existentiellen Interesse sehen, von dem Kants Geschichtsphilosophie, sofern sie sich am Hoffen-dürfen orientiert, getragen ist.

Nietzsche setzt sich wie Hegel für drei verschiedene Arten von Geschichtsschreibung ein. Im Unterschied zu Hegel handelt es sich aber um drei lebensfördernde Arten, die ausdrücklich an die Stelle einer lebenstötenden Historie treten. Jede Art wird jeweils einem bestimmten Menschentyp zugeordnet: Die «erste, monumentalische Art der Historie» gehört dem «Tätigen und Mächtigen, dem, der einen grossen Kampf kämpft, der Vorbilder, Lehrer, Tröster braucht» (*Historie*, 258), dem der die Resignation flieht, mehr noch: «die Geschichte als Mittel gegen die Resignation» gebraucht (259). Ihr Vorbild sieht Nietzsche in Schiller (258).

Die zweite, «antiquarische Art der Historie» ist Hegels «ursprünglicher Geschichte» nahe, denn sie erläutert «dem Bewahrenden und Verehrenden, dem, der mit Treue und Liebe dorthin zurückblickt, woher er kommt, worin er geworden ist». Hier herrscht Pietät vor, mit der man «gleichsam den Dank für sein Dasein» abträgt (265).

Die dritte schließlich, die «kritische Art der Geschichte», gehört «dem Leidenden und der Befreiung Bedürftigen» (258). Sie lebt aus dem Bedürfnis und der Kraft, von Zeit zu Zeit «eine Vergangenheit zu zerbrechen und aufzulösen, um leben zu können» (ebd.). Diesen Zweck erreicht man durch ein Gericht, das aber im Unterschied zu Hegel nicht in der Geschichte selbst, sondern in der Geschichtsschreibung stattfindet. Es geschieht daher nicht anonym, hinter dem Rücken der Subjekte, sondern wird von diesen selbst vollzogen: Man «zieht» die Vergangenheit vor Gericht, indem man sie «peinlich inquiriert, und endlich verurteilt». Der Grund liegt in der menschlichen Gewalt und Schwäche; die Folge: «jede Vergangenheit aber ist wert, verurteilt zu werden» (269).

Nietzsche zufolge braucht jeder Mensch und jedes Volk «je nach seinen Zielen, Kräften und Nöten» bald die erste, bald die zweite und bald einmal die dritte Art der Historie (271). Er warnt jedoch vor einer «Übersättigung» an Historie, denn sie sei dem Leben feindlich, dies sogar in fünffacher Hinsicht (vgl. 279): (1) Durch den Kontrast von Innerlich und Äußerlich schwächt sie die Persönlichkeit; (2) sie führt dazu, daß sich eine Zeit einbildet, daß sie «die seltenste Tugend, die Gerechtigkeit, in höherem Grade» besitze als jede andere Zeit; (3) daß «die Instinkte des Volkes gestört» und sowohl der einzelne als auch das Ganze «am Reifwerden verhindert» werden; (4) daß der schädliche «Glaube, Spätling und Epigone zu sein, gepflanzt» werde; und (5) daß eine Zeit «in die gefährliche Stimmung der Ironie über sich selbst und aus ihr in die noch gefährlichere des Zynismus» gerate, einer Verherrlichung der Gegenwart als der Vollendung der Weltgeschichte.

Zur Förderung des Lebens braucht es das Unhistorische, verstanden als die Beschränkung auf einen geschlossenen Horizont, und das Überhistorische, nämlich Kunst und Religion. Denn sie schützen den gegenwärtigen Menschen vor jener «Hypertrophie» des historischen Sinns, der mit einer kaum zu bewältigenden Fülle des historischen Wissens einhergeht, zum Verlust einer klassischen Vergangenheit führt und einen epigonenhaften Glauben an das Alter der Menschheit befördert.

Ohne schon den Ausdruck zu verwenden, klingt hier als Leitmotiv Nietzsches späterer Gedanke an, jener Wille zur Macht, der in der Selbststeigerung des Lebens besteht und zwar nicht an die Stelle des christlichen «memento mori» («gedenke, daß Du sterben mußt»), wohl aber als dessen Kontrapunkt das «memento vivere» («gedenke, daß Du leben mußt») setzt. Denn Nietzsche verkennt nicht, daß auch das «memento mori» «Lebenskräfte, sogar die tiefsten und edelsten Kräfte» freisetzt; «aber», fährt er fort, es «ist feindlich gegen alles Neu-Pflanzen, Kühn-Versuchen, Frei-Begehren» (*Historie*, 304).

In immer wieder neuen Varianten spricht Nietzsche von der Lebensfeindlichkeit einer bloß belehrenden Historie. Statt dessen fordert er eine «Belebung» und den Dienst am Leben (245). Oder er erklärt, sogar in Sperrung hervorgehoben: «Nur aus der höchsten Kraft der Gegenwart dürft ihr das Vergangene deuten» (293 f.). Und er ergänzt: «Geschichte schreibt der Erfahrene und Überlegene» (294). Auch sagt er: «Die historische Gerechtigkeit … ist deshalb eine schreckliche Tugend, weil sie immer das Lebendige untergräbt und zu Falle bringt: ihr Richten ist immer ein Vernichten» (295). Oder: «Überstolzer Europäer des neunzehnten Jahrhunderts … Dein Wissen vollendet nicht die Natur, sondern tötet nur deine eigene» (313).

Den Höhepunkt der Lebens- und Zukunftsfeindlichkeit sieht Nietzsche in Hegels Philosophie. Schon «der Glaube, ein Spätling der Geschichte zu sein,» ist «lähmend und verstimmend» (308). Noch schlimmer, nämlich «furchtbar und zerstörend» ist es, wenn man wie Hegel «diesen Spätling als den wahren Sinn und Zweck alles Geschehenen vergöttert», weil der Spätling, von Nietzsche in Anti-Klimax als «wissendes Elend» disqualifiziert, die

Gegenwart mit einer «Vollendung der Weltgeschichte» gleichsetzt (ebd.).

Nietzsche versteht sich als Alternative zu Hegel. Dessen Überbewertung der Geschichte stellt er einen Emanzipationsprozeß entgegen, der von der Devise getragen ist: «entfesselt» die eigene Jugend, «und ihr werdet mit ihr das Leben befreit haben» (329). Mindestens partiell hätte sich hier als Gesprächspartner Kant angeboten, auf den Nietzsche aber im gesamten Text nirgendwo eingeht. Nietzsche zitiert aus Schillers Antrittsrede (291), aber nicht zustimmend. Er geht wie gesagt mit Hegels Geschichtsphilosophie scharf ins Gericht (bes. 308), erwähnt Kant jedoch nicht. Vielleicht hat er dessen Geschichtsphilosophie nicht zur Kenntnis genommen, obwohl sie sich als Alternative zu Hegel anböte, etwa mit dem Gedanken des Rechtsfortschritts, der keineswegs schon in der Gegenwart vollendet ist und als Dienst an der Entwicklung der menschlichen Vernunftanlagen deutlich genug ein lebensförderliches Potential enthält.

18.4 Ausblick: Lieber mit Kant

Historiker sind als Historiker gegen jede Geschichtsphilosophie skeptisch. Zum einen steht es ihnen nicht zu, die Vergangenheit in die Zukunft zu extrapolieren. Zum anderen sind sie methodisch auf die «Vetomacht» der Quellen verpflichtet, sperren sich daher, wie Reinhart Koselleck (2010) erklärt, gegen den Versuch, in der Geschichte einen ihr aus moralischen Gründen zugesprochenen Sinn zu suchen. Allerdings könnte es sein, daß die Quellen kein absolutes Veto erheben, zumal wenn es mit Kant zwar um einen moralischen, aber primär nicht um einen «inneren» Fortschritt zu einer moralischen Gesinnung, sondern um einen «äußeren», rechtsmoralischen Fortschritt geht, einen Fortschritt bei der Einrichtung und Verbesserung von Rechtsverhältnissen.

Nicht nur Historiker, sondern auch Philosophen haben zwar, mit einem Buchtitel von Odo Marquard (1973) gesprochen, «Schwierigkeiten mit der Geschichtsphilosophie» (ähnlich Lübbe 1977). Marquard und Lübbe wenden sich aber gegen die Überforderung menschlicher Gestaltungsmacht gegenüber der Geschichtsentwicklung, was Kant fremd ist.

Eine Kantische Geschichtsphilosophie verfolgt ein doppeltes Interesse. Einerseits will sie in die Fülle der Geschehnisse eine gewisse Ordnung bringen und ihr andererseits die Qualität des Vernünftigen oder Sinnvollen zusprechen. Unter dieser Qualität ist vorläufig ein Ziel zu verstehen, mit dem sich der Mensch positiv identifizieren kann. Darüber hinaus soll das Ziel die Qualität des Kosmopolitischen erreichen, so daß es sich nicht an kollektive Besonderheiten, etwa ethnischer, sprachlicher oder religiöser Art binden darf, sondern den Menschen schlicht «als Menschen», also den Menschen jeder Kultur und jeder Epoche, ansprechen muß. Unter Ausschluß aller Partikularität muß also das Ziel universalistisch gültig sein.

Für die Ordnung der Geschehnisse gibt es rein formal drei Muster. Das erste Muster, daß es stets schlechter wird, das Muster von Rückschritt und Verfall, liegt vereinfacht gesagt Rousseaus zwei Abhandlungen bzw. Diskursen zugrunde. Die Diskurse *Über Kunst und Wissenschaft* (1750) und *Über den Ursprung der Ungleichheit unter den Menschen* (1755) stellen den Fortschritten die mit ihnen einhergehenden Verluste gegenüber. Rousseau hält den Segnungen die Leiden und generell dem Positiven das Negative vor.

Das zweite Muster, daß es immer besser wird, also Fortschritt vorherrscht, dominiert das *Siècle des lumières*. Es ist die Zivilreligion der Aufklärungsepoche und wird etwa vom Basler Isaak Iselin vertreten. Das dritte Muster schließlich, das Auf und Ab von Rückschritt und Fortschritt, kann man Albert Camus' (1942) Deutung des Sisyphos-Mythos zuordnen. Welches dieser Muster hat kosmopolitische Qualität?

Mit dem Schlechterwerden kann sich der Mensch schwerlich identifizieren. Auch Rousseau gibt sich nicht damit zufrieden, vielmehr will er damit das Selbstverständnis der Aufklärungsepoche diskreditieren. Möge es auch in der Kunst und Wissenschaft Fortschritte geben, so trügen sie doch nicht zum Wichtigsten, der Verbesserung der Moral, bei. Und weil es dazu kommen sollte, also doch zu einem Progreß, braucht es grundlegende Veränderungen.

Mit dem letzten Muster, dem Auf und Ab, kann man sich allenfalls abfinden, aber schwerlich rundum zufrieden geben. Selbst Camus' Sisyphos ist zwar angeblich glücklich, aber eher aus Trotz: weil er dem Schicksal, das er leider nicht ändern kann, nicht das letzte Wort lassen will. Infolgedessen bleibt als rundum «sinnvoll» oder «vernünftig» nur das mittlere Muster, der Fortschrittsgedanke, übrig, also der Gedanke einer nicht zufälligen, sondern geordneten, vielleicht sogar gezielt stattfindenden Entwicklung vom Niederen zum Höheren.

Bei deren näherer Bestimmung gibt es, stets auf die Menschheit bezogen, deutliche Unterschiede. Nach einer Ansicht schreite die Menschheit aus Unwissenheit und Aberglauben zu Aufklärung und Wissenschaft, nach einer zweiten Ansicht aus Armut oder Knechtschaft zu Wohlstand oder Freiheit, nach einer dritten Ansicht aus ungebildeter Animalität zu gebildeter Humanität fort. Das optimale Ziel endlich sieht man in einer umfassenden Befreiung des Menschen von allen Zwängen: sowohl von Naturzwängen als auch von wirtschaftlichen, rechtlich-politischen und religiösen Zwängen, auf daß schließlich die Menschheit ihre Geschichte selbst und möglichst gerecht gestalte.

Seit neuerem pflegt zwar die Menschheit, vor allem der Westen, zur Zivilreligion der Aufklärung, dem Fortschritt, ein widersprüchliches Verhalten. In einer Verschärfung von Rousseaus Skepsis zweifelt sie nicht bloß am Beitrag des wissenschaftlich-technischen Fortschritts zur Läuterung der Sitten. Sie sieht diesen Fortschritt auch, worauf Rousseau noch nicht achtet, von wissenschafts- und technikinternen bedrohlichen Nebenwirkungen entwertet. Trotzdem fördert die moderne Zivilisation kräftig Wissenschaft, Medizin und Technik, was sich nur durch die Erwartung eines per saldo-Fortschritts rechtfertigt. Darüber hinaus sorgt sie sich um bessere Rechts- und Staatsverhältnisse, insbesondere, daß auch im zwischenstaatlichen Bereich das Recht statt der Gewalt herrsche, und sie rechnet hier ebenfalls mit erheblichen Fortschritten.

Für dieses widersprüchliche Verhalten bietet sich Kant als Gesprächspartner an. Denn seine Geschichtsphilosophie verbindet beide Seiten, die Skepsis gegen den Fortschritt mit einem Fortschrittsoptimismus; zugleich weist sie einen Exklusivanspruch beider Seiten zurück. Wie Kant in der ersten *Kritik* einen fundamentalphilosophischen Streit, den zwischen rationalistischem Vernunftoptimismus und empiristischer Vernunftskepsis zu schlichten sucht, unternimmt er in der *Idee* eine Versöhnung des Optimismus für und der Skepsis gegen das Fortschrittsdenken.

Kant verwirft mit Rousseaus Erster Abhandlung die Annahme, der Fortschritt von Kunst und Wissenschaft trage zur Verbesserung der Moral bei (vgl. *Idee*, VIII 26). Er korrigiert aber Rousseaus Engführung, indem er nur für die ersten zwei Stufen, die Naturanlagen zu entwickeln, Fortschritte einräumt, für die «Kultivierung» von Talenten, Fähigkeiten und wissenschaftlich-medizinisch-technischen Möglichkeiten und für die «Zivilisierung» genannte Entwicklung zum Mitmenschen und Mitbürger sowie, freilich nur zurückhaltend, die Ausbildung einer moralischen, etwa zu Fairneß, Solidarität, Toleranz und Empathie bereiten Gesinnung.

Zweifellos gibt es verschiedene Arten von Fortschritt. Sie ergeben sich aus allgemeinen Interessen des Menschen als Menschen. Ohne Vollständigkeit zu beanspruchen, nenne ich fünf anthropologische Charakteristika und fünf Fortschrittsarten.

(1) Ohne Frage ist der Mensch ein Leib- und Lebewesen, für den es zwei Fortschrittsarten gibt. Die materielle Art führt von der Überwindung des Hungers über die Überwindung der Armut zum Wohlstand, der schließlich in Überfluß umkippen kann. Bei der anderen, medizinischen Fortschrittsart, werden schrittweise Bedrohungen des Lebens überwunden, etwa Seuchen, Krankheiten, Säuglingssterblichkeit und die Hilflosigkeit nach Unfällen. Hinzu kommt die Sorge für ein längeres Leben in körperlicher und geistiger Frische.

(2) Sofern der Mensch im sprichwörtlichen Schweiß seines Angesichts sein Brot verdienen soll, besteht ein weiterer Fortschritt in der Erleichterung der Arbeit und der Steigerung ihrer Effizienz mit den willkommenen Nebenfolgen einer Verkürzung der Arbeitszeit samt Zunahme an Freizeit und Urlaub.

(3) Eines der berühmtesten philosophischen Werke des Abendlandes, die *Metaphysik* des Aristoteles, beginnt mit der These, alle Menschen seien von Natur aus wißbegierig. Weil diese von Aristoteles betonte kognitive Gier die einzige Gier sein dürfte, die kein Laster ist, pflegt uns die Zunahme des Wissens willkommen zu sein, primär der Fortschritt des für die ersten drei Arten nützlichen

Wissens und Könnens, zusätzlich, freilich oft unter wachsendem Rechtfertigungsdruck, die Zunahme nutzenfreien Wissens.

(4) Zum Menschen gehören auch Spiel und Sport, Musik, Literatur und bildende Künste samt Architektur. Die Entwicklungen, die es zweifellos in diesem Bereich gibt, lassen sich aber schwerlich unter den Begriff der Verbesserungen bringen. Wer will in Shakespeares Dramen gegen die griechischen Tragödien und Komödien, wer in Mozart gegen Bach, wer in einer Fußballarena gegen eine gotische Kathedrale und wer in einer Kathedrale gegen die Akropolis oder die Hagia Sophia einen Fortschritt behaupten?

(5) Die letzte hier aufgeführte Besonderheit steht in Spannung mit dem ersten Charakteristikum. Wie es religiöse oder politische Märtyrer und in anderer Weise Menschen, die Hand an sich legen, zeigen, kann der Mensch sein Leben aus Gründen religiöser oder politischer Selbstbestimmung oder schlicht aus Selbstachtung aufs Spiel setzen. Denn außer seinem physischen und seinem kognitiven Selbst «besitzt» der Mensch auch ein moralisches Selbst, nämlich ein Wesen, für das Freiheit im Sinne eines eigenen und selbstbestimmten Handlungsspielraumes wesentlich ist.

In allen drei Hinsichten, als physisches, als kognitives und als moralisches Selbst, lebt der Mensch nicht allein auf der Welt, sondern teils in Kooperation, teils in Konflikt mit seinesgleichen. Deshalb geht es um die entsprechende Koexistenz. Deren Kerngrammatik bildet das Recht, womit es eine fünfte Fortschrittsart, den Rechtsfortschritt, gibt. Worin er im wesentlichen besteht, liegt auf der Hand: Als erstes sind überhaupt Rechtsverhältnisse einzurichten, um willkürliche, tendenziell gewaltsame Koexistenz durch eine regelgeleitete, friedliche Form zu überwinden. Dafür ist ein Staatswesen oder eine ihm analoge Institution einzurichten. Als nächstes sind die Regeln gewissen Prinzipien der Gerechtigkeit zu unterwerfen, Prinzipien von der Art der Menschenrechte, der Gewaltenteilung und der Demokratie. Und am Ende ist auch die Beziehung zwischen den Staatswesen rechtsförmig statt gewaltsam und gerecht statt willkürlich zu regeln. Es bedarf also schließlich einer globalen Rechtsordnung. Der Rechtsfortschritt ist somit in drei Stufen zu denken: es ist (1) überhaupt Recht, (2) ein gerechtes Recht, und (3) eine Weltrechtsordnung einzurichten.

Daß für Kants Fortschrittsdenken dieses den Leitfaden bildet, ist nach den Erfahrungen des 20. Jahrhunderts besonders aktuell: der Rechtsfortschritt und als dessen Krönung eine internationale Rechts- und Friedensordnung. Dieses Fortschrittsdenken ist bescheiden und unbescheiden zugleich. Bescheidenerweise verwirft es das Verständnis der Geschichte als einer säkularen Heilsgeschichte, in deren Verlauf sich alle wesentlichen Wünsche der Menschheit schon hier auf Erden endgültig erfüllen ließen. Zum anderen und jetzt unbescheiden soll nicht nur allerorten ein Rechtsstaat, sondern zusätzlich eine staatsähnliche Weltrechtsordnung eingerichtet werden, womit sich die Menschheit zu einer weltumspannenden Friedensgemeinschaft entwickelt.

Für eine etwaige Weltgeschichte ist nun der Rechtsfortschritt in zweierlei Hinsicht ein besonderes Thema. Erstens steht vom Menschen Wesentliches auf dem Spiel. Dazu gehört seine Handlungsfreiheit mit dem impliziten Anspruch, im Rahmen von Kooperation und Konflikt sein eigenes Leben zu führen, bestimmt von den eigenen Möglichkeiten und Interessen. Hinzu kommt die Anerkennung durch seinesgleichen, die selten geschenkt wird, weshalb um sie oft gerungen, sogar gekämpft wird. Damit verbindet sich das Interesse an Selbstachtung und an eigener Würde im Gegensatz zu Demütigung.

Weil derart Wesentliches auf dem Spiel steht, ist eine Geschichte von Recht und Rechtsfortschritt zweitens weit weniger eine Spezialgeschichte, als es etwa auf eine Wissenschafts-, Technik- oder Medizingeschichte zutrifft, obwohl man auch sie als eine Fortschrittsgeschichte dürfte schreiben können, oder auf eine Musik-, Literatur- oder Kunstgeschichte, die sich wie angedeutet kaum zur Fortschrittsgeschichte eignen.

Aus beiden Gründen, weil Wesentliches auf dem Spiel steht und weil die entsprechende Geschichte nicht allzu speziell ist, ist es sinnvoll, sich auf diese Fortschrittsart zu konzentrieren, auf den im wesentlichen dreistufigen Rechtsfortschritt.

Aber, ist kritisch zu fragen: Hat die Weltgeschichte denn diese Fortschritte überhaupt gemacht? Mit der Anschlußfrage: Sind für die Zukunft weitere Fortschritte zu erwarten?

Blicken wir, weil Kant unser Gesprächspartner ist, exemplarisch auf dessen Zeit. Drei Entwicklungen dürfen als Rechtsfortschritte gelten: (1) die schon vom «Soldatenkönig» Friedrich Wilhelm I. gepflegte, von John Locke bewunderte und von Friedrich II. verstärkte religiöse Toleranz; (2) die Französische Revolution; (3) die Schaffung von Rechtsbüchern wie dem *Preußischen Landrecht* oder dem französischen *Code civile*. Allerdings finden sich auch klare Gegenentwicklungen, also Rechtsrückschritte: Unter Friedrichs II. Nachfolger, unter Friedrich Wilhelm II., macht das Wöllnersche Religionsedikt der religiösen Toleranz ein Ende. Und wenige Jahre später marschiert Napoleon nach Moskau, verfolgt also, wie vorher in kleinerem Maßstab Friedrich II. mit dem Einfall in Schlesien, imperiale Ziele.

Kant lobt ausdrücklich Friedrichs Toleranz und noch mehr die Französische Revolution. Napoleons Eroberungszug durch Europa wird er nicht mehr kennenlernen, er wird aber zum Opfer des Wöllnerschen Religionsediktes. Jedoch nicht wegen einer Extrapolation dieser Erfahrung, sondern aufgrund umfassender Geschichtskenntnisse erklärt er in seiner Religionsschrift: «Zu mächtig spricht die tatsächliche Geschichte gegen alle Fortschrittsgewißheit aus der Erfahrung» (*Rel.*, VI 19 f.).

Was aber soll dann erlauben, den Rechtsfortschritt zum Leitfaden einer Weltgeschichte zu machen? Kant verdanken wir zwei sich ergänzende Argumente. Das erste Argument ist anthropologischer Natur: Soll sich die Menschheitsgeschichte vernünftig im Sinne von Rechtsfortschritt entwickeln, so muß es die Natur des Menschen hergeben. Die Geschichtsphilosophie bedarf erneut einer Anthropologie, aber weder einer utopischen Wunsch-Anthropologie («der Mensch ist vernünftig») noch einer imperativen Sollens-Anthropologie («der Mensch soll vernünftig sein»). Für die statt dessen erforderliche realistische Anthropologie macht Kant einen Vorschlag, dem vermutlich auch Historiker zustimmen können.

Danach kommt der Rechtsfortschritt weder durch einen Instinkt noch einen verabredeten Plan zustande. Verantwortlich ist ein im Inneren des Menschen liegender Widerstreit. Denn der Mensch ist nicht erst in sozialer Perspektive, sondern in sich selbst konfliktträchtig. Damit überwindet Kant die in der abendländischen politischen Philosophie vorherrschende Alternative von Aristoteles mit einer vornehmlich kooperativen Natur des Menschen und Hobbes mit der konfliktuellen Natur.

Des näheren, haben wir gesehen, versteht Kant unter dem Antagonismus den «Hang» der Menschen, «in Gesellschaft zu treten, der doch mit einem durchgängigen Widerstande, welcher diese Gesellschaft beständig zu trennen droht, verbunden ist» (*Idee*, VIII 20). Gesellig ist der Mensch, insofern er zu einem gemütlich-gemächlichen Leben in Eintracht neigt, dann aber seine Talente verkümmern läßt. Ungesellig ist er dagegen, insofern er sich hervortun, sich auszeichnen will und etwa durch Ehrsucht, Herrschsucht und Habsucht (*Idee*, VIII 21; vgl. *Anthropologie*, VII 271) seine Kräfte entwickelt und sie zum Fortschritt der Wissenschaften und der Künste einsetzt. Auf der internationalen Ebene tritt die ungesellige Geselligkeit als Bereitschaft zum Krieg zutage. Obwohl er, weil hier die Gewalt entscheidet, rechtsmoralisch zu verdammen ist, enthält er zugunsten einer weltweiten Rechtsordnung ein fortschrittsförderndes Potential. Dieses besteht negativ in der Not aus den beständigen Kriegen (*Idee*, 7. Satz) und positiv im «Handelsgeist», der «mit dem Kriege nicht zusammen bestehen kann» (*ZeF*, VIII 368). Dabei muß man den Handelsgeist nicht ökonomisch auf Güter und Dienstleistungen verkürzen. Das von Kriegen bedrohte Commercium erstreckt sich auch auf die Wissenschaft, Medizin und nichtmilitärische Technik, auch auf Musik, Literatur und die schönen Künste.

Beide Seiten, die Übel von Kriegen und das Interesse an einem allseits vorteilhaften Commercium, lassen darauf hoffen, daß die Geschichte der Kriege nicht ewig währt, ohne daß man der Sozialutopie einer endgültigen Versöhnung anhängen müßte.

In der Tat dürfte für die Gründung des Völkerbundes nach dem Ersten Weltkrieg und für die der Vereinten Nationen nach dem Zweiten Weltkrieg die Abneigung gegen Kriege eine starke Antriebskraft gewesen sein. Schon die Notwendigkeit eines zweiten Versuchs für eine weltweite Friedensgemeinschaft zeigt aber, daß das Gedächtnis der Menschheit so kurz ist, daß es die Erfahrung der Not allzu leicht verdrängt. Man kann nur hoffen, daß nicht jede Generation die Erfahrung selber machen muß und man lieber dem sachlich erweiterten Handelsgeist folgt.

Ein mit Kant auf dem Antagonismus aufbauender Rechtsfortschritt hat einen erheblichen Zusatzvorteil: Der Rechtsfortschritt bleibt selten allein. Die rechtlich gezähmte Ungeselligkeit, der in Ehrsucht, Herrschsucht und Habsucht zutage tretende, aber auf Gewalt verzichtende Wille, sich gegenüber den Mitmenschen hervorzutun, setzt Kreativitätskräfte frei, die ihrerseits die genannten Fortschrittsarten, also Entdeckungen und Erfindungen, Wissenschaft, Medizin und Technik, Musik, Literatur und Kunst, selbstverständlich auch die Wirtschaft, mithin den Wohlstand vieler, befördern. Eine Geschichte des Rechtsfortschritts ist daher in der Regel wie gesagt keine bloße Spezialgeschichte, sondern mitlaufend auch eine Geschichte wirtschaftlicher, wissenschaftlicher, technischer und künstlerischer Blüte. Politisch überwindet man die Despotie und in kultureller Hinsicht die Barbarei.

Allerdings muß der Antagonismus nicht die einzige Antriebskraft bleiben. Das mit Freiheit begabte Wesen kann doch und sollte auch Urheber des Fortschritts zum Besseren sein. Dabei empfiehlt es sich nicht, mit einem frommen Wunsch zufrieden zu sein, sondern sich möglichst auf die Erfahrung zu berufen. In dieser Hinsicht geht Kant, hier fast wie ein zünftiger Historiker, von einem empirischen, also partikularen Beleg aus, nämlich von der Begeisterung der europäischen Öffentlichkeit für die Französische Revolution, obwohl diese Begeisterung keineswegs gefahrlos war (*Fak.*, VII 85 f.). So behauptet Kant noch vor dem französischen Historiker und Soziologen Alexis de Tocqueville, daß spätestens seit der Französischen Revolution – zu ergänzen: der amerikanischen Revolution – die Menschheit in einer Epoche lebt, in der die Völker trotz vielfältiger Widerstände nach gerechten Staatsformen streben und mit diesem Streben die Geschichte mindestens teilweise in die eigene Hand nehmen. Dadurch wird zwar der Antagonismus der menschlichen Natur nicht entmachtet, er verliert aber sein Exklusivrecht. Denn für den Rechtsfortschritt ist zusätzlich ein Gerechtigkeitsstreben, mithin ein Freiheitsgeschehen verantwortlich.

Es ist übrigens ein Historiker, der erwähnte Koselleck (1976, 365), der Kant zugute hält, in seiner Analyse der weltgeschichtlichen Bedeutung der Französischen Revolution das «moderne System geschichtlicher Erfahrung» als erster vorausgesehen zu haben.

Im zweiten *Streit der Fakultäten*, geführt mit den Juristen zur «Frage, ob das menschliche Geschlecht im beständigen Fortschreiten zum Besseren sei», formulierte er erstmals «das Modell ihrer Machbarkeit» (Koselleck 1977, 267). Denn auf die Frage: «Wie ist aber eine Geschichte a priori möglich?» antwortete Kant: «wenn der Wahrsager die Begebenheiten selbst macht und veranstaltet, die er zum Voraus verkündigt». Kant mokiert sich zwar über die jüdischen Propheten, auch über «unsere Politiker» und die Geistlichen, die einen Verfall weissagen, von welchem Schicksal sie «selbst die Urheber» waren (*Fak.*, VII 80). Aber das Modell der Machbarkeit der Geschichte bleibt formuliert.

Erkennen wir daher probeweise die beiden Antriebskräfte an, also den Antagonismus und die Bereitschaft, für die Herrschaft des Rechts auch Opfer zu bringen. Dabei begnügen wir uns mit einer zweifachen Bescheidenheit, einmal damit, daß die Bereitschaft nicht stets, aber immer wieder vorhanden ist, und zum anderen damit, daß sie sich in der Regel mit einem relativ bescheidenen Maß an Opfern begnügt.

Der Geschichte einen Sinn zu geben, kann von den Subjekten, den Menschen her, zweierlei bedeuten. Entweder, so das Prinzip Antagonismus, trägt man zum Sinn unbewußt, oder, so das Prinzip Mitwirkung, bewußt bei. Mit Kant lassen sich beide Behauptungen als komplementär statt alternativ verstehen: Wegen des Prinzips Antagonismus kommt der Rechtsfortschritt einerseits zwar durch den Menschen und trotzdem von allein zustande. Weil der Mensch ein moralfähiges Wesen ist, kann er andererseits zum Rechtsfortschritt beitragen. Und wie zu Kants Zeiten der nicht gefahrlose Enthusiasmus für die Französische Revolution belegt, heute aber die Charta der Vereinten Nationen, deren Menschenrechtsakte, und noch mehr die oft unter Einsatz von Leib und Leben durchgeführte Opposition gegen Unrechtsregime zeigen, tut er es auch immer wieder.

Weil vor allem der Antagonismus schon sehr lange wirksam ist, lassen sich zumindest Teile der vergangenen Geschichte als Phasen einer Rechtsfortschrittsgeschichte schreiben. Vom Rückschritt einmal abgesehen darf man freilich die Schwierigkeiten nicht unterschätzen. Erstens ist nicht jede Rechtsentwicklung eindeutig als fortschrittlich einzuschätzen. Zweitens bergen Fortschritte auch Risiken, nach dem Erfahrungsmuster der neuen Bundesländer: Wir haben den Rechtsstaat gewollt und sind im Rechtswegestaat gelandet. Zu den Risiken zähle ich auch, daß ein immer komplizierteres Gesetz- und Rechtswesen sich einer wesentlichen Gerechtigkeitsaufgabe entfremdet: dem natürlichen Rechtsbewußtsein der gewöhnlichen Bürger.

Für die Möglichkeit einer im abgeschwächten Sinn denn doch objektiven, sagen wir: quasi-objektiven Fortschrittsgeschichte ist Kant selber zuversichtlich: Er glaubt, sein Zeitalter sei vorangehenden überlegen, und der scheinbare Gegenbeleg, «das Geschrei von der unaufhaltsam zunehmenden Verunartung», sei in Wahrheit eine Bestätigung. Das zuständige Argument ist zweifellos erwägenswert: daß «unser Selbsttadel immer desto strenger wird, je mehr Stufen der Sittlichkeit wir im Ganzen ... erstiegen haben» (*Gemeinspruch*, VIII 310).

Ein nachkantischer Philosoph, Hegel, baut diese Zuversicht aus. Am Ende seiner Rechtsphilosophie, den *Grundlinien der Philosophie des Rechts*, skizziert er, wie wir gesehen haben, eine aufsteigende Folge von vier «welthistorischen Reichen». Dabei denkt er nicht in Jahrzehnten, sondern in Jahrhunderten, sogar Jahrtausenden. Die Frage, wie weit Hegel die Wirklichkeit trifft, kann vor allem für die erste Stufe dahingestellt bleiben. Denn im Alten Orient gab es zahlreiche Rechtscodizes, deren Bestimmungen Hegels These von der Rechtlosigkeit der individuellen Persönlichkeit widersprechen dürften. Diese Codices wurden aber erst später, der berühmte Codex Hammurapi beispielsweise erst im Jahr 1901, also drei Generationen nach Hegels Tod, entdeckt. Die teilweise Fehlbestimmung der ersten Stufe ist für Hegels Vier-Stufen-Modell aber nicht tödlich, da man die erste Stufe weiter zurückverlagern könnte.

Nimmt man verschiedene Modifikationen vor, so ist eine Quasi-Hegelsche Skizze *grosso modo* plausibel. Es ist zwar eine Geschichte, gegen die jeder zünftige Historiker skeptisch ist, da sie, mit Sieben-Meilen-Stiefeln durchlaufen, von einem Gipfel des Rechtsfortschritts auf zunehmend höhere Gipfel führt und alle Niederungen, sprich: Rückschritte, übergeht. Aber eine derartige Geschichte kann man noch detaillierter schreiben. Im übrigen steht eine veritable Weltgeschichte unter anderen Ausführlichkeitsbedingungen als die üblichen, zeitlich spezialisierten Geschichten. Es ist jedenfalls nicht unplausibel, daß eine Geschichte des Rechtsfortschritts (1) mit einer weitgehend vorrechtlichen Phase, sagen wir: mit Rechtlosigkeit der Individuen, beginnt, worauf (2) ein erst quasi-rechtlicher Status folgt, da er noch nicht rechtsförmig ausgestaltet ist; daran schließen sich (3) subjektive Rechte an, namentlich im Geschäftsverkehr; und (4) mit der Anerkennung von Rechten menschenrechtlicher Dignität erhält der Rechtsstatus von Individuen eine gewisse Vollendung.

Trotzdem fehlt noch ein weiterer Schritt, der prinzipiell gesehen letzte Schritt: die Vollendung der Rechtsentwicklung in einer globalen Rechtsordnung. Diese ist freilich subsidiär, komplementär und föderal und keineswegs als zentralistischer Einheitsstaat zu etablieren. Hegel selbst lehnt zwar, mit einer Spitze gegen Kant, die Vollendung des Rechtsfortschritts ausdrücklich ab. Sein Argument: «wie die Bewegung der Winde die See vor der Fäulnis bewahrt, in welche sie eine dauernde Ruhe» versetzen würde, so «die Völker ein dauernder oder gar ein ewiger Friede» (*Grundlinien*, § 324). Dieses Argument, in einem Zustand des ewigen Friedens würden alle dynamischen Kräfte der Menschen verkümmern, ist aber der Sache nach schon von Kant entkräftet worden. Denn in der globalen Rechtsordnung ist lediglich das gewaltsame Austragen von Konflikten verboten. Die wirtschaftliche, religiöse und sprachliche, ferner wissenschaftliche und kulturelle Konkurrenz bleibt dagegen bestehen. Beispielsweise kämpfen in Weltausstellungen Metropolen und deren Eliten, ferner im Sport die Länder und bei Nobelpreisen die Forschungslandschaften gegeneinander. Antriebskräfte für ein hinreichend hohes Maß an Innovation und Kreativität gibt es jedenfalls in Hülle und Fülle.

Im übrigen hat sich die Menschheit, darf man sagen, gegen Hegels Annahme entschieden. Statt dem Einzelstaat, häufig irreführend auf einen «Nationalstaat» verkürzt, mit seinem Veto gegen jeglichen Souveränitätsverzicht für die letzte Station zu halten, setzt ein Staatenbündnis wie die Vereinten Nationen zwar die Souveränität ihrer Staaten voraus. In den großen Pakten, etwa der Verpflichtung auf die Menschen- und Grundrechte, wird die Souveränität zwar selten formal, wohl aber de facto eingeschränkt. Ähnliches trifft auf das immer dichtere Völkerrecht, ähnliches auch für das Bestehen von Weltgerichten zu. Größere regionale Zusammenschlüsse wie die Europäische Union treten als Zwischeninstanz zwischen Einzelstaat und Weltorganisation noch hinzu. Obgleich deren genauer staatstheoretischer Charakter umstritten bleibt, läßt sich weder das Wesen der Europäischen Union noch ihre Wirklichkeit ohne jeden Souveränitätsverzicht begreifen. Und wie anders als global will man die heute drängenden Probleme von Krieg und Frieden, von Klimaschutz, Welternährung und weltweiter Gerechtigkeit lösen?

Die also schon heute sich anbahnende Bereitschaft zu Souveränitätsverzichten erlaubt es schwerlich, sie für die Zukunft vollständig auszuschließen. Die Charta der Vereinten Nationen spricht im Artikel 55 nachdrücklich vom Streben nach einem friedlichen Zusammenleben «auf der Achtung vor dem Grundsatz der Gleichberechtigung und Selbstbestimmung». Im übrigen bedarf es eines differenzierten Modells. In Anerkennung des Rechts der Völker, im Rahmen elementarer Rechts- und Gerechtigkeitsansprüche ihre Gemeinwesen auf eigene Weise zu gestalten, also in Anerkennung nicht bloß der Wirklichkeit von Vielfalt, sondern sogar eines bleibenden Rechts auf Differenz, ist es weder realistisch noch vernünftig anzunehmen, die Menschheit werde ihre Entwicklung von Freiheit, Vernunft und Recht beim Einzelstaat abbrechen. Zumindest die Frage bleibt erlaubt, warum soll die Menschheit ihre Entwicklung nicht in Richtung auf eine subsidiäre und föderale Weltrechtsordnung (vgl. Höffe 1999, auch 2004) fortsetzen können – und auch wollen? Hier eine begründete Hoffnung zu haben, also Kants einschlägige epistemische Modalität, läßt sich schwerlich als unsinnig abtun.

Die von Historikern verfemte Geschichtsphilosophie wird neuerdings, wenn auch bescheiden, von US-amerikanischen Politikwissenschaftlern erneuert. Von Francis Fukuyama (1989 und 1992) stammt der etwas plakative Titel vom Ende der Geschichte. Gemeint ist eine von Hegel und Marx inspirierte These: Mit der modernen liberalen Demokratie und dem vom naturwissenschaftlich-technischen Fortschritt bestimmten Kapitalismus sei jene kohärente, wenn auch nicht gradlinige Entwicklung der menschlichen Gesellschaften abgeschlossen, die von der Stammesgesellschaft über verschiedene Formen der Theokratie, der Monarchie und des Feudalismus führt. Nach Kant ist die Entwicklung schon deshalb nicht beendet, weil die Etablierung einer umfassenden Weltrechtsordnung für überall zu etablierende Rechtsstaaten noch lange nicht vollendet ist. Und selbst wenn es so weit gekommen ist, bleibt die Geschichte, wegen der vielfältigen, teils wirtschaftlich, teils wissenschaftlich, teils kulturell fortbestehenden Konkurrenz, immer noch offen.

Daher diese Schlußthese: Wenn man die Geschichtsphilosophie erneuern will, dann bietet sich als Gesprächspartner am ehesten Kant an.

Sechster Teil
Religion

Heute zählt die Religion nicht zu den Hauptgegenständen der Philosophie, für Kant ist sie dagegen zusammen mit der Theologie ein zentrales Thema. Provokativerweise ist es mit den beiden Teilen seines Œuvres untrennbar verknüpft, derentwegen er heute hochgeschätzt wird. Muß sich daher, wer die beiden Teile schätzen will, nämlich Kants kritische Transzendentalphilosophie und seine Moralphilosophie, auch auf eine philosophische Theologie und eine Religionsphilosophie einlassen? Oder hat, wer die heute vielerorts vorherrschende Skepsis gegen die Religion teilt, die Wertschätzung der beiden genannten Teile aufgegeben?

Die Antwort auf diese Fragen bleibt einer systematischen Studie zur Religion überlassen. Hier konzentrieren wir uns auf eine (kritische) Darstellung der Religionsphilosophie, vor allem wie sie Kant in seinem Werk *Die Religion innerhalb der Grenzen der bloßen Vernunft* (1793, kurz: *Religion*) entwickelt (*Kapitel 19*) und im ersten *Streit der Fakultäten* (*Kapitel 20*). Und eine besondere Beachtung verdienen Kants Überlegungen zum Bösen (*Kapitel 21*). Vorab sei aber dies angemerkt:

Alle drei *Kritiken* befassen sich mit einer moralischen Welt, mit dem Urheber dieser Welt und mit der besonderen Art, diesen zu «wissen». In diesen Erörterungen zur philosophischen Theologie erreicht die kritische Transzendentalphilosophie sogar ihren Höhepunkt. Alle drei *Kritiken* gipfeln nämlich in einer philosophischen, von keinerlei heiligen Schriften inspirierten Religion. Zur Religionsphilosophie vor der *Religion* gehört auch der Essay *Beantwortung der Frage: Was ist Aufklärung?* (1784), der den Religionsdingen den größten Raum widmet. Denn die Unmündigkeit, die Kant vehement kritisiert, sei in der Religion deshalb sowohl am schädlichsten als auch am entehrendsten (vgl. *Aufklärung*, VIII 41), da es der Religion um den innersten Kern des Menschen, um sein Gewissen und um die Moral, geht.

Diese Provokation, daß sich, wem es auf das Innerste des Menschen ankommt, auf die Religion einlassen muß, verschärft Kant in der *Religion* und dem ersten *Streit der Fakultäten*. Denn hier spielen drei Themen eine Rolle, die eine säkulare Moralphilosophie auszusparen, sogar oft abzulehnen pflegt: die Offenbarung, christliche Theologoumena und das Böse, das in der heutigen philosophischen Ethik kaum noch erörtert wird. Man könnte zwar meinen, zur Zeit der *Metaphysik der Sitten* habe Kant die drei Elemente der *Religion* als Irrläufer für eine säkulare Moral eingesehen und daher stillschweigend aus seinen Überlegungen herausgenommen. Ein Jahr nach der *Metaphysik der Sitten*, im *Streit der Fakultäten,* spielen aber alle drei Themen der *Religion*, das Böse (*Fak.*, VII 82), die Offenbarung und christliche Lehren (VII 36 ff.) eine Rolle, nicht zuletzt betont Kant selber die Kontinuität, denn er verweist auf die *Religion* (VII 39). Kants Provokation bleibt also bestehen.

19. Vernunftgrenzen der Religion

19.1 Keine vierte Kritik

Zwölf Jahre nach seinem Hauptwerk, der *Kritik der reinen Vernunft* (1781), und fünf bzw. drei Jahre nach den beiden anderen *Kritiken*, legt Kant ein weiteres Werk vor, das sich schon mit dem Titel «... innerhalb der Grenzen der bloßen Vernunft» (1793) in sein kritisches Œuvre einfügt. Man könnte hier, in der *Religion*, sogar eine vierte Kritik vermuten. Nach der Erkenntnis (erste *Kritik*), der Moral (zweite *Kritik*) und den ästhetischen sowie teleologischen Urteilen (dritte *Kritik*) richte sich die Kritik jetzt auf die Religion.

Die drei *Kritiken* untersuchen aber die drei nach Kant einzigen menschlichen Grundvermögen, das Erkenntnisvermögen, das Begehrungsvermögen und als deren «Mittelglied» die Urteilskraft (*KU*, V 176 ff.), so daß für ein weiteres Vermögen vom selben Rang kein Raum bleibt. Gegen die Erwartung einer vierten Kritik spricht auch Kants religionsphilosophischer Grundgedanke, der die Religion auf die Moral, mithin die reine praktische Vernunft (vgl. *Anthropologie*, VII 192), verpflichtet, so daß das neue Werk ein schon vorher behandeltes Thema, eine Philosophie der Moral und die ihr vorgelagerte philosophische Theologie, fortsetzt.

Statt eine vierte Kritik zu sein, bildet die Religionsschrift einen Übergang von den drei Kritiken zur eigentlichen Doktrin der Moral, die Kant später als *Metaphysik der Sitten* (1797), dann in zwei Teilen veröffentlicht, als «Metaphysische Anfangsgründe der

Rechtslehre» und als «Metaphysische Anfangsgründe der Tugendlehre». Die *Religion* stellt auch insofern einen Übergang dar, als sie
nicht etwa die *Metaphysik der Sitten* vorbereitet, sondern drei Themen behandelt, die sich vielleicht von den drei *Kritiken* her nahele-
gen, in der *Metaphysik der Sitten* aber erstaunlicherweise entweder,
wie das Thema Offenbarung, nur gestreift oder aber, wie das Böse
und wie Grundelemente des Christentums, gar nicht behandelt
werden.

Der Grund für diese Themenverschiebung liegt nicht etwa in einer Veränderung von Kants Ansichten, sondern in einer andersartigen systematischen Aufgabe. Die *Metaphysik der Sitten* ist in Begriffen der Religionsschrift eine «moralische Dogmatik», da sie sich
sowohl mit dem System der (geschuldeten) Rechtsverbindlichkeit
als auch mit den komplementären (verdienstlichen) Tugendver-
bindlichkeiten befaßt. In einer moralischen Dogmatik habe aber
der Gedanke des radikal Bösen keinen Platz. Nicht wegen neuer
Ansichten zum selben Themenbereich nimmt Kant also die angedeutete Themenverschiebung vor. Allenfalls könnte man den Gedanken des Bösen und die dahinter liegende christliche Erbsünden-
lehre (samt deren Zusammenhang, der Offenbarung) in der
ethischen Ästhetik der *Tugendlehre* (§ 53) vermissen. Dort ist er
indirekt auch präsent, da man beim Befolgen der Pflichten «mit
Hindernissen zu kämpfen» hat (*TL*, VI 484). Freilich legt Kant
mehr auf die positive Seite Wert: daß man die Pflichten, «wackeren
und fröhlichen Gemüts» zu befolgen habe (ebd.). (Zur neueren Debatte siehe Höffe 2011b, dort weitere Literatur; siehe auch Rik-
ken/Marty 1992, Stangneth 2000 und Firestone/Jacobs 2008.)

19.2 Religionsphilosophie vor der Religionsschrift

Vor Kant bildet innerhalb der überlieferten besonderen Metaphysik die philosophische Theologie die oberste Disziplin. Denn als
das schlechthin höchste Wesen gilt ihr Grundbegriff, Gott, als Höhepunkt aller Erkenntnis. In der vorkritischen Phase taucht auch
bei Kant der Gottesbegriff in metaphysischem Zusammenhang auf,
nur beiläufig in der Schrift *Von der wahren Schätzung der lebendigen Kräfte* (I 22, auch I 62) und in der *Allgemeine[n] Naturge-*

schichte und Theorie des Himmels (I 228). Im Siebenten Satz der *Nova dilucidatio* skizziert Kant sogar einen ontologischen Gottes-beweis und widmet dieser Aufgabe knapp ein Jahrzehnt später eine ganze Abhandlung. In ihr, *Der einzig mögliche Beweisgrund zu ei-ner Demonstration des Daseins Gottes*, spricht er einem verbesser-ten ontologischen Gottesbeweis sogar «den höchsten Grad mathe-matischer Gewißheit» zu (II 155), was er aber ein Jahr später, in der *Untersuchung über die Deutlichkeit der Grundsätze der natürli-chen Theologie und der Moral* zurücknimmt. Denn die ersten Gründe der «natürlichen Gottesgelahrtheit», sprich: natürlichen Theologie, seien im Unterschied zu den ersten Gründen der Moral zwar «der größten», aber nicht einer mathematischen «Evidenz fä-hig» (II 296 ff.).

Im «Übergangstext» zu seiner kritischen Phase, in der Dissertation *De mundi sensibilis* (§ 9), billigt Kant dem höchsten Wesen und Ideal der Vollkommenheit noch eine doppelte theoretische Bedeu-tung zu. Gott gilt hier sowohl als Erkenntnisgrund («principium cognoscendi») als auch, real existierend, als Schöpfungsgrund («principium fiendi») aller Vollkommenheit. Kants erstes kritisches Werk, die *Kritik der reinen Vernunft*, dagegen bestreitet der realen Existenz Gottes jede theoretische Bedeutung.

Die dafür verantwortliche Wende in Kants intellektueller Biogra-phie beläuft sich auf nichts weniger als eine dreiteilige Revolution der philosophischen Theologie (dazu: Höffe 2003, Kap. 19 und 21.2): Kant verwirft alle Versuche, Gottes Dasein theoretisch zu be-weisen. An die Stelle einer objektiv erkennbaren transzendenten Idee tritt Gott als das transzendentale Ideal, das als Prinzip der Vollständigkeit von Erkenntnis Kants neue Metaphysik der Erfah-rung vollendet, mit einer religiösen Gottesvorstellung aber wenig zu tun hat. Schließlich bereitet die erste *Kritik* den Boden für eine Moraltheologie: Seither bildet den primären Ort der legitimen Got-tesfrage nicht mehr die theoretische, sondern die reine praktische, also moralische Vernunft. Kant behauptet nicht, es gebe keinen Gott, sondern Gott entziehe sich einer Vergegenständlichung; für jede objektivierende Rede ist er «der ganz Andere».

Lediglich ein negatives Resultat für die philosophische Theologie hat die *Kritik der reinen Vernunft* freilich nicht. Vor Kant haben die

Philosophen Gott vor allem auf dem Weg einer Extrapolation von Substanz- und Eigenschaftsbegriffen gedacht. Gott galt als schlechthin höchste Substanz: als Urbild aller Dinge und als Inbegriff aller höchsten Eigenschaften: als allmächtig, allwissend, allgerecht, allgütig usw., kurz als allervollkommenstes Wesen. Die erste *Kritik* lehnt diese Methode, eine *via eminentiae et analogiae*, nicht rundweg ab, verlangt aber eine Ergänzung durch die *via reductionis*, den «Schritt zurück». Ihm zufolge bleibt Gott ein höchster Gegenstand, der aber nicht als ein transzendentes Wesen *jenseits* aller Erfahrung existiert, sondern wie gesagt als ein transzendentales Ideal *diesseits* der Erfahrung, gleichsam hinter ihrem Rücken, liegt und trotzdem für sie notwendig ist. Denn nur unter Voraussetzung dieses Ideals lassen sich die Wissenschaften als eine umfassende und systematische Erfahrung denken.

Kants positiver Beitrag geht noch weiter. Da die einzige vernunftmögliche Theologie auf moralischen Gesetzen gründet (*KrV*, B 664), erbringt die erste *Kritik* eine häufig überlesene konstruktive Leistung: Sie skizziert die Grundzüge einer Moralphilosophie, einschließlich des Gedankens vom höchsten Gut (B 832 ff.), und stellt dem Gedanken eines doktrinalen Glaubens den eines moralischen Glaubens entgegen (B 855 ff.): Dabei wird Gott zum Gegenstand eines vernünftigen Hoffens.

Nach der *Kritik der reinen Vernunft* sind Gott und die Annahme einer anderen Welt, mit ihr auch die unsterbliche Seele, Gegenstände eines moralischen Glaubens, die die *Kritik der praktischen Vernunft* als Postulate der reinen praktischen Vernunft untersucht. Die *Kritik der Urteilskraft* bekräftigt auf ihre Weise den Vorrang der Moral und das damit zusammenhängende moralische Gottespostulat, weshalb Kants kritisches Œuvre, wie wir in Kap. 3 gesehen haben, eine heterodoxe, sogar häretische Lektüre verdient.

19.3 Das neue Projekt

Kant wählt für seine Werke sprechende Titel. Im Fall der *Religion innerhalb der Grenzen der bloßen Vernunft* kündigt der Titel die Fortsetzung des kritischen Programms und zugleich dessen thematische Erweiterung an. Trotzdem stellen sich einige Rückfragen; sie beginnen mit dem ersten Titelbegriff: Warum befaßt sich Kant noch einmal und so gründlich mit der Religion, obwohl er sie wie skizziert schon in der vorkritischen Zeit, vor allem aber in allen drei *Kritiken* in den Blick nimmt?

In der ersten *Kritik* wird zumindest der Gottesbegriff umfassend und, hat man den Eindruck, aus Kantischer Sicht erschöpfend erörtert. Außerdem werden weitere religionsphilosophische, namentlich moraltheologische Fragen abgehandelt, um in den beiden nächsten *Kritiken* teils erweitert, teils vertieft zu werden. Wenn sich der Philosoph dem Thema der Religion erneut zuwendet, so ist eine korrigierende Neubehandlung nicht ausgeschlossen. Kants systematisch geplante Abfolge seiner Werke läßt aber eher religionsphilosophische Themen erwarten. Schon ein oberflächlicher Blick bestätigt diese Erwartung. Als erstes taucht der Begriff des Bösen auf (Erstes und Zweites Stück), als nächstes zwar Gott, aber unter dem der ersten *Kritik* fremden, in der zweiten bloß nebenbei auftauchenden Stichwort «Reich Gottes auf Erden» (Drittes Stück). Und den Abschluß bildet der «Dienst und Afterdienst» in einer Religion (Viertes Stück).

Wie in seinem kritischen Werk üblich, behandelt Kant seinen Gegenstand unter dem doppelten Blickwinkel von Vernunft und deren Grenzen. Dabei gibt er in den beiden ersten *Kritiken* der Vernunft einen qualifizierenden Zusatz bei. In der *Religion* heißt er «bloße» Vernunft, die man gerne als «reine» Vernunft zu verstehen pflegt. Bei einem so begriffsgenauen Philosophen wie Kant sollte man sich aber besser fragen, ob «bloß» tatsächlich als Synonym zu «rein» gemeint ist, oder ob der neue Ausdruck nicht auch Neues bedeutet. Nach dem *Deutschen Wörterbuch* (2, 144–150) beginnen die Bedeutungen von «bloß» mit «unbekleidet, nackt» und «ohne Waffen und Rüstung». Über «unbewachsen, kahl, leer», auch «schlicht, lauter, einfach» reichen sie bis zu «entblößt, dürftig, arm» und «nur, allein». Fraglos sind die zwei Ausdrücke «rein» und «bloß» miteinander verwandt; beide heben auf die von fremden Elementen freie Sache ab. Der Blickwinkel und die sich daraus ergebende Färbung sind jedoch verschieden. Der Ausdruck «rein» klingt bloß positiv; er läßt an «unvermischt» und an «weder verunreinigt noch verwässert» denken. Bei «bloß» schwingt aber ein

Mangel, ein Defizit mit, eine *privatio*, ein Beraubtsein, was sich zum genannten «entblößt, dürftig, arm» steigern kann.

Der Titelausdruck «bloß» kündigt daher eine Vernunft an, die von vernunftfremden Elementen frei ist, dieses Freisein aber nicht als ausschließlich positive Auszeichnung mit sich führt. Vielmehr fehlt etwas, so daß das Thema, die Religion, sich nicht auf die Vernunft verkürzen läßt. Wie sich noch genauer zeigen wird, beschränkt sich der Philosoph aus Gründen der eigenen Kompetenz auf die Fähigkeit seines Metiers und betrachtet die Religion lediglich vom Standpunkt der Vernunft. Ohnehin steuert die Vernunft das Entscheidende bei, so daß außervernünftige Elemente Gefahr laufen, widervernünftig zu sein, indem sie etwa als «Afterdienst» und «Götzendienst» die wahre, rein moralische Religion verraten.

Der dritte Teil im Titel, «innerhalb der Grenzen», ist als eine Bescheidenheit der Vernunft und ihres professionellen Sachwalters, der Philosophie, zu verstehen. Kant wehrt einen verbreiteten disziplinären Imperialismus ab, nämlich den Anspruch, die eigene Disziplin könne den Gegenstand umfassend sachgerecht abhandeln. Die Philosophie vermag ihren Gegenstand, die Religion, durchaus sachgerecht, aber nicht umfassend sachgerecht zu untersuchen. Der Gesamttitel besagt daher, die Religion werde hier lediglich («bloß») vom Standpunkt der Vernunft behandelt, obwohl weitere Behandlungen nicht bloß möglich, sondern auch sinnvoll sind. Durch den Titel wird die Behandlungsart sowohl präzisiert als auch eingeschränkt, die Einschränkung geht aber nicht so weit, daß die Vernunft eine sekundäre, vielleicht sogar vernachlässigbare Erörterung vornimmt. Im Gegenteil arbeitet sie das Entscheidende, den inneren Kreis, heraus.

Das neue Projekt ist also unbescheiden und bescheiden zugleich. Unbescheiden ist es, weil Kant dem in der ersten *Kritik* erhobenen Anspruch treu bleibt, die Religion trotz ihrer Heiligkeit vor den Richterstuhl der Vernunft zu ziehen (*KrV*, A xi). Diesen stolzen Anspruch erweitert er noch um den Zusatzanspruch, in der reinen praktischen Vernunft liege das Wesen und der innere Kern der Religion. Dann aber ergänzt er diesen Doppelanspruch um Bescheidenheit: Für die Religion gibt es Elemente, die, weil der Vernunft entzogen, die Vernunft auf ihre Grenzen hinweist: außer dem Vernunftblick gibt es auf die Religion einen außervernünftigen, deshalb aber nicht unvernünftigen Blick. Auf den Gottesbegriff bezogen bedeutet es, daß der Gott der Philosophen nicht der einzige (legitime) Gott ist.

Das neue Projekt zieht sowohl thematische als auch methodische Veränderungen nach sich. Nach einer ersten Einschätzung setzt die *Religion* Kants rein philosophische Theologie schlicht fort. Wegen des im Titelausdruck «bloß» anklingenden Defizits ist diese Einschätzung richtig, aber nur zur Hälfte wahr. Die Schrift bleibt zwar der moralischen Interpretation der Theologie bzw. Religion treu, betrachtet aber nicht mehr nur die Religion überhaupt. Diese Betrachtung erscheint jetzt unausgesprochen zwar nicht als falsch, wohl aber als defizitär und macht eine Erweiterung notwendig. Der bisher behandelte Allgemeine Teil einer Religionsphilosophie ist um einen Besonderen Teil zu ergänzen, der eine bestimmte Religion näher untersucht und dabei sowohl inhaltlich als auch methodisch neue Elemente einbringt:

Inhaltlich geht Kant auf Grundbausteine des Christentums ein, und methodisch setzt er sich mit dem Gedanken einer übernatürlichen Offenbarung auseinander, womit eine heilige Schrift bedeutsam wird. Weil damit ein autoritativer Text ins Spiel kommt, wird anscheinend der Ansatz der drei *Kritiken*, der Standpunkt der von aller Offenbarung emanzipierten, rein natürlichen Vernunft, preisgegeben. Tatsächlich nimmt Kant eine raffinierte Erweiterung vor: Die natürliche Theologie wirft einen Blick über ihre Grenzen und läßt sich vom Jenseits der natürlichen Vernunft, der übernatürlichen Offenbarung, über die Frage belehren, mit welchen menschlichen Grundthemen, mithin anthropologischen Elementen, vielleicht sogar anthropologischen Konstanten, eine nicht nur der Sache der Philosophie, sondern auch der Sache der Religion gerechte, also eine rundum sachgerechte Religionsphilosophie sich sinnvollerweise befaßt.

Auf diese Weise schließt sich die *Religion* an die Moraltheologie der drei *Kritiken* nahtlos an und nimmt zugleich eine erhebliche Erweiterung vor. Sie spricht nicht nur von den drei Postulaten der reinen praktischen Vernunft, von Gott, der unsterblichen Seele und der Freiheit. Sie setzt sich auch mit dem Gedanken einer übernatürlichen Offenbarung auseinander und geht auf Grundlehren des Christentums ein: auf die Erbsünde, auf die Christologie (nicht Sokrates, sondern Christus ist das Ideal der Menschheit), auf die letzten Dinge (Jüngstes Gericht) und auf die Kirche, nicht zuletzt auf die Gnadenlehre. Letztere wird von Kant teilweise atemraubend (um-)interpretiert; indem nämlich jeder selber die Revolution der Gesinnung zu vollziehen hat, schenkt er sich gewissermaßen selber Gnade, während die göttliche Gnade nur unterstützend wirkt (*Rel.*, VI 51 f. und 174).

Man kann in diesen Themen «Zentraldogmen des lutherischen Pietismus» wiederfinden (Troeltsch 1904, 74). Man muß dabei aber Kants Neuinterpretation betonen, ferner ergänzen, daß die Trinitätslehre zurückgewiesen und die Kosmologie nicht in die Moralreligion eingepaßt wird. Und vor allem ist das Selektionsprinzip zu beachten: Kant richtet sich nach keiner christlichen Konfession aus; im Gegenteil pflegt er gegen die Hauptkonfessionen gleichermaßen Distanz. Ihn leitet allein die reine praktische Vernunft.

Ohne eine Offenbarung für wertlos oder für unmöglich zu halten, lassen sich nach Kant die genannten christlichen Grundlehren rein philosophisch, also ohne Berufung auf eine Offenbarung, begründen. Allerdings darf man zu diesem Zweck nicht bei den Prinzipien der Moral stehen bleiben, sondern muß zusätzlich auf eine menschliche Grunderfahrung zurückgreifen, auf «die menschliche, teils mit guten teils bösen Anlagen behaftete Natur» (*Rel.*, VI 11).

Zwei weitere Voraussetzungen, jetzt von seiten der Offenbarung und des Christentums, kommen hinzu. Erstens setzt Kant in der Bibel alle Elemente jüdischer Theokratie beiseite und behält nur den «christlichen Anteil» bei (VI 78). Zweitens werden die biblischen Geschichten ihrer «mystischen Hülle entkleidet» (VI 83), dabei zugleich entindividualisiert und enthistorisiert. So ist nirgendwo von einer historischen Person, Jesus von Nazareth, die Rede, wohl aber von einer die stoische Weltweisheit noch steigernden Weisheit (VI 58 f.), die als Vor- und Urbild der Menschheit angesehen wird. Allerdings bestreitet Kant die Einmaligkeit dieser die Moral in ihrer höchsten Reinheit lehrenden Person. Auch deshalb treten an die Stelle von historischen Eigennamen jene Sachbegriffe wie zum Beispiel «Ideal der moralischen Vollkommenheit» (VI 61), die für eine universale Vernunft- und Moralreligion unverzichtbar sind.

Unter diesen Voraussetzungen hält nun Kant an einem Grundgedanken der Aufklärung fest: daß die beobachtbare Vielfalt von Religionen tatsächlich als eine Mannigfaltigkeit nicht von Religionen, sondern von Glaubenslehren zu verstehen ist. Denn vom Gegenstand «Glaubenslehre» könne man einen Plural annehmen, nicht dagegen von der Religion im strengen Sinn des Wortes. Daß es viele Religionen gebe, von denen jede sich für allein wahr und allein seligmachend hält, ist Aufklärern schon Jahrhunderte vor dem *Siècle des lumières*, beispielsweise Nikolaus von Kues (u. a. in *De pace fidei*, 1453), ein Ärgernis, das sie etwa durch die Unterscheidung des einen Kerndogmas und den vielfältigen Ausdrucksformen, so Nikolaus, oder von Glaubenslehren und Religion, zunächst semantisch und sodann durch einen vernunftkritischen Begriff der Religion auch sachlich aufheben.

Selbstbewußt erklärt Kant, der Anwalt kritischer Vernunft: «eine Religion, die der Vernunft unbedenklich den Krieg ankündigt, wird es auf die Dauer gegen sie nicht aushalten» (*Rel.*, VI 10). Andererseits ist es nicht ausgeschlossen, daß die Lehren der Religion «von übernatürlich inspirierten Männern» herrühren (*Fak.*, VII 6). Zuerst durch eine Offenbarung bekannt, werden sie in diesem Fall durch die Vernunft nur nachträglich geprüft.

Mit zwei Argumenten nimmt Kant auf das Selbstverständnis des Christentums, die (einzig) wahre Religion zu sein, Bezug. Einerseits räumt er dem Christentum deshalb einen Vorrang unter den bekannten Religionen ein, weil es in seinem Kern rein vernünftig sei. Andererseits überantwortet er die Entscheidung über das, was den Kern des Christentums ausmache, der moralischen, also reinen praktischen Vernunft.

Rein sachlich gesehen bedarf zwar die wahre Religion keiner geschichtlichen Offenbarung, so daß man ein religiöser Mensch sein kann und trotzdem weder an die Offenbarung glauben noch das Credo einer sichtbaren Kirche teilen muß. Weil die wahre Religion jedoch historisch betrachtet mit einer Offenbarung beginnen kann, hält sich eine rein philosophische Religionslehre «innerhalb der Grenzen der bloßen Vernunft», ohne zu behaupten, daß alle Religion «*aus* bloßer Vernunft (ohne Offenbarung)» stammt (*Fak.*, VII 6). Die Vorrede zur zweiten Auflage der *Religion* erläutert die Beziehung durch den Vergleich mit zwei konzentrischen Kreisen: Den äußersten Kreis, gewissermaßen die (entbehrliche) Hülle, bildet die Offenbarung mit ihren historischen Elementen, den engeren Kreis, mithin den unverzichtbaren Kern, die von allem Historischen absehende reine Vernunftreligion (*Rel.*, VI 12).

Nun kann die Philosophie den Wahrheitsanspruch der christlichen Offenbarung nicht von vornherein bestreiten. Kant geht daher hypothetisch von einer möglichen Einheit der philosophischen und der christlichen, aus der Bibel stammenden Theologie aus (VI 12 f.). Ohne seine Gegenüberstellung vom moralischen Gedanken als dem Kern und dem bloß doktrinalen Glauben als der Hülle aufzugeben, aber von der Hypothese einer Übereinstimmung von Offenbarung und bloßer Vernunft geleitet (vgl. «nicht bloß Verträglichkeit, sondern auch Einigkeit»: VI 13), gelingt Kant eine sowohl philosophisch als auch theologisch beeindruckende Neuinterpretation biblischer Geschichten. Die ihr angemessene hermeneutische Maxime fordert, die Grundaussagen der Bibel als moralische Sätze zu verstehen. Auf den ersten Blick erhält die christliche Religion dadurch den paradoxen Status einer natürlichen, gleichwohl geoffenbarten Religion. Sie wird zu einer Religion, auf die «die Menschen durch den bloßen Gebrauch ihrer Vernunft … von selbst hätten kommen können und sollen» (VI 155). Die nähere Betrachtung löst aber die Paradoxie auf. Denn sie unterscheidet zwei Perspektiven, so daß «die Religion objektiv eine natürliche, obwohl subjektiv eine geoffenbarte» ist (VI 156).

Weil Kant das Christentum privilegiert, drängt sich eine Rückfrage auf: Was wäre, wenn er sich weder auf das Christentum noch auf eine andere empirisch gegebene Religion hätte beziehen können? Die Antwort fällt nicht schwer: Kants philosophische Theologie, vor allem aber seine Moralphilosophie wären kaum anders ausgefallen. Es hätte aber der Anstoß gefehlt, einige Theologoumena auf ihre (moral-)philosophische Relevanz zu befragen. Der Begriff einer Gottheit, die – sofern personal gedacht – eine einzige ist, fiele aber ebensowenig darunter wie der über die Stoa hinausgehende Begriff der Tugend. Selbst die philosophische Christologie bräuchte nicht die christlichen Vorgaben. Denn die *Kritik der reinen Vernunft* kennt schon den Gedanken einer Idee in individuo, ebenfalls den Gedanken des «göttlichen Menschen in uns», das ist das Ideal, dort als stoischer Weiser verstanden (*KrV*, B 596 f.). Beide Gedanken treffen aber kaum auf das Zentralstück der *Religion*, den Hang zum Bösen, und auch nicht auf die Eschatologie und den Gedanken der unsichtbaren Kirche zu, da diese beiden eng mit Kants Postulatenlehre zusammenhängen.

Für Kant sind es menschliche Grundthemen, so daß er unausgesprochen eine These verwirft, die in der Aufklärungsepoche David Hume vertritt, nämlich daß die Religion keinen anthropologischen Rang habe (*The Natural History of Religion*, 1757). Nach Kant gibt es sogar anthropologische Konstanten, dabei vor allem den Hang zum Bösen, aber vielleicht auch die anderen Grundelemente der *Religion*. Allerdings muß man sich fragen, aus welchen methodischen und aus welchen inhaltlichen Gründen diese und nur diese Elemente von religionsanthropologischer Bedeutung sein sollen. Jedenfalls wird nicht das Christentum als solches privilegiert, weil es zu Kants Welt gehört, gewissermaßen seinen selbstverständlichen sozialen Hintergrund bildet. Privilegiert wird allein die eine, wahre Religion, die – von Bekenntnissen unabhängig – das Pendant zur autonomen Moral darstellt.

19.4 Die Hauptthemen

Schon der Titel des Ersten Teils benennt die seither berühmte These *Von der Einwohnung des bösen Prinzips neben dem guten: oder Über das radikale Böse in der menschlichen Natur*. Kant greift mit dieser Behauptung die Lehre der Erbsünde auf: Als ein Hang findet sich das Böse nicht nur bei diesem oder jenem Individuum, sondern bei der ganzen Gattung, selbst bei moralisch vorbildlichen Menschen, und dieser Hang geht allen einzelnen Handlungen voraus. Trotzdem entspringt das Böse nicht einer biologischen Anlage, etwa einer in der Sinnlichkeit begründeten Verführbarkeit des Menschen. Der Hang zum Bösen kann vielmehr der Freiheit des Menschen zugerechnet werden, etwa seiner Bereitschaft, im Konfliktfall sinnlichen Neigungen nachzugeben, vorsichtiger gesagt: dem

Hang, nicht a priori den konkurrierenden Neigungen zu widersprechen (siehe Kap. 21).

Der Mensch ist aber nicht bloß von Natur, sondern, so die zweite Teilbehauptung, auch radikal böse. Danach ist der Mensch nicht etwa durch und durch, wohl aber seiner *radix*, seiner Wurzel nach böse. Wie es eine vielfache Erfahrung zeige, daher einen förmlichen Beweis überflüssig mache, habe der Mensch nicht bloß natürliche, für sich genommen moralisch indifferente Neigungen. Er habe auch eine Neigung zweiter Stufe oder Metaneigung, nämlich den grundlegenden Hang, im Fall eines Konflikts mit dem moralischen Gesetz, diese erststufigen Neigungen zum letzten Bestimmungsgrund zu machen. Genau damit widerspricht der Mensch dem Moralgesetz, obwohl er sich dieses Gesetzes bewußt ist, womit er sich gegen das Moralgesetz auflehnt.

Eine solche Auflehnung bedeutet, sagt Kant zu Recht, mehr als bloße Gebrechlichkeit (im Sinne von moralischer Unzuverlässigkeit, Willensschwäche) und Unlauterkeit. Als Hang, gegebenenfalls moralwidrige, böse Maximen anzunehmen, ist sie Bösartigkeit. Gleichwohl handelt es sich nicht um jene Bosheit, die das Böse als Böses zur Triebfeder macht, was Kant «teuflisch» nennt. Kant hält die Bösartigkeit zwar für angeboren, freilich nicht im biologischen Sinn, weshalb sie überwindbar ist. Zur Überwindung genügt aber nicht eine Besserung der Sitten, eine Disziplinierung der von Natur aus undisziplinierten Neigungen, vielmehr braucht es eine «Revolution der Gesinnung» (*Rel.*, VI 47).

Die Theorie vom radikal Bösen bildet zu Kants Moralphilosophie keine zufällige Beigabe. Sie ist vielmehr mit deren Lehre vom Menschen als einem in praktischer Hinsicht endlichen, nämlich sinnlichen Vernunftwesen verbunden. Allerdings setzt sie in dieser Lehre einen neuen Akzent: Die Freiheit eines Wesens, das nicht von Natur reine praktische Vernunft ist, bleibt stets gefährdet. Denn verhängnisvollerweise schließt sie die Fähigkeit zum Bösen, den Hang dazu und die stets drohende Aktualisierung, das Tun des Bösen, ein.

Wegen des teils guten, teils bösen Prinzips im Menschen kommt es, so der Zweite Teil der *Religion*, zum *Kampf des guten Prinzips mit dem bösen, um die Herrschaft über den Menschen.* Hier entwikkelt Kant eine «philosophische Christologie». Für den siegreichen Kampf des Guten über das Böse reicht es nicht – mit den Stoikern in Kants Verständnis – aus, die Neigungen als Hindernisse der Pflichterfüllung zu überwinden. Es braucht auch ein reines Vorbild, die Person gewordene Idee des Guten. Christus, der «Sohn Gottes», als «Ideal der Gott wohlgefälligen Menschheit» (VI 75 f.), ist «die Menschheit (das vernünftige Weltwesen überhaupt) in ihrer moralischen ganzen Vollkommenheit» (VI 60). Dieses Ideal, nach der ersten *Kritik* eine Idee in individuo (*KrV*, B 596), gibt allen Menschen das Beispiel lauterer Moralität, wodurch das böse Prinzip zwar nicht völlig ausgerottet, aber doch in seiner Gewalt gebrochen wird.

Der Dritte Teil *Vom Sieg des guten Prinzips über das böse und die Gründung eines Reichs Gottes auf Erden* entwickelt eine philosophische Eschatologie (Lehre von den letzten Dingen), die als philosophische Ekklesiologie (Lehre von der Kirche) beginnt. Kant fordert hier die Menschen auf, den ethischen Naturzustand zu verlassen. So wie im rechtlichen («juridischen») Naturzustand ein Krieg aller gegen alle herrscht, meint der ethische einen «Zustand der unaufhörlichen Befehdung des guten Prinzips, das in jedem Menschen liegt, durch das Böse» (*Rel.*, VI 97). Überwunden wird der ethische Naturzustand durch eine Gemeinschaft, in der im Unterschied zum zwangsfähigen Recht die hier herrschenden Tugendgesetze zwangsfrei anerkannt werden.

Der Zusammenschluß zu einer derartigen Gemeinschaft ist nach Kant eine Pflicht, die freilich nicht der einzelne, sondern das Menschengeschlecht als Gattung zu erfüllen hat. Mit diesem Gedanken geht der Philosoph über seine bisherige Religionsphilosophie noch hinaus. Nach der ersten *Kritik* ist die moralische Welt, auch Reich der Zwecke genannt, «eine Idee, deren Ausführung» an die Proportionalität von Glückseligkeit mit Glückswürdigkeit geknüpft ist, auf die wiederum nur gehofft werden kann, «wenn eine höchste Vernunft, die nach moralischen Gesetzen gebietet», sprich: Gott, «zugleich als Ursache der Natur zum Grunde gelegt wird» (*KrV*, B 838). Die Bedingung besteht also im Gottespostulat. Nach der *Religion* hat der Mensch die Pflicht, diese Idee «nach Kräften zu verwirklichen» (*Rel.*, VI 98). Dies geschieht in der Gestalt jenes zu erwartenden und zu befördernden ethischen Gemeinwesens, dem die

Grundlegung in der dritten Unterformel des kategorischen Imperativs, mit dem Reich der Zwecke, vorgreift (*GMS*, IV 433).

Da die ethische Gesetzgebung etwas Innerliches, die Moralität, zu befördern hat, kann es weder eine Aufgabe noch eine Befugnis des rechtlichen Gesetzgebers sein, sich um die Aufhebung des ethischen Naturzustandes zu bemühen. Kant spricht hier durchaus von einem Gesetzgeber. Diese nach der Aufhebung des ethischen Naturzustandes zuständige Instanz ist aber ein anderer als der des rechtlichen Gemeinwesens. Er ist weder der allgemeine Wille, das Volk, noch eine Obrigkeit, die die ethischen Gesetze als Befehle erläßt, denn andernfalls verlören die zwanglosen Tugendgesetze ihr Wesen, die Zwanglosigkeit, und würden zu zwangsfähigen Rechtsgesetzen. Der ethische Gesetzgeber ist jemand, bei dem «alle wahren Pflichten ... zugleich als seine Gebote vorgestellt werden müssen» (*Rel.*, VI 99).

Ein solcher Gesetzgeber, offensichtlich Gott, ist hier als «moralischer Weltherrscher» zu verstehen, und ein ethisches Gemeinwesen ist «nur als ein Volk unter göttlichen Geboten, d. i. als ein Volk Gottes, und zwar nach Tugendgesetzen, zu denken möglich» (ebd.). Übrigens greift diesem Gedanken die zweite *Kritik* vor, wenn sie das Reich Gottes bestimmt als «Darstellung der Welt, darin vernünftige Wesen sich dem sittlichen Gesetz von ganzer Seele weihen» (*KpV*, V 128).

Im Unterschied zu einem bürgerlichen Gemeinwesen ist das ethische keine partikulare, sondern eine universale, alle Menschen umfassende Einheit. Im Gegensatz zu einem Gemeinwesen aller bürgerlichen Gemeinwesen, einer etwaigen Weltrepublik, hat sie den universalen Charakter nicht sekundär, als globale Republik der Republiken, sondern von vornherein und streng a priori. Der Grund: Sie basiert auf einem reinen Religionsglauben, der als bloßer Vernunftglaube jedermann zu überzeugen vermag. Ein auf historischen Tatsachen aufbauender Glaube ist dagegen nicht apriorisch, sondern räumlich und zeitlich begrenzt, nämlich nur so weit glaubwürdig, wie die Nachrichten über die entsprechenden Tatsachen glaubwürdig dorthin gelangen (vgl. *Rel.*, VI 102 f.).

Wegen der Innerlichkeit der Tugend kann diese Gemeinschaft kein Gegenstand möglicher Erfahrung sein, weshalb sie, die allein durch Tugendgesetze bestimmt ist, in der Erfahrung nicht vorkommt. Als

Gemeinschaft aller «Menschen guten Willens» stellt das Reich Gottes den Sonderfall einer sozialen Einheit dar, die jede sichtbare Organisation ablehnt; sie ist eine unsichtbare Kirche: die «bloße Idee von der Vereinigung aller Rechtschaffenen unter der göttlichen ... moralischen Weltregierung» (VI 101). Für sie gelten laut Kant dieselben Eigenschaften, die das christliche Credo von der Kirche bekennt.

Diese Selbigkeit ist auf den ersten Blick einmal mehr überraschend, sogar irritierend, der zweite Blick sieht aber den Grund, die in Begriffen der reinen praktischen Vernunft erfolgende Auslegung des Credo: Die unsichtbare Kirche ist allgemein, da sie, lediglich auf der Vernunft aufbauend (vgl. *Fak.*, VII 49 f.), numerisch eine ist. Sie ist heilig, weil sie als Gemeinschaft nach Tugendgesetzen durch völlige Lauterkeit und moralische Reinheit bestimmt wird. Schließlich ist sie apostolisch, da ihre Verfassung, die moralische Gesetzgebung, unveränderlich ist.

Wegen der Unsichtbarkeit ist das Reich Gottes grundsätzlich nicht in einem geschichtlichen Staat, einem «messianischen Erdenreich» *(Vorarbeiten zur Religionsschrift*, XXIII 112), zu verwirklichen. Entgegen den vielfachen Versuchen säkularer Theokratien ist das Reich Gottes kein politisches Imperium, das sich durch einen Fortschritt an politischer Gerechtigkeit verwirklichen ließe. Das bedeutet nicht, das Reich Gottes könne nichts anderes als ein Mythos oder eine Chiffre sein. Für Kant ist es ein ethisches Reich und bildet den moralischen Endzweck, so wie im ewigen Frieden einer weltweiten Rechtsgemeinschaft der rechtliche Endzweck der Menschheit liegt.

Obwohl die Gemeinschaft nach Tugendgesetzen in einer unsichtbaren Kirche besteht, verwirft Kant erstaunlicherweise nicht jede sichtbare Organisation. Denn eine Bedingung, die veritable Öffentlichkeit, gewinne ein Gemeinwesen erst, wenn es zu einer sinnlichen Form, hier zur sichtbaren Kirche, findet. Ihr räumt Kant eine moralpädagogische Aufgabe ein: Ihr Recht und zugleich ihre Aufgabe liegt in der sinnlichen Darstellung der moralischen Idee des Gottesreiches.

Die sinnliche Darstellung darf man allerdings nicht für die Sache selbst halten. Den ersten Grund aller wahren Religion bildet die rein moralische Gesetzgebung; durch sie ist «der Wille Gottes ursprünglich in unser Herz geschrieben» (*Rel.*, VI 104). Folgerichtig kündigt sich das Nahen des Gottesreiches nicht durch den Glanz einer sichtbaren Kirche, sondern dadurch an, daß der bloße Kirchenglaube sich allmählich in einen reinen Vernunftglauben, den moralischen Religionsglauben, wandelt. Denn «die reine moralische Gesetzgebung» ist «nicht allein die unumgängliche Bedingung aller wahren Religion überhaupt, sondern sie ist auch das, was diese selbst eigentlich ausmacht» (ebd.).

Im Vierten Teil schließlich, *Vom Dienst und Afterdienst unter der Herrschaft des guten Prinzips, oder Von Religion und Pfaffentum*, beschließt Kant seine philosophische Ekklesiologie. Ähnlich wie schon Rousseau *(Contrat social,* 1762; IV 8) setzt er die moralische Religion des guten Lebenswandels von allen Religionen der Gunstbewerbung (des bloßen Kultus durch Satzungen und Observanzen) ab. Jede religiös opportunistische Absicht, die im Abweichen von der moralischen Gesinnung auf das Wohlgefallen Gottes und seine Gnadenwirkung spekuliert, wird als «Afterdienst» diskreditiert, das heißt als falscher Gottesdienst entlarvt, der zum «Religionswahn» (*Rel.*, VI 170) und «Fetischglaube» (VI 193) verleite. Kulthandlungen, die an die Stelle des moralisch guten Lebenswandels treten, sind wegen ihres Widerspruchs zum Prinzip der Autonomie moralisch zu verwerfen. Wahre Aufklärung unterscheidet daher einen freien, moralischen Dienst Gottes vor einem knechtischen (VI 179).

19.5 Eine Fülle von Lesarten

Selbst wenn das philosophische Gewicht der *Religion* nicht das der drei *Kritiken* erreicht, hat sie eine facettenreich enorme, sowohl kantinterne als auch über Kant weit hinausreichende Bedeutung. Um sie auszuloten, verdient die Schrift mehrere, mindestens neun Lesarten. Sie schließen sich nicht gegenseitig aus, sondern ergänzen einander:

Die *erste* Lesart ist schon erwähnt: Die *Religion* setzt offensichtlich Kants kritisches Programm fort. Wegen ihres Gegenstandes, der Religion, hat die Schrift ebenso offensichtlich als *zweites* eine religionswissenschaftliche Bedeutung.

Da sich Kant mit der Religion, namentlich ihrem Grundbegriff «Gott», schon in der vorkritischen Zeit, später in allen drei *Kritiken* befaßt, versprechen diese beiden ersten Lesarten wenig Neues. Innovativ wird die *Religion* erst durch eine dritte Lesart: daß der Religion bzw. Theologie nicht nur wie in den *Kritiken* die Rolle eines Gegenstandes zukommt; vielmehr tritt sie in gewisser Hinsicht auch als Autor auf. Sie ist nicht lediglich ein Objekt, sondern erhält auch einen Subjektcharakter; im Rahmen der Moral erfüllt sie nämlich eine legitimatorische Aufgabe. Die Moral bedarf zwar «zum Behuf ihrer selbst ... keineswegs der Religion.» Denn dank «der reinen praktischen Vernunft ist sie sich selbst genug» (*Rel.*, VI 3). Trotzdem soll die Moral unumgänglich zur Religion führen (VI 6).

Die Moral der reinen praktischen Vernunft ist also für sich autark und doch mit der Religion untrennbar verbunden. Infolgedessen steigt die Religion zu einem Partner auf. Ohne seinen moralphilosophischen Grundgedanken, die Autonomie, zu gefährden, also ohne ihn zugunsten von Heteronomie oder Theonomie aufzugeben, skizziert Kant eine Vernunft-Ehe von Autonomie und Religion. Dabei sind die Ehepartner zwar nicht gleichberechtigt, trotzdem wird keiner dem anderen unterworfen. Gemäß der in der zweiten Vorrede der *Religion* behaupteten spezifischen «Einigkeit» zwischen Vernunft und Heiliger Schrift, dem Verhältnis der zwei konzentrischen Kreise, stellt die Offenbarung Vorgaben bereit, unter denen die Vernunft als Sonde die entscheidenden Elemente aufsucht.

Damit sind im Vorübergehen weitere Lesarten der *Religion* benannt. Bekanntlich unterwirft die Epoche der europäischen Aufklärung die Religion einer harschen Kritik. Dabei lassen sich mindestens vier Modelle unterscheiden. Voltaires Devise «Écrasez l'infâme» nimmt die Kirche ins Visier. Nach einem wichtigen Vordenker der Französischen Revolution, dem materialistischen Philosophen d'Holbach, haben alle wichtigen religiösen Dogmen, sowohl die Existenz Gottes als auch der Glauben an eine unsterbliche Seele und eine überirdische Existenz, den Charakter von Illusionen (z. B. *Système de la nature*, 1770, Teil II).

Will die Religion trotzdem noch fortbestehen, nicht rein traditionell und autoritär, sondern vernünftig, eben aufgeklärt, so muß sie erhebliche Opfer bringen, wofür außer d'Holbachs Modell zwei weitere Modelle bedeutsam sind: Nach David Humes *Natural History of Religion* (1757), einem religionsphilosophischen und religionssoziologischen Essay, hat die Religion, wie schon erwähnt, keinen anthropologischen Rang. Denn wegen religionsloser Völker, über die berichtet werde, kann die Religiosität weder in der menschlichen Vernunft gründen noch zur emotionalen Grundausstattung des Menschen gehören. Und vergleiche man die beiden Grundformen von Religionen, den Polytheismus und den Monotheismus, so erweise sich der Polytheismus als toleranter und menschenfreundlicher.

Das vierte Modell schließlich, Rousseaus Erziehungsroman *Émile* (1762) geht zwar mit dem Wahrheitsanspruch der Offenbarungsreligion scharf ins Gericht, hält aber eine natürliche Religion für notwendig. In pointiertem Gegensatz zu diesen vier Modellen räumt Kant nicht bloß der natürlichen, sondern selbst der geoffenbarten Religion ein erhebliches Gewicht ein: Der Moralischgläubige ist für den Geschichtsglauben, also die Offenbarung, offen (*Rel.*, VI 181 f.). Die *Religion* unternimmt eine kraftvolle Verteidigung der Religion, die jedoch hier, analog zur judikativen Grundhaltung der ersten *Kritik*, nicht bloß affirmativ, ohnehin nicht allein negativ ausfällt. Kant legt, so die *dritte* Lesart der *Religion*, eine kritische Apologie vor, die selbst die von Voltaire nur angegriffene Kirche einschließt.

Da Kant die Religion von seiten der Moral her versteht, nimmt er *viertens* eine Ergänzung, in gewisser Hinsicht sogar Neubegründung seiner Moralphilosophie vor. In der zweiten *Kritik* wird das Böse nur vernunfttheoretisch, als eines der beiden «Objekte einer praktischen Vernunft», erörtert (vgl. *KpV*, V 58 ff.). Die *Religion* führt erstmals den anthropologischen Gedanken des radikal Bösen ein und rückt ihn sogleich, im Ersten Teil, in den Mittelpunkt. Auch für die weiteren drei Teile gibt er den Leitfaden ab.

Da das radikale Böse als für den Menschen wesentlich erscheint, erhält die Religion *fünftens*, hier im Gegensatz zu Hume, eine anthropologische Bedeutung. Diese wird übrigens in der Hoch-Zeit philosophischer Anthropologie bei zwei ihrer wichtigsten Autoren, bei Helmuth Plessner und Arnold Gehlen, unterschlagen, nicht dagegen bei Max Scheler (1928), insofern er vom Menschen als «Mitarbeiter Gottes» spricht.

Da das radikale Böse die personale Freiheit auf eine grundlegend neue Weise zu denken verlangt, hat die Schrift *sechstens* ein freiheitstheoretisches Gewicht. Weil weder neuere Ethiken wie der Utilitarismus und die Diskursethik noch die heute zwischen Philosophen und Hirnforschern geführte Freiheitsdebatte darauf eingehen, gibt Kant ein Problembewußtsein vor, das eine entsprechende Debatte aufarbeiten sollte.

Kant setzt sich mit einer Religion, dem Christentum, näher auseinander, weil es seinem Verständnis der wahren Religion, einer Religion der reinen praktischen Vernunft, am nächsten kommt. Auf diese Weise wird die von der vorkantischen Aufklärung «arg zerrupfte» Religion in einer Gestalt, dem Christentum, wieder in ihr Recht gesetzt. Dabei werden die christlichen Grundgedanken von einer moralphilosophischen Basiskonstellation her verstanden, jener Konkurrenz des Bösen und des Guten, die sich unabhängig von der geschichtlichen Gestalt als Ausdruck des moralischen Selbstverständnisses einer autonomen, freilich sinnlich affizierbaren Vernunft beschreiben läßt.

Zum Zweck, die Religion in der Gestalt des Christentums zu rehabilitieren, nimmt sich Kant, wie erwähnt, die seines Erachtens vier christlichen Hauptgedanken vor: die christliche Sündenlehre (Erstes Stück), Jesus als den Christus, mithin die Christologie (Zweites Stück), die Lehre von den letzten Dingen, die Eschatologie (Drittes Stück), viertens die Lehre einer Kirchengemeinschaft, die Ekklesiologie (Drittes und Viertes Stück), und zusätzlich die Gnadenlehre (Viertes Stück, Allg. Anmerkung). Nur weil sich die Religionsschrift so genau auf die Grundgehalte des Christentums einläßt, enthält sie *siebentens* eine detaillierte Philosophie des Christentums.

Warum befaßt sich Kant so ausführlich mit der christlichen Religion? Der Grund liegt nicht darin, wie Goethe an Johann Gottfried und Karoline Herder schreibt, daß Kant «seinen philosophischen Mantel … freventlich mit dem Schandfleck des radikalen Bösen beschlabbert, damit doch auch Christen herbeigelockt werden, den Saum zu küssen» (7. Juni 1793, 213). Dagegen spricht schon, daß Kants Wertschätzung von Theologie und Religion wie gesagt einen integralen Bestandteil des transzendentalphilosophischen Programms bildet. Ende der 1780er Jahre nennt Kant beispielsweise in einem Brief das Evangelium einen «unvergänglichen Leitfaden wahrer Weisheit» (an H. Jung-Stilling, März 1789, in: *Briefe*, XI 10). Und ein Jahr nach der *Religion*, in der brillanten Abhandlung *Das Ende aller Dinge* (1794), rühmt er am Christentum, daß es «etwas Liebenswürdiges in sich» habe (*EaD*, VIII 337).

Vor allem hat Kant einen moralphilosophischen Grund. Die Moral führt seines Erachtens deshalb «unumgänglich» zur Religion, weil ohne diese der «Hang zum Bösen» das gleiche Vernunftrecht beanspruchen dürfte wie die «Anlage zum Guten». Erstaunlicherweise stellt nämlich die *Religion* das Böse als einen authentischen Ausdruck des Freiheitsgebrauchs dar, wodurch die Vernunft als in sich gespalten erscheint. Um nun die innere Spaltung der Vernunft aufzuheben, braucht es eine Instanz, die über den bösen oder aber guten Gebrauch der Freiheit entscheidet. Diese Instanz muß aber, damit Kant die Vernunfttheorie der Moral nicht aufgibt und am Ende die Moral der Autonomie doch einer theonomen Moral opfert, vernunftintern bleiben. Die Vernunft muß also ihre vernunftinterne Spaltung vernunftintern aufheben und den im Hang zum Bösen liegenden Vernunftanspruch abwehren können.

Kants Apologie des Christentums beläuft sich aus theologischer Sicht auf eine Fundamentaltheologie neuer Art, auf eine rein philosophische, des näheren moralphilosophische Fundamentaltheologie. Wie nicht anders zu erwarten, legt Kant keine unkritische Apologie vor. Die traditionelle, innertheologische, weil am Ende denn doch offenbarungsverpflichtete Fundamentaltheologie wird vielmehr vernunftkritisch neu entworfen.

Die neue vernunftkritische Disziplin tritt schon in den Einzeltiteln zutage. Denn sie benennen weder christliche Dogmen wie die Erbsünde, die Gottessohnschaft Jesu, das Jüngste Gericht und die Kirche, noch die zugehörigen theologischen Disziplinen, also die Sündenlehre, die Christologie, die Eschatologie und die Ekklesiologie. Sie sprechen vielmehr das einschlägige moralphilosophische Thema direkt an. Dabei kommt es stets auf das gute oder das böse Prinzip und in drei von vier Stücken auf deren Verhältnis an. Nur einmal, auch dann bloß in der zweiten Hälfte, taucht im Titel ein genuin christlicher Begriff auf, das Reich Gottes, aber auch dieser Begriff in der genuin philosophischen Gestalt: «... auf Erden».

Wichtiger ist selbstverständlich die inhaltliche Aussage. Im Ersten Stück wird aus dem christlichen Dogma der Erbsünde, dem substantialistischen Verständnis des Bösen als einer ererbten Eigenschaft der Gattung Mensch, ein Hang zum Bösen, der sich zwar nicht ausrotten, aber durch die (noch zu kultivierende) «Anlage zum Guten» disziplinieren läßt. Im Zweiten Stück wird aus dem Dogma von Jesus als Gottessohn ein regulatives Vorbild. Kant erlaubt im Dritten Stück durchaus eine sichtbare Religionsgemeinschaft, verlangt aber, sie «vom Blödsinn des Aberglaubens und dem Wahnsinn der Schwärmerei» zu reinigen (*Rel.*, VI 101). In den praktischen Schlußfolgerungen des Vierten Stücks schließlich wird jener Charakter einer politischen Streitschrift überdeutlich, der eine *achte*, politische Lektüre verlangt. Sie ist umso mehr gefordert, als Kants Leben zunächst in die Regierungszeit zweier aufgeklärter Herrscher, der Preußenkönige Friedrich Wilhelm I. (1713–40) und Friedrich II., des Großen (1740–1786), fällt, unter denen die konfessionelle Toleranz in Preußen zu einem Vorbild für Europa wird. Der Nachfolger, Friedrich Wilhelm II., setzt aber dieser Toleranz ein Ende.

Vor diesem Hintergrund erweist sich Kants *Religion* als politische Kampfschrift, freilich *modo philosophico* verfaßt. Der Autor zieht nicht die rhetorischen Register einer fulminanten Anklage. Er reitet keine politische Attacke, sondern stellt, seinem Metier treu, mit Begriff und Argument die Toleranz der preußischen Regierung auf die Probe. Ohne aufdringliches Pathos weist er jede Einschränkung des öffentlichen Vernunftgebrauchs zurück und kämpft auf diese rein argumentative Weise für Religionsfreiheit:

Über die eigentliche Wahrheit der Religion entscheide nicht die Kirche mit ihren Dogmen, sondern die Vernunft, die daher das Recht erhält, über die Zuträglichkeit der religiösen Wahrheit für die Gesellschaft zu befinden. Hier zeigt sich die Religion in ihrem Dialog mit der Vernunft als gleichberechtigter Partner, gleichberechtigt ist aber nicht die vorvernünftige, sondern allein die vernunftkritisch reformierte Religion. Die für Kant und seine Moral der reinen praktischen Vernunft entscheidende Reformation findet nicht durch die bekannten Reformatoren Luther, Calvin oder Zwingli statt, sondern durch die (in der Aufklärungsepoche vorbereitete) Transformation einer vorkritischen zur kritischen Religion. Und in einer für die kritische Religion wichtigen Hinsicht, der Ablehnung einer angemaßten alleinigen Rechtgläubigkeit, spricht Kant, selber von Haus aus Protestant, rühmend von einigen «protestantischen Katholiken» und mißbilligend von «erzkatholischen Protestanten» (*Rel.*, VI 109).

Dabei setzt Kant, *neunte* Lesart, der damals dominanten, auf der Bibel aufbauenden, «biblischen Theologie» eine in mehrerer Hinsicht neuartige «philosophische Theologie» gegenüber. Auch sie benutzt zwar die Bibel, aber nur unter anderem, da sie im Prinzip «die Geschichte, Sprachen, Bücher aller Völker» berücksichtigt (VI 9). Was Kant zwei Jahre später, in der Schrift *Zum ewigen Frieden* (1795), zu einer eigenen Aufgabe, zum Weltbürgerrecht, erklärt, wird in der *Religion* fast beiläufig eingebracht: eine weltbürgerliche Perspektive, hier als eine kosmopolitische Theologie.

Für sie fordert Kant «alle Freiheit», womit er alle dogmatische Bevormundung zurückweist und jener Religionswissenschaft zuarbeitet, die seit David Hume, in anderer Weise seit Johann Gottfried Herder als Religionsgeschichte, seit Friedrich Schleiermacher als Religionspsychologie und später auch als Religionsethnologie fremde Religionen auf eine gegen den Absolutheitsanspruch des Christentums indifferente Weise untersucht.

Beide Seiten zusammen, die Religionsphilosophie à la Kant und die Religionswissenschaften, kann man als eine neuartige Theologie verstehen, als eine Theologie der Philosophischen Fakultät, die sich von aller christlich-theologischen Dogmatik und Bevormundung emanzipiert und für ihren genuin philosophischen Anteil eine neuartige Hermeneutik fordert (siehe Kap. 20).

19.6 Vorläufige Bilanz

Nach einer ersten Erwartung setzt Kant in der *Religion* lediglich seine bisherige philosophische Theologie und moralisch interpretierte Religionsphilosophie fort. In Wahrheit bringt er wie gesagt ein neuartiges Element in die Debatte. Mit ihm, einer Offenbarung, gibt er nur scheinbar seinen bisherigen Standpunkt, den einer rein natürlichen Theologie, auf. In Wahrheit nimmt er aber eine raffinierte Erweiterung vor. Bei den Elementen, auf die sie innerhalb der christlichen Offenbarung stößt, muß man sich fragen, aus welchen methodischen und aus welchen inhaltlichen Gründen diese und nur diese Elemente von Bedeutung sind: die Lehre der Erbsünde, die Lehre von einer Person als dem Christus, das heißt dem Erlöser, die Lehre der letzten Dinge, die Eschatologie, die Lehre einer Religionsgemeinschaft, einer Kirche, zusätzlich die Lehre der Gnade.

Zudem wäre es interessant zu wissen, zumal für einen interkulturellen Religionsdiskurs, ob sich in anderen Religionen analoge Elemente finden. Da die Erfahrung, auf die Kant sich beruft, nicht an die christliche Welt, auch nicht an die westliche Welt gebunden ist, sondern mit der (reinen) praktischen Vernunft zusammenhängt, sollte man die Elemente finden können. Bei einem negativen Ergebnis, wenn also auch bei kreativer Interpretation die Elemente sich nicht finden lassen, müßte man sich die Tragweite überlegen, wobei sich zwei Optionen aufdrängen, die beide sowohl radikal als auch folgenreich «unschön» sind: (1) Fehlt der Kantischen Überlegung, etwa mangels interkultureller Gemeinsamkeiten, die anthropologische Grundlage, so ist der Titel der Religionsschrift empfindlich einzuschränken; er müßte lauten: «Die Religion innerhalb der Grenzen der bloß christlichen», bzw. «der bloß westlichen Vernunft». Diese Einschränkung beliefe sich auf nichts weniger als ein Scheitern des Vorhabens. (2) Wenn dagegen Kant recht hat, so muß man den Religionen, denen die genannten Elemente oder auch nur ein Teil von ihnen fehlen, ein Defizit vorwerfen. Worin es genau besteht, bleibt dann freilich noch zu bestimmen: Ist es genuin religiöser Natur? Ist es «nur» moralischer Natur? Insbesondere: Fehlt in anderen Religionen die Erfahrung, auf die sich Kant beruft, obwohl sie doch allgemeinmenschlicher Natur sein soll, nämlich «die menschliche, teils mit guten teils bösen Anlagen behaftete Natur» (*Rel.*, VI 11)?

Nur begrenzt, gewissermaßen bloß zur Hälfte zutreffend, ist auch eine andere Erwartung: daß Kant seine kritische Philosophie fortsetzt. Ohne Zweifel nimmt er keinen seiner transzendentalkritischen Grundgedanken zurück. Er läßt sich aber nicht auf die Grundaufgabe der Kritik ein, ein menschliches Grundvermögen auf seine apriorischen Fähigkeiten und deren Grenzen zu prüfen. Denn hier steht, wie erwähnt, kein neues, viertes Grundvermögen zur Diskussion, vielmehr setzt Kant die Erörterung des in der Moral gipfelnden Begehrungsvermögens und der zugehörigen Freiheit fort.

Die andere Hälfte: Die Religion tritt mit einem größeren Eigengewicht auf. Erstens wird ihr die Möglichkeit einer nichtnatürlichen Einsicht, einer Offenbarung, eingeräumt. Zweitens werden von dieser Offenbarung anthropologische Einsichten erwartet, also Einsichten, die den Philosophen interessieren sollten. Damit erhält die Vernunft drittens eine Vorgabe, die sich auf die Grenze beläuft, daß der Vernunft Einsichten vorgegeben sind, die sie nicht aus sich hervorbringen kann. Sie vermag sie nur, viertens, zu re-konstruieren, im strengen Sinn des *re:* Sie kann sie lediglich intellektuell einholen, aber weder hervorbringen noch überholen.

Um eine schlichte Vorgabe handelt es sich hier freilich nicht. Denn die Vernunft läßt sich nicht auf die gesamte Offenbarung ein, nimmt vielmehr eine zweifache Selektion vor. Einerseits wählt sie nur wahrhaft anthropologische Elemente aus, womit die historischen oder quasi-historischen Elemente entfallen, für das Alte Testament immerhin die Noah-Geschichte, die Josephs-Geschichte und der Auszug aus Ägypten, die Zeit der Richter und die der Könige, die Ruth-, die Esra-, die Judith- und die Esther-Geschichte. Vor allem entfällt ein Grundelement: der Bund einer Gottheit mit *seinem* Volk, also die exzeptionelle Beziehung von Jahwe mit Israel.

Kants Auswählen ist ambivalent einzuschätzen, denn die Vernunft tritt als Maßgeber auf: Sie stellt ein Kriterium auf, die anthropologische Relevanz, und mit diesem Kriterium als Sonde «pickt» sie die passenden Elemente heraus, was für die Offenbarung eine erhebliche Verkürzung bringt: Nur ein Bruchteil ihrer Aussagen findet vor der Vernunft Gnade. Obwohl sich Kant auf die jüdisch-christliche Offenbarung einläßt und dabei über den bisherigen philosophischen Gottesbegriff hinausgelangt, bleibt dieser ein «Gott der Philosophen», der den «Gott Abrahams, Isaaks und Jakobs» von vornherein, nämlich schon methodisch ausschließt. Denn für Kant ist er ein historisches, zudem partikulares, daher dem Vernunftanspruch widerstreitendes Element.

In einer Hinsicht bricht Kant jedoch aus seiner Methode aus. Wenn er vom «Lehrer des Evangeliums» spricht, spielt er auf eine historische Figur an. Während er das historische Grundelement des Alten Testaments und zugleich des Judentums, Jahwes Bund mit Israel, beiseite setzt, erkennt er das historische Grundelement des Christentums, daß eine Person als Erlöser auftritt, zumindest indirekt an. Läßt sich diese Selektion rechtfertigen? Eventuell damit, daß der Jahwe-Bund ein Sonder-, mithin ein partikularer Bund ist, der freilich in manchem Wort der jüdischen Propheten eine Neigung ins Universelle enthält, die Universalisierung aber erst vom Christentum nicht nur mitlaufend eingebracht, sondern zum Programm erhoben wird? Hinzu kommt, daß Kant zum einen der neutestamentlichen Religion die historische Einmaligkeit abspricht, er zum anderen von einem «in unserer Vernunft liegenden Urbild» ausgeht und wir dieses Urbild «der Erscheinung des Gottmenschen ... unterlegen» (*Rel.*, VI 119).

Kants Auswahl aus der Offenbarung geht noch weiter: Nicht alle anthropologischen Elemente werden berücksichtigt, sondern nur die genuin moralischen, dabei aber überraschenderweise nicht das die Moral konstituierende Element. Kant spricht zwar vom Menschen als Geschöpf Gottes (VI 142), aber nirgendwo von der Gottebenbildlichkeit, obwohl sie säkular, als Sprach- und Vernunftbegabung, interpretiert zu den Voraussetzungen der menschlichen Moralfähigkeit gehört.

Unter Aufklärungsphilosophen ist die lineare, transitive Kritik der Religion beliebt, nämlich daß einer, die Vernunft, einen anderen, die Religion, kritisiert. Bei Voltaire verschärft sich die Kritik zu erbostem Kampf gegen die Kirche. Nach d'Holbach haben alle religiösen Dogmen illusorischen Charakter. Nach dem «Spätaufklärer» Marx, seinem *Manifest der kommunistischen Partei*, schafft der Kommunismus die Religion ab (vgl. MEW, IV 480). Denn die «Religion ist der Seufzer der bedrängten Kreatur ... sie ist das *Opium des Volkes*» (*Zur Kritik der Hegelschen Rechtsphilosophie*: MEW, I 378). Bei Kant wandelt sich die Linearität in eine wechselseitige, gewissermaßen dialogische Kritik: Die Religion macht Vorgaben; die Vernunft trifft nach Maßgabe ihrer eigenen Vorgabe eine scharfe Auswahl und nimmt für das Ausgewählte eine philosophische Rekonstruktion vor; und diese Rekonstruktion gipfelt in der Einsicht, daß die (moralische) Vernunft der Religion bedarf. Es gibt also ein Bedürfnis, sogar ein Vernunftbedürfnis nach Religion. Auf diese über die Moral vermittelte Weise könnte man denn doch von einer Anlage des Menschen zur Religion sprechen.

20. Philosophische Bibelhermeneutik

20.1 Zur Religionsphilosophie der Fakultätenschrift

In seiner letzten größeren Schrift, dem *Streit der Fakultäten,* setzt sich Kant erneut mit Religionsfragen auseinander. Nach einer Grundsatzüberlegung zum Wesen der einschlägigen Institution, der Universität, diagnostiziert er das konfliktreiche Verhältnis der drei oberen Fakultäten, der Theologie, der Jurisprudenz und der Medizin, mit jener einen unteren, Philosophischen Fakultät, die «sich nur mit Lehren beschäftigt, welche nicht auf dem Befehl eines Oberen zur Richtschnur angenommen werden» (*Fak.*, VII 27).

Nach Kant handelt es sich um einen universitätsinternen Antagonismus. Seines Erachtens geht es um das keineswegs illegitime, deshalb nicht aufzuhebende Spannungsverhältnis von Fremdbestimmung und Selbstbestimmung: Die oberen Fakultäten sind nämlich für die geordnete Interessenlenkung des Volkes durch äußerliche Vorschriften und Maßnahmen der Regierung verantwortlich, wobei die Regierung damals auch für die Kirche, überdies für das Medizinalwesen zuständig ist. Ohne diese fremdbestimmte Verantwortung zu diskreditieren, verteidigt Kant in den drei Abhandlungen das Selbstbestimmungsrecht der Philosophischen Fakultät. Mehr noch: Wenn man allein auf das wissenschaftsinterne Kriterium achtet, auf das Leitprinzip der Wahrheit (ebd.), so gebührt der unteren Fakultät sogar der Vorrang. Denn die oberen Fakultäten schöpfen ihre Lehren jeweils aus einschlägigen Schriften, also der (biblische) Theologe «nicht aus der Vernunft, sondern aus der Bibel, der Rechtslehrer nicht aus dem Naturrecht, sondern aus dem Landrecht», sprich: positiven Recht seines Landes, und der Arzneigelehrte aus der Medizinalordnung (VII 23). In der Philosophischen Fakultät dagegen, die nach damaligem Brauch auch die Mathematik und die Naturwissenschaften einschließt, zählen lediglich die eigene Vernunft der Wissenschaftler und das Prinzip Freiheit (VII 20, 30 u. a.).

Der Streit der Fakultäten ist für Kant nicht etwa rein akademischer Natur, denn er wird «um den Einfluß aufs Volk geführt» (VII 29). Bei diesem gesellschaftspolitischen Streit sucht jede Fakultät dem Volk glaubhaft zu machen, «daß sie das Heil desselben am besten zu befördern verstehe» (VII 30). Das Volk setzt allerdings «sein Heil zu oberst nicht in der Freiheit, sondern in seinen natürlichen Zwecken» (ebd.): Es will nach dem Tod selig sein (Theologie), im Leben das Seine durch öffentliche Gesetze gesichert finden (Jurisprudenz) und sich physisch der Gesundheit und des langen Lebens erfreuen (Medizin). Die Philosophische Fakultät nimmt daran keinen grundsätzlichen Anstoß. Sie läßt sich aber auf diese Interessen nur insoweit ein, als sie Vernunftvorschriften, damit auch ihrem Prinzip, der Freiheit, genügen. Gemäß ihrer Leitfrage, «was der Mensch selbst hinzutun kann und soll», verlangt die Philosophische Fakultät im Verhältnis zur Theologischen Fakultät, «rechtschaffen zu leben», in Beziehung zur Jurisprudenz «keinem Unrecht zu tun», und hinsichtlich der Medizin «sich mäßig im Genusse und duldend in Krankheiten und dabei vornehmlich auf die Selbsthilfe der Natur rechnend zu verhalten» (ebd.).

Im ersten Fakultätenstreit legt Kant religionsphilosophische Grundsätze dar, die sich mit denen der *Religion* decken. Zunächst, in der Vorrede, erinnert Kant an die zwei grundverschiedenen Zugangsweisen zur Religion, die der Vernunft und die der Offenbarung. Gemäß seinen generellen Kriterien kommt es bei der Vernunft auf «Allgemeinheit, Einheit und Notwendigkeit der Glaubenslehren» an, die wiederum das «Wesentliche einer Religion überhaupt ausmachen, welches im Moralisch-Praktischen (dem, was wir tun sollen) besteht» (VII 8 f.). Wer sich dagegen auf die Offenbarung beruft, glaubt «auf historische Beweisgründe» hin, wofür es kein (moralisches) Sollen gibt (VII 9). Weiterhin bekräftigt Kant seine «große Hochachtung für die biblische Glaubenslehre im Christentum», nämlich daß die Bibel «als das beste vorhandene, zur Gründung und Erhaltung einer wahrhaftig seelenbessernden Landesreligion» anzusehen sei (ebd.). Schließlich nennt er Gott einen «Herzenskündiger» – gemeint ist eine Person, die ins Innerste eines Menschen, sein Herz, zu blicken vermag (*Rel.*, VI 67, 72 u. a.) – und einen «Weltrichter» (VI 162), dem man nach seinem Tod «Rechenschaft geben müsse» (*Fak.*, VII 9 f.).

Gemäß den beiden Zugangsweisen zur Religion gibt es auch zwei grundverschiedene Arten, Theologie zu betreiben. Der biblische Theologe ist für Kant ein Schriftgelehrter, der sich auf seine (heilige) Schrift, die Bibel, beruft, während der Theologe der Philosophischen Fakultät, der in der *Religion* «philosophischer» Theologe heißt (vgl. *Rel.*, VI 9), ein reiner Vernunftgelehrter ist. Kant bestreitet dem biblischen Theologen nicht seine eigentümliche Kompetenz, die Zuständigkeit für einen Glauben, «der auf Statuten, d. i. auf Gesetzen beruht, die aus der Willkür eines anderen ausfließen» (*Fak.*, VII 36), also für einen Kirchenglauben. Auf diese Weise bleibt dem biblischen Theologen ein Recht, aber ein deutlich geringeres als dem rationalen Theologen. Dieser ist nämlich für jenen Religionsglauben zuständig, «der auf innern Gesetzen beruht, die sich aus jedes Menschen eigener Vernunft entwickeln lassen» (ebd.). Daher genügt nur er Kants Grundinteresse der Fakultät, dem Interesse für «eine aufgeklärte, den menschlichen Geist seiner Fesseln entschlagende ... Freiheit im Denken» (VII 5).

Die Folge liegt auf der Hand. Nach Kants Gegensatzpaaren von Willkür und Vernunft, von Anderem und Eigenem, auch von Nichtinnerem, also Äußerem, und Innerem, besteht eine klare Hierarchie, die die bisher an den Universitäten herrschende Rangfolge umkehrt. Kant beendet den Streit der Theologischen mit der Philosophischen Fakultät mit einem «Friedens-Abschluß». Dieser räumt den biblischen Theologen die «Befugnis» ein, «den Bibelglauben aufrecht zu erhalten»; diese Befugnis darf aber die «Freiheit der Philosophen, ihn [den Bibelglauben] jederzeit der Kritik der Vernunft zu unterwerfen», nicht beeinträchtigen (VII 67).

Zugleich führt Kant der Sache nach zwei grundverschiedene Heilige Schriften ein, eine äußere und eine innere. Außer der üblichen Heiligen Schrift, den äußeren Offenbarungstexten, kennt er das, was im Herz eines jeden Menschen eingeschrieben ist. Als innere Offenbarung bedarf sie nicht der äußeren Offenbarung, der sie zudem im Konfliktfall kompromißlos vorgeordnet ist.

20.2 Fortsetzung der Religionsschrift

Kant entwickelt im *Streit der Fakultäten* Grundsätze der Bibelaus-
legung, die unmittelbar aus seinen religionsphilosophischen Thesen
folgen. Sie belaufen sich auf eine kritische Bibelhermeneutik, die bis
heute als diskussionswert erscheint.

Neu ist eine bibelkritische Exegese zu Kants Zeit nicht. Eine
überragende Stellung nimmt der führende evangelische Theologe
des 18. Jahrhunderts, Johann Salomo Semler, mit seinem Hauptwerk *Zur Revision der kirchlichen Hermeneutik und Dogmatik*
(1788) ein. In diesem einige Jahre vor Kants *Religion* erschienenen
Werk verwirft Semler das Dogma von der Verbalinspiration der Bibel und weist deren historisch-menschlichen Ursprung nach. In der
Vorrede erklärt er die Vernunft und die Offenbarung zu den für die
legitime Schriftauslegung zuständigen Instanzen. Kant stimmt dem
zu, wenn er sagt: «Vernunftreligion und Schriftgelehrsamkeit sind
also die eigentlichen berufenen Ausleger und Depositäre einer heiligen Urkunde». Einen «dritten Prätendenten», das «innere Gefühl», weist er für das «Amt eines Auslegers» dagegen scharf zurück. Denn ein Gefühl kann nicht «das sichere Merkmal eines
unmittelbaren göttlichen Einflusses sein». (*Rel.*, VI 113 f.)

Schon lange vor Semler widmen sich zwei große Philosophen
der kritischen Bibelexegese. Der eine Philosoph, Sohn eines
ungebildeten Theologen, wird ohne ein eigenes Theologie-Stu-
dium zu einem bemerkenswerten Bibel-Kenner und Bibel-Aus-
leger: Thomas Hobbes mit seinem Hauptwerk, dem *Leviathan*
(1651). Der zweite Philosoph, den eine Geschichte der kritischen
Bibelexegese schwerlich übergehen darf, ist der Abkömmling einer
zwangschristianisierten Familie, Baruch de Spinoza. Schon in der
Vorrede seines *Theologisch-politischen Traktats* (1670) formuliert er
die fraglos bis heute gültige Interpretationsmaxime: «die Schrift
von neuem mit unbefangenem und freiem Geist zu prüfen und
nichts von ihr anzunehmen oder als ihre Lehre gelten zu lassen,
was ich nicht mit voller Klarheit ihr selbst entnehmen könnte»
(*Tractatus*, 9).

Die eigenständige Prüfung führt Spinoza zu zwei Kant vorgrei-
fenden Ansichten. Zum einen habe die Offenbarungsreligion der

Heiligen Schrift lediglich eine funktionale Bedeutung, und zwar im Hinblick auf die unterschiedlichen Adressaten, deren beschränkter Fassungskraft sie sich anpasse. Zum anderen bestehe das ganz Einfache, das die Schrift lehre, in moralischen Lebensregeln, insbesondere in der auch von Kant hochgeschätzten Nächstenliebe, die laut Spinoza Haß und Streit unter den Menschen tilge (vgl. *Tractatus*, Kap. 13–14).

Beide Autoren, Hobbes und Spinoza, sind nicht bloß Pioniere einer kritischen Bibelhermeneutik. Sie bereiten auch den Weg für jene andersartige kritische Hermeneutik, für die Kant nicht als Erfinder, jedoch als philosophischer Höhepunkt gelten darf: für eine streng vernunftkritische Schriftauslegung, des näheren für eine der reinen praktischen Vernunft, also der Moral verpflichteten Interpretation.

Aus Kants Hermeneutik folgt eine thematische Konzentration. Seit den Kirchenvätern Origines, Ambrosius und Augustinus kennt die christliche Theologie einen mehrfachen Schriftsinn. Nach Origines (*Peri archôn*, 2.4) besteht zwischen der biblischen Offenbarung und dem dreifachen Wesen des Menschen eine Analogie. Gemäß der somatischen («Leib»), der psychischen («Seele») und der pneumatischen Natur des Menschen («Geist») gibt es einen dreifachen: einen historisch-wörtlichen, einen moralischen und einen allegorisch-mystischen Schriftsinn.

Eine moralische Auslegung der Bibel ist also nicht neu. Während sie aber in der christlichen Theologie nur eine von drei im Prinzip gleichrangigen Auslegungsarten darstellt und sie auch bei Spinoza kein Exklusivrecht erhält, billigt ihr erst Kant hinsichtlich der wahren Religion den Rang der allein richtigen Hermeneutik zu. Darüber hinaus bestimmt er die Moral in Begriffen der reinen praktischen Vernunft. Erst Kant «universalisiert» die moralische Schriftauslegung; erst bei ihm erhält sie die für die wahre Religion exklusive und zugleich zur Moral der Autonomie spezifizierte Rechtfertigung. Infolgedessen interessiert sich Kant anders als Spinoza, ohnehin anders als die Kirchenväter, nicht für die gesamte Heilige Schrift. Gemäß seiner begrifflichen Grunddifferenzierung unterscheidet er in der Bibel zwei verschiedene Anteile, den rein moralischen Religionsglauben vom Geschichtsglauben, wobei nur jener auf rein vernünftige, zugleich überindividuelle und überepochale Weise der moralischen Besserung dient. Dieser dagegen kann als ein «bloßes sinnliches Vehikel … für diese oder jene Person, für dieses oder jenes Zeitalter» geeignet sein, gehört aber zum Religionsglauben «nicht notwendig dazu» (*Fak.*, VII 37).

Statt von «Vehikel» spricht Kant auch von «Organon» im Gegensatz zum «Kanon» (ebd.). Damit setzt er «zwei ungleichartige Stücke» der Bibel gegeneinander ab: den als Kanon, mithin als Richtschnur und Maßstab qualifizierten reinen Religionsglauben von jenem zum Organon, also Werkzeug herabgestuften Kirchenglauben, der auf Statuten beruht und im Unterschied zum Religionsglauben einer Offenbarung bedarf (VII 36 f.).

Daß Kant die Religion zu einer reinen Vernunftsache erklärt, hat den offensichtlichen Vorteil, daß sie für alle Menschen dieselbe ist, womit hier jeder Streit entfällt. Das aus der Geschichte bekannte polemogene, zu Gewalt und Krieg drängende Potential der Konfessionen und Religionen löst sich vollkommen auf. Außerdem zeigt sich das für Kants Werk generell zutreffende kosmopolitische Interesse. Während der bloße Kirchenglaube «eine reiche Quelle unendlich vieler Sekten in Glaubenssachen» ist und dann nur gewisse Gruppen, nämlich die Mitglieder der jeweiligen Kirche bzw. Sekte anspricht, wendet sich der reine Religionsglaube an alle Menschen (vgl. VII 50).

Allerdings stellt sich die Frage, ob für außer- und übervernünftige Elemente in der Offenbarung dann noch genügend Platz bleibt: Geht nicht, wenn man die moralischen Anteile der Offenbarung anerkennt, zu viel vom gewohnten Religionsbegriff verloren? Zur Qualifizierung und klar hierarchischen Einschätzung führt Kant die Opposition *kat' anthrôpon* und *kat' alêtheian*, also dem Menschen und der Wahrheit gemäß, ein. Der Geschichtsglaube läßt sich «auf die Denkungsart der damaligen Zeiten» ein, auf die den Aposteln überlassene Lehrmethode, deretwegen man ihn «nicht als göttliche Offenbarung betrachten» darf. Die entscheidenden «Lehrstücke an sich selbst» enthält allein der Religionsglaube (VII 37).

Aus dieser Zweiteilung folgt ein Streit zwischen der oberen und der unteren Fakultät wie von allein, womit die *Religion* thematisch in den ersten Fakultätenstreit mündet: Die Theologische Fakultät verdächtigt die Philosophische, «alle Lehren, die als eigentliche Offenbarungslehren und also buchstäblich angenommen werden müßten, wegzuphilosophieren und ihnen einen beliebigen Sinn unterzuschieben» (VII 38). Im Gegenzug verdächtigt die Philosophische Fakultät die Theologie, bei ihrem Blick auf den Kirchenglauben den eigentlichen «Endzweck, der als innere Religion moralisch sein muß und auf der Vernunft beruht, ganz aus den Augen zu bringen». Auf die Wahrheit und nichts als die Wahrheit verpflichtet, maßt sich die Philosophie das «Vorrecht» an, «im Falle des Streits über den Sinn einer Schriftstelle», diesen moralischen Sinn zu bestimmen (ebd.).

Kant hält diesen Streit für ebenso natürlich wie legitim. Denn die Theologische Fakultät schaut von ihrer Aufgabe her auf den Kirchenglauben, während die Philosophische Fakultät wegen ihrer Verpflichtung bloß auf die Wahrheit von dieser andersartigen Aufgabe her lediglich auf den moralischen Religionsglauben achtet.

Methodisch nennt Kant seinen Vorschlag einer «philosophischen Schriftauslegung» eine «Idee» (VII 44). Sie hat also den Status eines Vernunft-, nicht Verstandesbegriffs; für die entsprechenden philosophischen Grundsätze gibt es keine empirische Rechtfertigung. Ihre Legitimität gründet im Gedanken einer vernünftigen, infolgedessen allen historischen Zufällen des Textes enthobenen Bibellektüre.

Nach den aus der ersten *Kritik* bekannten Elementen kommt es bei einer Idee auf Allgemeinheit, Vollständigkeit und zugleich Notwendigkeit an. Ferner findet eine Idee, da sie für die theoretische Vernunft überschwenglich ist, nur in der praktischen Vernunft ihre Realität. Insofern scheint sich Kant in einem gewissen Zirkel zu bewegen: Unter der Voraussetzung, daß er in der Bibel Vernunft sucht, findet er sie auch, freilich nur im Sinne der gesuchten reinen praktischen, also moralischen Vernunft. Diese muß er aber als Erwartung schon mitbringen: Nur wer dank seiner philosophischen Hermeneutik in der Bibel Moral erwartet, wird fündig und entdeckt in der Bibel das Erwartete. Genau genommen liegt aber kein Zirkel vor, sondern die Hypothese, die Bibel enthalte wesentlich moralische Elemente. Diese Hypothese wird bestätigt – die Moral läßt sich finden – , wodurch sie den Rang einer berechtigten These erhält.

20.3 Vier hermeneutische Grundsätze

Aus dem absoluten Vorrang der Moral folgert Kant vier Grundsätze der philosophischen Schriftauslegung, die er jeweils an Beispielen erläutert: Wenn man erstens Schriftstellen, die den moralischen Vernunftbegriff übersteigen oder ihm sogar widersprechen, trotzdem im Sinne der reinen praktischen Vernunft auslegt, wenn man zweitens anerkennt, daß es in der Religion aufs Tun ankommt, und sich drittens das Tun als den eigenen moralischen Kräften entspringend vorstellt, darf man viertens eine übernatürliche Ergänzung gläubig annehmen.

Beim ersten, am ausführlichsten behandelten Grundsatz kommt es für Kant auf den Unterschied von theoretischen zu praktischen Glaubenslehren an. Unter «theoretisch» sind dabei nicht etwa Grundsätze einer Dogmatik gemeint, die dann «praktisch» angewendet werden. «Praktisch» bedeutet vielmehr stets moralisch-praktisch, so daß die «theoretischen» Glaubenslehren nicht moralisch relevant sind, sondern Wissens- oder Erkenntnisfragen betreffen. In der Bibel können nun entsprechende Aussagen entweder «allen (selbst den moralischen) Vernunftbegriff» übersteigen oder der praktischen Vernunft sogar widersprechen. Im ersten Fall, sagt der philosophische Grundsatz, dürfen, im zweiten Fall müssen sie zum Vorteil der praktischen Vernunft ausgelegt werden (*Fak.*, VII 38).

Zu den Beispielen für den ersten Fall zählt Kant die Dreieinigkeitslehre, die «nach den Buchstaben genommen» moralisch irrelevant sei. Zudem übersteige die Lehre von «einem Gott in mehreren Personen» alle unsere Begriffe. Um hier einen «folgeleeren» Glauben zu vermeiden, empfehle sich die in der *Religion* versuchte moralbezogene Auslegung (vgl. *Rel.*, VI 139 ff.). Im *Streit der Fakultäten* führt er diese Auslegungsart in bezug auf die Menschwerdung einer Person des dreifaltigen Gottes aus und behauptet, ähnliches ließe sich von der Auferstehungs- und Himmelfahrtsgeschichte sagen:

Der Mensch gewordene Gott sei als «die in Gott von Ewigkeit her liegende Idee der Menschheit in ihrer ganzen ihm wohlgefälligen moralischen Vollkommenheit» zu verstehen (*Fak.*, VII 39). Stellt man sich dagegen «die in einem wirklichen Mensch ‹leibhaftig wohnende› und als zweite Natur in ihm wirkende Gottheit» vor, «so ist aus diesem Geheimnisse gar nichts Praktisches für uns zu machen». Denn erstens sind wir dazu außerstande: Wir können nicht «es einem Gotte gleich tun», so daß der menschgewordene Gott «kein Beispiel für uns werden kann». Zweitens taucht die schwierige Frage auf, «warum, wenn solche Vereinigung einmal möglich ist, die Gottheit nicht alle Menschen derselben hat teilhaftig werden lassen, welche alsdann unausbleiblich ihm alle wohlgefällig geworden wären» (ebd.; vgl. *Rel.*, VI 60 ff.).

Als Beispiel für den zweiten Fall, den Widerspruch zur moralischen Vernunft, führt Kant des «St. Paulus' Lehre von der Gnadenwahl» an, die «mit der Lehre von der Freiheit, der Zurechnung der Handlungen und so mit der ganzen Moral unvereinbar» sei (*Fak.*, VII 41). Bevor Kant die Unvereinbarkeit begründet, führt er noch einen abgeschwächten Fall an: daß der Schriftglaube zwar nicht moralischen Grundsätzen, wohl aber der «Vernunftmaxime in Beurteilung physischer Erscheinungen» widerspreche. Hier, beispielsweise bei der Geschichte von der Heilung der von Dämonen Besessenen, ist eine vernunftkonforme Auslegung vorzunehmen, «um nicht allem Aberglauben und Betrug freien Eingang zu verschaffen» (ebd.).

Den weiteren drei Grundsätzen liegt dasselbe Leitmotiv zugrunde, das Kant beim zweiten hermeneutischen Grundsatz ausspricht: «alles kommt in der Religion aufs Tun an, und diese Endabsicht, mithin auch ein dieser gemäßer Sinn, muß allen biblischen Glaubenslehren untergelegt werden». (VII 41 f.).

Im Sinne des genannten Leitmotivs lautet der dritte Grundsatz: «Das Tun muß als aus des Menschen eigenem Gebrauch seiner moralischen Kräfte entspringend ... vorgestellt werden». Scheint aber die buchstäbliche Auslegung einer Schriftstelle als «Einfluß einer äußeren höheren wirkenden Ursache, in Ansehung deren der Mensch sich leidend verhielte», muß die Auslegung in Richtung auf den genannten Grundsatz korrigiert werden (VII 42 f.).

Hier erläutert Kant die seines Erachtens vernunftkonforme Theorie von Natur und Gnade. Bei der nach seinem Dafürhalten falschen Ansicht versteht man die menschliche Natur vom Prinzip der Glückseligkeit, die Gnade aber vom Prinzip der reinen Sittlichkeit her. Infolgedessen sind Natur und Gnade nicht nur voneinander verschieden, sie widerstreiten auch oft einander. Warum die zweite Folge, der häufige Widerstreit, vernunftwidrig sei, erläutert zwar Kant nicht; es scheint für ihn auf der Hand zu liegen. Eine abgeschwächte göttliche Gnadenwirkung ist aber nach dem vierten hermeneutischen Grundsatz vertretbar: Wo die Eigenkräfte nicht ausreichen, darf der Mensch auf «äußere göttliche Mitwirkung» hoffen (VII 43 f.).

Gegen die andere Gnadentheorie sprechen Kant zufolge zwei Argumente: Kann die Gnade der menschlichen Natur widerstreiten, so fehlt es dem Naturbegriff an Konsistenz. Zusätzlich widerspricht man dem dritten hermeneutischen Grundsatz, daß das menschliche Tun aus den eigenen moralischen Kräften entspringen muß. Daraus folgt in bestimmter Negation, insofern dialektisch, Kants vernunftkonforme Gnadentheorie: Die Natur ist in praktischer, mithin moralrelevanter Bedeutung zu verstehen. Sie besteht im «Vermögen aus eigenen Kräften überhaupt gewisse Zwecke auszurichten» (VII 43). Die Gnade ist dann nicht bloß in Harmonie mit der menschlichen Natur, sondern mit ihr identisch – sofern der Mensch durch nichts anderes als die ihm innerliche «Vorstellung seiner Pflicht ... zu Handlungen bestimmt wird» (ebd.). Weil wir aber von dieser Handlungsbestimmung keinen Grund wissen, wird sie «von uns als von der Gottheit in uns gewirkter Antrieb zum Guten, ... mithin als Gnade vorgestellt» (ebd.). Auf diese und nur diese Weise wird der dritte hermeneutische Grundsatz erfüllt: Man verläßt sich nicht auf äußere, sondern allein auf seine eigenen Kräfte.

Der vierte Grundsatz verstattet allerdings die schon erwähnte Ausnahme: «Wo das eigene Tun zur Rechtfertigung des Menschen vor seinem eigenen (strenge richtenden) Gewissen nicht zulangt, da ist die Vernunft befugt allenfalls eine übernatürliche Ergänzung» – nämlich eine äußere göttliche Mitwirkung – «seiner mangelhaften Gerechtigkeit ... gläubig anzunehmen» (ebd.).

20.4 Einwände

In der für ihn charakteristischen Gründlichkeit legt sich Kant Einwände vor, die er von beiden Seiten, sowohl von der (biblischen) Theologie als auch von der Vernunft, kommen sieht: Der erste Einspruch erscheint noch unter dem Titel «Philosophische Grundsätze der Schriftauslegung». Die philosophische Hermeneutik beabsichtige «eine naturalistische Religion und nicht Christentum» (*Fak.*, VII 44). Der Einspruch ist gravierend; denn wäre er berechtigt, würde Kant sein Vorhaben verfehlen. Der Philosoph entkräftet aber den Einspruch mittels der Unterscheidung einer naturalistischen von einer natürlichen Religion. Entscheidend ist hier das Verhältnis zur übernatürlichen Offenbarung: Eine Religion, die es «zum Grundsatze macht, keine solche Offenbarung einzuräumen», ist naturalistisch (ebd.). (Später erläutert Kant den Naturalismus als «Kirchenglauben ohne Bibel»: VII 60.)

Die natürliche Religion läßt dagegen die Möglichkeit einer Offenbarung zu. Ohne der Bibel abzustreiten, ein übernatürliches Mittel für die Stiftung einer bekennenden Kirche zu sein, nimmt sie in ihren Überlegungen keine Rücksicht darauf. So klammert sie die Offenbarung ein und konzentriert sich beim Christentum auf die als dessen Kern verstandene Vernunftreligion. Damit wird das Christentum, ohne daß man dessen Offenbarungsseite leugnet, zu dem, worauf es Kant ankommt, zu einer bloß natürlichen Religion (VII 44 f.).

Zwei weitere theologische Einwände tauchen unter dem Titel «Einwürfe und Beantwortung derselben» auf. Nach dem hier ersten, insgesamt zweiten Einwurf erlaubt sich die Philosophische Fakultät Eingriffe, zugespitzt: Übergriffe, «in das Geschäft des biblischen Theologen». Kant konzediert die Diagnose «Eingriff», bestreitet aber den Vorwurf des Übergriffs. Aus der Perspektive der Vernunft sei nämlich der Gegenstand der biblischen Theologie, der Kirchenglaube, lediglich ein «Vehikel», folglich «Mittel» für den eigentlichen Glauben, den Religionsglauben. Jedes Mittel müsse sich aber die Auslegung von seiten des Endzwecks gefallen lassen. Kant geht sogar in eine Vorwärtsverteidigung über. Da über die Wahrheit die Vernunft entscheidet, für die wiederum die Philoso-

phische Fakultät zuständig ist, widerfahre der Theologie eine Ehre
(VII 45).

Nach dem hier zweiten und insgesamt dritten Vorwurf seien die
philosophischen Auslegungen «allegorisch-mystisch, mithin weder
biblisch noch philosophisch» (ebd.). Bekanntlich besteht eine Allegorie (von griech. *allegorein*: anders sagen) in der Verbildlichung
eines unanschaulichen Begriffs oder Vorgangs. Und Mystik liegt
nach Kant dort vor, wo die Phantasie überschwenglich wird und
sich wie beim schwedischen Naturforscher, Theosophen und Hell-
seher Emanuel Swedenborg (1688–1772) ins Übersinnliche ver-
steigt. Unter dem Titel *Träume eines Geistersehers, erläutert durch
Träume der Metaphysik* (1766) hatte sich Kant schon in seiner vorkritischen Zeit gegen diese Art von Mystik gewandt.

Kant weist den doppelten Vorwurf zurück. Den Vorwurf der Allegorie gibt er an die Theologie zurück, falls sie «die Hülle der Religion für die Religion selbst nimmt», beispielsweise das «ganze alte
Testament für eine fortgehende Allegorie … des noch kommenden
Religionszustandes», gemeint ist das Christentum des Neuen Testaments, erklärt (*Fak.*, VII 45). Und die Mystik sieht er bei Personen
wie Swedenborg gegeben, deren inneren Offenbarungen das fehlt,
was generell für Wahrheit und Wissen einzufordern ist (vgl. *KrV*, B
848 f.; *KU*, V 237 ff.): ein «öffentlicher Probierstein» (*Fak.*, VII 46).

Mit den Fremdeinwürfen seitens der Theologie nicht zufrieden,
legt sich Kant noch Einwürfe vor, «die die Vernunft ihr selbst gegen
die Vernunftauslegung der Bibel macht» (VII 46). Die vier Selbst-
einwände der Vernunft beziehen sich sukzessive auf Kants vier hermeneutische Grundsätze («Auslegungsregeln»):

Gegen den Grundsatz, Schriftstellen zum Vorteil der praktischen
Vernunft auszulegen, erhebt sich der Einwurf: «Als Offenbarung
muß die Bibel aus sich selbst und nicht durch die Vernunft gedeutet
werden». Kant entkräftet den Einwurf mit dem Hinweis, die Göttlichkeit einer Offenbarung werde nie durch Erfahrungsmerkmale
eingesehen. Sie bedarf vielmehr der «Übereinstimmung mit dem,
was die Vernunft für Gott anständig [im Sinne von angemessen] erklärt» (ebd.).

Der zweite Vernunfteinwurf richtet sich gegen die Behauptung,
in der Religion komme alles auf das Tun an. Er besagt, allem Prakti-

schen müsse doch immer eine Theorie vorhergehen, die im Fall der Offenbarung aus theoretischen, nämlich biblisch-historischen Sätzen zu den Absichten des unerforschlichen Willens Gottes bestehe. Dieses, sagt Kant, mag zwar für den Kirchenglauben und die zugehörigen Gebräuche, aber nicht für den Religionsglauben zutreffen. Dieser ist «gänzlich auf Moralität des Lebenswandels» gerichtet, für die aber «das Fürwahrhalten historischer, obschon biblischer Lehren an sich keinen moralischen Wert oder Unwert hat, und unter die Adiaphora [die gleichgültigen, weder gebotenen noch verbotenen Dinge] gehört» (VII 46 f.).

Gegen die These gerichtet, das menschliche Tun müsse den eigenen moralischen Kräften entspringen, erfolgt der dritte Einwurf am Beispiel des biblischen Zurufs «Stehe auf und wandle», welchen eine übernatürliche Macht begleiten müsse. Nach Kant ergeht dieser Zuruf aber nicht an einen physisch Toten, sondern an einen «Geistlichtoten». Und für diesen ergeht er «durch seine eigene Vernunft, sofern sie das übersinnliche Prinzip des moralischen Lebens in sich selbst hat» (VII 47). Der Zuruf erfolgt also nicht auf übernatürliche Weise, bedarf daher auch nicht einer übernatürlichen Macht (ebd.).

Nach dem letzten Selbsteinwurf der Vernunft braucht es zur Ergänzung des Mangels eigener Gerechtigkeit den Glauben an eine göttliche Wohltat, auf die man nicht «auf gut Glück hin hoffen» kann (ebd.). Man muß sie vielmehr als ein historisches Ereignis, als ein tatsächlich gegebenes Versprechen, sogar «förmlichen Vertrag» annehmen. Kants Antwort folgt dem mittlerweile bekannten Grundmuster: «Eine unmittelbare göttliche Offenbarung, in dem tröstenden Ausspruch ‹Dir sind deine Sünden vergeben›, wäre eine übersinnliche Erfahrung, welche unmöglich ist». Denn alle Erfahrung, darf Kant hier von seiner ersten *Kritik* her voraussetzen, ist nur im Rahmen von Sinnlichkeit möglich. Überdies ist die genannte Unmöglichkeit, fährt Kant fort, hinsichtlich der entscheidenden moralischen Vernunftreligion «nicht nötig» (ebd.).

Am Ende des Streits der Philosophischen mit der Theologischen Fakultät, vor einer Allgemeinen Anmerkung über Religionssekten, zieht Kant in einem kurzen Absatz Bilanz: *Sofern* die Schriftauslegung tatsächlich die Religion und nicht den Kirchenglauben betrifft, muß sie «nach dem Prinzip der in der Offenbarung bezweckten Sittlichkeit gemacht werden». Andernfalls ist ihr vorzuwerfen, «entweder praktisch leer», das heißt für die Moral bedeutungslos, «oder gar Hindernis des Guten» zu sein. Nimmt man aber eine philosophische Auslegung vor, dann ist die Schriftauslegung im emphatischen Sinn authentisch, also glaubwürdig und echt. Denn «der Gott in uns ist selbst der Ausleger» (VII 48).

Dieser hohe, auf den ersten Blick anmaßende Anspruch hat den guten Grund, daß «wir niemand verstehen, als den, der durch unsern eigenen Verstand und unsere eigene Vernunft mit uns redet». Folglich kann «die Göttlichkeit einer an uns ergangenen Lehre ... durch nichts, als durch Begriffe unserer Vernunft ... erkannt werden». Und diese ist nicht im theoretischen, sondern nur im rein moralischen Bereich «untrüglich» (ebd.).

21. Über das Böse und über Bösartigkeit

21.1 Das Thema wiedergewinnen

Merkwürdigerweise ist dem 20. Jahrhundert ein Thema verloren gegangen, das an Anlässen, darüber nachzudenken, überreich ist. Darüber hinaus ist das Abhandenkommen des Themas deshalb erstaunlich, weil es ideengeschichtlich einem Begriff entspricht, der von den Vorsokratikern, Platon und Aristoteles über Plotin, Augustinus und Thomas von Aquin bis zu den großen Philosophen der Neuzeit den Rang eines philosophischen Grundbegriffs hat. Es ist das *kakon* oder *malum*: das Böse. Indem sich dieses Kapitel im folgenden dem heute so vernachlässigten Thema widmet, zeigt es einmal mehr, wie wichtig eine Erinnerung an Kants praktische Philosophie der Freiheit und eine Auseinandersetzung mit ihr sind.

Nach einer oberflächlichen Ansicht leugnet unsere Epoche, die Moderne, das Böse generell (Schuller/v. Rahden 1993, viii). In Wahrheit erörtert sie es ausgiebig. Vor Kant geschieht es sogar in Texten, die wie Leibniz' *Théodicée* (1710) und Rousseaus Zweiter Abhandlung zum «Lesebuch des gebildeten Europa» gehören (Überweg 1868, 176). Bei Kant und im Deutschen Idealismus, namentlich bei Schelling und Hegel, später bei Kierkegaard, Schopenhauer und Nietzsche, wird das Thema nicht etwa in entlegenen Traktaten behandelt, vielmehr ist es in allseits bekannten Texten präsent. Auch wird es nicht etwa nur in Zusammenhängen der für viele obsolet gewordenen Metaphysik und dann etwa als Inbegriff der Unvollkommenheit der Welt diskutiert, wie es zum Beispiel bei Leibniz der Fall ist, vorher bei Plotin in der *Enneade* I 8 (51), davor bei Platon in den Dialogen *Politeia,* II 379 b f., *Phaidros,* 256 b, *Theaitetos,* 176 und *Nomoi,* X 896 d ff.

Das Thema wird auch nicht bloß in jenem Kontext einer monotheistischen Religionsphilosophie erörtert, der einem weithin säkularen Zeitalter fremd geworden ist, im Kontext einer Theodizee: der Rechtfertigung Gottes angesichts des Übels und vor allem des Bösen in der Welt. Im Gegenteil hat es seinen Ort auch in einer Disziplin, die seit längerem eine eindrucksvolle Konjunktur erlebt, in der Moralphilosophie. Deren Theorie des moralisch Guten sollte sich einer Theorie des Gegenbegriffs, des Bösen als des moralisch Schlechten, nicht versperren. Hinzu kommt, daß das Thema, wie Kant exemplarisch zeigt, noch für ein Diskussionsfeld relevant ist, das heute besonders aktuell ist: für die Theorie einer internationalen Rechts- und Friedensordnung.

Daß über das Böse trotzdem nicht mehr nachgedacht wird und dies schon seit längerem zutrifft, ist denn doch erstaunlich. Selbst Moralphilosophen, die in der Sache Kants Ethik aufgreifen, beispielsweise Apel und Habermas, stellen sich nicht einmal der Frage, ob ihre Ethik wegen Kants Einfluß auch Kants Theorem vom radikal Bösen aufgreifen müßte. Denn was für Kant gilt, könnte generell auf eine zu Eudaimonismus und Utilitarismus alternative Moralphilosophie, auf eine Ethik der Autonomie, zutreffen, nämlich daß sie ohne dieses Theorem nicht gründlich zu Ende gedacht ist.

Zugegeben, wie zu allen Themen, so lesen wir auch zum Bösen da und dort philosophiegeschichtliche Beiträge. Allerdings liegen viele davon schon Jahrzehnte zurück, so zum Beispiel Welte (1959), Schulz (1972, 718 ff.), Pieper (1985) und Schulte (1988). Auch wichtige systematische Untersuchungen, so das große Werk von Ricœur (1969), ferner die Überlegungen von Jaspers (1932, 170 ff.), von Görres und Rahner (1982) und Hannah Arendts Eichmann-Bericht

(1964), sind schon vor längerer Zeit erschienen. Ohnehin fehlen die «Insignien» einer größeren philosophischen Debatte, wozu außer der Klärung und Differenzierung des Begriffs das Aufstellen von Thesen und Gegenthesen gehört, ferner der Entwurf einer «Theorie» und die Skepsis dagegen, schließlich die Aufmerksamkeit von Einzelwissenschaften und der hier zuständigen Öffentlichkeit. Das vielbändige *Historische Wörterbuch der Philosophie* kennt zwar hunderte und aberhunderte Artikel, der Eintrag «Böse» fehlt aber und muß in einem späteren Band unter dem Stichwort «malum» nachgeholt werden.

Nach Bohrer (1988) hat der Verlust des Themas einen historischen Grund; der Schock über den Holocaust habe im Nachkriegsdeutschland jeden Diskurs über das Böse tabuisiert. Die These hält aber dem einschlägigen Test, einer Bewährung an der Wirklichkeit, nicht stand. Denn träfe sie zu, müßte man entsprechende Diskurse sowohl in den Jahren zuvor, namentlich vor 1933, als auch in den Ländern finden, die weder die Hauptverantwortung am Holocaust noch eine gewisse Mitverantwortung tragen. Im übrigen wird über die von Hitler, Stalin und vielen anderen Diktatoren angeordneten Verbrechen längst eine vielschichtige Debatte geführt. Daß in ihr der Begriff des Bösen fehlt, läßt sich eher mit einem älteren Defizit erklären: Schon vorher, vor 1933, fehlt es an einer entsprechenden Debatte, zumal an einer philosophischen Grundlagendiskussion. Zwar mangelt es an einer Diskussion über das Böse im 20. Jahrhundert nicht generell. Vor allem die Phänomenologen nehmen es in den Blick, so etwa Max Scheler (1916) und Nicolai Hartmann (1925). Bald nach dem Zweiten Weltkrieg geht aber deren moralphilosophische Bedeutung verloren.

Man könnte für das geringe thematische Interesse einen philosophischen Grund vermuten, die schon angedeutete Ansicht, das Böse sei weniger ein Thema der Ethik als der Religion, und bei ihr sogar nur ein Gegenstand deren (mono-)theistischer Form. Folgerichtig gehöre der Begriff in eine Philosophie, die aber weder im 20. noch im beginnenden 21. Jahrhundert in extenso gepflegt werde, nämlich in eine christliche, jüdisch oder islamische Philosophie.

Für einen Teil der Debatte, die Theodizee-Frage, mag das Argument zutreffen, obwohl man mit Kant gegen jede philosophische

Diskussion der Theodizee grundsätzliche Bedenken erheben kann. Denn wie Kants einschlägiger Titel sagt, sind diesbezüglich «alle philosophischen Versuche» zum «Mißlingen» verurteilt (*Über das Mißlingen aller philosophischen Versuche in der Théodicée*, 1791). Wer einen Diskurs über das Böse an die Theodizee bindet, lädt sich also laut Kant nicht nur eine unnötige Erweiterung des Themas auf; er versucht sich auch an etwas, das jeder objektiven Aussage versperrt ist. Denn unsere Vernunft, so lautet Kants Kernargument, ist «zur Einsicht des Verhältnisses, in welchem eine Welt, so wie wir sie durch Erfahrung immer kennen mögen, zu der höchsten Weisheit stehe, schlechterdings unvermögend» (*Theodicee*, VIII 263).

Auch wenn man hier Kant nicht folgt, bleibt das andere Argument gültig, daß das *malum morale* sich sowohl vom *malum metaphysicum*, der Unvollkommenheit der Welt, als auch vom *malum physicum*, dem Übel und Leid, begrifflich trennen und für sich behandeln läßt. Infolgedessen kann es in einem so religionsfreien Werk wie Aristoteles' *Nikomachischer Ethik* eine Rolle spielen, zwar etwas beiläufig, aber doch deutlich genug, nämlich als «schlechthin schlecht» (*haplôs kakon*: VII 6, 1148b8). Und nach Aristoteles' Lexikon philosophischer Grundbegriffe, *Metaphysik* Buch V, bilden bei den zur Entscheidung (*prohairesis*) fähigen Lebewesen die Schlechtigkeit (*kakia*) den konträren Gegensatz zur Tugend und das Schlechte (*kakon*) den zum Guten (1120b12 f. mit b 22 ff.).

Wer das Böse in der Ethik nicht bloß «vergessen», also unterschlagen oder verdrängen, sondern philosophisch, mithin aufgrund von Argumenten verabschieden will, muß sich erstens den Begriff vorlegen und zweitens einen grundlegend neuen Begriff des Guten bilden, nämlich einen Begriff, der selbstverständlich nicht auf jeden Gegenbegriff verzichtet, der aber die Negation des Guten nicht mehr im Bösen sieht. Diese für einige Zeit wirkungsmächtige und noch heute verdientermaßen provokative Position stammt von Nietzsche. Nach dessen Schriften *Jenseits von Gut und Böse* (1886) und *Genealogie der Moral* (1887, Erste Abhandlung) müsse man das Gute auf eine Weise denken, daß seine Negation nicht mehr «böse», sondern «schlecht» heißt.

Der Frage, ob die Alternative überzeugt, ist andernorts nachzugehen, denn unser Thema ist nicht deshalb aus der philosophischen Debatte verschwunden, weil Nietzsches fulminante Attacke gegen die überlieferte Moral erfolgreich wäre. Im Gegenteil geht die derzeitige Konjunktur der Moralphilosophie nicht auf Nietzsche, sondern – außer auf Aristoteles – auf einen Philosophen zurück, der die Moral ausdrücklich in der Alternative von Gut und Böse erörtert: Kant. In der *Kritik der praktischen Vernunft* sagt er: «Die alleinigen Objekte einer praktischen Vernunft sind also die vom Guten und Bösen. Denn durch das erstere versteht man einen notwendigen Gegenstand des Begehrungs-, durch das zweite des Verabscheuungsvermögens, beides aber nach einem Prinzip der Vernunft» (*KpV*, V 58).

Weil selbst in vielen Kant-inspirierten Ethiken das Thema fehlt, drängt sich diese Hypothese auf: Nicht aufgrund von Argumenten mangelt es heute an einer Philosophie des Bösen, sondern aufgrund einer Gedankenlosigkeit. Ohne daß sie sich von Nietzsches «Umwertung aller Werte» hätte überzeugen lassen und die überlieferten Ansichten als «Sklavenaufstand in der Moral» diskreditiert hätte (*Genealogie*, 1. Abh., Abschn. 10; vgl. Abschn. 7 und *Jenseits von Gut und Böse*, Nr. 195), ohne den Mut, die Menschen aufzufordern, «besser und böser» zu werden (*Also sprach Zarathustra*, 3. Teil, Der Genesende), ist das Thema einfach «irgendwie verloren gegangen». Eine Moralphilosophie bzw. philosophische Ethik zeigt ihren Rang nicht bloß in Begriffsschärfe und Argumentationskraft, sondern ebenso in der Offenheit für den Phänomenreichtum ihres Themengebietes und in der Entwicklung des dazugehörigen Problembewußtseins. In diesem Sinn wollen wir das Thema des moralisch Bösen wiedergewinnen, wofür drei Aufgaben zu erfüllen sind: Der Begriff braucht ein schärferes Profil (21.2); um den Verdacht zu entkräften, dem Begriff fehle ein Korrelat in der Erfahrungswelt, werde ich Überlegungen zum Korrelat anstellen (21.3); und nicht zuletzt werde ich den anthropologischen Status skizzieren (21.4).

21.2 Zum Begriff des moralisch Bösen

Manche Theoretiker halten das Böse für nicht hinreichend genau bestimmbar. Nach Walter Schulz (1972, 719) läßt es sich weder wissenschaftstheoretisch noch moralphilosophisch oder metaphysisch definieren, nach Schmidt-Biggemann (1993, 7) hat es kein Wesen. Beide Hinweise übersehen, daß man, um etwas *als* etwas zu identifizieren, einen Begriff, zumindest ein Vorverständnis braucht. Dafür bietet Kant einen erfolgversprechenden Versuch.

Von vornherein bleibt die abgeflachte Bedeutung aus der Redewendung «Sei mir nicht böse!» beiseite. Ebenso wenig befaßt sich Kant mit der Bedeutung, daß jemandem böse mitgespielt wurde. Hier meint der Ausdruck zwar ein *malum*, aber nicht das *malum morale*, sondern das *malum physicum:* Wem böse mitgespielt wird, der muß nicht das Opfer von Bosheit, wohl aber das von Übel oder Leid sein. Nach Leibniz (*Théodicée*, I 26), vorher schon Augustinus (*De libero arbitrio*, II und III, vgl. auch *Confessiones*, VII 7) gilt das Vorkommen physischen Übels zwar als die Folge des moralischen Übels. Wenn das Leiden aber die Strafe für das mit dem Menschen in die Welt gekommene Böse sein soll, drängt sich eine Frage auf, die das abendländische Denken in der Regel verdrängt, und zwar sowohl die Philosophie als auch die Theologie: Wieso müssen auch jene Wesen leiden, die, weil zur Freiheit nicht fähig, gar nicht böse sein können? Wieso werden Unschuldige, also Kinder und Tiere, mitbestraft? Tiere fügen zwar durchaus ihresgleichen Leid zu – man denke an Katzen, die mit der Todesangst von Mäusen «spielen» –, so daß sie nicht vollkommen unschuldig sind. Da wir ihnen aber kein wissentlich-willentliches Handeln zusprechen, kann man ihnen das leidverursachende Tun nicht zurechnen. Im übrigen gibt es Übel und Leid, die Tiere einander antun, schon vor Auftreten des Menschen, was die Bindung des *malum physicum* an das erst von Menschen verantwortete *malum morale* obsolet macht.

Kant befaßt sich mit dem Bösen noch nicht in der *Kritik der reinen Vernunft*, obwohl deren Kanon unter dem Titel «Ideal des höchsten Guts» die Grundzüge einer Moralphilosophie skizziert. Seit der *Grundlegung* (*GMS*, IV 404) und nachdrücklich seit der zweiten *Kritik* spielt aber das Thema eine wichtige Rolle (*KpV*, V 58 ff.). Und es spielt sie nicht bloß in der Moralphilosophie im engeren Sinn, sondern auch in der (moralischen) Religionsphilosophie, nämlich der *Religion*, deren Erstes Stück über nichts anderes als das «radikale Böse» handelt (siehe Kap. 19.4, auch *Theodicee*, VIII 256 f.).

Wer Kants Moralphilosophie einer sachlichen Überprüfung unterziehen will, darf jedenfalls weder die Hinweise zum Bösen aus der *Grundlegung* und der zweiten *Kritik* überlesen, noch die Abhandlung über das radikal Böse beiseitesetzen. Hinzu kommen Passagen aus der dritten *Kritik*, wo die reflektierende Urteilskraft auf die «wohlverschuldete Strafe» von Untaten blickt (*KU*, V 448 f.), ferner aus der Rechts- und Friedensethik (*ZeF*, VIII 344, 355, 366, 375 f., 379 und 381; *Fak.*, VII 82; *RL*, VI 322), nicht zuletzt aus der *Anthropologie*, bei ihrer geschichtsphilosophischen Erörterung (VII 329): Für Kant ist das Böse ein vielerorts zu berücksichtigendes Thema (siehe auch Anderson-Gold/Muchnik 2009).

Er legt dabei Wert auf die Unterscheidung eines Übels, das sich auf einen Zustand der Unannehmlichkeit bezieht, und das genuin Böse, das jederzeit eine Beziehung auf den *Willen* bedeutet: das Böse ist mindestens zurechenbar (so schon Aristoteles, *Nikomachische Ethik*, VII 7, 1149b31 ff.). Bei der näheren Bestimmung ist ein erstes Element unstrittig: Das Böse bedeutet eine Negation des moralisch Guten; strittig dürfte erst die Art der Negation sein.

Die harmloseste Art, das Gute, das man unterläßt, ist für Kant keine ernste Option. Nicht in einer derartigen *privatio boni*, einem Mangel im Sinne von Unterlassen des Guten, sieht er das Böse, sondern im strengen Widerspruch zum Guten, im Wider- oder Kontraguten.

Nach einem überzeugenden Theorem Kants existiert das moralisch Gute in zwei Stufen: in der ersten Stufe, eigentlich nur Vorstufe, der Legalität, und der Hauptstufe, der Moralität. Kant führt auch für das Widergute eine analoge Stufung an, freilich erst in der *Religion* und auch dort nur im Vorübergehen. Indem er gewisse Handlungen «böse» und erläuternd «gesetzwidrig» nennt (*Rel.*, VI 20), ordnet er sie der einfachen Stufe des Bösen, der bloßen Gesetzwidrigkeit oder Kontra-Legalität, zu und setzt sie gegen die Vollstufe ab, gegen böse Maximen und gegen die entsprechenden bösen Menschen.

Das Böse im vollen Sinn besteht nicht etwa in einer Steigerung auf der «objektiven» Seite, in einer besonders abscheulichen Gesetzwidrigkeit, in jener «Bestialität» (vgl. *RL*, VI 363), die Aristoteles unter dem Begriff der *thêriotês* kennt (*Nikomachische Ethik*, VII 1, 1145a17; VII 6, 1149a1; VII 7, 1150a1). Es ist vielmehr eine Steigerung der Subjektivität, jene Gesetzwidrigkeit als solcher, die Kontra-Moralität, die Kant beim konträren Gegensatz zum moralisch Guten, nämlich dort gegeben sieht, wo die Gesetzwidrigkeit zur Triebfeder geworden ist. Während das moralisch Gute in einer nicht mehr steigerbaren Positivität besteht, liegt das moralisch Böse in einer nicht zu überbietenden Negativität. Das im vollen Sinn moralische Handeln erfolgt aus einer guten, das im vollen Sinn unmoralische Handeln aus einer moralisch bösen Maxime heraus; dort liegt der Motivationsgrund in der bewußten Achtung des moralischen Gesetzes, hier in der ebenso bewußten Mißachtung.

Für die «mit Bewußtsein gesetzwidrige», daher böse Handlung führt Kant in der *Rechtslehre* noch eine Unterscheidung ein: «Nun kann der Verbrecher seine Untat entweder nach der Maxime einer angenommenen objektiven Regel (als allgemein geltend), oder nur als Ausnahme von der Regel (sich davon gelegentlich zu dispensieren) begehen» (*RL*, VI 321). Während man im zweiten, schwächeren Fall vom moralischen Gesetz nur abweicht, wenn auch vorsätzlich, während man also «bloß ermangelungsweise (negative)» (ebd.), dem moralischen Gesetz zuwider handelt, geschieht es im ersten, stärkeren Fall sogar «abbruchweise (contrarie) oder, wie man sich ausdrückt, diametraliter, als Widerspruch (gleichsam feindselig)», denn man verwirft «die Autorität des Gesetzes selbst» (VI 321 f.). Ein derart gesteigertes Verbrechen, das einer förmlichen und «ganz nutzlosen Bosheit» zu begehen, sei aber – nimmt Kant an – dem Menschen, «so viel wir einsehen», unmöglich (ebd.).

Kant nennt dafür keinen Grund. Insofern er die gesteigerte Bosheit als «nutzlos» qualifiziert, verweist er aber auf den Nutzen, sprich: die Selbstliebe, als Grund des menschlichen Bösen und vermutet, daß dort, wo die Selbstliebe keinen weiteren Gewinn hat, also bei der «nutzlosen Bosheit», kein Anlaß zu dieser Art Bosheit besteht.

Sofern man mit Kant die Bosheit in einer Vorherrschaft der Selbstliebe gegründet sieht, ist Kant zuzustimmen. Man kann sich aber jene extreme, luziferische Hybris, eine moralische Selbstüberhebung, vorstellen, bei der der Mensch Maximen folgt, die dem moralischen Gesetz mit Absicht widersprechen. Dann läßt man sich nicht bloß den «Blick» für das Gute trüben und nimmt sich Ausnahmen vom Gesetz heraus. Vielmehr folgt man bösen Maximen. Auch wenn Kant «in den Grenzen unserer Einsicht» dies für nicht möglich hält, schließt der Begriff der Freiheit die luziferische Hybris nicht aus, so daß auch eine nutzlose Bosheit als eine zumindest denkbare Option anzunehmen ist.

Seit der *Grundlegung* interessiert sich Kant letztlich nicht für die Vorstufe, sondern bloß für die Hauptstufe der Moral. Ebenfalls seit der *Grundlegung* (vgl. *GMS*, IV 405) betont er, daß die Moral von den Bedürfnissen und Neigungen und deren ganzer Befriedigung, der Glückseligkeit, bedroht ist. Nach der Hauptstufe der Moral, der Moralität, ist die Moral um ihrer selbst willen, also ohne Rücksicht auf die Glückseligkeit zu befolgen. Dasselbe Interesse an der Hauptstufe findet sich bezüglich des Bösen in der Abhandlung über das radikale Böse wieder:

Über böse Handlungen, gewissermaßen das legaliter Böse, spricht Kant nur im Vorübergehen und bloß zum Zweck, das eigentliche Thema näher zu bestimmen. Es ist das Böse im vollen Sinn des Wortes, das *moraliter* Böse, nämlich das Böse als Beschaffenheit einer Maxime bzw. des entsprechenden Subjekts, mithin der böse Mensch oder, wie Kant auch sagt, das böse Herz. Insofern leistet das Titelwort der einschlägigen Schrift, der *Religion*, dem Mißverständnis Vorschub, Kant lege einen bloß für die Religionsphilosophie einschlägigen Traktat vor. Tatsächlich setzt er – wenn auch auf dem Weg der Negation – die in der *Grundlegung* begonnene und in der zweiten *Kritik* weiter ausgeführte Theorie moralischer Subjektivität fort.

In dem Umstand, daß sich die heutige Moralphilosophie schon für die positive Seite moralischer Subjektivität wenig interessiert, dürfte einer der Gründe für ihren Mangel an Beiträgen zu einer Theorie des Bösen liegen. Zu den Autoren, die sich mit der positiven und darüber hinaus auch der negativen Seite befassen, gehören nicht etwa Apel oder Vertreter der kritischen Theorie wie Habermas, wohl aber John Rawls. In seinem Werk *Eine Theorie der Gerechtigkeit* (1971, § 66) spricht er vom bösen Menschen und ist sich der Schwere der darin enthaltenen Verurteilung bewußt. Zu Recht unterscheidet er drei Stufen zunehmender Negativität, nämlich ungerechte, schlechte und böse Menschen. Weil Kant eine ähnliche Steigerung vornimmt, dürfte Rawls auch in dieser Hinsicht, und nicht etwa bloß in der «Deutung der Gerechtigkeit als Fairneß» (*Eine Theorie der Gerechtigkeit*, § 40), von Kant inspiriert sein.

Wie Rawls, so beginnt auch Kant mit den niedrigen Stufen moralischer Depravation: Vergleichsweise harmlos ist ein nur gesetzwidriges Handeln, was in etwa Rawls' «ungerecht» entspricht, schlimmer eine mit Bewußtsein begangene Gesetzwidrigkeit (Rawls' «schlechter Mensch»), und die schlimmste Form wird dort erreicht, wo die Gesetzwidrigkeit den letzten Bestimmungsgrund abgibt, also der Wille selbst böse ist («böser Mensch»). Weil sich diese dritte Stufe nicht mehr steigern läßt, hat sie den Rang eines Superlativs; analog zum Eingangssatz der *Grundlegung* könnte es heißen: Es ist überall nichts in der Welt, ja überhaupt auch außer derselben zu denken möglich, was ohne Einschränkung für böse könnte gehalten werden, als allein ein *böser Wille*.

Das volle Maß der Freiheit, die freie Anerkennung des Sittengesetzes, ist lediglich dann denkbar, wenn es als Alternative die Möglichkeit gibt, die Anerkennung auch zu verweigern und die Verweigerung in vollem Ausmaß vorzunehmen: freiwillig und im vollen Bewußtsein der Tragweite des Verweigerns. Insofern gehört das Böse, freilich nicht notwendig als Wirklichkeit, wohl aber als Möglichkeit, zum Kern der Freiheit, und jede Freiheitstheorie, die das Böse nicht thematisiert, muß als eine unzureichende, für ihren Gegenstand nicht sachgerechte Theorie gelten. Zu Recht heißt es in der zweiten *Kritik*: «Im Werte über die bloße Tierheit» erhebe die Vernunft den Menschen nicht, «wenn sie ihm nur zum Behuf desjenigen dienen soll, was bei Tieren der Instinkt verrichtet»; vielmehr habe der Mensch die Vernunft «überdem zu einem höheren Behuf, nämlich auch das, was an sich gut oder böse ist, … zu unterscheiden» (*KpV*, V 61 f.).

Auch ein weiteres Kantisches Element erscheint als plausibel: daß die genannte Denkungsart, die Nichtanerkennung des Sittengesetzes, in drei Stufen zunehmender Bosheit erfolgen kann (*Rel.*, VI 29 f.). Es sind drei Stufen von «Unfähigkeit der Willkür, das moralische Gesetz in seine Maxime aufzunehmen». Gemäß der «Klage eines Apostels ... Wollen habe ich wohl, aber das Vollbringen fehlt» wird auf der ersten Stufe, der Gebrechlichkeit (*fragilitas*) der menschlichen Natur, das Sittengesetz nicht vollumfänglich anerkannt. Im Konflikt mit der Neigung erweist es sich als die schwächere Triebfeder, womit die schon von Aristoteles maßgeblich untersuchte Willensschwäche (*akrasia*) vorliegt (*Nikomachische Ethik*, VII 1–11). Allerdings behandelt er sie innerhalb einer Strebens-, nicht wie Kant einer Willenstheorie des Handelns. Insofern nähert sich Aristoteles' *akrasia* dem Phänomen der Unbeherrschtheit an. Die Aristotelische *akrasia* besteht in einem Handeln wider besseres Wissen, während es sich bei Kants Gebrechlichkeit um eine genuin moralische Willensschwäche handelt.

Auf Kants zweiter Stufe, der Unlauterkeit (*impuritas*), werden «pflichtmäßige Handlungen nicht rein aus Pflicht getan», vielmehr bedarf es «mehrenteils (vielleicht jederzeit) noch anderer Triebfedern» (*Rel.*, VI 30). Hier erfolgt die Anerkennung also unter dem Vorbehalt einer glücklichen Koinzidenz von Pflicht und Neigung.

Erst auf der dritten Stufe, der Bösartigkeit (*vitiositas*, *pravitas*), der Verderbtheit (*corruptio*) des menschlichen Herzens, wird die Anerkennung direkt verweigert. Hier hat die Willkür den Hang, «die Triebfeder aus dem moralischen Gesetz andern (nicht moralischen) [Maximen] nachzusetzen» (ebd.). Kant spricht auch von Verkehrtheit (*perversitas*) des menschlichen Herzens, weil man «die sittliche Ordnung in Ansehung der Triebfedern einer freien Willkür umkehrt». Damit können zwar «noch immer gesetzlich gute (legale) Handlungen bestehen», aber «die Denkungsart» wird «dadurch in ihrer Wurzel (was die moralische Gesinnung betrifft) verderbt und der Mensch darum als böse bezeichnet» (ebd.).

«Böse» bedeutet hier jene Höchststufe der Depravation an moralischer Subjektivität, an Moralität, die nicht mit dem Höchstmaß an Depravation moralischer «Objektivität», die nicht mit der superlativischen Kontra-Legalität zusammenfällt. Im Gegenteil kann selbst dort die höchste subjektive Bösartigkeit, die Verkehrtheit der Einstellung, gegeben sein, wo die sichtbaren Handlungen Forderungen des moralischen Gesetzes genügen.

21.3 Gibt es moralisch Böses?

Hinsichtlich der moralischen Subjektivität erscheint Kants Begriff für das Böse, die zum subjektiven Grundsatz, der Maxime, gewordene Gesetzwidrigkeit, als im großen und ganzen wohlüberlegt. Die Frage bleibt aber noch offen, ob dem Begriff eine Wirklichkeit entspricht: Kommt das so Definierte in unserer Welt tatsächlich vor?

Seit der *Grundlegung* (*GMS*, IV 408) wird Kant nicht müde zu betonen, daß es für Moralität kein sicheres Beispiel gebe (siehe auch *KpV*, V 47; *RL*, VI 221 und 226). Der Grund liegt in einem für die positive und die negative Seite der Moral gemeinsamen Moment: daß es auf die Maximen ankommt. Weil sich sowohl die Moralität als auch die Kontra-Moralität am subjektiven Bestimmungsgrund, eben der Maxime, entscheidet, diese sich aber anders als eine konkrete Handlung nicht objektiv beobachten läßt, und zwar weder bei anderen noch bei sich selbst, weil man folglich den letzten Bestimmungsgrund allenfalls erschließen kann (*Rel.*, VI 20), gibt es für keine der beiden Seiten, weder für die Moralität noch für die veritable Kontramoralität, die volle Bösartigkeit, je eine Gewißheit. Es gibt allerdings eine begründete Vermutung.

Obwohl bei Phänomenen, die sich nur erschließen lassen, Vorsicht geboten ist, beruft sich Kant für das Böse erstaunlicherweise auf eine «Menge schreiender Beispiele» (VI 32 ff.). Er teilt sie zwei Gruppen, einerseits zivilisierten Gesellschaften, andererseits Naturvölkern, zu und schließt als dritte Gruppe jene Verbindung der beiden Gesichtspunkte «zivilisiert» und «Natur», an, die für die internationale Perspektive, «den äußerem Völkerzustand» (VI 34), charakteristisch sei.

Bei der ersten Gruppe spricht Kant von «Lastern der Kultur und Zivilisierung» und führt als Beispiele, durchaus plausibel, geheime «Falschheit selbst bei der innigsten Freundschaft» an, ferner den

Hang, «denjenigen zu hassen, dem man verbindlich ist, worauf ein Wohltäter jederzeit gefaßt sein müsse» (VI 33).

Die Beispiele der zweiten Gruppe richten sich gegen die «gutmütige Voraussetzung der Moralisten von Seneca bis zu Rousseau», derzufolge der Mensch von Natur aus gut sei (VI 20; vgl. die Vorstellung vom guten Wilden). Als Gegenbeweise führt Kant «die Auftritte von ungereizter Grausamkeit in den Mordszenen» einiger Naturvölker an (VI 33). Leibniz nennt in der *Théodicée* (I 26) nicht Naturvölker, sondern denjenigen Menschen böse, «der Vergnügen daran findet, Leid und Zerstörung hervorzubringen», und als Beispiel für derartigen Sadismus führt er Caligula und Nero an, die mehr Unheil als selbst ein Erdbeben angerichtet hätten. In der schönen Literatur zum Bösen ragt Shakespeares Figur Richard III. hervor. Denn bei den Verbrechen, die ihn auf den Thron bringen, verspürt er keinerlei Gewissensbisse; Richard III. ist ein monströser Bösewicht.

Das dritte, völkerrechtliche Beispiel sieht Kant im Umstand gegeben, daß «ziviliserte Völkerschaften im Verhältnisse des rohen Naturzustandes (eines Standes der beständigen Kriegsverfassung) stehen und sich auch fest in den Kopf gesetzt haben, nie daraus zu gehen» (VI 34). Nach der Friedensschrift läßt sich hier, im «freien Verhältnis der Völker», die «Bösartigkeit der menschlichen Natur» sogar «unverhohlen» blicken (*ZeF*, VIII 355). Kant meint damit die Bereitschaft der Staaten, Konflikte mit anderen Staaten nicht durch das Recht, etwa den Prozeß vor einem internationalen Gerichtshof, sondern durch Krieg, also Gewalt, zu entscheiden.

Um nur ein Beispiel näher zu betrachten: Die Frage, ob die von Kant ins Auge gefaßten Naturvölker sich tatsächlich eine ungereizte Grausamkeit zuschulde kommen lassen, läßt sich ohne ethnologische Kenntnisse nicht beantworten, bleibt daher hier beiseite; Kants Gewährsmann ist ein «Kapt. Hearne» (*Rel.*, VI 33), wahrscheinlich der damals bekannte britische Pelzhändler und Erforscher Nordkanadas Samuel Hearne. Uns kommt es auf die andere Frage an, ob man vom Phänomen ungereizter Grausamkeit problemlos auf eine böse Maxime schließen darf:

Kant beruft sich selbstverständlich nicht etwa auf jene zwar eklatante und bewußte, aber «einfache Pflichtwidrigkeit», auf eine ohne

Notwehr vorgenommene wissentlich-willentliche Tötung. Bei ihr, der vorsätzlichen Tötung, liegt deshalb erst eine «einfache Pflichtwidrigkeit» vor, da die Triebfeder offen bleibt. Ihr kommt man aber durch Kants drei qualifizierende Zusatzelemente auf die Spur: Es handelt sich um «Mord», worunter das Recht eine Tötung aus verwerflicher Gesinnung versteht, außerdem um «Grausamkeit». Nach diesen beiden Elementen will der Täter mehr als nur das Leben des anderen auslöschen. Und sofern das Mehr, so das dritte Zusatzelement, «ungereizt» erfolgt, kann man sich nicht auf eine Affekthandlung herausreden. Diese, aber auch erst diese wissentlich-willentliche Grausamkeit, ein «aus freien Stücken agierender Sadismus», läßt auf eine böse Triebfeder schließen. (Der Psychotherapeut und spätere Reporter Eugen Sorg (2011) hat die Motive von Gewalttätern erkundet, die ihren grausamen und doch sinnlosen Untaten zugrunde liegen, und kommt zum Schluß, Gewalt sei nicht heilbar, da es eine Lust am Bösen gäbe.)

Nur in Parenthese drängt sich eine Bemerkung zu manchem sozialwissenschaftlichen Versuch, das Böse zu definieren, auf: «Ungereizte Grausamkeit» bedeutet weit mehr als einen Aggressionstrieb, mit dem sich Freud (1930), später Fromm (1947, Kap. 4, IV; vgl. 1973) und Konrad Lorenz (1963) befassen. Auch in Placks Deutung des Bösen als «Beziehungslosigkeit, Gleichgültigkeit, Feindseligkeit oder Grausamkeit» (1979), selbst in Walter Schulz' Interpretation als «Vernichtungswille und Destruktionstrieb» (1989, 344–347) tritt die für Kant entscheidende Qualifikation nicht hinreichend klar hervor.

Nun läßt sich kaum bestreiten, daß es Menschen gibt, die in Grausamkeit morden, ebenso kaum die Steigerung zur ungereizten Grausamkeit; man denke an entsprechende Folterungen. Insofern erfüllt Kant die zweite Bedingung für eine erfolgversprechende Rehabilitierung des Themas: Seine «Theorie» des moralisch Bösen ist erfahrungsgesättigt. Wer jemandem eine ungereizte Grausamkeit zuspricht, lädt sich zwar in jedem Einzelfall eine hohe Beweislast auf. Die im Verzicht auf den Begriff des Bösen anklingende Behauptung, die Beweislast sei nie und nimmer zu erbringen, wäre aber zu optimistisch.

21.4 Von Natur aus böse?

Kant ist nicht zufrieden, einen Begriff des Bösen zu bilden und ihn in der Erfahrung zu verankern. Er nimmt auch Augustinus' Frage «unde malum?» (*Confessiones*, VII 7, 11) auf und gibt darauf die bekannte Antwort: Das Böse gehört zum Menschen von Natur aus. Folglich ist niemand, weder ein Individuum noch eine Kultur oder Epoche, davon ausgenommen. Kant sieht das Böse aber nicht als Anlage gegeben, diese bestehe nur zum Guten, sondern lediglich als Hang.

Nach dieser These hat das Böse nicht den gleichen phänomenalen Status wie das Gute, es bildet aber gleichwohl einen unverzichtbaren Teil des Menschen, hat insofern einen anthropologischen Rang. Nach Kant hat jeder Mensch den Hang, von der Maxime der Sittlichkeit, obzwar er sich ihrer bewußt ist, gelegentlich abzuweichen (*Rel.*, VI 32). Sein Argument ist plausibel: Jeder Mensch sei bereit, in gewissen Konfliktfällen das moralische Gesetz dem Selbstinteresse zu opfern und dann mit Wissen und Willen gegen das Sittengesetz zu verstoßen.

Vor Kant herrschten zwei andere Optionen vor, die Alternative nämlich, der Mensch sei von Natur entweder gut oder aber böse. Beide Optionen sind mit dem Wesen des moralischen Bösen, der freien Verletzung des Sittengesetzes, schwerlich vereinbar. Wäre der Mensch von Natur aus gut, so wären für das Böse anthropologieexterne Faktoren, etwa die Erziehung, die Wirtschafts-, die Gesellschafts- oder die Rechtsverhältnisse verantwortlich. Zugleich würde der einzelne entlastet, zumindest teilweise, eventuell sogar vollständig, und das Böse im vollen, moralischen Sinn, als rundum freie Mißachtung des Sittengesetzes, gäbe es nicht. Träfe dagegen die zweite Option zu, so wäre das Böse, weil mit der Natur des Menschen gegeben, ebenfalls der Entscheidung entzogen, was erneut der Freiheit zum Bösen zuwiderliefe.

Da beide Optionen den moralischen Begriff aufheben, drängt sich, um die Wirklichkeit des Bösen verständlich zu machen, eine dritte und zugleich mittlere Option auf. Das Böse ist mehr als «von Natur nicht vorhanden», da es mit dem Menschen als solchem schon gegeben ist; es gehört zu seiner Natur; andererseits existiert es als «weniger denn als Anlage».

Weil der Begriff eines «Hanges» zum Bösen genau dieses bedeutet: ein «Weniger als Anlage» und ein «Mehr als nicht vorhanden», weil Kant «eigentlich nur die Prädisposition zum Begehren eines Genusses» (*Rel.*, VI 28) meint, überzeugt Holzheys These nicht, daß die Kantische Ethik durch den «Zugriff auf das Böse ihre eigenen Voraussetzungen untergräbt» (1993, 24). Im Gegenteil würde Kant seine Grundannahmen dann untergraben, wenn er auf den Begriff des Bösen verzichtete oder aber ihn grundlegend anders faßte: Verzichtete Kant auf den Begriff, so fehlte seiner Philosophie der Freiheit die Grundaufgabe der (moralischen) Freiheit, die Primärentscheidung zwischen Gut und Böse zu treffen. Wäre aber das Böse mehr als ein Hang, wäre es eine Anlage, so könnte man vom Menschen schwerlich erwarten, er würde sich gegen das Böse entscheiden.

Der Skepsis gegen das Thema steht mindestens noch ein Einwand offen, hier als Frage formuliert: Was gewinnt, wer den Begriff des Bösen anerkennt, was verliert, wer ihn leugnet? Die Leugnung kann in zweierlei Form erfolgen: Entweder bestreitet man die Existenz des Bösen, oder man räumt die Existenz ein, sieht sie aber nicht mit der Natur des Menschen verbunden. Falls die Hinweise zum Erfahrungsbezug überzeugen, liegt im ersten Fall eine partielle Blindheit oder ein zu optimistischer Blick auf die Welt vor. Wer «ungereizter Grausamkeit» zum Opfer fällt (Folter, Bürgerkriege, …), dem erscheint diese Blindheit überdies noch als Zynismus. Die zweite Form – sie tangiert das Selbstverständnis des Menschen – ist nicht so wirklichkeitsfremd. Falls der Mensch von Natur aus tatsächlich gut ist, tragen für eine «ungereizte Grausamkeit» nicht die Betreffenden selbst die Verantwortung, sondern andere: die Eltern und die Lehrer, das Milieu oder die Gesellschaft. Dadurch würde aber selbst der extrem Unmoralische entlastet.

Eher überzeugen kann folgende Doppelstrategie: Bei der konkreten Frage, ob eine bestimmte Person böse sei, lege man sich eine strenge Zurückhaltung auf. Im Gegensatz zur Neigung, grundsätzlich alles verwerfliche Tun unter jenen Begriff zu subsumieren, der sowohl harmlos klingt als auch Unterschiede einebnet, nämlich unter den des Fehlverhaltens, erkenne man aber qualitative Unterschiede an. Insbesondere beachte man zwei Steigerungen: einerseits, von der Tat her, die Steigerung von einfachem über gravierendes zu extrem starkem Fehlverhalten, andererseits, daß man das Fehlverhalten als solches will.

Noch ein Argument spricht gegen ein Aufgeben des Begriffs des Bösen: Dort, wo man den Begriff des Bösen aus der Anthropologie und der Ethik verbannt, droht die Gefahr einer geistigen Selbstüberschätzung, eines Hochmuts der Gattung. Eine Gattungshybris, zudem anthropologische Utopie liegt auch dort vor, wo man glaubt, das Böse einmal für immer ausrotten zu können. Und zumindest ein Hang zu Utopie und Hybris klingt dort an, wo man das Böse als «unbewältigte Unmenschlichkeit» bestimmt (Oelmüller 1973), denn dabei deutet sich die Möglichkeit an, die Unmenschlichkeit lasse sich in Zukunft ganz bewältigen. Gegen diese Erwartung, vielleicht auch nur Hoffnung, spricht aber die mit der Freiheit gegebene Möglichkeit, das moralisch Gebotene nicht bloß anzuerkennen, sondern ihm auch mit Absicht zuwiderzuhandeln. Beim Menschen kann vielleicht das Interesse daran schwinden. Solange er ein Freiheitswesen ist, verliert er aber nicht die Fähigkeit, bewußt und freiwillig gegen das Sittengesetz zu verstoßen.

Eine Menschheit dagegen, die sich ihres natürlichen Hanges zum Bösen bewußt ist, rechnet mit der Möglichkeit, daß der Hang einmal zum Ausbruch kommt, und versucht dagegen Vorkehrungen zu treffen. Aus diesem Grund erweitert sie den Diskurs und öffnet den zunächst bloß moralphilosophischen Diskurs über das Böse sowohl zu einem pädagogischen als auch zu einem rechtlich-politischen Diskurs. Und in der zweiten Dimension nimmt sie sowohl die innergesellschaftliche bzw. innerstaatliche als auch die zwischenstaatliche bzw. internationale Seite in den Blick.

Theorien des Subjekts und der Subjektivität werden heute gern als monologisch oder solipsistisch verdächtigt. Eine Theorie des Bösen erhebt dagegen Einspruch. Die nach Kant zur Moralität erforderliche Revolution der Denkungsart bzw. Gesinnung ist nämlich vom einzelnen Subjekt zu leisten. Hier ist die Subjektivität kein Defizit oder eine andere Art von Fehler, sondern sachgerecht, sogar sachnotwendig. (Analoges gilt für das Recht, siehe Kants Deutung der ersten Ulpian-Formel: Kap. 13.) Daß in anderer Hinsicht Subjektivät und Intersubjektivität miteinander verknüpft sind, bleibt davon unbenommen. Ohnehin ist es besser, von Person und von Personalität zu sprechen. Wer über das Böse nachdenkt, wirft jedenfalls einen Blick auf die Wurzeln der letztlich selbstverantwortlichen menschlichen Person.

21.5 Führt Moral unumgänglich zur Religion?

Kants in eine Religionsphilosophie mündende Moralphilosophie dürfte in mindestens vier Hinsichten aktuell sein. Erstens enthält sie die wohl facettenreichste Moralphilosophie des gesamtenabendländischen Denkens. Dazu gehört zweitens die gründlichere Theorie des genuin moralischen Subjekts: Gegen die heute dominante Vorliebe für Intersubjektivität und Interpersonalität legt sie Wert auf eine basale Schicht moralischer Subjektivität und Personalität. Drittens erkennt sie im Gegensatz zu einem teils verkürzten, teils optimistischen Blick auf die soziale Welt das Phänomen des Bösen an und entwickelt dafür eine bis heute diskussionswerte Theorie. Schließlich hält sie sich für ein so wichtiges religiöses Phänomen wie die Offenbarung offen – aber ohne die Offenbarung zu benötigen.

Auf die erste Hinsicht wird der Ausblick (Kap. 22 u. 23) noch einmal zurückkommen. Die anderen vier Hinsichten sind schon gebührend behandelt worden, so daß ich zum Abschluß des Teiles «Religion» ein anderes Thema aufgreife. Es betrifft die Einleitungsthese der *Religion* «Moral also führt unumgänglich zur Religion» (*Rel.*, VI 6), die für die heute dominante, säkulare Moral höchst provokativ ist. Denn diese Moral versteht sich in der Regel als Kantisch und hat trotzdem mit dieser These Kants nichts zu tun. Kantisch ist die heute dominierende Moral in mindestens sechs Hinsichten:

(1) Moralische Verbindlichkeiten lassen sich gegen vor- und außermoralische Verbindlichkeiten nicht aushandeln bzw. verrechnen. (2) Die moralischen Verbindlichkeiten gelten für alle Menschen jedweder Kultur: Die Moral ist universalistisch im ersten Verständnis. (3) Zur universalistischen Moral gehört auf seiten der Richtigkeit («objektive Seite») eine strenge Verallgemeinerbarkeit, sei es die von Maximen, sei es die von Bedingungen eines Diskurses. (4) Als Prinzip des moralischen Subjekts gilt die Autonomie der

Willens-, nicht bloß Handlungsbestimmung («subjektive Seite»), die sowohl im Gegensatz zur Eudaimonie als auch zur Heteronomie steht. (5) Im Gegensatz zum Utilitarismus sind zwar handlungsinterne, aber keine handlungsexternen Folgenüberlegungen zulässig. Bei der Hilfspflicht beispielsweise darf man nicht bloß, sondern muß sogar fragen, welches Tun oder Lassen die einschlägige Hilfe verspricht (handlungsinterne Folgenüberlegung). In moralischer Hinsicht darf man aber nicht fragen, welche positiven Folgen die Hilfsbereitschaft für mein Wohlergehen hat, beispielsweise für meine Berufsinteressen oder für eine finanzielle oder soziale Belohnung (Ansehen). Sie darf lediglich meinem Wohl als moralischem Subjekt «dienen», nämlich Ausdruck meiner Moralität sein. (6) Für die geschuldete Moral, die Rechtsmoral, ist die unantastbare Menschenwürde samt den daraus fließenden Menschenrechten ein inhaltliches Leitprinzip.

Eine Moral dieser Art, nach Kant die einzige wahrhaft moralische Moral, soll nun unumgänglich zur Religion führen. Diese Behauptung fordert genau genommen die säkulare Moral nicht etwa heraus. Sie ist ihr nämlich so fremd, daß man sie in der Regel für keine Diskussion, nicht einmal für eine Erwähnung werthält.

Für die Ablehnung von Religion können moralexterne Gründe sprechen, etwa die Gleichsetzung von Religion mit Aberglaube oder ein (mit Ausnahme bioethischer Fragen) genereller Vorbehalt gegen religiöse Argumente im öffentlichen Diskurs. Für die Moralbegründung dürfte aber nur das moralinterne Argument entscheidend sein, daß bei einer Berufung auf Religion die Moral, so fürchtet man, ihr Wesen, die Autonomie, aufgibt und zu Theonomie degeneriert. Läßt sich diese Befürchtung entkräften?

In der Tat: Wer der Religion in der Moral eine unverzichtbare Rolle zubilligt, neigt dazu, entweder das Moralprinzip der Autonomie anzuerkennen und den Glauben an Gott zu verwerfen oder aber wegen des Gottesglaubens die autonome Moral abzulehnen. Kant zeigt, daß die Alternative «Autonomie oder Gottesglaube» falsch ist. Sie beruht auf der irrigen Voraussetzung, die Religion bilde entweder die Grundlage der Moral oder aber sei für sie überflüssig, sogar schädlich. Tatsächlich gründet die Moral nach Kant auf dem Begriff eines freien Wesens, das sich selber an unbedingte Gesetze bindet (Prinzip Autonomie). Wie der erste Satz der *Religion* betont, sind, um moralisch zu sein, weder der Glaube an Gott noch eine Lohn- und Strafgerechtigkeit im Jenseits notwendig: «Die Moral ... bedarf weder der Idee eines anderen Wesens über ihm [dem Menschen], um seine Pflicht zu erkennen, noch einer anderen Triebfeder als des Gesetzes selbst, um sie zu beobachten» (VI 3).

Wenn Kant trotzdem behauptet, Moral führe unumgänglich zur Religion, so kehrt er eine verbreitete Ansicht, eine Theonomie, um: Die Religion bildet nicht die Grundlage der Moral, sondern allenfalls deren notwendige Folge. Wir erinnern uns (siehe Kap. 9), daß die praktische Vernunft nach dem letzten Zweck, besser: Sinn des autonomen Handelns fragt, den Sinn als das höchste Gut begreift und im Dasein Gottes und der Unsterblichkeit der Seele deren notwendige Voraussetzungen sieht. Im Unterschied zu vielen «aufgeklärten» Zeitgenossen hält Kant nicht nur am Dasein Gottes, sondern auch an der «tröstenden Hoffnung» auf die Unzerstörbarkeit der Person fest.

Kant nennt diese notwendigen Voraussetzungen des höchsten Gutes deshalb Postulate der reinen praktischen Vernunft, weil sie Gegenstände sind, die man nicht objektiv erkennen kann, aber notwendigerweise unterstellen muß, um das höchste Gut als möglich und somit das Sinnbedürfnis der praktischen Vernunft als erfüllbar zu denken.

Mit den Postulaten erhebt Kant durchaus Wahrheitsansprüche. Ihre Anerkennung ist keine Sache der Freiheit; Postulate haben die Bedeutung von Einsichten und nicht von (moralischen) Imperativen. Gleichwohl haben sie keine theoretische, sondern eine praktische Bedeutung. (Ihre Berechtigung wird nicht durch eine mögliche Anschauung, sondern durch die Wirklichkeit des Sittengesetzes bewiesen; das Argument: Weil der Mensch und insofern er unter dem Sittengesetz steht, sieht er sich durch die Vernunft genötigt, an die Unsterblichkeit der Seele und das Dasein Gottes zu glauben. Für Kant sind sie wirkliche Gegenstände, allerdings nicht der empirischen, sondern der moralischen Welt: Vorausgesetzt, daß ich eine moralische Gesinnung habe, bin ich gewiß, daß es Gott und ein künftiges Leben gibt (*KrV*, B 856 f.). Diese Gewißheit ist eine moralische Gewißheit.

Freilich gilt nicht die Umkehrung, die Kant allerdings nicht erörtert: Wer die moralische Gewißheit nicht teilt, dem darf man nicht einen Mangel an moralischer Gesinnung unterstellen. Genauso wenig läßt sich bei dem, der den Gottes- und den Unsterblichkeitsglauben hat, darauf schließen, daß er moralisch gesinnt ist.

Bemerkenswert an Kants näherer Argumentation zur unsterblichen Seele ist, daß sie die traditionelle Vorstellung vom künftigen Leben verändert. Für das Christentum, auch für Platon findet der Kampf der Pflicht gegen die Neigung nur im Diesseits statt, während den Seligen im Jenseits eine Versuchung zum Bösen unbekannt ist. Bei Kant verbleibt zwar die moralische Anstrengung im Diesseits, sie wird aber ins Unendliche verlängert. Man könnte diese Argumentation für widersprüchlich halten, da sie die moralische Vollkommenheit insofern als möglich und doch unmöglich annimmt, da einen unendlichen Prozeß durchzumachen ausgeschlossen ist. Tatsächlich liegt die Schwäche des Arguments weniger in einem logischen Widerspruch, da man in Übereinstimmung mit der modernen Mathematik eine unendliche Reihe als vollständig betrachten kann, ohne daß sie ein letztes Glied haben müßte. Fraglich ist aber, ob der ins Unendliche verlängerte Moralisierungsprozeß das leistet, was er eigentlich leisten soll. Denn der Mensch kommt der Heiligkeit, verstanden als *notwendige* Übereinstimmung mit der Moralität, strukturell um nichts näher. Als endliches Vernunftwesen bleibt er stets in der Situation möglicher Versuchung; Heiligkeit ist nur reinen Intelligenzen möglich, die aber keinen Moralisierungsprozeß brauchen.

Das zweite Postulat, das Dasein Gottes, beruht auf vier Voraussetzungen. Gemäß der Idee vom höchsten Gut verdient der moralische Mensch, glücklich zu sein; die Moralität verbürgt aber keine proportionale Glückseligkeit; aus dieser Verlegenheit hilft nur die Hoffnung auf eine Macht, die die gebührende Glückseligkeit zuteilt. Eine solche Macht findet sich nur bei Gott, nämlich bei einem Wesen, das (a) allwissend ist, um sich über die Glückswürdigkeit nie zu täuschen, das (b) allmächtig ist, um die proportionale Zuteilung der Glückseligkeit stets vornehmen zu können, und das (c) heilig ist, um die Zuteilung unbeirrbar zu verfolgen. An dieser Stelle sieht man, warum und inwiefern die Moral unumgänglich zur Religion führt. Sie erweitert sich nämlich zur Idee eines machthabenden moralischen Gesetzgebers außer dem Menschen, «in dessen Willen dasjenige Endzweck (der Weltschöpfung) ist, was zugleich der Endzweck des Menschen sein kann und soll.» (*Rel.*, VI 6)

Mit seiner Postulatenlehre kritisiert Kant übrigens jene religiösen Schwärmer, die in Erwartung des Jenseits die konkreten Aufgaben des Diesseits glauben vernachlässigen zu dürfen. Er unterscheidet nämlich das höchste Gut, auf das ich begründeterweise hoffen darf, vom praktischen Gut, das ich durch mein Handeln verwirklichen soll. Ohnehin wird im Jenseits die Glückseligkeit nur proportional zur tatsächlich praktizierten Moral verteilt.

Nach dieser Argumentation, einer sehr vorläufigen Skizze läßt sich die Religion dadurch selbst einer säkularen Moral vermitteln, daß sie diese auf zwei Dinge aufmerksam macht: Einerseits ist die Autonomie mit einigen wohlbestimmten Elementen von Religion durchaus vereinbar. Andererseits wirft Kant eine Frage, die nach dem Sinn von autonomem Handeln, auf, die der heutigen Moralphilosophie zwar fremd ist, aber vernünftigerweise von ihr gestellt werden sollte. Wenn man aber die Frage stellt – denn die Frage zu tabuisieren ist kein Zeichen von Aufklärung –, ist die Antwort Religion nicht a priori abwegig.

Siebter Teil
Ausblick

Eine Studie zu Kants praktischer Philosophie der Freiheit rundet sich erst dann, wenn sie noch zwei Themen behandelt: Kants Pädagogik und die in der *Kritik der Urteilskraft* entfaltete These vom Menschen als Endzweck. Beide Themen gipfeln nämlich auf eine neuartige Weise in der Freiheit und Moral. Zugleich erweitern sie Kants ohnehin schon höchst facettenreiches Nachdenken über die Moral um zwei weitere Facetten. Spätestens ihretwegen muß man sagen, daß es im gesamten abendländischen Denken keine philosophische Ethik oder Moralphilosophie gibt, die sich mit dem Themenreichtum und darüber hinaus der Gründlichkeit Kants vergleichen läßt.

Schon im Vergleich mit anderen Philosophien der Neuzeit, besonders aber mit heute dominanten Vertretern der Moralphilosophie fällt das weit umfassendere Problembewußtsein auf. Für Kant ist die Moral kein regional abgrenzbares Thema, sondern spielt in so gut wie allen Bereichen der Philosophie eine bedeutende Rolle. In der Pädagogik entfaltet Kant vier systematisch aufeinander aufbauende Erziehungsaufgaben, deren Abschluß und zugleich letzten Zweck die Entwicklung von Freiheit und Moral bildet (*Kapitel 22*). Und die *Kritik der Urteilskraft* hat zwar auf den ersten Blick mit der Moral nur wenig, in positiver Hinsicht sogar überhaupt nichts zu tun. Denn sieht man von der Einleitung ab, so besteht sie aus vier Teilen zur ästhetischen und drei Teilen zur teleologischen Urteilskraft. Dabei hat aber jeder der ästhetischen Teile einen bedeutsamen Bezug zur Sittlichkeit bzw. Moral: In der Analytik des Schönen gilt das ästhetische Ideal als Ausdruck von Sittlichkeit; nach der Analytik des Erhabenen ist dieser Gegenstand mit der Moral verwandt; nach der Deduktion der reinen ästhetischen Urteile läßt ein Interesse am Naturschönen eine Anlage zur Moral vermuten; schließlich erklärt die Dialektik der ästhetischen Urteilskraft die Schönheit zum Symbol der Sittlichkeit. Bei den nächsten, teleologischen Teilen findet sich zwar ein wichtiger Moralbezug nur im letzten Teil, der Methodenlehre, dort aber auf zwei komplementäre Weisen. (Zur Bedeutung der Sittlichkeit in der dritten *Kritik* vgl. Höffe 2008 a.) Von ihnen ist die erste für eine Studie zu Kants praktischer Philosophie der Freiheit unverzichtbar: daß der Mensch als Moralwesen der Endzweck, und zwar einzige Endzweck, der Natur ist (*Kapitel 23*).

Darin greifen drei Themen ineinander, die sich mit- und gegenseitig vollenden: Kants moralische Anthropologie, seine Naturphilosophie des Lebendigen und – zusammen mit dem sich anschließenden moralischen Gottesbeweis – seine Theorie der teleologischen Urteilskraft. Der Abschluß dieser Studie konzentriert sich nur auf die moralische Anthropologie. Sie hängt mit der Anthropologie der Pädagogik zusammen. Denn der Mensch ist nicht von Geburt an Endzweck, sondern wird es nur, wenn er sich auf Erziehung einläßt und über deren Stufen von Disziplinieren, Kultivieren und Zivilisieren schließlich mittels Moralisierens zu einem Moralwesen wird.

22. Erziehungsziele: Kultivieren, Zivilisieren, Moralisieren

Der erste Befund ist negativ: Wir kennen Kant als Revolutionär der Fundamentalphilosophie, der mittels seiner transzendentalen Kritik und ihrer kopernikanischen Wende eine seither maßgebliche Erkenntnis- und Gegenstandstheorie aufbaut, weiterhin eine Moralphilosophie der Autonomie, einschließlich einer Rechts- und Staatsethik und einer Geschichtsphilosophie, nicht zuletzt eine Religionsphilosophie, eine philosophische Ästhetik und eine Philosophie der Biologie. Das Themenfeld, das Kant revolutionär neu bestellt, ist also außergewöhnlich weit. Die Pädagogik aber kommt darin fast nicht vor. Überliest man wie viele Kant-Interpreten die knappen Überlegungen zur Moralerziehung in der *Kritik der praktischen Vernunft*, so findet man weder in einer der drei *Kritiken* noch in einer der anderen Hauptschriften die Erziehung oder Pädagogik thematisiert. Berechtigterweise ist daher Kant in einem exemplarischen Werk zur Geschichte dieser Disziplin, in den zweibändigen *Klassikern der Pädagogik* (hrsg. v. H.-E. Thenorth ²2010), nicht mit einem eigenen Kapitel vertreten.

Trotzdem ist der negative Befund irritierend, sogar verstörend. Denn Kant ist ein bedeutender Vertreter der europäischen Aufklärung, von dem sogar deren vermutlich berühmteste Definition stammt: «Habe Mut dich deines eigenen Verstandes zu bedienen!»

(vgl. *Aufklärung*, VIII 35) Die Erziehung (Kant spricht klugerweise in der Regel nicht von Bildung, sondern von Erziehung) bildet jedoch ein wichtiges Thema der Aufklärung, sichtbar darin, daß so bedeutende Intellektuelle der Zeit wie John Locke, Jean-Jacques Rousseau und Johann Heinrich Pestalozzi auch, einige sogar vornehmlich, Pädagogen sind. Mancherorts werden Musterschulen gegründet, so von Johann Bernhard Basedow in Dessau das bald berühmte Philanthropin (1774). Sollte nun ein so überragender Denker wie Kant daran desinteressiert sein?

Wer den Philosophen hoch schätzt – und dafür gibt es eine Legion guter Gründe –, wird glücklicherweise denn doch fündig, allerdings an zwei entlegenen Stellen. Zum einen rühmt Kant die von Basedow und Schülern wie Campe initiierte Aufklärungspädagogik sowohl in Briefen (z. B. an Chr. H. Wolke, 28. 3. 1776, und J. B. Basedow, 19. 6. 1776) als auch in zwei kurzen Texten, *Aufsätze, das Philanthropin betreffend* (1776–1777; II 445 ff.). An dieser Modellschule nimmt der ansonsten zurückhaltende Kant sogar einen «Herzensanteil» (so an Wolke). Zum anderen hält er selber eine Pädagogik-Vorlesung, die erste im Jahr 1776/77, also im sogenannten Stillen Jahrzehnt, in dem seine *Kritik der reinen Vernunft* (1781) heranreift, und die letzte im Jahr 1786/87, mithin nach Erscheinen seiner bahnbrechenden ersten *Kritik* und seiner ersten kritischen Schrift zur Moralphilosophie, der *Grundlegung zur Metaphysik der Sitten* (1785). Schließlich gibt es die erwähnte Passage der *Kritik der praktischen Vernunft*.

Wie damals üblich, legt Kant seiner Vorlesung eine Art von Lehrbuch zugrunde, das *Methodenbuch für Väter und Mütter der Familien und Völker* (1770) des von ihm hochgeschätzten, seinerseits von Locke und Rousseau beeinflußten Basedow. Dieser legt auf drei Dinge großen Wert: auf die öffentliche Bedeutung, daher auf die staatliche Verantwortung für die Erziehung, auf eine gemeinsame Erziehung für alle und auf eine streng kindorientierte Erziehung. (Zu Basedow und Kants Verhältnis zu ihm vgl. LaVaque-Manty 2012).

Kants Wertschätzung von Basedow hindert ihn aber nicht, wo erforderlich an diesem Kritik zu üben (z. B. *Päd.*, IX 448 f.). Ohnehin vermag er – das sieht man der Vorlesung über *Pädagogik* an –

auf eigene Erfahrung zurückzugreifen, dabei nicht nur auf die eigene Schulzeit, sondern auch auf die mehrjährige Tätigkeit als Hauslehrer bei Familien in der Umgebung von Königsberg. Hinzu kommt der Einfluß von Rousseau, der sich vor allem in Kants Forderung nach einer kind- und altersgemäßen Erziehung zeigt. Kant arbeitet seine Vorlesung nie zu einer Abhandlung oder sogar einer umfangreichen Schrift aus. Zur Einschätzung des Gehalts der Vorlesung darf man zweierlei nicht übersehen: Zum einen wird die Vorlesung schon in der vorkritischen Zeit gehalten, weshalb man im Unterschied zu Hufnagel (1988, 47) gegen die Zuordnung zur Transzendentalphilosophie skeptisch sein muß. Zum anderen findet die letzte Vorlesung in den 1780er Jahren statt, so daß spätere Diskussionsthemen in sie nicht eingehen können, weder die von Schiller und Schlegel ausgehende Hochschätzung von Spiel und ästhetischer Erziehung noch die Debatten des 19. Jahrhunderts über den humanen bzw. humanistischen Wert alter Sprachen oder komplementäre, vielleicht sogar alternative Unterrichtsgehalte.

22.1 Eine kosmopolitische Pädagogik

Herausgeber der *Pädagogik*-Vorlesung (und ebenso der Vorlesung *Physische Geographie*) ist einer der Kant-Biographen, Friedrich Theodor Rink, der nach seinem Studium in Königsberg dort später als Professor der orientalischen Sprachen lehrt. Wie authentisch Rink die Vorlesung herausgegeben hat, läßt sich kaum abschließend sagen. (In Band XXV der Akademieausgabe finden sich verschiedene Fassungen der Vorlesung.) Da sich viele Gedanken in den veröffentlichten Schriften Kants und in den *Reflexionen* wiederfinden, sind aber wohl zu große Bedenken unangemessen. Authentisch dürfte vor allem die Grundthese sein, die fraglos der uns vertrauten Pädagogik als provokativ, unserem Zeitalter der Globalisierung dagegen als hochwillkommen erscheint: «Die Anlage zu einem Erziehungsplane muß aber kosmopolitisch gemacht werden» (*Päd.*, IX 448).

In Wahrheit ist die Grundthese auch für Zeiten der Globalisierung provokativ. Denn Kant versteht unter der kosmopolitischen Pädagogik nicht die Erziehung zu einer interkulturellen Koexistenz oder die zu Weltbürgern, die sich überall zurechtfinden, aber nirgendwo zu Hause sind. Kants Leitziel ist anspruchsvoller, zugleich auf eine Weise grundlegend, daß es jede Abhängigkeit von einer Kultur oder Epoche hinter sich läßt. Der Sache nach geht es um den kategorischen Imperativ, dessen zweite Unterformel, die dazu verpflichtet, den Menschen niemals bloß als Mittel zu gebrauchen (vgl. *GMS*, IV 429).

Auf alle drei Titelbegriffe dieses Kapitels, auf Kultivieren, Zivilisieren und Moralisieren, trifft zu, daß die Erziehung sich am Menschen selbst zu orientieren hat, sie sich daher letztlich auf «das Weltbeste und die Vollkommenheit, dazu die Menschheit bestimmt ist», ausrichtet (*Päd.*, IX 448). In genau diesem Sinn gilt eine Erziehung als kosmopolitisch: «Kinder sollen nicht dem gegenwärtigen, sondern dem zukünftig möglichen besseren Zustand des menschlichen Geschlechts … erzogen werden» (IX 444). Kant integriert die Pädagogik damit in seine praktische Philosophie der Freiheit. Hinsichtlich der Zielperspektive ist Kant hoffnungsfroh, aber nicht schon für die Gegenwart, sondern nur «in the long run». Er erwartet nämlich, «daß die menschliche Natur immer besser durch Erziehung werde entwickelt werden … Dies eröffnet uns den Prospekt zu einem künftigen glücklicheren Menschengeschlecht» (ebd.).

Warum nennt Kant eine derartige auf Zukunft und Perfektionierung verpflichtete Erziehung kosmopolitisch? Es versteht sich, daß man sich dabei nicht mit Privatwohl, selbst dem Gemeinwohl des eigenen Staates zufrieden gibt. Daraus folgt aber nicht, Kant nehme das Wohl eines Weltstaates in den Blick; globale politische Verhältnisse werden nicht erwähnt. Der Ausdruck «kosmopolitisch» spielt vielmehr auf den Weltbegriff im Gegensatz zum Schulbegriff der Philosophie an (vgl. *KrV*, B 866 f.; *Logik*, IX 24 f.). Dabei bedeutet «Welt» nicht wie andernorts den «Inbegriff aller Erscheinungen» oder «die absolute Totalität des Inbegriffs existierender Dinge» (*KrV*, B 447), sondern die «Beziehung aller Erkenntnis auf die wesentlichen Zwecke der menschlichen Vernunft» (*KrV*, B 867).

Zugleich klingt im Ausdruck «kosmopolitisch» der kategorische Imperativ an, jetzt sein Element der strengen Verallgemeinerung, der Universalisierbarkeit, sowie zusätzlich die zweite Maxime des gemeinen Menschenverstandes («sensus communis»), die der erweiterten Denkungsart, das «An der Stelle jedes andern Denken» (*KU*, V 294): «Gute Zwecke», heißt es, «sind diejenigen, die notwendigerweise von jedermann gebilligt werden, und die auch zu gleicher Zeit jedermanns Zweck sein können» (*Päd.*, IX 450).

Im Kanon der ersten *Kritik* nimmt Kant das geordnete Weltganze, den Kosmos, in den Blick. In genau diesem nicht politischen, sondern gewissermaßen «ontologischen» Kosmos-Sinn kommt es in der *Pädagogik* auf jenen veritablen Panoramablick an, der jede engere, selbst die gattungsspezifische Perspektive überwindet und das Ganze (griech.: *pan*) wahrnimmt. Darüber hinaus schwingt die teleologische Bedeutung der dritten *Kritik* mit, deren Blick auf den Endzweck (*KU*, § 83; V 429 ff.): Die Erziehung ist kosmopolitisch, weil sie «das Weltbeste» bezweckt, daher aus ihr «alles Gute in der Welt entspringt» (*Päd.*, IX 448), wobei diese «Welt» das gesamte Universum einschließt.

In den *Reflexionen zur Anthropologie* (Nr. 1170: XV 517) stellt Kant den Erdensohn dem Weltbürger gegenüber: «In dem ersten interessiert nichts als Geschäfte, und was sich auf Dinge bezieht, so fern sie Einfluß auf unser Wohlbefinden haben. Im zweiten interessiert die Menschheit, das Weltganze, der Ursprung der Dinge, ihr innerer Wert, die letzten Zwecke». Bei Kants Gedanken der kosmopolitischen Erziehung liegt also der Akzent nicht auf dem zweiten, politischen, sondern auf dem ersten Bestandteil des Ausdrukkes, auf dem Kosmos, hier zu verstehen als das Weltall in seiner letztlich moralischen Ordnung.

22.2 Pädagogische Anthropologie

Der philosophische Hintergrund der kosmopolitischen Pädagogik ist anspruchsvoll, zudem weitgefächert. Er beginnt mit einer philosophischen Anthropologie, enthält außerdem eine Moralphilosophie und eine philosophische Teleologie, nicht zuletzt Anklänge an die Geschichtsphilosophie, und den Kern bildet eine genuin philosophische Pädagogik.

Ohne umständliche Einleitungsworte springt Kants Vorlesung direkt in eines der Kernthemen, in das einer pädagogischen Anthropologie: «Der Mensch ist das einzige Geschöpf, das erzogen werden muß» (*Päd*, IX 441). Eine der *Reflexionen zur Anthropologie* bekräftigt es: «Der Mensch ist ein Tier, was eine Erziehung nötig hat. Er muß sprechen (zählen), gehen, (sich hüten) lernen etc. etc. und kann keine angeborne Kunsttriebe» (XV 621).

Der Grund liegt für Kant auf der Hand: Dem Menschen fehlen Instinkte, die als jene «fremde Vernunft» zu verstehen sind, die «bereits Alles für das [Tier] besorgt» (*Päd.*, IX 441). Insofern ist der Mensch denn doch kein Tier, sondern von Anfang an ein humanes Wesen, das zur eigenen Vernunft fähig ist. Die Fähigkeit ist aber zunächst nur eine Potentialität; der Mensch ist erst ein *animal rationabile*, das der Entwicklung seiner Anlagen bedarf, um aktualiter ein *animal rationale* zu werden. Er braucht also jene «eigene Vernunft» (ebd.), die er auf dem Weg einer Entwicklung seiner Naturanlagen erwirbt.

Der Ausdruck der Vernunft ist dabei in einem praktischen, zugleich bescheidenen Sinn gemeint. Wie es in der *Tugendlehre* heißt, bedeutet es das «Vermögen, sich überhaupt irgend einen Zweck zu setzen» (*TL*, VI 392). Und weil das Vermögen der Zwecksetzung die Menschheit qua *humanitas* im Unterschied zur Tierheit qua *animalitas* auszeichnet, hat der Mensch laut Kant eine moralische Pflicht, sich zum Menschen zu erheben. Genau für diese Aufgabe, vom zunächst bloß animalischen Menschen zum humanen Menschen zu werden, hat er seine Anlagen zu entwickeln. Man wird also nicht von allein zum veritablen Menschen, sondern nur durch Anstrengung, und zwar durch eigene Anstrengung, die auf sich zu nehmen dem Menschen moralisch geboten ist.

Die Erziehung ist für den Menschen nicht bloß spezifisch, sondern auch notwendig. Wie in Stein gemeißelt erklärt Kant: «Der Mensch kann nur Mensch werden durch Erziehung». Die Fortsetzung – «Er ist nichts, als was die Erziehung aus ihm macht» (*Päd.*, IX 443) – darf man nicht als einen pädagogischen Determinismus verstehen, der den Heranwachsenden, später den Erwachsenen von seiner persönlichen Verantwortung entlastet. Im Gegenteil spielt laut Kant sehr bald die Eigenverantwortung eine unverzichtbare Rolle.

Die Notwendigkeit von Erziehung meint etwas anderes: Weil der Mensch mangels Instinkten über keine fremde Vernunft verfügt,

darf er nicht bloß, sondern muß er auch seine eigene Vernunft entwickeln. Dies geschieht durch die Ausbildung von Naturanlagen,
was wiederum nicht von allein, sondern nur mit fremder Hilfe,
eben der Erziehung möglich ist. Dabei ist die Erziehung in einem
weiten Sinne gemeint. Sie beginnt mit jener «Wartung» genannten
Sorge für den Säugling (siehe dazu Hufnagel 1988, 44 ff.), woran
sich die «Disziplin» anschließt, in der der Mensch als «Zögling»
gilt, worauf die dem «Lehrling» zukommende «Unterweisung
nebst der Bildung» folgt (*Päd.*, IX 441).

Zum Spezifischen und zum Notwendigen kommt in Kants Anthropologie noch eine optimistische Färbung hinzu: Nach unserem
Philosophen ist gute Erziehung das, woraus alles Gute in der Welt
entspringt. Die Keime, die im Menschen liegen, müssen nur immer
mehr entwickelt werden. Diese These ist nicht so schlicht, wie sie
bei oberflächlicher Lektüre aussieht. Im Gegensatz zu einem na-
iven Optimismus bestreitet Kant nicht, daß es Böses in der Welt
gibt. Nicht erst in der *Religion*, ihrem Theorem des radikal Bösen,
sondern schon in einer der geschichtsphilosophischen Schriften,
Mutmaßlicher Anfang der Menschheitsgeschichte, behandelt Kant
die Frage des Bösen. In der *Pädagogik* heißt es nur: «die Gründe
zum Bösen findet man nicht in den Naturanlagen des Menschen.
Das nur ist die Ursache des Bösen, daß die Natur nicht unter Regeln gebracht wird. Im Menschen liegen nur Keime zum Guten»
(*Päd.*, IX 449; die *Religion* wird statt von Keimen zum Guten von
der Anlage zum Guten im Unterschied zum Hang des Bösen sprechen, siehe Kap. 21).

22.3 Zweck: Aufklärung

Für eine leichte Aufgabe hält Kant die Erziehung nicht. Im Gegenteil erklärt er die Erziehungskunst neben der Regierungskunst für
die schwerste Erfindung der Menschen, «deren Ausübung» zudem
«durch viele Generationen vervollkommnet werden muß» (*Päd.*,
IX 446): «Eine Generation muß die andere erziehen, und nur die
Gattung, nicht das Individuum erreicht ihre Bestimmung» (*Reflexionen zur Anthropologie*, Nr. 2423: XV 621). Dabei hat die Erziehung selbstverständlich altersgerecht zu erfolgen: «Man muß [im

Sinne von darf] bei Kindern aber nicht den Charakter eines Bürgers, sondern den ... eines Kindes bilden» (*Päd.*, IX 481).

Weil die Erziehungskunst so schwierig ist, zudem erst im Lauf der nächsten Generationen das sachgerechte Niveau erreicht, darf man sich nicht wundern, daß sie, wie Kant behauptet, «selbst in ihrer Idee noch streitig» ist (ebd.). Diese Idee, Leitgedanke der Erziehung, hat zwei Seiten. Inhaltlich kommt es auf eine Hierarchie von Erziehungsstufen an, die in der Moralisierung gipfelt, methodisch oder didaktisch aber darauf, daß der Mensch nicht «bloß dressiert, abgerichtet, mechanisch unterwiesen», vielmehr auch «wirklich aufgeklärt» werde (IX 450): Kants kosmopolitische Pädagogik bezweckt Aufklärung.

Kants Auffassung von Aufklärung ist bekannt. Bei deren Leitbegriffen: Mündigkeit, Selbstdenken und Freisetzen einer allgemeinen Menschenvernunft, pflegt man aber zu übersehen, daß unser Philosoph nicht einfachhin das Wesen des *Siècle des lumières* auf den Begriff bringt, vielmehr ein neuartiges, zugleich provokatives Verständnis entfaltet (vgl. ausführlicher Kap. 1):

Kant zufolge liegt das Wesen der Aufklärung nicht in dem, was das Wort metaphorisch besagt: daß in eine bislang verworrene Welt Klarheit oder nach der englischen Bezeichnung «enlightenment» und der französischen «lumière» in eine bislang dunkle Welt Licht gebracht werde. Für Kant zählen weder Kenntnisse noch kognitive Eigenschaften, sondern charakterliche Leistungen, nämlich jene geistige Anstrengung und geistige Courage, die das entscheidende Selbstdenken ermöglichen. Dem folgt die Pädagogik-Vorlesung, wenn es dort heißt: «es kommt vorzüglich darauf an, daß Kinder denken lernen» (*Päd.*, IX 450). Zugleich zeigt sich, daß für Kant die Aufgabe der Aufklärung sehr früh, eben schon im Kindesalter beginnt und sich im Prinzip auf alle Menschen erstreckt.

«Denken» heißt für Kant nicht, irgendwelche Vorstellungen zu haben, sondern mit Hilfe des Verstandes eine Einheit zustande zu bringen, die Einheit sowohl in Begriffen, als auch in Urteilen, nicht zuletzt in Schlüssen. In der *Pädagogik* kommen diese kognitiven Fähigkeiten durchaus zur Sprache, sowohl die unteren Verstandeskräfte wie Einbildungskraft, Gedächtnis und Aufmerksamkeit als auch die oberen Verstandeskräfte, der Verstand, die Urteilskraft und die Vernunft (vgl. IX 475 ff.). Bezeichnenderweise werden sie aber nicht als eigenes Erziehungsziel herausgehoben, sondern fallen in das zwar weitläufige, aber systematisch gesehen untere Erziehungsziel, die Kultivierung. Und das, was man humanistische Bildung zu nennen pflegt, die Kenntnis klassischer Sprachen und Literatur, spielt keine Rolle, obwohl Kant selber namentlich hinsichtlich des Lateinischen über eine hohe Kompetenz verfügt. Bei den Fähigkeiten und Fertigkeiten wiederum, auf die Kant Wert legt, hebt er nicht etwa das hervor, was ein Philosoph zweifellos braucht: intellektuelles Können. Im Vordergrund stehen praktische Ziele.

Getreu dem praktischen Leitinteresse, der für die veritable Menschwerdung erforderlichen Fähigkeit der Zwecksetzung, geht das zu lernende Denken «auf die Prinzipien hinaus, aus denen alle Handlungen entspringen» (IX 450), auf die Maximen, die aber nicht etwa indoktriniert werden sollen. Der Mensch soll sie vielmehr «selbst einsehen» (IX 455). Denn «Selbstdenken heißt den obersten Probierstein der Wahrheit in sich selbst, (d. i. in seiner eigenen Vernunft) suchen» (*Denken*, VIII 146). Daher sagt Kant in der *Pädagogik*: «Die Maximen müssen aus dem Menschen selbst entstehen.» (*Päd.*, IX 481) Denn: «Aus Pflicht etwas tun, heißt: der Vernunft gehorchen.» (IX 483)

22.4 Vier Erziehungsziele

Als Träger der bisherigen Erziehung sieht Kant zwei Instanzen an, die Eltern und die Fürsten, die er beide für berechtigt, aber für unzureichend, und zwar für nicht bloß derzeit und kontingenterweise, sondern für grundsätzlich unzulänglich hält.

Im Rahmen des generellen Erziehungszieles, der Entwicklung der Naturanlagen, zielt die elterliche Erziehung darauf, die Kinder «in die gegenwärtige Welt, sei sie auch verderbt», einzupassen. Die Eltern «sorgen gemeiniglich nur dafür, daß ihre Kinder gut in der Welt fortkommen»; sie «sorgen für das Haus» (*Päd.*, IX 447 f.). Das könnte heißen, daß sie brave Kinder werden, ihre Eltern ehren und zu Hause noch mitarbeiten sollen. Eine derartige trivialisierende Einschätzung wird aber dadurch korrigiert, daß die «Kinder gut in der Welt fortkommen sollen», wofür man zweifellos weit mehr lernen muß. Elementarerweise braucht man Selbstvertrauen und Weltvertrauen; weiterhin sollte man seinen Lebensunterhalt selber verdienen können, wozu es einer guten Ausbildung, zusätzlich der Bereitschaft bedarf, einen Beruf auszuüben, nicht zuletzt im Sinne des «Fortkommens» eines gewissen Ehrgeizes, um Karriere zu machen. Kinder müssen also ziemlich viel lernen, pointiert: Sie müssen sich erstens darauf verstehen, Wirtschaftsbürger (hier nicht als Unternehmer, sondern als Berufsfähige) und zweitens Mitmenschen zu sein.

Die für Kants Zeit zweite Erziehungsinstanz, die Fürsten, «betrachten ihre Untertanen nur wie Instrumente zu ihren Absichten». Darunter versteht unser Philosoph keinen Mißbrauch zu fürstlichen Privatzwecken, sondern, wohlwollend gegen die Fürsten, eine Erziehung «für den Staat» (IX 448). In dessen Rahmen ist man Bürger, so daß die Erziehung drittens dem Staatsbürger-Werden und Staatsbürger-Sein dient.

Beide Instanzen, die Eltern und die Fürsten, unternehmen also nicht wenig. Trotzdem vermißt Kant das entscheidende kosmopolitische Ziel, den Endzweck, bestimmt als «das Weltbeste und die Vollkommenheit» (ebd.).

In diesem Zusammenhang tauchen nun die drei Erziehungsziele auf, die nicht etwa alternativ, sondern komplementär zu verstehen sind, zudem hierarchisch aufeinander aufbauen, da sie wachsende normative Ansprüche beinhalten. Ihnen geht noch ein viertes Ziel voran, das aber nicht positiver, sondern lediglich negativer Natur ist.

Seitens der Eltern und des Staates beginnt die Erziehung mit (1) der Disziplinierung; sie setzt sich fort in (2) der Kultivierung und endet bei (3) der Zivilisierung. Die für Kant entscheidende, kosmopolitische Erziehung bezweckt dagegen mehr, nämlich (4) die gelungene Erziehung zur Moral, die Moralisierung.

Die Entwicklung, deren der Verstand, weil er nicht schlicht vorgegeben ist, bedarf, stellt Kant also nicht als einen kontinuierlichen Prozeß, sondern in Form von Stufen dar. Diese sind nicht primär biographisch bzw. ontogenetisch, sondern systematisch zu verstehen, auch wenn ein Großteil der Disziplinierung den höheren Erziehungsstufen biographisch vorangeht. Etwas Weiteres bleibt wichtig. Obwohl es auf die Entwicklung von Verstand ankommt, legt Kant, wie gesagt, nicht auf gewisse Kenntnisse, sondern auf Fähigkeiten und Fertigkeiten, gewissermaßen auf Potentiale Wert.

(a) *Disziplinieren.* Die Vorstufe, das Disziplinieren, soll «die Tierheit in die Menschheit» umändern (IX 441). Kant hebt dabei auf einen Prozeß der Befreiung ab, auf eine Emanzipation, die aber nicht von äußeren Mächten, etwa gesellschaftlichen Zwängen oder der Tradition, sondern von inneren Zwängen frei macht. Denn zunächst lebt der Mensch nach Kant unter einem «Despotismus der Begierden», was an Aristoteles' Bestimmung des *bios apolaustikos*, des Genußlebens, erinnert, da es als «sklavenartig» (*andrapodôdês*) qualifiziert wird (*Nikomachische Ethik*, I 3, 1095b19–22).

Der Einspruch dagegen erfolgt ohne jeden moralisierenden Unterton. Kant räumt den Trieben sogar eine positive Bedeutung zu, da die Natur sie uns «beigegeben» hat, «um die Bestimmung der Tierheit in uns nicht zu vernachlässigen oder gar zu verletzen» (*KU*, V 432). Woran ist hier zu denken? Bei der Tierheit sind nicht etwa humane Perversionen oder Bestialität gemeint, sondern Dinge, die der Mensch mit Tieren teilt, also die Notwendigkeit von Essen und Trinken, von Schutz gegen Witterungsunbilden und von Fortpflanzung.

Derartige Dinge soll der Mensch nicht vernachlässigen oder gar verletzen, aber ihnen gegenüber «frei genug» sein, so wie es «die Zwecke der Vernunft erfordern» (ebd.). Der Mensch soll nicht etwa von den Begierden und Trieben, sondern lediglich von deren Despotismus freiwerden. In der Prägnanz der Pädagogik-Vorlesung soll er die als «Unabhängigkeit von Gesetzen» erläuterte «Wildheit» bezähmen (*Päd.*, IX 449; vgl. *KrV*, B 737 f.). Dabei sind mit den Gesetzen keine positiven Rechtsgesetze, sondern «Vorschriften der [praktischen] Vernunft» gemeint. Wer deren Gesetze nicht anerkennt, «folgt dann jeder Laune» (*Päd.*, IX 442; vgl. auch 460). Mithin gilt die Wildheit als ein Hemmschuh, den Verstand bzw. die Vernunft zu gebrauchen, und dessen entledigt man sich mittels Disziplinierung.

Sie zu verabsäumen hält Kant übrigens für «ein größeres Übel», da man das Vernachlässigen der nächsten Stufe, der «Kultur», nachholen kann, «Wildheit aber läßt sich nicht wegbringen, und ein Versehen in der Disziplin kann nie ersetzt werden» (IX 444). Wer «nicht kultiviert ist, ist roh, wer nicht diszipliniert ist, ist wild» (ebd.), folglich selbst zur ersten Stufe des Verstandes ungeeignet, nämlich unfähig, selbst zu wählen: «Unsere Bestimmung als Menschen ist doch, aus dem rohen Naturzustande als Tier herauszutreten» (IX 492). Aus diesem Grund gehört das Disziplinieren biographisch an den Anfang der Erziehung.

Weil es bei der Disziplin auf die Fähigkeit des Selber-Wählens ankommt, darf sie «nicht sklavisch» sein. «Das Kind muß immer seine Freiheit fühlen, doch so, daß es nicht die Freiheit anderer hindere» (IX 464). Der Kenner von Kants Rechtsethik erinnert sich hier an das Prinzip der allgemeinverträglichen Freiheit (*RL*, § B; vgl. auch Kap. 13). Für Kant ist es so wichtig, daß er den nichtsklavischen Charakter der Disziplin wiederholt: «Der Wille der Kinder muß [im Sinne von darf] ... nicht gebrochen, sondern nur ... gelenkt werden» (IX 478).

Die auf der Vorstufe zu leistende Emanzipation vom Despotismus der Begierden hat zwei jeweils paradoxe Seiten. Gemäß dem vertrauten negativen Begriff der Freiheit, der Freiheit wovon, setzt die eigentliche Emanzipation, die Disziplin, von der Unabhängigkeit von Gesetzen frei. Im Sinne einer doppelten Negation macht sie (von Gesetzen) abhängig, was die positive Freiheit, die Freiheit wozu, herausfordert. Diese wiederum besteht in der Fähigkeit, jenen Vorschriften der praktischen Vernunft zu folgen, die Kant in der Moralphilosophie, namentlich der *Grundlegung,* in technische, pragmatische und kategorische bzw. moralische Imperative ausdifferenziert (*GMS*, IV 414 ff.). Die Unabhängigkeit vom Despotismus der Begierden weicht somit einer Abhängigkeit von drei Stufen eines wachsenden normativen Anspruchs. Die Disziplinierung bereitet den Weg zum Menschen als Freiheits- und Vernunftwesen in den drei Stufen von zunehmender Freiheit und Vernunft.

Die in Form von Disziplinierung vorgenommene Emanzipation reicht jedenfalls nicht aus. Von einem Hemmschuh, einer Barriere zur Fähigkeit befreit, den Verstand bzw. die Vernunft zu gebrauchen, benötigt man jetzt etwas Positives, ein Potential. Dessen Entwicklung dienen die drei Hauptstufen der Erziehung. Dabei entsprechen die drei Hauptstufen genau den genannten drei Arten von Imperativen; die Kultivierung entspricht den technischen, die Zivilisierung den pragmatischen und die Moralisierung den kategorischen Imperativen.

(b) *Kultivieren.* Philosophiegeschichtlich und sozialanthropologisch gesehen hält Kant die nächsten zwei Erziehungsziele, die Kultivierung und die Zivilisierung, für «Früchte der Ungeselligkeit, die durch sich selbst genötigt wird, sich zu disziplinieren» (*Idee*, VIII 22). Damit spielt ein Grundgedanke von Kants Geschichtsphilosophie, der Antagonismus qua ungeselliger Geselligkeit, in die Philosophie der Erziehung hinein.

Bei der ersten Hauptstufe, der Kultivierung, darf man nicht an das heutige Verständnis von «kultiviert» denken: daß man sich durch gute Umfangsformen auszeichnet, über den Horizont seines Berufs schaut und statt auf den Lebensunterhalt fixiert zu sein, sich auch für Dinge wie Musik, Kunst und Literatur offen hält. Die Kantische Kultivierung dient der Ausbildung von Geschicklichkeiten. Nach dem geschichtsphilosophischen Text *Mutmaßlicher Anfang der Menschengeschichte* beginnt die Kultivierungsgeschichte der Menschheit nach dem Sündenfall und seinetwegen. Nach der *Kritik der Urteilskraft* ist die Geschicklichkeit «die vornehmste subjektive Bedingung der Tauglichkeit zur Beförderung der Zwecke überhaupt» (*KU*, V 431). Sie erlaubt zu können, was man gegebenenfalls will. Kant legt dabei auf Gründlichkeit, zugleich auf veritables Können, Wert: «man muß nicht den Schein annehmen, als hätte man Kenntnisse von Dingen, die man doch nachher nicht zu Stande bringen kann» (*Päd.*, IX 486).

«Wegen der Menge der Zwecke», gemeint ist wohl deren Verschiedenartigkeit, «wird die Geschicklichkeit gewissermaßen unendlich» (IX 449 f.). Gute Erziehung vermittelt also eine vielseitige, möglichst sogar allseitige Geschicklichkeit. Das befreit den Menschen von einer zu engen Bindung an die Bedürfnisse der jeweiligen Gegenwart, bereitet ihn dadurch für eine sich wandelnde Welt vor. Einen dann oft verengten «Kanon» von Bildungswissen oder von Bildungsgütern aufzustellen, ist daher nicht belanglos, aber bestenfalls von sekundärer und zugleich zeitverhafteter, überdies interessengeleiteter Bedeutung. Zusätzlich läuft ein derartiger Kanon Gefahr, die dem «Lernen» eines Kanons vorangehende Aufgabe der Disziplinierung zu verdrängen, darüber hinaus die Aufgabe zu verringern, außer einem Kanon noch andere Dinge zu lernen. Andererseits finden sich, werden wir sehen, auch in der *Pädagogik* Elemente, sogar Kernelemente eines Kanons, beispielsweise elementarerweise Lesen und Schreiben (IX 474) und anspruchsvoller ein «Katechismus des Rechts» (s. u.).

Die *Grundlegung zur Metaphysik der Sitten* bekräftigt die Offenheit. Von der untersten Stufe von Imperativen, den technischen Imperativen, den der Kultivierung entsprechenden Imperativen der Geschicklichkeit, heißt es, daß «man in der frühen Jugend nicht weiß, welche Zwecke uns im Leben aufstoßen dürften». Daher «suchen Eltern vornehmlich ihre Kinder recht vielerlei lernen zu lassen, und sorgen für die Geschicklichkeit im Gebrauch der Mittel zu allerlei beliebigen Zwecken» (*GMS*, IV 415). Die *Pädagogik* fügt noch einen ergänzenden Gesichtspunkt an: Um Geschicklichkeit zu lernen, bedarf es der «Übung» der einschlägigen Gemütskräfte (*Päd.*, IX 466).

(c) *Zivilisieren*. Bei der nächsten Erziehungsstufe, dem Zivilisieren, darf man nicht an Zivilisation im Gegensatz zu einer dann niederrangigen Kultur denken. Die Opposition von einer nur wirtschaftlich-technischen Zivilisation zu einer geistigen Kultur ist Kant fremd. Er kehrt die Rangfolge sogar um, da er die Stufe des Zivilisierens auf die des Kultivierens folgen läßt. Sachgerechter ist es, den Ausdruck des Zivilisierens von seinem Kern her zu verstehen, vom «civis», dem Bürger, den man allerdings nicht auf einen Staatsbürger verkürzen darf. Gemeint ist der Mensch als Sozialwesen: Die Zivilisierung zielt auf eine umfassende Sozialisation.

Mehrere Teilziele sind dabei wichtig. Zum einen soll der Mensch «klug» (*Päd.*, IX 450) werden. Dazu zählt Kant realistischerweise und bedenkenlos etwas, das dem moralischen Leitziel, dem Verbot, den Menschen bloß als Mittel zu gebrauchen, zu widersprechen scheint. Man soll nämlich lernen, «alle Menschen zu seinen Endzwecken» zu gebrauchen (ebd.), was sich zweifellos auf eine Instrumentalisierung beläuft. Diese ist aber nur dann unmoralisch, wenn «bloß», also ausschließlich eine Instrumentalisierung stattfindet. Diese Ausschließlichkeit behauptet die betreffende Stelle aber

nicht, wohl aber, daß paradox gesagt das Sozialwesen durchaus aso-
zial sein darf. Kant verschränkt jedenfalls Intersubjektivität und
Subjektivität. Sagou (2009, 44) spricht daher nur die halbe Wahrheit
aus, wenn er sagt, die «Zivilisierung zügelt eine grenzenlose Konkurrenz». Zu Recht ergänzt er jedoch: «eine Harmonie … und ein
Verzicht auf die Konkurrenz würde die Kultur am Fortschritt hin-
dern» (ebd.).

Kant kennt zwei Arten der Klugheit. Die eine Art, die Weltklugheit, hat nicht etwa kosmopolitischen Charakter. Sie besteht
vielmehr in der «Kunst, unsere Geschicklichkeit an den Mann zu
bringen» (*Päd.*, IX 486) oder laut *Grundlegung* in der Geschicklichkeit, andere zu seinen eigenen Absichten zu beeinflussen (*GMS*,
IV 416). Kants nähere Erläuterungen der Weltklugheit sind irritierend, denn sie klingen nach Machiavelli. Man soll nämlich «sich
verhehlen und undurchdringlich machen, den Andern aber durch-
forschen können … Dazu gehört das Dissimulieren, d.h. die
Zurückhaltung seiner Fehler». Kant hält dies freilich nur für «bisweilen erlaubt», denn, räumt er ein, «es grenzt doch nahe an Unlauterkeit» (*Päd.*, IX 486).

In der *Grundlegung* ordnet Kant die Weltklugheit der anderen
Art, der «Privatklugheit», unter. Letztere gilt deshalb als höher-
rangig, weil sie all die eigenen Absichten, zu deren Gunsten man
andere zu beeinflussen sucht, zum eigenen dauernden Vorteil
vereinigt (*GMS*, IV 416). Letztlich dient man also mit seiner Zivilisierung nicht allein den Mitmenschen, sondern auch sich selber,
nämlich dem natürlichen Leitziel, dem Eigenwohl. Während man
dank der Weltklugheit in der sozialen «Welt» gut zurechtkommt,
sorgt die Privatklugheit dafür, daß das gesellschaftliche Zurecht-
kommen dem eigenen («privaten») langfristigen Wohlergehen
dient. In beiden Hinsichten gehört die Zivilisierung zum aufgeklärten Selbstinteresse.

Etwas liebenswürdiger gesagt ist die Gesellschaft ein «System des
gegenseitigen Nutzens» oder, weniger liebenswürdig, des «wechselseitigen Ausnutzens». Jedenfalls braucht es eine soziale Verträglichkeit, für die Kant meines Erachtens drei Stufen nennt (vgl. *Päd.*,
IX 450): (1) Die elementare Verträglichkeit sorgt dafür, daß der
Mensch «in die menschliche Gesellschaft passe», (2) die Steigerung:

«daß er beliebt sei», und (3) eine nochmalige Steigerung dafür, daß man sowohl der Gesellschaft als auch sich selbst zugute dienen kann, nämlich daß man «Einfluß habe». Also zunächst Sich-Einfügen, sodann Ansehen, schließlich Einfluß, auch Macht.

Abgesehen von Klugheit kommt es bei der zweiten Hauptstufe auf zwei Teilziele, auf «Manieren» und auf «Artigkeit», an. Unter den Manieren sind nicht etwa Tischmanieren und Anredeformen zu verstehen, sondern ähnlich wie bei den «manners» (Sitten) in Hobbes' *Leviathan* (Kap. 11) die Art und Weise, wie man miteinander umgeht. Nach Kants Erläuterung tragen Manieren einen Zeitindex an sich, denn sie richten sich «nach dem wandelbaren Geschmack jedes Zeitalters», das beispielsweise «noch vor wenigen Jahrzehnten Zeremonien im Umgange» liebte (*Päd.*, IX 450). Dieses Teilziel «Manieren» wird mit dem anderen Teilziel «Artigkeit» noch um ein gewisses Geschick und nicht etwa um die Bedeutung ergänzt, ein folgsames Kind zu sein.

Als Leitprinzip für Manieren und Artigkeit, zugleich als Kriterium oder auch Wahlspruch für die Zivilisierung schlägt Kant vor: «Wir dürfen uns nicht einander lästig werden; die Welt ist groß genug für uns alle» (IX 469). Zweierlei dürfte hier gemeint sein: zum einen, daß die Menschen den Wettbewerb, in dem sie miteinander stehen, nicht überziehen, damit aus etwaigen Gegnern nicht Feinde, sondern «zivilisierte Konkurrenten» werden, zum anderen, daß man dort, wo man einander bloß stört, sich besser aus dem Wege gehe. Freilich darf dies nicht dazu führen, daß man «immer für sich alleine» ist. Im Gegenteil legt Kant auf Geselligkeit und Freundschaft (IX 484), also auf Dinge Wert, die er als großzügiger Gastgeber bekanntlich im eigenen Leben pflegt und in seiner *Anthropologie* in einer Philosophie der gelungenen Tischgesellschaft auf den erfahrungsgesättigten Begriff einer guten Mahlzeit in guter Gesellschaft bringt (*Anthropologie*, VII 278 ff.; zu «zivilisiert» vgl. auch VII 151 ff.).

Einsichtsvoll ist auch eine Überlegung aus der dritten *Kritik*. Dort heißt es: «Für sich allein würde ein verlassener Mensch auf einer wüsten Insel weder seine Hütte, noch sich selbst ausputzen, oder Blumen aufsuchen, noch weniger sie pflanzen, um sich damit auszuschmücken; sondern nur in Gesellschaft kommt es ihm ein, nicht bloß Mensch, sondern auch ... ein feiner Mensch zu sein» (*KU*, V 297), was man als «gentle-man» übersetzen darf und was, setzt Kant hinzu, «der Anfang der Zivilisierung « ist. (Ironisch gesagt trägt der Gentleman eine Blume im Knopfloch.) Ein Defizit fällt bei Kants insgesamt reichen Überlegungen zur Erziehung auf: Abgesehen von einer zudem kunstfremden Bemerkung zur Musik, die «nur zu einigen Zwecken» gut sei, nämlich «um uns beliebt zu machen» (*Päd.*, IX 449), fehlt in der *Pädagogik* die später bei Schiller und Schlegel so wichtige ästhetische Erziehung ganz. Dafür kann man kaum den Umstand verantwortlich machen, daß Kant seine in der *Kritik der Urteilskraft* enthaltene Theorie der Ästhetik erst mehr als drei Jahre später veröffentlicht, als die letzte Pädagogik-Vorlesung stattfindet. Denn Kant pflegt seine Grundgedanken schon lange vor der schließlichen Veröffentlichung zu entwickeln.

(d) *Moralisieren*. Kant ist kein Knigge. Das kurz nach Kants Pädagogik-Vorlesung erschienene, bald weithin bekannte, heute aber kaum noch gelesene zweibändige Werk des Freiherrn *Über den Umgang mit Menschen* (1788) geht zwar weit über das hinaus, was man früher in Tanzstunden lernte. Gegen jede Verkürzung der Erziehung auf eine auch noch so anspruchsvolle Zivilisierung zeigt Kant aber deutlich genug, daß er vornehmlich Moralphilosoph ist. Schon in der *Kritik der reinen Vernunft* sagt er: «so ist die letzte Absicht der weislich uns versorgenden Natur, bei der Einrichtung unserer Vernunft, eigentlich nur aufs Moralische gestellt» (*KrV*, B 829). Wie in den drei *Kritiken* (vgl. Kap. 3), so gipfelt Kants Philosophie auch in der Pädagogik in moralischen Überlegungen.

Bei der höchsten, für Kant überdies nicht etwa nur wünschenswerten, sondern unverzichtbaren Erziehungsstufe, der Moralisierung, ist jeder Unterton des Abfälligen auszublenden. Der dritten Hauptstufe geht es um Auswahl, Selektion: «Der Mensch soll nicht bloß zu allerlei Zwecken geschickt sein» (*Päd.*, IX 450). Er darf kein Tausendkünstler werden, der sich zwar auf alles versteht, aber auch gewissenlos sich auf alles einläßt. Er soll vielmehr zu jener moralisch guten Gesinnung erzogen werden, deretwegen man «nur lauter gute Zwecke erwähle» (ebd.).

Heute herrscht sowohl in der Ethik als auch den öffentlichen Debatten die Verkürzung der Moral auf eine Sozialmoral vor. Im provokativen Gegensatz dazu beginnen die Pflichten, die Kant im Fortgang der Vorlesung anführt, mit Pflichten gegen sich selbst. «Diese bestehen nicht darin, daß man sich eine herrliche Kleidung anschaffe, ... sondern, daß der Mensch in seinem Innern eine gewisse Würde habe, die ihn vor allen Geschöpfen adelt». Zur einschlägigen Pflicht, diese «Würde der Menschheit in seiner eigenen Person nicht zu verleugnen» (*Päd.*, IX 488 f.), gehört es, sich nicht dem Trunke zu ergeben, alle Arten von Unmäßigkeit zu meiden, auch sich nicht «kriechend gegen andere» zu verhalten.

Erst an zweiter Stelle führt Kant die «Pflichten gegen andere» und erläutert sie als «Ehrfurcht und Achtung für das Recht der Menschen», die «dem Kinde schon sehr früh beigebracht werden» sollen (IX 489). Denn das Recht der Menschen sei nichts Geringeres als «der Augapfel Gottes auf Erden». Beispielsweise darf ein Kind, das einem ärmeren Kind begegnet, dieses nicht «stolz aus dem Wege, oder von sich» stoßen. Geschieht es trotzdem, so soll man das Kind nicht etwa tadeln oder an sein Mitleid appellieren, sondern «ihm selbst ebenso stolz und fühlbar begegnen» (IX 489 f.).

Schließlich moniert Kant, was für das Leitthema der Zivilisierung, ihren Kernbereich «Bürger bilden», nicht unwichtig sein dürfte: daß den Schulen fehle, «was doch sehr die Bildung der Kinder zur Rechtschaffenheit befördern würde, nämlich ein Katechismus des Rechts» (IX 490). Sein Beispiel: «wenn jemand, der heute seinem Kreditor [Gläubiger] bezahlen soll, durch den Anblick eines Notleidenden gerührt wird, und ihm die Summe, die er schuldig ist, und nun bezahlen sollte, hingibt». Auf die Frage «ist das recht oder nicht?» lautet die kompromißlos klare Antwort «Nein! Es ist unrecht» (ebd.).

Kant legt hier auf einen heute oft unterschlagenen Unterschied Wert, auf die Differenz von schuldiger und verdienstlicher Leistung, ferner auf den Vorrang der schuldigen Rechtspflichten vor den verdienstlichen Tugendpflichten: Bevor man wohltätig wird und Geld den Armen gibt, muß man erst seine Schulden bezahlen. Als Tugenden der Schuldigkeit führt Kant Redlichkeit, Anständigkeit und Friedfertigkeit, als Tugenden des Verdienstes dagegen Großmut, Wohltätigkeit und überraschenderweise auch Selbstbeherrschung an (IX 492).

Hinsichtlich der ersten drei Erziehungsziele ist Kant für sein Zeitalter optimistisch, hält er doch die Disziplinierung, Kultivierung und Zivilisierung für weitgehend erreicht. Gegenüber dem vierten Ziel dagegen ist er, ähnlich wie vor ihm Rousseau, pessimistisch: «Wir leben im Zeitpunkte der Disziplinierung, Kultur und Zivilisierung, aber noch lange nicht in dem Zeitpunkte der Moralisierung» (IX 451). In der Geschichtsphilosophie heißt es ebenso: «Wir sind im hohen Grade durch Kunst und Wissenschaft kultiviert. Wir sind zivilisiert bis zum Überlästigen ... Aber, uns schon für moralisiert zu halten, daran fehlt noch sehr viel» (*Idee*, VIII 26). Dafür sind aber, fährt Kant fort, die Staaten mitverantwortlich: für «die langsame Bemühung der inneren Bildung der Denkungsart ihre Bürger». Denn, erklärt er in für ihn ungewöhnlich pathetischen Worten: «Alles Gute aber, das nicht auf moralischgute Gesinnung gepfropft ist, ist nichts als lauter Schein und schimmerndes Elend» (ebd.). Kants spätere Rechtsphilosophie wird freilich zwischen dem, was Recht, und dem, was Tugend ist, unterscheiden und sich für das Recht mit den äußeren Handlungen, unabhängig von deren inneren Triebfeder, zufrieden geben (*RL*, VI 231).

Im Rahmen der Moralisierungsaufgabe hält Kant es für «unendlich wichtig ..., die Kinder von Jugend auf das Laster verabscheuen zu lehren», und diese Aufgabe nicht etwa dem Prediger zu überlassen (*Päd.*, IX 450). Denn bei der zu lehrenden Abscheu kommt es auch auf den richtigen Grund der Abscheu, also wieder auf Moralität, an. Und dafür reicht es nicht aus anzunehmen, daß «Gott es [das Laster] verboten hat». Kant weist diese Annahme mit zwei Argumenten zurück, zum einen mit einem Rechtfertigungsargument: daß Laster «wohl würde erlaubt sein, wenn Gott es nur nicht verboten hätte», zum anderen mit einem jede Entschuldigung ausschließenden Rigorismus-Argument: «daß Gott daher wohl einmal eine Ausnahme machen könne». Er schließt zwar diese Option aus, denn: «Gott ist das heiligste Wesen und will nur das, was gut ist» (IX 450 f.)

An die Stelle der einschlägigen externen, theonomen Rechtfertigung – etwas ist Laster, weil Gott es verboten hat –, tritt eine intrinsische, die Autonomie andeutende Begründung: Das Laster ist «in sich selbst verabscheuungswürdig», was im übrigen auch Gott so sähe. Denn Gott als das heiligste Wesen «verlangt, daß wir die Tugend ihres inneren Wertes wegen ausüben sollen und nicht deswegen, weil er es verlangt» (ebd.).

22.5 Über den Wert des Menschen

Auf jeder der drei Erziehungsstufen erhält der Mensch Kant zufolge einen spezifischen Wert. Die «scholastisch» genannte Erziehung zur Geschicklichkeit «gibt ihm einen Wert in Ansehung seiner selbst als Individuum» (*Päd.*, IX 455). Durch die «pragmatisch» genannte «Bildung zur Klugheit aber wird er zum Bürger gebildet» (ebd.). Erneut denkt Kant nicht etwa – nur – an den Staatsbürger, der sich um die öffentlichen Angelegenheiten kümmert. Meines Erachtens hat er auch nicht bloß den Bourgeois, den Wirtschaftsbürger, im Blick. Gegen die Alternative Bourgeois oder Citoyen hier indifferent, vertritt er einen erweiterten Begriff von Bürger, sagt er doch: «da bekommt er einen öffentlichen Wert» (ebd.).

Nach der Ergänzung lernt er zweierlei: «sowohl die bürgerliche Gesellschaft zu seiner Absicht [zu] lenken, als sich auch in die bürgerliche Gesellschaft [zu] schicken», also sowohl ein Sichbehaupten in Konkurrenz als auch einen sozialen Sinn, ein Mitbürgersein (ebd.). Dieses Sowohl-als-auch kann man als eine Balance zwischen Ich-selber- und Mitglied-einer-Gemeinschaft-sein verstehen: Man macht sich zum Mitglied eines kooperativen Gemeinwesens, bei dem man sich sowohl einpaßt als auch seine eigenen Zwecke verfolgt.

Auf der höchsten Stufe, der moralischen Bildung, «endlich bekommt er einen Wert in Ansehung des ganzen menschlichen Geschlechts» (ebd.). Dabei geht es weniger um die Gattung Mensch als um das Wesen, die Humanitas. Genau dieser Wert entspricht dem einleitend genannten kosmopolitisch angelegten Erziehungsplan.

Die Aufgabe, den Menschen zu einem Bürger zu bilden, versteht Kant nach heutigem Verständnis in zweierlei Hinsicht liberal. Zum einen ist er nicht der Meinung, man könne den Menschen direkt zum Bürger bilden. Denn zuvor muß er dank vorlaufender Disziplinierung und Kultivierung ein selbstverantwortliches Individuum werden. Die zum Bürgersein gehörende Klugheit besteht «nur» im «Vermögen, seine Geschicklichkeit gut an den Mann zu bringen» und «alle Klugheit setzt Geschicklichkeit voraus» (ebd.). Zum anderen liegt das Endziel der Erziehung nicht im Bürgersein, sondern darin, daß man ein moralischer Mensch wird.

Die Erziehung dazu skizziert Kant in der *Kritik der praktischen Vernunft*, ihrer Methodenlehre. Sie entfaltet nämlich keine Theorie moralphilosophischer Reflexion, sondern die der moralischen Erziehung, nämlich «wie man den Gesetzen der reinen praktischen Vernunft Eingang in das menschliche Gemüt, Einfluß auf die Maximen desselben verschaffen, d. i. die objektiv praktische Vernunft auch subjektiv praktisch machen könne» (*KpV*, V 151). Von ihr könnte der heutige Schulunterricht «Ethik» viel lernen. In souveräner Kürze unterscheidet Kant in der moralischen Erziehung zwei Phasen: eine pragmatische und eine im engeren Sinn moralische Erziehung, und bei der zweiten Phase legt er nicht nur auf die Erziehung zur Legalität, sondern auch auf die Steigerung zur Moralität Wert.

Weiterhin stellt Kant eine gewichtige Alternative zum heute beliebten Vorgehen vor, die Moral anhand von Dilemmata zu diskutieren (vgl. Wood 2011). Für ihn ist es wichtiger, an den Hang der Vernunft anzuknüpfen, der sich auch bei Jugendlichen findet, «in aufgeworfenen praktischen Fragen selbst die subtilste Prüfung mit Vergnügen einzuschlagen» (*KpV*, V 154). Auch lohne es sich, «das Prüfungsmerkmal der reinen Tugend an einem Beispiele» zu zeigen:

«Man erzähle die Geschichte eines redlichen Mannes, den man bewegen will, den Verleumdern einer unschuldigen, übrigens nicht vermögenden Person beizutreten. Man bietet Gewinne ..., er schlägt sie aus. ... Nun fängt man es mit der Androhung des Verlusts an ... so wird mein jugendlicher Zuhörer stufenweise von der bloßen Billigung zur Bewunderung, von da zum Erstaunen, endlich zur größten Verehrung und einem lebhaften Wunsch, selber ein solcher Mann sein zu können ... erhoben werden. ... Also muß die

Sittlichkeit auf das menschliche Herz desto mehr Kraft haben, je reiner sie dargestellt wird» (V 155).

Weil die Befolgung des moralischen Gesetzes Selbstachtung hervorruft, «findet das Gesetz der Pflicht durch den positiven Wert», den es «empfinden läßt», zunehmend «leichteren Eingang» in die Denkart eines Kindes (V 161). Dieses Ziel ist höchst anspruchsvoll: «in uns nach und nach das größte, aber reine moralische Interesse» an der Heiligkeit der Pflicht «hervorzubringen» (V 159). Dazu gehört, wie die Methodenlehre der *Tugendlehre* (§ 53) ergänzt, Kant-Kritiker aber gern übersehen, ein «wahres und fröhliches Gemüt» (siehe auch Kap. 10).

22.6 «Das Kind soll ... arbeiten lernen»

Über dem die anderen Ziele überragenden Erziehungsziel, der Moralisierung, könnte man alle die anderen Ziele vernachlässigen wollen. Dann droht die Gefahr, daß man zwar einen ehrlichen und hilfsbereiten, rundum rechtschaffenen, ansonsten aber lebensuntauglichen Menschen erzieht. Kant entgeht schon deshalb dieser Gefahr, weil er der Moralisierung die skizzierten drei Stufen vorangehen läßt: die Bezähmung der Wildheit, die Verschaffung der Geschicklichkeit und die Zivilisierung samt Lebensklugheit. Und diesem Vorangehen liegt eine sachliche Notwendigkeit zugrunde:

Um ehrlich zu sein, muß man etwas zu sagen haben; um hilfsbereit zu sein, muß man Notleidenden zu helfen verstehen. In einem systematischen Zuvor muß der Mensch überhaupt Zwecke wählen können, dann Fähigkeiten und Fertigkeiten lernen, die Zwecke zu verfolgen, nicht zuletzt, sich ins Zusammenleben mit seinesgleichen einfügen. Erst in deren Rahmen kann man dank guter Gesinnung «nur lauter gute Zwecke» wählen.

Bei der Erziehung zu einem lebenstauglichen Menschen spricht Kant vom «künftigen Bürger» (*Päd.*, IX 454). Einen besonderen Wert legt er dabei auf die Fähigkeit, sich dem «gesetzlichen Zwang» zu unterwerfen und trotzdem «sich seiner Freiheit zu bedienen». Der zu Erziehende muß beides zugleich lernen: «einen Zwang seiner Freiheit zu dulden», zu diesem Zweck «früh den unvermeidli-

chen Widerstand der Gesellschaft fühlen», und «seine Freiheit gut
zu gebrauchen». Zu dieser Freiheit gehört es aber, daß man «nicht
von der Vorsorge anderer» abhänge (ebd.).

Daß der künftige Bürger insofern auch ein Wirtschaftsbürger sei,
als er sich «selbst um seinen Unterhalt bekümmern müsse» (ebd.),
hält Kant für selbstverständlich. (Die heute relevante Frage, ob das
auch auf Frauen zutreffe, stellt Kant nicht.) Kinder dürfen nicht
meinen, daß sie auch später, was sie vom Elternhaus gewöhnt sind,
«Essen und Trinken bekommen, ohne daß sie dafür sorgen dürfen
[hier im Sinne von müssen]» (ebd.). Im Gegenteil: «Es ist von der
größten Wichtigkeit, daß Kinder arbeiten lernen.» (IX 471; vgl.
«Das Kind soll spielen, ... aber es muß auch arbeiten lernen»:
IX 470, auch IX 477.)

Diese Forderung darf man nicht rein ökonomisch verstehen. Sie
ist vielmehr eine wichtige Facette in Kants generell der Erziehung
überantworteter Aufgabe, die Eigenständigkeit und Selbständigkeit
der Menschen zu fördern. Die Arbeit hat für Kant nicht anders als
die Erziehung einen anthropologischen Rang: «Der Mensch ist das
einzige Tier, das arbeiten muß» (IX 471). Dieses Muß hat freilich
keinen Zwangscharakter. Kant wirft ausdrücklich die Frage auf,
«ob der Himmel nicht gütiger für uns würde gesorgt haben, wenn
er uns, alles schon bereitet, hätte vorfinden lassen, so, daß wir gar
nicht arbeiten dürften [erneut qua müßten]»? Seine Antwort besteht in einem klaren «Nein», «denn der Mensch verlangt Geschäfte». Daher wäre es falsch, sich vorzustellen, wären Adam und
Eva im Paradies geblieben, so hätten sie nichts getan, «als wären
zusammengesessen, arkadische Lieder gesungen, und die Schönheit
der Natur betrachtet». Denn die «Langeweile würde sie gewiß ...
gemartert haben» (ebd.).

Die Aufgabe, arbeiten zu lernen, richtet sich vereinfacht gesagt
an zwei besondere Zielgruppen. Da es zu seiner Zeit noch keinen
großzügigen Sozialstaat gab, geht Kant auf die eine Richtung nicht
ein, jedem Heranwachsenden hinreichende Anreize zu geben,
künftig berufsfähig zu sein. Er nimmt nur die andere Seite in den
Blick. Kant würde die Playboys und Glamourgirls der Welt nicht
beneiden, eher bedauern. Denn sie bleiben, was in den Ausdrücken
«boys» und «girls» schon anklingt und nach Kants Ansicht vor

allem Kindern reicher Eltern und Fürstensöhnen droht, «das ganze Leben hindurch, Kinder» (IX 454).

Ein in diesem Sinn lebenslanges Kind bleibt freilich auch, wer zwar hochgebildet ist, seinen Lebensunterhalt aber nicht selber zu verdienen vermag. Ohne es so zu pointieren, aber in der Sache klar genug lehnt Kant eine Erziehung ab, die lediglich Bildung, aber keine Ausbildung bezweckt. Um es polemisch zu sagen: Er plädiert nicht dafür, Studenten zu berufsunfähigen Geistes- oder Sozialwissenschaftlern zu erziehen.

22.7 Bilanz

Ziehen wir Bilanz: Kant bündelt die verschiedenen Erziehungsziele in einem Generalziel, das «Erziehung zur Persönlichkeit» heißen kann. Unter «Persönlichkeit» versteht Kant nämlich ein «frei handelndes Wesen», worin unsere vier Stufen anklingen: vom Despotismus der Begierden frei geworden, ist man zur willentlichen Beherrschung der eigenen Natur fähig; mit Fertigkeiten und Fähigkeiten, einschließlich Lebensklugheit und Sozialfähigkeit ausgerüstet, vermag der Mensch selbstgesetzte Zwecke zu verfolgen, die mit den Zwecken anderer verträglich sind. Zum freien Handeln gehört allerdings auch die Fähigkeit, für den eigenen Lebensunterhalt zu sorgen, womit die drei Bürgerrollen, die ich einmal unterschieden habe, präsent sind: Wirtschaftsbürger, Staatsbürger und Weltbürger (Höffe 2004).

Bei der Erläuterung des Generalzieles der Persönlichkeit hebt Kant drei Aufgaben einer Persönlichkeit eigens hervor. (1) Das frei handelnde Wesen vermag sich selbst zu erhalten; (2) es ist ein Glied in der Gesellschaft; (3) es hat für sich selbst einen inneren Wert. Darin kann man die genannten drei Bürgerrollen wiedererkennen. Zugleich verwirft Kant jede Erziehung, die exklusiv nur ein einziges Ziel verfolgt, etwa einen Ökonomismus, der nur die Berufsfähigkeit in den Blick nimmt; auch eine Privilegierung des Kommunikativen und Sozialen, die den Menschen nur als Gesellschaftswesen sieht; schließlich einen idealistischen Moralismus, der nur den Selbstwert jedes Menschen beachtet. Weil eine umsichtige Erziehung die Moral für das dominante, aber nicht inklusive Ziel

hält, sorgt sie dagegen für alle drei Dimensionen: für Berufsfähigkeit, Sozialfähigkeit und Moralfähigkeit, die allesamt unverzichtbare Dimensionen einer praktischen Philosophie der Freiheit
sind.

23. Das Moralwesen Mensch als Endzweck

23.1 Die provokative These

In der Methodenlehre der teleologischen Urteilskraft stellt Kant einen der provozierendsten Sätze seines gesamten Werkes auf: der
Mensch sei der betitelte, das heißt hier: legitime Herr der Natur
(*KU*, V 435; zu *titulus* als Rechtsgrund siehe *RL*, VI 260). Auch
wenn er die These nur für den Menschen als moralisches Wesen
vertritt, spricht sich darin eine Anthropozentrik aus, der man heute
gern eine Selbstüberheblichkeit unserer Gattung vorwirft. Nach
der alternativen Pathozentrik gilt jedes leidensfähige, nach der Biozentrik sogar die Gesamtheit der Lebewesen als gleichberechtigt.

In dem damit angedeuteten Streit setzt sich Kant ebenso gründlich wie kompromißlos für die Anthropozentrik ein. Als erstes präzisiert er die These und nimmt dabei eine kaum merkliche, aber fol-
genreiche Veränderung vor. Denn er versetzt den Menschen nicht
in den Mittelpunkt der Welt, vielmehr erklärt er ihn zu einem puren
Zweck, einem Selbstzweck, der in einer Hierarchie von Zwecken
den absoluten Endzweck der gesamten Natur bilde.

Schon die *Kritik der reinen Vernunft*, ihre Architektonik, hält es
für die Bestimmung des Menschen, Endzweck zu sein (*KrV*, B
860 ff.). Die *Grundlegung* erklärt den Menschen zu einem Zweck
an sich selbst (GMS, IV 429), was die *Kritik der Urteilskraft* in
einen Zusammenhang, das Naturganze, stellt, für den sich die
Grundlegung einer bloßen Moralphilosophie nicht interessiert: Die
teleologische Urteilskraft betrachtet die Natur als ein systema-
tisches Ganzes, und erst diese Betrachtung kann die provozierende
These aufstellen, der Mensch und lediglich er sei nicht bloß ein
Selbstzweck, sondern zugleich ein schlechthin letzter Zweck, ein
Endzweck. Neu für die dritte *Kritik* ist jedenfalls die Verschrän-

kung von Kants moralischer Anthropologie mit einer normativen Naturphilosophie.

Die (heute kritisierte) Anthropozentrik läßt sich auf zwei Arten vertreten. Eine bloß theoretische Anthropozentrik behauptet lediglich den sachlichen Vor*rang*, eine praktische, zugleich normative Anthropozentrik dagegen Vor*rechte*. Und die in der *Kritik der Urteilskraft* vertretene kombinierte Anthropozentrik begründet die Vorrechte mit dem Vorrang: Aus der Besonderheit des Menschen, sich selbst willkürlich Zwecke setzen zu können, und dem Umstand, daß «auf Erden» allein der Mensch dieses Vermögen besitze, leitet Kant das Vorrecht ab, legitimer Herr der Natur zu sein (*KU*, V 431).

Bekanntlich erklärt schon Descartes mehr als eineinhalb Jahrhunderte vor Kant den Menschen zum «maître et possesseur de la nature», zum «Herrn und Besitzer bzw. Eigentümer der Natur» (*Discours de la méthode*, Teil VI; vgl. Höffe 1993, Kap. 8.2). Kant übergeht zwar Descartes' zweiten Aspekt, den Eigentümer-Status, er übernimmt aber den ersten, das Herr-Sein, und gibt ihm noch eine rechtsmoralische Verstärkung: Der Mensch hat auf seine Sonderstellung einen rechtsmoralischen Anspruch. Allerdings fragt sich, ob Kant dabei einem Fehlschluß, dem Sein-Sollensfehler, erliegt, der von einem Sein, hier dem Besitz eines Vermögens, auf ein Sollen, ein moralisches Recht, schließt.

23.2 Zum systematischen Ort

Kants provokative These steht im zweiten, nicht ästhetischen, sondern teleologischen Teil der *Kritik der Urteilskraft* und dort in der Methodenlehre. Die Argumentation hebt bei der mehrfachen Bedeutung des Zwecks an und gelangt dann über die objektive und die objektiv-materiale zur inneren Zweckmäßigkeit von Organismen. Bei ihnen findet laut Kant die sonst übliche, kausal-mechanische Erklärung eine Grenze, allerdings keine Schranke. Denn auch organische Prozesse lassen sich mechanisch erklären. Um aber das Organische als Organisches zu verstehen, zum Beispiel als etwas, das von sich selbst Ursache und Wirkung ist («reflexive Kausalität») und bei dem sich das Ganze und die Teile wechselseitig bedingen

(«Teile-Ganzes-Reziprozität»), ist eine innere Zweckmäßigkeit anzunehmen, also teleologisch zu denken.

Die Teleologie erweist sich hier als für die Naturwissenschaft unverzichtbar, aber auf eine sehr bescheidene Weise. Erstens braucht man sie nicht in jeder Naturwissenschaft, insbesondere nicht in der Physik, wohl aber in der Biologie. Zweitens tritt die Teleologie nicht an die Stelle des mechanischen Denkens, sondern ergänzt es nur. Auch organische Prozesse lassen sich im strengen Sinn nur erklären, wenn man sie aus kausal-mechanischen Gesetzen ableitet. Mit deren Hilfe versteht man allerdings nicht die genannten Eigentümlichkeiten von Organismen, weder die reflexive Kausalität noch die Teile-Ganzes-Reziprozität.

So weit dürfte Kants Teleologie unproblematisch sein. Denn sie führt keine geheimnisvollen, wissenschaftlich nicht nachweisbaren Kräfte ein. Im Gegenteil verpflichtet sie den Biologen zum üblichen kausal-mechanischen Erklären. Bedenklich ist erst der Übergang von der bescheidenen Teleologie zur Moral. Dafür wird aber ein neues thematisches Interesse vorausgesetzt, das Interesse am Übergang von der (bisher betriebenen) Wissenschaftstheorie der Biologie zu einer umfassenden Theorie der Gesamtnatur. Erst in dieser Theorie erhalten anthropologische, moralphilosophische und schließlich, beim moralischen Gottesbeweis, auch theologische Elemente einen prominenten Platz. Bei diesem Übergang verändert sich das argumentierende Subjekt. Nicht der Biologe als Biologe und auch nicht der Naturforscher als Naturforscher, sondern der Philosoph nimmt den Übergang vor. Er beansprucht dafür aber kein Sonderinteresse, noch weniger beruft er sich auf ein Sonderwissen. Sowohl in motivationaler als auch in kognitiver Hinsicht bleibt alles Esoterische ausgeschlossen. Ebensowenig kommen Annahmen herein, die manche Nichtphilosophen bei der Philosophie befürchten: religiöse oder weltanschauliche Ansichten. Kant unterzieht sich lediglich einer Aufgabe, die sich der Philosophie generell stellt, aber auch jedem anderen Menschen offensteht: Er will etwas sowohl zu Ende zu denken als auch dessen Gründe radikal, bis zu ihren veritablen Wurzeln aufdecken.

Der angedeutete Übergang hat übrigens nicht den Charakter eines Sprungs. Wie es im Zu-Ende-Denken anklingt, findet vielmehr ein immanenter Übergang statt. Dieser besteht im wesentlichen aus drei Argumentationsschritten. Erster Schritt: Die mechanische und die teleologische Erklärung sind wissenschaftstheoretisch gesehen heterogen; sie können nicht zugleich die Möglichkeit eines Dinges oder Vorganges erklären. Es braucht daher, so der nächste Schritt, zweierlei, einerseits eine übergeordnete Perspektive, die aber nur jenseits des Erklärungshorizontes, also im Übersinnlichen, liegen kann. Andererseits bedarf es einer Hierarchie der Erklärungen, deretwegen die eine Erklärung der anderen untergeordnet ist. So erfolgt beispielsweise ein Hausbau nach mechanischen Gesetzen, unterliegt aber vorrangig einer Absicht, nämlich überhaupt ein Haus und genau dieses Haus zu bauen.

Da insofern die Teleologie den Vorrang besitzt, denkt der dritte Argumentationsschritt das teleologische Denken zu Ende. Dabei geht Kant in fünf Teilschritten vor. Erster Teilschritt: Man denkt sich die gesamte Natur als ein teleologisch geordnetes Ganzes, als ein teleologisches System. Zweiter Teilschritt: Dafür braucht es einen Zweck, der nicht zugleich als Mittel existiert, also einen Endzweck. Dritter Teilschritt: Jedes Naturding kann einem anderen als Mittel dienen, weshalb kein Naturding ein Endzweck sein kann. Viertens: Ein Wesen, das kein Naturding ist, ist ein moralisches Wesen. Fünftens: Das einzige «Naturwesen», das wir als zugleich moralisches Wesen kennen, ist der Mensch. Infolgedessen kann er allein der Endzweck sein, dem vierten Teilschritt zufolge aber nicht als Naturwesen, sondern ausschließlich als Moralwesen.

Kants provokative These ist damit begründet, trotzdem findet die Argumentation noch nicht hier ihr Ende. Kant führt noch einen vierten Argumentationsschritt ein, der schließlich das Übersinnliche aus einem moralischen Gottesbeweis heraus verständlich macht: Als einem Moralwesen kommt es dem Menschen auf eine Welt unter moralischen Gesetzen, also auf eine sittliche Weltordnung, an. Da der Mensch nicht nur ein Moral-, sondern auch ein Naturwesen ist, das infolge seines Naturcharakters, einer praktischen Sinnlichkeit, zum unmoralischen Handeln verführt werden kann und oft genug auch tatsächlich verführt wird, kann die sittliche Weltordnung daher durch den Menschen allein nicht zustande kommen. Damit trotzdem die moralische Welt wirklich wird, braucht es, wie wir schon von der Postulatenlehre und der späteren *Religion* wissen (vgl. z. B. *Rel.*, VI 5), einen obersten Gesetzgeber, der sich außer durch Allwissen, Allmacht und Allgegenwart vor allem durch Allgüte und Allgerechtigkeit auszeichnet. Für die Annahme dieses Wesens, eines moralischen Welturhebers, hat der Mensch keinen demonstrativen Beweis, wohl aber einen moralischen Grund. Denn ohne diese Annahme ist der Endzweck der Schöpfung, das höchste Gut, verstanden als das höchste physische Gut, die Glückseligkeit, in Übereinstimmung mit dem Gesetz der Sittlichkeit, der Würdigkeit glücklich zu sein, gar nicht möglich.

Somit schließt die dritte *Kritik* mit Gedanken, die Kant in der zweiten *Kritik* entfaltet und sogar schon in der ersten skizziert hat: mit den Menschen qua Moralwesen als Endzweck, mit der Annahme einer sittlichen Weltordnung, mit der Annahme eines moralischen Welturhebers als Bedingung der Möglichkeit einer sittlichen Weltordnung und mit dem moralisch-praktischen Glauben als dem der Moraltheologie eigentümlichen kognitiven Status.

Kant entfaltet die fünf Teilschritte der für uns entscheidenden dritten Argumentation in drei Paragraphen. Der erste Paragraph legt unter dem Titel «Von dem teleologischen System in den äußeren Verhältnissen organisierter Wesen» (*KU*, § 82) die erforderlichen Begriffe und Argumentationsmuster bereit. Der nächste Paragraph richtet sich auf die «letzten Zwecke der Natur als eines teleologischen Systems» (§ 83). Und Kant beschließt seine Argumentation mit einer Überlegung zum «Endzwecke des Daseins einer Welt, d. i. der Schöpfung selbst» (§ 84). Zusammen mit der folgenden Moraltheologie bildet sie den philosophischen Höhepunkt der ganzen Schrift.

23.3 Vom teleologischen System der Organismen

Kant beginnt seine Argumentation mit der These, nur bei Organismen, also innerlich zweckmäßigen Wesen, lasse sich die Wozu-Frage stellen, und schließt die These an, in der Natur *als* Natur gebe es keinen Zweck, der nicht zugleich ein Mittel ist, so daß ein bloßes Naturding zwar ein Letztzweck, aber kein Endzweck sein kann (vgl. *KU*, V 425 f.).

In der letzten These ist zweierlei erstaunlich: Die Unterscheidung eines Endzwecks von einem Letztzweck und die Annahme, im Endzweck werde der Letztzweck-Charakter noch gesteigert. Denn in der Hierarchie von Zwecken hat schon ein Letztzweck den Rang eines Superlativs. Wie aber soll sich ein Superlativ noch steigern lassen; wie soll ein Endzweck «Letzter Zweck plus x» sein können? Die Möglichkeit, selbst einen Superlativ zu steigern, also einen «schlichten Superlativ» mit einem «superlativischen Superlativ» zu überbieten, besteht durchaus, und zwar in jener Option, die Kant tatsächlich vertritt, in einer Exklusivität: Der schlichte Letztzweck läßt noch zu, was der Letztzweck als Endzweck verbietet, die Möglichkeit der Instrumentalisierung: daß «die Existenz» des entsprechenden Wesens «nicht anders denn als Zweck» gedacht werden kann (V 426).

Den Rang eines Letztzwecks nimmt laut Kant eine Mehrzahl biologischer Arten ein, den eines Endzwecks lediglich jene eine Art, die nichts anderes als ein Zweck ist. Diese Bedingung erfüllt ausschließlich ein Wesen, das über eine innere Sperre gegen eine Instrumentalisierung verfügt. Ein Endzweck ist «unabhängig von der Natur», präzise: ist unabhängig von der äußeren Natur, nämlich aufgrund der eigenen, inneren Natur «sich selbst genug» (V 431).

Zweierlei ist bei dem so weit entwickelten Gedanken des Endzwecks wichtig: Einerseits erinnert die Ansicht vom Menschen als dem Endzweck der gesamten Natur an den jüdisch-christlichen Gedanken vom Menschen als Krone der Schöpfung. Daher droht die Gefahr, daß hier eine religiöse Ansicht, ein Theologoumenon, philosophisch überhöht wird. Tatsächlich kommt Kants Argumentation ohne theologische Prämissen aus.

Andererseits, zum Provokationspotential von Kants Anthropozentrik, ist zu sehen, daß sie sich nicht gegen das heute übliche, gegen Pathozentrik oder Biozentrik gerichtete Verständnis wendet. Statt dessen behauptet Kant – in Übereinstimmung mit einer Tradition von Aristoteles bis etwa Plessner – eine partielle Ex-Zentrik: Der Mensch steht im Kontinuum der Natur und fällt trotzdem, aufgrund einer inneren Sperre gegen Instrumentalisierung, nämlich dem Vermögen, willkürlich Zwecke zu setzen, aus der Natur heraus. Wieso aber begründet das Vermögen, Zwecke zu setzen, einen in der Hierarchie der Naturzwecke erstens höheren und zweitens unüberbietbar höchsten Rang? Diese dem Menschen und, darf man ergänzen, allen leibgebundenen Verstandeswesen eigentümliche Zweckfähigkeit läßt sich nicht bloß technisch, das heißt für beliebige Zwecke, oder pragmatisch, also für das eigene Wohlergehen, sondern auch moralisch einsetzen. Ohne sich mit Descartes direkt auseinanderzusetzen, erklärt Kant stillschweigend, zum Herrn der Natur sei der Mensch nicht in jeder Hinsicht, sondern nur in einem wohlabgegrenzten Sinn berufen. Eigentümer der Natur mit dem Recht auf beliebige Nutzung sei er jedenfalls nicht.

Kant erwähnt jene Abfolge von Zweckmäßigkeiten, die der schwedische Naturforscher Carl von Linné in seinem Hauptwerk *Systema Naturae* (1768; I, 17) skizziert: Danach sind die pflanzenfressenden Tiere da, um den andernfalls zu üppigen Wuchs der Pflanzen, die Raubtiere, um der Gefräßigkeit der pflanzenfressenden Tiere Grenzen zu setzen, und schließlich der Mensch, der selbst Raubtiere verfolgt, um unter den produktiven und den destruktiven Kräften der Natur ein gewisses Gleichgewicht zu stiften. Dieser Hierarchie hält Kant aber entgegen, daß sie den Menschen zwar als Zweck würdige, vermutlich weil er als Spitze der Hierarchie erscheint, in anderer Hinsicht jedoch, wohl mit der Gleichgewichtsleistung, zu einem Mittel degradiert würde, was dem Endzweck-Charakter widerspricht. Die Frage, warum die Zweckfähigkeit eines Wesens ihn zu einem Endzweck macht, ist damit freilich noch nicht beantwortet.

23.4 Vom letzten Zweck der Natur als eines teleologischen Systems

Der nächste Argumentationsschritt überlegt, was «im Menschen selbst» der durch die Natur zu befördernde Letztzweck sein kann. Dabei geht es nicht um die gewöhnlichen, mehr oder weniger konkreten Zwecke, sondern um einen Zweck zweiter Stufe bzw. Metazweck, für den Kant gemäß seiner vielfach verwendeten Alternative von material oder formal nur zwei Möglichkeiten sieht. Entweder besteht der Zweck materialiter im Inbegriff des Erreichens aller konkreten Zwecke, der Glückseligkeit, oder formaliter in einem

Zweck, der von den konkreten Zwecken absieht, sich auf die «Geschicklichkeit zu allerlei Zwecken» konzentriert und als Inbegriff dieser Geschicklichkeit «Kultur» heißt (*KU*, V 430).

Gegen die erste, materiale Option führt Kant vier Argumente zunehmenden Gewichts ein. Sie beginnen mit dem vornehmlich semantischen Argument, daß die Glückseligkeit zwar der letzte Naturzweck, aber nicht der einzige Letztzweck des Menschen ist, da es noch den andersartigen «Zweck der Freiheit» gibt (ebd.). Nach dem zweiten, anthropologischen Argument ist der Mensch seiner Natur nach ein Nimmersatt, nie endgültig zufrieden. Dem dritten, naturphilosophisch getränkten Argument zufolge setzt die Natur den Menschen «ihren verderblichen Wirkungen» aus (ebd.). Und schließlich ist es, so ein viertes, erneut anthropologisches Argument, der Mensch, der sich teils durch «widersinnische» Naturanlagen, teils durch selbstersonnene Plagen einschließlich Herrschaft, Barbarei und Kriegen selber plagt (ebd.). Damit erweist sich die erste Option, der Inbegriff der materialen Zwecke, die Glückseligkeit, als zum Endzweck des Menschen ungeeignet. So verbleibt nur die zweite Option, die Kultur im Sinne der größtmöglichen Entwicklung der Naturanlagen des Menschen. Die entsprechende Kultur ist freilich noch nicht der direkte Endzweck, sondern erst der Inbegriff der Mittel und Wege, um den eigentlichen Endzweck, die Freiheit und Moral zu ermöglichen.

Die Anschlußfrage, wie die größtmögliche Entwicklung der Naturanlagen zustande komme, beantwortet Kant mit einem dreifachen, einem sozialtheoretischen, einem staatstheoretischen und einem völkerrechtlichen bzw. weltbürgerlichen Faktor. Beim ersten, irritierend konservativen, sogar reaktionären Faktor erliegt Kant Vorurteilen seiner Zeit. Statt sich auf den eigenen sowohl theoretisch als auch politisch überzeugenderen geschichtsphilosophischen Gedanken, den Antagonismus qua ungeselliger Geselligkeit zu berufen, spricht er sich, was an Aristoteles' Herr-Sklave-Unterscheidung erinnert, für die elementare Ungleichheit von zwei Klassen aus. Die eine, niedere Klasse, besorgt «die Notwendigkeiten des Lebens gleichsam mechanisch», während die andere, höhere Klasse, sich um Wissenschaft und Kunst (hier nicht im Sinne der schönen Künste!) sorgt (V 432). Beide Klassen – so ein gewisser Trost – haben gleich mächtig wachsende Plagen und erreichen trotzdem den Zweck, die «Entwicklung der Naturanlagen in der Menschengattung» (ebd.).

Die beiden anderen Faktoren sind aus Kants einschlägigen Texten bekannt und weithin überzeugend (vgl. Kap. 13 und Kap. 15): Nach dem zweiten, staatstheoretischen Faktor ist ein Gemeinwesen erforderlich, das der widerstreitenden Freiheit «gesetzmäßige Gewalt» entgegensetzt. In Kants *Pädagogik*, haben wir gesehen (Kap. 22.4), heißt die Entwicklung der Naturanlagen «Kultivierung». Auf den anderen, ihr vorangehenden Erziehungsschritt, die Disziplinierung, geht Kant im einschlägigen Paragraphen der *Kritik der Urteilskraft* (§ 83) ebenfalls ein.

Darüber hinaus braucht es auch noch ein weltbürgerliches Ganzes, denn andernfalls ist wegen dreier Leidenschaften, der Ehrsucht, Herrschsucht und Habsucht, der Krieg innerhalb von Staaten und zwischen ihnen unvermeidlich. Hier kommen Kants Geschichtsteleologie und sein Völkerrecht ins Spiel.

In einem auffallenden, gegenüber Rousseaus erstem Diskurs aber gemäßigten Pessimismus hält Kant es für unstrittig, daß die Verfeinerung des Geschmacks, «selbst der Luxus in Wissenschaften», ein «Übergewicht der Übel» schafft. In Übereinstimmung mit seiner vielerorts vertretenen These räumt er jedoch ein, daß schöne Kunst und Wissenschaften den Menschen zwar nicht sittlich besser, aber gesitteter machen. Mehr noch, womit Kants Pessimismus in einen Optimismus umschlägt: Sie bereiten sogar «den Menschen zu einer Herrschaft vor, in welcher die Vernunft allein Gewalt haben soll» (V 433).

23.5 Vom Endzweck

Schon im Titel des Paragraphen 84 setzt Kant das «Dasein einer Welt» mit der «Schöpfung» gleich. Er unterstellt nämlich der Welt eine entsprechend produktive und zugleich intelligente Ursache, eben einen Schöpfer. Damit könnte er die in der *Kritik der reinen Vernunft* entfaltete Skepsis widerrufen wollen. In Wahrheit bleibt er jedoch bei der Ablehnung jedes theoretischen Gottesbeweises (siehe *KU*, §§ 85 ff., bes. § 87) und der Anerkennung lediglich eines moralischen Beweises. Für den Paragraphen 84 sind diese Überlegungen aber argumentativ belanglos: Die These vom Menschen als Endzweck der Natur bleibt theologisch unkontaminiert. (Die These vom Endzweck spielt auch im *Mutmaßlichen Anfang der Menschengeschichte*: VIII 114 eine Rolle.) Entscheidend ist allein, daß der Mensch als Noumenon, mithin als moralisches Wesen betrachtet wird.

Auf den so betrachteten Menschen kann man nach Kant die Frage, wozu er existiere, nicht mehr stellen, es sei denn zirkulär: Das moralfähige Wesen Mensch hat keine andere Aufgabe und keinen anderen Zweck, als moralfähig zu werden und dann moralisch zu leben. Denn als Moralwesen hat sein Dasein den höchsten Zweck in sich. In der *Grundlegung* heißt es wie erwähnt, daß der Mensch als Zweck an sich selbst existiere, mit dem Zusatz «und überhaupt jedes vernünftige Wesen» (*GMS*, IV 428): Der Paragraph 84 der *Kritik der Urteilskraft* spricht ebenso von «jedem vernünftigen Wesen» (*KU*, V 435). Der christliche Katechismus dagegen kennt zwar die Frage: «Wozu ist der Mensch auf Erden?» Und die *Religion*, bei der die Frage fehlt, scheint hier einer christlichen Aussage zu widersprechen. Die bekannte Antwort auf die Katechismusfrage löst aber den Widerspruch als scheinbar auf, denn in ihrer religiösen Sprache («ein gottgefälliges Leben führen» oder «den Willen Gottes tun») verlangt sie vom Menschen, ein moralisches Wesen zu sein.

Bei Kant folgt nun eine auf den ersten Blick provokative, sogar anstößige Behauptung, nämlich der Mensch dürfe, «so viel er vermag, … die ganze Natur unterwerfen» (V 435). Der zweite Blick hebt jede Anstößigkeit auf: Erstens schließt die «ganze Natur» den Menschen und dessen innere Natur ein. Zweitens kommt das Recht nicht dem Menschen als solchem zu, sondern lediglich ihm als einem moralischen Wesen. Infolgedessen darf das Unterwerfen nicht willkürlich, schon gar nicht despotisch und ausbeutend sein, sondern hat ausschließlich im Rahmen der Moral zu erfolgen. Darüber hinaus und drittens wird das Unterwerfungsrecht an eine Leitaufgabe, den «höchsten Zweck selbst» gebunden, den Endzweck, der aber im Menschen als Moralwesen besteht. Kant fordert also das Moralwesen Mensch auf, seine doppelte Natur, sowohl die

äußere, naturale Natur als auch die innere, denkende Natur, auf die
Moral hin zu verändern. Das Minimum besteht in der Forderung,
sich auf Dauer keinem Einfluß dieser doppelten Natur zu unterwerfen, der dem Endzweck als Moralwesen widerspricht.

Welche Veränderung der Natur ist dann laut Kant dem Moralwesen Mensch auferlegt? Man könnte sich überlegen, ob die Zweckmäßigkeit in der subhumanen Natur verbessert oder gesteigert
werden sollte. Nach Paragraph 82 scheint Kant in dieser Hinsicht
die Natur schon für wohlgeordnet zu halten. Denn die Pflanzen
dienen den pflanzenfressenden Tieren, diese wiederum den Raub-
tieren. Die Ordnung, die der Mensch befördern kann, besteht allenfalls in einer Aufgabe, die Kant noch nicht gesehen, die zu seiner
Zeit auch nicht annähernd so aktuell war. Unter Berufung auf Linné
hatte Kant dem Menschen die Aufgabe zugesprochen, durch Ver-
mindern der Raubtiere – man kann sich aber noch weitere Aufgaben vorstellen – «ein gewisses Gleichgewicht unter den hervorbrin-
genden und den zerstörenden Kräften der Natur» zu stiften (V
427). Mehr und mehr zeigt sich aber, daß der Mensch durch Raub-
bau an der Natur, einschließlich Überjagen und Überfischen, das
bisherige Gleichgewicht kräftig stört. So erweist sich der Mensch
als das gefährlichste Raubtier. Für die Ordnung in der Natur sorgt
er daher am besten, indem er sich selbst zur Ordnung, das heißt
zumindest: zu einer enormen Einschränkung seiner Raubtierhaftig-
keit, ruft. Kants Anthropozentrik hilft der Natur:

Blickt man auf die Fußnote, mit der der Paragraph 84 endet, so
legt sich von Kant selber her eine andere Vermutung nahe: Das
Moralwesen Mensch gestalte die Welt so, daß die Übereinstimmung von moralischer Glückswürdigkeit und «naturaler» Glückseligkeit mehr und mehr wahrscheinlich werde (V 436). Paragraph
91 wird diese Deutung noch bekräftigen. Denn dort erklärt Kant,
der Mensch könne allein dadurch würdig werden, «selbst Endzweck einer Schöpfung» zu sein, daß er auf den von ihm zu bewirkenden höchsten Endzweck hinarbeite. Und dieser Endzweck bestehe im «höchsten durch Freiheit zu bewirkenden Gut in dieser
Welt» (V 469). Die Allgemeine Anmerkung zur Teleologie ergänzt,
daß ein persönlicher Wert vorausgesetzt ist, «den der Mensch sich
allein geben kann» (V 477).

Nimmt man die nächsten und zugleich letzten Paragraphen, also die Paragraphen 85 bis 91, sowie die Allgemeine Anmerkung zur Teleologie hinzu, so endet die dritte *Kritik*, genauer ihr zweiter, teleologischer Teil, ähnlich wie die erste *Kritik*, wie der Kanon ihrer Methodenlehre, mit Überlegungen zum Endzweck und zur Wissensart des moralischen Glaubens. Das Argument wird zwar verfeinert, Kants Grundgedanke bleibt sich jedoch gleich: Indem das Unternehmen der transzendentalen Kritik der Zurückweisung theoretischer und der Stärkung moralisch-praktischer Ansprüche dient, ist es letztlich eine praktische Philosophie der Freiheit.

Abkürzungen und Zitierweise

Kants Schriften werden nach der Ausgabe der Preußischen Akademie der Wissenschaften (Berlin 1902 ff.), der «Akademieausgabe», zitiert, z. B. VI 216 = Band VI, S. 216. Ebenso wie bei anderen älteren Autoren werden die Zitate in behutsam modernisierter Schreibweise wiedergegeben. Für die *Kritik der reinen Vernunft* werden, wie in der Forschung üblich, die Seitenzahlen der ersten (= A), vor allem die der zweiten Auflage (= B) angegeben.
Auf andere Literatur wird durch Verfassername, Erscheinungsjahr und Seitenzahl Bezug genommen.

Abkürzungen der Werke Kants

Anfang	Mutmaßlicher Anfang der Menschengeschichte (VIII 107–123)
Aufklärung	Beantwortung der Frage: Was ist Aufklärung? (VIII 33–42)
Anthropologie	Anthropologie in pragmatischer Hinsicht (VII 117–334)
Bemerkungen	Bemerkungen zu den Beobachtungen über das Gefühl des Schönen und Erhabenen (XX 1–192)
Briefe	Briefwechsel (X–XIII)
Denken	Was heißt: Sich im Denken orientieren? (VIII 131–147)
EaD	Das Ende aller Dinge (VIII 325–339)
Fak.	Der Streit der Fakultäten (VII 1–116)
Gedanken	Gedanken von der wahren Schätzung der lebendigen Kräfte (I 1–181)
Gemeinspruch	Über den Gemeinspruch: Das mag in der Theorie richtig sein, taugt aber nicht für die Praxis (VIII 273–313)
GMS	Grundlegung zur Metaphysik der Sitten (IV 385–463)
Idee	Idee zu einer allgemeinen Geschichte in weltbürgerlicher Absicht (VIII 15–31)
KpV	Kritik der praktischen Vernunft (V 1–163)
KrV	Kritik der reinen Vernunft (A: IV 1–252, B: III 1–552)
KU	Kritik der Urteilskraft (V 165–485)
Logik	Logik. Ein Handbuch zu Vorlesungen, hrsg. v. G. B. Jäsche (IX 1–150)
MS	Die Metaphysik der Sitten (VI 203–493)
Nachricht	M. Immanuel Kants Nachricht von der Einrichtung seiner Vorlesungen im Winterhalbjahre von 1765–1766 (II 303–314)
Naturgeschichte	Allgemeine Naturgeschichte und Theorie des Himmels (I 215–368)

Päd.	Pädagogik, hrsg. v. F. Th. Rink (IX 437–500)
Prolegomena	Prolegomena zu einer jeden künftigen Metaphysik (IV 253–383)
Reflexionen	Reflexionen (XIV ff.)
Rel.	Die Religion innerhalb der Grenzen der bloßen Vernunft (VI 1–202)
Rez.	Rezensionen von J. G. Herders Ideen zur Philosophie der Geschichte der Menschheit (VIII 43–66)
RL	Metaphysische Anfangsgründe der Rechtslehre (= Erster Teil der *MS*: VI 203–372)
TL	Metaphysische Anfangsgründe der Tugendlehre (= Zweiter Teil der *MS*: VI 373–493)
Theodicee	Über das Mißlingen aller philosophischen Versuche in der Theodicee (VIII 253–271)
Träume	Träume eines Geistersehers, erläutert durch Träume der Metaphysik (II 315–373)
ZeF	Zum ewigen Frieden (VIII 341–386)

Literatur

Achenwall, G./Pütter, J. S. 1750: Elementa juris naturae. Anfangsgründe des Naturrechts, hrsg. u. übers. v. J. Schröder, Frankfurt/M. 1995.

Ackrill, J. L. 1974: Aristotle on Eudaimonia, wiederabgedruckt in: Höffe 1995 b, 39–62.

Allison, H. E. 1990: Kant's Theory of Freedom, Cambridge.

Ameriks, K. 2000: Kant and the Fate of Autonomy, Cambridge.

Anderson-Gold, S./Muchnik, P. (Hrsg.) 2009: Kant's Anatomy of Evil, New York.

Arendt, H. 1964: Eichmann in Jerusalem. Ein Bericht von der Banalität des Bösen, München.

Aristoteles: Nikomachische Ethik, übers. u. hrsg. v. U. Wolf, Reinbek 3. Aufl. 2006.

Augustinus: De civitate Dei, Turnhout 1955; dt. Vom Gottesstaat, 2 Bde. Zürich/München 1955.

Bacon, F.: The Works of Francis Bacon, hrsg. v. J. Spedding, R. L. Ellis, D. D. Heath, London 1857–1874; ND New York 1968.

Bauch, Bruno 1904: Ethik, Berlin, 2. Aufl. 1907.

Beck, L. W. 1960: A Commentary on Kant's Critique of Practical Reason, London/Chicago; dt. Kants Kritik der praktischen Vernunft. Ein Kommentar, München 1974.

Bentham, J. 1789: An Introduction to the Principles of Morals and Legislation, hrsg. v. J. H. Burns u. H. L. A. Hart, London 1970.

Bien, G. 1981: Aristotelische Ethik und Kantische Moralphilosophie, in: Freiburger Universitätsblätter, Heft 73, 57–74.

Bischof, N. 1978: On the phylogeny of human morality, in: G. S. Stent (Hrsg.), Morality as a Biological Phenomenon, Berlin 1977, 53–73.

Bittner, R. 1974: Maximen, in: G. Funke (Hrsg.), Akten des 4. Internationalen Kant-Kongresses, Berlin, 485–498.

Bohrer, K. H. 1988: Die permanente Theodizee, in: Ders., Nach der Natur. Über Politik und Ästhetik, München/Wien, 133–161.

Bojanowski, J. 2006: Kants Theorie der Freiheit. Rekonstruktion und Rehabilitierung, Berlin/New York.

Borowski, L. K. 1804: Darstellung des Lebens und Charakters Immanuel Kants, in: S. Drescher (Hrsg.), Wer war Kant?, Pfullingen 1974, 27–129.

Brandt, R. 2010: Immanuel Kant: Was bleibt?, Hamburg.

Brummack, J./Bollacher, M. 1994: Nachwort und Kommentar, in: Herder 1774.

Camus, A. 1942: Le Mythe de Sisyphe, Paris; dt. Der Mythos des Sisyphos, übers. v. V. v. Wroblewsky, Reinbek 2000.

Cavallar, G. 2005: Cosmopolis. Supranationales und kosmopolitisches Denken von Vitoria bis Smith, in: Deutsche Zeitschrift für Philosophie 53, 49–67.

Cheneval, F. 2002: Philosophie in weltbürgerlicher Bedeutung. Über die Entstehung und die philosophischen Grundlagen des supranationalen und kosmopolitischen Denkens der Moderne, Basel.

Cohen, H. 1904: Ethik des reinen Willens, Berlin.

Coulmas, P. 1990: Weltbürger. Geschichte einer Menschheitssehnsucht, Reinbek.

Cramer, K. 1972: Hypothetische Imperative?, in: M. Riedel (Hrsg.), Rehabilitierung der praktischen Philosophie, Bd. I, Freiburg, 159–212.

Dante Alighieri: Monarchia, lt./dt., übers. u. komm. v. R. Imbach u. Ch. Flüeler, Stuttgart 1989.

Descartes, R. 1637: Discours de la Méthode. Von der Methode, franz.-dt. übers. und hrsg. v. L. Gäbe, Hamburg 1960.

– 1641: Meditationes de prima philosophia, lat.-dt., übers. u. hrsg. v. Ch. Wohlers, Hamburg 2008.

Diderot, M./d'Alembert, M. (Hrsg.) 1751–1772: Encyclopédie ou Dictionnaire raisonné des sciences, des arts et des métiers, Stuttgart 1966.

Diels, H./Kranz, W. (Hrsg.) 1952: Die Fragmente der Vorsokratiker, 3 Bde., Hildesheim.

Doyle, M. 1983: Kant, Liberal Legacies, and Foreign Affairs, in: Philosophy & Public Affairs (12), 205–235 u. 323–353.

Duncan, A. R. C. 1957: Practical Reason and Morality. A Study of Immanuel Kant's Foundations for the Metaphysics of Morals, London.

Durkheim, E. 1893: De la division du travail social. Paris; dt. Über soziale Arbeitsteilung, übers. v. L. Schmidts, Frankfurt/M. 1992.

Fichte, J. G. 1794: Grundlage der gesamten Wissenschaftslehre als Handschrift für seine Zuhörer, in: Gesamtausgabe der Bayerischen Akademie der Wissenschaften. 40 Bände, hrsg. v. R. Lauth, E. Fuchs u. H. Gliwitzky, Bd. 1, Stuttgart-Bad Cannstatt 1962.

Firestone, Ch./Jacobs, N. 2008: In Defense of Kant's Religion, Bloomington/IN.

Förster, E. 2002: Die Dialektik der reinen praktischen Vernunft, in: Höffe 2002, 173–186.

Freud, S. 1930: Das Unbehagen in der Kultur, in: Gesammelte Werke, Bd. XIV, London 1948, 479–484.

Fromm, E. 1947: Man for Himself. An Inquiry into the Psychology of Ethics, New York; dt. Psychoanalyse und Ethik, Zürich 1954.

– 1973: The Anatomy of Human Destructiveness, New York; dt. Anatomie der menschlichen Destruktivität, Stuttgart 1974.

Fukuyama, F. 1989: The End of History? in: The National Interest 16, 3–18.

– 1992: The End of History and the Last Man, New York; dt. Das Ende der Geschichte. Wo stehen wir?, München 1992.

Gehlen, A. 1940: Der Mensch. Seine Natur und seine Stellung in der Welt, Berlin.

Goethe, W. v.: Sämtliche Werke nach Epochen seines Schaffens. Münchner Ausgabe, hrsg. v. K. Richter, München 1998.

Görres, A./Rahner, K. 1982: Das Böse. Wege zu seiner Bewältigung in Psychotherapie und Christentum, Freiburg/Basel/Wien.

Goy, I. 2007: Architektonik oder die Kunst der Systeme, Paderborn.

Grimm, J./Grimm, W. (Hrsg.): Deutsches Wörterbuch, Leipzig 1854 ff.

Guyer, P. 2006: Kant, New York.

Habermas, J. 1983: Moralbewußtsein und kommunikatives Handeln, Frankfurt/M.

– 1988: Nachmetaphysisches Denken, Frankfurt/M.

Haegerstroem, A. 1902: Kants Ethik im Verhältnis zu seinem erkenntnistheoretischen Grundgedanken systematisch dargestellt, Upsala.

Hartmann, N. 1926: Ethik, Berlin.

Hegel, G. F. W. 1807: Phänomenologie des Geistes, in: Ders., Werke in 20 Bänden. Auf der Grundlage der Werke von 1832 bis 1845, neu ediert, Red. E. Moldenhauer und K. M. Michel, Frankfurt/M. 1969–1971, Bd. 3.

– 1816 ff.: Enzyklopädie der philosophischen Wissenschaften, in: Werke in 20 Bänden. Bde. 8–10.

– 1821: Grundlinien der Philosophie des Rechts, in: Werke in 20 Bänden. Bd. 7.

– 1822 ff: Vorlesungen über die Philosophie der Geschichte, in: Werke in 20 Bänden. Bd. 12.

Heinamann, R. 1988: Eudaimonia and Self-Sufficiency in the Nicomachean Ethics, in: Phronesis 33, 31–53.

Herder, J. G. 1774: Auch eine Philosophie der Geschichte zur Bildung der Menschheit, in: Ders., Werke, Bd. 4, Frankfurt/M. 1994, 9–107.

Herman, B. 1993: The Practice of Moral Judgment, Cambridge/MA.

Hobbes, Th. 1651: Leviathan or the matter, form and power of a commonwealth, ecclesiastical and civil, Cambridge u. a., 1991; dt. Leviathan oder Stoff,

Form und Gewalt eines bürgerlichen und kirchlichen Staates, Neuwied/Berlin 1966; Frankfurt/M. 1984.

Höffe, O. 1971: Praktische Philosophie. Das Modell des Aristoteles, Berlin, 3. Aufl. 2008.

- 1983: Immanuel Kant, München, 7. Aufl. 2007.
- 1987: Politische Gerechtigkeit. Grundlegung einer kritischen Philosophie von Recht und Staat, Frankfurt/M., 4. Aufl. 2003.
- 1988: Den Staat braucht selbst ein Volk von Teufeln, Stuttgart.
- 1989: Kants nichtempirische Verallgemeinerung: zum Rechtsbeispiel des falschen Versprechens, in: Ders. (Hrsg.), Grundlegung zur Metaphysik der Sitten. Ein kooperativer Kommentar, Frankfurt/M., 206–233.
- 1990: Kategorische Rechtsprinzipien. Ein Kontrapunkt der Moderne, Frankfurt/M., 3. Aufl. 1995.
- 1993: Moral als Preis der Moderne. Ein Versuch über Wissenschaft, Technik und Umwelt, Frankfurt/M., 4. Aufl. 2000.
- 1995 a: Ethik als praktische Philosophie. Methodische Überlegungen, in: Ders. 1995 b, 13–38.
- 1995 b (Hrsg.): Aristoteles. Nikomachische Ethik, Berlin, 3. Aufl. 2010.
- 1996: Aristoteles, München, 3. Aufl. 2006.
- 1998 (Hrsg.): Lesebuch zur Ethik. Philosophische Texte von der Antike bis zur Gegenwart, München, 4. Aufl. 2006.
- 1999: Demokratie im Zeitalter der Globalisierung, München, 2. Aufl. 2002.
- 2001 a: Königliche Völker. Zu Kants kosmopolitischer Rechts- und Friedenstheorie, Frankfurt/M.
- 2001 b: Gerechtigkeit. Eine philosophische Einführung, München, 4. Aufl. 2010.
- 2002 (Hrsg.): Immanuel Kant. Kritik der praktischen Vernunft, Berlin, 2. Aufl. 2011.
- 2003: Kants Kritik der reinen Vernunft. Die Grundlegung der modernen Philosophie, München, 4. Aufl. 2004.
- 2004: Wirtschaftsbürger. Staatsbürger. Weltbürger. Politische Ethik im Zeitalter der Globalisierung, München.
- 2007: Lebenskunst und Moral, oder: Macht Tugend glücklich?, München.
- 2008 a: Urteilskraft und Sittlichkeit. Ein moralischer Rückblick auf die dritte Kritik, in: Ders. 2008b, 351–366.
- 2008 b (Hrsg.): Immanuel Kant. Kritik der Urteilskraft, Berlin.
- 2011 a (Hrsg.): Immanuel Kant. Schriften zur Geschichtsphilosophie, Berlin.
- 2011 b (Hrsg.): Immanuel Kant. Die Religion innerhalb der Grenzen der bloßen Vernunft, Berlin.

Holbach, P. H. Th. d' 1770: Système de la nature, ou, des Loix du monde physique et du monde morale, London; dt. System der Natur oder von den Gesetzen der physischen und moralischen Welt, übers. v. F. G. Voigt, Frankfurt/M. 1978.

444 Literatur

Hölderlin, F.: Sämtliche Werke. Historisch-kritische Ausgabe, hrsg. v. D. E. Sattler, Frankfurt/M. 1975 ff.

Holzhey, H. 1993: Das Böse. Vom ethischen zum metaphysischen Diskurs, in: Studia Philosophica, Bd. 52, 7–27.

Honneth, A. 2011: Das Recht der Freiheit, Berlin.

Horkheimer, M./Adorno, Th. 1947: Dialektik der Aufklärung, Frankfurt/M. 1988.

Hufnagel, E. 1988: Kants pädagogische Theorie, in: Kantstudien 79, 43–56.

Hume, D. 1739/1740: A Treatise of Human Nature, hrsg. v. D. F. Norton u. M. J. Norton, Oxford/New York 2001.

– 1757: The Natural History of Religion, in: Ders., The Natural History of Religion and Dialogues Concerning Natural Religion, hrsg. v. A. W. Colver u. J. V. Price, Oxford 1976, 1–98; dt. Die Naturgeschichte der Religion, übers. v. L. Kreimendahl, Hamburg, 2000.

Huygens, Ch. 1698: Cosmotheoros, in: Œvres complètes. 22 Bde., hrsg. v. D. Bierens de Haan, u. a., Bd. 21, den Haag 1944.

Ilting, K.-H. 1972: Der naturalistische Fehlschluß bei Kant, in: M. Riedel (Hrsg.), Rehabiltierung der praktischen Philosophie, Bd. 1, Freiburg, 113–130.

Janssen, W. 1975: Art. «Friede», in: O. Brunner/W. Conze/R. Koselleck (Hrsg.), Geschichtliche Grundbegriffe, Bd. 2, Stuttgart, 543–591.

Jaspers, K. 1932: Philosophie II. Existenzerhellung, Berlin.

Jellinek, G. 1892: System der subjektiven öffentlichen Rechte, hrsg. v. J. Kersten, Tübingen 2011.

Kelsen, H. 1960: Reine Rechtslehre, Wien, 2. Aufl.

Kenny, A. 1992: Aristotle on the Perfect Life, Oxford

Kersting, W. 2010: Macht und Moral. Studien zur praktischen Philosophie der Neuzeit, Paderborn.

Kim, S. H. 2008: Bacon und Kant, Berlin.

Kleingeld, P. 1999: Six Varieties of Cosmopolitanism in Late Eighteenth-Century Germany, in: Journal of the History of Ideas 60, 505–524.

Korsgaard, Ch. 1996 a: The Sources of Normativity, Cambridge/New York.

– 1996 b: Creating the Kingdom of Ends, Cambridge/New York.

Koselleck, R./Ch. Meier 1975: Art. Fortschritt, in: O. Brunner/W. Conze/R. Koselleck (Hrsg.), Geschichtliche Grundbegriffe, Stuttgart, 351–423.

Koselleck, R. 1976: «Erfahrungsraum» und «Erwartungshorizont» – zwei historische Kategorien, in: Ders., Vergangene Zukunft. Zur Semantik geschichtlicher Zeiten, Frankfurt/M. 1979, 349–375.

– 1977: Über die Verfügbarkeit der Geschichte, in: Ders., Vergangene Zukunft. Zur Semantik geschichtlicher Zeiten, Frankfurt/M. 1979, 260–277.

– 2010: Vom Sinn und Unsinn der Geschichte. Aufsätze aus vier Jahrzehnten, hrsg. v. C. Dutt, Frankfurt/M. 2010.

Laberge, P. 1989: La definition de la volonté comme faculté d'agir selon la représentation de lois, in: O. Höffe (Hrsg.), Grundlegung zur Metaphysik der Sitten. Ein kooperativer Kommentar, Frankfurt/M., 206–233.

LaVaque-Manty, M. 2012: Kant on Education, in: E. Ellis (Hrsg.), Kant's Political Theory, University Park/PA (im Erscheinen).

Libet, B. 2004: Mind Time. The Temporal Factor in Consciousness, Cambridge/MA; dt. Mind Time. Wie das Gehirn Bewußtsein produziert, übers. v. J. Schröder, Frankfurt/M. 2005.

Lichtenberg, G. Ch.: Sudelbücher, hrsg. v. F. H. Mautner, Frankfurt/M. 1984.

Locke, J. 1689: Two Treatises of Government, Cambridge 1970; dt. Zwei Abhandlungen über die Regierung, übers. v. H. J. Hoffmann, Frankfurt/M. 1989.

Lorenz, K. 1963: Das sogenannte Böse. Zur Naturgeschichte der Aggression, Wien.

Lorenzen, P./Schwemmer, O. 1973: Konstruktive Logik, Ethik und Wissenschaftstheorie, Mannheim.

Lübbe, H. 1977: Geschichtsbegriff und Geschichtsinteresse. Analytik und Pragmatik der Historie, Basel.

Luhmann, N. 1978: Organisation und Entscheidung, Opladen.

– 1993: Das Recht der Gesellschaft, Frankfurt/M.

Lyotard, F. 1979: La condition postmoderne, Paris; dt. Das postmoderne Wissen, übers. v. O. Pfersmann, Wien 2006.

Marquard, O. 1973: Schwierigkeiten mit der Geschichtsphilosophie, Frankfurt/M.

– 1981: Der angeklagte und der entlastete Mensch in der Philosophie des 18. Jahrhunderts, in: Ders., Abschied vom Prinzipiellen, Stuttgart.

Marx, K. 1843: Zur Kritik der Hegelschen Rechtsphilosophie, in: Marx Engels Werke (MEW), Berlin 1966 ff., Bd. I, 378–391.

Marx, K./Engels, F. 1848: Manifest der kommunistischen Partei, in: MEW IV, 459–493.

McDowell, J. 1998: Mind, Value, and Reality, Cambridge/MA.

Mill, J. S. 1963: Utilitarianism, hrsg. v. R. Crisp, Oxford/New York 1998; dt. Der Utilitarismus, übers. v. D. Birnbacher, Stuttgart 1976.

Nietzsche, F. 1874: Unzeitgemäße Betrachtungen. Zweites Stück: Vom Nutzen und Nachteil der Historie für das Leben, in: Nietzsche, F.: Sämtliche Werke. Kritische Studienausgabe in 15 Bänden, hrsg. v. G. Colli u. M. Montinari, New York/München 1967 ff., Bd. 1, 243–334.

– 1895: Der Antichrist, in: Nietzsche, F.: Sämtliche Werke. Kritische Studienausgabe, Bd. 6.

Nozick, R. 1974: Anarchy, State, and Utopia, Oxford; dt. Anarchie, Staat, Utopia, München 1976.

Oelmüller, W. 1973: Art. «Das Böse», in: H. Krings (Hrsg.), Handbuch philosophischer Grundbegriffe, München, 255–268.

O'Neill, O. 1996: Towards Justice and Virtue, Cambridge/New York.

– 2002: Autonomy and the Fact of Reason in the Kritik der praktischen Vernunft, in: Höffe 2002, 81–97.

Ottmann, H. 1997: Die Weltgeschichte, in: Siep. L. (Hrsg.), G. W. F. Hegel. Grundlinien der Philosophie des Rechts, Berlin, 267–286.

Parfit, D. 2011: On What Matters, 2 Bde., New York.

Paton, H. J. 1971: The Categorical Imperative. A Study in Kant's Moral Philosophy, Philadelphia.

Peirce, Ch. S. 1909: Vorwort zu: Mein Pragmatismus, in: Ders., Schriften zum Pragmatismus und Pragmatizismus, hrsg. v. K.-O. Apel, Frankfurt/M. ²1976, 141–148.

Pieper, A. 1985: Der Ursprung des Bösen. Schellings Versuch einer Rekonstruktion des transzendentalen Anfangs von Geschichte, in: A. Cesana/O. Rubitschon (Hrsg.), Festschrift für H. A. Salmony, Basel.

– 2000: Sören Kierkegaard, München.

Pippin, R. 1999: Dividing and Deriving in Kant's Rechtslehre, in: Höffe 1999, 63–86.

Plack, A. 1979: Die Gesellschaft und das Böse. Eine Kritik der herrschenden Moral, Frankfurt/M.

Platon: Werke in acht Bänden, gr.-dt., übers. v. F. Schleiermacher und hrsg. v. G. Eigler, Darmstadt 1977.

Plessner, H. 1928: Die Stufen des Organischen und der Mensch. Einleitung in die philosophische Anthropologie, in: Gesammelte Schriften, hrsg. v. G. Dux, Frankfurt/M. 1981, Bd. 4.

Rawls, J. 1971: A Theory of Justice, Cambridge/MA; dt. Eine Theorie der Gerechtigkeit, übers. v. H. Vetter, Frankfurt/M.

– 1980: Kantian Constructivism in Moral Theory, in: Journal of Philosophy 77 (9), 515–572.

– 1985: Justice as Fairness: Political, not Metaphysical, in: Philosophy & Public Affairs 14 (3), 223–251.

– 1993: Political Liberalism, New York.

– 2000: Lectures on the History of Moral Philosophy, Cambridge/MA.; dt. Geschichte der Moralphilosophie, übers. v. J. Schulte, Frankfurt/M. 2004.

Reath, A, Timmermann, J. (Hrsg.) 2010: Kant's Critique of Practical Reason. A Critical Guide, Cambridge/New York.

Ricken, F./Marty, F. (Hrsg.) 1992: Kant über Religion, Stuttgart.

Ricœur, P. 1969: La symbolique du mal, in: Finitude et culpabilité, Bd. 2, Paris; dt. Symbolik des Bösen, übers. v. M. Otto, Freiburg/München 1971.

Rochefoucauld, F. 1664: Maximes suivies des Réflexions diverses, du Portrait de La Rochefoucauld hrsg. v. J. Truchet, Paris 1967.

Roellecke, G. 2011: Ethik in einer Gesellschaft der Gleichen, in: Merkur 740, 76–82.

Roth, G. 2003: Fühlen, Denken, Handeln. Wie das Gehirn unser Verhalten steuert, neue, vollst. überarb. Ausgabe, Frankfurt/M.

Rousseau, J.-J. 1762: Du contrat social ou principes du droit politique, in: Œvres complètes, Paris 1959 ff., Bd. 3, 349–470; dt. Vom Gesellschaftsvertrag, übers. v. H. Brockhard, Stuttgart 2010.

Sagou, Y.-M. 2009: Die Erziehung zum Bürger bei Aristoteles und Kant, Würzburg.

Scarano, N. 2002: Moralisches Handeln. Zum dritten Hauptstück von Kants Kritik der praktischen Vernunft, in: Höffe 2002, 135–152.

Scheler, M. 1916: Der Formalismus in der Ethik und die materiale Wertethik, in: Ders., Gesammelte Werke, Bd. 2, hrsg. v. Maria Scheler, Berlin 1954.

– 1928: Die Stellung des Menschen im Kosmos, Bonn 2007.

Schelling, F. W. J. 1809: Philosophische Untersuchungen über das Wesen der menschlichen Freiheit, in: Schellings Werke nach der Originalausgabe in neuer Anordnung, hrsg. v. M. Schröter, München 1927 ff., Bd. 4.

Schiller, F. 1789: Was heißt und zu welchem Ende studiert man Universalgeschichte?, in: Göpfert, G. (Hrsg.), Werke in drei Bänden, Bd. 2: München 1966, 9–22.

– 1940 ff. Schillers Werke. Nationalausgabe, hrsg. v. N. Oellers, Weimar.

Schmidt-Biggemann, W. 1993: Vorwort. Über die unfaßliche Evidenz des Bösen, in: C. Colpe/W. Schmidt-Biggemann, Das Böse. Eine historische Phänomenologie des Unerklärlichen, Frankfurt/M.

Schopenhauer, A. 1844: Die Welt als Wille und Vorstellung, 2 Bände, in: Schopenhauer, Arthur: Sämtliche Werke in 5 Bänden, hrsg. v. W. von Loehneysen, Frankfurt/M. 2005.

– 1987. Gesammelte Briefe, hrsg. v. A. Hübscher, Bonn.

Schuller, A. /v. Rahden, W. (Hrsg.) 1993: Die andere Kraft. Zur Renaissance des Bösen, Berlin.

Schulte, Ch. 1988: Radikal böse. Die Karriere des Bösen von Kant bis Nietzsche, München.

Schulz, W. 1972: Philosophie in der veränderten Welt, Pfullingen.

– 1989: Grundprobleme der Ethik, Pfullingen.

Semler, J. S. 1788: Zur Revision der kirchlichen Hermeneutik und Dogmatik, Halle.

Sensen, O. 2011: Kant on Human Dignity, Berlin/Boston.

Singer, W. 2004: Keiner kann anders, als er ist. Verschaltungen legen uns fest: Wir sollten aufhören, von Freiheit zu reden, in: Chr. Geyer (Hrsg.), Hirnforschung und Willensfreiheit. Zur Deutung der neuesten Experimente, Frankfurt/M., 30–65.

Smith, M. 2010: The Value of Promising, unveröffentl. Vortragsmanuskript, vorgestellt an der Universität Tübingen im Dezember 2010.

Sorg, E. 2011: Die Lust am Bösen. Warum Gewalt nicht heilbar ist, München.

Spinoza, B. de 1670: Tractatus theologico-politicus, Amsterdam; dt. Theologisch-politischer Traktat, hrsg. u. übers. v. G. Gawlick, Hamburg 1994.

Stangneth, B. 2000: Kultur der Aufrichtigkeit. Zum systematischen Ort von Kants Religion innerhalb der Grenzen der bloßen Vernunft, Würzburg.

Strawson, P. 1959: Individuals. An Essay in Descriptive Metaphysics, London.

Tenorth, H.-E. ²2010: Klassiker der Pädagogik, 2 Bde., München.

Thomasius, Chr. 1718: Fundamenta Juris Naturae Et Gentium Ex Sensu Communi Deducta, Salfeld.

Troeltsch, E. 1904: Das Historische in Kants Religionsphilosophie, Berlin.

Überweg, F. 1868: Grundriß der Geschichte der Philosophie der Neuzeit, Berlin.

Vorländer, K. 1906: Einleitung, in: Ders. (Hrsg.), Immanuel Kant. Grundlegung zur Metaphysik der Sitten, Hamburg, v–xxvii.

Welte, B. 1959: Über das Böse. Eine thomistische Untersuchung, Basel.

Wood, A. 2008: Kantian Ethics, Cambridge/New York.

– 2011: Humanity as an End in Itself, in: Parfit 2011, Bd. 2, 58–82.

Personenregister

Aus dem Verlagsprogramm

Otfried Höffe
Kants Kritik der reinen Vernunft
Die Grundlegung der modernen Philosophie
2011. 378 Seiten. Paperback
Beck'sche Reihe Band 1972

«Vom Motto bis zur Methodenlehre werden alle wesentlichen
Teile der ersten *Kritik* dargestellt, kommentiert und die Stichhaltigkeit
von Einwänden überprüft, die in neueren Debatten gegen Kant
ins Feld geführt wurden. Dass Höffes Argumentationsgang immer klar
und nachvollziehbar bleibt, verdankt sich nicht zuletzt der
Präzision und Eleganz seiner Sprache.»
Sonja Asal, Süddeutsche Zeitung

«Lesehilfe, Fachkommentar und aktuelle Bestandsaufnahme in einem –
ein Arbeitsbuch für Kenner wie für Neugierige.»
Der Spiegel

«Einer der großen Kant-Kenner hierzulande ist der
Tübinger Philosoph Otfried Höffe, ein Mann von Gelehrsamkeit, klarer
Sprache und bemerkenswertem Sachverstand, dem sogar
Nichtphilosophen zu folgen vermögen. Seinem Ruf wird Höffe auch
mit einem neuen Buch gerecht, das sich Kants berühmtestem Werk,
der *Kritik der reinen Vernunft*, widmet. Höffes Buch dürfte
sich auf längere Sicht als die maßgebliche Interpretation der *Kritik*
erweisen. Höffe ist ein Meister der großen, sparsam gesetzten
Linienführung. Er erklärt Kant zum Weltphilosophen und erhebt ihn
damit, wie beiläufig, in den Rang, der ihm zukommt.»
Otto A. Böhmer, Die Zeit

«Wer es noch genauer wissen möchte, greift mit Gewinn zu
Otfried Höffes Monographie *Kants Kritik der reinen Vernunft*. Höffe,
Professor für Philosophie in Tübingen und Herausgeber der
Beck'schen Monographien-Reihe über große Philosophen, in welcher
er bereits den Band über Kant vorgelegt hat, kommentiert die
Pièce de Résistance systematisch und luzid – so dass sein Buch auch als
Cicerone dienen kann. Höffes Buch ist terminologisch klar und
mit Verve geschrieben.»
Manfred Papst, Neue Zürcher Zeitung

C.H.Beck München

Otfried Höfe bei C.H.Beck

Otfried Höffe
Lesebuch zur Ethik
Philosophische Texte von der Antike bis zur Gegenwart
5., durchgesehene Auflage. 2012. 456 Seiten. Paperback
Beck'sche Reihe Band 1341

Otfried Höffe
Lexikon der Ethik
in Zusammenarbeit mit Maximilian Forschner, Christoph Horn, Wilhelm Vossenkuhl
7., neubearbeitete und erweiterte Auflage. 2008. 379 Seiten. Paperback
Beck'sche Reihe Band 152

Otfried Höffe
Kleine Geschichte der Philosophie
2., durchgesehene Auflage. 2008. 384 Seiten mit 20 schwarz-weiss Abbildungen.
Paperback. Beck'sche Reihe Band 1597

Otfried Höffe (Hrsg.)
Klassiker der Philosophie Bd. 1: Von den Vorsokratikern bis David Hume
2008. 386 Seiten. Paperback. Beck'sche Reihe Band 1792

Otfried Höffe (Hrsg.)
Klassiker der Philosophie Bd. 2: Von Immanuel Kant bis John Rawls
2008. 360 Seiten. Paperback. Beck'sche Reihe Band 1793

Otfried Höffe
Ist die Demokratie zukunftsfähig?
Über moderne Politik
2009. 334 Seiten. Paperback
Beck'sche Reihe Band 1911

Otfried Höffe
Lebenskunst und Moral
oder macht Tugend glücklich?
2009. 393 Seiten. Paperback
Beck'sche Reihe Band 1926

Otfried Höffe
Gerechtigkeit
Eine philosophische Einführung
4., durchgesehene Auflage. 2010. 127 Seiten mit 6 Abbildungen. Paperback
C.H.Beck Wissen in der Beck'schen Reihe Band 2168

Otfried Höffe
Immanuel Kant
7., überarbeitete Auflage. 2007. 348 Seiten mit 8 Abbildungen. Paperback
Beck'sche Reihe Band 506

C.H.Beck München

Philosophie bei C.H.Beck

Ernst Tugendhat
Egozentrizität und Mystik
Eine anthropologische Studie
2006. 169 Seiten. Paperback
Beck'sche Reihe Band 1726

Ernst Tugendhat
Anthropologie statt Metaphysik
2010. 240 Seiten. Paperback
Beck'sche Reihe Band 1825

Herbert Schnädelbach
Was Philosophen wissen
und was man von ihnen lernen kann
2. Auflage. 2012. 237 Seiten. Gebunden

Manfred Kühn
Kant
Eine Biographie
Aus dem Englischen von Martin Pfeiffer
5. Auflage. 2004. 639 Seiten mit 27 Abbildungen. Leinen

Manfred Kühn
Johann Gottlieb Fichte
Ein deutscher Philosoph
2012. 682 Seiten mit 30 Abbildungen. Leinen

Walter Jaeschke, Andreas Arndt
Die Klassische Deutsche Philosophie nach Kant
Systeme der reinen Vernunft und ihre Kritik 1785–1845
2012. 749 Seiten. Gebunden

C.H.Beck München